THE YALE EDITION

OF

HORACE WALPOLE'S

CORRESPONDENCE

EDITED BY W. S. LEWIS

VOLUME SIX

HORACE WALPOLE'S

CORRESPONDENCE

WITH

MADAME DU DEFFAND

AND WIART

IV

EDITED BY W. S. LEWIS

AND

WARREN HUNTING SMITH

NEW HAVEN

YALE UNIVERSITY PRESS

LONDON : HUMPHREY MILFORD : OXFORD UNIVERSITY PRESS

1939

TABLE OF CONTENTS

VOLUME IV

LIST OF ILLUSTRATIONS

VOLUME IV

Grateful acknowledgment is made to the Bodleian, the British Museum, and the Musée des Vosges for permission to reproduce illustrations listed here.

HORACE WALPOLE'S CORRESPONDENCE

From MADAME DU DEFFAND, Saturday 1 January 1774

Ce 1er janvier 1774.

JE commence cette année comme j'ai fini l'autre, en désirant que vous soyez heureux, et avec la résolution de n'y pas apporter le moindre obstacle. Je souhaite que votre santé se fortifie, que les affaires de votre neveu s'arrangent, et que vous trouviez du plaisir à vivre. Deux soldats,[1] le jour de Noël, en ont trouvé à mourir, et se sont donné la satisfaction de se tuer de compagnie. Voilà la lettre de l'un des deux, et le testament[2] qu'ils ont signé tous deux et écrit sur la table où ils avaient bu ensemble; ils avaient auparavant porté quatorze lettres à la poste, on ne sait pas à qui. On disait hier que le plus jeune avait dissipé l'argent qui lui avait été confié pour des recrues, et que de plus il avait une maladie incurable, mais cela n'est pas prouvé. Cette mort fera plus d'impression, et elle est mille fois plus éloquente, que tous les écrits de Voltaire, d'Helvétius et de tous messieurs les athées; ce sont les premiers martyrs de leurs systèmes, et il n'est pas impossible qu'elle ne fasse des prosélytes. Je ne sais pas quelle impression cette aventure vous fera. Pour moi, elle m'étonne, et je trouve leur courage supérieur à celui de Caton,[2a] et je n'admire plus autant que je le faisais la mort d'Othon;[2b] on ne parle que de cette aventure.

Cette journée-ci produira peut-être quelques événements qui y apporteront de la diversion; c'est ce que je vous dirai demain.

Ce dimanche 2.

Oui, la journée d'hier a produit des nouvelles. On reçut avant-hier au soir des lettres de M. de Breteuil qui apprenaient la mort de son gendre, le Comte de Matignon;[3] c'est encore un suicide, mais involontaire. Étant à la chasse, et voulant se débarrasser de son fusil

---

1. —— Humain (ca 1750–73), tambour-major of the dragoons, and —— Bourdeaux (ca 1754–73), dragoon of Belsunce (Grimm x. 341–4, 1 Jan. 1774).

2. Copies of both letter and will, in Wiart's hand, are in D's bequest to HW. The letter was written by Bourdeaux.

2a. Marcus Porcius Cato ('Uticensis') committed suicide, 46 B.C., because he was too proud to seek pardon from Caesar after being defeated.

2b. Marcus Salvius Otho (32–69 A.D.) Roman emperor, 69 A.D., killed himself to put an end to the civil war in Rome.

3. 'Naples, Dec. 21. The young Count de Matignon was killed by his fusee going off as he was leaping over a ditch at a hunting match a few days ago in the neighbourhood of Portici. He was but nineteen years of age, and has left a young widow in the fifth month of her pregnancy, daughter of the Baron de Breteuil, the French ambassador at this court' (London Chronicle 20 Jan. 1774, xxxv. 70).

pour un moment, il essaya de le faire tenir sur une branche; le fusil partit, et le tua roide. L'embarras de l'apprendre à Mme de la Vaupalière, sa mère, a été bien grand; son mari ne savait comment s'y prendre, il fut consulter le Chevalier de Durfort. À peine l'avait-il quitté, que Mme de la Vaupalière arriva chez lui de la meilleure humeur du monde, se réjouissant du retour de sa santé, l'entretint du plaisir qu'elle aurait de revoir son fils; le Chevalier ne savait où se fourrer, ni que lui dire; elle le quitta, je ne sais pas la suite, mais elle a dû l'apprendre hier dans la journée.

Il y a bien encore un autre événement que je pourrais vous conter, et où il est encore question de pistolet, mais personne n'a été tué ni blessé; cela vous ennuierait à entendre, et à moi à raconter.

Il n'y eut point hier de promotion de cordon bleu. Tout ce qui regarde le ministère est toujours dans la même position; les paris sont ouverts.

Je viens de recevoir votre lettre du 28; je ne l'attendais que lundi, parce que ces jours-ci on délivre les lettres plus tard.

Je vois que je n'apprends que vous avez été incommodé que quand le mal est passé. Si j'osais exiger de vous quelque chose ce serait d'être exactement informée de votre santé et qu'il y en eût toujours un article dans vos lettres. Vous avez si bonne opinion de la mienne qu'il faut vous la laisser, mais je n'en pense pas tout-à-fait de même, et je ne trouve pas que des insomnies continuelles soient indifférentes, et qu'elles n'affaiblissent pas infiniment et le corps et l'esprit; mais je ne m'en plains pas, il faut suivre la route ordinaire, et les approches du terme ne sauraient être agréables.

J'ai une proposition à vous faire, et je vous prie de l'écouter avec amitié, et sans vous fâcher. Je vous mandai, il y a quelque temps, que j'avais un petit chien; je l'aime beaucoup et il m'aime; il est très joli; promettez-moi que, s'il reste sans maîtresse, vous voudrez bien devenir son maître; je suis sûre que vous l'aimerez. J'ai cette idée dans la tête; ne la prenez point de travers.[4]

Je rendrai compte à la Maréchale[5] des soins que vous voulez bien prendre pour elle.

Qu'est devenue la bouilloire de l'Idole? La lui faites-vous tenir directement? Cela m'est égal; j'avais pourtant prévenu M. Trudaine qu'il m'arriverait une caisse à son adresse.

---

4. Mr Walpole agreed to this proposal, and Mme du Deffand's dog, Tonton, was, after her death, conveyed to Strawberry Hill, and died there, after surviving his mistress nearly ten years (B).

5. De Mirepoix.

J'avais hier quinze personnes à souper; c'est un souper fondé pour tous les premiers jours de l'an. La Maréchale de Luxembourg et moi nous nous donnons nos étrennes: les siennes furent une tasse de l'année, et six petites terrines d'argent, les plus jolies du monde; la mienne, une chaise de paille,[6] garnie en housse de taffetas cramoisi, couverte devant, derrière, du haut en bas, d'un très magnifique réseau d'or, arrangé, ajusté du meilleur goût du monde, et par dessus une housse de papier blanc. Elle est dans l'habitude de demander toujours en arrivant une chaise de paille pour poser son sac à ouvrage, et mettre ses pieds sur les barres. Cette chaise fut celle qu'on lui apporta, avec des couplets que je vous envoie; l'à-propos leur donna tout le sel que vous trouverez peut-être qui leur manque.

Les Beauvau partent mercredi pour Chanteloup, je regrette beaucoup le Prince, dont l'amitié et les soins assidus me sont d'une grande ressource. Je ne sais pourquoi M. Craufurd se plaint de moi; j'ai répondu[7] sur-le-champ à la lettre qu'il m'avait écrite d'Écosse. Je l'adressai à Londres selon ses ordres; si elle ne lui a pas été envoyée en Écosse, elle l'aura attendu longtemps à Londres, mais il aurait dû la trouver à son retour. Je lui écrirais très volontiers, car je l'aime beaucoup.

DE M. DE PONT-DE-VEYLE,
attaché au dossier de la chaise.

Air de *Joconde.*

Je m'offre à vous sans ornements;
    Je ne suis pas bien mise;
Mais de ce mince ajustement
    Ne soyez point surprise:
Souvent, sous de simples dehors,
    La beauté se déguise;
Vous verrez peut-être un beau corps
    En ôtant ma chemise.

DE M. LE CHEVALIER DE BOUFFLERS,
posé sur le carreau de la chaise.

Air: *Réveillez-vous, belle endormie.*

Si je vous sers, je suis heureuse;
    J'existe pour votre repos;
Je ne serais point dangereuse,
    Quand même vous m'auriez à dos.

6. See *ante* 11 Dec. 1773.   7. D to Craufurd 17 Nov. 1773, S–A iii.
                                                    32.

J'ai des secrets, mais je suis franche:
Ils seront aisés à trouver;
J'ai mis une chemise blanche
Pour engager à la lever.

AIR de *Raoul de Coucy*.

De moi je suis assez contente;
J'ai l'air de la simplicité:
Quoique simple, je suis brillante,
Et j'y joins la solidité;
Mais sur un point qu'on me décide,
Est-ce vous ou moi que je peins?
Car simple, brillante et solide,
Ce sont vos traits plus que les miens.

From MADAME DU DEFFAND, Tuesday 11 January 1774

Ce mardi 11 janvier 1774.

VOUS avez eu raison de prévoir mes exclamations et mon peu de foi à la parfaite guérison,[1] mais n'avez-vous point vu la servante maîtresse? Que dit-elle? Que pense-t-elle? Est-ce que vous ne voyez point monsieur votre neveu? N'êtes-vous point curieux de juger de son état par vous-même? Ne me laissez rien ignorer de cette étonnante histoire, elle exciterait la curiosité indépendamment de tout intérêt. Ah! vous avez raison de ne vous point attendre à de la reconnaissance, il y a longtemps que je n'y crois plus; on est trop heureux quand le bien qu'on fait aux autres ne se tourne pas à mal contre soi. La connaissance des hommes n'attache pas à la vie, et sans la répugnance que la nature nous donne pour notre fin, on suivrait volontiers l'exemple des soldats de Saint-Denis.

Je vous remercie des soins que vous vous êtes donnés pour la bouilloire, je viens de mander à Couty de payer les seize louis qu'elle coûte. Milord Stormont est bien peu honnête, j'instruirai l'Idole de son procédé.

Quand vous verrez M. Craufurd, dites-lui que j'ai répondu à la lettre qu'il m'a écrite d'Écosse, et sachez s'il est vrai qu'il ne l'a pas reçue. Il n'y a ici rien de nouveau.

Voulez-vous bien faire rendre cette lettre à Mme Dumont?

1. Lord Orford had recovered his sanity (HW to Lady Ossory 30 Dec. 1773).

Ce mercredi.

La journée d'hier n'a rien produit, je ne peux rien vous mander d'intéressant. Qu'est-ce que cela vous fait que le Marquis de Pontchartrain, frère de M. de Maurepas, âgé de soixante et onze ans, goutteux de la tête aux pieds, ait épousé depuis trois jours Mlle de Béarn,[2] chanoinesse de Metz, fille de cette Mme de Béarn que vous ne vouliez pas qu'on dît être de Bordeaux.[3] Elle a vingt-neuf ans, a toujours eu une très bonne conduite, elle n'avait pour tout bien que sa prébende; il s'assure d'une gouvernante et lui assure du pain. Le mariage s'est fait à l'Hôtel d'Aiguillon[4] sans noce, sans cérémonie, sans dépense d'aucune sorte, il se fit porter en chaise, ne pouvant remuer ni pieds ni pattes.

Une autre nouvelle encore moins intéressante, c'est que le 1er de mars on jettera par terre toutes nos écuries, et par conséquent tous les logements qui sont au-dessus. Je me suis déjà assurée de remise et d'écurie dans le quartier, je serai obligée de louer aussi pour des domestiques, cela me déplaît un peu, mais je m'accoutume à ne me soucier de rien.[5]

From Madame du Deffand, Monday 17 January 1774

Paris, ce lundi 17 janvier 1773.[1]

NON, je ne vous ferai point d'excuses sur les amabilités que vous prétendez que je vous ai écrites à l'occasion de mon chien. Je n'ai nullement songé à vous dire des douceurs, je voulais assurer un bon établissement à cette pauvre petite bête, et je vois que j'en suis une bien grosse de m'être adressée à vous. Je ferai ce présent à quelqu'autre qui le recevra avec un peu plus d'aménité; mais c'est vous et non pas moi qui avez besoin de chercher noise. Toutes les querelles que vous me faites sont comme un plancher qui me tombe sur la tête; au moment que je me crois le plus en sûreté je me trouve écrasée. Eh bien! il faut prendre patience. Permettez seulement que

2. Angélique-Marie-Gabrielle de Galard de Béarn (b. 1744), m. (1774) Paul-Jérôme Phélypeaux, Marquis de Pontchartrain.

3. See *ante* 5 Feb. 1769.

4. On the Rue de l'Université (*Almanach royal*, 1772, p. 101).

5. D's inventory (Appendix 2) shows her in possession of Stable No. 3 in the lower courtyard (with a servant's room overhead), and of Carriage-house No. 11 in the first courtyard.

1. A mistake for 1774.

je vous répète encore que vous n'avez plus rien à craindre de moi, j'ai autant de dégoût et d'éloignement pour les douceurs, que vous en pouvez avoir, mes idées sur cela sont toutes semblables aux vôtres; mais souffrez que je vous dise que j'ai beaucoup d'aversion pour le ton rude, les menaces, et les reproches; songez quelquefois à mon âge, à ma situation, et daignez y avoir quelqu'égard. Ce n'est point des complaisances que j'exige. Votre exactitude sans doute m'a fait plaisir, mais il ne faut pas qu'elle soit une gêne pour vous, et quand vous faites tant que de vous l'imposer il faut me la rendre de tout point agréable; d'abord en vous en rapportant à ma reconnaissance, et puis en ne me disant pas des injures quand je ne les ai pas méritées. Parlons de votre neveu.

Votre situation est très désagréable. Souvenez-vous de la fable du meunier;[2] mais vous n'en avez pas besoin; en suivant vos lois vous êtes à l'abri de tout blâme. Si ce neveu retombe dans ses accidents, quelqu'événement qu'il en puisse arriver, ce ne sera pas votre faute.

Je suis fâchée que le suicide de nos soldats vous paraisse aussi ridicule. Ils n'ont pas observé la manière anglaise;[3] c'est que sur cet article nous sommes comme les gens de province sont à l'égard des gens de la cour, nous prenons vos modes tout de travers. Ce que je puis vous assurer c'est que ces pauvres gens n'étaient point ivres, que Marmontel n'a point fait leurs écrits; il est vraisemblable que les beaux livres des encyclopédistes leur auront tourné la tête; mais n'est-il pas singulier que des soldats dont l'un n'avait que vingt ans et l'autre vingt-quatre aient fait de telles lectures? Mais si vous le voulez je vous les abandonne, je n'ai pas leur gloire ou leur folie fort à cœur.

Je dis hier à Mme de Mirepoix tous les soins que vous prenez pour ravoir son billet, elle m'a chargée de vous en marquer toute sa reconnaissance; je ne suis pas bien chaudement avec elle, mais vous, vous y êtes fort bien.

Vous avez fort bien jugé les couplets;[4] Pont-de-Veyle sera fort content de vos louanges. Pour moi, ma veine est tarie, et je m'aperçois que mon esprit baisse beaucoup; premièrement je n'ai plus de mémoire et encore moins d'imagination. Je fis l'autre jour un souper avec les plus beaux esprits, les plus grands métaphysiciens; je jouai le rôle d'une imbécile, et je les crois bien étonnés de ce qu'on a pu pen-

2. La Fontaine, *Fables* iii. 1 ('Le Meunier, son fils, et l'âne').

3. See *ante* 21 May 1766. 'If French dragoons kill themselves, it is to be à *l'anglaise*' (HW to Lady Ossory 19 Jan. 1774).

4. See *ante* 1 Jan. 1774.

ser que j'avais le sens commun. Ce sont là des humiliations auxquelles je me soumets, mais elles ne sont pas agréables, parce que je
crois les mériter.

J'impatiente de savoir si le Craufurd a reçu ma lettre; il serait ridicule que pour n'y pas répondre il fît semblant de ne l'avoir pas reçue.

Milord Stormont est arrivé depuis trois jours, je n'en ai point encore entendu parler. Je ne sais si vous reverrez M. de Guines, l'on dit
qu'oui, l'on dit que non, quand je le saurai je vous le manderai.

Je suis quitte de La Calprenède. Ah! le détestable auteur! J'en passai les deux tiers. Je lis actuellement le *Siècle de Louis XIV,*[5] dont
je ne suis pas fort contente; il n'est permis qu'à ceux qui écrivent
leurs propres mémoires de raconter autant de puérilités et d'avoir un
style aussi familier. Sa manière d'écrire l'histoire ne m'a jamais plu,
mais qu'est-ce qui me plaît? En vérité, rien.

Ce mardi 18.

Je vis hier au soir Milord Stormont, il me fit vos compliments, il
me dit que vous étiez bien rétabli, que vous vous trouviez à merveille d'un remède dont vous usiez. 'Et quel est ce remède?'—'Ce sont
des bottines.'—'Il y a mille ans qu'il en fait usage.'—'Ah! oui, mais il
ne les quitte pas, et il s'en trouve si bien qu'il frappe du pied pour
me faire voir qu'il était exempt de toutes douleurs.'—Cela est-il vrai?

Je ne lui parlai point de la bouilloire, je me sentis de la répugnance à lui causer cette honte. J'avais vu l'Idole après-dîner, qui lui
en fera des reproches si elle veut. Quand Couty sera de retour à Londres il ira chez vous, il vous payera ou bien l'orfèvre.

Je soupai hier chez Mme de la Vallière, je comptais être toute
seule, elle me l'avait annoncé, mais il lui était survenu compagnie,
Mmes de Villeroy et de Senneterre. Ce soir je soupe chez Mme de
Jonzac. Demain chez la Duchesse de Boufflers avec la Maréchale de
Luxembourg, auprès de qui ma faveur se soutient. Jeudi je donne à
souper à tous mes parents Brienne. J'ai passé contre mon ordinaire
une fort bonne nuit; mon petit chien et moi nous avons dormi huit
ou neuf heures. Je vous souhaite le bon jour.

Ce mercredi.

Le Maréchal d'Armentières[6] mourut hier au soir. Mme de Jonzac
me demanda hier beaucoup de vos nouvelles; j'aime beaucoup cette

---

5. By Voltaire.   6. He died at Paris 18 Jan. 1774
                                          (*Mercure de France,* Feb. 1774, i. 212–3).

femme, mais non pas son mari. La compagnie qu'il rassemble n'est pas charmante; la chère qu'il fait est très mauvaise mais très abondante: douze ou quatorze entrées, autant d'entremets; le rôti et le fruit à proportion.

To Madame du Deffand, ca Tuesday 25 January 1774

Missing. Probably written at Arlington Street. Answered, 30 Jan.

From Madame du Deffand, Wednesday 26 January 1774

Ce mercredi 26 janvier 1773.[1]

DIEU veuille qu'il n'arrive point de changement dans la situation présente de monsieur votre neveu, j'ai toujours peur, je l'avoue. J'espère que vous voudrez bien continuer à me mander tout ce qui arrivera. En mettant les choses au pis, s'il venait à retomber vous livrerez-vous encore aux embarras que vous avez eus? Vous ne comprenez pas comment je peux vous faire cette question, et comment je peux douter que cela ne soit; il me semble qu'il ne serait point impossible de lui faire nommer des tuteurs, mais pardonnez, si je ne sais ce que je dis.

J'ai un grand mépris pour tous les Fox; les richesses des uns, l'affreux désordre des autres,[2] les rendent bien peu intéressants; ils vérifient le proverbe que ce qui vient de la flûte s'en retourne par le tambour, mais le mauvais cœur des enfants est abominable.

Les dernières nouvelles[3] que j'ai reçues de Chanteloup sont fort inquiétantes; Mme de Beauvau, qui y est depuis quinze jours, est très incommodée; la grand'maman dépérit, on me mande qu'elle a quatre-vingt-dix ans.[4] Je suis véritablement affligée de n'être point auprès d'elle. Je pourrais lui être utile et je ne puis douter qu'elle ne me désire.

La bouilloire est arrivée, l'Idole en est charmée; c'est parce que je l'en empêche qu'elle ne vous fait pas elle-même tous ses remercî-

1. A mistake for 1774.
2. That is, the wealth of Lord and Lady Holland, and the excesses of their sons, Hon. Stephen Fox (1745–74), 2d Bn Holland, 1774, and Charles Fox. HW had probably written her of the burning of Stephen Fox's house, Winterslow, on 8 Jan.

3. Mme de Choiseul to D 22 Jan. 1774, S–A iii. 69, and M. de Choiseul to D 22 Jan. 1774, S–A iii. 71.
4. 'Ma chère petite-fille, votre grand' mère a plus de quatre-vingt-dix ans' (ibid. iii. 72).

ments. Sa belle-fille meurt d'envie d'en avoir une pareille, mais on n'oserait pas me proposer de vous engager à prendre ce nouveau soin; j'ai laissé voir quelque répugnance, et puis j'ai dit que si vous connaissiez cette petite Comtesse je ne doutais pas du plaisir que vous trouveriez à l'obliger. En sortant elle pria Wiart de me faire souvenir de vous en parler; vous n'en ferez que ce que vous voudrez; ce que je crains le plus au monde c'est de vous causer des soins et des embarras. L'Idole m'a payé les seize louis et Couty a ordre de vous les remettre. En cas que vous acceptiez la commission de la petite Comtesse, il faudra charger Couty d'aller chez l'orfèvre[5] commander la bouilloire, qu'elle soit toute semblable aux autres, et quand elle sera faite, il vous la fera voir, pour que vous jugiez si elle est bien, il payera l'orfèvre, la fera emballer, l'adressera comme à l'ordinaire à M. Trudaine, et vous n'en entendrez plus parler. Couty est actuellement à la campagne avec Milord Carlisle; il reviendra, je crois, à Londres le mois prochain, et on peut l'attendre pour cette commission.

Je suis dans l'habitude depuis quelque temps de vous envoyer des vers; en voilà qu'un bel esprit de mes parents[6] a faits pour moi:

> Des sublimes accents d'Homère
> Le Dieu du Pinde fut jaloux,
> Et le priva de la lumière
> Dans un accès de son courroux.
> Dès qu'il vous vit, Sapho, vous deviez lui déplaire.
> Aussi fit-il tomber sur vous
> Le même trait de sa colère.
> Honteux pourtant du mal qu'il venait de vous faire,
> Il voulut l'adoucir, et pour réparer tout
> Il vous donna pour secrétaires
> Les muses, les grâces légères,
> Et pour guide le goût.

5. Not identified.

6. Claude-Camille-François, Comte d'Albon (see *post* 5 March 1774). The original verses in MS, together with a second version entitled 'Envoi à Madame la Marquise du Deffand sur ses yeux' (dated Versailles, 21 Jan. 1774), and two MS letters from M. d'Albon to D (dated Versailles, 23 Jan. and 27 Jan. 1774) are in D's bequest to HW. M. d'Albon was a nephew of D's sister-in-law, the Comtesse de Champrond. The *envoi* is:

'Apollon entendant Homère
Ce dieu du Pinde en fut jaloux,
Et le priva de la lumière
Dans un accès de son courroux.
Dès qu'il vous vit, Sapho, vous deviez lui
    déplaire.
Aussi fit-il tomber sur vous
Le même effet de sa colère.
Honteux pourtant du mal qu'il venait de
    vous faire,
    Voulant réparer tout;
Il vous donna pour secrétaires
Les muses, les grâces légères
Et pour guide le goût.'

Je joins a ces vers un portrait, c'est de quelqu'un de votre connaissance.[7]

On croit plus d'esprit à M. qu'elle n'en a, on la loue, on la craint, elle ne mérite ni l'un ni l'autre. Elle est en fait d'esprit ce qu'elle a été en fait de figure et ce qu'elle est en fait de naissance et de fortune, rien d'extraordinaire, rien de distingué; elle n'a pour ainsi dire point eu d'éducation et n'a rien acquis que par l'expérience. Cette expérience a été tardive et a été le fruit de bien des malheurs.

Ce que je dirai de son caractère, c'est que la justice et la vérité, qui lui sont naturelles, sont les vertus dont elle fait le plus de cas. Elle est d'une complexion faible, toutes ces qualités en reçoivent l'empreinte.

Née sans talent, incapable d'une forte application, elle est très susceptible d'ennui, et ne trouvant point de ressources en elle-même elle en cherche dans ce qui l'environne, et cette recherche est souvent sans succès. Cette même faiblesse fait que les impressions qu'elle reçoit, quoique très vives, sont rarement profondes. Celles qu'elle fait y sont assez semblables, elle peut plaire, mais elle inspire peu de sentiment.

C'est à tort qu'on la soupçonne d'être jalouse, elle ne l'est jamais du mérite et des préférences qu'on donne à ceux qui en sont dignes, mais elle supporte impatiemment que le charlatanisme et les prétentions injustes en imposent; elle est toujours tentée d'arracher les masques qu'elle rencontre, et c'est, comme je l'ai dit, ce qui la fait craindre des uns et louer des autres.

From Madame du Deffand, Saturday
29 January 1774

Ce samedi 29 janvier 1774.

CE fut hier à dix heures du matin que M. de Monteynard reçut la visite de M. de la Vrillière, porteur de la lettre de cachet qui lui ôte sa place.[1] On ne sait point quel sera son successeur. Il n'est point exilé, on ne sait rien de plus. La journée apprendra quelque nouvelle. Celle dont je suis la plus curieuse et qui m'intéresse le plus c'est l'état de monsieur votre neveu; je ne saurais me persuader [de] sa parfaite guérison, et puis j'ai impatience de savoir s'il sera content ou mécontent de vous. Dites-moi, je vous prie, si Milord Holland a un titre,[2] soit de comte, vicomte ou baron, et si on appelle son fils aîné

---

7. This portrait, which is of D by herself, is copied in her *Recueil de divers ouvrages*.

1. As secretary of state for the war department. He was succeeded by the Duc d'Aiguillon.
2. Baron Holland.

milord. L'Idole, qui sait tout, me soutint qu'on ne l'appelait que 'Monsieur,' et elle fut appuyée par M. de Guines, qui n'est pas, à ce qu'il me paraît, fort au fait de tout ce qui concerne votre pays. M. Francès me le paraît bien davantage, mais il pourrait bien ignorer le fait que je vous demande. Je suis fort bien avec cette Idole, cela ne m'empêche pas de la trouver très bien nommée. Sa belle-fille est très gentille, elle a de l'esprit et du trait. On disait que M. de Monteynard serait peut-être cordon bleu la promotion prochaine. 'Ah! on a donc voulu,' dit-elle, 'lui ménager une grande surprise.'

Les Beauvau sont de retour, la Princesse n'est pas en trop bon état. Mme de Gramont arrivera dans la semaine prochaine, elle passera ici cinq ou six semaines. La santé de la grand'maman n'est pas bonne, j'en suis fort inquiète. Je suis fâchée de ne lui pouvoir être utile, mais tout voyage est au-dessus de mes forces, je ne pourrais pas supporter en m'éveillant de ne me pas trouver chez moi. Le seul bien où j'aspire (et qu'heureusement je peux me procurer) c'est le repos, la vie sédentaire. Je ne me trouve à mon aise que dans mon tonneau.

Je travaille pour votre habit, j'aurai bientôt toute la soie qu'il faut, mais quand il sera fait comment vous le faire tenir? Ce ne pourra être que par l'ambassadeur que nous vous enverrons; tel qu'il puisse être il ne fera pas de difficulté de s'en charger, du moins je l'espère. Je n'ai vu qu'une fois Milord Stormont depuis son retour. Plusieurs étrangers me désertent, il en survient d'autres, cela m'est égal. Adieu, à demain.

Ce dimanche 30.

À peine hier votre lettre[3] me fut-elle rendue qu'on m'annonça Milord Stormont; ainsi vous voilà quitte de me répondre sur Milord Holland et sur M. Fox. Je lui ai parlé de l'affaire de Mme de Mirepoix; il fera tout ce qui conviendra à Madame la Maréchale, et elle, elle fera sans doute tout ce que vous lui prescrivez, elle est actuellement à la cour; dès qu'elle en sera de retour je lui lirai votre lettre, je lui remettrai la procuration et je vous assure d'avance de sa reconnaissance, et pour cette fois-ci vous n'éviterez pas une lettre de remercîments; elle était il y a quelques jours résolue de vous écrire, mais chez elle une idée ne tient pas longtemps, elle est subitement chassée par une autre; actuellement elle est occupée de son habitation, c'est une maison que Mme la Ferrière venait de faire bâtir au bout du jardin de M. de Choiseul, elle donne sur le rempart. Vous

3. HW to D ca 25 Jan. 1774 (missing).

voyez que nous ne serons pas voisines; mon étoile est celle de séparation, mais je loue le ciel de tout.

Je n'appris rien hier sur M. de Monteynard; le Roi ne lui a point écrit, mais il a écrit à M. de la Vrillière à peu près ces paroles:—'Les services de M. de Monteynard ne m'étant plus d'utilité, je vous ordonne d'aller chez lui et de lui dire que je lui ordonne de vous remettre sa démission; je lui défends de venir à la cour sans ma permission.'

La lettre est plus longue que cela, il y ajoute qu'il peut aller où il voudra; on croit qu'il restera à Paris; sa fortune n'est augmentée que de dix-sept mille livres de rente; il y a plus de trois mois que chaque jour l'on disait qu'il serait renvoyé le lendemain, jamais agonie n'a été plus longue.[4]

Ce que vous me mandez sur monsieur votre neveu en cas de rechute ne me paraît pas clair; je n'en puis pas conclure si vous vous rengagerez dans ses affaires ou si vous ne vous en mêlerez plus. Pour la goutte que vous prévoyez à la fin de l'été, j'en ai bien peur, mais comme le dernier accès a été d'une grande violence, peut-être a-t-il épuisé l'humeur. Je le souhaite pour le moins autant que vous.

Je viens d'écrire[5] au petit Craufurd, il faut que ma lettre[6] en réponse à la sienne ait été perdue. Je ne saurais le soupçonner de feindre de ne l'avoir pas reçue; il ne prendrait pas cette peine.

À 7 heures du soir.

Il n'y a rien de nouveau; le successeur n'est point nommé.

From MADAME DU DEFFAND, Monday 31 January 1774

Entirely in Colmant's hand.

Ce lundi 31 janvier, à 6 heures du matin.

ON n'apprit qu'hier à minuit que la guerre était donnée à Monsieur le Duc d'Aiguillon; il n'était pas possible de rouvrir ma lettre pour y insérer cette nouvelle, elle avait été mise à la poste à sept heures du soir.

À neuf heures, comme j'allais sortir, Mme de Mirepoix arriva chez moi, dans l'intention de me demander à souper; j'étais engagée chez Mme d'Anville; je n'eus que le temps de lui lire votre lettre.[1] Wiart

4. See *Mercure historique* clxxvi. 233–4, Feb. 1774.

5. D to Craufurd 30 Jan. 1774, S–A iii. 74.

6. D to Craufurd 17 Nov. 1773, S–A iii. 32.

1. HW to D ca 25 Jan. 1774 (missing).

ce matin en fera une copie qu'il lui enverra avec le modèle de procuration; elle veut vous dire elle-même combien elle est reconnaissante et touchée de toute la peine que vous avez prise; ce que je puis
vous dire c'est qu'elle a beaucoup de goût et d'amitié pour vous, et
c'est ce que je savais avant d'avoir l'honneur de vous connaître.

Je n'ai pu me défendre de vous causer une nouvelle importunité.
M. de Beauvau voudrait avoir deux ou trois bouteilles d'eau de miel,
toute la meilleure, c'est-à-dire deux ou trois pintes. Si vous avez assez
de bonté pour vous charger de cette commission, et celle de la bouilloire pour la petite Comtesse de Boufflers, il faudra mettre dans la
même caisse la bouilloire, deux pièces de moire, et l'eau de miel emballés de façon qu'il n'y ait point de risque qu'elle puisse se casser
et gâter les étoffes; ces étoffes vous seront portées par Couty; s'il y
avait du danger à les mettre avec l'eau de miel, il faudrait faire deux
caisses séparées. À l'égard du payement de toutes ces commissions, il
faudra que vous gardiez l'argent que vous recevrez pour Mme de
Mirepoix, que vous me marquiez à combien se monte la somme que
vous aurez reçue; je la lui remettrai, et je vous enverrai sa quittance,
et avec cet argent que vous aurez entre les mains, vous vous rem-
bourserez des deux bouilloires, de l'eau de miel, et vous aurez la
bonté de payer à Couty le mémoire qu'il vous donnera des emplettes
qu'il aura faites pour moi; et vous ferez mettre sur les deux caisses
l'adresse accoutumée.

Je ne puis vous dire combien je suis fâchée de vous causer autant
d'importunité. Je n'offre à personne de me charger de leurs commissions, et je les refuserai à l'avenir, en disant tout net que vous êtes à
votre campagne ou que vous êtes malade. Pour cette fois-ci pardonnez-le moi, et ne croyez pas, je vous prie, que j'y ai donné lieu en me
vantant de vos bontés. J'en ai beaucoup de reconnaissance, mais je
ne cherche point à en tirer vanité.

From Madame du Deffand, Sunday 6 February 1774

Paris, ce dimanche 6 février 1774.

J'AVOUE que ç'aurait été un grand travers à moi, d'avoir pu
penser que vous fussiez capable, après avoir perdu votre chien
d'en prendre un autre; mais il me souvient que ce n'était point
pour vous dédommager de votre chien, mais pour vous faire souvenir
de votre amie. Si c'est un tort, excusez-le, et convenez que vos correc-

tions[1] ne sont jamais proportionnées à mes fautes. J'ai beau m'observer, j'ai beau ne vous écrire qu'avec crainte et tremblement, je ne suis point encore parvenue à faire une lettre où vous n'ayez pas trouvé quelque chose à reprendre. Je crois facilement que vous ne troqueriez pas vos travers contre les miens, les vôtres vous rendent heureux, et les miens ne me font pas le même effet.

Vous avez été obéi, j'ai reçu une lettre du petit Craufurd, j'en suis très contente. Je lui avais écrit[2] l'ordinaire dernier, cela ne m'empêchera pas de répondre à sa lettre.[3]

Je suis persuadée que vous m'auriez reconnue à mon portrait de quelque lieu qu'il vous fût parvenu. Je l'ai fait selon ma conscience, je l'ai lu à beaucoup de personnes (à quelques compliments près), on est convenu de la ressemblance;[4] je me reproche d'avoir oublié mon aversion pour la philosophie, le romanesque, et la métaphysique. Vous m'auriez refusé ce trait, et il aurait été le plus frappant pour tout le monde.

Ce que vous me racontez de votre neveu m'a fait un plaisir extrême, rien n'est mieux conté, rien n'est plus intéressant. Cette fille[5] est charmante, j'aime mieux cette histoire que tous les romans du monde. Vous y jouez un beau rôle, vous surpassez Grandison.[6] Il m'est démontré que si votre neveu a une rechute vous lui rendrez les mêmes soins; vous voulez être un héros en morale, non pour être admiré (je ne vous soupçonne pas de vanité) mais pour être content de vous-même.[7]

Je crois que Couty arrivera incessamment à Londres; il vous payera les deux bouilloires et les trois pintes d'eau de miel que je vous demande pour M. de Beauvau; il faudra mettre ces bouteilles dans une petite caisse séparée, parce que dans la caisse de la bouilloire il faudra mettre trois ou quatre pièces d'étoffe que Couty vous portera, et adresser ces caisses comme les précédentes. Je vous demande mille pardons de toutes ces importunités, je ferai en sorte que ce soient

1. D had first written 'punitions.'
2. D to Craufurd 30 Jan. 1774, S–A iii. 74.
3. D to Craufurd 12 Feb. 1774, S–A iii. 82.
4. HW thought otherwise. In the criticism of D's portraits, which he wrote at the end of her MS *Recueil de divers ouvrages*, he says: 'She constantly thought and spoke unfavourably of her own amazing parts; and knowing no language but her own; nor having ever taken any studious pains (though she had read a vast deal) to improve herself, she imagined that she was more ignorant than many others.' In a footnote to the same passage, he says: 'M. du Châtel's character of her is much more just than her own of herself, so is M. de Forcalquier's' (Appendix 3f).
5. 'Patty,' Lord Orford's mistress.
6. See *ante* 20 Dec. 1769.
7. 'I have offered to continue to be his steward. . . . I have set an example of an uncle treating a nephew, pronounced an incurable lunatic, with more tenderness and respect than ever was heard of' (HW to Mann 2 Feb. 1774).

les dernières. Avisez, je vous prie, comment je pourrai vous faire tenir votre habit, il ne peut partir qu'après Pâques. Votre ambassadeur n'est de nulle ressource, je ne l'ai vu que deux fois depuis son retour. J'ai eu ces jours-ci la visite de l'ambassadeur et de l'ambassadrice de Sardaigne; elle est fort accueillante, son genre de politesse est agréable; il est facile et familier, elle n'est point embarrassée, et elle n'embarrasse point.

Nous avons ici depuis mercredi la Duchesse de Gramont, elle y restera six semaines, elle me traitera bien, c'est une déférence qu'elle est bien aise d'avoir pour sa belle-sœur; je pourrais me flatter de lui être agréable, elle me l'assure d'un ton fort naturel, mais j'ai acquis une défiance que je place peut-être à tort et à travers, mais dont il me serait impossible de me défaire. On dit que la défiance est mère de sûreté, elle ne l'est pas assurément de l'agrément et du plaisir.

Vous ne me dites pas un mot des changements du ministère;[8] c'est sans doute par prudence, mais je suis si indifférente pour toutes ces sortes d'événements que tout ce que j'en dirais et qu'on m'en dirait serait sans conséquence.

Voici une chanson qui court les rues, sur l'air *J'aime mieux ma mie, ô gué:*

> Un Prince[9] avait fait, dit-on,
>   Une batterie
> Qui n'était pas de canon,
>   Mais de menterie.
> Eut-il jamais pu prévoir
> Qu'il perdrait dimanche au soir
>   Son artillerie, ô gué,
>   Son artillerie?

Peut-être n'en sentirez-vous pas le sel.

Les nouvelles[10] que j'ai de la grand'maman sont beaucoup meilleures, et l'Abbé, qui ne saurait tromper sur ce qui la regarde, me paraît content de son état présent. Je voudrais pouvoir vous faire voir des lettres de cet Abbé, elles vous divertiraient, il n'y a point d'humeur plus gaie et d'esprit plus facile.

L'état de Mme de Beauvau est, je crois, très inquiétant, elle ne sort point. On ne sait trop quel remède on peut apporter à son mal; le siège du mal est de façon à ne pouvoir être traité par la chirurgie, les médicaments n'y peuvent rien, on ne peut faire usage que des injec-

---

8. The dismissal of M. de Monteynard.

9. The Prince de Condé (see *post* 20 Feb. 1774).

10. Abbé Barthélemy to D 31 Jan. 1774 (missing) (see D to Barthélemy 6 Feb. 1774, S–A iii. 78).

tions et de beaucoup de régime; je crois que son mari a le bonheur de ne pas juger le mal aussi sérieux qu'il l'est.

Mme de la Vallière se porte à merveille, elle avait été un peu changée, mais elle est redevenue belle; depuis longtemps je ne la vois qu'une fois tous les huit jours, je compte à l'avenir la voir davantage; je ne trouve personne à qui donner à souper. Voilà l'inconvénient de voir bonne compagnie, on ne l'a qu'à tour de rôle, il faut se tourmenter pour rassembler du monde et l'on est toujours au moment de rester toute seule; il faudrait quand on est vieille devenir très dévote, je maudis bien toutes les pensées qui m'ont détournée de le devenir.

Je vous félicite de trouver en vous tout ce qui peut rendre heureux, tout mon désir c'est que vous soyez à l'abri de la goutte.

Je vous prie que l'eau de miel soit dans une caisse séparée, parce qu'il ne faut pas courre le risque qu'elle se casse et qu'elle puisse gâter les étoffes.

Je ne sais pas quand vous recevrez des nouvelles de Mme de Mirepoix. Elle cherche une lettre de M. Taaffe qu'elle ne trouvera peut-être jamais. Vous avez fait tout ce qui dépendait de vous, je lui ai offert de vous écrire tout ce qu'elle voudrait vous faire savoir, nous n'avons plus, l'un et l'autre, qu'à rester tranquilles.

Comme j'allais fermer cette lettre je reçois de Mme de Mirepoix sa procuration. Vous lui ferez tenir son argent comme vous voudrez; ce sera Couty qui vous payera mes dettes.

From Madame du Deffand, Wednesday 9 February 1774

The address is in Wiart's hand; the letter is in Colmant's.
Address: To Monsieur Monsieur Horace Walpole in Arlington Street near St James's *London* Angleterre.
Postmark: FE 14.
Memoranda by HW (unexplained): £ 4 10*
1.8.11

Ce mercredi 9 février.

CECI n'est point une lettre, ce n'est que pour vous prier de vouloir bien, en faisant l'emplette de l'eau de miel, de demander qu'elle soit ambrée; M. de Beauvau aime les odeurs extrêmement fortes. Vous me ferez plaisir de ne point attendre la bouilloire pour la faire partir.

Ce n'est que d'hier que je suis en état de vous répondre sur la ques-

* Crossed out in the MS.

tion du duel de M. d'Hautefort et de M. de Brionne.¹ Comme c'était un fait particulier, qui ne tenait point à l'histoire générale, personne n'en savait rien. J'ai fait interroger Monsieur le Marquis d'Haute-fort.² Il a dit qu'un cadet de sa maison³ s'était en effet battu contre M. de Brionne, parce que celui-ci avait mal parlé de sa sœur,⁴ et qu'il n'en savait pas un plus grand détail.

Vous n'aurez rien compris aux couplets de ma dernière lettre; il y a eu beaucoup d'intrigues pour la charge de grand-maître de l'artil-lerie. Ils ont échoué; et le dimanche trente de janvier il fut décidé que l'artillerie ne serait point séparée du département de la guerre.

From MADAME DU DEFFAND, Sunday 13 February 1774

Paris, ce dimanche 13 février 1774.

ENFIN, vous êtes heureux, j'en suis ravie; si vous pouvez gagner la fin de l'automne sans retour de goutte on pourra chanter vic-toire; j'en ai quelque espérance. Je suis persuadée qu'il n'y a point à craindre de rechute pour monsieur votre neveu, ce n'est point une maladie qu'il a eue, c'est un accident; s'il ne s'était pas frotté le corps de cet onguent qui lui donna une fièvre chaude, et à qui se joignit selon toute apparence une fièvre maligne, il ne serait pas devenu fol. L'étant devenu, il pouvait le rester toute sa vie, mais dès qu'il en est revenu il ne retombera pas. Je voudrais bien en pouvoir dire autant de votre maudite goutte; je crains que l'air de Strawberry Hill ne vous soit contraire; n'est-il pas fort humide?

Vous me demandez d'étranges livres;¹ je n'en différerai pas l'envoi,

1. Charles-Louis de Lorraine (1725–61), Comte de Brionne.
2. Emmanuel-Dieudonné (1700–77), Marquis de Hautefort (*Rép. de la Gazette*).
3. Not identified.
4. Not identified.

1. [1]. Bibliothèque de la Croix du Maine, 6 volumes in 4to	71 livres	12 sous
[2]. Histoire des anciens peuples de l'Europe, 12 volumes	30	
[3]. Histoire de la Maison de Bourbon	21	10
[4]. L'Esprit de la Fronde, 3 volumes	7	10
[5]. Voyage d'Espagne, 2 volumes	3	12
	134 livres	4 sous

This list (without the preceding numbers) in Wiart's hand, is in D's bequest to HW. HW also requested the *Histoire de l'ordre du Saint-Esprit*, and Mallet du Pan's *Discours de l'influence de la philosophie sur les lettres* (see *post* 26 Feb. and 27 April 1774). The latter of these could not be bought in Paris, and the former was missing when the par-cel reached London, but a copy was sold with Nos. 4 and 5 above, SH v. 193. No. 2 was SH v. 163, and No. 3 was SH v. 184. For No. 1 see *post* 20 Feb. 1774.

je vous jure, par la curiosité de les lire, je vais les faire chercher sur-le-champ. Comment vous les enverrai-je? J'accepte avec plaisir la convention que vous me proposez de faire vos commissions, et de vous donner les miennes. Il me vient dans l'esprit, qu'au choix des livres que vous me demandez, que vous voulez faire quelque ouvrage, qui, quand il serait dans notre langue, me serait aussi inintelligible que quand il serait dans la vôtre.

Nous allons avoir incessamment les quatre derniers volumes de la *Rivalité des Anglais et des Français* par M. Gaillard;[2] vous en avez les trois premiers, il faut bien que vous ayez les derniers, mais mandez-moi comment vous voulez que je vous fasse tenir tous ces livres. Vous savez combien est peu obligeant Milord Stormont; monsieur son secrétaire ne l'est guère davantage; il vient de se marier.[3]

Le petit Craufurd m'a mandé qu'il viendra sûrement ici au commencement de l'été, ou à la fin de l'automne, mais vous savez si l'on peut compter sur ce qu'il dit.

Nous sommes en pleine jouissance de la Duchesse de Gramont. Je suis très persuadée qu'elle vous plairait beaucoup, elle a une manière franche, polie, et familière qui fait qu'on est tout d'un coup à son aise avec elle. Je ne sais comment on la trouve à la longue, mais pour en passant elle est très agréable; je suis parfaitement bien avec elle, je ne l'ai cependant encore vue que deux fois; elle serait venue avant-hier chez moi après souper si Mme de Luxembourg ne lui avait pas dit qu'elle y trouverait Mme de Mirepoix. J'étais priée ce soir pour souper avec elle chez Mme de Luxembourg, mais j'étais engagée chez la petite sainte; je pourrai bien les aller voir un moment avant de me venir coucher. Demain je souperai avec elle et tout ce qui l'environne chez les Brienne, c'est-à-dire chez Monsieur de Toulouse. Presque toute la compagnie qui y sera soupera le lendemain chez moi, j'aurai dix-huit personnes. Tant mieux, penserez-vous, je ne pourrai pas dire que je m'ennuie. Je vous permets de le penser et de me le dire, je ne vous contredirai sur rien.

Le bruit courut hier que Mme de Forcalquier avait donné la démission de sa place, je n'en crus rien et quoique je n'aie vu personne qui m'ait dit le contraire je persiste à vous assurer que cela est faux; c'était chez Mme de la Vallière qu'on débita cette nouvelle, mais

2. See *ante* 1 May 1771.

3. Col. Saint Paul m. Anne Weston (ca 1747–1838). Their eld. son, cr. Sir Horace Saint Paul, Bt, was b. in Paris in 1775 (see Sir John Bernard Burke, *Peerage*, 1880, p. 1074; *Notes and Queries*, Series 8, xi. 111).

comme elle ne la tenait pas de bon lieu et que M. d'Entragues l'informe très exactement de tout ce qui se passe et qu'il ne lui avait point écrit, j'ai conclu que le fait était faux, et d'autant plus que j'avais vu Mme de Mirepoix dans la journée qui ne m'en avait rien dit. Elle ne vous écrit point encore parce qu'elle attend d'avoir retrouvé une lettre de M. Taaffe (qu'elle ne retrouvera jamais), dans laquelle lettre il y a le détail des sommes qu'il a reçues à compte pour elle, et des commissions qu'il a payées; elle vous l'enverra dès qu'elle l'aura retrouvée, elle remet à ce temps-là à vous marquer sa reconnaissance, mais en attendant je puis vous dire avec vérité qu'elle est très reconnaissante et qu'elle vous aime beaucoup.

Ne tardez pas à me faire savoir comment il faut m'y prendre pour vous faire tenir vos livres.

From Madame du Deffand, Sunday 20 February 1774

Address: To Monsieur Monsieur Horace Walpole in Arlington Street near St James's *London* Angleterre.
Postmark: FE 25.

Paris, ce dimanche 20 février 1774.

VOS livres sont prêts à partir, mais comment, et par qui? Vous ne prétendez pas apparemment que l'on propose à personne de s'en charger; neuf ou dix in-quarto, et plusieurs in-douze feront une grande caisse. Mandez-moi précisément votre intention, et si vous voulez que je vous envoie les mémoires d'un procès[1] qui font ici le sujet des conversations. Je ne vous rapporterai point l'affaire, les mémoires vous l'apprendront si vous voulez les avoir, et si vous ne vous en souciez pas ce récit vous ennuierait.

Voulez-vous vos livres reliés?[2]

Je vous remercie de votre diligence sur l'eau de miel; vous ajouterez au mémoire des bouilloires les vingt-quatre schellings et six sols qu'elle coûte; je mettrai le prix des livres dans la caisse, qui ira, je crois, à six louis. Il y a six volumes in-quarto de 600 pages, chacun

1. The Goëzmann trial. Louis-Valentin Goëzmann (1730–94), councillor of Maupeou's parliament, accused Beaumarchais of trying to bribe Mme Goëzmann to procure a favourable verdict in the suit between Beaumarchais and the Comte de la Blache. Beaumarchais wrote four memoirs on the subject, the last of which was dated 10 Feb. 1774. They caused a great sensation. HW's copy of 'Carron Beaumarchais' Memoirs quarto' was sold SH vi. 14. The memoirs are printed in Beaumarchais, *Œuvres,* ed. Louis Moland, 1874, 221–322.

2. Virtually all of HW's French books are bound in full English calf.

de la bibliothèque de la Croix du Maine,[3] et la gazette d'aujourd'hui annonce que le prix en sera fort augmenté le 1er avril. Vous vous contenterez, je crois, que ce soit en petit papier; en grand papier cela serait beaucoup plus cher.

Je suis fâchée que votre gaîté soit perdue, c'est mauvais signe pour votre santé, aussi ne me dites-vous point comment vous vous portez, vous n'aimez point à parler de vous; vous trouvez ridicule qu'on parle de soi, vous voulez que les lettres ne soient que des gazettes. C'est le Prince de Condé que vous ne connaissez pas;[4] il demandait d'être grand-maître de l'artillerie.

Le début de M. D.[5] annonce des merveilles.

Je ne suis point du tout en train d'écrire aujourd'hui, j'ai mal dormi, j'ai pris de la casse qui me tourmente, non-seulement je ne suis pas gaie, mais je suis triste, et dans cette disposition il faut se taire.

Milord Stormont prétend que les mémoires que je vous propose doivent être en Angleterre, ils sont d'un nommé Beaumarchais.

Dès que j'aurai votre réponse on fera partir la caisse, vous direz par où vous voulez que je vous l'envoie, si c'est par le carrosse ou par quelqu'autre voie; et vous ferez avec Couty notre décompte.

Peut-être vous écrirai-je mercredi en supplément à cette lettre.

From MADAME DU DEFFAND, Saturday 26 February 1774

Memoranda by HW (unexplained):

Voltaire	Marin
Nicolaï[a]	*Histoire espagnole*
Goëzmann[b]	M. de Chaulnes

Paris, ce samedi 26 février 1774.

C'EST demain le jour de la poste; je la préviens pour n'avoir plus qu'à répondre à votre lettre, en cas que j'en reçoive, comme je l'espère.

3. François Grudé de la Croix du Maine (1552–92), antiquarian. D evidently sent to HW *Les Bibliothèques françaises de La Croix du Maine et de Du Verdier, nouvelle édition*, ed. Rigoley de Juvigny, 6 vols., 1772–3. HW's copy, with a seventh volume, was sold SH v. 188. His copy of La Croix du Maine's *Bibliothèque française*, 1584, was sold SH ii. 167. HW refers to the 'nouvelle édition' of La Croix du Maine in *post* ca 19 July 1774.

4. See *ante* 6 Feb. 1774.

5. M. d'Aiguillon (see *ante* 31 Jan. 1774).

a. See *post* 3 April 1774.

b. See ibid.

Tous vos livres sont chez moi, excepté la petite brochure de *L'In-fluence de la philosophie sur les lettres.*[c] Elle ne se trouve point à Paris; il faut la faire venir de Genève: j'ai pris des mesures pour cela. On ne dit pas de bien de l'*Histoire de la Maison de Bourbon;* elle est d'un M. Désormeaux, médiocre auteur, il doit y avoir une suite, je ne sais pas de combien de volumes. Tous vos livres ne sont que bro-chés; s'ils étaient reliés, la caisse serait beaucoup plus pesante, et les libraires ont dit qu'ils payeraient des droits. Je vous envoie le mé-moire de ce qu'ils coûtent, pour que vous puissiez faire le décompte avec Couty; je ne sais quand son maître reviendra de la campagne.

Vous ne savez pas la résolution que je prends? C'est de ne plus vous écrire à l'avenir de lettres, mais de faire des gazettes comme celles que je reçois du grand Abbé; cela vous sera moins ennuyeux, et à moi plus commode; je vous écrirai chaque jour tout ce que je saurai. Nous attendons aujourd'hui un grand événement, le jugement du procès de ce Beaumarchais dont je vous ai parlé, et dont je suis ré-solue à vous envoyer les mémoires; je serai surprise s'ils ne vous amu-sent pas, surtout le quatrième. Cet homme a certainement beaucoup d'esprit; M. de Monaco l'a invité ce soir à souper pour nous faire la lecture d'une comédie de sa façon, qui a pour titre, *Le Barbier de Séville.* On la devait jouer il y a huit jours; Madame la Dauphine y devait venir: on reçut la veille la défense de la représenter:[1] elle aurait eu certainement un grand succès, quand même elle aurait été détestable. Le public s'est affolé de l'auteur. On le juge tandis que je vous écris. On prévoit que le jugement sera rigoureux, et il pourrait arriver qu'au lieu de souper ce soir avec nous il fût condamné au bannissement, ou même au pilori; c'est ce que je vous dirai demain.

Madame la Duchesse de Gramont[1a] est toujours ici, elle y restera encore trois ou quatre semaines; l'empressement qu'on a pour elle est extrême, rien n'a meilleur air que de la voir, que de lui donner à souper; la Maréchale de Luxembourg ne la quitte pas; elle veut à toute force devenir sa favorite; je n'ai pas la même ambition; je me contente de quelques faveurs passagères; j'ai déjà donné un souper, j'en dois encore donner un autre. Le jour qu'on m'a indiqué est le 5 du mois prochain, mais comme c'est un des jours des grands soupers que la Maréchale de Luxembourg[1b] donne deux fois la semaine, et qu'elle ne pourrait pas venir chez moi, je ne doute pas qu'elle ne

c. By Jacques Mallet du Pan (1749–1800).

1. It was finally acted, 23 Feb. 1775, at the *Comédie française.*

1a. Expanded by HW from Wiart's 'G.'
1b. Expanded by HW from Wiart's 'L.'

fasse remettre mon souper à un autre jour; c'est ce que vous apprendrez par un article de la gazette que je vous annonce, et que je commencerai lundi prochain.

Le grand Abbé me mande que la grand'maman s'est prise de la plus grande passion pour la Comtesse de Coigny[2] qui de son côté l'aime éperdument. Son mari[3] et elle ont quitté Paris à cause du dérangement de leurs affaires; ils s'étaient retirés dans leurs terres, mais je crois qu'ils vont se fixer à Chanteloup; j'en suis ravie pour la grand'maman, qui a le ridicule d'aimer, et de vouloir l'être.

L'Abbé viendra ici vers Pâques et le Marquis de Castellane doit arriver incessamment; je serai bien aise de le voir.

Le Caracciolo nous quittera dans le mois d'avril; il fera un séjour à Naples de sept ou huit mois. Il laissera ici beaucoup de regrets; vous ne sauriez croire à quel point il est ici à la mode; c'est le second tome de M. Hume;[4] on se pâme de rire à tout ce qu'il dit, presque toujours sans le comprendre, ni même l'entendre. Oh! la mode est notre souveraine, et nous gouverne despotiquement.

Il ne paraît aucun livre nouveau; les anciens m'ennuient, et c'est là un des plus grands malheurs; je souhaite que vous ne l'éprouviez pas, et que vous trouviez beaucoup de plaisir à la lecture de ceux que vous recevrez. Vous êtes bien heureusement né; il est bien fâcheux que votre santé ne soit pas aussi parfaite que votre sagesse.

Ce dimanche.

Comme il n'est point arrivé de lettres, je ne ferai point partir celle-ci, et je vais commencer mes gazettes.

Hier, samedi 26, M. Beaumarchais et ses consorts furent jugés;[5] Mme Goëzmann[6] et lui sont condamnés à être blâmés; mais comme vous n'êtes point au fait de l'affaire, il faut que vous lisiez les mémoires avant d'apprendre le jugement; vous aurez le tout ensemble. Le dit Beaumarchais ne vint point souper chez M. de Monaco; le

2. Anne-Josèphe-Michelle de Roissy (ca 1754–75), m. (1767) Ange-Augustin-Gabriel de Franquetot, Comte de Coigny (*Rép. de la Gazette*).

3. Ange-Augustin-Gabriel de Franquetot (1740–1817), Comte de Coigny (Woelmont de Brumagne vii. 789).

4. Hume's amusing eccentricities had made him popular in Paris.

5. A copy of the judgment is printed in Beaumarchais' *Œuvres,* ed. Louis Moland, 1874, pp. 322–3; his memoirs on the Goëzmann case are in ibid. 221–322.

6. Gabrielle-Julie Jamart, wife of Louis-Valentin Goëzmann. Beaumarchais assisted her, some twenty years later (see John Rivers, *Figaro,* [1922], p. 308; René Dalsème, *Beaumarchais,* New York, 1929, p. 418; Paul Frischauer, *Beaumarchais,* New York, 1935, pp. 146–58).

Parlement resta assemblé depuis cinq heures du matin jusqu'à près de neuf heures du soir.

On a appris qu'une petite Mme de Montglas,[7] qu'on avait fait enlever pour l'enfermer dans un couvent à Montpellier, et qui était conduite par trois hommes de la maréchaussée, s'était sauvée; je ne sais si l'on court après: le Prince de Nassau et un M. d'Esterházy[8] s'étaient battus pour elle;[9] son mari[10] est secrétaire des commandements de Monsieur le Comte d'Eu; ci-devant il était Président à la chambre des comptes de Montpellier; Monsieur le Comte d'Eu devint amoureux d'elle l'année où il tint les États à Montpellier.

Toutes réflexions faites, ma lettre étant écrite je vous l'envoie.

Du samedi 26 février 1774, à 9 heures du soir.

Mme Goëzmann blâmée, restitution des quinze louis au profit des prisonniers.

M. Goëzmann, hors de cour.

Bertrand Dairolles,[11] admonesté.

Le Jay,[12] admonesté.

Beaumarchais, blâmé, ses mémoires brûlés par la main du bourreau, comme injurieux, calomnieux, etc.; défense de récidiver, etc.

MM. Bidault,[13] Ader,[14] Malbeste,[15] défense à eux de signer à l'avenir de pareils mémoires.

Le coupable condamné au blâme a ordre de se présenter au Parlement; il se met à genoux, et le juge lui dit: 'La cour te blâme et te déclare infâme,' ce qui le rend incapable de posséder aucune charge publique.

M. Saint Paul veut bien se charger de vous faire tenir ces mémoires.

7. See *ante* 9 Nov. 1767.

8. Comte Esterházy, nephew of Ferenc Esterházy (d. 1785), Chancellor of Hungary (Maria Theresa and Florimond-Claude-Charles, Comte de Mercy-Argenteau, *Correspondance secrète*, 1874, ii. 121, 123–4; A. R. von Arneth, *Maria Theresa*, Leipzig, 1866, p. 103). He is often confused with Comte Valentin-Ladislas Esterhazy, who was in the French service.

9. See *ante* 9 Nov. 1767.

10. See Voltaire to the Marquis de Florian 7 March 1774, in Voltaire, *Œuvres* xlviii. 578; also Louis Petit de Bachaumont, *Mémoires secrets*, Londres, 1780–9, vii. 136, 25 Feb. 1774.

11. Antoine Bertrand Dairolles (Pierre-Augustin Caron de Beaumarchais, *Œuvres*, 1874, p. 323).

12. Edmé-Jean le Jay, bookseller (ibid. p. 248). It was perhaps he who was later associated with Mirabeau, and whose wife was Mirabeau's mistress; if so, he died about 1794 (Evelyn Beatrice Hall ['S. G. Tallentyre'], *Life of Mirabeau*, 1909, p. 342).

13. A lawyer, not further identified (see Beaumarchais, op. cit. 395).

14. Another lawyer (ibid. p. 357). He may have been Augustin Ader (d. 1783) (*Journal de Paris*, 1783, i. 281).

15. A third lawyer (see Beaumarchais, op. cit. 233).

To Madame du Deffand, Tuesday 1 March 1774

Copied at the French post office. Edited from a photostat, made from the copy which is now in the Archives des Affaires Étrangères in Paris, 'Mémoires et documents (1771–4 France) 319, n⁰ 212, f⁺ 333.' Answered, 6 March.

Londres, ce 1ᵉʳ mars 1774.

CHARLES FOX cause des bruits nouveaux:[1] il s'est brouillé avec Milord North[2] le ministre, et l'a attaqué au parlement assez brusquement. Le ministre lui a fait ôter sa charge,[3] ce qu'il ne voulait pas croire, et quand on lui donna sa lettre de démission il dit, 'Bon! voilà un tour de Selwyn.'[4] Ensuite il déclama contre Milord North, qui, a-t-il dit, rabaisse la dignité du Parlement, en ajoutant qu'il s'estime heureux d'en être le martyr: on l'appelle Charles le Martyr d'après son aïeul le Roi.[5] Le peuple croit qu'on l'a chassé, parce qu'il avait volé le trésor public.

Je fus dimanche à mon château, tout est noyé. Je ne pouvais pas me promener, et m'en revins hier assez volontiers. J'aurai en peu de jours un payement pour Mme la Maréchale.[6] Comment le lui remettre? Ne faut-il pas que ce soit par le moyen de l'ambassadeur? Elle peut l'en prier. Est-il vrai que M. de Guines a gagné sa cause?[7] On le dit, et que M. le Prince de Masserano[7a] lui a été très utile. C'est un très honnête homme.

Mon neveu[8] m'écrit des lettres d'une sagesse extrême, mais on me dit qu'il songe à reprendre ses liaisons avec Newmarket,[9] qui sera la pierre de touche.

To Madame du Deffand, ca Saturday 5 March 1774

Missing. Probably written at Arlington Street. Answered, 13 March.

1. He was 'turned out of his place of Lord of the Treasury for great flippancies in the House towards Lord North' (HW to Mann 23 Feb. 1774). See also *Last Journals* i. 298–9.

2. Frederick North (1732–92), styled Bn, 2d E. of Guilford, 1790, first Lord of the Treasury since 1770.

3. As Lord of the Treasury, a position which he had held since December 1772.

4. Fox thought that the letter of dismissal was a trick played on him by Selwyn.

5. Charles I was Fox's great-great-great-grandfather, through Fox's mother. It was Selwyn who called Fox 'Charles the Martyr' (*Last Journals* i. 304).

6. A payment due Mme de Mirepoix from the estate of John Taaffe.

7. Guines, the French ambassador at London, was engaged in a suit against his ex-secretary, Barthélemy Tort de la Sonde, who had used the ambassador's name in conducting secret stock-jobbing operations of his own (*Last Journals* i. 517–21; HW to Mann 7 May 1775; and NBG).

7a. See *post* iv. 203 n.

8. Orford, who was temporarily sane.

9. Racing and gambling had made great inroads upon Orford's fortune.

From Madame du Deffand, Saturday 5 March 1774

Ce samedi 5 mars 1774.

VOUS voilà devenu père de famille; je crains que ce nouvel état ne vous cause bien de l'embarras. Ne pourriez-vous pas marier votre enfant?[1] il faudrait lui trouver une femme qui pût le gouverner; ce serait une chose bien triste pour vous, et un terrible esclavage que d'avoir ce soin éternellement.

Comment pouvez-vous croire que ces vers de Voltaire[2] aient été faits pour moi? Y aurait-il une familiarité plus ridicule que de me nommer *Bergère,* et de m'appeler *ma chère?* et comment pouvez-vous penser que si cela avait été, je ne vous l'eusse pas mandé, et que je ne vous eusse pas montré toute ma colère? Non, ils n'ont point été faits pour moi, mais pour une dame de Genève;[3] et pour que vous n'en puissiez pas douter, et que vous en puissiez convaincre tout le monde, je vous envoie la lettre originale de Voltaire;[4] on a mis ces vers dans le *Journal encyclopédique,*[5] et à la tête, *Vers de M. de Voltaire à Madame la Marquise du Deffand, âgée de quatre-vingt-deux ans.* J'ai pris des mesures pour que, dans le journal suivant, on mît ces propres mots, 'Les vers de M. de Voltaire que l'on a insérés dans notre dernier journal, ne sont point adressés à Mme du Deffand, mais à une dame de Genève.'[6]

Vous me renverrez la lettre de Voltaire; je suis bien aise de la garder pour pouvoir convaincre ceux qui auraient la volonté de me rendre ridicule. J'ai encore eu d'autres chagrins en ce genre; ce petit d'Albon, dont je vous ai envoyé ses vers[7] pour moi, les a fait mettre non-seulement dans le *Mercure,*[8] mais dans une feuille nouvelle, intitulée *Journal des dames;*[9] il y a joint le remercîment que je lui fis dans une très plate lettre,[10] qu'il a tronquée comme il lui a plu. Ce

1. Orford.
2. Voltaire's verses to Mme Lullin (Voltaire, *Œuvres* viii. 539).
3. Mme Lullin, not further identified.
4. Voltaire to D 24 Dec. 1773 (Voltaire, *Œuvres* xlviii. 530).
5. *Journal encyclopédique,* 1774, i. Part iii. 495–6. The same verses, entitled 'À Madame D,' are printed in *Mercure de France,* Jan. 1774, ii. 200–1.
6. The retraction actually printed was: 'N. B. L'Épître de M. de Voltaire insérée dans le journal du premier février n'était pas adressée à Mme la Marquise du Deffand, mais à une dame de Genève' (*Journal encyclopédique* ii. Part iii. 554).
7. See *ante* 26 Jan. 1774.
8. Not found.
9. The prospectus of the *Journal des dames* is in *Mercure de France,* 1 Jan. 1774, ii. 129–37. The first volume was to appear at Easter.
10. D to M. d'Albon 25 Jan. 1774. A MS copy by Wiart of this letter is in D's bequest to HW.

jeune homme a vingt-et-un ans; il m'appelle sa tante, quoique je lui aie représenté que je n'avais point cet honneur, que le neveu de la femme de mon frère ne m'était rien; cela ne l'arrête pas, il veut s'accrocher à moi, croyant que je peux contribuer à établir sa réputation de bel esprit. Je pourrai bien incessamment prendre le parti de l'éconduire.

Me voilà donc dans deux journaux! De plus, dans l'*Almanach des Muses,* on m'attribue une chanson[11] que feu M. Chauvelin avait faite, il y a quinze ou vingt ans, pour feu Madame Infante, Duchesse de Parme. Tout cela m'a donné beaucoup d'humeur, et m'a fait prendre le bel esprit plus en aversion que jamais.

Je vous ai envoyé par le moyen de M. Saint Paul les mémoires de Beaumarchais, quoique Milord Stormont m'eût assuré qu'ils étaient à Londres; ils ont une vogue ici prodigieuse; je crois que le quatrième vous fera plaisir.

Ce dimanche.

J'eus hier la Duchesse de Gramont à souper; nous n'étions que sept à table: elle, Mme de Poix, M. de Toulouse, M. de Stainville, M. de Pont-de-Veyle, Mlle Sanadon et moi; les non-soupants étaient M. et Mme de Beauvau, M. de Chabot, l'Évêque d'Arras et l'ambassadeur de Naples. La Duchesse et l'ambassadeur ont resté jusqu'à trois heures. Elle soupera encore une fois chez moi avant son départ, qui sera le 19 ou 20. Je crois vous avoir mandé que la Maréchale de Luxembourg ne la quitte point; elles étaient avant-hier, vendredi, à l'Hôtel de la Rochefoucauld;[12] je tenais la Maréchale sous le bras, qui, je ne sais si vous vous en souvenez, prend toujours la peine de me conduire à table; elle s'obstina à faire passer la Duchesse avant elle; et elle me dit 'C'est un vœu que j'ai fait qu'à toutes les portes où je me trouverais avec elle, elle passerait la première; oui, ce vœu est antique et solennel.' Je lui dis d'une voix basse et douce: 'Antique, non; vous pouvez vous rappeler qu'il y a trois ans elle avait autant de haine qu'elle a aujourd'hui d'amour.'

La Maréchale de Mirepoix hier à huit heures du soir me fit dire que si je soupais chez moi elle y viendrait; je lui mandai que j'en

11. This song was included in *ante* 14 June 1768; the version printed in the *Almanach des Muses,* 1774, p. 159, and ascribed to D, is quite different.

12. On the Rue de Seine (*Dict. de Paris*).

serais ravie, mais qu'elle y trouverait une dame de province et une Princesse de son sang.[13] Je lui proposai de venir prendre du thé aujourd'hui chez moi, ou que j'irais chez elle. Elle va au Temple et me mande qu'elle ne sait quel jour elle me verra.

Tous ces petits détails de société doivent vous paraître bien froids; il n'appartenait qu'à Mme de Sévigné de les rendre intéressants; elle était toujours vivement affectée, et moi je ne le suis plus de rien.

Nous avons tous vos livres, nous allons faire la caisse. Je n'ai point encore reçu celle de l'eau de miel, j'en suis surprise. Selon votre dernière lettre[14] elle devait être partie le 15 du mois passé.

Vous aurez incessamment la médaille[15] que vous désirez. Couty est à Londres; quand vous saurez le prix de la seconde bouilloire, vous arrêterez nos comptes avec lui. Il vous remboursera vos avances; est-ce que vous voulez me faire présent de l'eau de miel? Cela n'est pas bien, il faut payer les commissions.

Charles Fox est un fol, sans mœurs, sans morale et maintenant sans un sol; je ne le plains point parce qu'il se glorifie de ses vices et de ses folies.

Je vous sais très bon gré quand vous me parlez de votre santé; je suis très aise que le voyage chez monsieur votre neveu[16] soit remis à une meilleure saison. C'est tout de bon que je vous conseille de le marier, je conçois que la presse ne sera pas pour l'épouser, il faudrait lui donner une femme qui fût une personne raisonnable, et que le manque de fortune engageât à l'épouser. Par exemple, Mlle Churchill. Je m'attends que vous allez vous moquer de moi, mais cela ne me surprendra pas, j'y suis accoutumée.

Je ne me souvenais pas que j'avais donné la lettre de Voltaire pour que l'on la fît voir à l'auteur[17] du *Journal encyclopédique,* afin qu'il n'hésitât pas à se retracter; dès qu'on me l'aura rendue je vous l'enverrai, et quand j'aurai vu Mme de Mirepoix je vous manderai quelles mesures vous devrez prendre pour lui faire tenir son argent.

13. Probably Mme de Gramont and the Princesse de Beauvau, with whom Mme de Mirepoix had quarrelled.

14. *Ante* 1 March 1774.

15. A bronze medal of the Pont de Neuilly (see *post* 13 March 1774).

16. Lord Orford had asked HW to visit him at Houghton (HW to Mann 23 Feb.

1774). The visit was made early in March, and HW returned to London 19 March, after a fortnight at Houghton (HW to Mason 19 March 1774).

17. M. Lutton, Rue Ste Anne Butte St Roch, was the Paris agent of the *Journal encyclopédique* at this time; the main editor was M. Weissenbruch at Bouillon.

To MADAME DU DEFFAND, Sunday 6 March 1774

Missing. Probably written at Arlington Street. Answered, 14 March.

From MADAME DU DEFFAND, Sunday 13 March 1774

In Colmant's hand, up to 'à 3 heures'; finished by Wiart.

Ce 13 mars, à 6 heures du matin.

TOUS vos ordres sont exécutés, vos livres sont partis vendredi onze; j'y ai joint une épître[1] de M. de Schuwalof que je crois être de Voltaire, la sentence ou l'arrêt du procès de Beaumarchais, et la médaille en bronze du pont de Neuilly. J'en ai eu une depuis en argent; je vous l'enverrai avec la lettre[2] de Voltaire dont je vous ai parlé; ce sera vraisemblablement par une dame,[3] pour qui M. et Mme de Caraman m'ont demandé une lettre de recommandation. Elle sera de façon que vous la lui pourrez lire; je ne connais point cette femme, mais j'aime les Caraman, je n'ai pu leur refuser cette demande; gardez-vous bien de vous en embarrasser; je suis plus résolue que jamais à ne vous causer ni soins, ni gêne, ni contrainte. J'ai reçu votre eau de miel; le Prince[4] m'a paru étonné du peu; il en désirait trois pintes, et il y en a tout au plus une et demie; je lui ai dit que quand il n'en aurait plus, on lui en ferait revenir.

Cette lettre[5] que vous appelez hors-d'œuvre est très bien nommée, elle n'arriva que jeudi après dîner. C'est un jour de poste, mais elle part le matin, il n'y a pas eu grand mal; je n'aurais pu vous répondre sur votre dernière commission;[6] ce que je fais aujourd'hui en vous envoyant le petit mémoire[7] ci-joint. Il faut vous mettre au fait de notre administration; les premiers gentilshommes de la chambre n'ont aucune juridiction sur l'Opéra, que lorsqu'il est appelé pour des fêtes à la cour. Leur puissance ne s'exerce que sur les deux Comédies, l'Italienne et la Française. L'Opéra a trois directeurs[8] et

---

1. *Épître à Ninon de l'Enclos,* printed Grimm x. 391–4, really written by Comte André Schuwalof (1744–89), nephew of Comte Ivan Schuwalof (*Documents of Catherine the Great,* ed. William F. Reddaway, Cambridge, 1931, p. 347).

2. Voltaire to D 24 Dec. 1773 (Voltaire, *Œuvres* xlviii. 530).

3. Mme Vic (*post* 14 March 1774).

4. De Beauvau.

5. HW to D ca 5 March 1774 (missing).

6. Sir Edward Walpole had asked HW to solicit D's influence with Pont-de-Veyle for a Mr Bishop, actor and dancer, who was going to Paris (Sir Edward Walpole to HW 17 April 1774, and 16 July 1774).

7. Apparently by Pont-de-Veyle.

8. The Opéra was managed, 1772–4, by

c'est à un d'eux que Pont-de-Veyle s'est adressé; je suis ravie de vous avoir secondé dans le désir que vous avez d'obliger monsieur votre frère; je ne cesserai jamais de m'empresser pour tout ce qui pourra vous être agréable et à ceux qui vous appartiennent, ou pour qui vous vous intéressez. J'attendrai l'arrivée de la poste pour fermer ma lettre; si elle ne m'en apporte point de vous je vous croirai parti.

À 3 heures.

La poste ne m'a point apporté de lettres et je n'en suis pas plus savante, parce qu'il n'y a point de courrier d'Angleterre. Ce sera demain que je pourrai juger si vous êtes parti ou non.

Il y a ici un Milord Stanhope,[9] il arrive de Genève, où il a été dix ans pour l'éducation de son fils[10] qui a vingt-et-un ans. Ni le père ni le fils n'ont pas vu une seule fois Voltaire; quel homme est-ce que ce Milord?

La Maréchale a été sept ou huit jours à Paris, je ne l'ai vue que deux fois, elle s'en retourne aujourd'hui, elle me mande qu'elle ne sait pas quand elle reviendra.

Mme de Gramont va aujourd'hui souper au Raincy chez Monsieur le Duc d'Orléans, elle partira samedi ou dimanche. Mme de Luxembourg, qui en a la tête tournée, ira la trouver à la fin de la semaine de Pâques.[11]

From Madame du Deffand, Monday 14 March 1774

Ce lundi 14 mars 1774.

M. ET Mme de Caraman m'ont demandé des lettres de recommandation pour M. et Mme de Vic,[1] qui vous remettront mon petit paquet; ils vont passer un mois ou six semaines à Londres. Je ne les ai jamais vus que deux fois, mais l'intérêt que M. et Mme de Caraman prennent à eux, et l'idée que j'ai prise d'eux me fait vous prier de leur rendre tous les bons offices que vous pourrez.

Je vous écrivis hier que vous pourriez leur montrer la lettre qu'ils

François Rebel (1701–75), administrator-general, and Pierre-Montan Berton (1727–80), Antoine d'Auvergne (1713–97), and Nicolas-René Joliveau, directors (*La Grande encyclopédie*).

9. Philip Stanhope (1717–86), 2d E. Stanhope.

10. Charles Stanhope (1753–1816), styled Vct Mahon, 3d E. Stanhope, 1786.

11. 3 April 1774.

1. Perhaps Louis-Antoine de Vic (d. 1805) (Woelmont de Brumagne ii. 396).

vous porteraient, mais je vous prie de n'en rien faire; je croyais que
je vous dirais les plus belles choses du monde, et il se trouve que je
ne sais que dire. Adieu.

P.S.—Depuis ce billet je reçois votre lettre du 6. Je ne sais si c'est
sagesse ou timidité qui vous fait faire tout ce que vous faites, mais
tout ce que vous faites me paraît bien fait.

J'espérais que vous auriez reçu le procès de Beaumarchais avant
votre voyage;[2] je vois que cela ne sera pas, puisque vous ne l'aviez
pas le 6 et que vous deviez partir le 7.

Je crains que vous ne reveniez pas aussitôt que vous le dites.

Vous voilà dans une dépendance qui me semble ne devoir pas être
de votre goût. Je ne ferai point de réflexion sur cela, non plus que
sur toute autre chose; on est si différemment affecté qu'on se trompe
presque toujours en jugeant des autres par soi-même. J'évite de penser et de réflechir le plus qu'il m'est possible, tout mon désir serait
de vieillir tout d'une pièce, et que mon âme pût s'affaiblir aussi
bien que mon corps, et perdre la faculté de sentir ainsi que celle
d'agir.

Je vous plains de n'avoir plus Rosette. J'ai un petit chien qui m'a-
muse assez, il est fou, caressant, bon enfant. Je crois que je l'aime.

Je ne comprends pas la lettre initiale à propos de M. d'Esterházy;
serait-ce Mme de Damas? Mais le M. d'Esterházy de Mme de Montglas ne doit pas être celui que vous avez vu à Londres,[3] c'est son
cousin qui est marié en Hongrie, et qui est fort riche et fort gros
joueur; celui que vous avez vu est pauvre et au service de [la] France,
grand ami de Mme Greville, et qui logeait l'été passé chez Mme du
Châtelet. Celui-ci est un homme raisonnable, et l'autre est un fou.

Je donnerai à souper après-demain pour la dernière fois à Mme de
Gramont; elle partira vendredi ou samedi comblée de soupers, de
fêtes, de succès et de gloire; jamais il n'y a eu d'exemple d'un pareil
empressement.

Nous perdrons le Caracciolo dans le courant du mois prochain; il
a des affaires à Naples, il veut voir le Roi de Prusse chemin faisant;
il amènera avec lui un petit neveu[4] qu'il veut faire élever ici, il ne reviendra qu'au mois de novembre. Je serai fâchée de son absence, c'est

2. To Houghton.

3. Comte Valentin-Ladislas Esterhazy (1740–1805) went with the Comte du Châtelet to England (Valentin-Ladislas Esterhazy, *Mémoires*, 1905, p. 148). HW had met him in Paris in 1769 (*Paris Jour.*).

4. Probably Carlo Maria Caracciolo (1764–1823), Duca di San Teodoro (Pompeo Litta, *Famiglie celebri italiane*, seconda serie, i. tavola xlvii, Napoli, 1902).

à tout prendre un bon homme, il m'impatiente, il m'amuse; enfin c'est mieux que rien.

Il faudra que vous m'écriviez un petit remercîment pour Pont-de-Veyle;[5] il a été ravi de trouver une occasion de vous obliger.

Je hais l'impertinence de vos échevins;[6] la superbe des gredins est du dernier ridicule.

To Madame du Deffand, ca Tuesday 22 March 1774

Fragment, B ii. 538 n. and part of a sentence quoted *post* 17 April 1774, but evidently belonging to this letter as it is also mentioned *post* 27 March 1774. Probably written at Arlington Street, on HW's return from Houghton.

J'AI reçu les mémoires de Beaumarchais; j'en suis au troisième et cela m'amuse beaucoup. Cet homme est fort adroit, raisonne juste, a beaucoup d'esprit; ses plaisanteries sont quelquefois très bonnes, mais il s'y complaît trop. Enfin je comprends que moyennant l'esprit de parti actuel chez vous, cette affaire doive[1] faire grande sensation. J'oubliais de vous dire l'horreur qui m'a pris des procédures en justice chez vous; y a-t-il un pays au monde où l'on n'eût puni sévèrement cette Mme Goëzmann? sa déposition est d'une impudence affreuse. Permet-on donc chez vous qu'on mente, qu'on se coupe, qu'on se contredise, qu'on injurie son parti d'une manière si effrénée? Qu'est devenue cette créature et son vilain mari? répondez, je vous prie.

. . . elle était prête à prendre des arrangements bien différents.[2]

From Madame du Deffand, Sunday 27 March 1774

The fourth paragraph of this letter was copied at the French post office; the copy is now in the Archives des Affaires Étrangères in Paris, 'Mémoires et documents: France 319 s.d. nº 220.'

Ce dimanche 27 mars 1774.

L'ÉTAT de monsieur votre neveu est bien singulier, et rien ne l'est plus, si ce n'est la résolution que vous avez prise d'en faire votre principale et unique affaire; si vous ou monsieur votre frère aviez des

---

5. For his services to Mr Bishop.
6. D perhaps refers to the refusal of the London sheriffs to kiss the King's hand (*Last Journals* i. 311, 4 March 1774).

1. 'Doit' in Toynbee.
2. See *post* 17 April 1774.

enfants, cela serait naturel, mais vous n'avez que des collatéraux dont vous ne vous souciez point; cependant il faut bien que vous ayez raison.

Je suis fort aise que les mémoires de Beaumarchais vous aient amusé. Vous n'avez donc pas encore lu l'arrêt, puisque vous me demandez[1] quel traitement on a fait à Madame de Goëzmann. Nous ne parlons plus de tout cela ici; je ne vous dirai pas ce qui y succède, ce sont des riens. Je voudrais bien que vous eussiez pu entendre ce que j'entendis jeudi dernier; un homme[2] qui lit, ou plutôt qui joue une comédie tout seul si parfaitement bien, qu'on croit entendre autant de personnages différents qu'il y en a dans la pièce; c'est un prodige, et rien ne m'a jamais fait autant de plaisir; on prétend que j'en aurais eu encore plus si je l'avais pu voir, mais j'en doute, l'illusion n'aurait pu être aussi parfaite; la pièce qu'il nous lut s'appelle l'*Indigent*;[3] il y a huit personnages, un financier jeune et fat, son valet de chambre, un vieux paysan très malheureux et très honnête homme, son fils, sa fille, un notaire plein de probité, son clerc, un procureur grand coquin; dans la dernière scène, ils sont tous rassemblés, excepté le valet de chambre; chaque rôle est si parfaitement joué et avec une telle chaleur et vivacité, qu'il serait impossible que les sept meilleurs acteurs pussent faire le même plaisir; j'ai envoyé chercher cette pièce, elle est plus touchante que comique; c'est dans le genre de La Chaussée;[4] on prétend que le lecteur y ajoute beaucoup du sien, et que cette pièce, telle qu'elle est, n'est pas bonne; elle a été refusée à la Comédie, et elle fait un effet prodigieux jouée par cet homme, qui s'appelle M. Texier. Il est de Lyon, et il y est directeur des fermes; on dit que sa figure est bien, qu'il a beaucoup de physionomie et de grâce; il y a cinq ou six pièces qu'il joue aussi parfaitement; je serais fort aise de les entendre, mais je ne crois pas que cela se puisse. Quand j'aurai lu l'*Indigent,* si je la trouve bonne, voulez-vous que je vous l'envoie? Actuellement vous avez dû recevoir vos livres et le petit paquet que cette dame[5] que je ne connais point a dû vous rendre; ne vous tourmentez point pour elle, je ne la connais pas, je ne vous l'ai recommandée que pour plaire aux Caraman, dont elle est médiocrement amie. Vous m'avez tellement dit de ne refuser aucune com-

1. See *ante* ca 22 March 1774.

2. A.-A. Le Texier (d. ca 1814) (Beuchot's note to Voltaire, *Œuvres* xlix. 113).

3. By Louis-Sébastien Mercier (1740–1814).

4. Pierre-Claude Nivelle de la Chaussée (1692–1754), dramatist, author of the 'genre larmoyant.'

5. Mme Vic.

mission qu'en voici encore une, c'est pour le Président de Cotte, qui m'a donné la médaille d'argent; il est à la tête des médailles et des monnaies, je crois qu'il en est directeur;[6] il m'a dit de vous offrir toutes les médailles dont vous seriez curieux; en échange, si vous voulez lui faire plaisir vous ferez chercher les deux livres qu'il désire et dont voilà la note.[7]

Vous ne me parlez plus de la bouilloire, est-ce qu'elle n'est pas encore faite? L'auriez-vous oubliée?

Ce n'est point parce que les vers de Voltaire sont plats, que je trouve mauvais qu'on soupçonne qu'ils aient été faits pour moi, c'est parce que je trouverais très ridicule qu'on crût qu'il m'appelât *Bergère* et *ma chère*. Je n'ai point entendu parler de lui depuis le mois de décembre;[8] je n'aime point assez à écrire pour me soucier d'entretenir cette correspondance; celle de Chanteloup me paraît plus que suffisante. Mme de Gramont y est retournée le 20 de ce mois, accablée de gloire et de fatigue; elle a été un peu malade en arrivant. Pendant quarante-huit jours qu'elle a été ici, excepté les trois soupers qu'elle a faits chez moi, elle a soupé tous les jours avec vingt-cinq ou trente personnes. À peine était-elle éveillée, que sa chambre était remplie de Princes, de grands seigneurs, de grandes dames; il n'y a point de maîtresse de Roi, de premier ministre, de souverain, de potentat, qui puissent jouir d'une plus grande célébrité. Il faut lui rendre justice, elle n'en avait point la tête tournée; son air est simple, naturel, facile, vous la trouveriez fort aimable; elle m'a fort bien traitée. La Maréchale de Luxembourg a été la plus empressée à lui faire la cour, elle la voyait souvent trois fois le jour, et pour le moins deux; vous pouvez vous souvenir que, dans le temps de l'exil, elle était leur plus grande ennemie. L'Idole a été aussi fort empressée, et elle a obtenu enfin la permission de faire un voyage.[9] Elle ira pendant le séjour que la Maréchale y doit faire, qui sera de quatre ou cinq semaines; elle partira environ le 15 du mois prochain. Le quartier de M. de Beauvau sera le premier, ce qui me fâche fort; il ne passait pas un jour sans me voir, et je reçois de lui plus de marques d'amitié que de qui que ce soit.

Ma société va fort s'éclaircir, les Caraman iront à Roissy les pre-

6. Cotte's position was 'directeur et contrôleur de la monnaie des médailles' (*Almanach royal*, 1774, p. 251).

7. Not with the MS.

8. Voltaire's next letter to D was that of 26 March 1774, Voltaire, *Œuvres* xlviii. 588.

9. To Chanteloup.

miers jours de mai; il ne me restera que les dames du Carrousel, et Mme de Jonzac, qui ne se porte pas bien, et dont le mari diminue bien l'agrément qu'il y aurait à vivre avec elle.

Voilà tout ce que je puis vous mander sur ce qui me regarde.

Comme vous ne dites rien de votre santé je veux me persuader qu' elle est bonne.

Il va y avoir un voyage de huit jours à l'Isle-Adam. On partira mercredi, Pont-de-Veyle en sera; je lui ferai vos remercîments.

Vous recevrez ces jours-ci votre habit de tricot, il a fallu en faire deux paquets.

Est-ce une place à la cour qu'aura Mlle Churchill? j'imagine que ce sera auprès de sa cousine.[10]

From Madame du Deffand, Sunday 3 April 1774

The third and part of the second paragraphs of this letter were copied at the French post office; the copy is now at the Archives des Affaires Étrangères in Paris, 'Correspondance politique, No 223, fo 347.'

Paris, ce 3 avril 1774.

VOUS faites bien peu d'attention à mes lettres, vous leur supposez une énergie qu'elles n'ont point. J'étais bien éloignée de vous demander des soins pour ce monsieur et cette dame,[1] je ne les connais point; les Caraman n'ont pu s'empêcher de me prier en leur présence de leur donner une lettre[2] de recommandation; il leur est fort indifférent qu'ils voient bonne ou mauvaise compagnie à Londres; gardez-vous bien de leur donner à dîner et de les produire nulle part; je consentis à leur donner une lettre parce que ce m'était une occasion de vous envoyer cette médaille. Je suis bien fâchée de ne pouvoir pas vous dire ce qu'elle coûte; mais ne soyez point dans l'erreur, vous ne m'en avez nulle obligation, c'est le Président de Cotte qui me l'a donnée et je n'ai pas imaginé qu'elle dût lui rien coûter, étant directeur des médailles et des monnaies. Je vous ai mandé[3] ce

10. The Duchess of Gloucester. Miss Churchill had no place at court. This was D's misunderstanding of HW's unexplained reference, *ante* ca 22 March 1774.

1. M. and Mme Vic.
2. *Ante* 14 March 1774.
3. *Ante* 27 March 1774

qu'il désirait, si vous le satisfaites, vous serez, je crois, parfaitement quitte avec lui.

Que vous dirai-je de Beaumarchais? Il a été blâmé, il ne peut plus avoir d'emploi ni charge, ni faire aucun acte public, mais il sera plus volontiers admis dans la société qu'il ne l'était auparavant. Quant à présent je ne sais ce qu'il fait, on ne parle point de lui et il fait bien. La dame Goëzmann a été blâmée en même temps que lui, vous trouverez leur sentence avec vos livres. Le Goëzmann a été blâmé depuis pour l'affaire du baptême.[4] Notre ministère ne prend pas beaucoup de part à tous ces gens-là, le D.[5] protégeait le Goëzmann, je crois qu'il l'a abandonné, mais vous l'avez deviné, on ne parle plus de tout cela. Il n'est plus question que d'un M. Texier dont je crois vous avoir parlé, je me le rappelle, j'en suis sûre; je vous avais promis de vous envoyer la pièce que je lui entendis jouer si je la trouvais aussi bonne à la lecture; je l'ai lue, elle est détestable. Je reviens à M. de Beaumarchais; Voltaire est charmé de ses mémoires. Je viens de recevoir une de ses lettres.[6]

Le Président de Nicolaï,[7] dont parle Beaumarchais, est le fils de celui que vous avez vu[8] chez Mme de Jonzac, et que vous n'avez pas bien jugé; il est bête, puant, et crasseux; voilà tout le mal qu'on peut dire de lui, on dit toute sorte de mal de son fils, mais je ne le connais pas.

Toutes mes amies et moi sommes enrhumées; je restai dans mon lit hier toute la journée, mais je compte sortir ce soir pour entendre une autre comédie de M. Texier; c'est en vérité le meilleur spectacle du moment.

Mme de la Vallière a un peu de fièvre, Mme de Jonzac en a eu beaucoup. Pont-de-Veyle, qui se porte fort bien, est à l'Isle-Adam, dont il ne reviendra que mercredi. Il est inutile de lui écrire, épargnez-vous l'un et l'autre cet embarras, tous vos compliments de l'un à l'autre passeront par moi; je suis bonne à cela.

---

4. Goëzmann was convicted of having committed a fault in baptising a child of whom he was the guardian (Grimm x. 411, 1 April 1774).

5. Aiguillon (HW).

6. Voltaire to D 26 March 1774 (Voltaire, Œuvres xlviii. 588).

7. Aimar-Charles-François de Nicolaï (1737–94), guillotined in the Revolution.

8. Aimar-Jean de Nicolaï (1709–85) (Rép. de la Gazette). HW had met him in Paris, 28 Nov. 1765, and again on 23 and 24 July 1771 (Paris Jour.); on the first occasion, he described Nicolaï as 'a tall handsome old man with long grey hair.'

Vos livres ont dû être embarqués sur un navire qui devait partir de Calais le 28. Vous les aurez sans doute quand vous recevrez cette lettre.

Je voudrais savoir le prix de la seconde bouilloire; je vous prie de me le mander dans votre première lettre.

Je ne sais quand je verrai Mme de Mirepoix; ne pourriez-vous pas aisément charger la première personne qui viendra de Londres ici de la somme que vous avez pour elle?

Mandez-moi si la bouilloire sera dans une caisse séparée pour qu'on la porte directement chez Mme de Boufflers. Je voudrais en même temps qu'elle sût ce qu'elle coûte.

To Madame du Deffand, Thursday 7 April 1774

Missing. Written at Strawberry Hill. Answered, 13 April.

To Madame du Deffand, Tuesday 12 April 1774

Copied at the French post office. Edited from a photostat, made from the copy which is now in the Archives des Affaires Étrangères in Paris, 'Mémoires et documents (1771–4 France) n⁰ 223, fᵗ 346–7.' Answered, 17 April.

Londres, le 12 avril 1774.

J'AI lu entièrement les lettres de Milord Chesterfield,[1] qui remplissent deux gros volumes in-quarto, dont un et demi est très ennuyeux, à cause des répétitions, qui ne finissent point. C'est son plan d'éducation pour son fils naturel[2] et il n'y a point de minutie qu'il oublie, si ce n'est le cœur, qu'il consigne au gouverneur.[3] Cet enfant était un gros cochon brutal[4] qu'il s'efforçait de polir et d'en faire un homme de cour, un homme à bonnes fortunes, un homme aimable, dont il ne vint jamais à bout. La moitié du dernier

1. These were first published by Dodsley in 1774; HW's copy was sold SH i. 169 to R. Bentley. HW parodied the letters (see *Works* iv. 355).
2. Philip Stanhope (1732–68).
3. Michael Maittaire (1688–1747) was the tutor mentioned in the earlier letters; Walter Harte (1709–74) was young Stan-

hope's later tutor and travelling companion.
4. See HW's anecdote of young Stanhope eating a cream pie (*Philobiblon Society Miscellanies* xi. 1867–8, 'Horace Walpole's Marginal Notes to Chesterfield's Memoirs,' p. 38).

tome contient des lettres fort agréables, où il parle de nos affaires et de notre monde, mais trop à la hâte. On traduira certainement ces lettres chez vous,[5] si l'on ose, mais j'en doute fort, car il parle avec on ne peut pas moins de respect de la première personne en France,[6] comme il fait aussi de notre dernier Roi.[7] Il dénigre fort injustement feu M. de Cumberland,[8] et parle très librement de plusieurs personnes distinguées, entre autres du Maréchal de Richelieu,[9] comme d'un homme fort aimable, et de feu Milord Albemarle,[10] sans leur accorder un brin d'esprit. Il traite le Cardinal de Bernis[11] avec le dernier mépris, et comme il est assez impartial pour les particuliers de l'un et l'autre pays, Milord Bute[12] n'est pas ménagé; du reste il vous préfère infiniment à sa patrie, mais ce qui me choque surtout, car il parle de mon père[13] avec assez de vérité, c'est qu'il nomme par son nom notre belle et bonne Duchesse et de Bissy.[14] C'est réellement affreux qu'on imprime des lettres particulières quand elles sont si fraîches. Ce n'est pas la seule femme de condition, française ou anglaise, qui n'est pas ménagée; les femmes en général sont très outragées par tout l'ouvrage. Il propose à son polisson Mesdames Dupin,[15] de Caus[16] et de Blot,[17] et même Mme du Boccage[18] qu'il prend

5. French translations appeared at Paris, 1775 and 1789, and in Strasbourg, 1785; selections from the letters were printed in French, London, 1776 (Bibl. Nat. Cat.; BM Cat.).

6. There is a scandalous account of the French royal family in *Miscellaneous Pieces* (Chesterfield's *Letters*, 1774, ii. 571).

7. George II is mentioned in the letter of 17 Oct. 1757 (ii. 382).

8. William Augustus (1721–65), Duke of Cumberland, son of George II. See ibid. and the letters of 23 and 30 Sept. and 17 Oct. 1757 (ii. 374, 379, 382).

9. See the letter of 27 May 1752 (ii. 248).

10. William Anne Keppel (1702–54), 2d E. of Albemarle, is mentioned in the letter of 14 Jan. 1751 (ii. 85).

11. Chesterfield called Cardinal de Bernis a 'p[upp]y' (1 Jan. 1759, ii. 436).

12. See the letter of 30 Sept. 1763 (ii. 465).

13. Sir Robert Walpole is described in the letter of 16 Oct. 1747 (i. 232–3).

14. The MS reads 'selist,' which is meaningless and is probably an error by the copyist at the *Cabinet Noir* (T). Mme

de la Vallière is probably meant by this reference. Chesterfield, in his letter of 25 March 1751 (ii. 123), tells his son that one of the Messieurs de Bissy 'Will naturally carry you to Madame de la Vallière's, unless he is discarded by this time.' The Messieurs de Bissy were Claude de Thiard (1721–1810), Comte de Bissy, and his younger brother, Henri-Charles (1722–94), Comte de Thiard.

15. See the letters of 2 and 16 May 1751 (ii. 140, 152).

16. Also spelled 'Case.' See the letter of 23 May 1751 (ii. 154).

17. See the letter of 15 April 1751 (i. 129, 132).

18. Probably the poet, Anne-Marie Le Page (1710–1802), m. (1727) Pierre-Joseph Fiquet du Boccage. Mme du Boccage was a literary celebrity, and not a woman of noble birth. HW met her several times during his first visit to Paris, 1765–6 (*Paris Jour.*). Chesterfield mentions her in his letter of 3 Jan. 1751 (ii. 79). *See* Grace Gill-Mark, *Anne-Marie du Boccage*, 1927, pp. 1, 7.

pour une femme de qualité. Il loue à l'excès Mme de Sandwich;[19] vous n'en serez pas d'accord; M. de Nivernais[20] comme un modèle. Il fait un caractère fort juste de Milord Bolingbroke[21] et c'est ce qu'il y a de mieux fait. Le Roi de Prusse[22] est son héros; il dit des vérités de Milord Chatham[23] de côté et d'autre, élève aux cieux Voltaire,[24] mais trouve indignes de lui plusieurs de ses derniers ouvrages.[25] Enfin c'est un livre fort curieux, ridicule à plusieurs égards, et qui fera bien plus de mal que de bien. À propos, il donne hardiment à M. de Richelieu Mme la Duchesse de Bourgogne.[26] J'ai toujours entendu dire qu'il s'était caché à quinze ans sous son lit, et de là mis à la Bastille,[27] mais je n'ai jamais ouï dire qu'on soupçonnât la Princesse d'être de moitié. À cet article je ne demande pas de réponse, car je ne suis pas curieux de la chronique scandaleuse. Ce qui vous surprendra après ce que vous venez de lire, c'est qu'on a supprimé force lettres et des portraits de ses contemporains que j'avais la plus grande envie de voir.

On dit que Milord Chatham va se reproduire au parlement[28] pour la question de nos colonies; je n'en crois rien.

Je chercherai moyen d'envoyer son argent à Mme la Maréchale;[29] je ne suis en ville que d'aujourd'hui.

J'oubliais de vous dire que parmi les lettres de Milord Chesterfield il y en a en français, mais pas les meilleures. Milord Stormont pourra vous les prêter. Elles feront bien parler d'elles, à moins que l'ennui d'en lire les trois quarts ne les étouffe.

19. See the letter of 30 June 1751 (ii. 177). D speaks of her, *ante* 5 Jan. 1773.

20. See the letters of 6 July 1749 and 18 Jan. 1750 o.s. (i. 430, 545).

21. See the letter of 12 Dec. 1749 (i. 515–17).

22. Chesterfield called Frederick the Great 'the ablest prince in Europe.' See the letters of 15 Jan. 1754 and 20 Nov. 1757 (ii. 334, 392).

23. Pitt is mentioned in the letters of 11 Feb. 1751, 15 July and 25 Oct. 1765 (ii. 101–2, 487, 493).

24. See the letter of 26 March 1754 (ii. 360). Chesterfield's letter to Voltaire, introducing young Stanhope, 27 Aug. 1752 (ii. 274), is very complimentary.

25. See the letter of 4 Oct. 1764 (ii. 480).

26. In his letter of 27 May 1752 (ii. 248), Chesterfield says that the Maréchal de Richelieu's education was formed by women, and cites the instance that the Duchesse de Bourgogne kept him when he was only sixteen. Marie-Adélaïde de Savoie (1685–1712), m. (1697) Louis, Duc de Bourgogne, and was the mother of Louis XV. See HW's *Memoirs of the Reign of George II*, 1847, ii. 210.

27. Richelieu was put in the Bastille, 22 April 1711, at the age of fifteen, to stop his intrigue with the Duchesse de Bourgogne.

28. Pitt, who had been living in retirement at Burton-Pynsent, did pass through London at this time, but only to arrange marriages for his son and daughter, not to interfere in the disputes about America which were then agitating Parliament (*Last Journals* i. 339).

29. De Mirepoix.

From Madame du Deffand, Wednesday 13 April 1774

Address: To Monsieur Monsieur Horace Walpole in Arlington Street near St James's *London* Angleterre.
   Postmark: AP 18.

Mercredi 13 avril 1774.

JE suis fort étonnée que vous n'ayez point entendu parler des livres. Ils sont partis d'ici le 12 mars, et Wiart a reçu une lettre de Calais de Morel,[1] qui est du 28, qui lui mande que la caisse partira par le premier navire, qu'elle sera adressée à la douane, et qu'il vous donnera avis du départ et du nom du capitaine du vaisseau. Couty a reçu une lettre de son frère, il lui dit qu'il vous a payé ce qui vous était dû, il ne lui marque point quelle somme, ainsi j'ignore ce que la seconde bouilloire coûte, et je ne peux par conséquent le faire savoir à Mme de Boufflers. Cette lettre de Couty est du 7, ainsi que la vôtre, et vous deviez selon lui m'écrire qu'il avait acquitté ma dette. Tout cela s'éclaircira avec le temps, du moins je l'espère.

Je ne comprends pas qu'il ait fait si beau en Angleterre tandis que nous avons eu un temps affreux ici; j'aurais voulu que vos nuits eussent été aussi agréables que vos jours, mais tout est compensé dans la vie.

Je soupai l'autre jour avec Milord Stanhope chez Mme d'Anville, il doit venir chez moi. Je connais fort peu Milady Marie Coke; elle ne m'a point paru aimable.[2]

J'ai reçu des nouvelles de votre cousin de Portugal.[3] Que vous manderais-je de ce pays-ci qui pût vous intéresser? Rien. On parle en effet ici d'une visite de l'Empereur,[4] rien ne m'est plus indifférent. Vous êtes bien heureux de vous amuser de la lecture, je ne suis pas de même. Adieu. Le procès de M. de Guines[5] est commencé. On va avoir un opéra nouveau dont la musique est d'un nommé Gluck,[6] les paroles d'un M. du Rollet.[7] Le sujet est *Iphigénie en Aulide.* Il prétend avoir ajusté les paroles de la tragédie de Racine. J'ai été à une

---

1. This is followed by an illegible word. Marie-Joséphe Morel, a widow, was associated with her brother and sister in forwarding goods to and from England, at Calais (Laurence Sterne, *Letters,* ed. L. P. Curtis, Oxford, 1935, 168 n).

2. Lady Mary, on the other hand, found D fascinating (Lady Mary Coke, *Letters and Journals,* Edinburgh, 1889–96, iii. 233).

3. Hon. Robert Walpole.
4. Joseph II.
5. See *ante* 1 March 1774.
6. Corrected by HW from Wiart's 'Glou.'
7. Marie-François-Louis Gand-Leblanc (1716–86), Bailli du Rollet.

répétition, je n'ai pas entendu un mot, et pour la musique je ne m'y connais pas, ainsi c'est comme si je n'avais rien entendu.

On lit demain une comédie chez moi qu'on nomme le *Célibataire*. Elle est d'un nommé M. Dorat, on la dit jolie; cela me surprendrait, car cet auteur est plat, abondant, et ennuyeux.

From MADAME DU DEFFAND, Sunday 17 April 1774

Paris, ce dimanche 17 avril 1774.

SI les livres que je vous ai demandés pour M. de Cotte ne sont point partis ne les envoyez point; l'Abbé Barthélemy, qui est ici depuis huit jours, les avait doubles et les a offerts au Président. Je leur ferai lire à l'un et à l'autre ce que vous me mandez de votre médaille,[1] je ne doute pas qu'ils ne soient fort aises d'en avoir la description; ils m'ont chargée de vous offrir de satisfaire votre curiosité sur la connaissance que vous voudriez avoir de leur cabinet de médailles, et je vous conseille de l'accepter. Je vous fais mille remercîments des offres que vous me faites pour moi et mes amis; ah! je n'en abuserai pas, je n'ai besoin de rien, je ne voudrais pas vous importuner pour moi, et je ne me soucie pas d'obliger personne. Je suis excessivement lasse du peu de retour qu'on trouve à tout ce qu'on fait pour les autres, et je déteste le monde au point que, si je croyais pouvoir trouver deux ou trois personnes dans un couvent quelconque qui eussent le sens commun, je m'y réfugierais; vous aurez peine à allier cette façon de penser à la vie qu'on peut vous dire que je mène. En apparence elle est agréable, mais elle est bien éloignée de me satisfaire; il n'y a personne de tous les gens avec lesquels je vis sur lesquels je puisse compter, et pour lesquels je puisse avoir le moindre goût, j'en excepte Pont-de-Veyle et Mlle Sanadon; leur société est sûre, et ils ont une sorte d'amitié pour moi; mais comme mon étoile a toujours été de perdre mes amis de façon ou d'autre, Pont-de-Veyle est très malade, et si dangereusement, qu'il y a fort peu d'espérance; il ne me restera plus que Mlle Sanadon, c'est là tout mon trésor, vous le connaissez. Je suis fort invitée d'aller à Chanteloup, mais ce serait tomber de Charybde en Scylla. Je ne perdrai pas le seul bonheur que j'ai, qui est d'être chez moi.

Vous me donnez une grande curiosité des *Lettres* de Milord Ches-

1. Unless *ante* 12 April 1774 is incomplete, D must be referring to HW's previous letter of 7 April 1774 (missing).

terfield; les jugements qu'il porte ne me donnent pas une grande idée de son discernement, cependant il y en a quelques-uns de justes. Si Milord Stormont ne veut pas me prêter ce qui est en français, ne pourriez-vous pas me l'envoyer? Cela me ferait plaisir. Louer Mme Dupin, cela est étrange! passe encore pour Mme de Blot, sa figure, son maintien en imposent; elle a beaucoup d'admirateurs: je ne la connais pas, mais je connais la plupart de ses juges. Je ne sais pas ce que c'est que Mme de Caux, je n'en ai jamais entendu parler. Vous êtes très bien instruit de ce qui regarde M. de Richelieu et Madame la Duchesse de Bourgogne; ce qu'en dit le Milord est une fable.

Vous vous trompez sur la lecture de M. Texier, la seconde lecture de l'*Indigent* m'a fait autant de plaisir que la première; mais je lui ai entendu lire une autre pièce[2] qui ne m'en a fait aucun; demain je lui en entendrai lire une troisième; mais dans l'*Indigent,* soyez sûr que lui tout seul est la meilleure troupe que nous ayons.

Je ne comprends pas comment vous n'avez pas vos livres. M. Saint Paul vient de me mander que Milord Stormont avait donné lui-même votre habit de tricot à M. King,[3] qui est parti d'ici il y a dix ou douze jours avec le fils[4] de M. Burke. J'ai écrit par eux à Mme Cholmondeley, je crois qu'elle ne sera pas mécontente de ma lettre.

Vous m'aviez mandé[5] à l'occasion de mes idées de mariage pour Mlle Churchill *qu'elle était prête à prendre des arrangements bien différents.* Si elle avait été en France et catholique, j'aurais jugé qu' elle allait entrer dans un couvent.

Nous n'avons point encore reçu les comptes de Couty, apparemment qu'il nous apprendra le prix de la bouilloire. L'Idole est plus idole que jamais, elle va à Chanteloup les premiers jours du mois prochain, ne connaissant point du tout la grand'maman; mais elle est fort dévouée à la sœur, à qui elle a fait une cour très assidue. Cette sœur, soupant chez moi, fit de grands éloges de son esprit, et surtout sur ce qu'il était *naturel.* Je ne dis mot, mais quand je fus en particulier, je lui dis qu'elle s'était méprise, et que sûrement elle avait voulu

---

2. Not identified.

3. Rev. Thomas King (1746–1801) went to Paris with young Burke in 1773 (Edmund Burke to Rockingham 10 Jan. 1773, and to Richard Burke Feb. 1773, in Edmund Burke, *Letters,* ed. Harold Laski, 1922, pp. 173, 176). James King (1750–84), the explorer, brother of Thomas, was also in Paris in 1774 (see Edward Baines, *History of . . . Lancaster,* ed. James Croston,

1888–93, iii. 346), and may have replaced Thomas, who was made vicar of Downham in that year (*Victoria History of . . . Lancashire,* ed. William Farrer, 1906–14, vi. 558).

4. Richard Burke (1758–94) (GM 1794, lxiv. pt ii. 770).

5. *Ante* ?22 March 1774. HW's explanation, if he made one, is missing.

dire *surnaturel*. Je ne sais si je vous ai conté que la Maréchale de Luxembourg me disant qu'elle était engagée à cette sœur par des serments antiques et solennels, je dis 'Oh! antiques, non.' Vous savez, je crois, que cet attachement ou plutôt cette passion n'est survenue que depuis la disgrâce.

N'en voilà-t-il pas bien assez?

Je soupe ce soir avec la Maréchale de Mirepoix; elle n'est point encore décidée pour une maison, mais je ne crois pas qu'elle en prenne une dans le faubourg.

Ne sachant plus que lire, j'ai repris Corneille; *Cinna* m'a enlevée, et *Polyeucte* m'a fait plaisir; nos auteurs sont des mirmidons en comparaison, et je préfère Corneille, malgré ses défauts, à nos tragiques les plus corrects. Nous comptâmes hier, l'Abbé Barthélemy et moi, combien il y avait aujourd'hui d'auteurs de tragédie vivants: vous ne le croirez pas, il y en a soixante-trois, dont plus des trois quarts des pièces ont été jouées, et toutes imprimées.

Quand vous aurez lu l'*Épître*[6] du neveu de M. Schuwalof à Ninon,[7] vous me manderez si vous voulez que je vous envoie la réponse de Ninon par M. Dorat. Il lut, jeudi dernier, chez moi, sa nouvelle comédie, le *Célibataire*.

Les pièces des soixante-trois auteurs ne sont que des tragédies, dont il y en a tels qui en ont fait plusieurs; les comédies n'y sont point comprises. Jamais, non, jamais il n'y a eu tant d'esprit, et, vous pouvez en conclure, si peu de goût: oh! pour le coup, en voilà assez.

From Madame du Deffand, Sunday 24 April 1774

Ce dimanche 24 avril 1774.

IL est presque sûr que les choses sur lesquelles je compte le plus n'arrivent point, j'aurais parié mille contre un que j'aurais reçu aujourd'hui une lettre; il y a un courrier, et il ne m'en apporte point. Cela ne m'empêche pas de vous écrire pour vous dire que j'ai reçu les caisses, que ce qu'elles contenaient[1] était très bien emballé, et que je vous renouvelle mes remercîments. Je suis impatiente d'apprendre l'arrivée de vos livres, et de votre habit, apparemment que mercredi j'en aurai des nouvelles.

Pont-de-Veyle est moins mal, j'espère qu'il est hors de danger, mais

6. See *ante* 13 March 1774.
7. Ninon de Lenclos (1615–1705).

1. Probably the Comtesse Amélie de Boufflers' tea-kettle.

c'est aujourd'hui le quinzième jour de sa maladie, et il a encore de la fièvre. Je la crois putride, les médecins disent humorale. Je passe une partie des après-dîners chez lui, c'est un soin que je lui dois, mais qui me dérange un peu.

Je soupai hier chez votre ambassadeur, avec la tribu Trudaine, c'est-à-dire avec le mari et la femme et tous leurs complaisants, qui étaient au nombre de huit ou neuf. Ma bande était plus petite, c'étaient les Necker et leur bonne amie Mme de Marchais;[2] cette dernière prétend m'aimer à la folie; il n'y a point d'attentions qu'elle n'ait pour moi ni de soins qu'elle ne me rende, elle veut me conquérir; ce n'est pas une grande victoire, mais telle est son ambition. On a beau dire, on est toujours flatté de plaire; je ne suis point insensible à ses empressements.

Voltaire n'en a plus pour moi, il a envoyé à tout le monde hors à moi une petite brochure,[3] vers et prose; je vous envoie les vers,[4] la prose est des notes qui auraient été trop longues à copier, et qui ne vous auraient pas fait grand plaisir.

P.S. à 9 heures du soir.

J'ai vu cet après-dîner M. le Chevalier Jerningham, qui m'a remis les livres pour M. le Président de Cotte, et la lettre de change pour Mme de Mirepoix. Il m'a donné de fort bonnes nouvelles de votre santé.

To Madame du Deffand, ca Monday 25 April 1774

Two fragments, B ii. 542 n. and 545 n. Probably written at Strawberry Hill. Answered, 30 April.

UN couvent serait une recette très singulière contre l'ennui, surtout pour vous, qui par malheur ne pouvez lire. Vous avez plus besoin de compagnie que de solitude. Est-ce parmi des sottes, et des folles que vous compteriez trouver une conversation raisonnable?

2. Élisabeth-Josèphe de la Borde (ca 1725–1808), m. (1) (1747) Gérard Binet, Baron de Marchais; m. (2) (1781) Charles-Claude Flahaut, Comte de la Billarderie d'Angiviller (see her second husband's *Mémoires*, ed. Louis Bobé, Copenhagen, 1933, pp. x–xxxi; Lévis, *Souvenirs*, p. 89). 'Mme du Deffand calls her *Pomone* and *la Flore-Pomone*, because, from her inti-

macy with M. d'Angiviller, "directeur des batîments, jardins, etc. du Roi," she had always at her command the finest fruit and flowers, which she largely distributed among her friends' (B).

3. *Dialogue de Pégase et du Vieillard*, with notes by M. de Morza (Voltaire, *Œuvres* x. 195).

4. Not with the MS.

Vous voyez ce qu'il y a de mieux, cela ne suffit pas; des religieuses, des dévotes, des tracasseries valent-elles l'Abbé Barthélemy, les Beauvau, Mme de Mirepoix que vous voyez souvent? La Sanadona ne vous contente point, une demi[1]-douzaine de *Santa Donna*s vous amuse- raient assurément davantage! Ah! mon amie, l'ennui vous doit bien peser, quand il vous fait déraisonner de la sorte! Le voyage de Chan- teloup, que je ne conseille pas, vous dissiperait au moins. Mais que peut-on vous dire? si votre bon esprit, et votre usage du monde sont inutiles pour vous faire supporter les chagrins de la vie, est-ce en changeant de place qu'on y remédie? Une longue vie assure la perte des amis. Je sais qu'on ne console pas par des raisonnements; mais aussi rend-on la vie plus insupportable, en se plaignant d'événements qui sont communs à tous? Vous cherchez des chimères, et ne faites pas usage de votre raison, qui au moins quand on n'est plus jeune peut nous servir de quelque chose.

J'admire aussi Corneille, mais j'aime mieux *Phèdre, Britannicus*, et *Athalie*.[2] Je vous ai dit que *Mithridate* et *Iphigénie*[3] ne me plai- saient point, ni *Zaïre*. J'aime *Mahomet*, et *Alzire*, et *Sémiramis*.[4] Pour vos auteurs tragiques actuels, si l'on doit juger tous sur ceux que j'ai lus, je les crois au-dessous de la plus mauvaise pièce de Corneille. Molière me charme; j'aime infiniment aussi l'*Enfant Prodigue*,[5] et le *Préjugé à la mode*,[6] et l'*Homme du jour*.[7] Mais je vous avoue que je préfère infiniment à tous, les bonnes parties de notre[8] Shakespeare. Il possédait également la nature, et le merveilleux. Racine savait tout ce que l'art peut faire, Corneille ce que l'éducation, et les mœurs d'un siècle outré peuvent faire faire aux hommes. Voltaire a plus de génie que de l'art, mais me paraît moins original que Corneille, moins élégant que Racine. Shakespeare était également grand tra- gique, et grand comique. Il envisageait tout ce que les grandes pas- sions sont capables de faire, ou de sentir, et toutes les nuances des plus petites dans la vie privée.

1. Omitted in Toynbee.
2. Tragedies by Racine; HW had seen performances of all three during his visits to Paris in 1765–6 and 1767 (*Paris Jour.*).
3. Tragedies by Racine. HW does not mention them in *Paris Jour.*
4. Tragedies by Voltaire. HW had seen performances of *Mahomet* and *Alzire* in Paris (*Paris Jour.*).

5. Comedy by Voltaire.
6. Comedy by la Chaussée. HW saw it performed in Paris (*Paris Jour.*).
7. Comedy, also known as *Les Dehors trompeurs,* by Louis de Boissy (1694– 1758).
8. Omitted in Toynbee.

From Madame du Deffand, Wednesday 27 April 1774

Address: To Monsieur Monsieur Horace Walpole in Arlington Street near St James's *London* Angleterre.
Postmark: MA 2.

Paris, ce mercredi 27.

WIART est très étonné que vous n'ayez pas reçu les trois petits volumes de l'ordre du Saint-Esprit.[1] Est-ce qu'à Londres on a fouillé la caisse? Elle ne l'a point été ici, elle a été plombée en présence de Wiart. Quoiqu'il en soit, cette perte est aisée a réparer, on va en faire une nouvelle édition.

Pont-de-Veyle est toujours malade, c'est une manière de fièvre putride. Les médecins la nomment fièvre humorale; il est d'une faiblesse extrême, c'est aujourd'hui le dix-huitième jour de sa maladie; je crains bien de le perdre, c'est un malheur qui m'est propre de ne pouvoir conserver d'amis; la mort, l'exil, mille circonstances guère moins fâcheuses, me les font perdre.

Je vis avant-hier le Chevalier de Jerningham, il m'a remis les brochures et la lettre de change. Le Président de Cotte vous est très obligé. Si vous désirez quelques médailles du règne de Louis XIV,[2] il sera charmé de vous les donner. Je n'ai point vu Mme de Mirepoix et n'ai pu encore lui remettre sa lettre de change.

Ne vous inquiétez point de l'embarras que me peut causer votre petit monsieur,[3] ce sera toujours avec plaisir que je m'occuperai de toutes les choses que vous me recommanderez.

J'ai du rhume et du catarrhe dans la tête qui m'offusquent l'esprit, ainsi je finis.

From Madame du Deffand, Saturday 30 April 1774

Ce samedi 30 avril 1774.

VOTRE dernière lettre[1] est très consolante, je vous en dois bien des remercîments, mais je dois vous demander en même temps bien des pardons de vous avoir forcé à l'écrire.

---

1. HW's copy of the *Histoire de l'ordre du Saint-Esprit,* in two volumes, sold SH v. 193, was probably that by Saint-Foix, reprinted in 1774 from the three-volume edition of 1767.

2. HW had three medals of Louis XIV, and a silver medal of Richelieu, sold SH x. 102, 114.

3. Mr Bishop the dancer, Sir Edward Walpole's protégé.

---

1. *Ante* ca 25 April 1774.

M. de Pont-de-Veyle heureusement est guéri; il sera en état de faire ce que vous désirez pour votre jeune homme; cette affaire ne peut manquer de réussir, j'aurais indépendamment de Pont-de-Veyle le crédit nécessaire pour cela.

Nous sommes ici dans de grandes alarmes; le Roi a la petite vérole; cette nouvelle est peu intéressante pour vous, mais vous devez comprendre qu'elle l'est infiniment pour bien des gens.

Les leçons que vous me donnez me font une telle impression qu' elles m'ôtent pour l'instant l'usage de sentir et même de penser.

Couty est ici; il vous portera les quatre derniers volumes de la *Rivalité.*

Ce dimanche matin.

J'avais quelque envie d'attendre le départ de Couty pour faire partir cette lettre. J'ai relu la vôtre dans le dessein d'ajouter à la mienne, mais j'abandonne ce projet; je vous dirai seulement que je n'ai pas celui de changer de place, et que toutes mes pensées sont très conformes aux vôtres; que je ne balancerais pas d'aller à Chanteloup, où je suis désirée, si je croyais m'y plaire; que je sais très bien qu'à mon âge je devrais être indifférente, insensible, et même dure, et ne pas chercher dans les autres ce qui n'est qu'une vraie chimère, comme vous le dites fort bien. Je suis encore d'accord avec vous, qu'on augmente ses malheurs en s'imaginant de trouver de la consolation à s'en plaindre; vous me le faites éprouver, ainsi soyez sûr qu'à l'avenir je vous épargnerai cet ennui.

L'état du Roi est toujours fort inquiétant, mais les anecdotes de notre cour ne vous amuseraient pas autant que celles de Louis XIV.

Je ne vous réponds point sur les jugements que vous portez de nos auteurs; je n'en juge que par sentiment, et vous par raisonnement, d'où il ne peut pas résulter une grande conformité.

Ne me faites plus de remercîments, ne me parlez plus de reconnaissance, c'est moi qui vous en dois; quand vous me donnez une occasion de vous rendre service, c'est une marque de confiance que vous m'accordez, et c'est la seule faveur à laquelle je prétends.

J'allais oublier de vous dire que la grand'maman, dans sa dernière lettre, me demande de vos nouvelles; elle me charge de vous faire souvenir d'elle, parce qu'elle se souvient beaucoup de vous et vous aime toujours.

To Madame du Deffand, Sunday 1 May 1774

Fragment, B ii. 551 n. Written at Strawberry Hill. Answered, 8 May.

PLINE (*l'Histoire Naturelle*)[1] m'amuse beaucoup. Je n'en avais jamais lu que des morceaux, à cause de l'obligation de fouiller un dictionnaire. Il parle de tout, et au moins n'ennuie point. Le traducteur est bien commentateur. Pline m'a suggéré une idée bien folle, dont je veux vous faire part, faute d'autre matière. Vous savez, n'est-ce pas? que Jupiter Planète a quatre satellites, ou lunes. Eh bien, je me figure un berger, qui dans une pastorale parle de ces quatre lunes-là. Je vais plus loin; je me suis imaginé que dans ce monde-là, tout est dans une proportion quadruple; par conséquent qu'une belle femme a quatre paires d'yeux, et ainsi du reste. Vous voyez qu'un tel système fournit plus que les pigmées, et les géants de Gulliver.

From Madame du Deffand, Sunday 8 May 1774

Ce dimanche 8 mai, à 2 heures.

JE n'attends point l'arrivée du facteur pour vous écrire; quand je ne devrais point recevoir de vos nouvelles, je ne pense pas devoir ne vous pas mander des nôtres. Celles qui nous occupent aujourd'hui sont, à bien des égards, généralement intéressantes. Vous avez su que la petite vérole du Roi se déclara entre onze heures et minuit, le vendredi 30. Les premiers jours, il eut beaucoup d'assoupissement, tous les remèdes ont eu de bons effets, les vésicatoires surtout. Les médecins qui le traitent sont Bordeu,[1] Lorry,[2] Le Monnier,[3] Lassone;[4] il y en a encore plusieurs autres qui le voient, ainsi

1. HW's copies of Pliny the Elder's *Natural History* were a Latin edition in three volumes, Rotterdam, 1669, and a French translation in six volumes (probably part of L. Poinsinet de Sivry's twelve-volume translation, Paris, 1771–82) (MS Cat. and BM Cat.). The French edition was sold SH v. 184; it was this which HW had apparently been reading. The thought in this fragment is enlarged in HW to Mason ? May 1774, which appears in former editions erroneously dated ? 1782.

1. Théophile Bordeu (1722–76). See Lévis, *Souvenirs*, p. 242.
2. Anne-Charles Lorry (1726–83). See ibid. p. 241.
3. Louis-Guillaume Le Monnier (1717–99).
4. Joseph-Marie-François de Lassone (1717–88).

que ses chirurgiens, La Martinière[5] et Andouillé.[6] Le mardi au soir 4 de la maladie, il demanda Mme du Barry; il eut avec elle une courte conversation, et le lendemain elle partit à quatre heures pour Rueil, avec la maîtresse de la maison,[7] la Vicomtesse sa nièce, et Mlle du Barry sa belle-sœur. J'allai ce jour-là souper à Versailles; je rendis une visite à la Maréchale;[8] je me trouvai un peu mal après souper, non pour la fatigue du voyage, mais pour avoir bu ou mangé quelque chose qui me fit mal; ce ne fut rien, je partis à minuit avec l'Idole qui m'avait voiturée; elle est plus sublime que jamais. Depuis ce jour, la maladie a suivi doucement et lentement son cours. Hier samedi, qui était le 8, il a demandé et reçu ses sacrements, à sept heures du matin. Ne se sentant pas la force de parler lui-même, il chargea son grand aumônier,[9] qui l'avait administré, de parler pour lui, lequel dit à l'assemblée: 'Messieurs, le Roi m'ordonne de vous dire (ne pouvant parler lui-même) qu'il se repent de ses péchés, et que, s'il a scandalisé son peuple, il en est bien fâché; qu'il est dans la ferme résolution de rentrer dans les voies de sa jeunesse, et d'employer tout ce qui lui reste de vie à défendre la religion.'

Voici le dernier bulletin:

Du 8, à 8 heures du matin.

Le redoublement a commencé plus tard hier au soir, et a augmenté par degrés pendant la nuit; sa marche a été modérée, et Sa Majesté a bien dormi jusqu'à cinq heures et demie, auquel temps le pouls s'est fort élevé, la chaleur augmentée, et il est survenu quelques moments de délire. Ces accidents ont diminué à la suite de quelques efforts pour vomir, et des mouvements d'entrailles; la suppuration ne paraît point avoir été ralentie, les vésicatoires vont bien.

Je ne rendis, le mercredi, à la Maréchale qu'une très courte visite; je soupai chez M. de Beauvau; je reçois de lui journellement toutes sortes de marques d'amitié et d'attention.

Pont-de-Veyle est guéri, mais sa faiblesse est si grande qu'elle ne lui permettra peut-être pas de sortir de longtemps.

La Maréchale de Luxembourg est encore à Chanteloup, elle n'en

---

5. Germain Pichault de la Martinière (1696–1783), first surgeon to the King (Emmanuel, Duc de Croÿ, *Journal*, 1906–7, i. 197).

6. Jean-Baptiste Andouillé (*L'Intermédiaire des chercheurs et curieux* c. 769, ci. 87).

7. Mme d'Aiguillon.

8. De Mirepoix.

9. The Cardinal de la Roche-Aymon (*Almanach royal*, 1774, p. 150).

reviendra que dans dix ou douze jours; à son retour elle ira en passer autant à Montmorency.

Les Caraman partent mardi pour Roissy. Dans ce moment-ci Paris est désert, tout le monde est à Versailles. Je ne fermerai ma lettre qu'à sept heures du soir.

À trois heures et demie.

Je reçois dans ce moment votre lettre du 1er mai; je dirai tantôt à Pont-de-Veyle l'intérêt que vous prenez à lui.

Je vous remercie de nouveau de celui que vous prenez à mon amusement; je n'ai jamais été dans la disposition de me mettre dans un couvent; mais je sens que cette disposition conviendrait fort à mon âge et à mon état, et je suis fâchée que mon goût m'en éloigne.

Mme Marchais vous déplairait beaucoup quoiqu'elle ait de l'esprit. Je reçois avec plaisir les marques de son amitié, sa situation ne me permettra jamais de beaucoup vivre avec elle, son mari[10] est un des premiers valets de chambre du Roi; il reste toujours à Versailles, il déteste Paris, elle n'y vient qu'en passant. Mme Necker est son intime amie. M. Necker me plaît beaucoup; il a de l'esprit, de la gaîté, et de la simplicité, mais de toutes mes connaissances celle qui me convient le mieux, ce sont les Caraman. Ils vont être absents pendant six mois, peut-être irai-je passer quelques jours chez eux dans le courant de l'été, mais je n'aime point en m'éveillant à me trouver hors de chez moi.

Je ne comprends pas bien le parti que vous pouvez tirer de ces quatre lunes dont les habitants ont quatre paires d'yeux.[11] Mon imagination n'est point assez exaltée pour s'amuser ni s'occuper des idées extravagantes, subtiles et sublimes; je suis toujours terre à terre, et je n'ai d'esprit que par le sentiment: j'entends par sentiment ce que mes sens me font sentir et connaître; ma tête, mon âme, mon esprit, ne vont point par delà.

Je crois ma correspondance avec Voltaire absolument finie; je n'aime point à écrire, et moins j'ai de choses à faire, moins j'ai de pensées, et plus de paresse. On a grand tort de juger des autres par soi-même; il n'y a presque personne qui se ressemble, chacun en naissant a apporté sa façon d'être; les réflexions, l'expérience ne changent point le caractère, elles font qu'on s'afflige de n'en avoir pas reçu un plus heureux; on le combat, on croit même dans quelque occasion

10. Gérard Binet (ca 1711–80), Baron   11. See *ante* 1 May 1774.
de Marchais (*Rép. de la Gazette*).

l'avoir vaincu, mais on est bientôt détrompé. Je ne croirai jamais, quoi que vous en puissiez dire, que les chimères, les rêveries puissent véritablement amuser. Si c'est votre façon d'être, j'avoue que je n'ai aucun rapport avec vous sur cela; le merveilleux est mon antipode; j'y préférerais le plat. Il y a un livre qui a pour titre le *Maintenoniana:*[12] c'est un recueil de tout ce qu'on a dit de Mme de Maintenon; on n'est point fâché de se le rappeler. Cette femme avait beaucoup d'esprit, beaucoup de jugement et de caractère; elle pouvait bien n'être pas aimable, elle avait peu ou point de sensibilité; je m'étonne qu'elle fût si sujette à l'ennui.

À 8 heures du soir.

Les uns disent que cela va beaucoup mieux, et les autres beaucoup plus mal.

From Madame du Deffand, Wednesday 11 May 1774

Ce mercredi 11 mai 1774.

VOILÀ bien des nouvelles. Le Roi mourut hier à trois heures après midi. Le Roi, son successeur, ses deux frères, et leurs femmes, partirent à six heures pour Choisy; ils occupent le grand château, et les trois Mesdames, qui n'ont pas quitté le feu Roi, sont établies dans le petit. Tous ceux qui auront à parler au Roi s'adresseront à la Reine, jusqu'à ce que l'époque soit donnée par le Roi qu'on puisse lui parler à lui-même; il est déjà décidé que, pour les ministres, il les verra au bout des neuf jours. M. de Beauvau, qui est de quartier, est à Paris; il a remis son bâton à M. de Tingry, et il le reprendra quand le Roi aura signifié le jour qu'il reverra ceux qui entraient dans la chambre de son grand-père. Vous pouvez juger combien de conjectures, de spéculations! Pour moi, je n'en fais point; après avoir pleuré le défunt Roi, je ressens tant soit peu de joie de l'espérance (qui ne peut être mal fondée) de revoir incessamment les exilés.[1] J'ai encore un plaisir peut-être plus grand: M. de Beauvau, l'homme du monde le plus estimable, et le plus digne d'être aimé, immédiatement après la mort du Roi, monta chez sa sœur, la Maré-

12. Bosselman de Bellemont, *Maintenoniana, ou choix d'anecdotes intéressantes . . . tirés des lettres de Madame de Maintenon*, Amsterdam, 1773 (BM Cat.). This is probably not the *Mémoires de Maintenon*

in 25 vols. which was among the books from D's library chosen after her death by the Prince de Beauvau (Appendix 2).

1. The Choiseuls.

chale,[2] et l'embrassant, lui dit: 'Le mur qui nous séparait n'étant plus, nous serons, suivant mes désirs, unis pour jamais.' La pauvre Maréchale avait besoin de cette consolation.

J'aurais eu hier au soir à souper les Beauvau, si je n'avais pas été engagée chez les Necker à Saint-Ouen; je les aurai ce soir. J'ai écrit ce matin à la Maréchale pour lui proposer d'y venir; elle n'a point fait réponse par écrit, et a fait dire verbalement qu'elle y viendrait; je n'ai pas d'autres sûretés. C'est pour moi une grande joie que cette réconciliation; hier quand je l'appris, j'en eus une si grande émotion, que les larmes m'en vinrent aux yeux. Cette façon d'être est bien ridicule, c'est un grand travers à quelqu'un de mon âge, mais qu'y puis-je faire? D'ailleurs tous mes amis me la passent, et ne se scandalisent pas de ma sensibilité.

Je continuerai ma gazette. On dit que le Roi sera porté demain à Saint-Denis; je ne sais pas quelle cérémonie on fera. Je vous manderai tout cela.

On dit que la dame est encore à Rueil, on ne sait où elle ira. Notre bon Schuwalof l'appelle toujours Mme *Barbari*.

Adieu, jusqu'à dimanche.

P.S.—Si votre petit danseur n'est pas encore parti ne le faites partir que dans un mois, parce qu'il n'y aura point de spectacles d'ici à ce temps-là, et que les directeurs seront à la campagne. C'est Pont-de-Veyle qui me charge de vous donner ce conseil, et de vous faire bien des compliments de sa part; il ne se porte pas encore trop bien.

From Madame du Deffand, Sunday 15 May 1774

Ce dimanche 15 mai, à 2 heures.

JE n'attends pas le facteur, et je reprends la suite des nouvelles. Mercredi, Madame la Princesse de Conti alla à Choisy, et demanda au Roi le retour de son fils.[1] La réponse du Roi, qui était alors avec la Reine, fut que, par respect pour la mémoire du feu Roi, il ne devait point changer précipitamment ce qu'il avait décidé. Sur cela, Madame la Princesse de Conti répliqua qu'il était d'un bon Roi

2. La Maréchale de Mirepoix who had been constantly in the society of Mme du Barry, and had on that account quarrelled with her brother the Prince de Beauvau (B).

1. The Prince de Conti.

d'examiner les motifs qui avaient décidé son fils au parti auquel il s'était décidé, et sur ce point, le Roi répliqua qu'il ne manquerait pas de faire cet examen. Alors, la Princesse proposa d'expliquer lesdits motifs; et comme la Reine offrit de se retirer, Mme de Conti ajouta qu'elle craindrait d'être importune au Roi dans le moment actuel, qu'elle ne voulait point abuser de ses bontés, et s'en alla: et moi j'ajoute qu'elle fit très bien. Cette conversation éloigne un peu mes espérances; je crains que le retour de mes amis ne soit pas prochain.

Jeudi, le Roi accorda les grandes entrées à ses douze menins,[2] grâce très singulière; et qu'il n'y avait, sous le feu Roi, que celle qu'on avait par ses charges.

L'Évêque de Chartres[3] fut nommé grand aumônier de la Reine; c'est le frère du Duc de Fleury. L'Évêque de Nancy, Abbé de Sabran,[4] premier aumônier de la Reine; Lieutaud,[5] premier médecin du Roi; Lassone en survivance; M. de Paulmy, chancelier de la Reine. Ordre à tous les du Barry de ne se point présenter à la cour. Lettre de cachet pour enfermer le grand du Barry[5a] à Vincennes, et [le] conduire ensuite à la citadelle de Perpignan; mais il s'est évadé, et sera peut-être à Londres plus tôt que cette lettre. Je ne me souviens plus si dans ma dernière je vous ai mandé que Mme du Barry, le mercredi, avait eu ordre de se rendre au couvent du Pont-aux-Dames, avec défense d'y voir personne; depuis cela on lui a permis de voir ses belles-sœurs et nièces. Mais voici la plus grande nouvelle de toutes. Jeudi au soir, M. de la Vrillière fut porter à M. de Maurepas[6] cette lettre du Roi:

Dans la juste douleur qui m'accable, et que je partage avec tout le royaume, j'ai de grands devoirs à remplir; je suis Roi, ce nom renferme

2. The Ducs de la Vauguyon and Quintin, the Prince de Montmorency, the Marquis de Choiseul, Montmorin-St Herem, la Roche-Aymon, Beaumont, and Belsunce; and the Comtes de Pons, Cossé, Bourbon-Busset, and Damas de Crux (*Almanach royal*, 1774, pp. 151–2). The Marquis de la Roche-Aymon was Antoine-Charles-Guillaume (1751–1831) (Albert, Vicomte Révérend, *Titres . . . de la Restauration*, 1901–6, iv. 192). The Comte de Pons was Charles-Armand-Augustin (1744–94), guillotined in the Revolution (Woelmont de Brumagne ii. 492). The Comte de Cossé was Hyacinthe-Hugues-Timoléon (1746–1813) (St-Allais x. 466). The Comte de Damas de Crux was Louis-Étienne-

François (1735–1814) (Ange-Hyacinthe-Maxence, Baron de Damas, *Mémoires*, 1922–3, i. 326). The Marquis de Beaumont was Jacques-Abraham (b. 1743).

3. Pierre-Augustin-Bernardin de Rosset de Rocozel de Fleury (1717–80) (*Rép. de la Gazette*).

4. Louis-Hector-Honoré-Maxime de (1739–1811), Bishop of Laon, 1778 (Pius Bonifacius Gams, *Series Episcoporum*, Ratisbon, 1873, p. 560).

5. Joseph (1703–80).

5a. Jean-Baptiste du Barry (1722–94).

6. Maurepas had been disgraced and exiled in 1749 because of his epigram on Mme de Pompadour. See Appendix 45.

bien des obligations; mais je n'ai que vingt ans, et je n'ai pas les connaissances qui me sont nécessaires; je ne puis pas travailler avec les ministres, tous ayant vu le Roi pendant sa maladie; la certitude que j'ai de votre probité, et de votre profonde connaissance des affaires, m'engage à vous prier de m'aider de vos conseils; venez donc le plus tôt qu'il vous sera possible.

Le lendemain matin vendredi, M. de Maurepas arriva à Choisy, eut une audience de cinq quarts d'heure, fut très bien reçu de la Reine, et très fêté de Mesdames; il revint coucher à Paris; il est retourné ce matin à Choisy, et Mme de Maurepas revint vendredi de Pontchartrain. Si j'apprends quelque chose de plus, je l'ajouterai. Voilà le facteur qui arrive, il m'apporte une lettre; je l'ouvre avec quelque crainte.

J'ai eu tort d'avoir peur; votre lettre[7] est très bien; vous avez très bien jugé: le 11 était le jour le plus critique, il a été en effet celui de la mort.

Je doute que le Beaumarchais vous fasse autant de plaisir à voir, qu'il vous en a fait à le lire; avant ses mémoires, il passait pour un homme de mauvaise compagnie.

Vous trouverez dans la *Rivalité* des endroits fort agréables, fort intéressants, et même assez beaux, mais il y a bien des inutilités ennuyeuses. Les *Voyages*[8] de Montaigne paraissent; le *Discours préliminaire* m'a plu, mais je crois que les *Voyages,* dont je n'ai lu que cinquante pages, n'étaient pas dignes d'être donnés au public.

Je crois vous avoir mandé que je devais donner à souper le mercredi à Mmes de Beauvau et de Mirepoix; cela a été fait, et ce souper pourrait faire une scène de la comédie de Dufresny, *La Réconciliation normande,* excepté cependant la fausseté: la froideur fut extrême. Le Prince va demain au Port-à-l'Anglois dîner chez sa sœur; si je me porte assez bien, je serai de la partie.

Pont-de-Veyle, quoique guéri, ne sort point encore; sa faiblesse est extrême.

J'ai reçu hier des nouvelles de la grand'maman; je ne crois pas que, quand on leur accorderait leur rappel, elle en profitât pour revenir avant cet hiver, ce qui me contrariera beaucoup.

J'oubliais, parmi mes nouvelles, de vous dire que le contrôleur

7. Missing.
8. *Journal du voyage de Michel de*   *Montaigne en Italie* . . . ed. Querlon, Rome and Paris, 1774 (Bibl. Nat. Cat.).

général,[9] ainsi que tous les autres ministres, ira jeudi à Choisy; qu'il portera un mémoire de projet de retranchement pour soixante-sept millions.

On ne doute point que la Bellissima ne se retire incessamment. La Comtesse de Gramont, qui était exilée de la cour, a été rappelée; elle exerce actuellement sa charge de dame du palais.

Mme de Luxembourg n'est point encore de retour de Chanteloup, je l'attends avec impatience.

J'aurai demain à souper Mme de Beauvau, mais pas le Prince; je crois qu'il restera au Port-à-l'Anglois toute la soirée, mais j'aurai l'Archevêque, l'ambassadeur de Naples, M. de Guines, et encore quelques autres dont je ne me souviens pas; je m'aperçois très sensiblement que je perds la mémoire.

Le Roi doit aller à Versailles passer quatre jours, pour recevoir tous les compliments; il habitera dans son logement de Dauphin. De là il ira à Compiègne, où il restera trois mois; ensuite il ira à Marly, et puis à Choisy, d'où il partira pour Fontainebleau; on dit qu'il en reviendra vers la fin de novembre.

S'il y a quelque chose de nouveau d'ici à mercredi, je vous le manderai.

From MADAME DU DEFFAND, Wednesday 18 May 1774

Paris, ce 18 mai 1774.

JE vais vous copier ce que l'Abbé Barthélemy m'écrit:

Je ne sais d'où vient lorsque vous me parlâtes de la médaille de M. Walpole je ne vous en marquai point de curiosité. Je me le reproche aujourd'hui, et je vous prie d'obtenir de lui des éclaircissements sur cette médaille. Quel est son poids? Comment elle lui est parvenue? Et si l'on n'a aucun soupçon sur son authenticité? Il disait que cette médaille était d'or et qu'elle représente Auguste ou Antoine au revers d'Octavie.[1] Je lui aurai beaucoup d'obligation s'il veut satisfaire ma curiosité. Je ne vous en aurai pas moins si vous avez la bonté de l'assurer de mon respect et de mon attachement.

---

9. Terray.

1. 'Gold medal of Marc Antony: reverse, the head of Octavia, the only one of her known, which makes this medal of the highest value' ('Description of SH,' *Works* ii. 450). It was sold SH ix. 82 to the British Museum for £66 3s.

Votre petit homme[2] est arrivé. Je le menai hier chez Pont-de-Veyle, il est content de sa figure, c'est un maître de langue qui est son interprète. Pont-de-Veyle lui a dit d'aller chez Rebel ou Berton,[3] qui sont les directeurs de l'Opéra. Il lui a dit de porter la lettre qu'il m'a rendue;[4] ils verront le cas que vous faites, et les louanges que vous donnez à notre théâtre, ce qui ne peut faire qu'un très-bon effet. Si vous aviez reçu ma lettre plus tôt, le petit homme serait arrivé plus tard. Nous serons encore près d'un mois sans spectacle, mais il ne perdra point son temps, il apprendra notre langue et fréquentera un de nos anciens danseurs nommé Lany,[5] qu'il a déjà vu et qui lui a déjà donné quelques conseils ou leçons.

Nous avons deux de nos Princesses qui ont la petite vérole.[6] L'éruption de celle de Madame Adélaïde se fit avant-hier entre onze heures et minuit, et de Madame Sophie hier matin. Le Roi est à la Meute et a laissé les Princesses ses tantes à Choisy.

Comme cette lettre ne partira que lundi, elle pourra avoir bien des additions.

Ce dimanche 22, à 3 heures après midi.

Pour reprendre le fil des nouvelles il faudrait être plus au fait que je ne le suis de tout ce qui se passe. M. de Beauvau a repris le bâton jeudi dernier et n'a point repris la plume; je n'apprends rien que par les gens qui vont et viennent chez moi, et j'ajoute peu de foi à tout ce qu'on débite. Il y eut jeudi conseil d'État, et le lendemain conseil de dépêche, où M. de Maurepas assista. Le voyage de Compiègne est retardé de quelques jours. Il ne sera pas avant le 8 du mois prochain. La cour restera à la Meute jusqu'au moment du départ pour Compiègne. Le Roi a travaillé avec tous les ministres en particulier. On disait hier que M. de la Vrillière était malade.

On n'a des bulletins des trois tantes du Roi que les après-dîners. Hier cela n'allait pas mal, on croyait que Madame Victoire allait aussi avoir la petite vérole; je vous manderai ce que j'en apprendrai dans le cours de la journée. Excepté cet article je crois que je n'aurai rien à vous apprendre avant que l'on ne soit à Compiègne.

Je soupai hier au Port-à-l'Anglois chez la Maréchale; je compte y

2. Mr Bishop.

3. 'Breton' in MS.

4. ?HW to D 13 May 1774 (missing).

5. Jean-Barthélemy Lany (d. 1786) (Charles Collé, *Journal et mémoires*, 1868, i. 4; *Journal de Paris*, 1786, i. 364, 371).

6. The daughters of Louis XV had caught smallpox in tending their father during his last illness.

retourner mardi avec Mme de Luxembourg. Je ne sais quel jour j'irai à Roissy leur rendre visite, et je suis bien plus incertaine du temps où j'irai faire un petit séjour. Je ne puis me déterminer à découcher; peut-être prendrai-je le temps que Mme de Mirepoix y sera, elle y doit passer quelques jours; j'espère qu'alors mon pauvre ami Pont-de-Veyle sera tout à fait guéri; j'aurais quelque peine à m'éloigner de lui, je vais le voir tous les jours, et les soins que je lui rends lui sont agréables. Quoique sa maladie paraisse finie, elle a des suites qui m'inquiètent; il a le dévoiement, il est d'une grande faiblesse. Je serais fort affligée de le perdre, je ne puis douter de son attachement, c'est la personne sur qui je compte le plus, parce qu'il m'aime autant qu'il est capable d'aimer.

Je suis fort touchée de l'intérêt que vous prenez à ce qui me regarde. Je ne prévois pas qu'il puisse arriver aucun changement dans ma situation, soit en mal soit en bien. On ne parle point encore d'aucun retour d'exilés, c'est ce que j'attends avec le plus d'impatience. Mais quoiqu'il arrive je suis sûre de ne point revoir la grand' maman avant l'hiver prochain.

Je suis fort bien avec Milady Marie Coke, je la vois assez souvent, elle est fort mécontente de l'Idole; d'ailleurs je ne sais point avec qui elle vit. Ce qui est de singulier c'est qu'elle ne m'a pas nommé votre nom,[7] ni moi à elle. Mme de Cambis et elle se sont fait mutuellement beaucoup de coquetteries; elles soupèrent ensemble chez moi avanthier avec toute la Russie.

Je n'ai point vu Mme de Marchais depuis tous nos grands événements. Elle est restée à Versailles auprès de son mari; son frère M. de la Borde[8] a ordre de ne plus paraître à la cour, je ne doute pas qu'elle n'en soit fort affligée. Elle prétend avoir beaucoup d'amitié pour moi; j'en ai beaucoup de reconnaissance, mais il n'en résultera pas je crois une grande liaison.

J'appris l'autre jour par une lettre de Mme Greville que M. Craufurd avait actuellement la passion des échecs. Je suis bien étonnée que Mme Cholmondeley n'ait point répondu à une lettre que je lui écrivis par le petit Burke. Je la remerciais de deux livres de thé que je croyais qui venaient d'elle, et qui m'étaient envoyées par Mme Crewe. Si vous la rencontrez, demandez-lui pourquoi je n'entends plus parler d'elle.

7. Lady Mary had not forgiven HW for being the uncle of the Duchess of Gloucester.

8. Jean-Benjamin de la Borde.

À 9 heures du soir.

Le bulletin de Madame Sophie de huit heures du matin n'est pas trop bon, ni celui de Madame Adélaïde. Celui de Madame Victoire dit qu'il a paru quelques boutons. On a donné à M. de Maurepas le logement qu'avait Mlle du Barry dans le château, à côté de celui de Mme du Barry; on y a ajouté quelques pièces. Celui de Mme du Barry est donné au nommé Thierry,[9] qui était premier valet de chambre du Dauphin. Le Roi a donné le Petit Trianon à la Reine; cette Princesse est adorée et tout ce qu'on en raconte doit en effet la rendre adorable. Le Roi ne veut point qu'on paye le joyeux avènement,[10] qui est un objet, dit-on, de cinquante-quatre millions.

To Madame du Deffand, ca Wednesday 25 May 1774

Missing. Probably written at Strawberry Hill. Answered, 29 May.

From Madame du Deffand, Sunday 29 May 1774

Paris, ce 29 mai 1774.

IL serait fort heureux que les lettres fussent ouvertes à la poste comme vous paraissez le croire; votre dernière[1] me procurerait des biens infinis. Mais je ne pense pas que Louis XVI puisse jamais savoir que j'existe, et je n'ai pas l'ambition qu'il l'apprenne. On ne parle point du retour de mes amis, voilà tout ce qui m'intéresse. Je ne cherche point de protecteurs à la cour; il n'y a nulle apparence que Monsieur de Toulouse y ait une place. Mme de Forcalquier n'a point quitté. Le mari[2] de Mme du Barry est le frère de celui qu'on appelle le grand du Barry;[3] et il s'appelle Guillaume. Le Vicomte est le fils du grand du Barry. Voilà tout ce que vous me paraissez curieux de savoir. Je souhaite que vous ayez beaucoup de plaisir à votre campagne.

9. Marc-Antoine Thierry (d. 1792), killed in the massacre at the Abbaye (Charles-Claude Flahaut, Comte de la Billarderie d'Angiviller, *Mémoires*, Copenhagen, 1933, p. 210).

10. 'C'était l'usage que le nouveau maître d'un royaume, d'une seigneurie ou d'un évêché reçût au moment de sa prise de possession quelque don gratuit de ses subordonnés. Ce présent fut bien vite considéré comme un tribut obligatoire . . . On l'appelait le *Joyeux avènement*. Les rois de France, jusques y compris Louis XV, ont perçu cet impôt très exactement' (*Lalanne*).

———

1. HW to D ca 25 May 1774 (missing).

2. Guillaume du Barry (d. 1811) (Marius Tallon, *La Vicomtesse Adolphe*, Privas, 1892, p. 266).

3. Jean-Baptiste du Barry (1722–94).

Quand vous prendrez la peine de m'écrire, ne vous gênez point à faire une lettre ostensible; elles sont inutiles pour ma fortune et mon bonheur, et elles me font médiocrement de plaisir.

Je doute que les *Voyages* de Montaigne puissent vous plaire. Je vous les enverrai par Milady Marie Coke. Elle ne m'a pas encore proféré votre nom,[4] et quand je lui remettrai ces *Voyages* ce sera la première fois que je lui aurai nommé le vôtre. Je me flatte que vous devez être content de la tournure qu'a prise notre connaissance. Vous ne m'accuserez plus d'affectation; n'en ayez point à votre tour en me prodiguant des marques d'intérêt sur des choses qui ne m'intéressent point.

On ne sait point encore le temps du sacre du Roi. La Reine n'est point couronnée; aucune dame n'est admise à cette cérémonie. J'ai un livre[5] qui contient soixante-quatorze estampes de toutes les cérémonies du sacre de Louis XV, avec le nom, et la description des habits de tous ceux qui y représentaient, et qui y avaient des fonctions. Ce livre est extrêmement grand; je doute que Milady Marie Coke veuille s'en charger. Si vous avez quelque autre occasion, mandez-le-moi; je vous l'enverrai en avancement d'hoirie.

Le Roi ni les Princes ne se feront point inoculer; il est des préventions impossibles à détruire.

J'espère que vous n'aurez point la goutte.

Je vous félicite du calme dont vous jouissez. C'est un bel exemple pour qui a vingt ans plus que vous.

To MADAME DU DEFFAND, Tuesday 31 May 1774

Fragment, B ii. 569 n. Probably written at Strawberry Hill. Answered, 6 June. Dated in *post* 22 June 1774.

JE ne sais si on peut faire d'un Français tout ce qu'on veut, mais je sais très bien qu'on peut arriver à changer le naturel d'un chat, aussi facilement que celui d'un Anglais. Soyez donc sûre que d'un chat vous ne ferez jamais un chien. Demandez à Buffon.[1] Il vous dira

4. 'Mr Walpole (who I shall never place again among the number of my friends) came to thank me for a packet I brought him from Madame du Deffand' (Lady Mary Coke, *Letters and Journals*, Edinburgh, 1889–96, iv. 363).

5. *Le Sacre de Louis XV* (ibid. iv. 363n), probably that edited by Antoine Danchet (Antoine-Alexandre Barbier, *Dictionnaire des ouvrages anonymes*, 1872–9, iv. 401).

1. HW's copy of Jean-Louis Leclerc (1707–88), Comte de Buffon's *Histoire naturelle*, 17 vols, was sold SH iv. 121. D had a letter from Buffon to Mme de Genlis copied in her MS *Recueil de lettres*. Her edition of Buffon was in 36 vols (Appendix 2).

que si vous contrariez un chat, il s'enfuira, que d'autres vous égrati-
gneront, que c'est la plus mauvaise espèce, quoique peut-être pas la
plus incorrigible.

From Madame du Deffand, ca Wednesday 1 June 1774

JE comptais vous envoyer cet édit[1] par la poste, mais le départ[2] de
Milady Marie Coke me détermine à le faire partir avec les livres.
La marge n'en aurait pas été coupée si j'avais su vous l'envoyer
par cette voie. Je crois que vous en serez content.

M. de Beauvau a obtenu la survivance de sa charge de capitaine
des gardes du corps pour son gendre le Prince de Poix, qui n'a que
vingt-et-un ans.

On ne doute point du renvoi de MM. d'Aiguillon et de la Vrillière.[3] On ne fait que des conjectures sur les successeurs. Il n'est pas
encore question du rappel des exilés. Le Maurepas n'augmente point
en crédit; le Roi paraît vouloir être plus instruit avant de se déclarer,
il y entre aussi du respect pour son prédécesseur.

Je crois vous avoir mandé la réconciliation des deux belles-sœurs.[4]

Est-ce que vous avez quelque annonce de goutte?[5] J'en suis inquiète.

From Madame du Deffand, Sunday 5 June 1774

Paris, ce dimanche 5 juin 1774.

VOUS me divertissez par le soin continuel que vous prenez de
m'assurer que vous êtes incorrigible; croiriez-vous encore que
j'aie le dessein de vous corriger? Oh! non, c'est un projet tout à fait
abandonné; vous êtes fort bien comme vous êtes: et j'en suis fort contente. Pourquoi croyez-vous que je voudrais que le petit Craufurd
changeât de manière d'être? Vous dites qu'il m'est fort attaché, je lui
en suis fort obligée et certainement je ne lui en demanderai aucune
preuve.

1. Louis XVI's first edict (see *post* 5 June 1774).
2. She left Paris, 1 June 1774, which is probably the date of this letter (Lady Mary Coke, *Letters and Journals*, Edinburgh, 1889–96, iv. 359).
3. 'I was this evening at Madame du Deffand. Somebody who came in told her the Duke de la Vrillière was very ill, to which she said it was very lucky; he could not die more apropos than at this time, as it would save his disgrace' (ibid. iv. 356, 23 May 1774).
4. Mmes de Mirepoix and Beauvau (see *ante* 11 May 1774).
5. HW seems to have been free from gout at this time.

Je vous ai envoyé par la Milady les *Voyages* de Montaigne, et le premier édit de ce règne;[1] elle me fit dire qu'elle partait et j'envoyai mon paquet chez elle; c'est une femme qui me paraît bien médiocre. Je vois rarement votre ambassadeur, mais il me plaît assez, il a de la douceur, de la noblesse, et du piquant et toutes les apparences d'un fort honnête homme.

J'ai déjà trouvé quelque agrément dans la réconciliation des deux belles-sœurs, et ce qui me fait le plus de plaisir, c'est la satisfaction qu'en reçoit le Prince.[2] Ce Prince est véritablement mon ami; ses attentions sont suivies; ce qui me surprend, c'est qu'elles ont l'apparence du goût et de l'amitié; je suis et je serai toute ma vie plus sensible qu'il ne faudrait l'être; c'est peut-être un effet d'amour-propre; mais il faut vous dire des nouvelles.

M. d'Aiguillon donna sa démission jeudi au soir; il n'est point encore remplacé; on a donné, en attendant, à M. Bertin le portefeuille des affaires étrangères. La Bellissima a donné sa démission le même jour que M. d'Aiguillon; elle est remplacée par la Duchesse de Quintin. Les trois Princesses sont guéries; le Roi ne les verra qu'à Compiègne. Il reçoit aujourd'hui, à la Meute, la députation du Parlement, de la Chambre des comptes, de la Cour des monnaies, et de l'Académie. Il va demain à Versailles pour faire lever le scellé du cabinet du feu Roi; la Reine lui donnera à dîner au Petit Trianon qui lui appartient. Les jours suivants, il recevra tout le monde; les femmes seront en grand habit; et le 13, il partira de la Meute pour se rendre à Compiègne, où il restera jusqu'à la fin du mois d'août; j'espère que, pendant ce séjour, il sera question du rappel de mes amis.

Je ne parlerai à l'Abbé de votre médaille que quand j'aurai reçu vos dernières instructions.

From MADAME DU DEFFAND, Monday 6 June 1774

Entirely in Colmant's hand.

Ce lundi 6 juin, à 6 heures du matin.

QUELQUE peu curieux que vous soyez de nos nouvelles, j'imagine que vous aimez mieux qu'on vous mande celles du jour que celles qui auraient une semaine d'ancienneté. Je vous dirai donc que le Roi nomma hier au soir le Chevalier du Muy, secré-

1. Louis XVI's first edict, registered by the parliament, 30 May 1774 (*Mercure historique* clxxvi. 654–8).

2. De Beauvau.

taire d'État de la guerre, et M. de Vergennes, ministre des affaires étrangères; vous savez qu'il est notre ambassadeur à Stockholm, et en attendant son retour, M. Bertin a le portefeuille. Voici les réponses du Roi et de la Reine au Parlement:[1]

LE ROI.

Je reçois avec plaisir les respects de mon Parlement; qu'il continue de remplir ses fonctions avec zèle et avec intégrité, il peut compter sur ma protection et ma bienveillance.

LA REINE.

Vous travaillez pour l'autorité du Roi et pour la fortune et l'intérêt de ses sujets; vous devez compter sur mes sentiments toujours.

Je crois vous avoir mandé que M. de Beauvau a obtenu pour le Prince de Poix, son gendre, la survivance de sa charge de capitaine des gardes; il n'a que vingt et un ans. Vous ne m'avez point mandé que M. de Conway[2] allait je ne sais où. Votre comparaison[3] des Anglais aux chats est très juste, excepté que les chats ne se glorifient pas d'être chats; je n'ai pas besoin de M. de Buffon pour connaître leur caractère et savoir qu'ils ont des griffes; je sais la différence qu'il y a d'eux aux petits chiens. Je compte pour toujours m'en tenir à ceux-ci; j'en ai un charmant, et ce n'est point une parabole.

From Madame du Deffand, Wednesday 8 June 1774

Address: To Monsieur Monsieur Horace Walpole in Arlington Street near St James's *London* Angleterre.
Postmark: IU 13.

Ce mercredi 8 juin 1774.

VOILÀ encore une nouvelle commission que je vais prendre la liberté de vous donner, malgré le désir que j'ai de ne vous pas être importune. Le hasard m'a fait voir Monsieur le Duc d'Orléans, il est fort goutteux; on lui dit que l'on usait de bottines en Angleterre, dont on se trouvait fort bien, que j'avais un ami qui en faisait usage. Il était difficile de ne pas offrir à lui en faire venir. Je vous se-

1. These responses were sent to D by Mme Garville in a note which was bequeathed by D to HW.
2. 'Kanoé' in MS. Conway went to Germany and Austria in the summer of 1774 to see the annual reviews of Prussian and Austrian troops. In October he rejoined his wife and daughter in Paris, where he spent the winter.
3. See *ante* 31 May 1774.

rai donc fort obligée si vous voulez bien m'en envoyer par la première occasion.

La cour n'a produit aucune nouvelle depuis les dernières que je
vous ai mandées.

To Madame du Deffand, Monday 13 June 1774

Missing. Probably written at Strawberry Hill. Answered, 22 June.

To Madame du Deffand, Wednesday 15 June 1774

Missing. Probably written at Strawberry Hill. Answered, 22 June.

From Madame du Deffand, Sunday 19 June 1774

Address: To Monsieur Monsieur Horace Walpole in Arlington Street near St
James's *London* Angleterre.
Postmark: IU 24.

Ce dimanche 19 juin 1774.

SI vous avez reçu une lettre de moi[1] qui vous ait déplu, elle n'était
pas d'un genre à vous faire craindre qu'elle pût avoir des suites.
Je ne vous dirai point ce qui me porta à l'écrire, l'excuse vous paraîtrait peut-être pire que la faute. Vous me ferez plaisir de l'oublier et
de ne rien craindre pour l'avenir.

M. de Choiseul vint à Paris dimanche passé, il fut fort bien reçu à
la cour où il fut le lundi à dix heures du matin. Il dîna chez Mme du
Châtelet, soupa chez Mme de Brionne, et repartit le mardi pour
Chanteloup; il n'a pas eu le temps de me voir. Son projet est de ne
revenir ici qu'au mois de décembre.

Le Roi et ses frères sont établis à Marly depuis vendredi, ils furent
tous inoculés hier à neuf heures du matin.

Le voyage de Compiègne est remis aux premiers jours du mois
d'août.

J'ai reçu une grande lettre de Monsieur le Duc de Richmond[2] par

1. Probably *ante* 29 May 1774.

2. The letter, dated 9 May 1774 is
copied in D's MS *Recueil de lettres.*

un M. Izard[3] qui doit, avec madame sa femme,[4] passer quelque temps ici. Il me les recommande, je ne les ai point encore vus, dès que j'aurai reçu leur visite je répondrai à Monsieur le Duc de Richmond; dites-le lui, je vous prie, si vous avez occasion de le voir, et assurez-le que j'aurai toutes les attentions possibles pour M. et Mme Izard; je les dois voir aujourd'hui.

Je veux me flatter que vous répondrez à cette lettre et que votre réponse ne me causera point de chagrin; en vérité je n'en ai pas besoin et je puis dire ce dicton: *je n'ai pas besoin de fort hiver.*

Aurez-vous la bonté de m'envoyer des bottines?

Avez-vous reçu les *Voyages* de Montaigne?[5] Voulez-vous le livre d'estampes du sacre de Louis XV? Je ne l'ai pris que pour vous.

From MADAME DU DEFFAND, Wednesday 22 June 1774

Ce mercredi 22 juin 1774, à 9 heures du matin.

PAR votre lettre d'hier, qui est du 13, j'ai lieu de croire qu'il y en peut avoir une de perdue. Vous me mandez que vous m'avez parlé dans la précédente de M. Conway. Vous ne m'en avez pas dit un mot dans votre lettre du 31 mai que je reçus le 5 juin. Selon votre usage ordinaire j'aurais dû en recevoir le 12 de ce mois une du 7, et le courrier de ce jour-là ne m'apporta rien. Celle d'hier m'est venue par le courrier de l'ambassadeur et me surprit agréablement, parce que n'en ayant pas reçu le dimanche, comme c'est l'ordinaire, je ne savais plus ce que cela voulait dire, et deux ordinaires sans avoir de vos nouvelles m'inquiètent un peu, je l'avoue, sur votre santé.

Je suis fort aise du plaisir que vous donne votre campagne, mais je ne suis pas sans crainte que l'air, qui, à ce qu'on dit, y est fort humide, ne vous ramène la goutte.

Vous aurez été bien étonné de la demande des bottines, c'est une occasion de faire une sorte de cour à Monsieur le Duc d'Orléans; ce n'est pas que je compte jamais le voir, mais c'est le meilleur homme

3. Ralph Izard (1742–1804) (*Dictionary of American Biography*, New York, 1928–36). He was connected with the Richmonds through the Duchess's maternal uncle, Lord William Campbell who had married Sarah Izard (Sir James Balfour Paul, *Scots Peerage*, Edinburgh, 1904–14, i. 385). The Duke of Richmond told D (in the letter mentioned in n. 2 above) that Izard came to England with the intention of settling there and entering Parliament, but that he disliked the English government too much to follow this plan.

4. Alice De Lancey (d. 1832), m. (1767) Ralph Izard (*Dictionary of American Biography*).

5. See HW to Mann 8 June 1774.

du monde et je me suis fort intéressée à ce qu'il a fait pour son bonheur; il l'a su, et m'en sait bon gré.

D'où vient ne m'avez-vous point parlé de l'édit que je vous ai envoyé? Est-ce que le style ne vous en aurait pas plu? J'aime que vous me disiez votre goût.

Je vous ai mandé le retour de M. de Choiseul, sa course ici. La grand'maman est très fâchée qu'il ne m'ait point vu; elle persiste à vouloir me persuader de l'aller trouver dans le mois d'août, où elle sera toute seule, parce que son mari ira à Barèges où est Mme de Gramont. Je n'en ferai rien. Deux années de plus rendent ces sortes d'entreprises bien plus difficiles, et je pourrais dire impossibles. Je la reverrai à Paris. Ce ne sera que dans le mois de décembre, cela est bien long, mais on est encore trop heureux quand on aperçoit un but, et qu'on conserve de l'espérance.

Vos fêtes[1] sont admirables. J'aime le mot de Lindor.[2]

Nos inoculations cheminent bien, nous sommes aujourd'hui au cinquième jour; l'éruption ne tardera pas.

On a mis au bas de la statue d'Henri IV[3] ce mot en grand caractère:—Resurrexit.[4] On l'a laissé deux jours. Un quidam inconnu a fait ces vers et les a mis au-dessous:

D'Henri ressuscité j'aime assez le bon mot,
Mais pour me décider j'attends la poule au pot.

Vous savez sans doute le mot d'Henri IV qui voulait que tous ses paysans devinssent assez à leur aise pour avoir une poule dans leur pot tous les dimanches.

Je vous envoie des vers dont je vous prie de me dire votre avis.

Voici une lettre pour Monsieur le Duc de Richmond; je ne sais point son adresse.

1. Perhaps Lord Stanley's *fête champêtre* (see HW to Sir William Hamilton 19 June 1774).

2. This has not been preserved. Selwyn had been dining at Strawberry Hill (HW to Lady Ossory 14 June 1774).

3. The equestrian statue in the Place d'Henri IV (*Dict. de Paris*).

4. An allusion to Louis XVI (see HW to Mann 10 July 1774 and 2 Sept. 1774). A loose MS scrap in HW's hand (now WSL) from the collection left by HW to Miss Berry reads:
'Duc de la Vauguyon

Louis le Sévère
Hates English
Dauphin's instructions
Nivernais, Maurepas
Mme Adélaïde
Mme du Barry
D'Aiguillon retires
Prince of Conti
Duc of Orléans banished
Chancellor ditto
Not lie with Queen
Choiseul recalled, and Broglie
Resurrexit
great economy'

M. de Pezai a l'honneur de présenter ses respectueux hommages à Madame la Marquise Du Deffent. Il a fait part ce matin avec empressement à M. de La harpe du desir obligeant dont il avoit été le témoin, et M. de La harpe s'est réservé le bonheur de prévenir lui-même en procurant à Madame la Marquise le moyen d'avoir aujourd'hui les vers sur l'édit du Roy.

heureux qui fait des vers que Du Deffant desire,
celui là par le Pinde est sans doute avoué.
de la critique amère à son aise il peut rire,
vous plaire vaut cent fois l'honneur d'être loué.
En beaux Alexandrins l'auteur de Melanie
chante le bonheur des françois;
un édit, parlant de bienfaits,

**PEZAY'S LETTER AND VERSES
TO MADAME DU DEFFAND**

Il faut vous dire que ces vers ont été faits pour une personne[5] qui désirait avoir des vers[6] que La Harpe a faits sur l'édit que vous avez vu; un homme[7] s'offrit de les faire avoir, et le lendemain il lui envoya ces vers-ci.[8] Vous serez le maître de remplir les trois étoiles.

> Heureux qui fait des vers que * * *[9] désire,
> Celui-là par le Pinde est sans doute avoué,
> De la critique amère à son aise il peut rire;
> Vous plaire vaut cent fois l'honneur d'être loué.
> En beaux alexandrins l'auteur de *Mélanie*[10]
>   Chante le bonheur des Français;
>   Un édit parlant de bienfaits,
>   A droit d'inspirer le génie
> Et les bons rois sans doute en charmant l'univers,
> Même en les aimant peu méritent de bons vers.
> Notre jeune Titus aime qu'on parle en prose,
> Il prise plus, dit-on, un épi qu'une rose;
> Tant pis pour nos bosquets, tant mieux pour nos moissons,
> Quoique les moissonneurs fassent cas des chansons.
> Hélas! tout a son prix quand tout est à sa place;
> La gaîté, la raison, et la force et la grâce
> Sont tous des dons sacrés par le ciel départis,
> Qui sans se nuire en rien peuvent être assortis.
>   Le ciel ordonne à la campagne
> De se parer de fleurs, de se couvrir de fruits;
> Les fruits multiplieront sous les yeux de Louis,
> Les fleurs couronneront son auguste compagne,
> Et toutes les saisons respecteront les lis.
>   La Harpe fait donc bien de chanter leur clémence,
> De célébrer en vers le bonheur de la France.
> Mais s'il chante jamais le don de plaire à tous,
> L'art de dire en un mot tout ce qu'un mot peut dire,
> À la Reine du goût s'il consacre sa lyre,
> Tous ses accords seront pour vous.

À 5 heures après midi.

Je reçois votre lettre du 15, elle annonce des bottines. Je ne sais si

---

5. D herself.

6. A MS copy of La Harpe's *Vers à sa Majesté Louis XVI sur l'édit du 31 mai 1774* is in D's bequest to HW.

7. Alexandre-Frédéric-Jacques de Masson (1741–77), Marquis de Pezay.

8. These verses were sent to D by Pezay in a letter which is in D's bequest to HW. See illustration opposite. Wiart's copy of the verses is in D's *Recueil de lettres*, bequeathed to HW; another copy is in the loose MSS which she bequeathed to HW.

9. Du Deffand.

10. La Harpe.

le Prince[11] en fera beaucoup d'usage; il eut plus de politesse que de confiance à sa manière d'accepter quand je lui en fis l'offre.

Je ferai copier l'instruction que vous donnez, j'y joindrai l'effet que vous en éprouvez, mais il y aurait un meilleur moyen d'en convaincre. Le Prince n'est pas si malade que vous, mais il n'est pas de beaucoup plus jeune, il est gros comme un muid. Je ferai donner ces bottines à Mme de Montesson. Je ne sais s'il en fera usage, si elles le guériront, mais ce que je sais et que je vous prie de savoir c'est qu'on ne peut être plus reconnaissante que moi.

Je remets à une autre fois à de vous parler de M. de Guines.

From MADAME DU DEFFAND, Sunday 26 June 1774

Ce dimanche 26 juin 1774.

JE vais répondre à toutes vos questions; il y en a une dans vos lettres précédentes à laquelle je n'ai pas répondu. Mme de Quintin est la fille du Duc de Lorges,[1] sœur de la Vicomtesse de Choiseul, belle-fille de M. de Praslin, et femme du fils[2] de la Marquise de Durfort,[3] l'amie de la grand'maman. Elle s'appelait la Comtesse de Lorges, et on la titra l'année passée, quand elle partit avec Mme de Forcalquier pour aller recevoir Madame la Comtesse d'Artois.

Les inoculés vont fort bien: l'éruption commença hier.

Je vous ai rendu compte du voyage de M. de Choiseul ici, je n'ai pas eu lieu d'en être contente; je le suis infiniment de la grand'maman, ainsi que du grand Abbé. Je viens de leur écrire tout à l'heure ce que vous me mandez pour eux, je ne les reverrai qu'au mois de décembre.

On ne parle point encore du retour du petit Comte,[4] ce qui me fâche beaucoup. Pont-de-Veyle se porte mieux, il sort depuis sept ou huit jours, mais il est d'une grande faiblesse. La Sanadona se conduit toujours fort bien avec moi, elle est plus en 'praslinage' que jamais, elle est le bel esprit de cette société. Les Duchesses du Car-

---

11. The Duc d'Orléans.

1. Louis de Durfort-Civrac (1714–75), Duc de Lorges (Jacob Nicolas Moreau, *Mes souvenirs*, 1898–1901, ii. 290).

2. Jean-Laurent de Durfort-Civrac (1746–1826), Comte de Lorges, Duc de Quintin; Duc de Lorges, 1775 (ibid.).

3. Marie-Anne de la Faurie de Mon-

badon (1720–86), m. (1744) Émeric-Joseph de Durfort-Civrac, Marquis de Durfort, Duc de Civrac (ibid., *Rép. de la Gazette;* Marie-Louise-Victoire, Marquise de la Roche-jaquelein, *Memoirs*, London, 1933, p. 297; *Journal de Paris*, 1786, ii. 1252; Achille-Ludovic, Vicomte de Magny, *Nobiliaire universel*, 1856–60, iii. 114).

4. The Comte de Broglie.

rousel me demandent souvent de vos nouvelles, je les vois souvent. La fille part jeudi pour Bourbonne, en son absence je verrai plus souvent la mère, qui est toujours belle et bonne. M. d'Aiguillon est encore ici; il partira pour Véret quand l'effet de l'inoculation sera passé; il garde sa charge de capitaine des chevau-légers. Tous les ministres sont établis à Versailles, d'où ils viennent travailler avec le Roi; il n'y a que M. de Maurepas qui soit logé à Marly, et cela ne *signifie* rien; il n'y a rien de *signifiant* jusqu'à ce moment-ci, chacun a sa brigue et sa cabale; il n'y a que l'*Almanach de Liége* qui puisse nous dire ce qui arrivera. Avez-vous su la prédiction[5] qu'il y avait dans cet almanach pour le mois d'avril?

Monsieur le Prince de Conti n'a point vu le Roi: sa réconciliation tient à des affaires générales auxquelles on travaille, et qui ne sont pas faciles à arranger; il se porte bien. L'Idole et sa belle-fille sont établies dans une maison qu'elles ont à Auteuil; Mme de Lauzun va s'y faire inoculer, quoiqu'elle l'ait déjà été, mais ç'a été par Gatti, et c'est compté pour rien.

Mme de Luxembourg ne se porte point bien, elle a un rhume affreux. J'en suis inquiète, c'est la personne de qui je suis le plus contente et dont les attentions pour moi sont les plus suivies. La Maréchale de Mirepoix est encore tout en l'air, elle change de maison. Je ne sais point encore quelle sera la forme de sa vie, je prévois qu'elle se livrera au gros jeu. J'ai acquis de nouvelles connaissances dont je fais assez d'usage, Mme Marchais et les Necker. Je vois quelques diplomatiques et quelques évêques. J'aurais l'air d'être votre singe si je vous parlais de mon chien, mais je crois que, sans dessein de vous imiter, j'ai pour lui une aussi forte passion que celle que vous avez eue pour Rosette. Je le tiens actuellement entre mes bras. Il m'aime à la folie, il tire le plus grand parti de tous mes gens, et a avec chacun d'eux des manières différentes; il ne veut pas qu'aucun étranger approche de mon tonneau. Il est tout plein d'âme, je m'occupe excessivement de lui, il n'a encore que dix mois et demi, mais son esprit devance de beaucoup son âge.

Voltaire a écrit à la grand'maman, qui ne lui a pas répondu; il m'a écrit aussi,[6] et m'a envoyé un petit imprimé, l'éloge de Louis XV,[7] très plat; notre commerce est très languissant, je le laisse tomber très volontiers; je n'aime point à écrire, vous n'êtes pas payé pour le croire, car je vous accable de lettres.

5. Not found.
6. He wrote to D, 6 June 1774 (Voltaire, *Œuvres* xlix. 12).

7. *Éloge funèbre de Louis XV*, delivered in the French Academy, 25 May 1774 (ibid. xxix. 291).

Je vous remercie de vos bottines, je ne les ai point encore reçues.

Je vous ai adressé une lettre pour M. de Richmond; celle que j'ai reçue de lui[8] est parfaitement bien, et en vérité dans le goût de celles de Pline, qui est ma lecture du moment: ne m'en avez-vous pas dit, il y a quelque temps, beaucoup de bien?[9] Il y a beaucoup à en dire, j'en suis charmée, c'est dommage qu'il y en ait si peu. Nous avons une feuille périodique, qui a pour titre, *Gazette de littérature;* il y a toujours une petite pièce de vers; toutes les lettres que je vous écris y ressemblent. La petite pièce que vous aurez aujourd'hui est sur un de nos ministres[10] qui tient bon.

> Ministre sans talent ainsi que sans vertu,
> Couvert d'ignominie autant qu'on le peut être,
> Retire-toi donc! Qu'attends-tu
> Qu'on te jette par la fenêtre?[11]

Cette lettre me paraît immense, vous m'en saurez le gré que vous voudrez, mais il n'y a que pour vous que j'en pourrais faire autant.

Est-il vrai que le mariage de Milord Stanley[12] est rompu? Nous avons ici Milord Dalrymple, à qui il ne manque rien qu'un peu d'âme; il a de l'esprit, de la douceur, de la politesse, infiniment de complaisance pour moi; je m'en accommode fort, quoiqu'il m'ennuie quelquefois.

Votre ambassadeur ne fait nul cas de moi, il est absolument livré aux Trudaine, cela ne m'empêche pas de lui trouver de l'esprit et assez de grâces, je le préférerais au Caracciolo; celui-ci est à Naples, dont il ne reviendra que dans six ou sept mois.

Je ne sais pas si vous reverrez M. de Guines, le changement de ministre lui est avantageux; il serait ravi de retourner chez vous; il me plaît assez. Il soupera mardi chez moi avec toute l'Angleterre, les Milords Stormont et Dalrymple, les protégés de M. de Richmond, M. et Mme Izard, et deux de leurs amis[13] que je ne connais pas. En voilà assez. Adieu.

8. The Duke of Richmond's letter to D, 9 May 1774, is in D's MS *Recueil de lettres,* bequeathed by her to HW.

9. *Ante* 1 May 1774.

10. The Duc de la Vrillière (B).

11. Not found.

12. Edward Smith-Stanley (1752–1834), 12th E. of Derby, 1776, m. (23 June 1774) Lady Elizabeth Hamilton (1753–97); they soon separated.

13. One of these was probably Arthur

Lee (1740–92) (*Dictionary of American Biography*, New York, 1928–36). Izard's travelling companion was a 'Mr Lee' (see Ralph Izard, *Correspondence*, New York, 1844, i. 32, George Dempster to Izard 3 Dec. 1774), and William Lee wrote to Richard Henry Lee, 10 Sept. 1774, that Arthur was then in Italy (William Lee, *Letters*, Brooklyn, 1891, i. 87). Izard wrote to Arthur Lee about the latter's acquaintance with Lord Mahon in Paris (Izard to

J'oubliais de vous parler de M. Conway; est-il parti? Où va-t-il? Milady Ailesbury[14] est-elle avec lui? Mme Damer est-elle avec eux? Dans quel temps seront-ils à Paris? Prévenez-moi de tout cela, je vous prie; je me fais un plaisir de voir M. Conway, c'est ce que vous aimez le mieux.

To Madame du Deffand, ca Monday 27 June 1774

Missing. Probably written at Strawberry Hill. Answered, 3 July.

From Madame du Deffand, Sunday 3 July 1774

Ce dimanche 3 juillet 1774.

LES bottines sont arrivées; je réitère mes remercîments; en les envoyant j'y joindrai la manière de s'en servir. Cette lettre n'a point été perdue. Il n'y aurait pas eu grand mal que celle que je reçus hier[a] l'eût été.

Le Comte de Broglie est rappelé, je compte le voir à la fin de cette semaine.

Les inoculations ont eu tout le succès qu'on désirait, tout le monde se porte bien.

Vous voilà donc une nièce[1] de plus?

J'ai reçu une lettre de Voltaire,[2] elle est très raisonnable; je l'enverrai à Chanteloup.

Le papier ne me manque pas comme à vous, mais ainsi que vous je manque de matière. Adieu, bon jour.

To Madame du Deffand, ca Monday 4 July 1774

Two fragments. The first is B ii. 571 n. The second is a sentence quoted by D, *post* 9 July 1774. Probably written at Strawberry Hill.

C'ÉTAIT l'histoire de Pline l'oncle[1] que je vous ai dit m'amusait, mais c'est médiocrement. Pardonnez si je n'aime pas les lettres

Arthur Lee 15 Jan. 1775, in Richard Henry Lee, *Life of Arthur Lee*, Boston, 1829, ii. 75).

14. She was still in England, but Conway had left in June (HW to Sir William Hamilton 19 June 1774).

a. HW to D ca 27 June 1774 (missing).

1. Princess Carolina Augusta Maria of Gloucester (1774–5) was born 24 June (Sir Bernard Burke, *Peerage*, 1928, p. 37).

2. Voltaire to D 25 June 1774, in Voltaire, *Œuvres* xlix. 21.

1. Pliny the Elder's *Natural History* (see *ante* 1 May 1774, 26 June 1774).

du neveu;[2] elles me paraissent plates, apprêtées, et ne contiennent ni anecdotes, ni nouvelles, ce qui m'amuse uniquement; n'excusez pas les vôtres, surtout quand elles sont longues.

Il est bien vrai que je suis difficile; je sais bien mieux ce que je n'aime point que ce qui me plaît.

From Madame du Deffand, Saturday 9 July 1774

Paris, ce samedi 9 juillet 1774.

*I*L *est bien vrai que je suis difficile; je sais bien mieux ce que je n'aime point que ce qui me plaît.*

Voilà un trait de votre lettre[1] qui explique tout ce qui se passe entre nous. Vous ne saisissez jamais avec moi que ce que vous appelez des fautes et des torts, et ne daignez pas remarquer l'attention que j'ai à éviter ce que je sais qui peut vous déplaire. Il est vrai que j'ai envoyé Couty savoir comment vous vous portiez; j'avais été quinze jours sans savoir de vos nouvelles; de plus, il devait venir à Paris, j'étais bien aise qu'il pût vous voir avant. C'est une faute, je l'avoue; ce n'est pas être entièrement corrigée, mais vous conviendrez que je suis en bon train. Je suis persuadée que vous ouvrez actuellement mes lettres sans terreur, et que vous avouerez que je ne vous dis rien de ce que vous imaginez ou pouvez imaginer que je désire; je vous surprendrais si je vous disais que je ne sais pas moi-même ce que je désire. Je trouve tant de danger à vous parler de vous et de moi que je n'ose hasarder de vous dire ce qui peut-être vous contenterait beaucoup.

Il est certain qu'il faut qu'il y ait une de vos lettres perdues, parce que je n'ai point reçu celle où vous me faisiez le détail de M. Conway; celle-là devait être de la fin de mai ou du commencement de juin. Je serai fort aise de voir M. Conway, et je n'espère point du tout que vous accompagniez ses dames; le temps de leur voyage n'est pas celui qu'il vous convenait de prendre (par rapport à votre goutte). Si vous aviez eu le dessein de venir ici, je prévois que vous n'y viendrez jamais. Je ne m'en plaindrai point, soyez-en sûr, et vous n'aurez point à souffrir de la différence de mon caractère au vôtre.

2. Nevertheless, HW had four copies of Pliny the Younger's letters: a black-letter Latin edition, folio, Venice, 1519; another Latin one, Rotterdam, 1669; W. Melmoth's English translation, 2 vols, 1747; and Lord Orrery's English translation, 2 vols, 1751 (all were sold SH i. 143, iv. 98, iii. 34, i. 45).

1. *Ante* ca 4 July 1774.

Je viens de recevoir une lettre de Barèges, de Mme de Gramont, pleine de politesse et d'amitié; elle excuse son frère, sollicite mon pardon de ce qu'il ne m'a point vue dans les vingt-quatre heures qu'il a été à Paris; enfin elle n'oublie rien de ce qui peut satisfaire ma vanité; mais tout cela m'importe fort peu: excepté les premiers mouvements d'amour-propre, on apprécie bientôt toutes ces sortes de choses à leur juste valeur.

Le petit Comte de Broglie arriva jeudi dernier,[2] il soupa chez moi le soir avec sa femme, sa belle-sœur,[3] Mmes de Mirepoix et de Beauvau, les Archevêques de Toulouse et d'Aix. Son retour me fait plaisir; ce n'est pas que je l'aime, mais il est gai, il a de la grâce et m'amuse.

Je ne crois point vous avoir envoyé les vers de La Harpe.[4] Ceux que je vous ai envoyés[5] sont d'un M. Pezay, et c'est ce qu'il a fait de plus joli. Ce trait,

> Notre jeune Titus aime qu'on parle en prose,
> Il prise plus, dit-on, un épi qu'une rose:
> Tant pis pour nos bosquets, tant mieux pour nos moissons.

Ce trait, dis-je, a paru joli à tout le monde; et j'ai dû être très contente des quatre derniers vers; mais apparemment ce qui est agréable dans une nation ne l'est pas dans une autre.

Vous aurez appris la mort de Mme de Valentinois;[6] vous ne vous souciez guère de savoir son testament; cependant, comme elle avait plus de quarante mille écus de rente à disposer, il a excité la curiosité de tout le monde. Elle fait la Duchesse de Fitzjames[7] sa légataire universelle, et substitue le tout au Marquis de Fitzjames et à ses enfants. La Marquise de Fitzjames[8] est fille de M. de Thiard, qui était son ancien et meilleur ami; elle laisse à celui-ci un diamant de cent mille francs; sa jolie maison de Passy à M. de Stainville; vingt mille francs à Mme de Caumont; autant à Mme de Cambis, qui ne l'avait pas vue depuis six ans, mais qui, avant ce temps-là, avait été son amie. Le

---

2. From his exile at his country seat at Ruffec (B).

3. The Duchesse de Boufflers.

4. On Louis XVI's first edict (see *ante* 22 June 1774).

5. See ibid.

6. Announced in the *Gazette de France,* 8 July 1774 (*Rép. de la Gazette*).

7. Victoire-Louise-Sophie de Goyon-de-Matignon (1722–77), m. (1741) Charles, Duc de Fitzjames.

8. Marie-Claudine-Sylvie de Thiard, m. (1768) Jean-Charles, Marquis de Fitzjames.

testament est de l'année '68. Elle laisse dix mille livres de rente viagère à Boudot,[9] procureur; six mille à son notaire.[10] Les legs et les
dettes montent à trois cent et tant de mille francs en argent comptant, et vingt-sept ou vingt-huit mille francs de rente viagère.

Ce dimanche.

Je vis hier au soir la Maréchale de Luxembourg, elle était mieux,
sa petite-fille[11] commençait à avoir mal à la tête; je crois vous avoir
dit qu'elle était établie chez l'Idole à Auteuil; j'ai été plusieurs fois y
souper. J'irai demain à Roissy pour la seconde fois depuis que les
Caraman y sont; c'est notre bon ami M. Schuwalof qui m'y mènera.
Je le trouve un peu ennuyeux; il n'a nulle inflexion dans la parole,
nul mouvement dans l'âme; ce qu'il dit est une lecture sans ponctua-
tion.

Il faut vous conter une petite histoire qui ne vous déplaira pas. Un
jeune homme[12] ayant acheté une charge de conseiller au Parlement, y
prit sa place un jour qu'on y devait juger une cause. L'usage, à ce
qu'on dit, est que le dernier reçu opine le premier. Quand on en vint
à prendre les voix, le jeune homme ne disait mot. Le premier Président[13] lui dit: 'Eh bien! Monsieur, qu'opinez-vous?'—'*Moi, Monsieur,
je ne qu'opine point, c'est à ces Messieurs à qu'opiner; quand ils auront qu'opiné, je qu'opinerai après eux.*'

Vous ne voulez donc pas me répondre sur les estampes du sacre de
Louis XV?[14] Le proverbe est: *Qui ne dit mot consent;* ainsi, si je
trouve une occasion de vous les faire tenir, vous les recevrez.

Vous ne savez pas un regret que j'ai, c'est de ce que vous ne verrez
pas mon chien, je suis sûre que vous le trouveriez charmant.

Nous avons cent ouvriers chez nous, on a jeté tous les bâtiments
qui sont à main droite de la cour, par terre. On dit que tout sera
réédifié avant l'hiver, mais j'en doute.

Tout ce que vous me mandez de la famille Fox[15] est déplorable,
cette pauvre Milady Holland est bien heureuse de mourir, il faut que

9. Étienne-Edmé Boudot was *procureur*
at the Châtelet, and councillor to the
Comte de Provence. He lived at the Rue
de la Tisséranderie, opposite the Rue du
Mouton (*Almanach royal*, 1774, pp. 156,
308; Tony-Henri-Auguste, Vicomte de
Reiset, *Anne de Caumont-la Force, Comtesse de Balbi*, 1908, p. 91 n).

10. Not identified.

11. Mme de Lauzun had just been in-
oculated.

12. Not identified.

13. D'Aligre.

14. See *ante* 29 May 1774.

15. Henry Fox, 1st Bn Holland, died 1
July 1774; his wife was already seriously
ill, and died 24 July (HW to Mann 10
July 1774).

sa belle-fille.[16] ait bien de la vertu; quel mari, quel beau-frère! Quelle différence d'eux à Milord Ossory! Il me semble que c'est ce que vous aimez le mieux et vous avez bien raison. Je me souviens de l'avoir trouvé parfaitement aimable; le petit Craufurd l'aimait alors à la folie, je ne sais ce qui en est actuellement; s'il n'est pas inconstant il y a du moins de grandes lacunes dans ses amitiés; il vient d'écrire une grande lettre à Mme de Roncherolles, toute remplie de tendresses pour moi; il dit qu'il viendra ici si je lui écris que je le désire, je suis bien certaine qu'il n'en fera rien, mais je le mets à l'épreuve. Oh non! il ne viendra point, je dirai à son occasion comme feu Monsieur le Duc de Charost[17] disait après avoir perdu au piquet quatre louis et un petit écu, 'Que je suis malheureux, mais ce n'est point le petit écu qui me fâche!'

J'ai donné dans un grand panneau, en pensant que c'étaient les lettres de Pline le jeune qui vous plaisaient; j'en étais étonnée: elles ne sont pas absolument de mon goût, mais je croyais avoir tort; j'y ai trouvé plusieurs belles pensées que j'ai même crayonnées; enfin je soumettais mon goût au vôtre, et dans cette idée, je leur ai donné des louanges. Je vois que vous n'en donnez point à l'édit[18] que je vous ai envoyé; pourquoi ne me pas dire naturellement que le style ne vous en plaît pas? Pourquoi me ménager sur ces sortes de choses? Vous me rompez en visière sur tant d'autres! Croyez-moi, ne vous contraignez sur rien, votre vérité est ce qui me plaît le plus en vous, et qui vous distingue le plus de tous les autres hommes.

Il ne paraît plus rien de nouveau que des épigrammes assez drôles, mais qui ne peuvent s'envoyer.

L'ami Pont-de-Veyle se rétablit tout doucement; je n'ai point de meilleur ami ni de plus contrariant; le pauvre homme ne peut consentir à vieillir, il a tous les goûts de la jeunesse. Les spectacles, les grands soupers sont nécessaires à son bonheur, mais ses jambes, sa poitrine et son estomac n'y sont pas d'accord.

La cour partira entre le 29 et le 1er du mois d'août pour Compiègne, où elle séjournera jusqu'au 1er septembre.

M. de Vergennes arrivera le 20 ou le 25 de ce mois. D'ici à dimanche il y aura peut-être plusieurs nouvelles, mais je ne saurais

16. Lady Mary Fox, now Lady Holland; D had known her in Paris.

17. Paul-François de Béthune (1682–1759).

18. Louis XVI's first edict, 31 May 1774 (see *ante* ?1 June 1774).

croire qu'elles vous amusent; cependant j'en remplirai mes lettres tant que je pourrai. Je voudrais trouver ces mots dans une des vôtres: *Je suis content de vous.*

Le Selwyn me fait faire des compliments par Couty; remerciez-l'en, je vous prie. Je voudrais qu'il prît fantaisie à un de ses Milords[19] de venir à Paris, c'est le seul moyen qu'il y aurait de le voir.

From Madame du Deffand, Sunday 17 July 1774

Paris, ce dimanche 17 juillet 1774.

JE suis bien dans la disposition de vous donner encore aujourd'hui un bon exemple. J'ai mal aux entrailles, des inquiétudes dans les jambes, et un petit chien qui me fait enrager; joignez à cela pas un nom propre à vous nommer, à moins que ce ne soit en forme de litanie.

S'il est vrai que mon exemple vous communique mes dispositions, voilà un rapport que j'ai avec vous, malgré votre prétention qu'il n'y en a point entre nous. J'aime les noms propres aussi, je ne puis lire que des faits écrits par ceux à qui ils sont arrivés, ou qui en ont été témoins; je veux encore qu'ils soient racontés sans phrases, sans recherches, sans réflexions; que l'auteur ne soit point occupé de bien dire; enfin, je veux le ton de la conversation, de la vivacité, de la chaleur, et, par-dessus tout, de la facilité, de la simplicité. Où cela se trouve-t-il? Dans quelques livres qu'on sait par cœur, et qu'on n'imite pas assurément dans le temps présent.

Oui, je suis bien aise du retour du petit Comte; mais il a tant d'affaires, que je ne jouis point de lui. Il ira le mois prochain à Compiègne, et le mois d'après il retournera à son vilain château, dont il ne reviendra qu'après Noël; alors la grand'maman sera ici. Cette idée me cause une petite émotion; je crois que j'aurai du plaisir à la revoir. Je boude toujours son mari, contre lequel je ne suis nullement fâchée; je ne l'aime pas assez pour cela, mais pour soutenir une certaine dignité, et malheureusement c'est à quoi je ne m'entends guère.

Je fais des connaissances nouvelles autant que je peux; ce n'est pas en cela que je vous imite; mais figurez-vous que toute lecture m'en-

19. Selwyn's friends, Lords March and Carlisle.

nuie, que je ne puis faire d'autre ouvrage que d'effiler, que dans la solitude je ne puis faire que des réflexions; à quoi me serviraient-elles en me séquestrant de la société, mon principal objet étant de m'en assurer une agréable? Les Necker, Mme de Marchais, M. d'Esterhazy, sont des gens très aimables, qui ont l'air de faire cas de moi. Je ne néglige pas pour cela mes anciennes connaissances, mais mille circonstances produisent des séparations qu'il me convient de remplacer.

Bénissez le ciel, applaudissez-vous de vous suffire à vous-même; votre *vous-même* vous satisfait, et le mien m'ennuie.

Quand vous aurez Mme Churchill, je vous prie de lui parler de moi, je conserverai toute ma vie pour elle la plus parfaite estime. Je n'entends plus parler de Mme Cholmondeley.

Le pauvre Pont-de-Veyle se rétablit bien lentement.

Mme de Luxembourg a été fort incommodée. Sa petite-fille est à Auteuil chez l'Idole, elle vient d'être inoculée par Sutton,[1] elle l'avait été par Gatti. Dites-moi si chez vous on fait prendre de certaines poudres[2] pendant le temps de l'inoculation? On suppose ici qu'elles sont charlatanerie.

À 6 heures du soir.

Je reprends cette lettre parce que je ne sais que faire, la Sanadona est allée à la Comédie. Pont-de-Veyle se traîne à l'Opéra-Comique, je suis seule et je n'ai rien à lire.

Je viens de recevoir une lettre de la grand'maman, elle me mande que le Marquis de Castellane la quitte pour retourner dans son pays; que le grand Abbé viendra peut-être cette semaine à Paris pour consulter les médecins; elle restera toute seule; je serais sûre d'être bien reçue, mais cette raison n'est pas suffisante pour me faire changer de place; il faudrait un miracle pour m'y déterminer, et je n'ai pas assez de foi pour en pouvoir jamais espérer.

1. Robert Sutton, Jr, probably ca 1731–97 (GM 1797, lxvii. pt i. 445) had been practising in Paris. The Sutton family developed the subcutaneous method of inoculation, instead of the deep incision formerly used. One of them (probably Robert) was consulted in Louis XV's last illness, but his powders were not used because he could not, or would not, reveal their composition. Daniel Sutton was the most prominent one, and apparently prepared the powders. See John N. Force, 'Daniel Sutton and the Revival of Variolation' in *University of California Publications in Public Health* i. 323–35, April, 1931; Lady Mary Coke, *Letters and Journals*, Edinburgh, 1889–96, iv. 345–6, 352–4.

2. Probably the Suttons' powders, used chiefly to give mystery to their otherwise simple methods of inoculation. The powders were composed of calomel, tartar emetic, and jalap (John N. Force, ibid. i. 332).

Je me flatte que vous êtes actuellement avec M., Madame, et Mlle Churchill, vraisemblablement vous ne les garderez pas longtemps.

Je voudrais savoir si le petit Craufurd est à Londres; il devait aller en Écosse, et il a mandé à Mme de Roncherolles qu'il nous viendrait voir à son retour si je l'en priais; j'ai eu la faiblesse de l'en prier, et pour réponse j'aurai la honte d'avoir fait une prière inutile. Adieu, je ne sais plus que vous dire.

To MADAME DU DEFFAND, ca Tuesday 19 July 1774

Fragment, B ii. 581 n. Written at Strawberry Hill. Answered, 24 July.

DISCOURS *des plus mémorables faits des rois et grands seigneurs d'Angleterre; de plus un traité de la guide [des chemins] et descriptions des principales villes et châteaux d'Angleterre, par Jean Bernard, imprimé à Paris l'an 1579.*[1]

État de la maison des Ducs de Bourgogne, etc. imprimé dans les *Mémoires pour servir à l'histoire de France et de Bourgogne,* tome ii.[2] Voyez le premier tome de la nouvelle édition de la Croix du Maine,[3] p. 506.

Le premier probablement ne se trouvera pas, il excite ma curiosité par égard à nos anciens châteaux; le second pourrait me fournir des lumières par rapport à Richard III, dont la sœur était Duchesse de Bourgogne,[4] et joua un grand rôle dans ces affaires-là. Ne vous donnez point de peine sur ces bagatelles, qui ne touchent que mon amusement, dont il est très permis de vous moquer. Vous savez que mes études sont très baroques, je ne les défends pas. Ne suffit-il pas d'être sans grands chagrins, quand on peut s'occuper de telles fariboles?

1. This title is incorrectly copied from François Grudé de la Croix du Maine's *Bibliothèques françaises,* 1772–3, i. 450.

2. This title, as given ibid. i. 506, is 'l'état de la maison des Ducs de Bourgogne et les comptes rendus à la Chambre des Comptes de Dijon, imprimés dans des *Mémoires, pour servir à l'histoire de France et de Bourgogne,* tome ii, p. 186.' See Antoine-Alexandre Barbier, *Diction-*

naire des ouvrages anonymes, 1872–9, iii. 237 and Bibl. Nat. Cat.

3. *Les Bibliothèques françaises de la Croix du Maine et du Verdier,* nouvelle édition, ed. Rigoley de Juvigny, 6 vols, 1772–3. See *ante* 20 Feb. 1774.

4. Margaret (1446–1503), sister of Edward IV and Richard III of England, m. (1468) Charles the Bold, Duke of Burgundy.

From Madame du Deffand, Sunday 24 July 1774

Address: To Monsieur Monsieur Horace Walpole in Arlington Street near St James's *London* Angleterre.
Postmark: IY 29.

Paris, ce 24 juillet 1774.

JE *suis content.* Voilà trois paroles aussi belles que rares; et moi, je suis bien aise, et c'est ce qui ne m'arrive pas souvent. Je ne crois point nos lettres aussi ostensibles que vous vous l'imaginez: ce que vous m'écrivez dans cette idée est, je crois, en pure perte.[1]

Il est certain que nos prémices sont d'heureux présages, mais il faut attendre. On vient de renvoyer M. de Boynes, secrétaire d'état de la marine; sa place est donnée à M. Turgot,[2] que je voyais tous les jours il y a quatorze ou quinze ans, mais avec qui la Lespinasse m'a brouillée, ainsi qu'avec tous les autres encyclopédistes; il est l'ami intime de M. de Maurepas, à qui il n'est pas douteux qu'il ne doive cette place; c'est un honnête homme.

La grande nouvelle du jour est la défense que le Roi a faite à Monsieur le Duc d'Orléans et à Monsieur le Duc de Chartres de venir à la cour, pour le refus qu'ils ont fait d'assister mercredi prochain à Saint-Denis pour le catafalque de Louis XV, où ils n'auraient pu se trouver sans rendre le salut au nouveau Parlement, qu'ils ne veulent pas reconnaître. N'inférez pas de cette nouvelle qu'on est décidé à le soutenir. Si je trouve quelque occasion pour vous écrire, j'en profiterai; cela n'est pas conséquent à ce que je viens de vous dire, mais il faut des réserves à de certains égards, et ne pas s'assujettir à des louanges inutiles.

Ah! je n'ose pas me flatter que la goutte vous laisse en repos tout l'automne, je me borne à souhaiter que l'accès soit très léger. J'ai bien peu de mérite aux services que j'ai rendus au protégé de monsieur votre frère; je suis honteuse de ses remercîments[3] pour ce qui ne m'a donné ni peine ni embarras. Je m'informerai des livres que vous désirez;[4] il est vrai que je vous trouve des goûts un peu baroques,

---

1. The meaning of this seems to be: D, having obeyed HW's requests to suppress her emotions and write him news, had pleased him so much that he felt her letters might now be 'shown about.' On the other hand, HW may merely have meant the reading of their correspondence by the postal officials.

2. Anne-Robert-Jacques Turgot (1727–81), Baron de l'Aulne, who had left D's salon to follow Mlle de Lespinasse.

3. 'I beg when you write that you will desire the Marquise to accept my best respects and to believe that I have the deepest sense of her great benevolence and condescension' (Sir Edward Walpole to HW 16 July 1774).

4. See *ante* ca 19 July 1774.

mais je vous porte bien envie. Quel bonheur de trouver son amusement dans de pareilles recherches!

Je distribuerai vos compliments; je vais être bien seule le mois prochain; jusqu'à la Sanadona [qui] me quittera pour aller passer le mois d'août à Praslin. Je suis décidée à ne plus résister à l'ennui, c'est-à-dire à ne me plus occuper du soin de l'éviter, de laisser au hasard à décider de tout; toute personne qui passe soixante-dix ans a tort, et ne doit s'en prendre qu'à elle, de l'ennui qu'elle éprouve.

Si ma lettre est si courte aujourd'hui, c'est que l'heure me presse, et que j'ai du bruit dans la tête qui me rend un peu imbécile.

From Madame du Deffand, Monday 25 July 1774

Entirely in Colmant's hand.

Ce lundi 25ᵉ, à 6 heures du matin.

MILORD STORMONT et M. de Guines étant hier au soir chez moi, et parlant du voyage de M. Conway, dirent qu'il lui fallait conseiller de passer en revenant par Metz; qu'il faudrait que ce fût avant la fin de septembre, et qu'il avertît à peu près du jour qu'il y passerait, afin qu'on pût lui faire voir la revue et l'exercice des carabiniers, troupes de la plus grande distinction, commandées par M. de Poyanne. S'il suit ce conseil il faudra qu'il mande à Milord Stormont ou à M. de Guines en quel temps il se rendra à Metz, observant qu'il faut que ce soit avant la fin de septembre. Ces messieurs ne sachant où lui écrire pour lui donner cet avis, je m'offris de vous le mander, ce qui fut accepté.

Je ne vous répondis point hier sur la velléité d'un petit voyage ici que votre lettre me laissa entrevoir; vous ne doutez pas du plaisir que j'en aurais; mais il y a bien des réflexions à faire pour et contre. Je commence par celles qui y sont favorables. Votre goutte ne vous prend pour l'ordinaire qu'à la fin de septembre, vous dites que la mer ne vous est point contraire, qu'elle vous fait quelquefois du bien. En ce cas il pourrait n'y avoir point d'inconvénient à partir tout à l'heure, pour repartir à la fin de septembre. Venons aux raisons qui peuvent vous arrêter: la fatigue, l'ennui du voyage, et peut-être plus encore celui du séjour. Vous vous déplaisez hors de chez vous; vous n'êtes attiré ici par aucune curiosité ni amusement; vous y manquerez des commodités, des occupations auxquelles vous êtes accoutumé. Vous dormirez mal, à votre réveil vous vous affligerez de n'être point chez vous; vous ne pourrez prévoir qu'un vide affreux dans la journée, peut-être n'aurez-vous d'objet que celui de me voir, de passer la journée à côté de mon tonneau, plaisir bien mince, à qui votre complaisance, quelque grande qu'elle puisse être, ne pourra pas vous préserver de l'ennui. Et moi je souffrirai d'en être la cause, et de ne pouvoir y remédier. Voilà ce que ma sincérité m'oblige de vous représenter. J'approuverai le parti que vous prendrez, tel qu'il puisse être; si c'est de me venir voir, je tâcherais en vain de n'en être pas bien aise; si c'est de ne point venir, je ne vous condamnerai point, je croirai que vous avez raison, et nous serons comme nous étions auparavant.

Le changement de secrétaire dépend du changement d'heure.

From Madame du Deffand, Sunday 31 July 1774

Paris, ce 31 juillet 1774.

IL n'y a jamais eu de plus beau portrait. Milady Diane Beauclerk est une personne parfaite. Comment ne m'en avez-vous pas parlé plus tôt?[1] C'est donc une nouvelle connaissance? Elle vous a fait retrouver toute votre vivacité. Vous dépendiez de votre goutte, voilà une nouvelle chaîne; je souhaite que vous vous délivriez de la première pour ne plus dépendre que de celle-ci. Il y a longtemps que j'ai éprouvé ce que vous dites, que ce n'est pas dans la société des gens heureux qu'on peut trouver de la douceur et du contentement. Silva[2] disait qu'il n'y avait que les pauvres qui faisaient l'aumône; les malheurs nous font sentir le besoin de l'amitié et en inspirent le sentiment. Je savais déjà par le petit Craufurd que cette Milady avait infiniment d'esprit et de talent; vous m'apprenez que son cœur et son caractère sont pleins de franchise, de sensibilité, de compassion; ce sont de grands rapports avec vous, et je ne suis pas étonnée du goût qu'elle vous inspire, mais je serais fâchée qu'elle vous dégoutât de vos autres amis. Ils peuvent sans doute n'avoir pas d'aussi excellentes qualités, mais ils ont pour le moins l'équivalent de ses malheurs.[3]

La destinée de la pauvre Milady Holland a été bien terrible. Son genre de délire[4] prouve à quel point elle était malheureuse. Ses fils

---

1. HW had already mentioned Lady Diana Beauclerk (*ante* 8 Aug. 1773).
2. Jean-Baptiste Silva (1684–1742), physician.

3. D refers to her own blindness; Lady Diana Beauclerk's misfortune was Topham Beauclerk, her ill-tempered husband.
4. Not explained. Lady Holland's chief sorrow was the behaviour of her sons.

sont détestables; Charles Fox m'a toujours déplu, mais sa petite belle-sœur[5] m'a paru aimable et intéressante.

Il se fait demain un mariage qui intéresse ce qui m'environne. Le frère de Mlle Couty épouse une fille[6] de La Grange, qui était au Président; ils partiront dix ou douze jours après pour l'Angleterre. Vous recevrez par eux un in-quarto de l'*Histoire des Ducs de Bourgogne,* qu'on a eu peine à trouver; on espère trouver l'autre,[7] mais on n'est pas sûr d'y réussir. Je compte vous envoyer aussi l'oraison funèbre de Louis XV, qui fut prononcée hier à l'Académie par l'Abbé de Boismont;[8] on en dit des merveilles, elle ne paraîtra que demain.

Est-il vrai que les Churchill doivent revenir cette automne en France? Ce ne serait pas à Paris à ce que l'on dit, mais ils y feraient peut-être quelques petits voyages. Je serais ravie d'avoir l'honneur de les revoir. Je vous prie de le dire à madame votre sœur, de qui je ferais avec toute justice les mêmes éloges que vous faites de Milady Beauclerk. Mlle Sanadon me quitte après demain pour trois semaines au moins. Le pauvre Pont-de-Veyle ne se rétablit point; il arrive chez moi tous les jours entre quatre et cinq heures, il reste jusqu'à six, il va se promener, revient souper chez moi ou avec moi chez Mme de la Vallière, ou chez quelqu'autre personne où il est en grande liberté. J'avais envie d'aller passer quelques jours à Roissy, mais je me fais scrupule de le quitter. Dans quelques jours je n'aurai presque plus personne de ma connaissance; Compiègne et Villers-Cotterêts enlèveront tout. Vous m'avez marqué dans une de vos lettres, que vous prévoyiez que Mme de Marchais serait pour moi une connaissance agréable; vous avez eu raison, elle a pour moi beaucoup d'attentions et me rend beaucoup de soins. Je ne néglige point les petites ressources qui se présentent. Enfin, enfin, je prends patience le plus qu'il m'est possible.

From MADAME DU DEFFAND, Sunday 7 August 1774

Paris, ce dimanche 7 août 1774.

NON, je ne suis point frappée de l'ennui de votre vie; tout me paraît assez égal. Je vous sais bon gré et vous remercie de me parler clairement sur vos projets; j'ai bien peur de ne vous voir que

5. Lady Mary Fox, now Lady Holland.
6. Not further identified.
7. Jean Bernard, *Discours . . . d'Angle-terre,* 1579 (*ante* ca 19 July 1774).

8. Nicolas-Thyrel de Boismont (1715–86).

l'année prochaine; cette maudite goutte m'effraie. Vos nouvelles dans ce moment-ci me deviennent doublement intéressantes. Je crois pouvoir vous répondre quand vous viendrez à Paris, que vous trouverez sur plusieurs articles des changements en bien; d'abord dans celui qui me concerne, et puis dans votre logement. Bablot,[1] votre hôte, a acquis une augmentation de logement, et si l'on est prévenu vous pourrez être logé loin du bruit. Enfin, portez-vous bien, hasardez le voyage, et je crois vous répondre que vous n'en serez pas mécontent, puisque vous m'assurez que ce n'est pas le plaisir et la dissipation que vous viendrez chercher.

Je ne me porte pas trop bien dans ce moment-ci, j'ai une humeur de rhume ou de fluxion qui me tracasse; elle ne me fait pas garder ma chambre. Depuis cet été j'ai été pour le moins deux fois la semaine souper à la campagne, à Auteuil chez l'Idole, où Mme de Lauzun a été inoculée, à Saint-Ouen chez Mme Necker avec ma bonne amie Mme Marchais. Je suis curieuse de voir comment vous la trouverez; d'abord je crois très ridicule, et puis elle finira par ne vous pas déplaire. Je suis fort indécise sur ce que je ferai la semaine prochaine, si j'irai coucher quelques jours à Roissy. On me le propose, on m'en prie, je partirais lundi avec Mme de Mirepoix, et nous en reviendrions le samedi; toutes mes connaissances seront à Villers-Cotterêts ou à Compiègne. La Sanadona qui est à Praslin, ne sera point encore de retour. Mais quitterai-je mon pauvre ami Pont-de-Veyle? Il n'est pas en état de me suivre et il restera bien isolé. D'ailleurs je ne suis bonne à rien pour l'amusement des autres, je ne saurais les suivre à la promenade, ni jouer à aucun jeu, on ne peut vouloir m'avoir que par bon procédé. D'un autre côté je serais avec des gens qui me plaisent et qui s'imaginent que je leur plais. Je prête l'oreille à votre réponse et je ne l'entends pas. J'irai mercredi à Roissy et je vous manderai dimanche la résolution que j'aurai prise; si je partirai lundi 15 pour revenir le samedi 20, ou si je resterai tranquille chez moi.

Couty partira jeudi prochain avec son épouse; il vous portera un des volumes que vous désirez, on ne peut pas trouver l'autre; au retour du grand Abbé nous ferons de nouvelles recherches. Je ne sais si je vous enverrai l'oraison funèbre que je vous ai annoncée,[2] elle ne vous plaira pas, c'est un persiflage très éloquent, mais de cette éloquence académique à laquelle je préfère l'élocution la plus triviale.

1. The Hôtel du Parc-Royal must have changed hands; in 1769, the proprietor was evidently Mme Simonetti (see *ante* 4 July 1774).

2. See *ante* 31 July 1774.

Vous avez vu le petit Craufurd, il ne vous a donc point dit que je lui ai écrit, ni si à son retour d'Écosse il compte venir ici. Sa bonne amie Mme de Roncherolles est à Dijon pour jusqu'au mois de septembre. Milord Stormont a écrit à M. Conway ce que je vous avais prié de lui faire savoir. On prétend que ce Milord est un peu amoureux de Mme de Trudaine, j'ai peine à le croire, mais il est vrai qu'il ne la quitte pas; c'est de nos diplomatiques celui qui a le plus d'esprit sans nulle comparaison. Le Caracciolo est à Naples; son absence ne me fâche point, je le trouve assommant. La personne qui me marque le plus d'amitié et que je vois le plus assidûment, c'est M. de Beauvau; mais si vous venez au mois de septembre vous ne le trouverez pas, il sera alors à Chanteloup.

Je pense pour notre ancien et nouveau parlement tout comme vous; à peine ai-je l'intérêt de la curiosité pour tout ce qui concerne la chose publique. Si je pouvais bien dormir la nuit et avoir quelques livres amusants je prendrais patience. Dans ce moment même ma bonne amie Mme Marchais m'en envoie un dont on nous lut hier la moitié à Saint-Ouen, qui me divertit assez; ce fut ce M. Texier qui lit si bien les comédies qui nous en fit la lecture, et d'un ton si comique, qu'il se pourrait bien que l'on dût à lui l'agrément qu'on y trouva; son titre est *Lettre d'un théologien à l'auteur des Trois Siècles*.[3] Si après l'avoir lu tout entier je le trouve bon, et que j'en puisse disposer, je vous l'enverrai par Couty.

Voilà quatre heures qui sonnent, il faut que je me lève, l'ami Pont-de-Veyle arrive tous les jours avant cinq heures, il assiste à mon thé, je trouve qu'il ne se rétablit point. Adieu.

To MADAME DU DEFFAND, ca Tuesday 9 August 1774

Fragment, B ii. 582 n. Written at Strawberry Hill. Answered, 14 Aug.

S'IL était possible de donner sa façon de penser, je vous conseille-rais de prendre la mienne. Il est difficile de mener une vie plus monotone et insipide, cependant elle me plaît fort. Je fais un plaisir de négatifs. Par exemple je suis charmé d'être en toute oisiveté ici, pendant que tout le monde trotte par la campagne, briguant les voix

3. By Jean-Antoine-Nicolas de Caritat (1743–94), Marquis de Condorcet. The   author of the *Trois siècles de notre littérature* was the Abbé Sabatier de Castres.

pour le nouveau parlement[1] de l'année qui vient. Je suis encore très heureux d'être déchargé des affaires de mon neveu. Non, je ne trouve pas qu'on peut être malheureux quand on n'a rien à faire.

From Madame du Deffand, Sunday 14 August 1774

In Colmant's hand, up to 'À 2 heures après midi'; the date and the end of the letter are by Wiart.

Ce dimanche 14 août, à 6 heures du matin.

VOUS êtes un homme extraordinaire, un grand médecin des âmes à qui on ne peut pas dire: Médecin, guéris-toi toi-même. Vous vous êtes guéri parfaitement, en vous détachant de tout; mais ne vous flattez pas de faire beaucoup de cures; il y a bien des malades qui trouveraient le remède pire que le mal, et qui préféreraient de conserver le bras ou la jambe où ils auraient quelquefois un rhumatisme, à se les faire couper. Vous voilà cependant en course, et dans le dessein de passer quelques jours[1] plus agréablement que vous ne faites dans les compagnies de votre voisinage; c'est cette seconde partie de votre exemple que je prétends imiter.

En conséquence, je partirai demain pour Roissy, où je compte rester jusqu'à vendredi après souper. Je quitte Pont-de-Veyle avec regret; mais c'est, comme vous le voyez, pour peu de temps. Je n'aurai point à craindre les fenêtres ouvertes; je n'ai qu'à me louer des attentions qu'on veut bien avoir pour mon âge et pour mes infirmités; et si j'étais douée d'un caractère pareil au vôtre, je serais bien éloignée d'avoir rien à désirer; mais, comme vous m[e l]'avez souvent répété, nous ne nous ressemblons point.

Vous serez de retour[2] quand vous recevrez cette lettre; vous aurez trouvé en arrivant un des livres que vous désirez, une oraison funèbre, et une *Lettre d'un théologien,* dont vous me direz, je vous prie, votre avis.[2a]

Pendant que je vous écris mon petit chien joue avec moi, et me

1. Parliament was dissolved 30 Sept. 1774; the new one was to meet 29 Nov. (*Last Journals* i. 388).

———

1. HW left Strawberry Hill, 11 Aug. 1774 to visit Selwyn at Matson. He spent a night at Park Place on his way there, and on his way back. He also visited Berkeley Castle, Thornbury Castle, and other places (see Cole i. 340–5, and *Country Seats,* 75–6).

2. HW returned 18 Aug. (HW to Conway 18 Aug. 1774).

2a. B has crossed out the rest of the letter, and the Bishop of Rodez has written 'pourquoi effacer ce qui suit?'

tourmente. Je l'aime autant pour le moins que vous avez aimé Rosette; ne vous flattez pas de ne pouvoir être surpassé en amour de chien. Mon petit chien a plus d'âme, d'attachement et d'agrément que qui que ce soit au monde. Il est jaloux à la fureur; on dit qu'il est joli, il eut avant-hier un an; il est couleur de capucine, marqué de feu, sa physionomie est très spirituelle, il m'aime passionnément, et moi je l'aime à la folie.

À 2 heures après midi.

Changement d'heure, changement de secrétaire, vous en savez la raison.

J'aimerais bien que Mme Churchill habitât Paris, on y fait aussi peu de dépense qu'on veut, mais M. Churchill s'y ennuierait, il ne se soucie pas des spectacles, il y a plus de ressources à la campagne. On se flatte en Champagne de les revoir. Vous croyez que Mme Churchill a un peu d'amitié pour moi; ah! je n'ose le croire. Je n'ai plus le pouvoir d'offrir un logement, on a tout abattu; on rebâtit tout un corps de logis où il y aura plusieurs appartements, mais qui ne seront habitables que dans deux ou trois ans, et alors vraisemblablement cela ne me fera rien.

Vous me mandez que depuis longtemps vous n'avez passé qu'une nuit à Londres, et que vous vous y êtes désespéré; vous devez donc comprendre que l'on peut quelquefois se déplaire où l'on est; mais mal d'autrui n'est que songe. Jusqu'à présent j'ai supporté la solitude de Paris, depuis le voyage de Compiègne; elle augmentera cette semaine, parce que les gens que je vois le plus souvent vont passer cette semaine à Villers-Cotterêts. Mme de Mirepoix et Mme de Boisgelin vont demain, ainsi que moi, à Roissy; je garderai mon carrosse; et au premier moment que je me trouverai incommodée, je reviendrai chez moi. Si je m'y plais, j'y resterai, comme je vous l'ai dit, jusqu'à vendredi. La Sanadona est toujours à Praslin; je ne m'aperçois pas beaucoup de son absence; elle peut la faire durer jusqu'à la fin du mois, sans que cela me fâche. Je continue la lecture de l'*Esprit de la Ligue;*[3] c'est le meilleur livre que nous ayons eu depuis longtemps. Je lirai après la *Vie de Marie de Médicis;*[4] c'est l'ouvrage d'une femme, on en dit du bien.

3. By Père Louis-Pierre Anquetil (1723–1806). D's copy in 27 vols 12mo was among the books chosen after her death by the Prince de Beauvau (Appendix 2).

4. By Marie-Geneviève-Charlotte d'Arlus (1720–1805) m. (1734) Louis-Lazare Tiroux d'Arconville.

Nous sommes accablés de discours académiques, d'oraisons funè-
bres, de vers, tout cela plus mauvais l'un que l'autre.

L'Évêque d'Arras est à Paris; je lui ai dit que vous vous souveniez
de lui; il en est tout bouffi de gloire; c'est un homme très sage, un
très bon esprit. Nous aurons l'année prochaine l'assemblée du clergé;
l'Évêque de Mirepoix en sera, ce qui me fait plaisir.

On se prépare à quelques événements pendant le Compiègne;
quelque changement dans le ministère; il n'y a pas d'apparence que
je puisse y prendre quelque intérêt; mes parents et mes amis n'y auront, je crois, nulle part. On donna hier une tragédie nouvelle, il y
eut quelques vers fort applaudis,[5] applicables au retour des anciens
magistrats, et à M. de Maurepas; sa conduite est très sage, son étoile
en fait pâlir une autre,[6] et sa gloire est plus solide, quoiqu'elle soit
moins brillante.

Je vais vous être encore importune quoique je vous eusse promis
que je ne le serais plus; c'est une nouvelle commission que je vous
prie de faire.

Une de mes amies[7] a la tête tournée des compotiers d'émeraude
que vous m'avez donnés, elle voudrait en avoir de pareils avec la
jatte plus grande que la mienne, qui a cinq pouces un quart de diamètre; en lui donnant six pouces je crois qu'elle serait bien. Cette
jatte est couverte et a un plateau. Si vous pouviez faire cette emplette, m'en mander le prix, et me l'envoyer par Milady Ailesbury
vous me feriez grand plaisir, ou bien l'adresser à M. Trudaine,
comme les autres commissions, parce que peut-être elle serait saisie.
Je la payerais à Milady Ailesbury.

Vous le voyez, voilà comme je me corrige, vous avez raison.

Vous ne me dites rien de votre santé, je veux croire que c'est bon
signe. Je meurs d'envie de vous savoir de retour à Strawberry Hill, il
me semble que je suis plus près de vous quand vous êtes là.

5. *Adélaïde de Hongrie par M. Dorat*—
such as these lines:
'J'enchaîne la discorde aux pieds de la
     justice,
Et rends aux tribunaux leur auguste
     exercice' (B).

6. She means that of the Duc de
Choiseul (B).

7. Perhaps Mme de Marchais.

From Madame du Deffand, Wednesday 24 August 1774

Ce mercredi 24 août 1774.

VOUS êtes revenu le 18 de chez le Selwyn, et moi le 19, après-souper, de chez les Caraman; vous avez été content, et moi aussi. Roissy est le séjour de la paix, de l'ordre et du bonheur. Un père et une mère, huit enfants[1] qui vivent ensemble avec une union, une amitié parfaite; c'est l'âge d'or. J'aurais eu beaucoup de regret de les quitter, sans la manie que j'ai de désirer toujours de m'éveiller chez moi; je ne me déplais point dans la journée de n'y être pas, mais la nuit et la matinée je regrette ma cellule. Nous avions pour toute compagnie Mme de Mirepoix, Mme de Boisgelin, le bon Schuwalof, et un M. de la Salle.[2] Je ne me suis pas promenée un moment; les fenêtres n'ont point été ouvertes; on n'a joué qu'une partie de whisk pendant les cinq jours que j'y ai été. L'Idole y a couché une nuit. Il se pourrait que j'y retournerais au mois de septembre; mais je désirerais bien d'en être empêchée.

Je soupai hier chez le Maréchale de Luxembourg, en petite compagnie, c'est-à-dire avec douze personnes, deux desquelles étaient Monsieur le Duc d'Orléans et Mme de Montesson; il fut fort question des bottines; le Prince et sa dame me traitèrent au mieux. Je donne ce soir à souper aux Fitzroy,[3] et je souperai avec eux vendredi chez Mme de Marchais, dont les empressements et les soins ne font qu'augmenter chaque jour.

Le pauvre Pont-de-Veyle dépérit à vue d'œil; il est actuellement comme était le Président les derniers mois de sa vie, mais il ne peut consentir à se conduire selon son état; c'est une belle leçon pour moi. Je vois qu'il est à charge à tout le monde, et il ne s'en aperçoit pas;

1. Gabrielle - Françoise - Marie - Victoire (1755–1841), m. (1) (1775) Gabriel-Marie-Joseph-Henri, Comte de la Fare, m. (2) (ca 1796) François-Joseph-Alexis Joly; Marie-Anne-Antoinette (1757–1846), m. (1777) Jean-Louis du Bouchet, Comte de Sourches; Victor-Louis-Charles (1762–1835), later Duc de Caraman; Pauline-Victoire (1764–1834), m. (1781) Jean-Louis de Rigaud, Vicomte de Vaudreuil; Maurice-Gabriel-Joseph (1765–1835), later Comte de Caraman; Émilie-Rose-Marguerite (1767–1847), m. (1786) Charles-François Reinier, Comte de Baschi-St-Estève; Cécile-Agathe-

Adélaïde (1768–1847), m. (1786) Armand-Jean-Étienne du Mesniel, Comte de Somméry; and François-Joseph-Philippe (1771–1842), later Prince de Chimay (see Albert, Vicomte Révérend, *Titres, . . . de la Restauration,* 1901–6, vi. 88–90).

2. HW met him at Roissy, 3 Sept. 1775 (*Paris Jour.*). He was perhaps Adrien-Nicolas-Piédefer (1735–1818), Marquis de la Salle (Woelmont de Brumagne vi. 710).

3. Charles Fitzroy, later Bn Southampton; he and his wife had already met D in Paris.

il compte aller à l'Isle-Adam le mois prochain. La Sanadona vient d'arriver il y a un moment; son séjour à Praslin a été de plus de trois semaines; je ne me suis pas aperçue de son absence, et je suis bien aise de son retour. N'est-ce pas comme cela qu'il faut être?

Le Baron de Breteuil va ambassadeur à Vienne; M. d'Usson à Stockholm; celui qui succède à Naples n'est point encore nommé, on croit que ce sera le Duc de la Vauguyon.[4]

J'attends ces jours-ci l'Abbé Barthélemy, qui vient consulter des médecins.

Voilà tout ce que je puis vous dire aujourd'hui. Vous aurez dû trouver à votre retour un des livres que vous demandiez, peut-être le grand Abbé nous fera trouver l'autre.

Je ne me soucie pas plus que vous de l'éloquence encyclopédique, ni de leurs personnes.

Vous ne me dites pas un mot de votre santé, cela n'est-il pas bon signe?

Que dites-vous de la commission[5] que je vous ai donnée? J'en ai du scrupule, mais souvenez-vous que vous m'aviez ordonné d'en user ainsi, et moi je me souviens que j'avais résolu de ne point abuser de cet ordre.

À quel propos me dites-vous de ne me point faire inoculer?[6] Il faut qu'il soit arrivé quelque accident dont vous soyez frappé. Je vous promets de ne rien faire qui puisse hâter ma mort, ni rien pour pro-longer ma vie.

À 9 heures du soir.

Monsieur l'Abbé Terray est exilé, M. Turgot a les finances, mais cette seconde nouvelle mérite confirmation.

P.S.—Ne débitez point ces nouvelles; en finissant de les écrire j'ap-prends qu'elles ne sont pas certaines.

Choses nouvelles et très certaines.[7]

M. Terray est exilé à La Motte; M. Turgot a les finances; M. de Sartine la marine; la police n'est point donnée; Monsieur le Chan-celier est exilé pour trois jours à Bruyères, au bout desquels trois

---

4. Later ambassador to Holland and to Spain. The Chevalier de Clermont was made ambassador to Naples.

5. See *ante* 14 Aug. 1774.

6. Perhaps HW was afraid of Gatti, whose unsuccessful inoculations were well known in Paris.

7. See HW to Lady Ossory ca 29 Aug. 1774.

jours il a l'ordre d'aller dans une de ses terres beaucoup plus éloignée. M. de Miromesnil,[8] ci-devant premier Président de Rouen et
garde des sceaux, est Vice-chancelier.

To Madame du Deffand, ca Wednesday 31 August 1774

Missing. Probably written at Strawberry Hill. Answered, 4 Sept.

From Madame du Deffand, Thursday 1 September 1774

Entirely in Colmant's hand.

Ce jeudi 1er septembre 1774.

MA résolution hier était de ne vous point écrire; vous êtes par
monts et par vaux, et cette circonstance de plus n'est pas propre à rendre mes lettres plus agréables; mais la poste est prête à partir, et toutes réflexions faites, je ne veux pas vous accoutumer à une
irrégularité qui vous servirait bientôt d'exemple; vous devez vous
contenter que je me soumette à suivre le vôtre, sans jamais espérer
d'en recevoir de moi de ce genre.

Je vais vous prouver que les connaissances communes ne sont pas
nécessaires pour fournir matière à une lettre. D'abord je vais répondre à la vôtre, article par article. La *Lettre du théologien* n'est
point de Voltaire, on sait qui en est l'auteur;[1] le jugement que vous
en portez me paraît très bon; je suis fâchée que le livre que vous avez
désiré ne vous soit pas utile, on ne peut trouver l'autre. Vous avez eu
une bonne compagnie. Je suis étonnée si Charles Fox parvient à vous
plaire; je le suis aussi de ce que le petit Craufurd ne vous a rien dit
de moi; j'ai eu la faiblesse de lui écrire il y a environ trois mois, sur
ce qu'il avait écrit à une femme[2] de ses amies et des miennes que si
je lui écrivais cela le déterminerait à nous venir voir; mais au lieu
de cela, il n'a pas daigné me faire réponse; c'est un fait que je vous
raconte et dont je ne suis nullement affectée. Ah! dans ce moment-ci
je ne le suis que du spectacle que j'ai, de voir mourir mon plus an-

8. Armand-Thomas Hue de Miromesnil
(1723–96).

1. Condorcet.
2. Mme de Roncherolles (see *ante* 9
July 1774).

cien ami, ou si vous le voulez, ma plus ancienne connaissance; elle est de cinquante ans et plus. Les liens de l'habitude sont peut-être les plus forts, et les plus regrettables; vous voyez bien que c'est de Pont-de-Veyle dont je veux vous parler. Je le voyais tous les jours, je n'avais pas besoin d'apprêts avec lui, il connaissait tous mes défauts, je prenais souvent de ses conseils. C'était un appui, un fil, comme dit M. Nicole;[3] il ne m'en restera plus. Que ne puis-je être dévote?

J'ai beaucoup vu les Fitzroy, j'espère qu'ils auront été contents de moi; ils partent aujourd'hui ou demain.

Nous n'avons ici rien de nouveau, mais avant quinze jours il y aura des événements. Je dois croire que vous ne vous intéressez pas plus à nos affaires que vous supposez que je ne m'intéresse aux vôtres. C'est l'effet naturel de l'absence et du temps, ils ont sur vous le pouvoir qu'ils ont sur tout le monde.

Je vous suis très obligée de vouloir bien vous charger de l'emplette des émeraudes; n'oubliez pas de m'en mander le prix.

From Madame du Deffand, Friday
2 September 1774

Entirely in Colmant's hand.

Ce vendredi 2ᵉ septembre, à 6 heures
du matin [1774].[a]

LES Fitzroy partent aujourd'hui, ils prétendent qu'ils vous verront mercredi; je profite de cette occasion, pour suppléer par ce billet à ma lettre d'hier; j'oubliai de vous mander que M. de Guines avait ses lettres de créance pour retourner chez vous.

Les nouvelles d'hier ne sont pas bien intéressantes, mais comme vous aimez les noms propres, il faut vous les dire.

Vous savez que le Baron de Breteuil va à Vienne, et M. d'Usson à Stockholm. On vient de nommer M. de Clermont,[1] qui était en Por-

---

3. Pierre Nicole (1625–95): 'L'homme ne s'y soutient pas par l'attache à quelque vérité solide qu'il connaisse clairement, mais . . . s'appuie sur quantité de petits soutiens, et . . . est comme suspendu par une infinité de fils faibles et déliés à un grand nombre de choses vaines et qui ne dépendent pas de lui: de sorte que comme il y a toujours quelqu'un de ces fils qui se rompt, il tombe aussi en partie et reçoit une secousse qui le trouble' (Nicole, *Essais de morale*, Traité I. xii, Luxembourg, 1736, i. 46).

---

a. Date of year added by HW.
1. Jean-Baptiste-Charles-François (1728–92), Chevalier de Clermont, later Marquis de Clermont d'Amboise and de Renel, killed in the massacre at the Tuileries (Woelmont de Brumagne iii. 528).

tugal, à Naples, et M. de Blosset,[2] qui était en Danemark, en Portugal. M. de Vérac,[3] qui était je ne sais où, va à Copenhague. Le catafalque de Notre Dame est pour mercredi 7. On verra, dit-on, peu de temps après, les arrangements des parlements; ce n'est pas besogne aisée. Vous ne vous en embarrassez guère, ni moi non plus. Il y a bien des choses qui devraient bien m'intéresser davantage, qui occupent extrêmement mes parents, mes amis, et que je puis dire encore qui ne me font rien. J'ai bien à peu près l'esprit de mon âge; cela ne m'empêche pas d'en avoir une partie des malheurs.[4]

J'eus hier la visite de Milord Stormont; il m'amena son oncle Milord Mansfield.[5] L'ambassadeur me dit qu'il avait reçu une lettre de M. Conway; il lui parle de son arrivée ici, et de celle d'une autre personne.[6] Je crois qu'il se trompe sur cette autre personne; je n'ose vous demander ce que vous en pensez, ni vous interroger sur votre santé. Vous tenez un peu du fagot d'épines, il faut user de précaution avec vous.

Dites, je vous prie, aux Fitzroy que je me loue d'eux, que je vous en dis mille biens; en effet, je les trouve bons et aimables.

From Madame du Deffand, Sunday
4 September 1774

Address: To Monsieur Monsieur Horace Walpole in Arlington Street near St James's *London.*
Postmark: SE 9.

Paris, ce dimanche 4 août [septembre][1] 1774.

JE ne m'attendais pas à la lettre[2] que je reçois dans ce moment; elle me tire de l'incertitude où j'étais, si je vous écrirais aujourd'hui, ou mercredi. Il me semblait que je devais vous faire part

2. Paul, Marquis de Blosset (ibid. iv. 116).

3. Charles-Olivier de Saint-Georges (1743–1828), Marquis de Vérac, who was formerly minister to the Landgrave of Hesse-Cassel, 1772–4 (*Rép. de la Gazette;* Comte Rodolphe Apponyi, *Journal,* 1926, iv. 538). For these diplomatic careers, see *Recueil des instructions données aux ambassadeurs,* 'Portugal' ed. Vicomte de Caix de Saint-Aymour, 1886, pp. 355, 369;

'Naples et Parme,' ed. Joseph Reinach, 1893, pp. 117, 124; 'Danemark,' ed. A. Geffroy, 1895, pp. 179–80, 191–2.

4. See *ante* 13 Oct. 1769, n. 21.

5. William Murray (1705–93), cr. (1756) Bn and (1776) E. of Mansfield, Lord Chief Justice.

6. HW.

———

1. Correction by HW.

2. HW to D ca 31 Aug. 1774 (missing).

de mon chagrin, et puis je me demandais pourquoi cette nécessité. Comme je suis contente de votre lettre, elle me décide.

J'ai appris ce matin à mon réveil la mort de mon pauvre ami:[3] je l'avais quitté hier à huit heures du soir; je l'avais trouvé très mal, mais je croyais qu'il durerait encore quelques jours; il y en avait quatre ou cinq qu'il ne pouvait pour ainsi dire plus parler, il avait cependant toute sa tête. Je fais une très grande perte; une connaissance de cinquante-cinq ans, qui était devenue une liaison intime, est irréparable. Qu'est-ce que sont celles qu'on forme à mon âge? Mais il est inutile de se plaindre, il faut savoir supporter toutes les situations où l'on se trouve, et se dire que l'on pourrait être encore plus malheureux. J'en ai la preuve par l'espérance que vous me donnez de vous voir l'année prochaine. Vous avez raison de croire que je ne voudrais pas que vous vous exposassiez au plus petit inconvénient pour moi; je ne me suis jamais flattée de vous voir cette année, c'est beaucoup de n'en pas perdre l'espérance pour toujours.

Je vous ai mandé dans ma dernière lettre que j'étais étonnée du silence du petit Craufurd; j'en reçois une lettre très obligeante, j'y répondrai incessamment,[4] dites-lui, si vous le voyez; pour aujourd'hui cela ne m'est pas possible; je ne puis parler à d'autres qu'à vous, et je ne puis parler longtemps.

Il faut six compotiers et une jatte de six pouces de diamètre avec son plateau.

3. Pont-de-Veyle was the last survivor of the three men who had been closest to D in her younger days. Her friendship with Formont lasted thirty years, and aroused her truest affection; with Hénault she was most intimate, during the forty-two years of their liaison; but her friendship with Pont-de-Veyle was the longest (though coldest) of the three. Maurice Cousin, Comte de Courchamps, in *Souvenirs de la Comtesse de Créquy* [1855], ii. 178, says that D's intimacy with Pont-de-Veyle made a public scandal at one time; this is perhaps an exaggeration. Grimm xii. 151 (Aug. 1778) quotes the famous story of D and Pont-de-Veyle by the fireside, agreeing that their friendship had lasted fifty years because they never really cared about each other. Grimm also says that on the night of Pont-de-Veyle's death, D had declined a supper invitation because of his illness— during the concert after supper, she appeared. Everybody asked about Pont-de-Veyle, and she replied: 'Ah! vous croyez bien que s'il n'était pas mort je ne serais ici' (Grimm x. 513, 1 Nov. 1774). La Harpe gives the same story, saying that the supper was given by Mme de Marchais, and that he himself was there. According to him, D said: 'Hélas! il est mort ce soir à six heures: sans cela vous ne me verriez pas ici.' Thereupon she sat down and ate a hearty supper (Jean-François La Harpe, *Œuvres*, 1820, xi. 316).

4. D to Craufurd 15 Sept. 1774, S–A iii. 146.

From MADAME DU DEFFAND, Sunday
11 September 1774

Ce dimanche 11 septembre, à 9
heures du matin [1774].[a]

VOUS voyez l'heure qu'il est? Eh bien! depuis une heure que je
me suis couchée je n'ai pas dormi un instant, cet état est dé-
sespérant quand on ne peut avoir que les idées les plus tristes. Ne
craignez point que je vous raconte toutes celles qui m'ont passé par
la tête. Ennuyer, fatiguer ses amis n'est pas une consolation, et quand
c'en serait une, je me la refuserais. J'ai cependant pris le parti de
prévenir l'arrivée du facteur pour vous écrire, pour plusieurs raisons: d'abord parce que mon instinct m'y a portée, et puis parce que
peut-être m'endormirai-je et me réveillerai-je fort tard. Je vais au
Port-à-l'Anglois à cinq heures; Mme de Mirepoix s'y est établie avec
Mme de Boufflers, pour la consoler de la perte qu'elle a faite du Marquis de Boufflers,[1] son fils, qui est mort à Chanteloup, d'une fièvre
maligne, le 5 de ce mois. Devant donc partir à cinq heures, et le facteur arrivant quelquefois fort tard, je n'aurais pas eu le temps de
vous rien dire.

La mort de M. de Boufflers a causé la plus grande affliction à M. et
Mme de Choiseul; M. de Choiseul a la fièvre tierce; la maladie de
M. de Boufflers avait commencé par là, accompagnée à la vérité d'accidents que n'a point M. de Choiseul; j'en reçois tous les jours des
bulletins.[2] On les presse de changer d'air, ce que j'espère qu'ils feront
dès qu'ils seront en état de voyager: ils iront vraisemblablement à la
maison de campagne[3] de l'Évéque d'Orléans, qui est à vingt-six lieues
de Chanteloup. Je crains que la grand'maman ne succombe à son inquiétude et à sa douleur, malheur que je ne saurais envisager sans
frémir. Ses vertus m'assurent de son amitié; c'en est une que la reconnaissance, et elle sait qu'elle m'en doit. Je m'aperçois bien de la
perte de Pont-de-Veyle, et je ne le remplacerai pas. J'envie bien votre
bonheur; vous n'êtes jamais mieux que lorsque vous êtes seul avec
vous-même. Si vous pouviez me communiquer cette faculté, je n'aurais jamais eu tant d'obligations à personne.

a. Date of year added by HW.

1. He was distinguished only by a minute and troublesome attention to the details of military discipline, and died little regretted (B).

2. Barthélemy to D 1–5 Sept. 1774, S–A iii. 142.

3. Meun, near Orléans (*ante* 20 May 1772).

Il n'y a rien de nouveau ici, si ce n'est la joie immodérée que le public a fait paraître du renvoi du Chancelier et de l'Abbé Terray: on a fait leurs effigies, on les a brûlées, rouées, pendues; la police a été forcée d'arrêter les tumultes.

Je n'ai point revu le Milord Mansfield. J'hésite si j'enverrais chez lui; je n'en ai rien fait, je n'ai pas cru cela nécessaire, mes succès avec les Anglais sont passés.[4]

Je crois vous avoir mandé que j'avais reçu une lettre du petit Craufurd. Quoique j'en aie été fort contente, je ne me presserai pas d'y répondre, il partait pour l'Écosse. Il s'annonce pour le mois d'avril, c'est bien le cas de dire que compter sans son hôte, c'est compter deux fois. Ah! je ne fais pas de projets de cette étendue. Adieu à tantôt, je vous quitte pour tâcher de dormir.

À 3 heures.

Voilà le facteur, et point de lettres d'Angleterre. J'en reçois une de Chanteloup très rassurante, elle est du 9, la nuit avait été bonne, ainsi que la veille, on était sans fièvre, mais le soir on attendait l'accès. Cette fièvre est bien marquée en tierce. L'Abbé dit qu'il y en a beaucoup dans le château et dans les environs. Mme de Gramont devait arriver le soir ou le lendemain.

J'ai reçu aussi une lettre de Voltaire,[5] qui n'est point du tout agréable; mais ce qui l'est encore bien moins, c'est que depuis le moment où j'ai fini ce matin de vous écrire, jusqu'à celui-ci, je n'ai pas eu une demi-minute de sommeil; malgré cela il faut que j'aille au Port-à-l'Anglois. J'ai bien pensé à vous dans mon insomnie, et je me suis dit: M. Walpole en a souvent de pareilles, et de plus il a de grandes douleurs; cela ne m'a pas consolée, tout au contraire.

Cette lettre serait trop triste si je la finissais là: voici de petits vers assez drôles:

Sur la poule au pot.[6]

Eh bien! la poule au pot, sera-t-elle enfin mise?
On pourrait bien le présumer,
Car depuis deux cent ans qu'elle nous est promise,
On n'a cessé de la plumer!

4. Le temps de mes succès auprès des Anglais et des Écossais est bien passé. Vous serez à la vieille mode si vous conservez quelque considération pour moi' (D to Craufurd 15 Sept. 1774, S–A iii. 147).

5. Voltaire to D 7 Sept. 1774, in Voltaire, *Œuvres* xlix. 76.

6. See *ante* 22 June 1774.

Autre de Monsieur en donnant un éventail à la Reine.

Au milieu des chaleurs extrêmes,
Heureux d'amuser vos loisirs,
Je saurai près de vous amener les Zéphirs;
Les Amours y viendront d'eux-mêmes.

Autre sur Mme du Barry

De deux Vénus on parle dans le monde:
De toutes deux gouverner fut le lot;
L'une naquit de l'écume de l'onde,
L'autre[7] naquit de l'écume du pot.

From Madame du Deffand, Tuesday
20 September 1774

Ce mardi 20 septembre 1774.

IL y a longtemps que je n'espère plus vous revoir. Ayant laissé passer le printemps et l'été, je n'ai pas dû penser que vous choisiriez l'automne pour venir ici. C'est le temps où avec juste raison vous redoutez la goutte; je crains bien son retour, je l'avoue. Vous avez eu bien tort d'appréhender l'importunité de mes empressements, vous n'en avez plus à craindre, et vous m'avez amenée à être aussi raisonnable que vous pouviez le désirer. J'avoue que je suis surprise, quand je trouve dans vos lettres quelque marque de mécontentement; vous n'en pouvez plus avoir d'autres que de la gêne que vous trouvez à écrire trop souvent. C'est un effet de votre complaisance dont je sens tout le prix, et dont je ne veux point abuser; personne, comme vous me le dites, n'aurait une telle condescendance.

Je suis très fâchée de vous avoir alarmé sur mon état, je n'ai point de nouveaux malheurs, la perte de mon ancien ami est le seul qui me soit survenu. J'ai eu depuis que je ne vous ai écrit beaucoup d'inquiétudes sur la santé de M. de Choiseul, elles sont presque entièrement dissipées. Le jour de la mort[1] de M. de Boufflers, il lui prit une fièvre dont les quatre premiers accès furent décidés en tierce. Il en survint un qui la caractérisa double tierce, et le jour de ce premier accès, il reçut la nouvelle de la mort de l'Archevêque de Cambrai[2]

7. Mme du Barry.

1. 5 Sept. 1774 (see *ante* 11 Sept. 1774).

2. He died 11 Sept. 1774 at Moulins, in Bourbonnais (*Rép. de la Gazette*).

avec le bulletin de sa maladie, qui disait qu'après douze accès de fièvre double tierce, dont dans les intervalles il était en état de jouer et de jouir de la société, il lui était survenu un accès si terrible que le surlendemain il mourut. La tête tourna à tout le monde, et dans la crainte qu'il n'en arrivât de même de M. de Choiseul, on envoya des courriers à Paris pour faire venir des médecins. Il en partit deux[3] sur-le-champ, dont il en revint un hier, qui a fort rassuré. La fièvre n'est point encore cessée, mais elle est médiocre, et diminue tous les jours; je viens de recevoir quatre lignes de la grand'maman, rien ne peut prouver davantage qu'il n'y a plus de sujet de s'alarmer; on voudrait les déterminer à revenir à Paris, c'est à quoi on ne peut réussir; ils persistent à remettre leur retour au milieu de décembre.

Ce mercredi 21.

On ne parle ici que du nouveau contrôleur général:[4] c'est un nouveau Sully, mais un Sully bien autrement éclairé, qui réparera tous les inconvénients, tous les abus que l'administration de Colbert avait produits. On ne verra plus que d'honnêtes gens employés; tous les coquins sont déjà renvoyés, nous allons être gouvernés par des philosophes. J'ai bien du regret de n'avoir pas su ménager leur protection; pour l'obtenir aujourd'hui, il me faudrait avoir recours à Mlle de Lespinasse: me le conseillez-vous? Toutes les circonstances présentes contribuent bien à me faire sentir la perte que j'ai faite de mon ancien ami. Je n'avais que lui qui s'intéressât véritablement à moi, qui pût me conseiller, qui prît part à mes peines; il n'était ni tendre, ni affectueux; mais il était loyal et solide. J'étais ce qu'il aimait le mieux; je n'ai ni l'espérance, ni la pensée de le jamais remplacer; il était sans ambition, sans intrigue, et tous ceux qui m'environnent aujourd'hui y sont livrés entièrement. Que n'ai-je le bonheur de pouvoir me passer de tous! Mais cela n'est pas en mon pouvoir; je suis comme était feu Madame la Duchesse du Maine:[5] 'Je ne puis me passer,' disait-elle, 'des choses dont je ne me soucie pas.' Voilà comme sont les caractères faibles, et voilà celui que la nature m'a donné; et voilà comme je retombe à vous parler de moi.

À 2 heures après minuit.

J'oubliais de vous dire que Mariette est mort;[6] je me suis déjà in-

3. Not identified.
4. Turgot (B).
5. See *ante* 17 Dec. 1770.
6. He died at Paris, 10 Sept. 1774.

formée (mais sans succès) où l'on pourrait trouver ses héritiers; si je l'apprends, désirez-vous que je fasse demander s'ils consentiraient à vendre ce portrait en émail, par Petitot, de Mme d'Olonne? En ce cas, il faut me dire quel prix vous y voulez mettre.

J'ai eu ce soir jusqu'à onze heures les Milords Stormont et Mansfield; ce dernier me plaît, et l'autre ne me déplaît pas.

Quand vous verrez M. et Mme Fitzroy, dites-leur mille choses de ma part et remerciez-les de la moutarde qu'ils m'ont envoyée. J'ai reçu d'eux mille politesses, je leur ai recommandé de vous parler beaucoup de mon petit chien.

Qu'est-ce que cela vous ferait d'apprendre que Monsieur le Comte du Muy épouse dans huit jours Mme de Blanckart,[7] chanoinesse, son ancienne amie, qui a quarante-deux ans, et lui en a soixante-quatre? Milord Stormont a écrit à M. Conway pour l'engager à ne venir ici qu'après Fontainebleau; ce serait vers le 15 de novembre. Je souperai encore demain chez moi avec les deux Maréchales; je n'avais aujourd'hui que celle de Luxembourg; elle a extrêmement plu à Milord Mansfield: il reviendra demain, mais sans son neveu.

To Madame du Deffand, ca Wednesday 28 September 1774

Two missing letters. Written at Strawberry Hill. HW to Conway 28 Sept. 1774 is said to be a counterpart of one of these letters. For the other, see *post* 2 Oct. 1774, n. 10. Answered, 2 Oct., 12 Oct.

From Madame du Deffand, Sunday 2 October 1774

The third, fourth, and fifth paragraphs from the end were crossed out by B; the Bishop of Rodez wrote: 'il faudrait rétablir ce qui est raturé.'

Paris, ce dimanche 2 octobre 1774.

NON, vous n'avez point pensé que ce pût être tout de bon que je vous parlasse de la Lespinasse. Je ne sais pourquoi je vous fis cette mauvaise plaisanterie.[1]

7. Marie-Antoinette-Charlotte de Blanckart (ca 1732–ca 1790) m. (29 Sept. 1774) Louis-Nicolas-Victor de Félix, Comte du Muy (*L'Intermédiaire des chercheurs et curieux* lxix. 463; *Mercure de France*, Oct. 1774, ii. 211).

1. See *ante* 20 Sept. 1774.

Rien n'est moins pressé que les émeraudes. Quatre compotiers suffiront; mais il faut observer que la jatte ait six pouces de diamètre, et que le plateau y soit bien assorti.

Je me suis déjà fort occupée de la miniature,[2] mais vous m'avisez de Mme Geoffrin; j'en parlerai dès ce soir à Mme de la Vallière, qui sûrement vous servira avec zèle, et je crois en effet que c'est le meilleur moyen; j'avais chargé Mme Poirier de faire des informations. On dit que son cabinet sera vendu,[3] c'est, dit-on, un objet de quatre cent mille francs. Je vous trouve bien heureux d'avoir des goûts et des fantaisies, c'est de quoi je manque, encore plus que des moyens de les satisfaire si j'en avais. Mon pauvre ami Pont-de-Veyle m'a fait un legs, qui vous conviendrait bien mieux qu'à moi, de quatre girandoles de cristal de roche de la plus grande beauté,[3a] j'en ai mis deux sur la table entre les deux fenêtres. Il m'a fallu diminuer mon cabaret de près de la moitié; les deux autres sont sur les encognures.

M. de Choiseul se porte bien, j'ai reçu de lui un petit billet fort tendre.[4] Depuis le mécontentement qu'il m'avait donné dans sa course à Paris je ne le nommai plus que M. de Choiseul; il dit que si je ne veux plus de lui pour grand-papa, il veut toujours que je sois sa petite-fille. Mais ces pauvres gens sont dans un état affreux, il semble que tous les malheurs attendaient la fin de leur exil pour les accabler. Leur écuyer, qui était leur majordome, nommé Bertin, est soupçonné d'un ulcère à la vessie, il a des douleurs horribles et une fièvre violente. Toutes leurs entreprises de basse-cour, d'économie en tout genre seraient renversées. De plus M. Ribot,[5] leur intendant, se meurt, ce serait encore une perte irréparable. Ils sont actuellement tous seuls à leur campagne, et ce n'est que depuis la mort de M. de Boufflers qu'ils commencent à être malheureux.

Il m'est bien important que vous soyez extrêmement exact à me donner de vos nouvelles; cette maudite goutte m'inquiète pour le moins autant que vous, je ne puis pas supporter l'idée de vous savoir dans les souffrances; oh! l'indigne goutte, elle me coûte bien cher. Si par bonheur elle n'arriverait pas on en aurait toujours l'inquiétude.

2. Of Mme d'Olonne.

3. Unsuccessful efforts were made to have the King buy it (Charles-Claude Flahaut, Comte de la Billarderie d'Angiviller, *Mémoires*, Copenhagen, 1933, p. xii; Antoine-Jules Dumesnil, *Pierre-Jean Mariette*, 1858, pp. 230–1, 358–9).

3a. These girandoles, inventoried at 300 livres, were bequeathed by D to Mme de Luxembourg (Appendix 2).

4. This 'billet,' dated 24 Sept. 1774, is in D's MS *Recueil de lettres*.

5. Ambroise Ribot (d. 1787) (Jehanne d'Orliac, *Chanteloup*, [1929], pp. 79, 220).

Votre vilain petit château est de la plus grande humidité, tout le monde le dit; je profère un blasphème; pardonnez-le moi.

Il est très malheureux, tout intérêt à part, que vous ne puissiez pas accompagner Milady Ailesbury; je ferai de mon mieux, mais jugez de ce que peut une vieille aveugle.

Voici une chose singulière, il m'arrive dans l'instant par la petite poste la lettre que je vous envoie.[6] Je conclus que si cette maudite goutte vous fait miséricorde, il faudra que vous veniez l'année prochaine faire vous-même votre emplette. S'il est vrai que vous soyez mon ami comme vous voulez que je le croie, vous devez me rendre encore une visite, après quoi tout sera dit.

Vous avez eu peu d'empressement de voir les Fitzroy; je n'aurais pas été de même pour quelqu'un qui serait arrivé de Londres. Jamais il ne vous dira de mon petit chien tout le bien qu'il y a à en dire, il est tel que je l'aurais fait et façonné si je l'avais créé; il m'aime à la folie; il est jaloux comme un tigre, colère comme un lion quand on veut m'approcher. Tous mes gens l'aiment passionnément, et je suis bien sûre que si vous le voyiez vous en seriez charmé.

Adieu, je suis enrhumée; j'étais bien triste quand je me suis mise à vous écrire, je le suis un peu moins, mais je pense à cette goutte et je m'afflige.

J'omettais de vous dire que la lettre que je vous envoie est écrite à l'Abbé Pernety, qui est un de ceux que j'ai employés à la recherche de cette miniature.

L'Archevêque de Tours[7] est nommé à l'archevêché de Cambrai, l'Évêque d'Arras à l'archevêché de Tours, dont le grand-papa et la grand'maman sont extrêmement contents; l'Évêque de Saint-Omer à Arras, et l'Abbé de Puységur[8] à Saint-Omer.[9]

Faites mes compliments à M. et Mme Fitzroy, je les aime de tout mon cœur. Je ne manquerai pas de parler de vous à Chanteloup.[10]

---

6. Not with the MS.

7. Henri-Marie-Bernardin de Rosset de Ceilhes de Fleury (1718–81), Archbishop of Tours (1751–74), and of Cambrai (1775–81) (*Rép. de la Gazette*).

8. Jean-Auguste de Chastenet (1740–1815), Abbé de Puységur, Bishop of St-Omer (1775–8), of Carcassonne (1778–88), and of Bourges (1788–1815) (Pius Bonifacius Gams, *Series Episcoporum*, Ratisbon, 1873, pp. 524, 529, 619).

9. 'Cet arrangement pour les évêchés et archevêchés n'eut pas entièrement lieu;

l'Évêque d'Arras refusa Tours, lequel fut donné à son frère; celui-ci fut remplacé par M. de Puységur' (note by the Bishop of Rodez).

10. 'M. Walpole a pris le plus vif intérêt à la maladie du grand-papa. Il me prie de les en assurer. Il me parle aussi beaucoup de vous; il attend la goutte. C'est l'époque de son retour, et je me flatte qu'en cas qu'elle revienne, il fera un petit voyage ici dès qu'il en sera quitte' (D to Barthélemy 3 Oct. 1774, S–A iii. 151).

TO MADAME DU DEFFAND, Monday 10 October 1774

Missing. Written at Strawberry Hill. Dated 10–11 Oct. by *post* 16 Oct. 1774.

From MADAME DU DEFFAND, Monday 10 October 1774

Entirely in Colmant's hand.

Ce lundi 10ᵉ octobre.

DE toutes mes lettres, celle qui vous aura jamais le moins ennuyé, ce sera celle-ci. Je n'ai rien à vous dire, parce que dans votre situation présente[1] vous n'êtes pas en état de rien entendre; j'étais prévenue des inquiétudes[2] que vous alliez avoir par les nouvelles que la dernière poste avait apportées. Vos dames[3] ne sont point encore arrivées. Je passai hier à l'Hôtel de Danemark[4] qu'elles doivent occuper, et je serai avertie dès qu'elles le seront; elles ont pris un mauvais temps pour leur voyage ici, Fontainebleau, l'Isle-Adam, le Raincy, etc., enlèvent tout le monde. Mme de la Vallière est assez incommodée, elle ne voit que ses parents les plus proches, et ses connaissances les plus particulières. Je ne pourrai guère leur procurer des miennes, presque toutes sont absentes; on fera comme on pourra.

From MADAME DU DEFFAND, Wednesday 12 October 1774

Address: To Monsieur Monsieur Horace Walpole in Arlington Street near St James's *London* Angleterre.
Postmark: OC 17.

Ce mercredi 12 octobre 1774.

VOS trois dames arrivèrent hier au soir; elles envoyèrent sur-le-champ chez moi. J'étais dans mon lit pour une petite fièvre qui m'a prise du dimanche au lundi, et qui subsiste encore. Je n'y vois d'autre cause que la bile qui ne coule point. Je suis au bouillon pour toute nourriture, ce matin j'ai pris de la casse que j'ai proposée moi-

1. Perhaps D believed HW to be suffering from the gout, but his letters do not mention it at this time.
2. Parliament was dissolved 1 Oct. 1774, and Wilkes won the Middlesex election 6 Oct. HW was not so much concerned about politics, however, as he was over Orford's

neglect to secure the elections in his pocket boroughs (HW to Mann 6 Oct. 1774).
3. Lady Ailesbury, Mrs Damer, and Lady Harriet Stanhope (1750–81), who m. (1776) the Hon. Thomas Foley, 2d Bn Foley n.c., 1777.
4. Not identified.

même au médecin, qui l'a approuvée. Ce médecin[1] lundi au soir voulait me faire saigner, à quoi je résistai affirmativement. Si la casse fait l'effet que j'en espère, je compte donner à souper demain à vos dames, et pour compagnie elles auront la Maréchale de Mirepoix, Mmes de Cambis et MM. de Beaune et de Bouzols.[2]

Milady Ailesbury voulait me rendre elle-même votre lettre,[3] croyant que c'était de la politesse, mais Wiart a insisté pour qu'elle la lui donnât et il me l'a apportée. Vous serez satisfait sur tout ce que vous désirez. Tout ce que je puis vous dire actuellement c'est que je suis dans un état très tranquille, et que je ne prévois rien qui puisse le déranger.[4] J'ai tout lieu d'être contente de mes amis et amies. Mme de Mirepoix a rompu son voyage à l'Isle-Adam pour rester auprès de moi, elle y a soupé hier, y soupera aujourd'hui et demain aussi; et de M. de Beauvau j'en suis contente au point que je suis quelquefois tentée de croire que c'est mon plus véritable ami, mais je ne veux point me laisser aller à cette pensée.

Je serai ravie de faire connaissance avec M. de Conway; votre amitié pour lui m'en a fait prendre la meilleure opinion.

J'ai vu Milord Shelburne; il soupa chez moi lundi, je ne le vis qu'après souper, j'étais dans mon lit, et l'on n'entra chez moi qu'au sortir de table; il m'a extrêmement fêtée, cajolée; il viendra l'année prochaine ici uniquement pour moi; la confiance que j'ai en cette promesse est à peu près semblable à la pensée de revoir jamais cette fille.[5] Je ne saurais comprendre comment vous n'avez pas vu que c'était une plaisanterie; je ne voudrais pas lui devoir de me sauver de l'échafaud. Je suis pressée de vous ôter de la tête une opinion aussi avilissante; je suis contente, comme je vous l'ai dit, de tous mes amis; elle est la seule personne que je pourrais regarder comme mon ennemie, si je ne dédaignais d'y penser: c'est de quoi je ne me cache point.

Je vois avec plaisir que vous n'avez aucun prélude de votre goutte, mais je crains bien qu'elle ne vous manque point.

Je vous manderai dimanche de mes nouvelles.

1. Perhaps Pomme; Poissonnier was away (see *post* 26 Oct. 1774).

2. Joachim-Charles-Laure de Montaigu-Bouzols (1734–1818), Vicomte de Beaune, later Marquis de Bouzols, and his brother, Anne-Joachim de Montaigu-Bouzols (1737–1825), Comte de Bouzols (Woelmont de Brumagne v. 200; Pierre-Auguste Callet, *Memoirs of the Marquise de Montagu*, London, 1870, p. 322; Jean-François de Pérusse, Duc des Cars, *Mémoires*, 1890, i. 265).

3. HW to D ca 28 Sept. 1774 (missing).

4. HW had probably asked about the safety of D's pension under the new ministry (HW to Conway 28 Sept. 1774).

5. Mlle de Lespinasse (see *ante* 20 Sept. 1774).

From Madame du Deffand, Sunday 16 October 1774

In Colmant's hand, up to 'à 11 heures du matin,' finished by Wiart.

Ce dimanche 16e octobre à 6 heures
du matin [1774].^a

JE vous dirai d'abord que je suis entièrement guérie; que non-seulement je n'ai plus de fièvre, mais que je ne me suis jamais mieux portée, que les vapeurs sont à mille lieues, que je suis gaie, contente, heureuse; ne me demandez point pourquoi, je n'en veux point savoir la raison, et je veux (si je la pénétrais) encore moins vous la dire.

Je reçus hier votre lettre du 10 et du 11; je pense tout comme vous; il serait heureux que vous eussiez un léger accès de goutte qui pût vous mettre en sûreté de n'en pas entendre parler avant deux ans; si ce souhait n'est pas accompli, vous ne vous en croirez point à l'abri. Tous vos projets s'en iront en fumée, et c'est bien à quoi je me prépare.

Venons à vos dames: il n'en est point de plus aimables; elles soupèrent hier chez moi pour la deuxième fois; elles y souperont aujourd'hui pour la troisième; les deux Maréchales sont charmées d'elles, et si elles peuvent être dégagées des voyages qu'elles devaient faire, elles se proposent de s'occuper beaucoup d'elles, de leur donner à souper, et de leur procurer tous les amusements et agréments qui dépendront d'elles. J'ai fait lire par Wiart votre lettre[1] à Milady Ailesbury; il a glissé sur de certains articles; elle vous écrira[2] aujourd'hui. J'attends M. Conway avec impatience; je compte qu'il passera la soirée chez moi le jour de son arrivée; ne le pressez point de retourner à Londres. Les dames seront ravies de rester un peu de temps ici; je ne saurais vous dire combien Mme Ailesbury me plaît; ne le lui laissez point ignorer.

Je me suis déjà occupée d'assembler les estampes[3] que vous désirez, celle qui sortira la première ne sera peut-être pas absolument de votre goût; mais il a été du mien de lui faire accompagner les autres.

Mme Damer me dit hier au soir qu'elle avait un présent[4] à me remettre de votre part, qu'elle avait oublié de l'apporter, et qu'elle me l'enverrait ce matin. J'attends à l'avoir reçu pour fermer ma lettre; je

a. Date of year added by HW.
1. HW to D 10 Oct. 1774 (missing).
2. Missing.
3. Not identified.
4. A toast-rack (see *post* 23 Oct. 1774).

vous en remercie d'avance; toutes attentions d'un ami ne peuvent être que très agréables.

Milady Churchill m'a fait le plus joli présent du monde, un petit poudrier pour saler des tartines. Toutes ces dames en sont folles, mais je ne le donnerai à personne. Dites-le à Milady. Je ne sais pas si je pourrai lui écrire aujourd'hui. Vous voyez l'heure qu'il est, il faut que je reprenne le sommeil, je ne sais à quel moment il arrivera, et quand il finira, et quel temps me restera; peut-être n'en aurai-je que pour ajouter quelques lignes à cette lettre.

Ce qui peut déranger les voyages des Maréchales, qui devaient aller à Sainte-Assise, campagne de Mme de Montesson, c'est l'état de Madame la Princesse de Conti;[5] elle eut hier une seconde attaque d'apoplexie; elle est mère et belle-mère de Monsieur le Prince de Conti et de Monsieur le Duc d'Orléans; ils ne pourront pas s'éloigner d'elle.

À 11 heures du matin.

Mon sommeil n'a pas été long, mais je le reprendrai. Votre présent est arrivé; il est extrêmement joli, il tiendra sa place ce soir sur ma table; il sera comblé de rôti et accompagné du petit poudrier de Milady Churchill; ce qui sera sur la table me sera agréable, ainsi que ce qui l'entourera.

J'ai beaucoup d'espérance pour votre miniature. Mme de la Vallière a parlé à la Geoffrinska, et celle-ci aux héritiers de Mariette. On n'aura leur réponse qu'à la fin du mois, ils sont actuellement à la campagne.

Je pourrais vous raconter mille bagatelles, mais ce ne sera pas pour aujourd'hui; ma nuit n'a pas été assez bonne, et n'a point assez réparé mes forces.

Mme de la Vallière a été fort incommodée; sa santé m'inquiète; pour sa fille,[6] elle se porte comme le Pont-Neuf; elle s'est faite encyclopédiste; elle est la plus intime amie de la Muse de l'*Encyclopédie;*[7] je crois que sa mère l'ignore. Rappelez-vous l'histoire de Joconde,[8] et vous devinerez celui[9] qui a formé cette liaison.

Monsieur le Prince de Conti est arrivé cette nuit à quatre heures

5. She died 27 May 1775 (*Mercure de France*, July 1775, i. 212).

6. Mme de Châtillon.

7. Mlle de Lespinasse.

8. La Fontaine's *Conte de Joconde,* taken from Ariosto.

9. Probably d'Alembert; the allusion is not clear.

du matin; il a été chez sa mère jusqu'à neuf; on dit qu'elle est mieux. Monsieur le Duc d'Orléans n'est point encore de retour, mais il ne tardera pas. Je prévois avec plaisir que mes deux Maréchales resteront ici, celle de Mirepoix toujours, et l'autre jusqu'à la fin de la semaine prochaine, qu'elle doit aller à Chanteloup, où elle passera trois semaines ou un mois. Je suis on ne peut pas plus contente de ces deux dames, et en général de tous les gens de ma connaissance, qui dans cette occasion-ci m'ont marqué beaucoup d'attention.

Voulez-vous que je vous envoie le *Maintenoniana?* Ce sont de petites anecdotes, des fragments de lettres, rien de nouveau, mais un rabâchage qui ne me déplaît pas. Est-ce que vous n'avez point de nouveaux romans? pourquoi n'en faites-vous pas? Vous [vous] entendez très bien à pe[i]ndre des caractères, c'est ce qui me plaît le plus. Pour des aventures, je ne m'en soucie pas.

Pourquoi ne me parlez-vous pas de mon petit chien? Les Miladys vous diront s'il est joli, s'il m'aime, s'il est jaloux, s'il est méchant, et si j'en suis folle. Ah! je ne vous le céderais pas. Voilà la seconde passion de chien que j'ai inspirée, et que j'ai eue. Voulez-vous que je vous dise la chanson que j'ai faite pour lui sur le même air que celle que j'ai faite qu'on a cru être pour vous?

> Mon petit chien, je t'aime bien,
> Et je ne veux plus aimer rien.
> Toi seul as toute ma tendresse.
> Tu me plais par ta gentillesse
> Moins que par ta fidélité.
> Où trouve-t-on de la sincérité,
> Sinon dans ceux de ton espèce?

À 3 heures.

Je viens d'écrire à Milady Churchill, voulez-vous bien lui faire tenir ma lettre?

To MADAME DU DEFFAND, ca Tuesday 18 October 1774

Missing. Probably written at Strawberry Hill. Answered, 23 Oct.

From Madame du Deffand, Sunday 23 October 1774

Paris, ce dimanche 23 octobre 1774.

JE ne crois point que mes lettres aient été sèches; je me souviens qu'il y en avait une de six pages,[1] mais il y a longtemps que je m'aperçois que le succès de mes lettres dépend de votre disposition; elles ont pu être ennuyeuses, j'étais malade alors, et il me semble que je vous le mandais. Milady Ailesbury a dû vous le confirmer. D'ailleurs j'ai tant de peurs de tomber dans le romanesque que je pense quelquefois tomber dans le côté contraire.

M. Conway arriva mardi 18, je ne pus pas le voir le lendemain, mais le jeudi je lui donnai à souper, et depuis ce temps-là je l'ai vu tous les jours. Je vous ai mandé dans ma dernière lettre combien j'étais contente de ses dames; je vous dirai aujourd'hui que je ne suis nullement étonnée de votre extrême amitié pour le Général, il me plaît infiniment. Nous n'avons point encore causé ensemble, ce sera peut-être aujourd'hui. J'espère qu'il restera ici jusqu'à la fin du mois prochain. Vous saurez par lui ma situation, mes pensées, mes affections, et la part qu'il croit que vous y avez.

Il faut que je vous remercie encore de votre petit gril,[2] s'il ne me venait pas de vous je n'aurais pu résister à le donner par l'envie qu'on avait de l'avoir.

La Maréchale de Luxembourg va demain à Chanteloup pour trois semaines, elle espère retrouver le Général et ses dames à son retour, qui sera vers le 15 du mois prochain, et leur donner à souper. La Maréchale de Mirepoix revint hier de la campagne, je ne doute pas qu'elle ne soit fort empressée de les recevoir chez elle et de leur marquer beaucoup d'amitié. Elles seront contentes de tout le monde, soyez-en sûr, elles sont de façon à plaire à tous ceux qui auront de l'esprit et du goût. C'est avec la dernière répugnance que je me résous à vous mander des nouvelles, mon style ne s'y prête pas, mais enfin, il faut bien vous dire le grand changement de notre étiquette. Le Roi soupera une fois la semaine avec la Reine et toute la famille royale dans ses cabinets, et les hommes y seront admis. Le premier souper fut hier et voici les personnes qui y étaient, au nombre de trente-sept: la Reine, sa dame d'honneur,[3] et deux de ses dames;[4] ses

1. Probably *ante* 16 Oct. 1774.
2. A toast-rack, presented to D by HW (Lady Ailesbury to HW 23 Nov. 1774).
3. The Comtesse de Noailles (*Almanach royal*, 1775, p. 162).
4. Not identified.

deux belles-sœurs,[5] chacune une honneur[6] et une dame;[7] le reste composé de Madame la Duchesse de Bourbon et une de ses dames;[8] Mme de Tingry, de Sérent,[9] Montmorency et de la Force;[10] les hommes furent appelés à l'ordre, on ne me les a pas nommés.

Voilà tout ce que vous aurez aujourd'hui. Bonjour.

Il n'est donc point encore question de goutte, tant mieux et tant pis.

Votre lettre[11] est courte, mais il y a des menaces, c'est toujours quelque chose.

To Madame du Deffand, ca Tuesday
25 October 1774

Missing. Probably written at Strawberry Hill. Answered, 31 Oct.

From Madame du Deffand, Wednesday
26 October 1774

Paris, ce mercredi 26 octobre 1774.

JE vous ai mandé que j'ai eu plusieurs jours la fièvre. Je me serais rendue bien plus malade si je m'étais fait saigner, je le sais par expérience; deux onces de manne ont terminé ma maladie, mais je ne me porte pas fort bien, je passe les nuits sans dormir. Je me suis couchée cette nuit à deux heures, il en est neuf, et je n'ai pas fermé l'œil. J'ai eu de l'agitation et je croirais bien un peu d'émotion.

Mais vous, vous ne me parlez point de votre santé, vous mandez à la Milady que vous avez eu quelque ressentiment de goutte.[1] À quoi

---

5. The Comtesses de Provence and d'Artois.

6. The Comtesse de Provence's 'dame d'honneur' was Antoinette-Rosalie de Pons, Duchesse de la Vauguyon (formerly Marquise de St-Maigrin) (*Rép. de la Gazette,* and *Almanach royal,* 1775, p. 168); the Comtesse d'Artois' was the Duchesse de Quintin (ibid. p. 172).

7. Not identified.

8. Not identified.

9. Bonne-Marie-Félicité de Montmorency-Luxembourg (1739–1823), m. (1754) Armand-Louis, Marquis (later Duc) de Sérent-Kerfily (*L'Intermédiaire des chercheurs et curieux* liii. 189).

10. Probably Adélaïde-Luce-Madeleine de Galard de Brassac de Béarn (1739–1825), m. (1757) Bertrand-Nompar de Caumont, Marquis de la Force (Woelmont de Brumagne iv. 355).

11. HW to D ca 18 Oct. 1774 (missing).

———

1. HW's gout did not attack him until 14 Dec. (HW to Conway 15 Dec. 1774).

croyez-vous donc que je m'intéresse si ce n'est à votre santé? Est-ce aux affaires de votre pays ou à celles du mien? Je ne m'intéresse pas même aux miennes propres; j'ai sur tout cela une indifférence parfaite; je ne me soucie que d'une seule chose dans le monde, celle que vous abhorrez. Je regrette tous les jours mon pauvre ami Pont-de-Veyle; c'était le seul de qui je me croyais aimée, parce que c'était le seul à qui j'étais nécessaire, et à qui je pouvais confier mes chagrins; il était de bon conseil, d'une grande discrétion; j'ai fait une très grande perte. Sa mort me met dans l'obligation de faire de nouveaux arrangements,[1a] sur lesquels il faut que je vous consulte, et il faut que vous me répondiez avec votre franchise ordinaire. Il me paraît que votre intention est qu'il ne puisse rester aucun vestige de notre liaison, puisque vous ne vous en rapportez pas aux mesures que je prenais. Vous ayant satisfait sur cet article, vous souciez-vous d'avoir les bagatelles que je vous destinais? Vous en connaissez une partie; elles sont peu dignes de vous; expliquez-vous nettement sans crainte de blesser mon amour-propre; il y longtemps que je le compte pour rien.

Je n'ai point vu M. Conway tous ces jours-ci; il soupera chez moi ce soir avec les Miladys, et je conviendrai d'un jour pour causer avec lui. Demain le même souper sera chez Mme de Mirepoix, et dimanche ils iront tous à Fontainebleau, ils logeront chez Mme de Viry et n'y passeront que deux jours. Vous ai-je dit que cette dame m'avait en dernier lieu fait beaucoup d'agaceries, et qu'elle désirait à son retour me voir souvent? Elle prétend aimer beaucoup le Général, les Miladys, et vous. Je ne sais sur quoi vous fondez vos méfiances, vous n'avez nul reproche à me faire. Pont-de-Veyle était mon unique confident, je n'ai présentement personne à qui parler ni de mes affaires ni de ma santé. Je suis fort mécontente du médecin que j'ai vu,[2] je n'ai de confiance en aucun, et cependant j'ai à consulter. Poissonnier est, je crois, celui que je préférerai, mais actuellement il est absent, et ne reviendra qu'à la Saint-Martin.[3]

Si j'ai dimanche de vos nouvelles je vous donnerai des miennes, je conformerai toujours ma conduite à la vôtre, c'est la règle que je m'impose pour être sûre de ne vous pas être importune. Ne me soupçonnez jamais d'humeur, je n'en ai point avec vous, mais j'ai souvent de la tristesse et du chagrin.

Répondez-moi, je vous prie, le plus promptement que vous pourrez à cette lettre-ci.

1a. Her will.   2. See *ante* 12 Oct. 1774.   3. 11 Nov.

From Madame du Deffand, Friday 28 October 1774

Ce vendredi 28 octobre 1774.

LE Général[1] m'avertit qu'il a une occasion; j'en profite, et ce sera pour vous parler de lui. Oh! que votre amitié est bien placée, et que je comprends qu'il doit l'emporter sur tous! Vous m'aviez prévenue de beaucoup d'estime pour lui; mais vous ne m'en aviez pas fait un fidèle portrait. Selon l'idée que vous m'en aviez donnée, je le croyais grave, sévère, froid, imposant; c'est l'homme le plus aimable, le plus facile, le plus doux, le plus obligeant et le plus simple que je connaisse. Il n'a pas ces premiers mouvements de sensibilité qu'on trouve en vous, mais aussi n'a-t-il pas votre humeur. Ne croyez cependant pas que je vous le préfère, quoiqu'il vaille mieux que vous à beaucoup d'égards. Je lui crois autant de vérité qu'à vous; mais plus de justice, moins de préventions, et plus d'indulgence. Il ne se méprendrait pas à ce qu'on pense pour lui, et s'il croyait qu'on eût des sentiments trop vifs, il ne s'en courroucerait pas, et n'y répondrait pas par de la haine et du mépris; cela soit dit en passant. Il vous aime autant que vous l'aimez, et ses attentions pour moi vous en doivent être une preuve. Je juge par sa conduite qu'il croit que vous m'aimez, et qu'il vous oblige dans les soins qu'il me rend. Je n'ai point encore eu de conversation particulière avec lui; c'est moi qui l'ai différée. Il doit aller dimanche à Fontainebleau,[2] je l'ai remise à son retour; ce qu'il y aura vu, ce qu'il aura remarqué, lui donnera plus de questions à me faire, fournira plus de matière à notre conversation. Je ne compte pas l'entretenir de nos différends; je n'ai pas assez peu d'amour-propre pour cela. Je ne trouve plus de plaisir à aucun épanchement; je sais trop à quoi je dois m'en tenir, et je ne cherche plus à me faire illusion; je sais que je dois toujours compter sur vous, et que vous me saurez gré toute votre vie de mon attachement; que vous avez un sentiment très vif de reconnaissance, et que vous saisirez toutes les occasions de me le prouver. Voilà ce que je juge de vos sentiments, et dont je me contente; s'ils ne me satisfont pas entièrement, ils font cependant que vous êtes le seul ami que j'ai, le seul que j'aime, le seul que j'estime, le seul sur qui je compte. Voilà ma déclaration.

Je ne me flatte point de vous revoir l'année prochaine, et le renvoi

1. Conway.
2. Where Louis XVI would not even look at him, when he was presented (Conway to HW ? Nov. 1774).

que vous voulez que je vous fasse de vos lettres est ce qui m'en fait douter. Ne serait-il pas plus naturel, si vous deviez venir, que je vous les rendisse à vous-même? car vous ne pensez pas que je ne puisse vivre encore un an. L'idée de ravoir vos lettres d'abord est singulière; il n'était pas besoin de Pont-de-Veyle pour que vous fussiez sûr qu'elles vous fussent remises fidèlement; il y a longtemps que Wiart a ses instructions. Mais vous me faites croire, par votre méfiance, que vous avez en vue d'effacer toute trace de votre intelligence avec moi, et c'est ce qui m'a fait vous demander, dans ma dernière lettre, si vous consentiez toujours à être nommé dans mon testament: expliquez-vous sur ce point très nettement, pour que j'ordonne à Wiart de brûler tout ce qui sera de moi, et pour laisser à quelque autre de mes amis les manuscrits de recueils de différentes bagatelles:[3] que la crainte de me fâcher ne vous arrête point. Je ne veux plus vous parler de moi; vous voilà au fait de ce que je pense. Parlons de vos dames.

Milady Ailesbury est certainement la meilleure des femmes, la plus douce, et la plus tendre; je suis trompée si elle n'aime passionnément son mari, et si elle n'est pas parfaitement heureuse. Son humeur me paraît très égale, sa politesse noble et aisée, elle a le meilleur ton du monde; exempte de toutes prétentions, elle plaira à tous les gens de goût, et ne déplaira jamais à personne; c'est, de toutes les Anglaises que j'ai vues, celle que je trouve la plus aimable sans nulle exception; il n'y a jamais eu de couple mieux assorti qu'elle et son mari. Les jeunes personnes me paraissent tout au mieux.

Voilà tous les jugements que je porte, vous me direz si j'ai raison.

J'ai moins mal dormi cette nuit, et je vais essayer de changer quelque chose à mon régime. Je mangeai hier au soir encore moins qu'à l'ordinaire pour pouvoir prendre un petit bouillon sur les midi ou une heure; c'est ce que j'ai fait aujourd'hui, et j'ai un peu dormi par dessus. Une lueur d'espérance de vous revoir combat mon indifférence pour la vie.

Nous attendons de grands événements: le retour de l'ancien Parlement, un lit de justice, du changement dans le ministère. Vous n'avez que faire des conjectures, il vous suffira d'apprendre les grands événements; il n'en peut arriver aucun qui m'intéresse personnellement, ma fortune est fixée; je n'ai, selon toute apparence, rien à espérer, ni à craindre.

3. These were left to HW.

From Madame du Deffand, Sunday 30 October 1774

Ce dimanche 30 octobre 1774.

JE n'examine point si je vous importune ou non, je réponds à vos lettres, et je profite des occasions; je vous écris trois fois dans la semaine, non pas des billets, mais des volumes. Eh bien! vengez-vous-en, faites-en de même, employez ce moyen pour me corriger.

Je vous ai dit tout ce que je pensais de M. Conway; je l'attends dans ce moment-ci, je lui ai mandé de venir pour lui lire ce que vous m'écriviez pour lui. Mais je crois votre nouvelle fausse, et le Wilkes,[1] à ce qu'on dit hier, avait réussi à ce qu'il voulait.

Ce lundi à 6 heures.

L'arrivée de M. Conway m'interrompit hier, sa visite à son tour fut interrompu à mon grand déplaisir par celle de mon frère;[2] son étoile est d'être à toutes sortes d'égards toujours hors de propos; je fus un peu honteuse de tout ce qu'il dit. Le Général me quitta pour aller à l'Opéra-Comique, et je ne pus pas reprendre cette lettre du reste de la journée.

Je voudrais savoir quel jugement le Général porte de moi, et le bien et le mal qu'il vous en dit; il est sûrement prévenu par vous, je serais curieuse de savoir si je confirme les préventions que vous lui aurez données. Pour moi, sans nulle flatterie et sans dessein de vous plaire, je vous déclare que je le trouve infiniment aimable, et ce n'est point parce qu'il cherche à me plaire; je n'ai qu'à me louer de sa politesse, mais je ne sens point que je lui sois fort agréable, toutes ses attentions pour moi sont toutes à votre considération; elles ne m'en plaisent peut-être que davantage, mais elles ne me doivent pas faire illusion sur ses agréments personnels. Serez-vous bien fâché si je vous fais un aveu? Trouverez-vous que j'ai fait une indiscrétion? Je lui ai montré le portrait[3] que j'ai fait de vous. Il n'a pas trouvé que je vous rendais assez de justice, c'est-à-dire que je ne disais pas assez de bien de vous. Vous n'auriez pas bonne grâce à me gronder de cette confidence, n'avez-vous pas montré à M. de Richmond le portrait[4]

---

1. Wilkes succeeded in getting three of his nominees elected to Parliament (*Last Journals* i. 403); he himself was elected Lord Mayor of London, 8 Oct. 1774, and member for Middlesex, 20 Oct. 1774.

2. Probably the Abbé Nicolas de Vichy; D's other brother lived in the provinces.

3. D's portrait of HW, Nov. 1766 (Appendix 4).

4. HW's 'Where do Wit and Memory dwell' (Appendix 3f).

que vous aviez fait de moi? Nous aurons souvent des conversations particulières à son retour de Fontainebleau, qui sera vendredi. Il devait y aller hier, mais son voyage a été différé à demain à cause de la Saint-Hubert, qui sera jeudi; lui et les Miladys soupent ce soir chez moi avec Mmes de Mirepoix et de Cambis, le Prince de Craon, le Chevalier de Boufflers et M. de Guines.

La pauvre Mme de la Vallière est plus sourde que jamais, et sa santé assez mauvaise. Pour votre belle Duchesse sa fille, dont vous voudriez connaître le maître de langue, rappelez-vous l'histoire de Joconde, et la figure de celui qui a fait parler les animaux?[5] Il est maître de langue encyclopédique et ami intime de la Muse de l'*Encyclopédie;*[6] si vous n'êtes pas au fait, tant pis.

Ah! je n'aime pas mon chien, dites-vous, autant que vous avez aimé Rosette. Il n'absorbe pas toutes mes pensées, mais je n'en ai point qui ne tournent à son avantage.

Je reçus hier des nouvelles de Chanteloup, le grand-papa est repris de la fièvre, on ne m'en paraît point inquiet; ils viennent de perdre un domestique admirable[7] qui était à la tête de l'administration de la terre. Mme de Luxembourg me mande qu'elle croit que j'aurai la nuit de Noël tous mes parents; il me semble que je vous ai mandé que je leur avais envoyé des cartes d'invitation. Je leur représentais qu'ayant manqué au souper en '70, il fallait qu'ils réparassent en '74.

Nous allons être accablés d'événements, la rentrée de l'ancien Parlement; on dit un lit de justice, enfin tant et tant de choses. Il en vient d'arriver une qui me fait beaucoup de plaisir, on vient de donner au Comte de Broglie le commandement de Metz en second, qu'avait M. de Conflans sous son père M. d'Armentières; vous savez que c'est le Maréchal de Broglie qui lui a succédé.[8]

Je finis par vous dire que votre dernière lettre,[9] qui m'a fort plu, m'aurait plu bien davantage si vous m'aviez dit un mot de votre santé; cette goutte, cette goutte, j'y pense sans cesse.

Mes insomnies vont leur train, à cela près je me porte bien. Vous

5. D refers to La Fontaine's *Conte de Joconde.*

6. D probably alludes to d'Alembert's intimacy with Mlle de Lespinasse.

7. This would seem to be Ribot, but D mentions him in June 1775 as being still alive (see D to Mme de Choiseul 9 June 1775, S–A iii. 173). Bertin, however, is

mentioned by D to Barthélemy 18 Oct. 1774 (S–A iii. 154) as being an object of anxiety; *ante* 2 Oct. 1774, had mentioned his being ill.

8. D means that the Maréchal de Broglie succeeded M. d'Armentières as first in command.

9. HW to D ca 25 Oct. 1774 (missing).

aurez le *Maintenoniana,* c'est bien peu de chose. Vous n'écrivez plus, dites-vous, et qu'est-ce donc que vous faites?

Ne croyez pas que j'oublie la miniature, ce ne sera qu'après la Saint-Martin que nous saurons à quoi nous en tenir; j'espère que nous l'obtiendrons, je voudrais qu'elle ne vous ruinât pas. J'avoue que je ne conçois pas ces sortes de fantaisies, je n'ai nulle notion de la sorte de plaisir qu'elles procurent.

Adieu, vous voilà quitte de moi, vraisemblablement pour la huitaine.

From Madame du Deffand, Sunday 6 November 1774

Address: To Monsieur Monsieur Horace Walpole in Arlington Street near St James's *London* Angleterre.
Postmark: NO 11.

Paris, ce dimanche 6 novembre 1774.

IL se peut qu'il y ait eu dans mes dernières lettres quelques articles qui vous aient déplu, mais il y en avait mille autres qui devaient vous être agréables, et c'est une remarque que j'ai faite il y a longtemps, que ce ne sont jamais celles-là auxquelles vous répondez. Eh bien, je vous promets que quand j'aurai des vapeurs au point d'en mourir, je mourrai sans vous en rien dire. Je ne puis pas vous promettre plus de discrétion que j'en observe, et je ne comprends rien à la nouvelle indiscrétion que vous me reprochez; j'en prends Wiart à témoin, il ne comprend pas, pas plus que moi, ce que vous voulez dire.

Ha! ha! je trouble votre gaîté, et vous craignez mes lettres comme un vrai poison! permettez-moi de n'en rien croire, et ne m'ôtez point le peu de plaisir qui me reste, celui de notre correspondance. Il est singulier que vous ne me disiez mot de M. Conway, ni des Miladys, il m'aurait été agréable d'apprendre que je ne leur déplaisais pas. Je pourrais conclure de votre silence que vous n'avez rien de bon à m'en apprendre, mais je juge que vous avez mieux aimé me gronder. Vous êtes véritablement original.

Nous touchons au moment des grandes nouvelles; tout s'est conduit avec un secret admirable, ce qui donne bonne opinion du succès: c'est mercredi 9 que les membres de l'ancien Parlement ont ordre d'être rendus chez eux à Paris. On parle d'un lit de justice,[1] mais on ne dit rien de ce qu'on y déclarera; en attendant, on a exilé le procureur général[2] du nouveau Parlement à Maubeuge, et son secrétaire[3] est à la Bastille.

Vos Miladys ont été passer deux jours à Fontainebleau, elles vous en rendront compte, je les crois contentes, elles ont parfaitement réussi.

Au nom de Dieu, ne me grondez plus. Puisque vous êtes gai naturellement, ne changez point de caractère en m'écrivant, et tolérez en moi, qui suis née mélancolique, les choses tristes que vous trouvez dans mes lettres; j'observerai d'en mettre le moins qu'il me sera possible. Vous êtes d'une sévérité à faire trembler. Rassurez-vous sur mes indiscrétions, et comptez que mes actions seront toujours conformes à vos désirs.

To Madame du Deffand, ca Thursday 10 November 1774

Two missing letters, paraphrased in D's answer, 15 Nov. 1774. Probably written at Strawberry Hill.

From Madame du Deffand, Tuesday 15 November 1774

Paris, ce 15 novembre 1774.

LA réponse la plus raisonnable que je devrais faire à vos deux dernières lettres,[1] et celle que vous paraissez désirer, serait de consentir à rompre notre correspondance. Wiart qui y a été nécessairement admis, pourrait vous dire que je ne vous ai pas écrit une seule lettre depuis plusieurs années, que je ne l'aie consulté, et qu'il ne

1. Held 12 Nov. 1774 (*Mercure historique* clxxvii. 588–92, Nov. 1774).
2. D seems to be mistaken; Guillaume-François-Louis Joly de Fleury (1709–87) was procureur général 1740–78, apparently serving under both old and new parliaments; perhaps his exile was temporary (see *Almanach royal* 1740–78; *Journal de Paris*, 1787, ii. 1524; Auguste-Émile-Louis-Marie Molinier, *Inventaire de la collection Joly de Fleury*, 1881, p. vii).

3. Royer, who was replaced by La Roue and le Chenetier (*Almanach royal*, 1774, p. 230; 1775, p. 258). He may be Jean-François Royer de Surbois, who was committed to the Bastille in 1774 (*Archives de la Bastille*, 1894, p. 891, in *Catalogue de la Bibliothèque de l'Arsenal*, ix).

—————

1. HW to D ca 10 Nov. 1775 (missing).

comprend non plus que moi sur quoi est fondé le renouvellement de votre humeur.

Vous me faites un crime de vous avoir dit *que je ne sentais pas avoir beaucoup plu à M. Conway. Quel motif puis-je avoir de désirer de lui plaire? Un excès de vanité.* Je vous ai prié de me dire le bien et le mal qu'il vous dit de moi. *Excès de vanité encore. Je prétends que vous trahissiez votre ami. Je veux qu'on me considère par-dessus tout.* Enfin, il ne me manque aucun défaut, aucun ridicule, jusqu'à mes regrets du pauvre Pont-de-Veyle. Je vous ai dit *qu'il n'avait point d'âme,* par conséquent je ne devais pas l'aimer. Enfin, je suis devenue pour vous l'objet le plus ridicule et le moins intéressant.

Vous êtes devenu mon pis-aller, parce qu'il n'y a que vous qui puissiez avoir la patience de m'entendre raconter mes ennuis, mes insomnies, et mes sentiments. Vous seriez heureux d'être délivré d'une telle confidence.

Vous êtes certainement le maître de vous en délivrer quand il vous plaira, mais avant de prendre ce parti trouvez bon que je vous rappelle notre histoire.

C'est vous qui m'avez prévenue par les plus vives assurances de la plus tendre amitié; c'est vous qui m'avez donné l'idée que vous étiez le seul homme vrai, le seul estimable. Dans cette persuasion je me suis attachée à vous avec une confiance sans bornes. Vous avez dans la suite interprété cet attachement à la manière des romans de Crébillon, et alors je ne vous ai plus paru qu'une vieille extravagante; vous n'avez plus songé qu'au ridicule et même à la honte d'une telle liaison. Vous m'avez écrit les choses les plus outrageantes; vous n'avez pas hésité à les confier aux bureaux; j'aurais peut-être alors bien fait de rompre notre commerce. Je n'ai pu m'y résoudre; je ne pouvais me persuader que vous pensassiez de moi le mal que vous m'en disiez, et j'attribuais vos injures à votre humeur, mais elle se renouvelle trop souvent et trop injustement. Il faut donc chercher les moyens qui peuvent rétablir la paix; le seul infaillible serait de ne se plus écrire; vous en êtes le maître, et si cela est nécessaire à votre bonheur et à votre tranquillité je consens à y souscrire.

Ne me faites point l'injustice de croire que j'ai abusé de votre confiance; je n'ai trahi aucun des vos secrets, je n'ai lu à personne aucune de vos lettres, et les noms que vous m'avez nommés je ne les ai jamais répétés. Enfin, je n'ai aucune espèce de tort avec vous, mais mon amour-propre n'est pas assez aveugle pour m'empêcher de sentir qu'il est très naturel de se dégoûter de moi et de se lasser d'un commerce qui doit devenir très ennuyeux quand l'amitié, qui seul, en peut être le soutien, cesse d'être réciproque. J'en juge par moi-même quand je reçois des lettres de gens qui me sont indifférents et qui me parlent de leur amitié; rien ne m'ennuie davantage.

Il me reste à vous dire que je n'ai pas varié un moment dans la volonté de vous renvoyer toutes vos lettres par M. Conway; rassurez-vous sur la crainte de l'avenir, rien de nous ne passera par moi à la postérité.

J'ai une tête qui se trouble aussi bien que la vôtre. Cette lettre m'a beaucoup coûté, elle vous sera rendue par un ami[2] de M. Conway. Je vous envoie les éloges de La Fontaine, l'un par La Harpe, l'autre par Chamfort.[3]

Vous remarquerez, s'il vous plaît, que je ne vous parle point de votre goutte, j'espère que M. Conway en recevra des nouvelles.

To Madame du Deffand, Friday 25 November 1774

Fragment, B ii. 610 n. Probably written at Strawberry Hill. Answered, 4 Dec.

J'AI lu les deux éloges.[1] Je préfère de beaucoup celui de Chamfort à celui de La Harpe. Le premier est naturel, c'est du français auquel je suis accoutumé. La comparaison, p. 27, de la langue ancienne qui s'enrichissait par des vieux mots à un antiquaire est charmante. La Harpe est précieux, guindé, peiné. Il est impossible qu'un tel auteur ait goûté la naïveté de La Fontaine.

From Madame du Deffand, Sunday 4 December 1774

Paris, 4 décembre 1774.

AH! mon Dieu, mon Dieu! j'y consens, je ne vous parlerai jamais de vous, encore moins de moi; cela établit une drôle de correspondance. Vous n'en viendrez pas plus l'année prochaine, j'en suis

2. Perhaps Lord Cholmondeley, who had been in Paris without calling on D, although he had brought a letter for her (Lady Ailesbury to HW 23 Nov. 1774).

3. Chamfort's *Éloge* was awarded the prize given by the Académie de Marseille.

1. The *Éloges de La Fontaine* by Chamfort and La Harpe (see *ante* 15 Nov. 1774).

sûre; vous trouverez dans mes lettres quelques points ou quelques virgules mal placés, qui feront quelque équivoque, et adieu le voyage. En attendant, celui de la grand'maman s'approche, elle sera ici le 20 au plus tard, elle débarquera chez Mme de Gramont; il n'y aura personne d'invité à ce souper que moi: M. de Choiseul l'a ainsi ordonné, en réparation, sans doute, de son procédé dans sa première course,[1] qu'il dînât chez les du Châtelet, qui sont à ma porte, et qu'il ne me vît point; je l'ai boudé pendant plus de deux mois; je ne l'appelais plus *grand-papa*, mais j'ai tout oublié, tout pardonné, je suis en haleine pour le pardon des injures. Pendant que je parle des Choiseul, il faut vous dire la petite fête que je leur prépare pour la veille de Noël, et comme vous aimez les noms propres, voici la liste de mes convives:

M. et Mme de Choiseul, Mme de Gramont, Mmes de Luxembourg et de Lauzun, M. et Mme de Beauvau, MM. de Gontaut, de Stainville, de Guines, l'Évêque de Rodez, le Prince de Bauffremont, les Abbés Barthélemy et Beliardi,[2] la Sanadona et moi. Balbastre,[3] fameux joueur de clavecin, y fera apporter son piano-forte; il jouera, pendant le souper, des noëls et des airs choisis dont il a composé la plupart pour Chanteloup. Ce sera une surprise, personne n'est dans la confidence, excepté Mme de Luxembourg. J'ai écrit à Voltaire[4] pour qu'il m'envoie des couplets ou une petite pièce de vers; je vous raconterai la réussite que tout cela aura. Vos parents seront encore ici; je ne doute pas qu'ils ne soient fort fêtés par M. et Mme de Choiseul; par la grand'maman, j'en suis sûre. Ils doivent être fort contents de tout le monde, et surtout des Maréchales; ils sont trouvés fort aimables, et le sont en effet. Je ne sais si c'est par l'opinion qu'ils ont reçue de mon peu de prudence qu'ils ne me communiquent point les nouvelles que vous leur mandez; ils ne m'ont fait aucun détail de la mort du Milord Clive,[5] mais ils m'ont parlé de celle de votre intendant,[6] et j'y ai pris beaucoup de part; c'est un grand malheur que de perdre des gens aussi utiles, surtout quand ils sont aussi attachés.

J'espérais bien que vous préféreriez le discours de Chamfort à celui de La Harpe, c'est le jugement que j'en avais porté; je laisse à votre

1. 12 June 1774 (see *ante* 19 June 1774).

2. Abbé Augustin Beliardi (b. 1723, living 1791) (Emmanuel, Duc de Croÿ, *Journal*, 1906–7, ii. 271 n).

3. Claude-Louis Balbastre (1729–99), organist.

4. D to Voltaire 24 Nov. 1774, in Voltaire, *Œuvres* xlix. 136.

5. Robert Clive (1725–74), 1st Bn Clive, died by his own hand, 22 Nov.

6. Joseph Tullie.

cousin le soin de vous envoyer tous les discours, les imprimés qui paraissent; vous me ferez plaisir de m'en mander votre avis: je vous trouve un bon critique. M. Dupré de Saint-Maur[7] est mort; ce sera le Chevalier de Chastellux[8] qui le remplacera.

Je ne comprends pas pourquoi je ne reçois qu'aujourd'hui votre lettre du 25. Ce retardement fera que vous aurez été près de trois semaines sans avoir des miennes.

Votre petit paquet pour Milady n'est arrivé que le 1er de ce mois, il y avait quatre petits cornets pour moi, dont je vous remercie.

Vous ne me dites rien des émeraudes, vous en avez parlé à Milady. Je les croyais en chemin. Ne manquez pas à m'en faire savoir le prix, Je n'oublie point votre miniature de Mme d'Olonne, j'espère que vous l'aurez, mais je ne sais pas quand ce sera.

Mme d'Argental[9] mourut hier, je suis très fâchée que Pont-de-Veyle ne lui ait pas survécu, il a eu le déplaisir de la voir désirer sa mort; c'était une vilaine femme.

Je serais fâchée que le petit Fox[10] ne vécût pas, et que Charles Fox devînt héritier.

Savez-vous que Lindor m'écrit? Je ne sais ce que veut dire Mme Cholmondeley. Je lui réponds toujours très exactement.[11]

On joue ici deux *Henri IV*,[12] l'un aux Italiens, l'autre aux Français; je voudrais que vous les vissiez, ou plutôt entendissiez, et en savoir votre jugement. Je trouve ce que vous dites de l'*Éloge* de La Harpe parfaitement bien; on juge à la froideur, et à la raideur de son style, qu'il n'a pas la délicatesse de goût et de sentiment qu'il faut pour sentir la naïveté, la grâce, l'agrément et pour ainsi dire le moelleux, ou plutôt la souplesse de l'esprit et du style de La Fontaine. Dites-moi donc ce qu'il faut que je lise; je vais essayer du Nouveau Testament.

Il va y avoir un voyage à Montmorency, il ne sera que de huit ou

7. Nicolas-François Dupré de Saint-Maur (ca 1695–1774), translator and economist, died 1 Dec. 1774.

8. François-Jean (1734–88), Chevalier (Marquis, 1784) de Chastellux, succeeded Dupré de Saint-Maur as member of the Académie française.

9. Jeanne-Grâce Bosc du Bouchet (1703–74), m. Charles-Augustin de Ferriol, Comte d'Argental (Pont-de-Veyle's brother), died at Paris, 3 Dec. 1774 (*Rép. de la Gazette*).

10. Hon. Henry Richard Fox (1773–1840), who became 3d Bn Holland on the death of his father, 26 Dec. 1774.

11. D replied to Selwyn, 3 Dec. 1774 (MS letter in Society of Antiquaries).

12. *Henri IV, ou la Bataille d'Ivry*, written by Farmain de Rozoi with music by J.-P.-E. Martini, was given at the Comédie-Italienne, 14 Nov.; *La Partie de chasse de Henri IV*, a comedy by Collé, was given at the Comédie-Française (Grimm x. 508–10, 1 Nov. 1774).

dix jours, vos parents y seront invités, et ils iront; la Maréchale[13] se conduit à merveille avec eux, et elle les trouve fort aimables. Mme de Mirepoix les traite fort bien aussi; enfin je me flatte qu'ils seront contents: et vous, Monsieur, ne le serez-vous jamais? Est-ce un miracle que je ne puis espérer de trouver écrit de votre main, *je suis content?*

Je relis votre lettre, elle est ce qu'on appelle énergique; il est singulier de s'exprimer avec tant de clarté et, pour ainsi dire, d'une façon aussi ingénieuse dans une langue étrangère; vous ne dites précisément que ce que vous voulez dire, et n'êtes jamais en deçà ni par delà; je ne connais que Voltaire qui rende ses pensées aussi bien que vous; il est fort difficile d'imaginer un caractère tel que le vôtre; il est unique au monde, j'en suis sûre.

Je ne connais point Mme Pye,[14] elle ne loge point à Saint-Joseph.

To Madame du Deffand, Thursday
8 December 1774

Missing. Probably written at Arlington Street. Answered, 17 Dec.

From Madame du Deffand, Sunday
11 December 1774

Address: To Monsieur Monsieur Horace Walpole in Arlington Street near St James's *London Angleterre.*
Postmark: DE 16.

Ce dimanche 11 décembre 1774.

QUOIQUE je n'aie point reçu de lettre vous en recevrez de moi; j'espère apprendre de vos nouvelles par M. Conway. J'en sais déjà par Couty, qui a écrit à sa sœur qu'il vous avait vu et que vous étiez en bonne santé. Il dit que vous avez fait partir les émeraudes, je ne les ai point encore reçues. Les avez-vu mises à l'adresse de M. Trudaine? Sans doute ce fait sera éclairci avant que j'aie reçu votre réponse.

Je laisse à votre cousin le soin de vous mander toutes nos nouvelles,

13. De Luxembourg.
14. Jael Mendez (d. 1782), m. (1) (1762)   John Neil Campbell; m. (2) (1766) Robert Hampden Pye (Cole i. 367, n. 5).

il s'en acquittera bien mieux que moi; je n'en saurais retenir aucune, j'oublie toujours quelque circonstance. Le public paraît content, tout annonce un règne sage et doux, du moins c'est ce qui se dit dans mon atmosphère.

J'ai reçu des couplets de Voltaire,[1] de la plus grande platitude. Je lui avais expliqué très clairement ce que je désirais, il ne m'a pas compris, ou ne s'est pas mis en peine de me satisfaire; je m'en passerai, le piano-forte suffira.

Je ne sais si vos parents verront les miens, je ne forcerai rien. Je crois qu'ils vous mandent qu'ils sont contents, tout le monde les fête et les recherche; les Beauvau leur donneront à souper mercredi, et jeudi ils iront à Montmorency, ils y coucheront, la Maréchale va s'y établir demain et en reviendra le mercredi 21.

Tous mes parents arrivent le lundi 19, je les verrai à leur débotté, et je m'en fais une grande joie; ils iront souper chez tout le monde les douze premiers jours, et n'ouvriront leur maison que le 2 de janvier, et ils donneront à souper tous les jours de la semaine excepté le vendredi et le samedi. Je suis dans une grande perplexité, je crois qu'il m'est démontré que je devrais renoncer au souper, il est très contraire à ma santé, mais le dîner le serait à la société, je ne sais quel parti prendre.

Vous croyez bien que les vers abondent, ils sont tous plus plats les uns que les autres; voilà les seuls que je trouve passables:

> Sortez d'ici, troupe ephémère,[2]
> Ne profanez plus le palais;
> Vous n'emportez que les regrets
> De l'Archevêque et de Voltaire.

Je soupai hier avec Milord Harrington,[3] grand ami de Milord Stormont. Je ne trouve aucun Anglais aussi aimable que votre cousin. Je vous trouve parfaitement heureux d'avoir . . .[4]

J'espère que j'aurai mercredi de vos <nouvelles.>[4]

---

1. Voltaire to D 2 Dec. 1774, and 5 Dec. 1774, enclosed verses to be sung at her Christmas Eve party for the Choiseuls. In D's letter to him of 9 Dec. 1774, she complained that his verses were unsatisfactory; she had asked for verses set to the tune of Christmas carols, not platitudes about Joseph, Mary, and the oxen (Voltaire, Œuvres xlix. 143, 145, 146, 150, 152).

2. The members of Maupeou's parliament, replaced by the 'old parliament,' 12 Nov. 1774.

3. William Stanhope (1719–79), 2d E. of Harrington.

4. MS missing.

To Madame du Deffand, ca Tuesday
13 December 1774

Missing. Probably written at Arlington Street. Answered, 18 Dec.

From Madame du Deffand, Saturday
17 December 1774

Paris, ce 17 décembre 1774.

JE n'ai reçu qu'hier votre lettre du 8 de ce mois, et j'avais reçu la précédente, qui était du 25 de l'autre mois, le 1er de celui-ci; ainsi vous voyez que, s'il n'y a pas de conformité dans nos caractères, il y en a du moins dans notre conduite. Mais il n'est pas question de toutes ces petites chicanes; vous êtes mon ami, un ami que je ne veux jamais perdre, de qui j'endurerai toutes les colères, toutes les mauvaises humeurs, et à qui jamais je ne ferai de reproches, surtout quand je saurai qu'il a la goutte. J'ai beaucoup d'inquiétude qu'elle n'augmente. Vous donnerez apparemment de vos nouvelles à votre cousin, et si vous nous écrivez alternativement, vous me tranquilliserez beaucoup. Les Miladys et lui sont à Montmorency depuis jeudi, ils en reviennent aujourd'hui. Vous devez être content de leur succès, ils plaisent généralement à tout le monde; ils doivent être contents de l'empressement qu'on leur marque. Je vous trouve infiniment heureux d'avoir pour ami M. Conway; je ne crois pas qu'il y ait un caractère plus parfait, un esprit plus raisonnable, une humeur plus douce, des manières plus aimables; je ne comprends pas comment vous n'êtes pas plus souvent ensemble; vous devriez être toujours les uns chez les autres; c'est votre faute si cela n'est pas; vous avez du sauvage, et lui n'en a point; mais il a une bonne santé, la vôtre est détestable.

J'attends de vos nouvelles avec impatience. Cette goutte-ci ne doit pas être de la même force que celle d'il y a deux ans. Ne me laissez point dans l'inquiétude.

Je suis actuellement fort enrhumée, mais c'est du cerveau. Cette incommodité ne change rien à ma vie ordinaire, je ne sors jamais avant neuf heures. Je soupai hier chez Mme de la Vallière; elle n'oublie pas votre affaire. Je crois pouvoir vous répondre que vous aurez votre Mme d'Olonne, je voudrais que votre cousin pût vous la porter, mais c'est de quoi je ne suis pas sûre.

J'attends après-demain tous mes parents, je crois vous l'avoir déjà mandé, ainsi que tous les arrangements de soupers; la répétition vous en serait ennuyeuse et à moi aussi. Je ne sais pas quel changement il y aura dans ma vie; je me trouvais assez bien du train que je menais; mais je serai bien aise de revoir la grand'maman, elle n'a point oublié qu'elle m'aime, et moi je sens que je l'aime, ou du moins je le crois. Ah! ne me niez pas que j'aimasse Pont-de-Veyle, il me manque à tout moment, nous nous étions nécessaires réciproquement; son frère d'Argental vient de perdre sa femme; j'ai grand regret que le pauvre Pont-de-Veyle ne lui ait pas survécu, elle lui était insupportable; elle ne le quittait point dans sa maladie, elle avait l'air d'aspirer après sa succession, c'était une femme odieuse. D'Argental n'en a pas été fort affligé; il vient de perdre un ami dont il l'est bien davantage, M. Felino,[1] qui avait été ministre à Parme. Il le voyait tous les jours, il reste presque tout seul; il avait perdu précédemment M. de Chauvelin et un M. Croismare[1a] qui étaient ses intimes amis. Je compte qu'il viendra souvent chez moi quand les premiers jours de son deuil seront passés; c'est un bon homme, il a de l'esprit, de la douceur: nous avons beaucoup vécu ensemble dans notre jeunesse, mais il y avait bien quarante ans que nous ne nous voyions plus; il nous reste cependant quelques réminiscences qui empêchent que ce soit une connaissance nouvelle.

Si vous venez l'année prochaine ici (ce que je n'ose espérer), vous verrez quelques nouveaux visages; le besoin que j'ai de compagnie m'empêche d'être difficile. Je trouve extraordinaire que le Craufurd ne vous dise pas un mot de moi. Je vous ai dit, je crois, que nous avions ici Milord Harrington, c'est l'ami de l'ambassadeur; je n'ai point d'attrait pour lui, ni de répugnance; il partira bientôt.

Je vous enverrai par lui du sucre d'orge, s'il veut s'en charger. Wiart m'apprend dans le moment qu'il l'a donné à votre cousin, ainsi ce sera lui qui vous le portera, ou qui vous l'enverra par les occasions qu'il trouvera. Je m'en rapporte à lui pour vous envoyer tous les imprimés qui paraissent, et toutes les nouvelles qui peuvent vous intéresser.

Je ne fermerai cette lettre que demain après l'arrivée de la poste.

1. Guillaume-Léon du Tillot (1711–74), Marquis de Felino, d. at Paris, 13 Dec. 1774 (*Rép. de la Gazette*).

1a. Jacques-René de Croismare (1699–1773) (*Rép. de la Gazette*).

J'espère que j'aurai de vos nouvelles, vous aurez reçu une de mes lettres depuis la vôtre.

Ce 18, à 3 heures.

Je me flattais d'avoir une lettre, et je ne me suis point trompée; en voici une[2] dont je serais parfaitement contente, si elle ne vous avait rien coûté. Mon ami, écrire aussi longuement quand on souffre, est un excès de bonté que je ne veux point que vous ayez; vous voulez me rassurer, je le vois bien, je reconnaîtrai cette attention en ne vous parlant pas de mon inquiétude. Si vous voulez m'obliger, vous donnerez de vos nouvelles deux fois la semaine, une à moi, l'autre à votre cousin.

J'ai pensé toute la nuit (car je n'ai pas fermé l'œil) qu'il était triste de ne pas dormir, mais que vous étiez bien plus à plaindre; je ne comprends pas qu'on puisse supporter la douleur et le chagrin; je suis si faible de corps et d'esprit, que je ne pourrais résister ni à l'un ni à l'autre.

Vous êtes bien aise de l'arrivée de mes parents, et moi aussi; je ne sais cependant pas ce qui en résultera, je crains tous les changements; vraisemblablement je verrai très peu le grand-papa; je vous ai écrit l'arrangement de leurs semaines: ils n'auront que deux jours pour aller chez les autres; apparemment que la grand'maman m'en donnera un; je me trouverais très déplacée aux soupers de l'hôtel de Choiseul; un Quinze-Vingt de mon âge est un objet d'un ridicule bien triste, au milieu de la compagnie qui y sera; il y a deux cent dix personnes sur la liste, qu'on y doit recevoir à toute heure: ce sont ceux qui ont été à Chanteloup. Je ne me permettrai pas non plus d'aller aux soupers qu'on leur donnera d'ici au 2 de janvier qu'ils ouvriront leur maison, à moins que je ne sois sûre qu'il y ait peu de monde, et que ce soient des gens de ma connaissance. Je vous rendrai un compte exact de ma soirée du 24. Je crois que l'Abbé Barthélemy arrivera aujourd'hui; il s'est annoncé pour les précéder de vingt-quatre heures, et c'est ce qui me fera abréger cette lettre, parce qu'il débarque ordinairement chez moi; j'aurais cependant de quoi vous entretenir longtemps. J'ai fait une lecture ce matin qui m'a fait plaisir; le titre du livre est *Mémoires sur la vie de Mlle de Lenclos;*[3] le commencement est d'une platitude extrême, il ne faut commencer qu'à la page cent soixante-quatre; il y a des lettres d'elle et

2. HW to D ca 13 Dec. 1774 (missing).   3. By Antoine Bret (1717–92), Amsterdam, 1751, reprinted in 3 vols, 1775.

de Saint-Évremond⁴ que je trouve charmantes, et qui m'ont bien confirmée dans la persuasion où je suis, que c'est une opinion bien fausse que celle de me croire bel esprit. Oh! non, je n'en ai point. Ninon en avait beaucoup, et Saint-Évremond plus que je ne croyais. Si vous n'avez pas ce livre, je vous enverrai le mien si vous le voulez; il pourrait bien n'être plus chez les libraires.

J'ai bien envie de vous envoyer aussi la dernière lettre que j'ai reçue du grand Abbé, elle est d'une folie extrême.

Mais je bavarde, et j'oublie qu'il faut que je me lève. Adieu donc: de vos nouvelles, de vos nouvelles!

Je vais envoyer prier votre cousin de me venir voir pour lui communiquer votre lettre et pour qu'il me l'explique.

From Madame du Deffand, Friday
23 December 1774

Entirely in Colmant's hand.

Ce vendredi matin, 23 décembre [1774].ᵃ

LES nouvelles¹ que votre cousin a reçues de vous m'ont un peu tranquillisée; il est persuadé que votre accès sera peu considérable et fort court; je le désire, mais je n'ose l'espérer; j'attends les nouvelles de dimanche, et je compte que le Général en recevra le mercredi d'après.

La grand'maman arriva lundi à neuf heures du soir, en très bonne santé, point fatiguée. Je me rendis chez Mme de Gramont à neuf heures et demie; les voyageurs étaient descendus chez eux pour faire leur toilette; ils ne se rendirent chez elle qu'à dix heures: le premier projet avait été qu'il n'y aurait que moi, mais nous fûmes vingt-deux; ce serait une belle occasion de vous plaire, de vous les nommer, mais trouvez bon que je m'en dispense. Il n'y avait de femmes que Mmes de Beauvau, du Châtelet et moi; les hommes étaient les plus féaux amis. Tout se passa à merveille; je reçus beaucoup de marques d'amitié, j'en donnai infiniment; le lendemain, la grand'maman me vint voir, et puis j'eus après la visite du grand-papa, à qui je chantai deux petites bêtes de couplets que je fis en l'attendant; comme j'ai toute honte bue avec vous, les voici.

4. Charles le Marguetel de Saint-Denis de Saint-Évremond (1616–1703).

a. Date of year added by HW.
1. HW to Conway 15 Dec. 1774.

Sur l'air: *À la venue de Noël.*

Souvenez-vous qu'il ne me vit point au voyage qu'il fit au mois de mai.

> Si Monsieur le Duc de Choiseul
> De ma porte eût passé le seuil,
> Je le verrais de meilleur œil,
> Je lui ferais plus grand accueil.
>
> Comme le grand-papa Choiseul
> Vient enfin de passer ce seuil,
> Je le regarde de bon œil,
> De bon cœur je lui fais accueil.

Cette plaisanterie eut beaucoup de succès. Tous les jours ils souperont dehors jusqu'au 2 de janvier; ce fut hier chez Mme d'Anville, demain ce sera chez moi, et j'en suis ridiculement occupée; je me moque de moi-même. En cherchant bien la cause de cette occupation, je soupçonne que tous les soins que je prends n'ont guère d'autres motifs que de m'armer contre l'ennui; c'est une maladie en moi qui est incurable; tout ce que je fais, ce sont des palliatifs; n'allez pas vous mettre en colère contre moi, ce n'est pas ma faute; votre cousin pourra vous dire que je fais de mon mieux, et que j'ai toute l'apparence de m'amuser et d'être contente. Je continuerai cette lettre.

Ce dimanche 25, à 7 heures du matin.

Ah! je l'avais bien prévu: les lettres arrivèrent hier; elles m'apprennent que votre goutte est comme celle d'il y a deux ans; ne craignez point que je vous parle de mes inquiétudes; vous en pouvez juger, et vous devez comprendre aussi avec quelle impatience et avec quelle crainte j'attends les nouvelles de mercredi. L'horrible malheur d'être séparés par la mer! mais ne parlons pas de cela. Je vous raconterais ma soirée d'hier, si je vous croyais en état de vous en amuser; mais mon récit arriverait peut-être aussi mal à propos que la fête d'hier le fut pour moi; je ne cessais de penser à votre état: il m'en coûta beaucoup pour faire bonne contenance. Quand vous serez quitte de vos souffrances, je vous dirai tout ce qui se passa. Votre cousin vous enverra peut-être les couplets. Si les nouvelles du mercredi sont bonnes je vous ferai une ample relation de tous les détails, mais jusqu'à ce que je sois tranquille je ne peux vous parler de rien. Je suis très touchée et très reconnaisante des quatre mots de Philippe à Wiart, et de l'ordre que vous donnez à votre cousin de m'instruire. Il m'a traduit votre lettre;[2] les dernières lignes sur Milady Henriette[3] m'ont un peu rassurée, vous aviez la tête très libre.

Mon Dieu! que ne suis-je avec vous!

TO MADAME DU DEFFAND, Monday
26 December 1774

Dictated by HW to an unknown amanuensis. It is headed 'No 35,' which probably means that it was the thirty-fifth letter written by HW to D in 1774. Mrs Toynbee suggested George Selwyn as the writer, on the basis of HW's letter to him of 'Monday night at 9 o'clock' [26 Dec. 1774], but the hand is not Selwyn's; the postscript is in Kirgate's hand. The letter is now WSL. Answered, 3 Jan.

No 35   De Londres, ce 26 décembre 1774.

MAIS que vous êtes une drôle d'amie! Vous avez tout l'air de vous réjouir de ma goutte, car votre première idée est d'en tirer deux lettres par semaine.[1] D'ailleurs vous oubliez la première de toutes les règles, qui est, que c'est le malade qu'on doit ménager, et non pas le malade qui doit ménager ceux qui se portent bien; maxime échappée à personne depuis Adam, hormis à vous. Voici le fait. Vendredi j'avais été obligé de dicter une grande lettre sur mes affaires,[2] le moment après arrive votre lettre,[3] où vous demandez deux lettres par semaine, l'une pour vous, l'autre pour mon cousin. Votre lettre d'ailleurs m'étant très agréable, je voulais vous complaire sur-le-champ. Mais n'ayant personne alors qui sût écrire le français il fallut m'adresser à Monsieur Conway. Bref, cette fatigue m'épuisa tellement que j'en perdis la voix, la respiration, et le pouls. Mais abrégeons. La goutte ne me fait de mal que quand je m'épuise, et je vous prie pour la quatrième fois de vous en ressouvenir.

Actuellement je me porte à merveille, les bottines ont passé mon attente de cent piques, et je compte vous en envoyer une paire comme un *ex-voto,* pour suspendre dans votre tribune sur la chapelle. Mon cousin vous dira le reste. Il faut me dépêcher car mon secrétaire qui n'est qu'un visitant n'a pas du temps de reste.

2. Missing. Probably written to Conway, as it was in English.

3. Lady Harriet Stanhope.

———

1. See *ante* 17 Dec. 1774.

2. HW to Mann 23 Dec. 1774, is not 'sur mes affaires'—perhaps it is HW to Conway 23 Dec. 1774 (missing). See *post* 29 Dec. 1774.

3. *Ante* 17 Dec. 1774.

J'ai envoyé ce matin chez le marchand aux émeraudes:[4] elles sont faites, mais pas polies, et les ouvriers ne veulent pas les achever qu'après les fêtes. Je vous serai très obligé de la nouvelle Ninon,[5] et j'en aurai grande impatience. Grâces aussi pour le sucre d'orge, et mille fois plus de grâces pour les bonnes nouvelles de Madame d'Olonne.[6] Je vous prie de dire à Milady Ailesbury que la meilleure manière d'assurer tout ce qu'elle aura acheté de porcelaines de Sèvres, c'est de l'envoyer directement à notre douane de Londres, adressée à elle-même. Je suis très pressé de recevoir les nouvelles de l'arrivée de vos parents et de votre souper.[7] Ne manquez pas de baiser mille fois la belle petite main de la belle petite grand'maman de ma part, et si vous pouvez sans heurter le front, son joli petit pied aussi. Ne le baisez pas, mais embrassez l'Abbé aussi. Bonsoir, car je n'en puis plus, et mon secrétaire en est bien aise.

P.S. Je ne compte d'écrire à personne avant aujourd'hui en huit.

From Madame du Deffand, Thursday 29 December 1774

Entirely in Colmant's hand.

Ce jeudi 29ᵉ, à 6 heures du matin.

J'ATTENDIS hier pour vous écrire que j'eusse vu le Général. Il n'arriva que tard, et les visites arrivèrent en même temps que lui; il me fallut remettre à ce matin à vous écrire. Votre lettre du 23 qu'il me traduisit en grande partie, m'apprend que votre goutte est bien forte, vous n'aviez plus de douleurs, dites-vous, mais votre faiblesse est extrême; votre douceur, votre patience, votre courage, ne le sont pas moins et intéresseraient les plus indifférents. La présence du Général me donne l'assurance d'avoir de vos nouvelles deux fois la semaine; c'est une grande consolation, mais je ne laisse pas de trouver encore les intervalles bien longs. Quelque plaisir que me cause la présence du Général, je suis très fâchée qu'il ne soit pas auprès de vous. Leurs amitiés pour vous, qui sont des plus tendres et des plus sincères, vous les rendraient fort utiles; je soupçonne le

4. See *ante* 14 Aug. 1774.
5. See *ante* 17 Dec. 1774.
6. See *ante* 20 Sept. 1774.

7. See *ante* 17 Dec. 1774; in which it is called a 'soirée.'

Général de m'avoir supprimé quelques articles de votre lettre, et je vais répondre à ce que j'en imagine. N'ayez nulle inquiétude sur ce qu'il doit vous rapporter.[1] Jamais, non jamais, je ne serai l'occasion de vous causer le plus petit chagrin, soit pendant ma vie, ou après ma mort. Si vous n'avez pas toujours été content, examinez quel était le principe de mes torts, et jugez s'ils ne méritaient pas un peu d'indulgence.

La Milady m'a dit vous avoir écrit une lettre[2] de sept pages, et qu'elle vous a rendu compte de tout ce qui pouvait vous intéresser. J'aurais partagé ce soin avec grand plaisir, si j'avais été plus tranquille sur votre état. Mais comment peut-on se résoudre à envoyer des récits de fêtes et d'amusements à quelqu'un qui pourrait les recevoir dans le moment où il souffrirait les plus grandes douleurs, et qu'on est soi-même dans de grandes inquiétudes? J'avoue que cela ne m'est pas possible. Du moment que vous serez guéri, je vous ferai toutes les relations qui pourront vous amuser. Tout ce que je vous dirai aujourd'hui c'est que vos dames sont accueillies, fêtées, et recherchées selon leurs mérites, c'est-à-dire plus qu'aucunes étrangères n'aient jamais été. Je suis enchantée de Milady Ailesbury, on ne peut avoir plus d'usage du monde, un maintien plus poli et plus noble. Pour votre cousin on l'aime à la folie, et les jeunes dames plaisent à tout le monde. Mes parents ne les verront point, que par rencontre chez moi ou ailleurs; ils se sont fait une loi de ne point recevoir d'étrangers.

Adieu, mon ami, mon très parfaitement bon ami; que cette maudite goutte me cause de chagrin!

From Madame du Deffand, Monday 2 January 1775

Entirely in Colmant's hand.

Ce lundi 2e janvier, à 6 heures du matin.

LES facteurs ces jours-ci ne rendent les lettres le jour qu'elles arrivent qu'extrêmement tard, et le plus souvent que le lendemain. Votre cousin reçut votre lettre[1] hier à huit heures du soir; il vint sur-le-champ me dire de vos nouvelles. Elles sont bonnes, mon

---

1. HW asked Conway to bring HW's letters to D, 1766–74 (HW to Conway 28 Sept. 1774).

2. Missing.

1. HW to Conway 29 Dec. 1774.

ami, mais pas assez pour me mettre hors de toute crainte. Il faut qu'elles me soient confirmées par le courrier de mercredi et celui de dimanche. Ce n'est pas ma faute si je ne saurais me livrer aisément à l'espérance. Il y a longtemps que je dis que je ne saurais bâtir de châteaux en Espagne, je n'y creuse que des cachots. Mais dans cette occasion-ci, je prends quelque espérance; la sécurité de votre cousin me rassure. Il fut vendredi avec toutes les Miladys à Versailles, voir le *Déserteur,* joué par Caillot[2] qui a quitté le théâtre. Ils en revinrent charmés, ainsi que des nouvelles politesses de la Reine.[3] Ils virent hier chez moi la grand'maman, il y avait beaucoup de monde, ce qui rendit cette entrevue fort froide. Nous fûmes souper chez Mme de Mirepoix, j'étais priée chez Mme de Gramont, mais je n'y voulus point aller. Il y a un souper arrangé pour tous les dimanches chez la Maréchale. C'est aujourd'hui que s'ouvre la maison de mes parents, je n'irai certainement pas de toute cette semaine et, je prévois, fort peu dans celle à venir. Ce sera les vendredis et les samedis que je pourrai quelquefois souper avec la grand'maman. Le grand-papa est à Versailles depuis samedi, pour la cérémonie de l'ordre.[4] Il en revient aujourd'hui. Je ne sais pas quel aura été son maintien; l'accueil qu'il a reçu a été froid. Je suis trompée s'il ne regrette pas Chanteloup, et si son projet est de rester longtemps ici.

Voulez-vous savoir une petite anecdote d'étrennes? Parmi plusieurs choses que Mme de Luxembourg m'a données il y avait une tasse de l'année, et dans cette tasse une espèce de petite tablette qu'on appelle un souvenir, avec ces vers:

> De votre esprit à l'avenir
> Que jamais mon nom ne s'efface.
> Cassez, si vous voulez, ma tasse,
> Mais gardez-en le souvenir.

C'est du Chevalier du Boufflers, ainsi que tous les couplets[5] qui furent chantés chez moi la veille de Noël, et que Milady m'a dit vous avoir envoyés.

2. Joseph (1732–1816).
3. 'Trois dames anglaises, au nombre desquelles était Milady Ailesbury, se sont trouvées au bal du 26 de décembre; elles y ont été traitées par la Reine avec une grâce et une bonté qui a été fort remarquée et généralement applaudie' (Maria Theresa and Florimond-Charles-Claude, Comte de Mercy-Argenteau, *Correspondance secrète,* 1874, ii. 280–1, 15 Jan. 1775).

4. Probably the Ordre du Saint-Esprit, to which Choiseul belonged.

5. One of these is printed in Gaston Maugras, *La Disgrâce du Duc et de la Duchesse de Choiseul,* 1903, p. 319.

Quand vous vous porterez bien vous voudrez bien vous souvenir de mes émeraudes, la jatte et son plateau et six compotiers. Couty vous portera du thé et des petits grils pour mettre dans la caisse, qu'il faudra adresser à M. de Trudaine comme à l'ordinaire.

Je n'ai pas de trop bonnes nouvelles à vous apprendre de votre miniature, vous ne pourrez l'avoir qu'à la vente générale; la veuve,[6] qui est intraitable, dit qu'on ne peut rien vendre en particulier, sans que cela ne nuise beaucoup à la vente générale. Je suis fâchée du peu de succès de cette négociation; ce n'est pas la faute de Mme de la Vallière ni la mienne.

La grand'maman soupa avant-hier samedi chez cette Duchesse, qui est toujours la meilleure femme du monde; mais l'infante[7] n'en est pas la plus aimable, elle renouvelle l'histoire de Joconde.

Les quatre pages sont pleines. Adieu.

From MADAME DU DEFFAND, Tuesday 3 January 1775

Ce mardi 3 janvier 1775.

C'EST une fatalité inévitable; il faut qu'il y ait dans toutes vos lettres une teinture de mécontentement et de menace: vous ne m'écrirez, dites-vous,[1] que dans huit jours. Vous ai-je demandé que vous prissiez plus souvent cette peine? Y a-t-il du mal à avoir pensé que, votre cousin étant ici, je pourrais avoir deux fois la semaine de vos nouvelles? et n'était-il pas assez naturel de le désirer? Une fois pour toutes, faites tout ce qu'il vous plaira; je n'ai ni le droit ni la volonté de rien exiger: mon intention est de me conduire comme vous pouvez le désirer; je me rends assez de justice pour savoir ce que je dois prétendre, et personne ne peut m'apprécier avec aussi peu d'indulgence que j'en ai pour moi.

Je donnerai à votre cousin la *Vie de Ninon;* il a souvent des occasions dont je n'ai point de connaissance. Ce petit ouvrage n'est point nouveau; je l'avais il y a longtemps parmi mes livres: c'est par hasard que je l'ai relu; et comme vous aimez les noms propres et les anecdotes, j'ai imaginé qu'il vous amuserait. Il y a des faits qui ne sont pas rapportés fidèlement. J'ai su par l'Abbé Gédoyn[2] lui-même ses

6. Angélique-Catherine Doyen, m. (1724) Pierre-Jean Mariette (Emmanuel Bénézit, *Dictionnaire . . . des peintres*, 1911–[23], iii. 203).

7. Mme de Châtillon.

1. See *ante* 26 Dec. 1774.
2. Nicolas (1667–1744).

amours avec Ninon;[3] je crois vous les avoir racontées: les circonstances en sont différentes, mais le fond est véritable. Vous pouvez vous épargner la lecture des cent soixante-quatre premières pages; elles ne me paraissent pas du même auteur que ce qui les suit.

Je ne vous ai pas donné dans ma dernière lettre de bonnes nouvelles sur Mme d'Olonne, vous ne pourrez l'avoir qu'à la vente générale; quand elle sera commencée, on aura attention de ne la pas laisser échapper.

Je vous rends bien des grâces des soins que vous vous donnez pour les émeraudes, vous voudrez bien faire emballer dans la même caisse ce que Couty doit vous porter. Notre ami Caffiéri[4] joue un vilain rôle dans le procès de M. de Guines; je ne sais quand on jugera ce maudit procès, je m'y intéresse beaucoup. M. de Guines est très aimable et d'une modération héroïque.

Je ne sais quand je verrai la grand'maman; sa maison est ouverte d'hier: elle est dans un océan de monde où je ne veux point aller me noyer. Je m'acquitterai de vos ordres dès que je la verrai: elle apprendra avec plaisir que vous vous portez bien; elle était inquiète, et partageait mon inquiétude, ainsi que l'Abbé.

Il me semble que votre cousin et les Miladys se plaisent ici, et ne pensent point à leur départ; j'en suis fort aise.

Ce mercredi après-midi.

J'oubliais de vous dire que je ne reçus votre dernière lettre du 26 que le lundi 2 à 3 heures après-midi et que la mienne du 2 était partie à 10 heures du matin. Cette circonstance est assez inutile, vous ne vous amusez pas à de tels calculs.

Me voilà dans un grand chagrin, je m'étais engagée à souper samedi chez Mme de Luxembourg avec votre cousin et les Miladys, et la grand'maman vient de m'envoyer demander à souper pour ce jour-là. Je viens de l'écrire à Mme de Luxembourg, je ne sais si elle le trouvera bon, mais j'ai cru ne pouvoir pas faire autrement. Je remis hier à votre cousin le livre de Ninon, c'est un nommé le Chevalier Clarges[5] qui vous le portera, il part à la fin de cette semaine. Je donnai hier à votre cousin le portrait de Mme de Prie;[6] j'y pensai mettre

3. When she was eighty years of age (B).

4. See *ante* 17 Dec. 1771; he was apparently the same Caffiéri who was director of customs at Calais.

5. Sir Thomas Clarges (1751–82), 3d Bt.

6. Agnès Berthelot de Pleneuf (1698–1727), m. (1713) Louis, Marquis de Prie. HW saw the picture at D's apartment, Christmas Eve, 1765 (*Paris Jour.*). It was

la condition que c'était en cas que vous n'en eussiez point d'envie; il ne me parut pas lui faire grand plaisir, j'imagine qu'il vous le céderait sans peine. J'espère que malgré vos menaces nous aurons demain de vos nouvelles; ce devrait être aujourd'hui, mais dans le cours de ce mois les facteurs n'apportent les lettres que le lendemain de leur arrivée.

J'ai passé ma matinée à lire le *Mercure;* je ne puis m'empêcher de vous copier les vers que j'y ai trouvés:[7] l'auteur est anonyme; mais on reconnaît Voltaire,[8] et d'autant plus qu'ils sont adressés à Messieurs de Genève.

> Oui, Messieurs, c'est ma fantaisie
> De me voir peint en Apollon;[9]
> Je conçois votre jalousie,
> Mais vous vous plaignez sans raison.
> Si mon peintre, par aventure,
> Tenté d'égayer son pinceau,
> En Silène eût mis ma figure,
> Vous auriez tous place au tableau:
> Messieurs, vous seriez ma monture.

Cette épigramme vaut mieux que les couplets[10] qu'il m'a envoyés.

Je soupai hier chez Mme de Jonzac qui me demanda beaucoup de vos nouvelles. Je la vois très rarement, j'en suis fâchée, car je l'estime et je l'aime.

given to HW, who described it as 'Madame de Prie, mistress of the Duc de Bourbon, prime minister in the minority of Louis XV, in crayons; she died of vexation at the disgrace of the Duke; a present from Madame du Deffand, who was intimate with her' ('Description of SH,' *Works* ii. 438). It shows Mme de Prie with a bird. A trimmed print of it is pasted in HW's extra-illustrated 1784 *Description* (now wsl). A later print was engraved by Taylor from a drawing by S. Harding. It was withdrawn SH xxii. 52, but was sold at Christie's, 14 May 1920, Lot 97, for 72 guineas to C. Brunner of Paris. 'Mme de Prie était sœur de Mme de la Touche qui vint en Angleterre avec le Duc de Kingston. Mme de Prie affichait le bel esprit et l'éloquence, et n'attrapa que la galimatias. Un jour qu'on disputa sur la beauté de deux femmes, et voulant dire qu'il n'y avait de préférence à donner qu'à la plus

grande jeunesse de l'une, Mme de Prie disait, "C'est le baptistaire du propriétaire du luminaire qui doit en décider." ' (HW's MS note to D's MS *Recueil de divers ouvrages,* bequeathed to HW.) See HW to Conway 26 Dec. 1774. Mme de Prie bequeathed her earrings to D (Humbert de Gallier, *Gens de cour,* 1921, p. 100).

7. See *Mercure de France,* Jan. 1775, i. 187.

8. The verses are printed in Voltaire, *Œuvres* x. 593. They are called *Impromptu écrit de Genève à Messieurs mes ennemis au sujet de mon portrait en Apollon.*

9. Mme Denis had designed a picture of Voltaire offering his *Henriade* to Apollo, in the presence of his enemies who were being whipped by Furies. A later editor (loc. cit.), rejects this explanation, and says that the picture must have represented Voltaire himself as Apollo.

10. For D's party on Christmas Eve.

Mme Greville me mande qu'on lui a dit que M. Craufurd était dans l'intention de venir ici; je n'en crois rien, je n'entends plus du tout parler de lui. Il y a eu une petite reprise avec Lindor, il m'a écrit deux fois; il s'annoncait pour le printemps ou l'été, mais je n'y compte pas.

Votre cousin vous a-t-il envoyé l'épigramme sur Suard, qui a pour titre, *Les Trois exclamations?*[11] Savez-vous combien il connaît déjà de personnes dans Paris? Quatre-vingt-dix. Il n'est nullement sauvage. Je voudrais bien qu'il fît connaissance avec la grand'maman; je crains que cela n'arrive pas.

To Madame du Deffand, Wednesday 4 January 1775

Edited from the original, now wsl. Answered, 11 Dec.

De Londres ce 4 janvier 1775.

VOTRE dernière lettre[1] était tout ce que je pouvais désirer, et je vous en remercie: mais celle[2] de Milady Ailesbury, que je reçus avec, ne me plût nullement. Elle dit que vous vous êtes tellement épuisée à votre fête,[3] que vous en avez pensé mourir. J'espère qu'on n'exilera plus vos parents, si le retour doit vous tant coûter. Vous pouvez vous tranquilliser entièrement sur mon état; il ne me reste que de l'enflure à la main droite, et cependant je m'en sers actuellement, bien qu'enveloppée de la bottine: M. Wiart ne reconnaîtra pas mon écriture; à force d'être difficile, elle est meilleure.[4] Je marche sans béquille et sans aide, mais il est vrai que je suis encore très faible, et bien plus revenant que vos parlementaires. Mais je me repose assez. La ville est déserte à l'heure qu'il est; et de ceux qui y sont, je n'en reçois que très peu. C'était la mode il y a deux ans de me visiter. Toutes les belles, toutes les grandes dames vinrent ici à l'envi: actuellement j'affiche la langueur et me suis excusé si non à mes amis intimes.

Voici mercredi au soir et ce diable d'homme[5] ne m'a pas encore

---

11. Not found.

1. *Ante* 23 Dec. 1774.
2. Missing.
3. D's soirée of 24 Dec. (see ibid.) for the Choiseuls.

4. It is remarkably clear.
5. The maker of the green cut-glass dishes (see *ante* 26 Dec. 1774).

apporté les émeraudes. J'ai peur de manquer le coche de Douvres. Couty m'a rendu ce matin deux grilles et quatres livres de thé, qui iront dans la même caisse.

Mes parents[6] vous auront dit le grand parti qui s'est offert pour leur nièce Milady Françoise.[7] C'est une très aimable fille et très jolie. Toutes ces cousines le sont.

Je n'ai pas été fâché de l'absence de mes parents. J'aime à être tout seul dans les souffrances. Je sais exactement comment il faut me traiter. Il ne faut que le silence et un régime extrêmement froid. Dans ce pays-ci tout le monde s'y oppose et me prêche. Je n'aime que des domestiques obéissants et certainement je n'ai pas envie de me tuer. Vous voyez que je m'y connais, et me suis guéri bien promptement. Encore suis-je très content du séjour qu'ils ont fait à Paris, des honneurs, des politesses, des bontés qu'ils y ont reçues. Je suis charmé qu'ils ont fait connaissance avec vous, et qu'ils ont le bonheur de vous plaire. À présent je commence à désirer leur retour, et je vous prie de leur donner congé.

Ce jeudi 5.

Comme le carrosse de Douvres part demain, et ne passe qu'une fois par semaine, j'avais peur que les émeraudes n'y seraient pas à temps; mais les voici; le marchand me les a apportées ce matin. J'ai peur que vous n'en serez pas exactement contente: le couvercle de la jatte est très lourd et mal fait: mais la jatte fait très bien sans dessus, et tout le reste est très bien. Si j'avais refusé de prendre le couvercle, il aurait fallu attendre encore six mois ou douze; car on fond très rarement du verre à cet usage, étant passé de mode. Il faut que M. de Trudaine fasse venir la caisse, qu'on laissera à la douane de Calais à son adresse. Outre les verres, vous y trouverez deux grilles et quatre livres de thé; le tout empaqueté par M. Couty, que j'ai fait venir exprès chez moi.

Le Selwyn a passé toute la soirée d'hier chez moi, et même soupé, c'est-à-dire, a mangé des biscuits et moi des pommes cuites. Votre petit ami[8] court la campagne: aujourd'hui chez Milady Spencer,[9] demain chez les Ossory.[10] Moi je ne compte de sortir au plutôt avant la semaine qui vient.

6. General Conway and Lady Ailesbury.
7. Lady Frances Seymour-Conway (1751–1820), 4th dau. of Lord Hertford, m. (21 May 1775) Henry Fiennes Pelham-Clinton, E. of Lincoln, eld. son of 2d D. of Newcastle (who survived him).

8. Craufurd.
9. At Althorp.
10. At Ampthill Park.

Ce vendredi 5 [6].

La main droite va mieux; j'ai ôté la bottine, j'écris ganté. Vous pouvez conter à M. le Duc d'Orléans[11] cette nouvelle preuve de l'excellence des bottines. Dans mon fait c'est de la démonstration; cinq semaines au lieu de cinq mois et demi. Vous m'avez parlé dernièrement[12] d'un projet que vous aviez de dîner au lieu de souper: je ne suis pas de cet avis-là. Vous vous êtes accoutumée depuis si long-temps à votre méthode ordinaire, que je ne saurais croire qu'un changement vous conviendrait mieux. Peut-être que si vous preniez un petit bouillon à la place de votre thé, cela vous soutiendrait mieux, et vous empêcherait de trop manger le soir; mais je ne vous conseillerais pas de rien brusquer. Vous êtes très délicate, et il ne faut pas risquer un changement considérable tout d'un coup.

From Madame du Deffand, Wednesday 11 January 1775

Ce mercredi 11 janvier 1775.

JE ne pouvais pas recevoir de nouvelles plus agréables et plus désirées que celles de votre parfaite guérison.

Je ne sais pourquoi Milady vous a mandé que ma fête m'avait épuisée, peut-être m'a-t-elle trouvé mauvais visage, mais je n'ai eu aucune incommodité. Je veillai beaucoup ce jour-là, mais vous savez bien que la veille ne me fait point de mal.

La grand'maman est très reconnaissante de vos vers;[1] ceux que le sentiment dicte sont à l'abri de la critique.

Vous ne me parlez point de nos couplets, je soupçonne qu'ils vous ont médiocrement plu; vous avez tort, ils sont gais et naturels, voilà ce qu'il fallait en pareille occasion. Vos parents iront, je crois, la semaine prochaine à Saint-Cyr; après quoi leur départ sera bien proche, ils auront tout vu. Ils seront bien aises de s'en retourner, je les regretterai beaucoup, parce que je les trouve fort aimables. La Milady m'a donné un manchon de son ouvrage qui est très beau. Ils doivent être contents de tout le monde. J'aurais voulu qu'ils eussent

---

11. See *ante* 8 and 22 June, 3 July, and 24 Aug. 1774.
12. See *ante* 11 and 17–18 Dec. 1774.

1. HW's verses for Mme de Choiseul (missing). HW, in a note to his letter to Conway, 15 Jan. 1775, says, 'These lines do not appear.'

vu mes parents,[1a] mais ils s'obstinent à ne point voir d'étrangers. La grand'maman a eu une forte indigestion ces jours-ci, j'ai été passer les après-dîners chez elle; c'est une grande marque d'amitié que je lui ai donnée, car je n'aime point à sortir avant neuf heures. Elle se portait assez bien hier, et je me dispenserai d'y aller aujourd'hui. Je donne à souper ce soir, c'est le souper des mercredis, où vos parents sont toujours admis; ils vous raconteront tout ce qu'ils auront vu, il y aura matière à conversation pour longtemps.

On disait hier M. de Maurepas assez malade de la maladie que je déteste le plus, d'une goutte vague. Il a été saigné du pied, je vous manderai ce soir les nouvelles que j'en apprendrai.

Je vous remercie de ma commission, il faut m'en mander le prix. Je suis étonnée qu'il n'y ait que quatre livres de thé, j'avais chargé Couty de m'en envoyer six, parce qu'il y en a pour Mme de Mirepoix. Si cette Maréchale n'était pas douée d'un caractère insensible, elle aurait bien des chagrins. Indépendamment des pertes qu'elle a faites, toutes les mesures qu'elle avait prises pour s'assurer de la société en mariant son frère[2] et en le logeant, tout est renversé, il est obligé de fuir Paris pour éviter le Fort-l'Évêque.[3] Sa femme qu'on prétendait qui aurait cinquante mille écus de rente, n'en aura pas la dixième partie. Elle ne me confie point ses peines et j'en suis bien aise, puisque je n'y pourrais apporter aucun remède.

Je vous quitte pour le moment, je vous reviendrai cet après-dîner.

À 5 heures.

Les nouvelles du Maurepas sont bonnes, et j'en suis bien aise; est-ce qu'il est de mes amis? Non, peut-être tout au contraire, mais qu'est-ce qu'il arriverait si on le perdait? qui est-ce qui lui succéderait? Enfin, ceci a un air d'ordre et de bon sens qui en impose.

Les nouvelles de la grand'maman sont aussi fort bonnes, elle a bien dormi, elle a bon appétit, elle descendra ce soir, et voilà qui est fait, je ne sortirai plus les après-dîners.

Je savais le mariage de votre petite cousine.[4] J'imagine que votre cousin sera de retour pour la noce de sa nièce. Votre ambassadeur trouve Milady Henriette fort à son gré, mais je ne sais pas jusqu'à quel point, il serait bien à souhaiter que cela fût sérieux. Elle et votre petite cousine[5] sont fort aimables mais fort silencieuses, on

1a. Les Choiseul (HW).
2. Le Prince de Craon (HW).
3. Debtors' prison on the Rue Saint-Germain-l'Auxerrois (*Dict. de Paris*).
4. Lady Frances Seymour-Conway.
5. Mrs Damer.

pourrait même dire muettes. J'espère que votre cousin et Milady sont contents de moi, je m'en flatte, et ma raison est parce que je suis fort contente d'eux. Ils sont d'une grande douceur, l'un et l'autre. Ils se proposent, disent-ils, de revenir ici dans un an ou deux. Je prends peu de part à ce projet, il est aisé de deviner pourquoi.[5a]

Si j'avais autant de facilité à raconter qu'en avait Mme de Sévigné je vous parlerais des bals de la cour, des spectacles, de plusieurs petites aventures; mais le peu d'intérêt que je prends à toutes ces choses, mon peu de mémoire et le peu de talent que j'ai pour la narration, joints à l'indifférence dont tout cela doit vous être, fait que je ne vous en parle point.

Je crois bien que vous serez ravi de revoir votre cousin. Vous serez alors encore plus content de moi, car vous aurez la sûreté qu'il ne me restera pas un mot de votre écriture; ce sera comme un nouveau bail dont les conditions seront telles que vous voudrez; je m'y soumettrai autant de gré que de force et je suis bien trompée si dans ma conduite à venir vous y trouvez d'autre inconvénient que ceux que je ne pourrai pas éviter, comme qui dirait l'ennui, mais ce ne sera pas ma faute.

S'il m'était permis de vous parler de moi, je vous étonnerais par l'excès de ma raison, mais la plus grande preuve que je puis vous en donner c'est de me taire sur tout ce qui me regarde. Ce qui me coûte le plus c'est de ne vous point parler de mon petit chien. Le Général vous dira qu'il est bien méchant, mais il ne l'est pas pour moi, il m'aime beaucoup et je l'aime infiniment. Ne voilà-t-il pas que je me démens? Adieu.

N'oubliez pas de me mander le prix des émeraudes.

To Madame du Deffand, Friday 13 January 1775

Edited from the original, now wsl. Answered, 19 Jan.

De Londres ce 13 janvier 1775.

EN toute vérité je vous assure que je n'ai pas pensé à vous faire des menaces. Je vous ai dit[1] en badinant que je ne voulais vous écrire de huit jours—et voilà où me fait tomber le malheur de ne pas écrire dans ma propre langue. Si je ne parle pas toujours d'un sérieux

5a. Probably because D feared that HW would regard this as a pretext to bring him to Paris again.

1. In the postscript to *ante* 26 Dec. 1774.

phlegmatique, votre méfiance naturelle vous fait soupçonner que je suis de mauvaise humeur—je ne sais pas de remède, et il faut se soumettre à ces contretemps. Au moins vous voyez que je ne me fâche pas aujourd'hui.

Non, assurément, mon cousin ne gardera pas votre Madame de Prie.[2] Vous me l'aviez offerte, et je n'ai pas voulu vous l'ôter—mais puisque vous la donnez, je prétends qu'elle est à moi comme plus ancien en date. Ne vous donnez plus de peine sur Madame d'Olonne; vous en avez déjà trop pris. Je vous prie seulement de me la faire acheter à la vente, si le prix ne passe pas cent louis ou environ, ce qui serait bien payer sa fantaisie; mais j'ai peur que je ne l'aurai pas. Il y a un M. d'Henri ou bien d'Heneri,[3] demeurant dans la même rue avec le Chevalier Lambert,[3a] et tout près de l'Hôtel de Richelieu, et qui achète à tort et à travers tous les ouvrages soi-disants de Petitot, qui me l'emportera, et j'en serai fâché. Il y avait encore un monsieur que j'ai vu chez vous,[4] et dont j'ai oublié le nom, mais il a de grands sourcils noirs; il achète aussi des Petitots, et me proposa un jour de venir voir ses tableaux; mais c'est trop vous importuner, et je ne vous en parlerai plus. Je suis encore fâché de vous avoir demandé la vie de Ninon,[5] puisque elle est ancienne: c'est sans doute celle[5a] dont j'ai tiré ma feuille dans le *Monde*,[6] et que je sais par cœur.

Je viens enfin de recevoir de la part de l'exécuteur testamentaire de M. Taaffe trois cent vingt-sept livres sterling, douze schellings et six sous, sur le compte de Madame la Maréchale de Mirepoix, le dernier payement qu'elle touchera. L'entremetteur s'est payé cinq guinées, et c'est très raisonnable—donc il n'en reste pour Madame que trois cent vingt-deux livres, sept schellings et six sous. Je crois que la meilleure manière de faire toucher cette somme à Mme la Maréchale, ce sera si mon cousin veut bien avoir la complaisance de la lui payer, et que son banquier[7] s'adresse à moi pour le rembourse-

---

2. See *ante* 3 Jan. 1775, and HW to Conway 15 Jan. 1775.

3. Michelet d'Ennery (1709–86), numismatist and collector. HW saw his collection of medals and miniatures on 24 Aug. 1769 (*Paris Jour.*).

3a. Sir John Lambert (1728–99), 3d Bt.

4. M. Harenc de Presle, banker and collector. HW met him at supper at D's apartment, 13 Sept. 1767. On his last visit to Paris, HW saw M. de Presle's collection (see *Paris Jour.* and *post* 21 Jan. 1775).

5. See *ante* 26 Dec. 1774.

5a. HW had a *Vie de Mad. Lenclos*, 8vo, n.d. (MS Cat.) which is not in BM Cat. or Bibl. Nat. Cat.

6. *The World*, No. xxviii, 12 July 1753 (*Works* i. 172–3).

7. Panchaud (see *post* 28 Jan. 1775). He was probably Isaac Panchaud (1726–89), whom HW had met in Paris in 1765–6, and who was now the head of Robert Foley's bank in Paris (*Paris Jour.*; Lau-

ment—mais alors il faudra que Madame de Mirepoix paie à mon cousin ce qu'il perdra par les frais de l'échange, car je ne veux point qu'il paie à la dame à son propre dépens. Je vous prie d'arranger cela avec lui avant que d'en parler à la Maréchale.

Je trouve l'épigramme de Voltaire[8] fort plaisante. On ne m'a pas envoyé *Les Trois exclamations;* et M. Clarges, que je sais arrivé, ne m'a pas rendu la Ninon, mais je la lui demanderai, si je n'en entends pas parler. On m'a dit hier que notre petit ami[9] a la goutte chez Milady Spencer, et le pied sur un tabouret. Mme Greville est hardie si elle répond de ce qu'il fera au printemps.

Je vous prie d'assurer Mme de Jonzac combien je suis sensible à son souvenir; c'est une des personnes en France pour qui j'ai le plus d'estime, bien que je n'y aie pas fait quatre-vingt-dix connaissances comme M. Conway.

J'oubliais de vous dire que je suis très content des vers du Chevalier dans la tasse. Tout ce qu'il fait est joli.

Ma goutte s'en va on ne peut pas plus lentement.[9a] Je marche très mal, je monte mal un escalier et je descends avec plus de difficulté encore. Je ne quitte le gant de la main droite que pour écrire, et j'ai fait demander permission à la Princesse Amélie de le garder quand j'aurai l'honneur de jouer avec elle lundi. Je remets ma parfaite guérison au mois prochain, quand je compte d'aller passer huit jours à une campagne[10] de Milord Hertford à deux pas de la mer, et à vingt lieues de Londres. L'air de la mer me fait autant de bien que les bottines, et mille fois plus rapidement.

Je suis très stérile aujourd'hui. La campagne politique s'ouvrira le semaine qui vient, et alors la ville se remplira. J'ai des nouvelles assez amusantes pour mes parents, mais comme elles ne sont point politiques et se conserveront, et que je n'ai pas le temps de leur écrire aujourd'hui, je les garderai jusqu'à mardi. C'est l'histoire d'une société poétique[11] dont je me suis fort amusé. Bon soir.

rence Sterne, *Letters,* ed. L. P. Curtis, Oxford, 1935, pp. 184 n, 465 n; *Journal de Paris,* 1789, ii. 937).

8. See *ante* 3 Jan. 1775.

9. Craufurd.

9a. 'I had the gout in both hands, both feet, both elbows, and one wrist, and yet could walk without a stick in less than a month, and have been abroad twice in less that five weeks. It came in each part as rapidly as it could, and went away so too;

and though I had some acute pain, much less in quantity than in any fit these ten years' (HW to Mann 9 Jan. 1775).

10. Perhaps Sudbourne, on the Suffolk coast, near Aldeburgh (see HW to Bentley 28 Aug. 1755), though it is more remote than D states. HW apparently changed his plans and stayed in London.

11. The Bath Easton vase (see HW to Conway 15 Jan. 1775).

To Madame du Deffand, Thursday 19 January 1775

Edited from the original, now wsl. Answered, 25 Jan.

De Londres ce 19 janvier 1775.

JE puis vous assurer avec la plus grande vérité que non seulement mes parents sont infiniment contents de vous, mais qu'ils vous admirent et qu'ils vous aiment autant que vous le méritez. C'est ce qu'ils répètent trop souvent pour que j'en doute. De leur côté quelle raison d'être contents! Jamais on n'a tant fait pour des étrangers! Il me paraît que M. Conway serait charmé de s'établir à Paris. Oui, je leur ferai force questions; mais ils ont bien passé le cercle de mes connaissances.

Votre ménagement poli pour mes couplets m'a fort diverti. Je m'attendais à vous entendre crier qu'ils étaient les plus plats et les plus ridicules du monde. Vous n'avez jamais eu à vous reprocher trop de complaisance pour mes ouvrages—pourquoi épargner mes vers français? Pensez-vous que je les ai crus bons? Je savais bien qu'ils étaient détestables. C'est mon cousin qui en fait de jolis—je trouve très jolis ceux qu'il a faits pour Madame de Cambis.[1] J'ai trouvé ceux de votre fête[2] fort bien aussi, cependant pas admirables. Mais il n'y a rien où nous différons davantage qu'en fait de vers. J'ai tort sans doute, car assurément vous devez juger votre langue mieux que moi.

Permettez-vous que faute d'autre matière, je remplisse le reste de ma lettre avec des nouvelles politiques pour mon cousin. Voilà donc que les affaires en Amérique vont au plus mal. On y envoie encore trois autres régiments. On va demander au parlement, qui s'est assemblé aujourd'hui, six mille matelots dont on n'a pas voulu il y a un mois. Cela ne paraît pas fort conséquent—mais voici ce qui est bien plus étrange, et qui n'a pas l'air guerrier. On annonça hier par autorité, c'est-à-dire par la sienne, dans les papiers publics,[3] que Milord

1. See HW to Conway 15 Jan. 1775. Conway's verses were sent to Mme de Cambis with a New Year's present, and a copy of them was apparently enclosed with the other papers sent by Conway to HW in the care of Sir Thomas Clarges, who was then returning to London.

2. See *ante* 23 Dec. 1774.

3. 'We have the authority to assure the public that so far from the Earl of Chatham's not intending to give his attendance in the House of Peers upon American affairs, he will certainly come to town on the day of the meeting of Parliament, and will then open his sentiments upon the alarming state of this country, from the unhappy disputes subsisting with the colonies' (*Public Advertiser*, No. 14134, 18 Jan. 1775).

Chatham doit se présenter à la Chambre des Pairs pour faire une proposition.[4] On a été très curieux de savoir ce que ce devait être que cette proposition, et on assure que la voici. Autorisé par le Docteur Franklin[5] (mon cousin vous dira qui c'est) le Seigneur Chatham doit offrir au Roi, de la part des colonies, trois cent cinquante mille livres sterling par an, moyennant l'abolition des taxes et des édits qui grèvent l'Amérique. On prétend qu'on s'en moquera—cependant on rit à contre-cœur.

Milord North a présenté ce matin[6] à la Chambre un cahier énorme de papiers américains, demandant qu'on les examine aujourd'hui en huit.

Vous voilà aussi savante que pas un politique dans nos cafés. Hier la cour était en gala jour de la Reine.[7] Les habits étaient d'une magnificence extraordinaire, et les plumes des dames un peu émules des vôtres.[8] À trois heures après midi arriva un brouillard si épais que personne ne sût trouver son carrosse, et grand fut le bruit, l'embarras qui survint, avec beaucoup de dommage fait aux équipages. Le valet du ministre[9] de Prusse renversa à coup de poing un grenadier à la porte du palais; le ministre se plaint au Colonel[10] de ce qu'on s'était assuré de la personne du laquais. 'Monsieur,' dit le Colonel, 'que croyez-vous qu'on eût fait à un Anglais qui eût frappé un grenadier à la porte du palais de Berlin?' Nous sommes plus polis; on a relâché le domestique.

Voilà un échantillon d'une lettre anglaise. Je ne crois pas que vous en demanderez une suite.

Le 20.

Tout est changé aujourd'hui: on dit que Milord Chatham va demander[11] qu'on augmente l'armée par terre et par mer. Je ne saurai la vérité qu'après la poste partie. Ce qui est plus sûr, c'est ce que le

4. This proved to be a false rumour (HW to Conway 22 Jan. 1775).

5. Benjamin Franklin (1706–90). HW had met him in Paris (*Paris Jour.* 13 Sept. 1767). Franklin later paid at least two visits to D (see *post* 31 Dec. 1776 and 15 Nov. 1778).

6. See *Last Journals* i. 420; and *London Chronicle* xxxvii. 72, 21 Jan. 1775.

7. See *Lloyd's Evening Post* xxxvi. 69, 20 Jan. 1775, and HW to Lady Ossory 21 Jan. 1775.

8. See HW to Mann 20 March 1775, to Selwyn 16 Sept., *post* 28 Jan., and 1st E. of Malmesbury, *Letters*, 1870, i. 299.

9. Joachim Karl (1733–1817), Graf von Maltzan (Frederick the Great, *Politische Correspondenz*, Berlin, 1879–1935, xxiv. 339 ff.; A. M. H. J. Stokvis, *Manuel*, Leide, 1888–93, iii. 60; *Court and City Register*, 1775, p. 91; Ernst Heinrich Kneschke, *Neues allgemeines deutsches Adelslexicon*, Leipzig, 1859–70, vi. 104).

10. Not identified.

11. This rumour, too, was incorrect (see HW to Conway 22 Jan. 1775).

ministère s'est décidé pour la guerre, et qu'on menace les colonies d'une punition très rude.

Vos émeraudes coûtent cinq louis et demi. Il me semble que mes lettres sont comme les cours, remplies de grandes et de petites choses.

From Madame du Deffand, Thursday 19 January 1775

Ce jeudi 19 janvier 1775.

LES lettres d'Angleterre n'arrivèrent point hier, je reçois la vôtre[1] dans ce moment, à cinq heures après midi, et la réponse que je commence ne partira que lundi 23. J'aurais bien pu vous écrire hier, mais manquant de thème (comme me dit souvent Voltaire) et n'étant point en train de bavarder je me fis un prétexte de n'avoir point reçu de lettre pour n'en point écrire.

Il y a beaucoup d'articles dans votre lettre qui exigent qu'on y réponde. D'abord je suis très fâchée de ce que votre goutte a tant de peine de se séparer de vous; il n'y a point de conseil à vous donner, vous savez vous gouverner, vous n'avez point à vous défendre contre aucune espèce de tentation, vous êtes un prodige de raison.

Je compte que vous recouvrerez vos forces chez Milord Hertford. Vous y aurez sans doute votre cousin. Son projet est de nous quitter les premiers jours de février, il me donnera de vos nouvelles quand vous n'en voudrez pas prendre la peine vous-même, il me l'a promis.

Je n'ai pas le moindre souvenir de vous avoir offert le portrait de Mme de Prie, et par conséquent que vous l'ayez refusé, mais cela ne m'empêche pas de convenir que vous n'ayez été le maître de le prendre, et de l'humeur dont me paraît votre cousin je ne doute pas qu'il ne vous le cède.

Il m'est venu une pensée sur Mme d'Olonne, c'est d'engager la grand'maman de faire prier la veuve Mariette de la lui vendre en la laissant la maîtresse du prix, pourvu qu'il n'excède pas cent louis. Elle n'articulera pas les cent louis, mais si la veuve en demande davantage la grand'maman ne la prendra pas. Nul homme n'a une raison complète, la vôtre échoue pour les bagatelles. À propos de cela, vous ressouvenez-vous d'une médaille d'or dont vous m'avez jadis parlé, que vous disiez être celle de Cléopâtre et d'Antoine?[2] L'Abbé

1. *Ante* 13 Jan. 1775. 2. See *ante* 18 May 1774.

Barthélemy vous prie de lui en donner toutes les dimensions, les par-
ticularités, enfin, de curieux à curieux, on doit s'entendre; moi qui
ne suis qu'une ignorante je ne me souviens plus de ce qu'il m'a dit,
c'est à vous à le deviner.

Votre cousin m'a fait une galanterie fort agréable, il m'a donné
une boîte à effiler de marqueterie qui représente un arbre avec ces
paroles *dum vivit viret,* et des vers[3] fort jolis et fort galants. Je comprends que vous serez ravi de le revoir, je serai fort fâchée de le perdre, ainsi que les Miladys, je crois vous devoir leurs attentions pour
moi.

Ce vendredi.

Ici ma lettre a été interrompue et pour la reprendre je relis la
vôtre.

Vous ne prétendez point me faire des menaces; j'en suis bien aise,
mais vous avez le ton sévère, vous en avez pris l'habitude avec moi.
Ne dites point que vous ne savez pas notre langue, les fautes que vous
faites n'affaiblissent point votre énergie, personne n'en a plus que
vous quand vous exprimez un sentiment, soit d'*amour* ou de *haine;*
par ces deux mots j'entends le contentement ou la colère. Mais n'ayez
pas peur, je ne prétends point vous parler de vous.

Vous me mandez que vous n'écrivez point à votre cousin; j'envoyai
le prier de venir chez moi, que je lui dirais de vos nouvelles, il me
fit dire qu'il en avait reçu et qu'il ne pourrait me voir qu'aujour-
d'hui; je l'attends et je m'arrangerai avec lui sur l'argent que vous
avez pour Mme de Mirepoix; je me fais un plaisir de le lui porter dimanche. Je souperai chez elle, il arrivera fort à propos; elle vient de
s'engager ainsi que M. de Beauvau pour les dettes du Prince de
Craon, ils doivent payer chacun dix mille francs. Ce malheureux
homme s'en va à Malte pour éviter d'être arrêté, il doit cinquante
mille écus, sa femme répond pour lui de cinquante mille francs, il a
quinze mille livres de rentes viagères, il en laissera douze à ses créan-
ciers, et il ne se réserve que mille écus jusqu'à ce que ses dettes soient
payées.

Je compte souper ce soir entre l'Abbé et la grand'maman, nous ne
serons que nous trois; je vous dirai ce qu'elle m'aura répondu sur
Mme d'Olonne, je crains qu'elle ne veuille pas s'en mêler, quoique je
sois bien sûre du plaisir qu'elle trouverait à vous obliger. Vous êtes
de ceux *qu'elle sait qu'elle aime.* Je rencontrai l'autre jour la dame

3. See *post* 5 Feb. 1775.

Geoffrin chez elle, elle en fut embarrassée. Je n'ai pas encore soupé au grand souper, j'y souperai je crois lundi; je choisis ce jour-là, c'est celui des bals de la Reine, j'aurai moyennant cela la sûreté de ne rencontrer ni les jeunes dames ni les jeunes seigneurs, et je m'entourerai de mes connaissances autant qu'il me sera possible. Je suis parfaitement contente du grand-papa et de Mme de Gramont. Mais en vérité de qui je le suis extrêmement c'est de M. de Beauvau; il est très rare qu'il passe un jour sans me voir, il me rend des soins comme si j'étais sa grand'mère. Je n'ai qu'à me louer de tout ce qui m'environne, et l'on me rend la vieillesse aussi supportable qu'elle peut l'être; votre cousin vous en rendra compte. Il vous dira ce qu'il aura vu, mais non pas ce que je lui aurai dit, je n'ai pas trouvé de facilité à causer avec lui, il est dissipé, il est distrait, je n'en suis pas moins contente de lui, c'est le plus honnête homme et le plus aimable que je connaisse. Vous n'avez point de meilleur ami, je l'aime infiniment, ainsi que Milady Ailesbury; les jeunes dames me plaisent beaucoup, j'espère que tous les quatre ne vous diront pas de mal de moi.

Sans doute que la *Vie de Mademoiselle Lenclos* est ancienne,[4] je vous en ai prévenu. Je n'ai point encore reçu la caisse. Adieu jusqu'à demain.

Ce dimanche.

Ce demain est arrivé, et je n'ai pas eu le temps de vous écrire; à mercredi. Voilà un petit papier[5] de l'Abbé Barthélemy.

From MADAME DU DEFFAND, Saturday
21 January 1775

Address: To Monsieur Monsieur Horace Walpole in Arlington Street near St James's *London* Angleterre.
Postmark: PAR<IS> IA 30.

Ce samedi 21 janvier 1775.

CE que vous aurez peine à croire et que je ne comprends pas c'est que j'oubliai hier au soir de parler de votre miniature à la grand'maman, mais cela se réparera. J'avais vu l'après-dîner M. de Presle, qui est celui dont vous ne vous souvenez plus du nom;[1] il m'a promis qu'en cas que je n'eusse point la miniature avant la vente elle ne lui échapperait pas, et qu'il l'achèterait pour vous.

4. It appeared in 1750.
5. Not with the MS.

1. See *ante* 13 Jan. 1775.

Ce mercredi 25.

Vous serez étonné que j'aie conservé ces premières lignes. Les quatre pages de la dernière que vous avez reçue étaient pleines, je n'avais rien de plus à vous dire et je les ai réservées pour aujourd'hui.

Depuis ce jour-là j'ai parlé à la grand'maman et je suis convenue avec elle de son peu de crédit auprès de Mme Mariette. Il faut s'en tenir à ce que M. de Presle m'a promis, il est bien persuadé qu'elle n'ira jamais plus haut que cinquante louis; j'ai beaucoup d'espérance que vous l'aurez, mais si par malheur je me trompe il faudra avoir recours à votre philosophie. J'aurai besoin de toute la mienne pour me consoler du départ de vos parents. Je voudrais pouvoir me flatter de leur contentement de moi; tout le monde a été si empressé pour eux, qu'il m'a été impossible de me distinguer par mes empressements et mes attentions.

Je vous crois si occupé de vos affaires politiques, et des visites que vous devez sans doute à tous ceux qui vous sont venus voir pendant votre goutte, qu'il me semble que vous n'avez pas le temps d'écouter tout ce que je pourrais vous dire; ce seraient des choses bien peu intéressantes pour vous puisqu'elles ne m'intéressent pas moi-même.

Ce sera votre cousin qui vous racontera les bals de la cour, les modes nouvelles, les spectacles; il vous portera toutes les brochures;[2] il soupera chez moi ce soir et encore demain, je mettrai à profit le plus que je pourrai le peu de temps que ces dames et lui resteront.

Je n'ai point encore entendu parler de votre caisse; mandez-moi si Couty vous a payé, s'il ne l'a pas fait je donnerai l'argent à votre cousin. Je suis assez maussade aujourd'hui, c'est-à-dire plus que de coutume, et vous m'avez dit que quand j'étais dans cette disposition je devais m'abstenir d'écrire.

To Madame du Deffand, Friday 27 January 1775

Edited from the original, now wsl. Answered, 5 Feb.

De Londres ce 27 janvier 1775.

MON cousin s'attendra à la nouvelle de la mort de Monseigneur le Duc de Gloucester[1]—mais tout va bien. Le frisson de samedi n'annonça que la fièvre, et cette fièvre est passée, et le danger aussi

2. Among these were the pamphlets on the Duc de Guines' suit against his secretary, M. Tort de la Sonde (see *post* 12 Feb. 1775).

1. See HW to Conway 22 Jan. 1775.

pour le présent, à ce que je me flatte. Nos médecins sont comme les vôtres, c'est-à-dire, des ignorants. Il y a tout lieu de croire que le voyage d'outre-mer[2] aura lieu, mais on le remet au mois d'avril, ce qui me paraît une ignorance nouvelle. Pourquoi le différer? Je vous avoue que je n'en serai pas fâché sur mon propre compte. Notre cour est bien petite, cependant mon rôle ne me flatte pas. Je n'y suis pas propre; et bien que l'intérêt que je prenne à la position effrayante de la Duchesse,[3] fait que je [ne] néglige rien qui puisse lui marquer mon zèle, il est très pénible pour moi d'aller une ou deux fois par jour en cour. Cela ne cadre pas avec mon oisiveté, mes amusements, mes occupations. Cela me rejette dans le monde, et c'est contraire à tout ce que j'ai toujours aimé, en un mot, à la liberté. Je fus charmé quand mon père quitta le ministère;[4] moi je quittai le parlement[5] d'abord que j'en pusse saisir le moment; et assurément c'est bien contre ma volonté que je me trouve courtisan à mon âge. Je n'en ai ni l'ambition, ni l'intérêt, ni l'envie, ni la jalousie, ni la fausseté; je cèderais gaiement ma place à quiconque en voudrait. Je viens de recevoir une lettre de M. Conway du 19 par un jeune seigneur anglais.[6] Il dit qu'ils seront de retour au temps fixé, mais j'ignore quel est ce temps fixé. Il me parle d'une grande révolution qui va se faire dans la mode de s'habiller chez vous, et par conséquent chez nous. Il dit qu'il s'agit de se mettre comme les chevaliers du St-Esprit[6a]—oh! pour moi je vous jure que je ne m'y mettrai point—je ne suis point fait moi pour m'habiller comme un danseur de corde. À l'arménienne, à la bonne heure: j'aimerais assez à m'envelopper d'un grand manteau jusqu'aux talons. Je crois qu'on a mal montré St-Cyr à mes parents. Quand j'y fus,[7] on fit répéter des scènes et des dialogues de Mme de Maintenon aux petites demoiselles, qui les jouèrent dans la

---

2. The Duke's physicians had ordered him to go abroad immediately.

3. No provision had been made for the Duke's family, and there was a possibility that the legitimacy of his marriage might be questioned (see HW to the Duke of Gloucester 17 Jan. 1775).

4. See HW to Mann 4 Feb. 1742. Sir Robert Walpole retired on 9 February of that year.

5. See HW to William Langley 13 March 1767.

6. Not identified.

6a. 'Their mantle is black velvet, spangled with gold in the form of the flower-de-luce; and on their left arm, a large silver star, representing the Holy Ghost in the form of a dove: they wear another collar around the neck, of gold, of the same flowers, and enamelled of a flame colour . . . another badge of the order is a black velvet hat, and a white feather in it' (*The Curiosities of Paris,* by A. R., 1757, p. 108).

7. HW visited St-Cyr, 17 Sept. 1769 (*Paris Jour.;* HW to Montagu 17 Sept. 1769).

perfection; et vous savez qu'on me fit présent d'une lettre[8] originale de la fondatrice: j'y fus cinq heures à mon grand contentement, quoique pas de l'extrême félicité que je sentais avec vous à Sceaux,[9] ou à la journée de Livry.[10] Enfin il faut s'enthousiasmer à de certaines visions, comme je fais, sans quoi tout est fade. Aussi ces songes arrivent-ils bien rarement; et ne sont que pour les élus. Cela m'arriva une fois après avoir écrit le *Château d'Otrante*. Deux ou trois ans[11] après j'allais à l'université de Cambridge, où j'avais passé trois années de ma jeunesse.[12] En entrant dans un des collèges[13] que j'avais entièrement oublié, je me trouvais précisément dans la cour de mon château. Les tours, les portes, la chapelle, la grande salle, tout y répondait avec la plus grande exactitude. Enfin, l'idée de ce collège m'était restée dans la tête sans y penser, et je m'en étais servi pour le plan de mon château sans m'en apercevoir; de sorte que je croyais entrer tout de bon dans celui d'Otrante—si vous aviez été à côté de moi, je vous aurais frappé d'extase, comme dans le carrosse quand vous me racontâtes votre visite à Mme de Coulanges.[14] Hah! je n'entre pas *au palais royal* avec le même plaisir! Couty m'a payé les émeraudes: sont-elles arrivées en bonne santé?

La partie anglaise de ma lettre sera bien courte aujourd'hui. On a disputé tard hier à la Chambre basse sur les remontrances des marchands américains[15]—mais je n'en sais point le détail, si non que Charles Fox s'est fort déchaîné contre le Seigneur North,[16] et que le

---

8. A scrap of Mme de Maintenon's handwriting, on the back of which HW has written, 'written by Madame de Maintenon and given to me at St-Cyr by one of the nuns, 1769. Hor. Walpole,' together with a lock of her hair are now WSL. They were sold SH vi. 157.

9. HW and D went to Sceaux, 25 Sept. 1767 (*Paris Jour.*). Sceaux was the seat of the Duchesse du Maine, and D had been one of the distinguished group whom the Duchesse assembled there in the 1740's. See HW's note on Mme de Staal, quoted *ante* 17 June 1766, n. 27.

10. HW went to Livry, 2 April 1766 (*Paris Jour.*).

11. Probably in July, 1769, five years after the *Castle of Otranto* was written, when HW and Cole went to Cambridge and Ely together (see COLE i. 176–8).

12. HW was at Cambridge from 11 March 1735 until the end of 1738, with long intervals of absence, although he was formally a member of the university until 1739 ('Short Notes').

13. Probably Trinity College (see Warren H. Smith, 'Strawberry Hill and the Castle of Otranto,' London *Times Literary Supplement*, No. 1790, xxxv. 440, 23 May 1936).

14. See *ante* 29 April 1768 and 14 Nov. 1770. D evidently gave HW this description when they were going to Rueil, 16 Sept. 1767, although it is not mentioned in *Paris Jour.*

15. The London merchants trading with America sent a petition to Parliament, 23 Jan. 1775, asking for the repeal of the oppressive measures which had antagonized the colonies and ruined the English trade with America (*Last Journals* i. 423).

16. See ibid. i. 424.

Duc d'Alva[17] s'est distingué pour la cour. On a voulu aussi rayer Charles premier du martyrologe:[18] Wilkes a dit qu'il le voulait bien, ayant toujours observé le jour de sa mort[19] comme fête, et non pas comme jour maigre: mais la cour a prévalu dans l'une et l'autre contestation à une grande pluralité de voix. Ce qui est drôle, c'est que la ville de Birmingham a demandé la guerre,[20] parce qu'on y fabrique des épées et des fusils. Je finis—il n'y a pas moyen de renchérir sur cet avis.

From Madame du Deffand, Saturday 28 January 1775

In Colmant's hand up to 'ce dimanche'; finished by Wiart.

Ce samedi 28 janvier [1775].[a]

JE viens de recevoir la caisse: ce qu'elle contenait était mal emballé; il y a deux compotiers de cassés, et le plateau de dessous la jatte. Mon dessein était d'en faire un présent. Au lieu de six compotiers je n'en donnerai que quatre, et je substituerai ma jatte à celle dont le plateau est cassé. Je prierai votre cousin de me faire faire un plateau, et il me l'enverra par quelque occasion. Voilà la première fois de tous les envois que vous m'avez faits qui ait été mal emballé; je ne vous ai pas moins d'obligation de la peine que vous avez bien voulu prendre. C'est la faute de ceux dont vous vous êtes servi; les compotiers ainsi que la jatte étaient sens dessus dessous, ils ne posaient que sur leurs bords. Que faire à cela? S'en consoler, et n'y plus penser.

Je fis hier un souper chez moi, avec la grand'maman et le grand Abbé; nous dîmes tout d'une voix, qu'il était bien fâcheux que vous n'y fussiez pas pour faire la partie carrée. Je lisais l'autre jour dans les

17. Lord George Sackville-Germain, formerly Germain, formerly Sackville (1716–85), cr. (1782) Vct Sackville, 3d son of the 1st D. of Dorset. HW to Conway 15 Jan. 1775 calls him 'that second Duke of Alva.'

18. See *Last Journals* i. 423.

19. January 30, observed as a fast-day in the Church of England since the Restoration. A service for that day was included at the end of the Book of Common Prayer until 1859, and no public performances in theatres or concert-rooms were permitted to take place on January 30 until tacit permission was given in 1809 (*Annotated Book of Common Prayer,* ed. John Henry Blunt, New York, 1889, p. 703).

20. See HW to Mann 25 Jan. 1775.

———

a. Date of year added by HW.

lettres de Pope,[1] qu'un ami absent était un bien dans les fonds publics, qui rapportait quelques revenus, et qu'on pouvait ravoir quand on le voulait. Cela est-il vrai?

Je crains que votre cousin ne puisse pas vous rendre un bon compte de ce qu'il aura vu et entendu. On pourrait souvent dire qu'il écoute sans entendre, et regarde sans voir. Avec un cœur excellent, je doute qu'il s'intéresse vivement à rien. Je suis bien éloignée de penser qu'il soit indifférent; mais il est d'une distraction qui ôte le désir de lui rien raconter; d'ailleurs je ne l'ai presque jamais vu seul, et puis il est sans curiosité; jamais il ne questionne; et vous devez sentir qu'il est bien difficile de parler avec confiance quand on craint d'être écouté avec indifférence; l'indifférence n'est point dans son cœur, mais sa distraction lui en donne l'apparence.

Savez-vous le bruit de Paris? c'est que votre ambassadeur est amoureux de la jeune Milady, et qu'il l'épousera.[2] Vos parents, à qui j'ai demandé ce qui en était, m'ont dit qu'ils ne savaient point ses intentions; mais ils disent qu'il *l'admire* beaucoup. On la trouve ici très aimable, et tout le monde désire que cette affaire aille à bien: n'en seriez-vous pas bien aise? Mme Damer a beaucoup de succès: on ne lui trouve pas autant de grâces qu'à la Milady, mais beaucoup de gens la trouvent aussi jolie: pour moi, celle qui me plaît le plus, c'est Milady Ailesbury; elle me marque de l'amitié; elle ressemble en beaucoup de points à son mari; elle est, ainsi que lui, sensible et distraite; je crois qu'ils feraient bien de prolonger leur séjour par rapport à ce que je viens de vous dire. Ce qui donne lieu au bruit qui s'est répandu, c'est une grande assiduité de la part de Milord. Il leur donne à dîner aujourd'hui, et de là il ira avec eux à une comédie qu'on a présentée à la Roquette.[3] Le Général et sa famille iront au retour souper chez la Maréchale de Luxembourg: je n'irai point; je suis engagée ailleurs.

Je n'ai soupé chez vos parents qu'une seule fois depuis qu'ils sont ici. Avant-hier ils soupèrent chez moi avec M. de Grave: il est ici à demeure, et j'en suis bien aise, parce que si vous persistez dans vos projets, et qu'ils se réalisent, ce sera un complaisant à vos ordres.[3a]

---

1. Not found. D had a copy of *Les Pensées de Pope,* 1766, now in the possession of the Duc de Mouchy.

2. Lady Harriet Stanhope. This marriage did not take place.

3. The Rue de la Roquette was in the Faubourg Saint-Antoine (*Dict. de Paris*).

3a. D probably means that if HW comes to Paris again, Grave can be of service to him, perhaps in looking for

Ah! vous avez donc aussi des plumes en Angleterre?[3b] Pousse-t-on cette mode chez-vous jusqu'à l'extravagance, comme on fait ici? Il a été en délibération si on changerait l'habillement de la nation, et si l'on prendrait celui du temps de Henri III;[4] la crainte d'occasionner trop de dépense a fait abandonner cette idée;[5] les bals de la cour sont magnifiques et charmants, ce sont des quadrilles de quatre, de huit, de seize, qui représentent des nations différentes, ou des personnages du temps passé, les habits sont magnifiques; ce sont les plus jolies femmes et les meilleures danseuses qui les composent; il y entre du pantomime; on représente des scènes. On prétend qu'à l'arrivée de l'Archiduc,[6] qu'on attend le mois prochain, il y aura un bal sur le grand théâtre, et qu'on exécutera un ballet de trente-deux personnes. La Reine, toute la famille royale, y auront leurs rôles. J'exhorte fort vos parents de rester pour voir ce spectacle: ils hésitent à s'y déterminer; mais ils iront du moins de lundi en huit à Versailles pour le bal; il y aura un quadrille de seize qui représentera des Scandinaves.

En voilà assez pour aujourd'hui, et surtout pour un hors-d'œuvre; c'est une licence qui ne tournera point en habitude, peut-être demain ajouterai-je encore quelque chose.

J'ai dit à votre cousin de m'avertir quand il ferait ses paquets, pour lui remettre celui que vous attendez.[7]

Ce dimanche.

J'attends machinalement le facteur tous les mercredis et dimanches, ne comptant pas souvent recevoir des lettres; aujourd'hui il n'y en a pour personne, et voilà trois dimanches de suite qu'il retarde d'un jour, et que par conséquent celles qu'on reçoit le lundi, on n'y peut répondre que le jeudi d'après. Toutes ces observations vous font hausser les épaules, vous paraissent bien puériles. Quand on est occupé de grandes affaires, de tout ce qui se passe dans les quatre parties du monde, on méprise bien ceux qui s'occupent de pareilles bagatelles. Mais daignez vous souvenir que je passe mes jours dans un tonneau; il est mon gîte, et La Fontaine dit: *Que faire dans un gîte, à moins que l'on n'y songe?*[8] Et à quoi voulez-vous que

more of Mme de Sévigné's letters. HW, however, did not meet Grave in 1775.

3b. See HW to D *ante* 19 Jan. 1775.

4. 1574–89.

5. See Louis Philippe, Comte de Ségur, *Mémoires*, 1824–6, i. 46–7 (T).

6. Maximilian (1756–1801), 3d son of Maria Theresa.

7. HW's letters to D, which D was returning in Conway's care.

8. *Fables* ii. 14: 'Car que faire en un gîte à moins que l'on ne songe?'

je songe? à la cour? aux ministres? aux disputes? aux procès? Je ne puis point éparpiller mon intérêt, et je suis comme cet homme à qui une personne racontait toutes ses affaires: 'Savez-vous, monsieur,' lui dit-il, 'que je ne m'intéresse qu'à ce qui me regarde?'

Après ce préambule, je vous dirai que Mme de Mirepoix est payée; je lui portai l'autre jour six rouleaux, et sept louis dans une petite bourse de cuir que je commençai de lui présenter comme une restitution dont j'étais chargée; les six rouleaux suivirent de près, et la surprirent extrêmement; elle ne se rappela point d'où ils pouvaient venir; alors je lui donnai l'extrait de votre lettre et le décompte du banquier Panchaud; elle me parla beaucoup de sa reconnaissance, et me dit qu'elle vous écrirait incessamment;[8a] je n'en réponds pas. Cette Maréchale serait plus à plaindre qu'elle n'est, si elle avait un autre caractère; mais les bagatelles l'occupent et l'amusent; de plus, elle a une grande famille, elle donne à souper tous les dimanches, et met de l'affectation à avoir beaucoup de monde; il y a communément dix-huit ou vingt personnes, presque tous neveux et nièces, cousins et cousines. Je suis passablement bien avec elle. Quand on veut bien vivre avec les différents partis, on vit en paix; mais il en résulte un peu d'indifférence; j'excepte de cette règle la grand'maman, avec qui je suis unie plus tendrement que jamais.

Sa belle-sœur[9] a été assez incommodée tous ces jours-ci; elle se porte mieux présentement. Je crois qu'elle vous plairait; elle est extrêmement animée, elle cause à merveille, on est à son aise avec elle, et, pendant le temps qu'on la voit, on l'aime beaucoup. Ce que je vous dis est si vrai, que la grand'maman pense de même. Voilà déjà un mois complet de leur séjour ici; leur projet est toujours de s'en retourner au mois d'avril.

On vient de me rapporter un habit de mes chiffons[10] pour votre cousin; il est, dit-on, superbe. Je le prierai d'en faire son habit de voyage, et qu'il le porte à la première visite qu'il vous rendra.

Je viens de recevoir une lettre de Voltaire,[11] il me dit de lui indiquer un moyen de me faire tenir un petit ouvrage nouveau.[12] Quand je l'aurai reçu, s'il en vaut la peine, je vous l'enverrai.

8a. Her letter, if written, is missing.

9. Mme de Gramont.

10. D means a suit made from the thread which she obtained by her pastime of unravelling.

11. Voltaire to D 25 Jan. 1775, in Voltaire, Œuvres xlix. 209.

12. Don Pèdre, a tragedy (ibid.). It is printed in ibid. vii. 237.

To Madame du Deffand, Tuesday 31 January 1775

Edited from the original, now wsl. This is the last letter from HW to D which is quoted by B in a footnote (iii. 20 n). See *post* 7 May 1775, n. 9. Answered, 5 Feb.

Address: À Madame Madame la Marquise du Deffand à la communauté de St-Joseph rue St-Dominique faubourg St-Germain à Paris.
Postmark: Dangleterre.

Nº 40. De Londres ce 31 janvier 1775.

JE vous écris aujourd'hui au lieu de vendredi, pour deux raisons: la première, parce que je ne sais si mon cousin ne sera parti avant l'arrivée de celle-ci; l'autre, que je veux reprendre les mardis pour mes jours de poste, parce que vos lettres arrivant ordinairement les samedis, je n'y peux répondre qu'après sept jours. À l'heure qu'il est, j'ai reçu deux, l'une samedi passé,[1] l'autre hier au soir;[2] celle-ci écrite conformément à votre bonté ordinaire, et à vos attentions incroyables, pour me parler de Mme d'Olonne, dont je commence à rougir, à cause de la peine que je vous ai donnée, et de ce que j'ai mis trop d'empressement pour une bagatelle. Si le mal n'est fait, n'en parlez pas à la grand'maman. La politesse de votre ami M. de Presle suffira, et je vous prie de l'en remercier extrêmement; aussi cet empressement fera apparemment que Mme Mariette y mettra un prix ridicule, se voyant tant pressée—mais au vrai j'ai honte de vous en tant parler.

L'Abbé Barthélemy[3] sera sûrement obéi; c'est le moins que je peux faire pour vos amis, après tout ce que vous faites pour les miens. Ne doutez pas de leur reconnaissance. C'est la vérité même que M. Conway, et il me parle constamment de vous en termes dont je ne puis nullement douter. Il conservera cette reconnaissance, il n'est ni jeune ni changeant. Il est distrait, il est froid, il n'aura pas toute la chaleur que vous aimez dans vos amis, mais il ne vous oubliera jamais. Il ne vous grondera pas, en vous aimant toujours également. Ma médaille[4] est à Strawberry Hill, où je n'ai été depuis deux mois, à cause de ma goutte, des visites, et de la maladie de Monseigneur le Duc;[5] mais je compte d'y aller dimanche prochain, et je rapporterai la médaille

---

1. *Ante* 19 Jan. 1775, received 28 Jan.
2. *Ante* 21 Jan. 1775, received 30 Jan.
3. D had enclosed a note from the Abbé in her letter of 19 Jan.
4. The medal of Antony and Octavia,

about which the Abbé Barthélemy had made inquiries (see *ante* 18 May 1774 and 19 Jan. 1775).
5. The Duke of Gloucester.

De Londres
ce 31. Janv. 1775.

Je vous ecris aujourdhui, au lieu de Vendredy, pour deux raisons: la premiere, parce que je ne scais si mon cousin ne sera parti avant l'arrivée de cellecy; l'autre, que je veux reprendre les mardys pour mes jours de poste, parceque vos lettres arrivant ordinairement les samedys, je n'y peux repondre qu'apres sept jours. A l'heure qu'il est, j'ai reçu deux; l'une samedy passé, l'autre hier au soir; cellecy ecrite conformement à votre bonté ordinaire, & vos attentions in-croyables, pour me parler de Mad. d'Olonne, dont je commence à rougir, à cause de la peine que je vous ai donnée, & de ce que j'ai mis trop d'empressement pour une bagatelle. Si le mal n'est fait, n'en parler pas à la grand maman. La politesse de votre ami M. de Presle suffira, & je vous prie de l'en remercier extremement; aussi cet empressement fera apparemment que Mad. Mariette y mettra un prix ridicule, se voyant tant pressée — mais au vrai j'ai honte de vous en tant parler.
L'Abbé Bartelemi sera surement obei; c'est le moins que je peux faire pour vos Amis, apres tout ce que vous faites pour les miens. Ne douter pas de leur reconnoissance. c'est la verité meme que M. Conway, & il me parle constamment de vous en termes dont je ne puis nullement douter. Il conservera cette reconnoissance, il n'est ni teine ni changeant. Il est distrait, il est froid, il n'aura pas toute la chaleur que vous aimez dans vos Amis, mais il ne vous oubliera jamais. Il ne vous grondera pas, en vous aimant toujours egalement. Ma medaille est à Strawberry hill, ou je n'ai eté depuis deux mois, à cause de ma goutte,

WALPOLE'S LETTER OF 31 JANUARY 1775

pour la faire dessiner. Pour les visites, j'en avais bien à faire[5a]—pour la politique, je ne m'en soucie pas, je ne m'en mêle point. Je n'ai aucune liaison avec nos factions; j'ai des amis de l'un et de l'autre côté, j'entends parler des deux chambres, et j'en mande les nouvelles à mon cousin mais je ne sais rien que l'événement passé. M. Selwyn vint chez moi l'autre jour, et nous nous plaignîmes de n'entendre parler que de l'Amérique. 'Hah! pour moi,' dit-il, 'il faut que je prenne un maître américain pour me mettre au ton de monde.'

Son Altesse Royale est sortie[6] hier pour prendre l'air. Je ne crois pas ses poumons attaqués; mais il tousse beaucoup, et je presse son départ.

Je suis très content de l'étrenne de M. Conway; le mot[7] est très joli, et ce qui est bien plus rare, exactement vrai. Pourquoi ne pas m'envoyer ses couplets?[8] Avez-vous eu peur de m'humilier de ce qu'ils valent beaucoup plus que les miens? Hah! je ne suis point envieux, ni jaloux de ma poésie; et encore plus éloigné d'être fâché si l'on me préfère mes amis. Je vous l'ai avoué; j'ai infiniment d'orgueil, mais point de vanité! Jamais auteur ne s'est moins enthousiasmé pour ses ouvrages.

Je n'ai rien à mander aujourd'hui à mes parents, si vous les avez encore. Actuellement je ne suis occupé que d'une tragédie nouvelle[9] qu'on va donner, et à laquelle je m'intéresse beaucoup. Le sujet est tiré de la révolution de Portugal en faveur des Bragances. Elle est très supérieurement écrite: le langage admirablement beau, la poésie charmante, mais charmante—cependant, j'ai peur: l'événement est connu, et heureux; par conséquent, moins intéressant. De plus, l'auteur me paraît peu fait aux ressorts du théâtre, et s'entend plus aux images de la poésie qu'aux caractères; ce qui fait qu'il y a des longueurs, et que l'intérêt n'est pas soutenu. C'est un Irlandais que j'ai autrefois connu,[9a] et qui a beaucoup d'esprit, et ce qui est plus surprenant, il est naturellement comique, et contrefait dans la perfection. On m'a persuadé de lui faire un épilogue,[10] dont je ne suis nulle-

---

5a. These were evening visits in London.

6. 'His Royal Highness the Duke of Gloucester was so well yesterday at twelve o'clock as to be able to take an airing in Hyde Park, accompanied by his Duchess.' (*Lloyd's Evening Post* xxxvi. 105, 31 Jan. 1775).

7. Conway's verses to Mme de Cambis,

accompanying a New Year's present (HW to Conway 15 Jan. 1775).

8. Apparently his couplets for D's fête of 24 Dec. 1774 (see *ante* 23 Dec. 1774).

9. *Braganza* by Robert Jephson (1736–1803).

9a. The first letter from HW to him which has been discovered is 24 Feb. 1775.

10. Printed in *Works* iv. 400–401.

ment content. Vous savez que c'est notre usage immanquable de commencer et finir une pièce par des prologues et des épilogues. Ordinairement ces derniers morceaux sont non seulement gais mais gaillards—usage ridicule, de faire rire ceux qu'on vient d'attrister, et que je n'ai voulu pratiquer, de sorte que mes vers ne sont que maussades; mais comme la satire, faute d'obscénité, nous réjouit, je me suis un peu moqué de Milord Chesterfield,[11] en prenant la défense du beau sexe; ce qui fera pardonner à la platitude de ma poésie. La pièce ne sera donnée que samedi en huit. Vous en saurez la réussite.

P.S. N'oubliez pas de m'avertir si je me dois habiller en danseur de corde l'année qui vient: Mr Conway m'a annoncé qu'il s'agit chez vous de reprendre l'habillement des Chevaliers du St-Esprit: vos modes décident les nôtres.

From Madame du Deffand, Sunday 5 February 1775

Ce dimanche 5 février 1775.

JE vous ai écrit une si longue lettre, la dernière fois, qu'il est juste de ne vous écrire que quatre mots aujourd'hui. Je vous annonce le départ de vos parents pour la fin de la semaine. Je leur propose de souper encore chez moi jeudi; s'ils persistent à le refuser ils partiront ce jour-là, sinon ce sera vendredi; ils font leurs paquets. J'ai remis au Général celui que je vous envoie, il a demandé ce que c'était, Wiart lui a dit: des estampes.[1] J'aurai encore à lui en remettre un autre[2] la veille de son départ, qu'il pourra mettre dans sa poche. Vous jugerez par les dates qu'il ne me restera rien; je serai fort aise de vous avoir délivré de toute inquiétude.

Vous questionnerez votre cousin; je me méfie de sa mémoire, mais vous n'êtes pas fort curieux. Nous soupons ce soir chez Mme de Mirepoix, je ne sais pas ce qu'ils feront demain; mercredi nous passerons

11. '. . . a wit, made up of French grimaces,
   Yet self-ordained the high-priest of the Graces.'
   (*Works* iv. 401.)

———

1. It hardly seems possible that Conway could be ignorant of the real contents of the package because HW had particularly asked him to bring back the letters (HW to Conway 28 Sept. 1774).

2. Probably the package containing the six letters from HW to D which escaped destruction (see Introduction). These letters were the last which D had received, up to the time of Conway's departure, and had presumably arrived too late to be included in the package with the earlier letters.

la soirée chez l'ambassadrice de Sardaigne, et jeudi souper chez moi ou bien départ.

On est accablé ici de mémoires; votre cousin en emporte une belle collection. Je lui donnerai une lettre pastorale de l'Archevêque de Toulouse; peut-être par la suite vous enverrai-je la copie d'une comédie allégorique[3] qui a été jouée à Rennes, mais dont M. de Penthièvre défendit une seconde représentation.

J'attends plusieurs petites pièces de Voltaire,[4] je vous les enverrai aussi si elles en valent la peine.

J'espère que vous me manderez des nouvelles de madame votre nièce,[5] je crois que vous l'aimez beaucoup et je suis persuadée que vous avez raison.

À 5 heures.

Je vous avais écrit ce matin à peu près tout ce que j'avais à vous dire. J'ajouterai que je vous prie de n'être point inquiet des soins que je me donne pour le portrait de Mme d'Olonne. Je n'en suis point fatiguée et vous ne la payerez point plus cher parce qu'on ne parle point à Mme Mariette. Elle sera vendue à l'inventaire et M. de Presle est persuadé qu'elle n'ira point à cinquante louis.

Je vous ai mandé précédemment qu'il n'était plus question de changement d'habits. Je vais faire chercher les vers de votre cousin. Je crains qu'ils ne soient perdus ou brûlés; je ne sais point lesquels sont les meilleurs, des siens ou des vôtres. Je ne me connais point en vers; tout ce qui s'appelle poésie, c'est-à-dire, comparaison, descriptions, phébus, je n'y entends rien. J'aime que les vers disent des choses ou expriment des sentiments, ce qui n'est que poétique est au-dessus de mon génie.

Voilà les vers[6] que j'ai retrouvés, ils sont très flatteurs et très jolis; ce sont des louanges que je ne mérite pas, mais s'il ne les pense pas je me flatte qu'il fait mieux, et qu'il m'aime un peu.

À Janus, dieu de l'an.

Dieu puissant à double visage,
Qui ouvre les portes de l'an,
Chassant les vents et les orages
Pour faire fleurir le printemps,

---

3. *Le Couronnement d'un Roi* (Louis Petit de Bachaumont, *Mémoires secrets*, Londres, 1784–9, vii. 287).

4. With Voltaire's *Don Pèdre*, which D was expecting, were printed his *Éloge historique de la raison, De l'Encyclopédie, Dialogue de Pégase et du vieillard,* and *La Tactique* (Voltaire, *Œuvres* xlix. 197 n).

5. The Duchess of Gloucester.

6. See *ante* 19 Jan. 1775.

Dans un mortel si tu retraces
L'image de ta déité,
De la jeunesse ayant les grâces,
De l'âge la sérénité;

Si la chaleur que tu ramènes
Bannissant la glace des ans,
Rallume encore dans ses veines
L'aimable feu des sentiments,

Tout ce que le cœur a d'aimable,
Ou que l'esprit a pour charmer,
Tout ce qui est bon, doux, affable,
S'il est en droit de te toucher;

Daigne à nos vœux être propice;
Que tous les jours du nouvel an,
Pour elle soient pleins de délices,
Et pour nous de contentement!

From MADAME DU DEFFAND, ca Friday 10 February 1775

Entirely in Colmant's hand. The date as written was incorrect; Friday was 10 Feb.

Ce vendredi 9, à 7 heures du matin.

JE ne commettrai pas la même faute[1] qu'au départ des Fitzroy; je vous écris par vos parents, qui partiront dans trois ou quatre heures. Cependant je n'ai rien à vous apprendre qu'ils ne puissent vous dire eux-mêmes; ils ont vu et entendu tout ce que je sais. Tout est tranquille ici, on n'aperçoit aucunes intrigues formées; on affiche l'amour du bien public. Le Maurepas possède en paix le premier crédit; la seule personne[2] qui pourrait le lui disputer et l'enlever est occupée de bals, de coiffures, de plumes, etc. Le Turgot professe la vertu, il veut faire régner la liberté, établir l'égalité, et pratiquer l'humanité. C'est le règne de la philosophie; on fait revivre en faveur des philosophes des charges qu'on avait supprimées; d'Alem-

1. D probably refers to the first departure of the Fitzroys from Paris, in 1766, when she wrote a letter to be sent by them, and found that they had already gone (see *ante* 30 Oct. 1766).
2. La Reine (HW).

bert, Condorcet, l'Abbé le Bossu,[3] sont, dit-on, directeurs de la navigation de terre, c'est-à-dire des canaux, avec chacun deux mille écus d'appointements; je ne doute pas que la demoiselle de Lespinasse n'ait quelque petite paraguante.[4] Nous ne voyons encore que des augmentations de dépense, ce qui ne produira pas de diminution d'impôts; mais on paye bien jusqu'à présent les pensions et les rentes, peu m'importe le reste.

Je vois le départ de vos compatriotes avec le plus grand chagrin; je suis convaincue qu'il n'y a point de plus honnêtes gens, et je n'en connais point de plus aimables. Votre cousin est la vertu et la bonté mêmes, sa Milady, la plus douce, la plus obligeante, la plus noble et la plus polie; les deux jeunes dames sont charmantes. J'étais si contente de leur société, que j'aurai bien de la peine à m'en passer; je vais me croire toute seule, car personne ne me les remplacera; et puis, je l'avoue, je trouvais du plaisir d'être avec des gens qui vous aiment et que vous aimez. J'ai cependant eu un grand chagrin à leur occasion: je n'ai pu parvenir à leur faire faire connaissance avec la grand' maman; elle n'a jamais voulu se relâcher du parti qu'elle, son mari et Mme de Gramont ont pris, de ne recevoir aucun étranger. J'étais pourtant parvenue à lui faire consentir, il y a trois ou quatre jours, que je lui amènerais votre cousin et Milady; je leur en fis la proposition; ils trouvèrent qu'elle arrivait trop tard, ils ne voulurent pas en profiter: je n'ai pu les en blâmer. Je dis leur refus à la grand'maman, en lui disant que je ne les condamnais pas; je lui fis naître des remords; elle craignit vous avoir manqué, elle me fit promettre que je l'excuserais le mieux qu'il me serait possible. Tout ce que je puis vous dire pour sa justification, c'est que sa déférence pour son mari est extrême; elle serait au désespoir d'être mal avec vous, et si vous étiez ici, vous seriez certainement excepté de la règle générale; vous seriez de nos petits soupers, et sa porte vous serait toujours ouverte.

Mme de la Vallière n'a point voulu faire connaissance avec vos parents; je les lui avais annoncés avant leur arrivée; elle me dit qu'elle ne voulait plus faire de connaissances nouvelles, qu'elle ne voyait que trop de monde; vous croyez bien que je n'insistai pas. Pour le reste de mes amis, j'en ai été plus contente, tous se sont empressés pour eux. Enfin j'espère qu'ils sont satisfaits de leur séjour.

3. Abbé Charles Bossut (1730–1814). D probably confused his name with that of the Abbé René le Bossu, seventeenth-century writer on philosophy.

4. Turgot admired Mlle de Lespinasse, and left D's salon for hers.

Je désire qu'ils vous disent du bien de moi, et d'être souvent le sujet de vos conversations.

Je suis bien fâchée de ce qu'ils ne vous portent point le dernier ouvrage⁵ de Voltaire; je puis parvenir à l'avoir; je vous l'enverrai aussitôt que je l'aurai reçu.

From Madame du Deffand, Sunday 12 February 1775

Ce dimanche 12 février 1775.

VOUS aurez longtemps de quoi allumer votre feu, surtout si vous joigniez à ce que j'avais de vous¹ ce que vous avez de moi, et rien ne serait plus juste; mais je m'en rapporte à votre prudence, je ne suivrai pas l'exemple de méfiance que vous me donnez.

Il y eut hier un courrier; c'était le jour de l'échéance; il ne m'apporta rien: c'est peut-être un effet du hasard, ainsi je ne vous en demande point la raison. Votre cousin et vos dames partirent vendredi à deux heures après midi; le Milord² les accompagna; ils devaient coucher à Compiègne, et je ne doute pas qu'ils n'y aient passé la journée d'hier; le Milord reviendra à Paris, et ils iront coucher à Saint-Quentin. Je leur ai prédit qu'ils ne seraient point à Londres avant samedi ou dimanche. Je les regrette beaucoup, ils sont d'une charmante société; j'ai à me louer de leurs attentions, et si vous y avez eu part (comme je n'en doute point), vous ne sauriez trop les en remercier. Je n'ai point réussi à faire pour eux tout ce que j'aurais désiré; j'aurais voulu que le grand-papa et la grand'maman eussent fait connaissance avec eux, et les eussent distingués des autres étrangers; mais je n'en ai pas eu le pouvoir; j'aurais cru les commettre si j'avais plus insisté. Il n'y a rien de nouveau ici, depuis leur départ, que l'arrivée de l'Archiduc; ce fut mardi dernier. Il coucha à la Meute; le lendemain il fut à Versailles; il vint vendredi après souper à Paris chez M. de Mercy; il y passera toutes les semaines le vendredi, le samedi et le dimanche. Hier il eut un dîner de trente-cinq personnes; les Maréchaux de France³ y étaient invités, tous les am-

---

5. *Don Pèdre.*

_____

1. Mme du Deffand, at Mr Walpole's earnest desire, had returned to him by General Conway all the letters which she had then received from Mr Walpole (B).

2. Stormont (B).

3. The Maréchaux de Clermont-Tonnerre, Richelieu, Biron, Berchény, Conflans, Contades, Soubise, Broglie, and Brissac (*Almanach royal* 1775, pp. 113–4). The Maréchal de Berchény was Ladislas-Ignace de Bercsény (1689–1778), Comte de Berchény. See *post* iv. 228, n. 3; 403, n. 6.

bassadeurs[4] que nous avons eus à Vienne, et les grandes charges de la cour. Il y aura un semblable dîner aujourd'hui, où sont invités ceux qui ne le furent pas hier. Demain il y aura à la cour un ballet superbe; je tâcherai de m'instruire des détails pour en remplir ma première lettre.

Voici une petite histoire pour celle-ci.

N'avez-vous jamais entendu parler du Marquis de Villette?[5] C'est un Marquis, un bel esprit, un homme à bonne fortune, un personnage de comédie. Il écrivit l'autre jour un billet à Mlle Raucourt; elle le reçut avec empressement, persuadée qu'elle y trouverait des protestations, des offres, etc. Point du tout, ce n'étaient que des injures atroces. Elle, sans s'émouvoir, dit au porteur d'attendre sa réponse; elle rentra dans sa chambre, prit le petit balai d'auprès de sa cheminée, le dépouilla, le réduisit à un simple bâton, et puis l'enveloppa d'un papier, après y avoir écrit ces vers[6] qu'on avait faits autrefois pour mettre au bas d'une petite statue de l'Amour:

> Qui que tu sois, voici ton maître;
> Il l'est, le fut, ou le doit être.

On conte une autre histoire; elle n'est ni vraie, ni vraisemblable; ce n'est qu'une méchanceté. On prétend que Mme de Saint-Vincent,[7] qui a un grand procès avec M. de Richelieu, fut chez le lieutenant criminel,[8] qui la reçut avec les plus grands témoignages d'affection, la priant de ne le point considérer comme son juge, mais de le regarder comme son ami, de lui avouer la vérité, et de lui confier de qui étaient les billets qu'elle disait être de M. de Richelieu. Cette dame parut persuadée, et lui confia qu'ils n'étaient point du Maréchal de Richelieu, mais d'un nommé Vignerot.[9] Le magistrat n'eut rien de plus pressé que d'aller apprendre au Maréchal cette rétracta-

4. The present ambassador was the Baron de Breteuil. Recent ones were the Marquis de Durfort, the Cardinal de Rohan, the Comte du Châtelet, the Comte de Choiseul (Duc de Praslin), the Marquis d'Aubeterre, the Abbé de Bernis, the Marquis d'Hautefort.

5. Charles (1736–93).

6. *Inscription pour une statue de l'Amour, dans les jardins de maisons* (Voltaire, *Œuvres* x. 487).

7. Julie de Villeneuve (ca 1731–1778), m. (1746) Jules-François de Fauris, Président

de Saint-Vincent. The Duc de Richelieu had taken her from the convent where she had lived since her separation from her husband, and had (she said) given her his forged notes-of-hand for 240,000 francs; he accused her of forging the notes (see B; also Maurice Soulié, *La Présidente de Saint-Vincent* in *Les Œuvres libres* lxxxi. 341–79, March 1928).

8. Bachois de Villefort (*Almanach royal* 1775, p. 311).

9. Richelieu's family name.

tion; vous jugez le plaisir qu'il en reçut. Votre cousin a peut-être le mémoire de cette grande affaire. Si vous lisez tous ceux qu'il emporte, vous aurez de quoi vous ennuyer longtemps. Mais vous ne pouvez pas vous dispenser de lire ceux de M. de Guines;[10] j'aurai soin de vous en envoyer la suite.

J'oubliais de vous dire que l'Archiduc soupe ce soir chez Monsieur le Duc de Choiseul avec cinquante ou soixante personnes; il soupa hier chez les du Châtelet; tous les grands personnages lui donneront des festins tour à tour.

Dites mille choses pour moi au Général, à Milady, à Mme Damer, à Milady Henriette, et même à la petite nièce.[11]

To Madame du Deffand, ca Thursday 16 February 1775

Missing. Written at Arlington Street. Answered, 21 Feb.

From Madame du Deffand, Tuesday 21 February 1775

A sentence was omitted in Toynbee.

Paris, ce mardi 21 février 1775.

JE préviens la poste; peut-être ne m'apportera-t-elle point de lettres, et ce n'est pas une raison pour moi de ne vous pas écrire. Je vous félicite sur le plaisir que vous aurez eu de revoir vos amis. Savez-vous qu'ils augmentent de beaucoup ma vanité? Je suis fort glorieuse de ce que vous m'avez crue digne d'être leur associée; ils devaient vous rendre plus difficile; je sens tout le prix de votre indulgence; ce ne sera que dimanche que j'apprendrai les détails de votre entrevue; je me flatte qu'il y aura eu quelques minutes pour moi; des questions de votre part, des récits de la leur. Vous aurez connu avec étonnement que j'ai fait quelques progrès dans la prudence. Ils vous auront dit s'ils m'ont trouvée métaphysicienne et romanesque; vous

10. *Mémoire pour le comte de Guines . . . contre les sieurs Tort & Roger . . . et le sieur Delpech,* [1774]; *Réplique pour le comte de Guines . . . Contre le sieur Roger,* [1775].

11. Caroline Campbell (d. 1789), dau. of Lady Ailesbury's brother, Lord Wm

Campbell and Sarah Izard of S. Carolina (Sir James Balfour Paul, *Scots Peerage,* Edinburgh, 1904–14, i. 385). An 'elegy' on her death is often erroneously ascribed to the Strawberry Hill Press. HW wrote his third *Hieroglyphic Tale,* 'The Dice Box,' for her.

pouvez vous applaudir d'être le seul qui ayez fait cette découverte; mais la crainte de vous y confirmer me gêne terriblement; je n'ose plus me permettre de vous parler de moi, et c'est pourtant, je l'avoue, la chose qui m'intéresse le plus et que je sais le mieux. J'aimerais à vous dire les remarques que je fais, les jugements que je porte, mes grands chagrins, mes petits contentements, enfin, pouvoir du moins causer avec vous comme je faisais avec mon pauvre ami Pont-de-Veyle. Mais vous êtes épineux, difficile,[1] et, qui pis est, vous vous ennuyez de tout.

Si en effet vous venez ici, il faudra faire un code entre nous, où nous n'omettrons aucune des règles qu'il faudra observer dans notre correspondance. En attendant, je vais vous parler de tout ce qui se passe.

D'abord le mariage de M. de Coigny[2] avec Mlle de Conflans;[3] il se fait aujourd'hui. Ah! voilà toutes mes nouvelles finies.

Ma lettre est interrompue par la vôtre;[4] je ne l'attendais que demain, et elle arrive aujourd'hui.

Vous vous êtes fort trompé dans vos calculs sur l'arrivée de vos parents; je leur avais prédit qu'ils ne seraient à Londres que le samedi ou le dimanche; mais par la lettre que le Général m'écrivit de Calais le 22, j'ai jugé qu'ils pourraient être à Londres le vendredi 24. Je saurai dimanche si je me suis trompée.

Je me hâte de vous dire qu'il ne me faut point de nouvelles émeraudes. Votre cousin et Milady vous raconteront les affronts qu' elles m'ont attirés, elles ont pensé être cause d'une brouillerie entre moi et la personne[5] à qui j'en voulais faire présent. Elle me les a renvoyées, et je possède actuellement malgré tout ce qui a été cassé, huit compotiers, deux jattes et leurs plateaux. Vous voyez que c'en est assez.

Je n'ai rien à vous dire de tout ce qui est arrivé à vos parents dans leur route. Mes prédictions étaient fondées sur l'article des accidents que je prévoyais, sur la route qu'ils devaient prendre, devant se détourner pour voir le canal de Picardie,[6] sur leur paresse, et sur mille

1. HW had called D 'difficile à vivre, épineuse' (*ante* 7 Feb. 1771).

2. François-Marie-Casimir de Franquetot (1756–1816), Marquis de Coigny (Woelmont de Brumagne ii. 235).

3. Louise-Marthe de Conflans (1759–1825), m. (21 Feb. 1775) the Marquis de Coigny (ibid.).

4. HW to D ca 16 Feb. 1775 (missing).

5. Probably Mme de Marchais.

6. Better known as the Canal de Saint-Quentin. It extended from Cambrai to Saint-Quentin. The subterranean part of the canal, started in 1769, was especially interesting to tourists (Paul-Bénigne Joanne, *Dictionnaire géographique de la France*, 1890–1905). Lord Stormont's visit there with the Conways was attributed to

exemples du retardement qu'apporte le vent pour l'embarquement. Enfin, certainement vous serez en état de me mander aujourd'hui de leurs nouvelles. J'en apprendrai donc dimanche et par vous et par eux, car soit dit sans vous déplaire, je compte autant sur l'exactitude de votre cousin que sur la vôtre.

Je vous prie de m'envoyer votre épilogue;[7] l'ambassadeur, que j'ai vu trois fois depuis le départ de vos parents, m'a dit qu'il se chargeait de leur envoyer tout ce qui paraîtra de nouveau. Ah! je le crois fort épris; j'en ressens le contre-coup; il a autant d'empressement pour moi actuellement qu'il avait de dédain auparavant. Je suis contente de l'effet, mais encore plus satisfaite de la cause; cette jeune Milady[8] est charmante. J'aurais un grand plaisir de la revoir; il en pourra résulter d'autres bons effets, mais c'est de quoi il m'est interdit de parler.

Je suis ravie du succès du petit danseur[9] et fort aise que monsieur votre frère soit content de moi. J'aime à être bien avec tout ce qui vous entoure. Je me désole de n'avoir pas pensé à envoyer un bonnet à la mode à Mlle Churchill. Je verrai avec l'ambassadeur si je ne puis pas réparer cette faute.

À demain le supplément.[9a]

Ce mercredi 22.

Je viens de lire le mémoire de Tort,[10] il est d'une audace qui en impose, mais il me semble qu'il ne prouve rien, quoiqu'il donne de violents soupçons. Je n'aime point toutes ces lettres brûlées. Nous verrons ce que M. de Guines répondra. L'ambassadeur enverra tout au Général;[11] ce serait un double emploi de vous les envoyer. Je n'ai pu me résoudre à lire les mémoires de M. de Richelieu, je n'ai point de curiosité pour ce qui ne m'intéresse point; j'aime assez M. de Guines, je lui trouve de la douceur, il a l'air de la franchise, et c'est une vertu rare dans le pays que j'habite.

Je vois rarement la grand'maman, j'y vais tous les lundis; la dernière fois il y avait quarante personnes; je ne me mets point à table, on me sert ce que je veux à une petite table, et j'ai toujours la com-

---

the presence of the Young Pretender and his wife in Paris: 'Paris, March 2. Lord Stormont took the opportunity, while they were at this place, to go and see the works of the canal at Cambrai, that he might not meet them' (London Chronicle xxxvii. 238, 11 March 1775).

7. To Jephson's *Braganza*.
8. Lady Harriet Stanhope.
9. Bishop.
9a. Omitted in Toynbee.
10. *Premier mémoire contre le comte de Guines . . . par le sieur Tort*, [1775].
11. Conway.

pagnie de trois ou quatre personnes, tantôt les uns, tantôt les autres; je ne m'y amuse guère, mais ce genre d'ennui m'est plus supportable que la solitude. Cinq jours de la semaine leur maison est ouverte, il y a grande cohue et grande liberté. Dans une pièce on joue au billard, dans d'autres on va causer ou lire, jouer au trictrac, et dans la galerie des tables pour différents jeux, le macao, le whisk, le tré-sept,[12] etc. Les vendredis et les samedis, le grand-papa et la grand'maman soupent dehors, souvent ensemble; mais quelquefois la grand'maman soupe chez elle ou chez moi avec le grand Abbé, et il y a quelques jours que le grand-papa fit la partie carrée. Il y fut très aimable, il eut le cœur sur les lèvres; j'étais du dernier bien avec lui, il y resta jusqu'à une heure et demie; sa sœur était malade, je l'y menai et j'y restai avec lui jusqu'à près de trois heures, et je le ramenai chez lui; cela ne ressemble-t-il pas à la grande intimité? Eh bien, cela ne prouve rien. Il n'en est pas de même de la grand'maman, *elle sait qu'elle m'aime;* vous souvenez-vous que je le lui écrivis il y a long-temps.[13] Toutes ses vertus lui tiennent lieu de sentiment, elle n'a pas un défaut, et à force de s'être corrigée, de s'être domptée, elle s'est faite ce qu'elle est en dépit de la nature, dont elle ne suit plus aucun mouvement. Sa sœur est tout le contraire: l'une est respectée, l'autre est recherchée. Je trouve que la grand'maman a beaucoup plus d'esprit, et l'autre plus d'agrément; et de tout ce qu'on rencontre, on ne trouve rien auquel on puisse s'attacher. Ah! mon Dieu, si je continuais, que je vous ennuierais!

J'espère que nous aurons quelques relations des fêtes,[14] et que je pourrai vous les envoyer; car pour vous en faire le récit, cela m'est impossible.

Ne me laissez point oublier de votre cousin ni de Milady; je la trouve charmante, et je n'oublierai jamais toutes ses bontés.

To Madame du Deffand, ca Friday
24 February 1775

Missing. Probably written at Arlington Street. Answered, 1 March.

---

12. 'Tresset' in MS.
13. Mme du Deffand had said to Mme de Choiseul: 'Vous *savez* que vous m'aimez, mais vous ne le *sentez* pas' (B).

14. For the Archduke Maximilian.

From MADAME DU DEFFAND, Monday
27 February 1775

Entirely in Colmant's hand.

Ce lundi 27 février 1775.

VOS parents ont grand tort: je leur pardonnais leur empressement à vous aller retrouver; mais je trouve très mauvais qu'ils
ne nous aient pas donné le temps qu'ils passent loin de vous. Quel
plaisir trouvent-ils à visiter la Flandre? Ne valait-il pas mieux rester
pour voir nos fêtes? Les bals de Versailles; celui d'avant-hier chez
Mme de Cossé, où la Reine est venue avec ses beaux-frères; la fête
qu'il y aura aujourd'hui, que Monsieur donne à la Reine, à la grande
écurie:[1] elle doit être superbe. Je compte qu'on en imprimera la description, ce qui épargnera la peine de la raconter: tout cela méritait
leur curiosité.

L'ambassadeur soupa mercredi chez moi: il me dit qu'il regrettait
beaucoup de ne les avoir pas suivis jusqu'à Calais. Je ne sais pas ce
qu'il pensera de leur course en Flandre. Il vint hier chez moi; il ne
me trouva pas: j'étais à la comédie[2] de Beaumarchais, qu'on représentait pour la seconde fois: à la première elle fut sifflée; pour hier,
elle eut un succès extravagant; elle fut portée aux nues; elle fut applaudie à tout rompre, et rien ne peut être plus ridicule; cette pièce
est détestable: vos parents regrettaient beaucoup de n'avoir pu l'entendre; ils peuvent s'en consoler. Comment va le goût en Angleterre?
Pour ici, il est entièrement perdu; et, grâce à nos philosophes qui
raisonnent sur tout, nous n'avons plus le sens commun; et s'il n'y
avait pas les ouvrages du siècle de Louis XIV, plusieurs de ceux de
votre pays, et les traductions des anciens, il faudrait renoncer à la
lecture. Ce Beaumarchais, dont les mémoires sont si jolis, est déplorable dans sa pièce du *Barbier de Séville*.

Le grand-papa va ce soir à Versailles, à la fête de Monsieur. Il
donna hier une fête chez lui à toutes les femmes et valets de chambre
de ceux qui ont été à Chanteloup; il y avait plus de quatre cents personnes. L'appartement fut éclairé comme pour les maîtres; le repas

1. The Grande Écurie was near the
Tuileries, in Paris (*Dict. de Paris*). The
fête, however, was held in the grounds of
Versailles (Maria Theresa and Florimond-
Claude-Charles, Comte de Mercy-Argenteau, *Correspondance secrète*, 1874, ii. 300,
20 Feb. 1775).

2. *Le Barbier de Séville*, first acted 23
Feb. 1775 (Grimm xi. 52, 1 March 1775).

splendide, à trois services; des vins de toutes sortes: mes gens m'en firent le récit hier au soir. J'irai souper ce soir avec la grand'maman et sa belle-sœur: nous serons très petite compagnie. Je dois leur donner un ou deux petits soupers avant leur départ, qui sera le 9 d'avril. Le grand-papa reviendra le 1er de juin: il assistera au sacre, et restera en tout un mois à ce voyage, et ne reviendra qu'à Noël avec la grand' maman, qui restera constamment à Chanteloup jusqu'à ce temps-là.

L'Archiduc part jeudi prochain. La visite qu'il a rendue ici paraît l'avoir plus fatigué qu'amusé; elle a produit de grandes tracasseries à la cour. Vous savez qu'il y était incognito; nos Princes ont prétendu qu'il leur devait rendre la première visite; la Reine ne l'a pas jugé à propos, et leur a marqué son mécontentement, en ne les invitant point à aucune fête. Monsieur le Duc d'Orléans est à Sainte-Assise chez Mme de Montesson, et le Prince de Condé à Chantilly. Voilà ma gazette ainsi que les quatre pages finies.[3]

From Madame du Deffand, Wednesday 1 March 1775

Ce mercredi 1er mars 1775.

JE suis fort aise de l'arrivée de vos parents et fort satisfaite du bien qu'ils vous ont dit de moi; comme ils vous aiment beaucoup, je juge qu'ils ont cru vous faire plaisir.

Je reçois une lettre de votre cousin en même temps que la vôtre.[1] Il ne me parle point de celle qu'il a dû trouver de moi en arrivant, qui était en réponse à celle qu'il m'avait écrite de Calais; elle était, s'il m'en souvient, de quatre pages, et à l'adresse qu'il a laissée à Wiart en partant; informez-vous, je vous supplie, s'il l'a reçue.

Il est vrai que je vous trouve un homme fort singulier. Vous avez grande raison de dire que nos caractères ne se ressemblent point: le vôtre m'est incompréhensible; je ne puis me faire une idée des plaisirs que vous goûtez dans la solitude, et du charme que vous trouvez dans tous les objets inanimés, de la préférence que vous donnez au grand monde à la société particulière. Je conviens que la société ne satisfait guère; mais on a toujours l'espérance qu'elle satisfera; et je crois vous avoir déjà dit que je regardais l'amitié comme le grand œuvre: on ne fait jamais de l'or, mais on trouve quelques productions

---

3. The letter fills four pages.   1. HW to D ca 24 Feb. 1775 (missing).

qui ont quelque valeur et qui laissent quelques espérances; vous me serviriez de preuve: je n'ai point trouvé en vous ce que j'aurais désiré; mais j'ai trouvé ce qui vaut encore mieux que tout ce que je connais, et dont les protestations d'indifférence ressemblent plus à l'amitié que les protestations d'attachement de tous ceux qui m'environnent. Je ne serai point surprise du refroidissement de vos parents, auquel vous me préparez; j'ai trouvé en vous un exemple qui ne peut me permettre de m'étonner de rien. Comment avez-vous pu douter que je n'acquiescerais pas à vos volontés? Je suis ravie de vous avoir tranquillisé. Je sais très bon gré à Milady[2] des bon offices qu'elle m'a rendus. Il n'est pas douteux que je ne désire de vous revoir; mais la joie que j'en aurai ne sera pas sans inquiétude. Je prévois que vous vous ennuierez beaucoup; et l'ennui est comme la gelée, qui fait mourir toutes les plantes. J'ai cru remarquer, après chaque voyage, une grande diminution, je n'oserais pas dire dans vos sentiments, mais dans l'opinion que vous aviez de moi. Cependant, je serais fausse avec vous et avec moi-même, si je disais que je ne désire pas infiniment de vous revoir.

Je n'écrirai point aujourd'hui au Général; dites-lui, ainsi qu'à Milady et à Mme Damer, qu'ils m'ont laissé de véritables regrets. Vous m'inquiétez sur l'état de Mme Damer; n'oubliez pas, en m'écrivant, de me donner de ses nouvelles.

M. de Beauvau m'a demandé si je pouvais lui faire faire une commission[3] dont il doit me donner un mémoire; je le joindrai à cette lettre.[4] Je ne veux point du tout que vous en preniez la peine, mais il suffira que vous en chargiez Couty, à qui je ferai dire d'aller chez vous. Tout ce que je vous prie ce sera d'examiner ce qu'il fera et de prendre des mesures pour que rien ne soit cassé; il sera chargé aussi du payement.

Ne me sachez point mauvais gré de ne vous point faire le récit de nos dernières fêtes; je m'ennuie si fort d'en entendre parler, que je ne puis me résoudre à les raconter.

Je fis hier mon mardi gras chez Mme de Jonzac, il n'y avait que la Maréchale de Broglie et Mme d'Anlezy. J'estime et j'aime Mme de Jonzac, elle est triste et point heureuse; cette situation m'intéresse. Au sortir de chez elle je fus chez Mme de Mirepoix dont vous croyez

---

2. Lady Ailesbury, in persuading Mr Walpole to make another visit to Paris (B).

3. A bowl which the Prince de Beauvau wanted (see *post* 2 April 1775).

4. Not with the MS.

que la société me convient, je ne pense pas cela. Votre cousin vous a-t-il rendu sa lettre?[5]

J'en reçois une de Mme Cholmondeley, elle me paraît avoir le projet de faire un voyage ici. Elle ne dit pas quand ce sera.

J'aurai ce soir bien du monde à souper. Votre ambassadeur y viendra; l'empressement qu'il me marque est un fort bon signe. Il projette un voyage peut-être ce mois-ci ou au plus tard au mois prochain. Je voudrais bien qu'il ne revînt pas seul; je ne sais qu'en penser.

To Madame du Deffand, Tuesday 2 March 1775

Missing. Probably written at Arlington Street. Answered, 10 March.

From Madame du Deffand, Friday 10 March 1775

One sentence was omitted in Toynbee.

Ce vendredi 10 mars 1775.

JE n'ai reçu votre lettre du 2 qu'hier, bien des heures après le départ de la poste. Ce petit retour de la goutte[1] ne me plaît point, et me fera attendre encore vos lettres avec plus d'impatience.

Je ne puis m'empêcher de rire de voir la peine que vous prenez pour me préparer au refroidissement de vos amis et pour m'en consoler d'avance. En vérité vous y réussissez parfaitement, et quoique mon estime pour eux soit très grande et mon désir de leur plaire extrême, je n'ai jamais eu l'idée d'établir avec eux une liaison intime. Votre cousin m'écrivit de Calais, je lui adressai ma réponse à Londres; il ne la reçut point en arrivant, il ne l'eut sans doute que le lendemain, et la lettre qu'il m'écrivit de Londres ne put point être en réponse à la mienne. Je n'ai point répliqué à la sienne, il n'a donc reçu qu'une seule lettre de moi. Vous êtes plus malheureux qu'un autre, car excepté à vous, il faut que je fasse un effort pour écrire.

Votre dernière lettre est pleine de raison. Je suis persuadée de l'intérêt que vous prenez à mon bonheur; vous vous faites violence pour y contribuer, mais vous me la faites un peu trop sentir; vos lettres vous coûtent, et votre voyage vous coûtera bien davantage. Je prévois avec beaucoup de chagrin le peu d'amusement que vous trouverez ici; si j'avais plus de générosité, je vous prierais de vous en dispen-

5. Missing.   1. See HW to Mason 28 Feb. 1775.

ser, mais j'avoue que je désire de vous voir encore une fois; je veux que vous jugiez par vous-même du changement que je crois qu'il y a en moi, pour nous épargner à tout jamais l'ennui d'en parler.

Où prenez-vous que je ne suis occupée que de mes parents, et que je m'afflige d'avoir peu de particulier avec eux? Ah! je voudrais n'avoir que ce chagrin-là! J'ai fait presque toutes les semaines un souper particulier avec la grand'maman et le grand Abbé, j'en ferai un ce soir, et croyez, qu'excepté une seule personne,[2] je pourrais dire à tous mes amis: *Je sais que je vous aime, mais* . . .

Vous avez raison quand vous me dites que l'âge et l'expérience n'ont rien produit en moi, de bien s'entend, car l'âge m'a défigurée, et l'expérience m'a dégoûtée du monde, sans me rendre la société moins nécessaire. Elle me l'est plus que jamais, et vous ne m'empêcherez pas de regretter mon pauvre ami Pont-de-Veyle; il m'écoutait et me répondait; j'étais ce qu'il aimait le mieux; je lui étais nécessaire; et si tout le monde m'avait abandonnée, il me serait resté fidèle. Il avait une certaine connaissance du monde, qui, sans être bien profonde, suffisait dans bien des circonstances: trop de pénétration nuit quelquefois; il y a du danger à trop approfondir; il faut le plus souvent s'en tenir aux surfaces, et se contenter d'y conformer les siennes. Je ne sais pas si j'explique ma pensée; quand je veux raffiner je m'exprime mal, mais vous savez aider à la lettre.

Votre ambassadeur part au plus tard mercredi pour Londres; je le crois fort épris, nous jugerons à son retour si je me trompe: s'il revient seul, tout sera dit. Il vous portera peut-être cette lettre, cela dépendra du jour de son départ. Je vous enverrai sûrement par lui le dernier mémoire de M. de Guines, qui ne paraît pas encore.[2a] Si vous étiez curieux de la collection entière de ce procès, je vous en enverrais toutes les pièces; il y en aura pour le moins quatorze ou quinze. Je crois que ce pauvre M. de Guines est le plus malheureux de tous les hommes. Je vous quitte, et je vous reprendrai quand je pourrai.

Ce samedi, à 3 heures après midi.

Le mémoire de M. de Guines ne paraît point encore; on m'avait dit, comme chose certaine, qu'on consentait à faire imprimer ses dépêches: elles prouveraient qu'il n'aurait pas pu perdre s'il avait joué, parce qu'il n'aurait pu parier pour la guerre, sachant la paix; mais

2. HW.   2a. See *post* iv. 171, n. 5.

on me dit hier que cette grâce ne lui était point encore accordée, et qu'on doutait qu'il l'obtînt.

Je passai ma soirée entre le grand Abbé et la grand'maman. C'était chez elle, ce sera ce soir chez moi. Je lui dis que vous donniez l'espérance d'un voyage ici; elle voudrait que vous vinssiez la voir à Chanteloup et que ce fût pendant le mois qu'elle y sera toute seule. Ma réponse fut telle que vous pouvez vous l'imaginer. Son mari reviendra pour le sacre[3] et, pendant son absence, il ne lui restera que l'Abbé.

Cette grand'maman n'est point heureuse, et prouve bien que la raison ne suffit pas pour procurer le bonheur; mais existe-t-il des gens heureux? Je n'en connais pas. De tous les individus je crois qu'il n'y a que les petits chiens qui vivent contents. Je voudrais savoir si le Général vous a parlé de Tonton, et s'il vous a dit combien il est méchant et combien je l'aime.

Je voulais vous envoyer une nouvelle brochure[4] de Voltaire, mais votre ambassadeur dit que l'on reçoit à Londres, par Genève, tous ses ouvrages avant qu'ils arrivent à Paris. Je ne me souviens pas de ce que je vous ai envoyé dont vous me remerciez; je n'ai plus de mémoire, ainsi il faut que vous me pardonniez des rabâchages.

Connaissez-vous les *Lettres* de Bolingbroke sur l'utilité de l'histoire?[5] elles ont paru en 1752. Je les avais sans avoir été tentée de les lire; mandez-moi ce que vous en pensez. Il y a un autre petit volume de lui, qui est une lettre[6] au Chevalier Wyndham,[7] qui contient tout ce qu'il a fait depuis 1710 jusqu'à 1716; cela me rappelle ma jeunesse; il est question de tous gens que j'ai connus. Vous avez raison d'aimer les noms propres, ils mettent de l'intérêt. Je dois entendre mardi, chez les Necker, une tragédie[8] qu'on dit être fort touchante; le sujet est la disgrâce du Prince Menshikov[9] et sa mort en Sibérie; je vous en rendrai compte. Je me méfie des éloges, j'y suis trop souvent attrapée. L'*Iphigénie* et l'*Orphée* de M. Gluck, le *Barbier de Séville*

3. The coronation of Louis XVI, 11 June 1775, at Rheims (Maria Theresa and Florimond-Claude-Charles, Comte de Mercy-Argenteau, *Correspondance secrète*, 1874, ii. 346–7, 23 June 1775).

4. *Don Pèdre*. Voltaire had sent a copy of the second edition to D (Voltaire to D 27 Feb. 1775, in Voltaire, *Œuvres* xlix. 237).

5. Bolingbroke's *Letters on the Study and Use of History*, 1752. A French translation, in two volumes, appeared the same year. D owned a copy of Bolingbroke's

Mémoires secrets, Londres, 1754 (Appendix 2).

6. *A Letter to Sir William Windham written in the Year 1717*, 1753.

7. Sir William Wyndham (1687–1740), 3d Bt.

8. La Harpe's *Menzikoff*.

9. Alexander Danilovich (1673–1729), Prince Menshikov (*Novyi Entsiklopedicheskii Slovar*, Petrograd, 1912–6, xxvi. 289–91).

de M. de Beaumarchais, m'avaient été extrêmement vantés; on m'a forcée à les voir, ils m'ont ennuyée à la mort.

Mme de Mirepoix est très contente de votre lettre.[10] L'argent que vous lui avez envoyé ne lui en a pas rapporté d'autre; elle l'a joué et perdu. Sa sœur Boufflers, joueuse éternelle, partira le mois prochain pour la Lorraine avec son Prince;[11] ils ne reviendront que dans l'automne.

Nous avons cette année l'assemblée du clergé, cela m'assure un peu de compagnie; je reverrai l'Évêque de Mirepoix; il prétend vous aimer beaucoup, et il est très reconnaissant et très flatté de ce que je lui ai dit de votre part; vous ne vous souvenez peut-être pas de m'en avoir donné la commission.

On me dit hier que l'on avait vendu les doubles des dessins de Mariette un prix exorbitant, je crois que c'est soixante-dix mille francs. On prétend que la vente ne se fera pas avant cet automne. Toutes mes espérances sont dans M. de Presle, il m'assure toutes les fois que je le vois qu'il sera à l'affût de votre Mme d'Olonne.

Ce dimanche, à 5 heures du soir.

J'eus hier la visite du grand-papa; j'avais du monde chez moi, des Allemands, des Évêques; il fut de fort bonne conversation; il rapporta l'affaire de M. de Guines comme aurait pu faire l'avocat général.[12] Le Roi a consenti que l'on communiquât aux juges les dépêches qui peuvent prouver en faveur de M. de Guines. Son mémoire ne paraît point encore; il voulait attendre que le second de Tort parût, et celui-ci ne veut point le donner que M. de Guines n'ait donné le sien. Tout le monde s'intéresse à cette affaire, les uns par amitié, les autres par curiosité.

Le procès de M. de Richelieu fait un effet tout différent; il est si ridicule, qu'on ne s'en occupe que pour s'en moquer. Mme de Saint-Vincent l'attaque pour rapt, séduction et subornation de témoins; elle avait quarante ans quand elle prétend avoir été séduite, et lui soixante-quinze ans quand il l'a séduite! Ses meilleurs amis ne peuvent s'empêcher d'en pleurer et d'en rire.

La grand'maman soupa chez moi avec le grand Abbé; en me met-

10. Missing.
11. De Bauffremont.
12. There were three avocats généraux for the parliament of Paris in 1775: Séguier, Barentin, et d'Aguesseau de Fresne (*Almanach royal*, 1775, p. 255). Barentin was evidently Charles-Louis-François de Paule de Barentin (1738–1819). D'Aguesseau was Henri-Cardin-Jean-Baptiste (1746–1826), Comte d'Aguesseau.

tant à table, je trouvai sur mon assiette quantité de choses; je ne savais ce que ce pouvait être; c'étaient six coquetiers d'argent et un d'or, les plus jolis du monde. Ce présent ne m'a point plu; premièrement, parce que c'était un présent, et secondement, parce qu'il n'est bon à rien. Notre soirée se passa fort doucement; la grand'maman est la vertu personnifiée. La vertu a étouffé en elle la nature; je ne sais si elle en est plus heureuse, mais elle en est certainement moins gaie et moins naturelle.

Remarquez, je vous prie, que cette lettre vous sera rendue par l'ambassadeur, et que je ne parlerais pas si librement si elle était confiée à la poste.

Je ne sais si c'est la vieillesse qui me donne de l'humeur et qui me rend difficile.

Ce lundi.

Ma lettre fut interrompue hier par l'arrivée de votre ambassadeur. Il part la nuit du mardi au mercredi; il ne perdra pas son temps en route, je vous le jure. Je suis trompée si vous ne recevez cette lettre [que] dimanche ou lundi. Je souperai demain avec lui chez les Necker, nous entendrons la tragédie de *Menzikoff* par La Harpe. Il vous en rendra compte, il prétend qu'il vous verra souvent.

Je voudrais pourtant bien savoir si M. Conway a reçu ma réponse à sa lettre de Calais, c'est l'unique que je lui ai écrite. Je soupai hier avec les Maréchales, chez celle de Mirepoix. J'irai ce soir chez Mme de Jonzac. Je pourrais vous rendre compte de détails domestiques, assez grands événements pour moi. Devreux, ma vieille femme de chambre, veut se retirer auprès de son fils,[13] qui est à Beauvais. Il y a trente-huit ans qu'elle est à moi; elle y aurait fini sa vie si elle avait voulu, elle part jeudi.

Ce mardi.

J'eus hier le tête-à-tête que je vous avais annoncé; il ne fut pas gai, mais il fut intéressant, et m'aurait appris, si je ne l'avais pas su, qu'il y a des situations plus fâcheuses que la mienne. J'allai ensuite rendre une visite à l'Hôtel de Choiseul. Ce n'est point là encore où l'on doit trouver le bonheur. Pour moi, je crois qu'il s'est retiré à Strawberry Hill. Croyez-vous en effet le quitter pour quelques moments? Je ne saurais me persuader que vous exécutiez le projet que vous faites. Vous avez manqué le temps où il vous aurait été agréable. Milord

13. —— Brulart, not further identified.

Stormont est persuadé que vos parents reviendront ici, qu'ils s'y sont beaucoup plu; et pour lui, loin de s'y déplaire, il se flatte d'y rester fort longtemps, et je ne doute pas que cela ne soit, s'il ramène sa Milady.[14]

Je n'appris rien hier de nouveau. Je suis honteuse de la longueur de cette lettre et de son insipidité.

Je vous envoie la brochure de Voltaire qui ne la rendra guère plus piquante. Je compte avoir demain de vos nouvelles. Je me flatte qu'il n'y a point de retour de goutte.

Je vous prie d'envoyer ce petit paquet à Couty.[15]

To Madame du Deffand, ca Saturday 11 March 1775

Missing. Probably written at Arlington Street. Answered, 16 March.

From Madame du Deffand, Thursday 16 March 1775

The middle part of this letter was deleted by B, against the wishes of the Bishop of Rodez.

Paris, ce jeudi 16 mars 1775.

NE vous plaignez point de la difficulté d'écrire dans une langue étrangère, vous ne pouvez être plus éloquent dans la vôtre. Votre dernière lettre[1] est sévère, mais raisonnable. Je conviens de tous les défauts que vous me reprochez, j'y attribue la plupart de mes chagrins. Mais s'est-on donné son caractère? Non, assurément; et ce qui est malheureux c'est qu'on ne saurait le changer. Je pourrais vous dire que je crois avoir plus à souffrir du sot orgueil et de la vanité des autres qu'ils n'ont à souffrir de mon amour propre; je mets plus de prévenance et d'attention dans la société qu'aucune personne n'en a pour moi; mais il est vrai que j'ai besoin d'eux et que tout le monde se peut passer de moi.

Si c'est véritablement votre dessein de venir ici, je ne saurais répondre de ne vous pas ennuyer, mais ce sera d'une autre manière; ce sujet si détesté ne sera jamais traité, et j'observerai de ne vous gêner en rien. Cependant ne vous faites point de violence, je serais fâchée qu'un mouvement de reconnaissance vous coutât si cher. Tout bien examiné vous ne me devez rien, vous m'avez toujours dit la vérité; quand je vous ai plu, vous me l'avez marqué, vous ne m'avez

14. Lady Harriet Stanhope.   1. HW to D ca 11 March 1775 (missing).
15. Omitted in Toynbee.

point caché l'effet contraire. Je ne vous ai pas assez pris au pied de la lettre. Je suis très étonnée de la conduite que j'ai eue à l'occasion de la mort de votre ami,[2] elle était si extraordinaire et si peu conforme à ce que je pense qu'il faut que j'aie autant de foi en vous pour m'en croire coupable. Je vois que votre indulgence a été extrême, et qu'il vous faut aussi un grand fonds de complaisance pour entretenir un commerce qui ne peut rouler que sur des puérilités quand je vous parle de moi, et que sur ce qui vous est le plus indifférent, quand je vous parle de mon pays. Que conclure de tout cela? Je n'en sais rien, si ce n'est de vous laisser le maître absolu de vos volontés et de ma conduite.

Votre ambassadeur arrivera je crois aujourd'hui à Calais; il n'est pas impossible qu'il ne soit samedi à Londres. Vous aurez reçu par lui une lettre de huit pages.[3] Comment ne croiriez-vous pas que j'ai la passion d'écrire? cela n'est cependant pas vrai; mais je vous l'ai déjà dit, vous êtes plus malheureux qu'un autre.

J'ai reçu une lettre de votre cousin; j'hésite à y répondre; parce que je ne veux point le fatiguer; dites-lui, je vous prie, tout ce que vous imaginerez lui devoir dire.

J'ai fait un extrait de l'article qui regarde M. de Beauvau, il l'a pris, et il y répondra.

Ce vendredi 17.

Linguet[4] fut jugé hier par les avocats, ils l'ont rayé de leur corps; il eut 184 voix contre lui contre 37, qui ne le condamnaient qu'à un nouveau stage et à une rétractation authentique. Je ne sais pourquoi je vous dis cette nouvelle; vous n'y comprendrez rien, mais dites-la à Milord Stormont, à qui elle ne fera pas grand'chose.

Ce samedi 18.

Enfin le mémoire[5] de M. de Guines a paru hier; il est de 186 pages, divisé en deux parties. La première contient trois articles. Mais

2. Perhaps HW had been reproaching D for her conduct when he received the news of Thomas Gray's death, which occurred in 1771 while HW was in Paris. After hearing the news, HW went with D to the Boulevard, and then supped with her (*Paris Jour.* 11 Aug. 1771). He did not appear offended by her then, but there seems to be no other death to which this might refer.

3. *Ante* 10 March 1775.

4. 'Avocat au parlement de Paris avec assez de célébrité; il fut chargé de la défense de M. le Duc d'Aiguillon, qu'il soutint avec zèle et avec beaucoup de talent. Il fut auteur de plusieurs écrits remplis de paradoxes. Tout cela lui attira de grands et de puissants ennemis; il eut à les combattre longtemps et ne le fit pas toujours avec avantage' (note by the Bishop of Rodez with the MS).

5. *Réplique pour le comte de Guines . . . au premier mémoire du sieur Tort,* [1775].

qu'est-ce que j'entreprends? Je n'ai que faire de vous dire ce que ce mémoire contient puisque je vous l'envoie. Je voudrais bien savoir ce que vous penserez de l'avertissement. Cette affaire occupe tout le monde, tout le monde s'y intéresse. J'y ai sacrifié mon sommeil ou du moins l'espérance de pouvoir l'attraper. J'en ai lu la première partie, et avec tant d'application que j'en ai la tête échauffée. Je crois vous voir hausser les épaules, et vous entendre dire, 'Peut-on être aussi vive quand on est aussi vieille?' J'en suis étonnée moi-même, mais j'imagine que vous serez de même à mon âge, et alors je vous prie de vous souvenir de moi.

Vous aurez vu votre ambassadeur,[6] il se proposait en partant de vous voir souvent; je lui trouve de l'esprit, de la douceur, de la conversation, j'étais fort bien avec lui à son départ. Mon mérite auprès de lui était d'avoir vu souvent ses amis. Je ne serai point étonnée s'il revient ici en bonne compagnie, et j'en serai fort aise, ce sera pour vous une compagnie agréable si vous effectuez vos projets. Mais je ne sais pas d'où vient je doute que vous les exécutiez. Ne croyez pas que je veuille vous engager à de nouvelles assurances, je sais trop que Votre Hautesse n'aime pas les répétitions.

Ce mardi 21.

Je m'attendais à avoir de vos nouvelles aujourd'hui, et je n'en ai point reçues, j'espère en avoir dimanche. Vous aurez alors le mémoire de M. de Guines. Je soupai hier avec lui; malgré toutes les horreurs qu'il éprouve, il est calme et il a la paix de la bonne conscience. Je suis inquiète de Mme de Luxembourg; elle ne se porte point bien, ni moi non plus; depuis cinq ou six jours je ne m'endors qu'à onze heures du matin.

From MADAME DU DEFFAND, Sunday 19 March 1775

Entirely in Colmant's hand.

Ce dimanche 19ᵉ mars, à 6 heures du matin.

ON me dit hier que Milord Clermont,[1] que je ne connais point, partait aujourd'hui pour Londres; un de mes amis s'est chargé de le prier de vous porter ce paquet; c'est comme vous le verrez le

---

6. 'On Saturday evening [18 March] Lord Stormont, his Majesty's ambassador at the French court, arrived at his house at St James Place from Paris' (*London Chronicle* xxxvii. 270, 21 March 1775).

1. William Henry Fortescue, (1722–1806), cr. (1770) Bn, (1776) Vct, and (1777) E. of Clermont.

dernier mémoire de M. de Guines; je compte que vous serez le premier qui le recevrez.

Je n'ai rien à vous dire aujourd'hui, j'ai commencé une lettre qui sera une espèce de journal. Elle ne partira que jeudi prochain, et peut-être encore par une occasion.

Adieu.

From Madame du Deffand, Sunday 26 March 1775

Address: To Monsieur Monsieur Horace Walpole in Arlington Street near St James's London Angleterre.
Postmark: AP 1.

Paris, ce dimanche 26 mars 1775.

VOUS voilà débarrassé de la commission de M. de Beauvau; il s'est adressé au maître-d'hôtel de Milord Stormont et à celui de M. du Châtelet. J'ai consulté les personnes à qui je crois le plus de goût pour la boîte de Milady Hertford. Elle ne sera point doublée d'or, le prix qu'elle y veut mettre ne le permet pas; il y aura une gorge et des galons, elle sera ovale et assez grande parce que la forme du portrait décide de la grandeur de la boîte. On a décidé que l'écaille valait mieux que le carton vernis, parce que le vernis se ternit et s'écaille. Il est vrai que l'écaille se casse. Enfin, il n'y a rien sans inconvénient.

Vous aurez été accablé de mes lettres, ce sont les circonstances qui en ont été cause. Celles de M. d'Aiguillon vont être imprimées, on attend encore un mémoire de Tort. Je crois que M. de Guines n'en donnera plus. Je vous enverrai par la première occasion ceux qui sont contre lui. On fit avant-hier sept maréchaux de France: Messieurs le Duc d'Harcourt,[1] le Comte de Nicolaï,[2] le Duc et le Comte de Noailles, M. de Duras, Monsieur le Comte du Muy, M. de Fitzjames. C'est ce dernier qui a été cause de cette promotion. Ne voulant pas lui rendre le commandement de Bretagne, on lui a offert le bâton en dédommagement, et l'on n'a pas voulu faire de passe-droit à ses anciens.

Je croyais que vous aimiez Milady Henriette, vous m'en aviez écrit sur ce ton-là; mais vous affichez un grand détachement de toute chose, excepté de vos devoirs, c'est pour le bon exemple.

1. Anne-Pierre (1701–83).   2. Antoine-Chrétien (1712–77), Comte de Nicolaï.

La situation de Madame la Duchesse de Gloucester[3] est très inté-ressante, les honneurs où elle est parvenue sont payés bien cher. Suivra-t-elle son mari dans ses voyages? Et où doivent-ils être? Est-ce en France ou en Italie?

Ah! vos parents vous ont donc dit bien du mal de mon petit chien; ils ont bien tort, il est vrai qu'il est un peu méchant parce qu'il est jaloux, mais il a infiniment d'âme et d'esprit; il m'aime à la folie et je [le] lui rends bien.

J'ai été inquiète ces jours-ci de la Maréchale de Luxembourg; elle se trouva mal après souper, sa tête était embrouillée et un de ses bras insensible; heureusement il n'y a point eu de suite.

M. de Lauzun est de retour de toutes ses courses. Mes parents n'ont plus que deux semaines à passer ici. Le grand-papa envoya il y a deux jours à Mme de Luxembourg deux petits flambeaux d'or avec ces paroles: 'Je vous offre des flambeaux, donnez-moi la lumière.' Mme de Gramont n'ira à Chanteloup qu'au mois de juillet. Dans le mois de juin elle ira à Brienne et à Cirey chez les du Châtelet. Elle fera ce voyage avec M. de Choiseul, et les premiers jours de juillet ils retourneront à Chanteloup.

Je ferai beaucoup de plaisir à l'Évêque de Mirepoix en lui disant votre façon de penser pour lui; l'Archevêque de Toulouse arrivera le 2 ou le 3 du mois prochain, peut-être viendra-t-il avec lui.

To Madame du Deffand, ca Wednesday 29 March 1775

Missing. Probably written at Arlington Street. Answered, 2 April.

From Madame du Deffand, Sunday 2 April 1775

Address: To Monsieur Monsieur Horace Walpole in Arlington Street near St James's *London Angleterre.*
Postmark: AP 7.

Ce dimanche 2 avril 1775.

JE commence par vous dire affirmativement que je ne veux point de cristaux, et j'ai bien du regret aux soins que vous vous êtes donnés, et un petit brin à l'argent par le succès qu'ils ont eu.

Le bijoutier[1] me fait espérer qu'il me rendra dans le courant du

---

3. Her younger daughter died, and was refused burial in the royal burial vault (*Last Journals* i. 445–8, 450).

1. Not identified.

mois la lorgnette et la boîte. J'ai pris toutes les mesures pour qu'elle fût de bon goût, mais une boîte d'écaille sans être doublée me paraît un pauvre bijou.

Je ne comprends pas comment une de mes lettres a manqué, je croyais que vous vous plaindriez d'en avoir été accablé. Vous avez vu le mémoire de Tort et celui de M. de Guines, mais est-ce le dernier de celui-ci? Milord Clermont se chargea de vous le remettre; il partit le 19 d'ici, et vous auriez dû le recevoir le 24 ou le 25. Il y avait avec un petit billet[2] de moi. L'avez-vous reçu?

On nous annonce pour demain les lettres du d'Aiguillon;[3] je vous les enverrai par la première occasion, et j'y joindrai tous les mémoires contre M. de Guines, et peut-être toute la collection de ce procès; il vaut autant que vous l'ayez dans ce moment-ci que dans quelques années.

Je vois que vous faites des réflexions fort sérieuses; j'en fais aussi, mais elles ne me font apercevoir aucune vérité; il me paraît impossible de ne pas douter de tout.

Voulez-vous bien parler de moi à M. Conway, à Milady Ailesbury? Selon nos usages je devrais écrire un compliment à Mme Damer,[4] mais cela ne se pratique pas, je crois, en Angleterre, et je ne ferais que l'importuner. Dites-lui, je vous prie, mille choses pour moi.

Tous les Choiseul s'en iront le lundi de Pâques.[5] Mme de Gramont restera.

On fait ici une plaisanterie; on dit que le Roi ne fera pas ses Pâques parce qu'il a fait les sept péchés capitaux; ce sont les sept Maréchaux; je ne crois pas en devoir faire l'attribution ou distribution par la poste, et vous ne les connaissez pas assez pour pouvoir la faire.[6]

Je n'ai point du tout dormi cette nuit, j'ai la tête échauffée et vous serez quitte de moi à bon marché.

Ce sera fort mal à Milord Stormont s'il n'épouse pas Milady Henriette, mais j'espère qu'il l'épousera.

Wiart m'avise que ce ne sont point des émeraudes dont vous me parlez,[7] et que c'est de la jatte de M. de Beauvau; ma dernière lettre vous aura appris qu'il n'en veut plus.

2. *Ante* 19 March 1775.
3. See *post* 4 April 1775.
4. The reason is not explained.
5. 17 April.
6. The distribution was as follows: le Duc d'Harcourt, *la Paresse;* le Duc de Noailles, *l'Avarice;* le Comte de Nicolaï, *la Gourmandise;* le Duc de Fitzjames, *l'Envie;* le Comte de Noailles, *l'Orgueil;* le Comte du Muy, *la Colère;* le Duc de Duras, *la Luxure* (B).
7. In HW to D ca 29 March 1775.

To MADAME DU DEFFAND, ca Monday 3 April 1775

Missing. Probably written at Arlington Street. Answered, 8 April.

From MADAME DU DEFFAND, Tuesday 4 April 1775

Ce mardi 4 avril 1775.

JE courus hier un fort grand danger: entre sept et huit heures du matin le feu prit à la cheminée de mon antichambre avec une telle furie, que les flammes sortirent jusqu'au milieu de la chambre, et montèrent jusqu'aux bras de la cheminée, brûlèrent les cordons des sonnettes; et si la cheminée s'était crevée, il est très vraisemblable que non-seulement mon appartement, mais tout le corps de logis aurait été brûlé. Heureusement la cheminée est de brique, et le prompt secours qu'on apporta fit que le danger dura peu, et n'a même causé aucun dommage; les maçons qui travaillent dans la cour furent d'un grand secours, et les pompiers, qui ne tardèrent pas à arriver, mirent fin à ce terrible accident. Le pauvre Wiart en a un peu souffert, il a eu un bras un peu brûlé, et une partie de sa redingote. Ce fut au moment que je m'éveillai que l'accident arriva; je me levai bien vite et descendis chez Mlle Sanadon. Mes gens étaient dans la plus grande terreur; et ce qui vous surprendra, c'est que je ne fus point effrayée: ce ne fut point par courage, mais par insensibilité. Je ne puis pas me rendre raison à moi-même de cette disposition; le danger me paraissait évident, je disais même qu'il fallait mettre en sûreté tout ce qu'on pourrait sauver; je pensais un peu au parti que je prendrais, et dans ce moment-là tout me paraissait égal. Rendez-moi raison de cela, si vous pouvez; pour moi je l'attribue à ce changement que je vous ai annoncé que vous trouveriez en moi, qui est bien plus l'effet de mon âge que de mes réflexions. J'avais été toute la veille dans un grand affaissement.

Les lettres de M. d'Aiguillon, dont le recueil a pour titre, *Correspondance de Monsieur le Duc d'Aiguillon, au sujet de l'affaire de Monsieur le Comte de Guines et du Sieur Tort, et autres intéressés, pendant les années 1771, 1772, 1773, 1774 et 1775*, est la plus ennuyeuse chose du monde. J'en ai lu soixante-cinq pages, il y en a deux cent vingt-trois. Jusqu'à cette page on ne peut en rien conclure; je vous enverrai cette brochure avec les autres pièces du procès, mais j'attendrai une occasion. Je trouve le pauvre M. de Guines bien à plaindre.

Je suis bien de votre avis: je ne sais pas comment il se peut trouver des juges, parce qu'il me paraît impossible de s'assurer de la vérité; on ne voit que des masques, on n'entend que des mensonges; il est étonnant qu'on soit attaché à la vie; je doute qu'il y ait aucun individu (si ce n'est mon petit chien) pour qui elle soit heureuse; encore voudrait-il se marier, et l'on ne lui donne point de femme.

Je vous ai mandé[1] que je perdrais mes parents le lundi de Pâques; cet accident est prévu, et puisque je soutiens avec tant de fermeté ceux qui ne le sont pas, je serai fâchée de celui-ci, sans en être accablée.

N'êtes-vous pas bien aise de ce que votre cousin est du parlement?[2] Vous vivrez plus avec lui que s'il était resté à sa campagne. Vous étiez fâché qu'il eût manqué son élection, vous devez donc être bien aise. Je vous prie de m'entretenir dans son souvenir, et de parler quelquefois de moi avec lui et Milady. Je compte sur la promesse qu'ils m'ont faite de nous revenir voir; c'est par discrétion que je n'écris point à Milady, mais je ne la pousserai pas jusqu'au point de ne la pas remercier de son utile et joli présent. Couty mande à sa sœur qu'il a fait partir la caisse le 28 mars.

Il pleut ici des épigrammes sur nos nouveaux Maréchaux: il n'y en a aucune de jolie.

M. Thomas nous a donné un éloge de Marc-Aurèle,[3] voulez-vous que je vous l'envoie?

Mandez-moi des nouvelles de votre nièce la Princesse; elle est raisonnable, elle est malheureuse, et vous l'aimez, cela suffit pour qu'elle m'intéresse.

Dites-moi tout ce que vous saurez de Milord Stormont. Je ne saurais me persuader que nous le revoyons seul, j'en serais fâchée.

Votre incendie[4] a-t-il causé un grand dommage?

Ce mercredi.

J'ai presque lu entièrement la *Correspondance;*[4a] je trouve qu'elle n'ajoute rien aux mémoires de M. de Guines, si ce n'est qu'il est bien

1. *Ante* 2 April 1775.

2. Conway had lost his seat as member for Thetford; he was elected member for Bury St Edmunds, March 1775, and took his seat, 29 March 1775 (*London Chronicle* xxxvii. 306, 31 March 1775).

3. *Éloge de Marc-Aurèle,* Amsterdam et Paris, 1775.

4. D doubtless refers to the fire at Limehouse, in London, 27 March 1775 (*London Chronicle* xxxvii. 299, 29 March 1775).

4a. See Richmond to HW 9 May 1775.

évident qu'il n'était pas protégé par le ministère. Les lettres de M. de Guines sont du même style que ses mémoires, c'est-à-dire, parfaitement bien écrites.

Le Vice-chancelier,[5] père du Chancelier, mourut hier matin, et le Marquis de Pontchartrain est très mal.

On croit que M. du Muy a la pierre. Je soupai hier à l'Hôtel de Choiseul; il y avait cinquante-six personnes. Je ne me mets point à table, je soupe dans une petite pièce séparée avec ceux qui ne soupent point. Je donnerai à souper, samedi, au grand-papa, à la grand' maman, à Mme de Gramont, à l'Archevêque de Toulouse et à M. de Guines.

Je voudrais vous faire tenir tout à l'heure la *Correspondance*. Je comptais sur une occasion qui me manque. Je ne vois jamais M. Saint Paul, j'enverrai chez lui pour le prier d'en charger son courrier.

Cette lettre est un extraordinaire, mais c'est sans conséquence.

From Madame du Deffand, Saturday 8 April 1775

Ce samedi 8 avril 1775.

JE crains que vous ne vous portiez pas trop bien; la lettre que je reçois[1] a le ton faible; je crois que vous êtes pâle, un peu triste; cela est-il vrai? Est-ce que la vie que vous menez vous convient? Dîner à six heures du soir est une heure bien indue.[1a] Que prenez-vous donc entre votre lever et ce repas? Souper à minuit, c'est tout au plus cinq heures après le dîner. Vous coucher à deux heures, c'est un dérèglement que cet arrangement-là. Songez donc combien le régime vous est nécessaire, et combien vous êtes faible et délicat. Au nom de Dieu, ne soyez plus malade, je n'ai plus assez de force pour soutenir l'inquiétude!

Qu'est-ce que vous entendez quand vous me dites que j'ai plus d'esprit pour me défendre que pour attaquer? Je ne me souviens

5. René-Charles de Maupeou (1688–1775).

———

1. HW to D ca 3 April 1775 (missing). HW had recovered from the gout and was in good health.
1a. HW rose after 10 a.m. (HW to Hertford 3 Aug. 1764 and to Mary Berry 10 Aug. 1791); he dined before 4 (HW to Lady Ossory 9 Jan. 1787) though some people used to dine at 3 (HW to Hertford 7 April 1765). Tea was about 6 (HW to Montagu 30 May 1763), but was sometimes as late as 7.30 (HW to Lady Ossory 20 June 1783). Pinkerton says that HW took no supper, and rose at about 9 in the morning (John Pinkerton, *Walpoliana* [1799], i. pp. xli–xliii). When in Florence, HW rose at noon (HW to West 31 July 1740).

jamais, en vous écrivant, de ce que je vous ai écrit, et cela vous est prouvé par mes rabâchages. Ma mémoire s'en va grand train. Ah! c'est une belle chose que de vieillir! Quand vous en serez là, vous vous souviendrez de moi, j'en suis sûre.

Milady Henriette est bien dégoûtée, si elle ne veut point du Milord:[2] on dit qu'il a une très belle figure; il a certainement de l'esprit, de la douceur, de la politesse; il a été très bon mari; il faut qu'il y ait quelque raison à ce refus; vous ne vous souciez pas de la savoir, ni moi non plus. Je sais bien où vous ne vous soucieriez pas de souper ce soir, c'est chez moi. Je vous ai mandé en quelle compagnie. C'est un premier adieu, le dernier sera le jour de Pâques[3] chez la Duchesse-sœur, et puis tout sera dit, on partira le lendemain.

Vous avez bien raison en m'associant à l'aversion que vous avez pour les grandeurs; je ne trouve d'état heureux que de n'être ni grand ni petit, mais d'avoir de la fortune, c'est-à-dire un revenu assez considérable pour n'avoir jamais besoin de personne, pour être bien logé, bien servi, pour souper tous les jours chez soi en bonne compagnie, et mener tous les jours la même vie. Je ne me trouve bien que dans mon tonneau, et sans la maudite crainte que j'ai de m'ennuyer, je ne sortirais jamais de chez moi; mais souper seule ou tête à tête avec la Sa . . .[4] me paraît affreux. Souvent les soupers que je vais faire ailleurs ne valent guère mieux, mais la variété est bonne en toute chose, jusqu'à changer de sorte d'ennui.

Ce dimanche.

Mon souper s'est très bien passé: il y a eu de la gaîté, de l'accord, même assez d'amitié; les parents et le grand Abbé partirent les premiers; la sœur et M. de Guines restèrent une heure de plus; la sœur me traite à merveille. Le Guines est très aimable, il a un courage inouï, et il en a grand besoin. Je ne sais comment se terminera son procès, son ennemi est bien dangereux. On attend le dernier mémoire de Tort ces jours-ci; il y répondra, et tout sera dit, et vraisemblablement il sera jugé dans le mois de mai.

J'ai remis à M. Saint Paul un exemplaire des lettres de la *Correspondance*,[5] peut-être partira-t-il demain ou jeudi au plus tard. Je vous demande pardon de ce que je vous mande peu de nouvelles, mais je ne sais pas conter, et puis je ne saurais me persuader que vous

2. Stormont.   4. Mlle Sanadon.
3. 16 April.   5. By d'Aiguillon.

puissiez vous intéresser à ce qui se passe ici, c'est-à-dire aux bagatelles.

On disait hier au soir Mme de Maurepas très malade; ce n'est pas une bagatelle que cela, mais une chose très importante.[6] Adieu.

To Madame du Deffand, ca Monday 10 April 1775

Missing. Probably written at Arlington Street. Answered, ca 18 April.

From Madame du Deffand, ca Tuesday 18 April 1775

Ce dimanche[1] 18 avril 1775.

1°. Vous recevrez cette lettre une poste plus tard; cet accident est arrivé à la vôtre,[2] je ne l'ai reçue que le lundi après le départ du courrier. Je me hâte de vous rassurer sur l'accident dont par excès de bonté vous avez été si effrayé; il n'a été suivi d'aucun dommage. Je n'ai point eu de fièvre, je n'ai point été saignée, et mes gens et moi nous nous portons fort bien. Je ne puis m'empêcher de rire en pensant à l'expédient du panier pour descendre dans le jardin. Si le feu prend encore dans l'antichambre (ce qui n'est nullement vraisemblable, par les précautions que nous prenons) je me sauverais par ma garderobe; et si le feu prenait dans la petite antichambre des laquais, alors je pourrais me sauver par la porte vitrée de ma tribune, au bas de laquelle il y a un petit escalier qui descend dans l'église. Il est vrai que j'ai fait mettre des planches jusqu'au milieu de cette porte pour y poser des livres; il serait peut-être prudent de les ôter pour se réserver cette ressource en cas d'accident, c'est sur quoi il faudra délibérer.

Mes parents sont partis la nuit du dimanche au lundi; j'en suis plus fâchée que vous ne pensez que je doive l'être, premièrement je soupais les vendredis et les samedis entre l'Abbé et la grand'maman; les autres jours de la semaine j'y allais autant que je voulais, et quoiqu'il y eût foule j'y étais comme en particulier; c'était quelque chose à faire, je n'avais pas la crainte de souper seule, ce qui est réellement

6. She was supposed to have great influence with her husband (B).

---

1. Evidently a mistake; 18 April 1775 was Tuesday. D speaks of the Choiseuls' departure 'la nuit du dimanche au lundi' in the past tense, and she had previously said that they were to leave on Easter Monday, which was 17 April 1775.

2. HW to D ca 10 April 1775 (missing).

une maladie en moi que tous les raisonnements ne peuvent guérir. Que voulez-vous, mon ami, je prétends que j'ai dans l'âme le ver solitaire, et ce ver c'est l'ennui. Il ne faut point se moquer de moi, il faut . . . il faut me plaindre.

Vous ne me parlez plus de votre Princesse;[3] vous occupe-t-elle toujours beaucoup? Quand partira-t-elle? Si votre cousin fait de longs séjours à sa campagne sans doute vous l'irez voir; vous m'avez fait tant de honte du goût que vous croyez que j'ai pour écrire, et vous m'avez tant dit que vous autres Anglais y aviez tant d'éloignement, qu'il n'a pas reçu une syllabe de moi depuis la lettre qu'il trouva en arrivant à Londres, à laquelle il me fit la réponse du monde la plus honnête, et à laquelle je n'ai pas osé répliquer. Cependant je compte sur votre bon plaisir remercier Milady Ailesbury quand j'aurai reçu son présent;[4] il devrait être arrivé il y a longtemps, mais la négligence du secrétaire[5] de M. Trudaine est cause du retardement.

Je compte que j'aurai à la fin de ce mois la boîte de Milady Hertford; je crains bien qu'elle ne soit pas jolie, n'y voulant mettre que dix louis elle ne peut être doublée d'or.

Il n'est pas encore question de la vente de Mariette, toute ma confiance est en M. de Presle, ce ne sera pas sa faute si Mme d'Olonne vous échappe.

Ceci n'est que le premier tome. À demain le second.

Ce mercredi.

Je viens de faire faire un paquet, il contient l'*Éloge de Marc-Aurèle;* une petite pièce de vers intitulée *Mon dernier mot*,[6] le supplément à la *Correspondance*[7] et l'horrible et exécrable dernier mémoire de Tort.[7a] Je ne crois pas que M. de Guines y réponde. Il me semble qu'il est résolu à ne faire qu'un résumé, je ne sais quelle forme il y donnera. J'ai bien de l'impatience que cette affaire soit finie; vous avez raison, on ne parle que de cela.

Je passai hier la soirée chez Mme de Jonzac avec Mmes de Bouillon, de Bentheim, et d'Anlezy. Je revins me coucher de bonne heure.

3. The Duchess of Gloucester, who was leaving for the Continent with her husband and child, 24 July 1775 (*Last Journals* i. 470).

4. Earthenware platters (*post* 30 April and 9 May 1775).

5. Perhaps Cadet de Chambine, 'premier commis' of Trudaine's department (*Almanach royal*, 1774, p. 407).

6. By Jean-Marie-Bernard Clément, Geneva, 1775.

7. *Supplément à la correspondance de M. le Duc d'Aiguillon*, 1775 (Bibl. Nat. Cat.).

7a. This mémoire is unidentified.

Ce soir je souperai chez moi. Demain encore, avec l'Abbé Barthé-lemy, Poissonnier et le Président de Cotte, que vous ne connaissez pas.[8] Il m'arrivera la semaine prochaine un certain Abbé Sigorgne, dont vous m'avez entendu parler; et puis le 15 de mai l'Évêque de Mirepoix arrivera. Mais avant ce jour-là presque toutes mes connaissances seront parties pour leurs campagnes. Mme de Luxembourg est actuellement à Montmorency; elle en reviendra dimanche et ira tout de suite à Saint-Cloud. Pour Mme de Mirepoix je ne la vois presque point. Tout ce que je vous mande là n'est-il pas bien intéressant?

Vous aimez mieux, dites-vous, la lecture que la conversation; je préfère la dernière; les livres forcent à les écouter, si on s'en distrait on ne sait plus ce qu'on lit, et dans la conversation on peut être distrait, et on ne parle pas longtemps de suite de la même chose, et puis la variété, le mouvement est nécessaire; enfin je suis fort dégoûtée de la lecture, et cependant je ne cesse pas de lire.

Voilà une vieille petite chanson qui a été trouvée dans un vieux recueil,[9] je l'ai trouvée plaisante.

Sur l'air de *Joconde:*
Je suis un Narcisse nouveau,
Qui s'aime et qui s'admire;
Dans le bon vin et non dans l'eau
Je m'observe et me mire,
Charmé de voir son coloris
Briller sur mon visage;
De l'amour de moi-même épris,
J'avale mon image.

Je vais envoyer mon paquet chez M. Saint Paul, qui vous le fera tenir par quelque occasion.

From Madame du Deffand, Sunday 30 April 1775

Paris, ce dimanche 30 avril 1775.

J'AI envoyé chez M. Saint Paul les *Fables de Dorat;* c'est M. Schuwalof qui vous en fait la galanterie, il était présent quand je m'informai où je pourrai les trouver, et sachant que c'était pour vous que je les cherchais, il s'empressa de me les offrir.

8. HW had met him three times in 1767   9. Not identified.
(*Paris Jour.*).

Je vois Mme de Mirepoix assez souvent, elle soupe régulièrement chez moi tous les mercredis, la liaison se soutient sans être intime. De toutes les personnes que vous connaissez, celle qui me marque le plus d'amitié c'est la Maréchale de Luxembourg, il est très rare qu'elle passe un jour sans venir chez moi. M. de Beauvau en use à peu près de même. Les Évêques d'Artois sont toujours mes amis, celui de Saint-Omer est actuellement Archevêque de Tours, ils sont tous les deux présentement à Paris. Celui d'Arras ira pour une commission de moines à l'Abbaye de Marmoutier, comme il y fut en '72 qu'il me mena à Chanteloup; il me propose d'en faire autant cette année, je ne suis pas dans la disposition de l'accepter. J'attends l'Évêque de Mirepoix dans quinze jours ou trois semaines; nous avons cette année l'assemblée du clergé, qui s'ouvrira le 1er juillet; c'est pour moi, dit-il, qu'il avance son arrivée. Mes connaissances se sont un peu étendues; comme je ne fais jamais de visites on est sûr de me trouver, ce qui est commode pour les désœuvrés, je suis rarement seule, et comme je suis vieille, aveugle, et dépourvue de tous les goûts que vous avez, je préfère la société à toute chose au monde; j'entends des riens, je dis des riens, je ne m'intéresse à rien, et de rien en rien je m'achemine au moment prochain où je ne serai plus rien.

Je recevrai demain la caisse des faïences que vos cousins m'envoient, je trouverai peut-être tout cassé. Il y a de grandes friponneries sur les droits et sur le port. J'attends de jour en jour la boîte de Milady Hertford, il y a longtemps que la loupe est raccommodée, mais j'ai cru qu'il fallait envoyer le tout ensemble.

Je vous trouve heureux de l'extrême amour que vous avez pour votre campagne.[1] Tous les goûts qui font que l'on se suffit à soi-même sont un don du ciel. Je n'en ai pas reçu la même faveur.

Il paraît ici un nouveau livre qui fait bien du bruit. Je vous en ai déjà parlé, c'est celui de M. Necker, *Sur la législation et le commerce des grains*.[2] L'auteur l'a envoyé à Milord Stormont; voulez-vous que je vous l'envoie?

Il y a encore un nouvel écrit de Tort; il en paraîtra encore un de M. de Guines;[2a] cette affaire sera jugée dans le courant de mai.

L'Abbé Barthélemy était resté ici, dans l'intention d'attendre son neveu, qui arrive de Suède où il était secrétaire d'ambassade; il de-

---

1. HW seems to have gone to Strawberry Hill about this time (HW to Mann 7 May 1775).

2. In which Necker attacks Turgot's free-trade policy.

2a. Both pamphlets are unidentified.

vait rester avec lui jusqu'à son départ pour Vienne, où il va remplir le même poste, mais il a trouvé qu'il avait à l'attendre trop longtemps; il part demain pour Chanteloup. Son neveu l'y joindra, y passera quelques jours, et ils reviendront à Paris ensemble; l'Abbé n'y restera que jusqu'au départ de son neveu. Mme de Gramont[3] est encore ici, elle pourra bien ne retourner à Chanteloup qu'après avoir pris les eaux de Bourbonne; mais tout cela ne vous fait rien, et j'ai peine à me persuader que vous puissiez prendre aucun intérêt à tout ce que je vous écris.

From MADAME DU DEFFAND, Sunday 7 May 1775

Address: To Monsieur Monsieur Horace Walpole in Arlington Street near St James's *London Angleterre.*
Postmark: MA 12.

Ce dimanche 7 mai 1775.

JE suis fâchée de vous avoir engagé à parler de cette petite brodeuse,[1] il est vraisemblable que personne n'en voudra. Mes gens venaient de m'intéresser et de m'attendrir pour elle dans le moment où j'allais vous écrire, et comme vous êtes bon et charitable je crus faire une bonne action de vous la recommander. J'espère qu'elle ne sera point aussi délaissée que je le craignais, ainsi ne vous en tourmentez plus, je vous supplie.

Je ne sais si vous aurez entendu parler de nos troubles: nous avons eu la semaine passée des émeutes, l'une mardi, à Versailles,[2] l'autre mercredi, à Paris; et quoique le pain ne fût pas plus cher[3] que dans les semaines précédentes, le peuple s'est attroupé, a voulu qu'on lui donnât le pain à deux sous; ils ont pillé les boulangers. On a été mécontent de la police, on a trouvé qu'elle avait molli; en conséquence, on a changé les magistrats: on a donné la place de lieutenant de police, qu'avait M. Lenoir,[4] à un nommé Albert,[5] protégé par le

---

3. Notes exchanged by D and Mme de Gramont in April 1775 are in D's MS *Recueil de lettres.*

1. Perhaps the Conways had told HW about this girl; she is not mentioned in D's previous letters to HW.
2. See HW to Mann 5 June 1775.
3. 'Paris, *April 28.* The government is busily employed in reducing the price of

corn to a moderate rate, without restraining the commerce of that commodity' (*London Chronicle* xxxvii. 440, 9 May 1775).
4. Jean-Charles-Pierre Lenoir (1732–1807). He regained his position in 1776.
5. Joseph - François - Ildefonse - Raymond Albert (1721–90) (Jacob-Nicolas Moreau, *Mes souvenirs,* 1898–1901, ii. 192).

contrôleur général;[6] celui-ci prend un grand crédit, et il paraît qu'il sera bientôt le plus puissant. On avait pris de si grandes précautions pour les marchés d'hier, qu'il n'y a eu aucun mouvement.—Monsieur le Maréchal de Biron a le commandement des troupes qui sont dans Paris et dans ses environs, M. de Poyanne a le commandement sous lui. Comme il y a eu des émeutes dans plusieurs provinces,[7] on n'est point assuré que la fermentation soit entièrement calmée. Cette aventure ne m'a pas causé la plus petite émotion; vous voyez que je ne crains ni le fer ni le feu; c'est un beau changement que l'apathie dans laquelle je suis tombée: je ne suis plus susceptible de crainte, mais je ne le suis pas davantage d'espérance. Je ne sais pourquoi on a fait une vertu de celle-ci; elle peut en être une dans le pays des chimères. À l'égard de la crainte, elle est, dit-on, le commencement de la sagesse; cela peut être; je sais que l'une et l'autre sont des mouvements de l'âme fort involontaires.

Cette lettre a été interrompue par l'arrivée du petit marchand[8] qui m'apporte la boîte de Milady Hertford. Il en veut douze louis, mais j'espère qu'il la pourra laisser à dix. On la trouve fort bien, je la donnerai avec la lorgnette à M. Saint Paul, qui vous la fera tenir par quelque occasion.

Je pense comme vous sur l'*Éloge de Marc-Aurèle*.[9] L'intérêt que je prends à M. de Guines m'a soutenue contre l'ennui des quinze ou seize mémoires qu'il a fallu lire; il sera jugé incessamment.

Vous avez reçu ou vous ne tarderez pas à recevoir un livre[10] qui est fort bien fait, mais qui demande beaucoup d'application. Je n'ai point entendu parler de la Duchesse de Kingston.[11] On m'a dit que Milord Holdernesse devait s'établir à Auteuil, dans la maison de l'Idole.

6. Turgot.

7. '*Paris, May 15.* The rioters, who have committed many excesses in several places, went to Mery on the Oise where they pillaged a boat laden with bread, and excited the inhabitants to join them' (*London Chronicle* xxxvii. 478, 20 May 1775).

8. Not identified.

9. 'The editor regrets not being able to give Mr Walpole's opinion of it, or any farther extracts from his letters. Mme du Deffand, as we have seen, returned to him by General Conway all those which she had received up to February 1775. These letters are still extant, but subsequent to this date they were all burned by Mme du Deffand at Mr Walpole's earnest desire; and no more of his letters remain, except those addressed to her during the last year of her life, which were faithfully returned at her death' (B iii. 44 n).

10. Necker's *Sur le commerce des grains.*

11. The Duchess's lawful husband, Augustus John Hervey, had become Earl of Bristol in March 1775. The Duchess entered a plea against a bill brought by Lady Frances Meadows, sister of the Duke of Kingston; the plea was granted by the Lord Chancellor, 28 June 1775 (GM xlv. 347, July 1775; *London Chronicle* xxxvii. 616, 29 June 1775).

Je suis très étonnée de la répugnance de la Milady[12] pour le Milord;[13] cela n'avait point paru ici, tout au contraire; serait-il vrai ce que j'ai ouï dire, qu'elle a un ancien goût pour l'ancien ami[14] de notre ami?[15] Cela me surprendrait, car il ne m'a pas paru aimable.

Faites mes compliments, je vous prie, au Duc et à la Duchesse[16] que vous m'annoncez.

From MADAME DU DEFFAND, Tuesday 9 May 1775

Ce mardi 9 mai 1775.

JE remettrai à M. Saint Paul un petit paquet contenant la boîte et la lorgnette de Milady Hertford, j'y joindrai le mémoire et la quittance de l'ouvrier. J'ai un peu passé la somme qu'elle avait prescrite, mais cependant tous ceux à qui j'ai fait voir la tabatière l'ont estimée beaucoup plus qu'elle ne coûte. Le tout se monte à douze louis.

J'ai reçu et j'ai remercié M. Conway des plateaux; ils ont été très bien emballés. Je ne vous envoie point un nouveau mémoire de M. de Guines, il a 175 pages; j'ai essayé de le lire, cela m'a été impossible. Je mettrai peut-être un petit billet[a] pour vous dans le paquet de Milady Hertford, ainsi je ne vous dis rien de plus aujourd'hui.

P.S.—Depuis ce billet un M. et Mme Izard, Américains, les protégés du Duc de Richmond, sont venus chez moi, et m'ont dit qu'ils partaient pour Londres; je leur ai confié mon petit paquet. Ils prétendent qu'ils vous le remettront lundi ou mardi, ainsi vous pourrez bien le recevoir plus tôt que cette lettre; je vous prie de me mander quand vous l'aurez reçu.

Autre P.S.—Depuis hier voilà la quatrième fois que je vous reprends; n'en êtes-vous pas importuné à la mort? Mais non, cela n'est pas si ennuyeux que des lettres éternelles dont je vous ai souvent accablé. Je suis devenue plus succincte, et peut-être serez-vous assez heureux pour que je devienne tout à fait sèche et stérile.

Vous êtes bien bon de vous donner tant de soins pour ma petite

12. Lady Harriet Stanhope.
13. Stormont.
14. The present Duke of Q[ueensberry] (B).
15. Selwyn.

16. Probably the Duke and Duchess of Gloucester.

———

a. Probably not written.

fille,[1] elle ne doit se séparer de sa maîtresse[2] que le mois prochain; je contai son histoire à la Maréchale de Luxembourg pour la première fois il y a trois jours; sa charité est égale à la vôtre, elle ne cesse de faire d'excellentes actions; hier étant chez moi, elle envoya chercher cette petite fille et sa maîtresse, prit toutes les informations possibles, fut très contente d'elle, et lui a promis sa protection; ses promesses ne sont jamais vaines, ainsi me voilà tranquille sur le sort de cette enfant, cependant vous me ferez plaisir de ne point perdre de vue le projet que vous avez pour elle,[2a] j'en garderai le secret. Le proverbe est qu'il faut avoir plus d'une corde à son arc.

Je viens de recevoir une charmante lettre de votre cousin. En vérité, malgré toute ma défiance, produite par mon expérience, je serais tentée de croire qu'il m'aime un peu; nos lettres se sont croisées, la date de la sienne est du 5, et je lui avais écrit le 3. En attendant que je lui réponde, dites-lui, je vous prie, les plus grandes tendresses pour moi et à Milady, que j'aime de tout mon cœur. Je croyais autrefois que vous les aimiez trop, je trouve à présent que vous ne les aimez point assez.

Vous ne me dites point si vous avez lu le livre de M. Necker. Je ne sais si ce que vous m'en dites est sur le jugement d'autrui ou sur le vôtre. C'est effroyable le monde d'ennemis qu'il lui attire.

Vous ne me parlez point de Milord Carlisle; on le dit entièrement ruiné.[3] Et le Selwyn, où en est-il?

Et votre Princesse nièce, quand partira-t-elle?

J'attendais ces jours-ci l'Évêque de Mirepoix, il est allé à Barèges, et n'arrivera ici qu'à la fin de juin.

La Duchesse de Gramont se porte mieux. Ma correspondance avec Chanteloup n'est pas fort vive, je n'aime pas plus que vous à écrire.

C'est aujourd'hui jour de marché, il n'y a point eu de trouble; les rues sont remplies de troupes, et les prisons pleines; on arrête tous les jours du monde.

On attend aujourd'hui Milord Holdernesse, il ne restera ici que quinze jours.

1. 'La petite brodeuse,' mentioned in D's preceding letter.
2. Not identified.
2a. This project is unknown.
3. Lord Carlisle was not entirely ruined by gambling, but was thinking of living in retirement at Castle Howard to retrench. Selwyn tried to recover for him the money owed by C. J. Fox. (See Selwyn to Carlisle, ?1775, George Selwyn's *Letters*, ed. Edward Stanley Roscoe, p. 90; and Carlisle to Selwyn 8 Aug. 1775, 9 Aug. 1775, 15 Aug. 1775, and 10 Sept. 1775, John Heneage Jesse, *George Selwyn and his Contemporaries*, 1882, iii. 92–9).

M. de Guines sera jugé entre le 20 et le 25. Son dernier mémoire qui est de 175 pages sera encore suivi d'un autre; il sera plus curieux; son objet sera de répondre à la *Correspondance*. Je le lirai, et si je juge qu'il puisse vous faire plaisir, je vous l'enverrai.

Communiquez, je vous prie, à M. Conway tout ce que je vous envoie, s'il en est curieux.

To Madame du Deffand, Tuesday 16 May 1775

Missing. Probably written at Strawberry Hill. Answered, 20 May.

From Madame du Deffand, Wednesday 17 May 1775

Entirely in Colmant's hand.

Ce mercredi 17ᵉ mai 1775.

RIEN n'est si choquant que vos éternelles excuses sur l'insipidité de vos lettres. Pourquoi seraient-elles insipides? Les lettres d'un ami peuvent-elles l'être? C'est la contrainte, la gêne, la complaisance, qui produisent l'insipidité; d'ailleurs vous écrivez parfaitement bien, et malgré votre mauvais français, personne ne rend mieux ses pensées, et vous pensez beaucoup.

Je vous remercie infiniment des soins que vous vous êtes donnés pour la petite fille; vous en voilà délivré et moi aussi. Madame la Maréchale de Luxembourg la prend chez elle, et lui fait un sort fort heureux. Nous n'avons plus que quinze jours à attendre le jugement du procès de M. de Guines; dans son dernier mémoire (que vous devriez demander à Milord Stormont), il fait voir qu'il n'avait pas eu tort de vouloir que la correspondance parût.

J'ai bien envie de savoir si Milady Hertford est contente de sa boîte. J'irai demain rendre visite à Milord Holdernesse.

Il m'est arrivé deux neveux[1] qui amènent leurs enfants au nombre de trois;[2] ils seront dans une pension près de l'Enfant-Jésus;[3] de plus,

---

1. Sons of her brother, the Comte de Vichy (B). These sons were Abel-Claude-Marthe-Marie-Cécile, later Comte de Champrond, and Alexandre-Mariette de Vichy (1743–68), Vicomte de Vichy (Woelmont de Brumagne ii. 1044; Pierre-Marie-Maurice-Henri, Marquis de Ségur, *Julie de Lespinasse* [1905], p. 561). The younger

brother was already dead, and so the reference is probably to Abel de Vichy and his wife. Woelmont de Brumagne is incorrect here.

2. Abel de Vichy had two children: Abel-Claude-Marie-Gœric-Cécile de Vichy (1765–1832), later Comte de Champrond; and Gaspard-Claude-Félix (1767–ca 1802),

je vais avoir chez moi le petit Wiart;[4] voilà bien de la marmaille, et je ne l'aime guère. Je pourrais vous raconter les séances de l'Académie, vous en envoyer les discours, mais qu'est-ce que tout cela vous fait?

Avez-vous lu le livre de M. Necker? Dites-m'en votre avis et celui de votre public; il a fait un grand effet dans le nôtre; excepté la secte économiste, tout le monde en est content. Le second tome de la *Maison de Bourbon* ne paraît point encore.[5] J'essayerai de lire ce *Voyage de Sicile*,[6] mais je doute qu'il m'amuse. À qui donnez-vous à diner? La Duchesse de Gloucester part-elle? Pourquoi n'en parlez-vous plus? Je suis sûre que vous écrivez beaucoup. Quel ouvrage faites-vous? quel sujet traitez-vous? Les éloges sont ici à la mode; à chaque séance publique d'Académie, d'Alembert en lit un; lundi dernier, jour de la réception du Maréchal de Duras, il lut celui de Bossuet, Évêque de Meaux; il y a placé celui de Monsieur de Toulouse,[7] qui fut si pathétique qu'il tira des larmes du loué vif, et de tous ses adorateurs. La louange est aujourd'hui fort à la mode, les talents présents n'en méritent guère.

Je relis les *Mémoires de Sully,* je les supporte; je lis aussi l'*Ordre du Saint-Esprit;* les anecdotes me plaisent assez, mais elles sont si abondantes, que l'une fait oublier l'autre. On a bien de la peine à passer son temps; les morts et les vivants sont bien insipides.

M. Conway me dit des merveilles de la cadette de vos nièces Churchill.[8] Est-ce que madame leur mère ne viendra pas en France? A-t-elle abandonné ce projet? La Marquise de Boufflers et le Prince de Bauffremont sont partis ensemble, l'un pour la Lorraine, l'autre pour la Franche-Comté. Les Caraman marient leur fille aînée[9] à un M. de la Fare. Mme de Gramont, qui a été très malade, se porte

---

Comte de Vichy. The third child is unidentified (Woelmont de Brumagne ii. 1045).

3. L'Hôpital de l'Enfant-Jésus, a girls' orphanage near the barrier of Vaugirard (*Dict. de Paris*).

4. Auguste-Nicolas-Marie Wiart (b. ca 1771), called 'Pompom' or 'Ponpon' (see *post* vi. 39).

5. HW eventually received a second volume, but apparently did not have the last three.

6. Patrick Brydone (1743–1818), *A Tour through Sicily and Malta in a Series of*

Letters to *William Beckford, Esq. of Somerly in Suffolk,* 1773, translated into French by Jean-Nicolas Démeunier, Amsterdam and Paris, 1775. HW had a copy, in English, sold SH v. 145.

7. The Archbishop of Toulouse.

8. Sophia Churchill (d. 1797), m. (1781) Hon. Horatio Walpole, afterwards 2d E. of Orford, n.c.

9. Gabrielle-Françoise-Victoire de Riquet de Caraman, m. (30 May 1775) Joseph-Gabriel-Henri (1749–86), Comte de la Fare (*Rép. de la Gazette*).

mieux. M. de Choiseul arrivera ici le premier de juin, et retournera à Chanteloup les premiers jours de juillet. Alors nous serons inondés d'évêques, ce sera l'assemblée du clergé.[10] Je n'ai pas de grands projets pour mon été, ma plus grande ressource qui m'amuse le plus, c'est mon petit chien.

From Madame du Deffand, Saturday 20 May 1775

Paris, ce samedi 20 mai 1775.

VOTRE poste a fait une grande diligence; la lettre que je reçois est du 16.

Dans ma dernière je vous demandais ce que vous m'accordiez dans le même instant que je vous écrivais. Je vous fais cette remarque, pour que vous ne m'accusiez pas de vouloir vous faire dire deux fois la même chose.

Nous voilà, comme je vous l'ai mandé, débarrassés de la petite fille. On ne pouvait espérer tant de bonheur pour elle.

Je suis fort aise que vous soyez content de la boîte, et de ce que vous croyez que Milady Hertford le sera. Elle verra par le mémoire et la quittance que j'ai marchandé et obtenu une diminution. Vous pouvez payer Couty si vous voulez, mais je ne hais point à avoir une petite somme en Angleterre pour les fantaisies qui peuvent survenir. Vous ferez ce que vous jugerez à propos.

Je compte donner cette lettre-ci au Colonel Saint Paul; il la mettra dans le paquet de votre ambassadeur. J'y joindrai des épigrammes, des chansons, dont il faudra vous expliquer le sujet et l'occasion.

Je ne comprends pas bien comment toutes nos nouvelles peuvent vous intéresser. Celles de vos bals ne m'intéresseraient point, et je n'ai nul regret que vous ne puissiez pas m'en parler.

Les amours du Milord et de Milady sont une autre affaire. Milord Holdernesse m'a dit qu'elle pense à un autre engagement, à Milord Granby;[1] d'autres disent à Milord Egremont.[2] Ce dernier est un libertin, l'autre un enfant; je conclus qu'elle a une mauvaise tête, et je ne m'intéresse plus à elle.

Je ne rendis point jeudi une visite à Milord Holdernesse comme je vous l'avais mandé, ce fut lui qui vint me voir. On m'avait dit qu'il

10. See post v. 375.

1. Charles Manners (1754–87), M. of Granby, 4th D. of Rutland, 1779. He married Lady Mary Somerset in 1776.

2. George O'Brien Wyndham (1751–1837), 3d E. of Egremont. He died unmarried.

était extrêmement sourd, je ne le trouvai pas. Je ne fus point obligée de hausser la voix. Il restera ici environ quinze jours.

Je fais aujourd'hui un tour de force, le même que je fis il y a huit jours: je vais souper à Versailles avec les deux Maréchales et Mme de Lauzun. Vous me trouvez bien ridicule, mais j'aime fort M. de Beauvau; il est de quartier, et pour le voir il faut l'aller chercher; d'ailleurs je ne crains ni les veilles ni la voiture, je ne crains au monde que l'ennui, tout ce qui peut l'écarter me convient; je n'ai point le bonheur de me suffire à moi-même; peu de lectures m'amusent, et les réflexions m'attristent infiniment. Je ne suis point comme un certain Père de la Tour,[3] qui n'était jamais plus heureux, disait-il, que lorsqu'il jouissait de lui-même. Il s'en faut bien que je lui ressemble; il n'y a rien que je ne préfère à une pareille jouissance. Je ne suis point née gaie; le passé ne me rappelle que des chagrins et des malheurs; l'avenir ne me promet rien d'agréable, et je ne puis supporter le présent [qu']en cherchant à me distraire.

On ne fait point son caractère, on ne peut le changer, et nous apportons en naissant nos bonnes et nos mauvaises qualités, et le bonheur et l'infortune, qui en sont les suites nécessaires. Tout ce qui arrive doit arriver, on a tort de s'attribuer le bien ou le mal qui survient, ils étaient inévitables. Cette idée doit défendre de la vanité et des reproches qu'on se pourrait faire, mais ne nous doit pas empêcher de chercher à faire le bien et d'éviter de faire le mal et de nous persuader que nous en avons le pouvoir. Vous trouvez sans doute ma philosophie bien commune, mais je n'ai pas les idées plus relevées.

J'ai lu quelques chapitres de M. Necker, j'ai trouvé que c'était un casse-tête. Il a produit un grand effet; nos économistes en sont atterrés, et nos ministres, qui sont à la tête de ce parti, sont furieux contre lui; mais il n'a rien à craindre, il a donné son livre avec privilège et approbation: on pouvait le supprimer, on n'en a rien fait, on n'est point en droit de s'en plaindre. Ce M. Necker est un fort honnête homme, il a beaucoup d'esprit, mais il met trop de métaphysique dans tout ce qu'il écrit. Je ne sais s'il vous plairait, je crois que oui, à beaucoup d'égards; dans la société il est fort naturel et fort gai, [il a] beaucoup de franchise, il parle peu, est souvent distrait; je soupe une fois la semaine à sa campagne, qui est à Saint-Ouen; sa femme a de l'esprit et du mérite; sa société ordinaire sont des gens de

3. Not identified.

lettres, qui, comme vous savez, ne m'aiment point; c'est un peu mal-gré eux qu'elle s'est liée avec moi; elle et son mari sont fort amis du Milord Stormont.

La personne avec qui je vis le plus, de tout ce que vous connaissez, c'est la Maréchale de Luxembourg; si je croyais à l'amitié, je dirais qu'elle en a pour moi: il ne se passe guère de jour sans qu'elle ne me vienne voir. M. de Beauvau en use de même; ils sont l'un et l'autre ce que l'on appelle des amis, et sans l'incrédulité dans laquelle je suis tombée, je compterais sur eux.

Ce dimanche.

J'ai fait mon voyage, je n'en suis point fatiguée. J'ai assez bien dormi, mais j'ai un peu de rhume. Mme de Mirepoix étouffe tou-jours, il fallut avoir une glace baissée.

La petite fille a été conduite à midi par Couty chez Madame la Maréchale; le récit qu'elle m'en a fait est des plus pathétiques, mais comme j'éternue à tout moment je ne saurais dicter.

Je viens de lire ce que je vous écrivis hier, il n'y a rien de plus bête. Le commencement est inintelligible. Je voulais vous dire que dans le même temps où je vous priais de ne plus vous excuser de la stérilité de vos lettres, vous me promettiez de ne m'en plus parler. Il y a des jours que je ne saurais dicter un billet. Vous trouverez ci-joint l'arrêt[4] qui supprime le dernier mémoire de M. de Guines. On dit qu'il ne lui fera nul tort pour le jugement de son procès; j'en doute, ainsi que de son retour en Angleterre.

Je reçois dans le moment une lettre de Voltaire;[5] je recevrai, dit-il, incessamment de nouveaux vers;[6] s'ils arrivent avant le départ de cette lettre, je vous les enverrai.

Si vous n'avez pas le mémoire condamné, et que vous en soyez curieux, je vous l'enverrai.

FABLE

trouvée dans un vieux recueil, dont on fait l'application
au moment présent.[7]

Un Limousin, très grand réformateur,
D'un bon haras fait administrateur,
Imagina, pour enrichir le maître,

---

4. Not with the MS.
5. Voltaire to D 17 May 1775 (Voltaire, *Œuvres* xlix. 303).
6. Voltaire's *Le Dimanche, ou les Filles de Minée,* published under the name of M. de la Visclède, printed ibid. x. 60.
7. Mme du Deffand forgets to give the explanation she promises, of the subject of

Qu'il ne fallait que retrancher le paître
Aux animaux confiés à son soin.
Aux étrangers il ouvre la prairie;
De l'atelier faisant ôter le foin,
      En débarrasse l'écurie.
Le lendemain, les chevaux affamés
Tiraient la langue et dressaient les oreilles.
On court à l'homme, il répond: 'À merveilles!
Ils y seront bientôt accoutumés;
Laissez-moi faire.' On prend donc patience.
Le lendemain, langueur et défaillance,
Et l'économe, en les voyant périr,
Dit: 'Ils allaient se faire à l'abstinence,
Mais on leur a conseillé de mourir
Exprès pour nuire à mon expérience.'

Dialogue.

'La liberté que l'on nous donne
Est celle de mourir de faim,'
Dit le peuple qui s'abandonne
Au soin pressant d'avoir du pain.
Plus opiniâtre et plus vain,
M. Turgot, que rien n'étonne,
D'un ris dédaigneux et hautain,
Répond, 'Le peuple déraisonne:
Ce sont mes ennemis secrets
Qui font tout ce tapage exprès.'
Eh! sois plus juste envers toi-même,
Tes ennemis, c'est ton système,
Ton fanatisme, tes arrêts!

SUR M. LE MARÉCHAL DE BIRON,
*chargé du commandement des troupes qu'on a fait venir
pour la révolte.*

Air de *Joconde.*

Biron, tes glorieux travaux,
      En dépit des cabales,
Te font passer pour un héros
      Sous les piliers des halles;

the following epigrams. They were all upon occasion of the riots at Paris and at Versailles, excited by the enemies of the patriotic plans of the enlightened Turgot, as to the interior commerce and transportation of corn (B).

De rue en rue, au petit trot,
Tu chasses la famine;
Général, digne de Turgot,
Tu te fais Jean Farine.

SUR M. DE MAUREPAS,

qui fut à l'Opéra le premier jour de la révolte qui arriva à Versailles.

Air: *Réveillez-vous, belle endormie.*

Monsieur le Comte, on vous demande,
L'on dit qu'on se révoltera.
'Dites au peuple qu'il attende,
Il faut que j'aille à l'Opéra.'

LE COMPLOT DÉCOUVERT

Quel séditieux ou quel fou
Soulève ainsi toute la France?
Est-ce le Chancelier Maupeou?
Est-ce l'Église? est-ce finance?
Est-ce Choiseul ou d'Aiguillon?
Est-ce encor l'Abbé Terray? Non.
Je vous le dis en confidence,
Le seul auteur de ce complot,
Mes amis, c'est Monsieur Turgot.

From Madame du Deffand, Sunday 28 May 1775

Entirely in Colmant's hand.

Ce dimanche 28 mai 1775.

VOUS croyez que mon amitié pour mon chien *est forcée;* pourquoi cela? et qui est-ce qui m'y force? serait-ce pour être votre singe? Oh! non, je n'imite personne; mais je ne vous parlerai plus de mon petit chien.

Madame la Princesse de Conti mourut hier à huit heures du matin; on en prend le deuil demain pour onze jours. Le Roi part le lendemain de la Pentecôte;[1] il ira coucher à Compiègne, où il passera

1. Whitmonday was 5 June 1775.

deux jours; il en partira le 8; il couchera à un endroit qu'on appelle Fismes, et se rendra le 9 à Reims, où il restera jusqu'au 16; il retournera à Compiègne, et sera le 19 à Versailles. Rien n'est si beau que la couronne; il y a pour seize millions de pierreries; tout le monde l'a été voir. Il y aura une terrible cohue à Reims, je ne regrette point de n'y point être; je n'ai point ce genre de curiosité; mon tonneau est mon Strawberry Hill; je ne me plais autant nulle part, mais je veux qu'il y ait à côté quelques chaises remplies. On me dit hier que Milord Stormont ne viendrait point au sacre; on attendait ces jours-ci le Caracciolo, je n'ai point ouï dire qu'il fût arrivé.

Interruption; lundi matin.

Madame la Princesse de Conti laisse tout son bien à partager selon les coutumes;[2] on dit que Monsieur le Prince de Conti aura cent mille livres de rente; Monsieur le Duc de Chartres aura cinq cent mille francs; et Madame la Duchesse de Bourbon, sa sœur, en aura autant. La maison de Paris était assurée de son vivant à Monsieur le Comte de la Marche, son petit-fils; elle ne fait aucun présent à personne. On dit que M. de Guines sera jugé vendredi ou samedi: depuis l'arrêt qui supprimait son dernier mémoire, le Roi lui a fait écrire, par M. de Vergennes, qu'il ne prétendait pas l'empêcher d'en faire usage auprès de ses juges; monsieur le garde des sceaux[3] a écrit aux juges qu'ils pouvaient y avoir égard. Je vous manderai vraisemblablement lundi le jugement de ce procès, qui m'aurait bien ennuyée si je n'y étais pas un peu intéressée.

Milord Stormont ne vient point au sacre;[4] il n'a point, dit-on, perdu l'espérance. Êtes-vous curieux d'avoir une médaille du sacre? Monsieur votre cousin en veut-il une aussi? Mandez-le-moi. Communiquez-lui tous les rogatons que je vous envoie s'ils peuvent lui faire plaisir.

Le grand-papa arriva jeudi, je le vis le vendredi l'après-dîner chez moi, et le soir chez Mme de Gramont. Il ira au sacre, reviendra ensuite passer quelques jours à Paris, puis il ira chez les Brienne, chez

2. That is to say, according to the common usage of Paris, in cases of succession— *le droit coutumier* in France, was as to *le droit écrit,* what the common law of England is to the statute law (B).

3. Miromesnil (*Almanach royal,* 1775, p. 225).

4. 'It is said that Lord Stormont will not return on his embassy to the French court, till advice is received of an ambassador being appointed by that court to come to England' (*London Chronicle* xxxvii. 418, 2 May 1775).

les du Châtelet, et retournera à Chanteloup les premiers jours de juillet. La grand'maman pendant son absence restera toute seule. Elle prétend qu'elle ne s'ennuiera pas. Le mariage de M. de la Fare et de Mlle de Caraman se fera demain à Saint-Sulpice, d'où ils partiront pour Roissy; ils y passeront l'été.

Cette lettre a le mérite des noms propres.

From MADAME DU DEFFAND, Sunday 4 June 1775

Ce dimanche 4 juin 1775.

JE suis fort aise que Milady soit contente de sa boîte. On l'a trouvée ici jolie et à bon marché. Je ne suis point du tout pressée de l'argent. Milord Stormont s'en chargera si vous le voulez, ou bien M. de Guines qui pourra bien incessamment vous aller retrouver. Il fut jugé vendredi au soir à 2 heures dans la nuit; les juges restèrent assemblés depuis huit heures du matin jusqu'à cette heure-là; je vous envoie la sentence[1] que j'ai fait copier fidèlement; il est contenté quoique Tort en soit quitte à bon marché.

M. d'Aiguillon ne va point au sacre, il partira dans peu de jours pour Véret, une de ses terres qui est à deux lieues de Chanteloup.

Vous me ferez plaisir de m'envoyer les vers[2] de Charles Fox, je les ferai traduire. Vous aurez incessamment les deux brochures[3] que vous me demandez, je ne pourrai les avoir qu'après les fêtes.[4] C'est un mérite assez mince que l'exactitude dont vous me louez, je ne dois pas m'attendre qu'il sauve de l'ennui de ma correspondance.

Vous voulez m'épargner l'inquiétude que je pourrais avoir du retour de votre goutte, vos bottines dont vous avez l'expérience peu-

1. Not with the MS. 'This sentence, although it condemned Tort, "à faire réparation d'honneur au dit Comte de Guines en présence de douze personnes au choix dudit Comte de Guines, dont sera dressé acte: ledit Tort condamné en outre à 300 livres de dommages-intérêts envers ledit Comte de Guines," etc. etc. etc. Yet in other parts, was so equivocal, that both parties found it necessary to appeal from it' (B).

2. Charles James Fox's verses *To Mrs*

Crewe, printed at Strawberry Hill, June 1775, on two sides of a quarto leaf (HW's *Journal of the Printing Office at Strawberry Hill*, 1923, pp. 18, 62–3).

3. *Essai sur les jardins*, 1774, by Claude-Henri Watelet (1718–86); and *Épître sur la manie des jardins anglais*, 1775, by Michel-Paul-Gui de Chabanon (1730–92) (see HW to Mason 27 May 1775; *Journal de Paris*, 1786, i. 68).

4. The coronation of Louis XVI, 11 June.

vent produire un bon effet si l'attaque est légère, mais l'air de Strawberry Hill me semble y être bien contraire. J'entends souvent parler de goutte, de ses effets, des recettes, et des régimes qui soulagent et même guérissent; machinalement j'y prête attention, mais jamais dans l'intention de vous en parler, pour deux raisons, la première que je sais que rien ne vous déplairait autant, et la seconde, que je craindrais que ce qui fait du bien aux uns ne vous fît beaucoup de mal; si cela ne vous importune pas trop je vous serai obligée si vous me donnez de vos nouvelles.

Wiart me dit dans le moment que le maître d'hôtel de Monsieur le Maréchal de Mouchy a éprouvé un remède qui l'a guéri radicalement. Il était tous les ans quatre mois dans son lit dans la plus grande souffrance, il y a quinze mois qu'il n'en a ressenti aucune; celui qui l'a guéri demeure à Versailles, ce n'est point un charlatan, il ne prend point d'argent.

Paris va être dépourvu d'hommes jusqu'au 19 de ce mois, il partent tous pour Reims. Il restera quelques femmes, mais tout cela m'est indifférent, mon tonneau me tient lieu de tout, et la paresse, qui augmente avec l'âge, est un bon palliatif contre l'ennui, surtout quand elle amène à ne se soucier de rien.

Votre Duchesse de Kingston, qui redevient Comtesse de Bristol,[5] me paraît bien effrontée.

Je voudrais savoir où en sont les amours de Milord, j'imagine qu'il n'a pas perdu toute espérance.

Je pourrais vous parler du grand-papa, de sa sœur, des Maréchales, du mariage de Mlle de Caraman, et au style près vous faire une lettre de Mme de Sévigné, mais ce style de moins rendrait ces détails bien ennuyeux.

Je me rappelle une question que j'ai toujours oublié de vous faire. Vous êtes-vous fait donner par votre cousin le portrait de Mme de Prie? N'a-t-il pas été gâté?

Je compte que vous avez reçu par votre ambassadeur un petit paquet que j'avais remis à M. de Saint Paul.

Répondez-moi aussi sur les médailles du sacre, j'ai prié qu'on m'en gardât deux en cas qu'elles fissent plaisir à votre cousin et à vous.[6]

5. D must have misunderstood HW's letter (see *ante* 7 May 1775).

6. HW had two medals of Louis XVI, sold SH x. 102, 108; it is uncertain whether or not they were coronation medals.

From Madame du Deffand, Sunday 11 June 1775

Address: To Monsieur Monsieur Horace Walpole in Arlington Street near St James's *London Angleterre.*
Postmark: PAR<IS> IU ?

Ce dimanche 11 juin 1775.

OUI, la Reine a été au sacre, avec Madame, Mesdames Clotilde et Élisabeth.[1] C'est aujourd'hui que la cérémonie s'est faite; nous aurons une liste des morts et des mourants, car il est impossible que qui que ce soit n'ait succombé à cette fatigue. Paris est désert dans ce moment-ci; j'aurais dû prendre ce temps pour aller à Roissy. Les Caraman ont marié leur fille aînée à un Monsieur le Comte de la Fare dont ils sont extrêmement contents. On la doit présenter au retour de la cour. Je remettrai peut-être mon voyage à Roissy après ce temps-là, peut-être irai-je dimanche, c'est selon.

Mme de Gramont part mardi pour aller aux eaux de Bourbonne, Mme de Tessé l'accompagnera; elles passeront par Cirey, chez les du Châtelet; elles y arriveront jeudi, et M. de Choiseul s'y rendra de Reims, et après y avoir séjourné quelques jours, il en partira avec sa sœur, et passera une quinzaine de jours avec elle à Bourbonne; il retournera ensuite à Chanteloup. La grand'maman y est présentement toute seule; l'Abbé est ici, il y restera jusqu'au départ de son neveu pour Vienne, où il va être secrétaire d'ambassade; il l'a été en Suède avec succès.

J'attends mon Évêque de Mirepoix dans quinze jours; j'aurai dans ce temps-là des évêques à foison, et une partie de mes diplomatiques. Je voudrais que votre ambassadeur fût du nombre, mais M. de Saint Paul n'a pas l'air de l'attendre sitôt.

Votre dîner[2] sera bien nombreux; est-ce que le Craufurd n'en sera pas? Je n'en entends plus du tout parler. Mais dont vous ne me parlez point, et dont je suis fort aise, c'est de ce ressentiment de goutte. Il n'a donc point eu de suite? Moi, je ne me porte pas trop bien, mes insomnies sont pires que jamais, et c'est trop d'avoir de mauvaises nuits quand on n'a pas de beaux jours.

Je saurai par votre première lettre des nouvelles de notre ambassadeur. Que dites-vous de la conclusion de son affaire? comment trou-

---

1. Élisabeth - Philippine - Marie - Hélène (1764–94), younger sister of Louis XVI, guillotined in the Revolution.

2. There is no mention of a dinner in HW's extant letters within two months of this date.

vez-vous la sentence? Je vous ai envoyé par lui les brochures que vous demandiez.

Envoyez-moi les vers de M. Fitzpatrick et ceux de Charles Fox.

To Madame du Deffand, Monday 12 June 1775

Missing. Written at Arlington Street. Answered, 18 June.

From Madame du Deffand, Sunday 18 June 1775

Address: To Monsieur Monsieur Horace Walpole in Arlington Street near St James's *London* Angleterre.
Postmark: IU 23.

Paris, ce 18 juin 1775.

VOTRE lettre du 12 ne me donne pas grande matière à répondre, et ne satisfait guère ma curiosité sur l'arrivée de notre ambassadeur.[1] Je pouvais me flatter que vous lui auriez rendu visite, mais il me semble que notre pays vous est devenu bien indifférent. Je vous remercie de vos vers et de ceux de Charles Fox. Je ne suis nullement pressée de mon argent,[2] vous me l'enverrez ou ne me l'enverrez pas, cela m'est égal.

Il n'y a rien de nouveau ici. Vous savez le départ de M. d'Aiguillon. Je ne sais pourtant s'il est dans la gazette, et je ne sais pas davantage si vous avez des gazettes; il partit lundi, non point par une lettre de cachet, mais par un ordre verbal. On a fait sept cordons bleus à la cérémonie du grand-maître;[3] l'Archevêque de Narbonne, l'Évêque de Limoges,[4] M. de Talaru,[5] les quatre ôtages,[6] qui étaient le Comte de Talleyrand,[7] le Comte de Rochechouart,[8] le Vicomte de la Rochefou-

---

1. 'On Saturday morning [10 June] his Excellency Count de Guines arrived at his house in Great George Street from France' (*London Chronicle* xxxvii. 554, 12 June 1775).
2. For Lady Hertford's snuff-box and lorgnette.
3. Louis XVI, grand master of the Ordre du St-Esprit.
4. Jean-Gilles de Coëtlosquet (1700–84), Bishop of Limoges, 1739–58, tutor of Louis XVI (*Almanach royal*, 1779, p. 148; *Rép. de la Gazette*).

5. Louis-François (1729–82), Vicomte de Talaru.
6. The four hostages for the safe return of the Holy Ampulla used at the coronation of the French kings at Reims (Pierre Larousse, *Grand dictionnaire universel du XIXe siècle; Mercure historique* clxxix. 81, July 1775).
7. Charles-Daniel (1734–88).
8. Jean-Louis-Roger (1717–76), Marquis de Rochechouart.

cauld,[9] et le Comte de la Roche-Aymon.[10] Cela ne vous fait pas grand' chose, ni à moi non plus.

Je relis ma lettre, et je vois que je ne vous dis pas où va M. d'Aiguillon; ce n'est point à Véret, c'est à Aiguillon.

Tort jouit de sa pleine liberté, il va dans les rues, dans les lieux publics avec l'air fort insolent; si vous avez lu la sentence que je crois vous avoir envoyée vous n'en serez pas fort surpris, c'est apparemment par prudence que vous ne m'en avez pas mandé votre avis.

From MADAME DU DEFFAND, Sunday 25 June 1775

On the back of this letter is sketched a rough floor plan, perhaps an early draft of HW's plan for the reconstruction of the choir of Westminster Abbey (see *post* 1 July 1775).
Address: To Monsieur Monsieur Horace Walpole in Arlington Street near St James's *London* Angleterre.
Postmark: IU 30.

Paris, ce dimanche 25 juin 1775.

VOUS me confirmez ce que disent les gazettes sur votre Amérique;[1] je ne suis pas politique, vous avez raison, mais je m'intéresse à Milord North; je ne sais pas pourquoi, mais je m'imagine que c'est un honnête homme, et je serais fâchée qu'il quittât le ministère. Cette fête sur l'eau[2] doit être fort belle. Le pauvre Milord Stormont est donc éconduit?[3] Puisque cela est, renvoyez-le-nous, il sera très bien reçu ici, et en particulier par moi. L'ambassadeur de Naples est de retour, plus troupe italienne que jamais.[4] Le grand Abbé est encore ici, il ne nous quittera que dans douze ou quinze jours.

L'Évêque de Mirepoix est arrivé, dont je suis fort aise; il a l'air de m'aimer un peu. Je lui ai déjà dit que vous m'aviez parlé plusieurs fois de lui, il m'a bien recommandé de vous parler de lui, et le grand Abbé aussi. J'ai deux soupers dans la semaine, le mercredi et le jeudi.

9. Jean-François de la Rochefoucauld (1735–89) (Emmanuel, Duc de Croÿ, *Journal*, 1906–7, iii. 199; *Journal de Paris*, 1789, i. 390).
10. Antoine-Louis-François (1714–89) (*Rép. de la Gazette*).

1. The Battle of Lexington, 19 April 1775 (see HW to Mann 5 June 1775).
2. The regatta at Richmond (HW to Lady Ossory 23 June 1775).
3. She means that he was refused by Lady Harriet Stanhope (B).
4. She means more buffoon in his manner and conversation than ever (B).

Le mercredi, j'ai les Maréchales, les Princesses, les Duchesses, Marquises, Comtesses, les diplomatiques, les Évêques, etc. N'allez pas croire que cela fasse quarante personnes, mais quelquefois il y en a quinze ou seize. Les jeudis, cela est différent: c'est le grand Abbé, un certain Président de Cotte, l'Évêque de Mirepoix, quelquefois celui d'Arras, M. Necker, et de temps en temps quelques autres. Mon unique occupation est de m'assurer de la compagnie pour passer la soirée, soit en l'attirant chez moi, soit en l'allant chercher chez les autres; il ne m'arrive presque jamais de la passer seule, mais c'est par les soins que je prends pour l'éviter.

Toutes réflexions faites, je vous l'avouerai, je trouve que je vis trop longtemps.

P.S.—J'avais fini là, je me le suis reproché, et je rouvre ma lettre pour vous dire que je ne hais pas tant la vie que j'en ai l'air; il y a tels événements et circonstances qui me feraient désirer qu'elle se prolongeât encore quelque temps.

Quand vous verrez le Général et la Milady faites-les souvenir de moi, je les regrette tous les jours. Ne me laissez point oublier non plus de M. et de Mme de Richmond.

Tous mes amis se souviennent de vous, qu'il en soit de même des vôtres pour moi.

Je fais traduire les vers de Charles Fox par deux personnes.[5] Je serai curieuse de savoir laquelle aura le mieux réussi; je ne vous les nommerai qu'après que vous m'en aurez dit votre avis.

Il faut que je vous conte une aventure singulière. Mme de la Reynière, qui demeure à la Grange-Batelière, m'avait envoyé sa chienne pour épouser mon chien. Un domestique l'avait apportée sous son bras, la chienne ne voulut point du chien, elle était triste à la mort. Cinq ou six heures après qu'elle fut arrivée elle trouva le moyen de s'échapper. Dès qu'on s'en aperçut on me le vint dire. Un de mes gens courut la chercher, il fut à la Grange-Batelière. La chienne venait d'y arriver, elle trouva son chemin, n'y ayant jamais <passé>[6] auparavant. Dites-moi après cela si l'on peut vivre <sans>[6] avoir un chien, et s'il y a aucune amitié qui soit comparable à la leur.

Je vous demande pardon de vous rappeler un triste souvenir mais il est permis de chercher à se consoler; je vous conseille de prendre un nouvel engagement.

5. Not identified.   6. The MS is torn here.

From Madame du Deffand, Saturday 1 July 1775

On the back of this letter, HW has drawn two tentative floor plans, and a rough elevation for his proposed reconstruction of the choir of Westminster Abbey (see HW to Mason 10 July 1775).

Memoranda by HW (unexplained):

Mrs Wood[1]	Mr Dilly[5]
Mr Lort[2]	Pal[6]
Bishop of Rochester[3]	Lort's book[7]
Mr Grose[4]	Mason and Arms[8]

Paris, ce samedi 1er juillet 1775.

JE ne suis point surprise de votre irrésolution, et je le serai infiniment si vous vous déterminez à venir ici. L'espace de quatre ans n'a pas été suffisant pour vous vieillir, mais plus que suffisant pour effacer des traces peu profondes, et dont vos singulières interprétations avaient fort avancé l'ouvrage. Je ne disconviens pas que la goutte n'ait ajouté à votre répugnance; la fatigue du voyage, les incommodités du logement, le renouvellement de connaissances que vous serez forcé de faire, l'embarras de se trouver avec ce qu'on a cru aimer et que peut-être il se trouve qu'on n'aime plus: tout cela sont des raisons qui apportent de grandes difficultés, et que je ne serai point étonnée que vous ne surmontiez pas.

Je sais très bon gré au Général des reproches qu'il vous a faits; il a le cœur excellent, et vous me ferez plaisir de lui dire et à la Milady que je ne les oublierai de ma vie, et que j'aurais un sensible plaisir de les revoir.

Vous dites qu'il n'y a que moi qui ne vieillis point; vous vous

1. Ann, m. Robert Wood, archaeologist. She had published an edition of her husband's *Essay on the original genius and writings of Homer*, 1775 (see HW to Mason 10 July 1775). HW evidently wrote her a letter on this subject (see Ann Wood to HW 7 July 1775).

2. Michael Lort (1725–90), antiquary, correspondent of HW.

3. John Thomas (1712–93), Bishop of Rochester, 1774.

4. Francis Grose (ca 1731–91), antiquary.

5. Edward (1732–79) or Charles (1739–1807), booksellers.

6. Perhaps the Rev. William Palgrave

(ca 1735–99), Gray's correspondent (Thomas Gray, *Correspondence*, ed. Toynbee and Whibley, Oxford, 1935, ii. 576n).

7. Besides some sermons, Lort's only published work was apparently his edition of *A Projecte conteyning the state . . . of the University of Cambridge*, 1769 (BM Cat.). This may refer, however, to a book owned by him.

8. The Rev. William Mason (1725–97), poet, and correspondent of HW. 'I forwarded your armorial parcel to Peckitt [the glass painter] immediately' (Mason to HW 31 July 1775). This packet had been announced in HW to Mason 10 July 1775.

trompez très fort en me tirant de la classe des décrépites, j'en ai tous les apanages: du dégoût pour tous les amusements et un fond d'ennui contre lequel je ne trouve nulle ressource. Aucun plaisir ne me tente, je ne me plais que dans mon tonneau, mais la compagnie m'est nécessaire, surtout dans la soirée. Toute lecture m'ennuie: l'histoire, parce que je n'ai point de curiosité; la morale, parce qu'on n'y trouve que des idées communes ou peu naturelles; les romans, parce que tout ce qui tient à la galanterie me paraît fade, ou que la peinture des passions m'attriste. Enfin, je vous dirai la vérité quand je vous assurerai que ce qui me fait supporter mon état, c'est la certitude qu'il ne durera pas longtemps. Je tâche par mes réflexions d'adoucir ma situation, mais les réflexions me sont contraires, parce qu'elles me font attribuer à moi-même tous les chagrins que j'éprouve, et dans les mécontentements que j'ai de tout ce qui m'environne, je suis plus mécontente de moi que de qui que ce soit. Voilà la peinture de mon âme; elle est interrompue par une visite.

Ce dimanche 2.

Je ne désavoue rien de ce que j'ai écrit hier; je me flatte que vous n'en serez point choqué; il est juste qu'il me soit permis de parler quelquefois de moi et de dire la vérité; je n'abuserai point de cette liberté; vous pouvez vous flatter d'avoir réussi à mon éducation, il est fâcheux que vous n'ayez pu l'entreprendre plus tôt.

Comment est-il possible qu'on ait volé la plaque de l'ambassadeur[9] sans qu'il s'en aperçût; elle n'était donc qu'agrafée? Il vient d'écrire à Mme Necker qu'il allait passer un mois en Écosse et qu'il reviendrait tout de suite à Paris. Sa Milady en épouse-t-elle un autre? Je ne comprends rien à cette histoire. Je suis très fâchée de l'état où vous dites être M. de Masserano;[10] tous les goutteux et tout ce qui a trait à la goutte m'intéressent. Vos bottines vous sont salutaires, vous faites donc bien de vous en servir; mais ne sont-ce point elles qui vous affaiblissent et vous épuisent par la grande transpiration qu'elles produisent? Vous y faites sans doute attention, et vous ne devez prendre conseil que de vous-même. Je vous avoue que le désir que j'ai de vous revoir est bien combattu; si vous étiez incommodé par la fatigue du voyage, que vous tombassiez malade ici, je ne me pardonnerais

---

9. Not explained. Probably a badge or decoration.

10. Vittorio Filippo Ferrero di Biella (1713–77), Principe di Masserano, Spanish ambassador to England (Pompeo Litta, *Famiglie celebri italiane*, Milano, 1819–, iii, tav. v).

pas d'en être l'occasion. Et puis il faut tout dire, je redoute l'ennui que vous éprouverez, je suis pour ainsi dire la seule personne que vous connaissez ici; je vous ai d'abord paru supportable, mais depuis que vous m'avez jugée ridicule vous ne trouverez peut-être plus avec moi aucun agrément, vous serez embarrassé de la conduite que vous devrez tenir. Le changement n'en sera pas aussi facile que celui que vous avez mis dans vos lettres; suppléer par le nom d'amie à celui de *petite* fait peu de différence de mon côté. Je suis parfaitement disposée à vous rendre ma société et ma conversation très faciles, et je n'aurai nul effort à me faire; je souhaite seulement que vous puissiez prendre quelque intérêt à mille et mille choses que je serai en état de vous raconter, et que je ne puis ni n'ai pu vous écrire. Ce n'est pas votre indifférence particulière qui seule me fait prévoir votre ennui, c'est celle que vous avez pour toutes choses. Cependant, en y réfléchissant, j'ai peine à croire que ce ne soit pas une sorte de plaisir pour vous de sentir celui que j'aurai à vous revoir; d'ailleurs vous trouverez l'Évêque de Mirepoix ici, quelque temps que vous puissiez prendre pour y venir; il y restera jusqu'à la fin de novembre. Et puis, ne m'avez-vous pas dit que M. de Richmond devait venir? pourquoi ne vous arrangeriez-vous pas à faire votre voyage avec lui? À son défaut, engagez Lindor, il ne vous sera pas impossible à l'y déterminer. Vous voyez combien je désire que vous ne changiez point d'avis, mais vous ne voyez pas à quel point je crains que ce voyage ne vous soit désagréable.

Le grand-papa a passé trois jours à Paris la semaine dernière. Il est retourné à Chanteloup, il serait, dit-il, fort aise de m'y revoir, et je n'en doute pas, il n'y aura pas la foule comme par le passé.

Ah! j'allais oublier de vous envoyer la traduction que j'ai fait faire des vers de Charles Fox; ils n'ont pas eu un grand succès, et je trouve que vous les admirez un peu trop; marquez-moi laquelle des deux traductions vous trouvez la meilleure, je vous dirai après de qui elle est.

Par Madame la C.[11]

Quand la plus charmante expression est jointe à des traits formés par le pinceau le plus délicat de la nature; quand la rougeur naturelle de la pudeur et des souris sans art expriment la douceur et le sentiment qui résident dans le cœur; quand dans les manières enchanteresses on ne

11. The one here given is at once the most literal and the most elegant (B).

trouve pas le moindre défaut, et que l'âme tient tout ce que le visage avait promis; la philosophie, la raison, l'indifférence même ne doivent se trouver que des boucliers bien faibles pour nous garantir de l'amour.

Dites-moi donc, enchanteresse mystérieuse, oh! dites-moi par quel art étonnant, ou par quel sortilège, mon cœur se trouve si bien fortifié, qu'une fois dans ma vie je suis sage, et que, sans devenir fou, je contemple les yeux d'Amourette: que mes désirs, qui jusqu'à présent n'ont jamais connu de bornes, sont ici bornés par l'amitié et ne demandent rien de plus. Est-ce la raison? Non: toute ma vie démentirait cela; car qui est aussi brouillé que la raison et moi? Est-ce l'ambition qui remplit chaque *crevasse* de mon cœur, et ne laisse aucune place à un sentiment plus doux? Ah! non; car tout le monde doit être d'accord de ceci, qu'une seule folie n'a jamais été suffisante pour moi. Mon âme est-elle trop fortement occupée de ses malheurs, ou relâchée par le plaisir, ou dégoûtée par les variétés? car en cela seul le plaisir et la douleur se ressemblent, l'un et l'autre relâchent les ressorts des nerfs qu'ils ont efforcés. D'avoir senti chaque revers que la fortune peut donner d'avoir goûté chaque félicité que le plus heureux puisse connaître, a toujours été le destin singulier de ma vie, où l'angoisse et la joie ont toujours été en combat. Mais, quoique bien versé dans les extrêmes du plaisir et de la douleur, je ne suis que trop capable de les ressentir encore. Si donc, pour cette seule fois dans ma vie je suis libre, et que j'échappe à un piège qui pourrait prendre de plus sages que moi, c'est que la beauté seule ne charme qu'imparfaitement, car l'éclat peut éblouir, mais c'est la tendresse qui échauffe. Comme on peut avec plaisir admirer l'hiver, le soleil, mais non sentir sa force quoiqu'on loue sa splendeur, ainsi la beauté a de justes droits sur notre admiration; mais l'amour, l'amour seul peut enflammer nos cœurs.

Par Madame N.

Quand le pinceau délicat de la nature a tracé l'expression la plus aimable sur les traits les plus réguliers, quand une rougeur involontaire et un sourire naïf et tendre donnent une forme adorable à la douceur et à la sensibilité, quand on n'aperçoit aucun art dans des manières pleines de grâce et de séductions, et qu'une belle physionomie est l'interprète pur et fidèle d'une âme celeste, alors la philosophie, la raison et l'insensibilité même sont de trop faibles défenses contre la plus violente des passions. Dites-moi donc, dites-moi, mystérieuse enchanteresse, par quel art étonnant ou par quelles paroles magiques m'avez-vous garanti d'un danger inévitable? Comment mes désirs, autrefois si impétueux, sont-ils vaincus et comme enchaînés par les doux sentiments de l'amitié? Ce triomphe n'est pas l'effort de ma raison, je suis depuis longtemps assez mal avec elle, l'ambition même ne peut occuper mon cœur tout entier, car ce n'est point assez pour moi d'une seule folie. L'excès de la douleur ou l'excès du plaisir auraient-ils détruit pour jamais cette sensibilité profonde que j'avais reçue de la nature (et en effet une secousse violente et des frottements réitérés devraient endurcir les âmes comme les corps)? mais si j'ai réuni les extrêmes du malheur et de la félicité, tant de sensations diverses n'ont fait qu'exercer mon âme et la rendre plus susceptible de nouveaux transports. Quelle puissance invisible vient donc me préserver d'un danger qui ferait succomber un sage? Ah! mon cœur m'a révélé ce secret. La beauté charme, les yeux sont éblouis, mais l'amour veut de l'amour, l'âme ne peut s'embraser que par le rapport des sentiments; ainsi nous admirons le disque éclatant d'un soleil d'hiver sans être brûlé par ses rayons.

To Madame du Deffand, Monday 3 July 1775

Missing. Probably written at Arlington Street. Answered, 9 July.

From Madame du Deffand, Sunday 9 July 1775

Memoranda by HW (unexplained; there are other words not perfectly decipherable):

    With K.   £19000
                    300

Ce dimanche 9 juillet 1775.

VOTRE lettre du 3, à laquelle je vais répondre, m'imprime un respect qui glace mes sens, cependant j'en suis contente. Vous me dites que vous êtes sûr que je ne compte sur personne autant que sur vous; j'en conclus que cela doit être, et je n'ai jamais rien désiré par delà. L'amitié que vous avez eue pour Rosette aurait été une vraie passion, si vous aviez eu les mêmes sentiments pour une figure humaine. Pour moi je suis à ma seconde passion de chien, mais elle est moins forte que la première. J'étais le seul objet de Kismi; Tonton, qui lui succède, ne m'aime point uniquement, il veut qu'on le marie, il gémit de ce qu'on le condamne au célibat. De plus il est très volontaire, mais il a beaucoup d'âme et d'esprit, il y a bien peu de chose que j'aime autant que lui. Cependant il a depuis peu un rival, c'est le fils de Wiart, qui n'a que quatre ans et qui m'amuse beaucoup.

Vous allez perdre madame votre sœur[1] et toute sa famille; vous ne

1. Lady Mary Churchill.

me dites point où ils iront après Spa. Pourquoi ne viennent-ils pas ici? Paris est le lieu du monde où l'on fait autant et si peu de dépense que l'on veut. Ils auraient des connaissances et des liaisons tout établies; les Brienne, les Dampierre,[2] et moi, si j'ose me nommer.

Où prenez-vous que mes soupers sont brillants? Ils sont quelquefois trop nombreux, mais ceux qui les composent roulent entre une vingtaine de personnes qui y sont admises une fois pour toutes; vous les connaissez toutes, excepté les diplomatiques, qui sont sujets au changement.

Je suis ravie que vous alliez chez vos cousins,[3] ils me sont très bénévoles, je n'attends que de bons offices de leur part, ils ont le cœur excellent. Je suis bien éloignée de penser que vous les aimiez trop, vous leur devez le plus tendre attachement. J'ai pour eux la plus parfaite estime et, j'ajouterais, beaucoup d'amitié, si c'était un sentiment que je dusse me permettre.

Nous avons ici des nouvelles qui ne seront pas surprenantes pour vous, mais qui le sont un peu pour nous. Monsieur le Duc de la Vrillière donne sa démission;[4] M. de Malesherbes lui succède dans toutes ses places.[5] Voilà notre gouvernement rempli par les philosophes; c'est le règne de la vertu, du désintéressement, de l'amour du bien public et de la liberté. On annonce beaucoup d'économie et d'exactitude à payer ce qui est dû. Depuis le Cardinal de Fleury, il y a eu bien des gouvernements différents; il faut espérer que celui-ci sera un des meilleurs. Enfin, s'il est vrai que vous veniez ici, vous trouverez bien des changements; d'abord dans Saint-Joseph, je ne parle que du local; l'ancien bâtiment, où j'avais un petit logement, a été abattu, et l'on a bâti à la place trois maisons complètes. Les modes ne vous surprendront pas, puisqu'elles ont déjà été portées chez vous: vous devez les avoir trouvées bien surprenantes; je ne comprends rien au récit qu'on m'en fait. Les spectacles ne se sont pas perfectionnés, à ce que j'en entends dire; l'extraordinaire et le baroque dominent en tout genre. Je m'embarrasse peu de tous ces changements; pourvu que vous ne changiez point pour moi, peu m'importe du reste.

2. See *ante* 2 Jan. 1771.
3. HW went to Park Place, 26 July 1775 (HW to Lady Ossory 23 July 1775).
4. As minister of foreign affairs.
5. La Vrillière had been a member of the state council and of the royal council of commerce; he was also commander of the royal orders (*Almanach royal*, 1775, pp. 155, 176, 178).

Voici l'extrait du compliment que M. Gaillard, directeur de l'Académie française, fit au Roi, ces jours passés, à l'occasion de son sacre:

Les principaux devoirs d'un Roi c'est d'avoir toujours présent à l'esprit que la guerre nécessaire est un fléau et la guerre inutile est un crime.

Que les deux plus funestes ennemis de la religion (après l'impiété qui l'outrage) sont l'intolérance qui la ferait haïr, et la superstition qui la ferait mépriser.

Qu'un Roi doit à ses peuples la justice, et des juges dignes de la rendre, et des ministres nommés par la voix publique.

To MADAME DU DEFFAND, ca Tuesday 11 July 1775

Missing. Written at Strawberry Hill. Answered, 16 July.

From MADAME DU DEFFAND, Sunday 16 July 1775

Address: **To Monsieur Monsieur Horace Walpole in Arlington Street near St James's** *London* **Angleterre.**
Postmark: **IY 21.**

Ce dimanche 16 juillet 1775.

POURQUOI me dites-vous de ne vous pas répondre sur-le-champ? L'examen, les réflexions, ne peuvent rien changer à l'impression que me fait votre lettre.[1] À peu d'articles près elle me paraît datée de '66.[2] Jugez si elle peut me déplaire. Ma réponse et ma conduite seront de '75, et vous serez content.

Je sens, comme je le dois, ce que vous faites pour moi, et je serais parfaitement contente sans la crainte que j'ai que vous ne puissiez pas supporter la fatigue du voyage, les incommodités de l'habitation. Voilà ce qui me tourmente, et à tel point que je renoncerais au plaisir de vous revoir si je n'étais rassurée par la connaissance que j'ai de votre bon sens et de votre sagesse. Vous ne vous exposeriez pas à entreprendre ce voyage si vous jugiez ne le pouvoir faire sans danger. Vous connaissez trop ce que je pense pour vous pour croire que je puisse préférer la satisfaction de vous voir au risque du plus grand malheur de ma vie. Si je puis écarter toutes mes inquiétudes et mes

1. HW to D ca 11 July 1775 (missing).   2. D means that it was as affectionate as the letters which HW had written in 1766.

craintes j'aurai le plus grand contentement qu'il est possible d'avoir, et si de votre côté vous êtes sans inquiétude, si toutes vos préventions sont dissipées, que vous soyez persuadé de trouver en moi votre meilleure amie, qui préfère ce titre à tous les bonheurs de la vie, qui n'en désire point d'autres, et qui n'a rappelé le nom de *petite* que par plaisanterie, je serai parfaitement contente, et vous serez aussi content s'il est en mon pouvoir de vous le rendre.

J'accepte, je me soumets à toutes les conditions que vous stipulez, j'y ajouterai même l'oubli du passé, dont il ne faudra pas dire un seul mot.

Voici Wiart qui va vous parler sur votre logement: 'Il ne sera pas possible, Monsieur, que vous puissiez avoir le même logement que vous avez eu les dernières fois que vous êtes venu à Paris; ce logement est loué avec celui qui est au-dessous à l'Archevêque d'Auch[3] pour jusqu'à la fin de l'année; mais M. Bablot m'a promis qu'en cas que vous vinssiez, il vous logerait dans une autre maison qui est à lui et qui donne dans sa même cour, et où vous seriez plus à l'abri d'entendre le bruit de la rue. Dans la première lettre, je donnerai un plus grand détail sur le contenu du logement.'

Et moi j'y joindrai des projets sur la vie que je mènerai pendant votre séjour. Je vais partir dans deux ou trois heures pour Roissy, j'y vais avec Mmes de Beauvau et de Boisgelin, la première ne fera qu'y souper, la seconde et moi nous y resterons et y coucherons deux nuits; nous reviendrons mardi après souper.

Mme de la Vallière m'a beaucoup demandé de vos nouvelles; elle m'a marqué beaucoup de joie de l'espérance que je lui ai donnée de vous revoir, vraisemblablement sa maison sera celle dont nous ferons le plus d'usage. L'Évêque de Mirepoix sera notre compagnie ordinaire; enfin, enfin, tout se passera bien, le ciel nous bénira, nous assistera, et nous serons contents.

To Madame du Deffand, ca Tuesday 18 July 1775

Missing. Written at Strawberry Hill. Answered, 23 July.

3. Jean-François de Chabillard de Montillet de Grenaud (ca 1702–76), Archbishop of Auch, 1742 (*Rép. de la Ga-* *zette*; Pius Bonifacius Gams, *Series Episcoporum*, Ratisbon, 1873, p. 499).

From Madame du Deffand, Wednesday 19 July 1775

Ce mercredi 19 juillet 1775.

CE n'est pas moi, c'est Wiart qui va vous parler.

'J'ai été chez Bablot, Monsieur, vous aurez sûrement votre même logement, il vous prie seulement de vouloir bien lui faire dire le plus tôt qu'il vous sera possible le temps où vous viendrez l'occuper, pour qu'il ne s'engage pas avec d'autres. Vous n'aurez certainement pas le même bruit ce voyage-ci qu'il y a eu à votre dernier; et supposé que le peu de bruit vous incommode, il pourra vaquer des logements chez lui dans son nouvel hôtel qui sont à l'abri de cet inconvénient.'

Je suis arrivée cette nuit de Roissy à trois heures du matin. J'y avais été coucher dimanche. C'est le séjour de la paix. S'il est possible qu'il y ait des gens parfaitement heureux, c'est le père, la mère, et les enfants que je quitte. Je n'y ai trouvé et laissé que Mme de Cambis et deux ou trois complaisants, dont l'un, qui est un Irlandais établi en France, et qui s'appelle O'Kelly,[1] m'a paru assez aimable.

Voilà mes campagnes finies, à moins que lorsque vous serez ici (si en effet vous y venez) vous ne vouliez y passer vingt-quatre heures. Nous irons un dimanche et nous en reviendrons le lendemain lundi, ou le mardi après dîner. Le spectacle de cette famille vous plairait; ils sont huit enfants, l'aînée[2] a vingt ans et le cadet[3] trois. Tous ont des talents selon le degré de leurs âges.

Je ne puis me persuader que je vous reverrai auprès de mon tonneau. Mais si en effet vous venez je puis vous répondre que vous ne vous en repentirez pas. Quelque plaisir que je me fasse de vous revoir j'y renoncerais sans hésiter si la fatigue du voyage, l'incommodité de l'habitation, l'ennui du séjour, pouvaient vous causer le plus petit mal et le plus léger mécontentement. Je n'aime point que vous me parliez de *reconnaissance*, et que ce soit le motif qui vous détermine à venir. Qu'ai-je fait pour vous si ce n'est de vous importuner? Un seul de vos voyages ici et peut-être une seule de vos lettres vous a

---

1. 'Okeli' in MS. Probably Jean-Jacques O'Kelly-Farrell (1749–1800), cr. (1776) Comte O'Kelly; *post* 19 March 1777 speaks of his recent marriage, and Comte O'Kelly married Mlle Galard de Béarn in 1776 (Jean-Baptiste-Pierre Jullien, Chevalier de Courcelles, *Histoire . . . des pairs de France*, 1822–33, iv. 'O'Kelly,' 15). He may be the 'Mr O'Kelly' whom HW met at the Caramans', 3 Sept. 1775 as HW uses 'Mr' for both 'Mr' and 'Monsieur.'

2. Mme de la Fare.

3. François-Joseph-Philippe de Riquet de Caraman, later Prince de Chimay.

plus coûté que tout ce que j'ai jamais fait pour vous. C'est donc moi qui vous suis très redevable; n'en parlons plus.

Je n'ai encore vu personne aujourd'hui, ainsi je n'ai appris aucune nouvelle.

J'aurai ce soir mon souper des mercredis; les Maréchales n'y seront point, l'une est à Sainte-Assise chez Mme de Montesson, l'autre à Auteuil chez l'Idole. Je compte sur douze ou treize personnes. Tout cela est à peu près *comme la question, cela fait passer une heure ou deux;* c'est un trait de comédie.

Je suis ravie d'être chez moi, et surtout de vous y attendre. Adieu.

From Madame du Deffand, Sunday 23 July 1775

Ce dimanche 23 juillet 1775.

VOUS avez vu par ma lettre du mercredi 19 que vous aurez votre ancien logement et que vous pourrez être le maître d'en prendre un autre si vous le jugez plus commode. Wiart vous cherchera un laquais. Voilà un article.

Pour de la vie que vous mènerez vous en serez absolument le maître. Je connais votre timidité, ou pour parler plus juste, le trouble de votre tête. Vous passerez des soirées chez Mme de la Vallière tant qu'il vous plaira. Sa fille est à Bourbonne, et ce n'est pas tant pis. Mme de Luxembourg vous traitera à merveille, vous lui plaisez beaucoup, et depuis quelque temps elle dit qu'elle m'aime; je la vois presque tous les jours. Je vois Mme de Mirepoix plus rarement, mais je ne doute pas que vous n'en soyez content. Je ne puis vous rien dire sur Mme de Jonzac. Je suis bien avec elle, mais nous ne nous voyons guère. Elle est présentement à la campagne[1] de son amie Mme de Broglie, de là elle doit aller à Tillières, ainsi il est possible que vous ne la voyiez point du tout. Mais qui vous verrez beaucoup, ce sera l'Évêque de Mirepoix, à qui je vous ai annoncé, et qui se dispose à vous donner tout le temps dont l'assemblée du clergé le laissera le maître. Il y a un M. Leroy,[2] fils de l'horloger,[3] qui est de l'Académie des Sciences dans la classe des mathématiciens, que je vous ai arrêté

1. Ruffec.
2. Jean-Baptiste Leroy (1719–1800). HW met him several times in August and September (*Paris Jour.*).

3. Julien Leroy (1686–1759).

pour être votre *cicerone;* cela ne veut-il pas dire votre conducteur, votre complaisant? Ce sera votre fait, si je ne me trompe.

Je m'informerai de l'inventaire,[4] il y a longtemps que je n'en ai entendu parler.

Mme de Cambis est à Roissy depuis le mois de mai, elle ne compte en revenir qu'à la fin d'octobre, mais elle fait des courses à Paris. J'ai déjà préparé les Caraman à vous recevoir avec moi, et si cela vous convient nous pourrons passer chez eux deux ou trois jours. Pour les Princes de Bauffremont et de Monaco vous ne les trouverez point; ce dernier est dans sa souveraineté, et le premier est parti d'ici il y a cinq ou six semaines avec sa dame de Boufflers, et peut-être ne reviendra-t-il pas de l'année.

Le grand Abbé, la grand'maman sont à Chanteloup dont ils ne reviendront qu'au mois de décembre. Les Beauvau iront leur rendre visite les premiers jours du mois prochain et reviendront le 14 ou le 15. Le mariage de Madame Clotilde[5] sera pour le 21, il n'y aura point de fêtes extraordinaires si ce n'est la représentation de la tragédie du *Connétable,* dont l'auteur est un nommé M. Guibert, jeune officier; je crois vous en avoir parlé. Si vous êtes curieux de la voir je ne doute pas que vous n'y puissiez parvenir. Vous savez que depuis assez longtemps je donne à souper le mercredi et le jeudi; le mercredi aux Maréchales, à des diplomatiques, à diverses personnes, tantôt les unes, tantôt les autres. Le jeudi c'est une compagnie moins nombreuse, et je suis dans le doute si elle vous plaira, mais ce souper est de nouvel établissement et ne tient à rien, le principal personnage est M. Necker, c'est un fort honnête homme, qui à plusieurs égards vous ressemble, et cependant je ne sais pas s'il vous plaira. Voilà à peu près répondre à toutes vos questions. Soyez sûr que vous ne m'ennuierez pas. Je voudrais qu'il en fût de même de moi pour vous. De quoi je vous prie d'être persuadé c'est que je sens l'excès de votre complaisance, je reconnais ne la point mériter, mais soyez tranquille, je n'en abuserai pas; n'ayons point peur l'un de l'autre, et préparons-nous à nous aborder sans embarras et avec confiance. Vous trouverez un petit chien, un petit enfant, celui-ci est fort doux, l'autre fort méchant, je les aime tous les deux. Vous me ferez plaisir de m'apporter du thé, c'est mon dîner de tous les jours.

M. de Malesherbes est installé dans la place et dans toutes les fonc-

4. Of Mariette's collection (see *post* 2 Nov. 1775).

5. To Charles-Emmanuel, Prince de Piémont.

tions de M. de la Vrillière. Je vais relire votre lettre[6] pour voir si je n'omets rien.

Je n'ai plus de loge, mais Mme Necker me prêtera la sienne tant que je voudrai. Vous ne verrez point Mlle Raucourt, les comédiens l'ont chassée pour ses mauvaises mœurs, et moi je l'aurais chassée pour son peu de talent.

Le Chevalier de Boufflers est à son régiment, il fait de temps en temps de petits voyages ici.

Je voudrais que les Churchill vinssent à Paris pendant que vous y serez. Et les Richmond, ne pensent-ils plus à venir?

Vous devez partir ces jours-ci, suivant ce que vous me mandez, pour aller chez vos parents, et vous serez ici suivant mes calculs, entre le 15 et le 20 d'août, mais je n'en serai bien sûre que quand je vous verrai.

To Madame du Deffand, ca Tuesday 25 July 1775

Missing. Probably written at Strawberry Hill. Answered, 30 July.

From Madame du Deffand, Sunday 30 July 1775

Memoranda by HW (unexplained):

484	327	408½
415	408½	327
69		81½
		69
		12½

Paris, ce 30 juillet 1775.

IL est donc sûr que vous viendrez, vous y êtes déterminé, il n'y a plus que le chapitre des accidents à craindre, il faut espérer qu'il n'en surviendra pas dans l'espace de quinze jours. Vous avez l'air de ne me pas devoir écrire d'ici à votre départ. Vous me dites que vous ne me ferez plus de questions, mais je pense que cela ne veut pas dire que vous ne m'écrirez pas. Je ne pourrais pas répondre à ce que vous me demanderiez, il n'y aurait pas le temps nécessaire.

Il est vrai, Mme de Mézières[1] est morte; je l'avais oublié et je ne me suis fait écrire chez personne.

6. HW to D ca 18 July 1775 (missing).

————

1. Eleonora Oglethorpe (ca 1683–1775), widow of Eugène-Marie de Béthizy, Marquis de Mézières, died at Longwy, 28 June 1775 (*Rép. de la Gazette*).

Monsieur le Comte d'Eu[2] l'est aussi; j'aurai beaucoup de choses à vous conter sur sa succession, elles seraient trop difficiles à écrire, et puis elles ne sont pas encore arrangées.

Le gouvernement de Languedoc est donné à Monsieur le Maréchal de Biron.

Je viens d'apprendre que la sœur cadette de Mademoiselle de Clérembault est morte cette nuit.

Mme de Lauzun est partie ce matin pour aller trouver Madame la Princesse de Poix, qui est aux boues de Saint-Amand.[3] Les Beauvau partent après-demain mardi pour Chanteloup, ils en reviendront vraisemblablement le même jour que vous arriverez à Paris; je suis indécise si je ferai un petit voyage à Roissy avant votre arrivée, ou si je vous attendrai pour y aller avec vous en cas que cela vous plaise; je ne fais aucun projet de conduite ni d'arrangement pour le temps que vous serez ici, je ne ferai que ce que vous voudrez.

On ne louera votre logement que pour huit jours, et c'est bien fait. Votre laquais[4] est arrêté.

Je ne me répandrai pas en remercîments de votre complaisance, soyez sûr que j'en connais tout le prix; il n'y a peut-être que vous qui en puissiez être capable, et je vous dois une grande reconnaissance.

Vous trouverez l'Évêque,[5] avec lequel nous souperons souvent. Enfin, le ciel nous assistera, et votre séjour ici vous paraîtra peut-être supportable; vous vous attendez bien à ne me pas trouver rajeunie, mais fort décrépite.

Si Craufurd vient, à la bonne heure. Mais pourquoi pas les Richmond? Ils vous conviendraient mieux. Et le Selwyn, pourquoi ne vient-il pas?

Vous aurez des loges aux spectacles tant que vous voudrez. Il y a une tragédie du *Connétable de Bourbon* par un jeune homme

---

2. He died 13 July 1775, at Sceaux.

3. Saint-Amand-les-Eaux, near Lille. 'Les boues ont la même odeur et un aspect peu séduisant, mais on s'habitue promptement à tout cela' (Paul-Bénigne Joanne, *Dictionnaire géographique de la France,* 1890–5).

4. In HW's expense account for 1775, the servants to whom wages are paid are Philip, Louis, David, and Brunet. Philip was probably Philip Colomb, who had been in England with HW. David was

probably David Monnerat (d. 1785), who was with HW in Paris in 1771, and who perhaps had been in England with him since then. 'Louis' was probably a slip of the pen, because Philip and David are mentioned together except in one item where 'Louis' occurs instead of 'Philip' (HW's servant when he first came to Paris was Louis). Therefore the footman who is now being hired is probably Brunet (*Paris Jour.*).

5. De Mirepoix.

nommé Guibert, qu'on doit jouer à Versailles le 26;[6] M. de Beauvau vous la fera voir, et il aura soin de vous bien placer, et ne vous quittera pas à moins qu'il ne soit obligé d'être auprès du Roi, ce qui n'est pas vraisemblable parce que ce n'est pas son quartier.

Il y a longtemps que je n'ai vu M. de Presle, je le verrai d'ici à votre arrivée et je m'informerai de Mme d'Olonne.

Je compte que vous aurez parlé de moi à vos parents, et que vous me direz beaucoup de leurs nouvelles; je m'intéresse infiniment à votre nièce royale, je lui crois beaucoup de mérite et qu'elle vous aime beaucoup.

Je me fais un plaisir de vous présenter mon petit garçon et mon petit chien, celui-ci est toujours amoureux et méchant, il maigrit tous les jours, vous ne le trouverez point joli. L'enfant vous plaira assez.

Je vous écrirai encore dimanche 6 parce que vous recevrez ma lettre plusieurs jours avant votre départ.

From Madame du Deffand, Saturday 5 August 1775

Paris, ce samedi 5 août [1775].[a]

VOUS dispensez donc vos parents de m'écrire en leur disant qu'ils font assez pour moi en vous envoyant?[b] Quelle présomption! quelle vanité! Quoi! vous croyez que je fais plus de cas de vous que d'une lettre d'eux! La politesse m'oblige à vous le laisser croire: je souscrirai à tout ce que vous me prescrivez.

Je renoncerai sans peine à aller coucher à Roissy, je n'ai nulle envie de me déplacer; je devais y aller souper hier, j'avais si mal passé les deux nuits précédentes que je n'en eus pas la force; j'ai été encore plus incommodée cette nuit, mais tout ira bien.

Je crois, Dieu me pardonne! que je m'intéresse plus à votre Amérique que vous. Vous vous imaginez ne vous soucier de rien, et c'est de quoi je doute; il faudra bien, quand vous serez ici, que vous vous souciiez de quelque chose, car je vous jure que je ne me soucierai de rien pour vous; c'est-à-dire, de vous faire faire une chose plutôt qu'une autre; vous serez totalement libre de toutes vos pensées, pa-

6. HW saw it then (*Paris Jour.*).

———

a. Date of year added by HW.

b. 'Indeed, I have found my dear old woman so well, and looking so much bet-

ter than she did four years ago, that I am transported with pleasure, and thank your Ladyship and Mr Conway for driving me hither' (HW to Lady Ailesbury 20 Aug. 1775).

roles et actions; vous ne me verrez pas un souhait, un désir qui puisse contredire vos pensées et vos volontés; je saurai que M. Walpole est à Paris, il saura que je demeure à Saint-Joseph, il sera maître d'y arriver, d'y rester, de s'en aller, tout comme il lui plaira; et comme je passe de très mauvaises nuits, que je me lève fort tard, il sera pour moi comme s'il était à Strawberry Hill jusque sur les quatre heures.

Je pourrai avoir encore une de vos lettres, mais pas en réponse à celle-ci, du moins je l'espère.

En vérité je suis inquiète de votre voyage. J'en crains la fatigue. Je vous ai ouï dire que le passage ne vous était pas contraire, mais la voiture, mais les cabarets. Enfin, vous le voulez bien, il faut espérer que vous ne vous en repentiez pas, et que je n'aurai point à me reprocher d'être et d'avoir été l'occasion qu'il vous arrive le moindre mal.

Savez-vous que Milady Marie Coke est ici? Je fus tout étonnée mercredi dernier de recevoir sa visite,[1] je la retins à souper. Elle me dit que vous partiez le 14, vous m'avez mandé le 15.[2] J'imagine que je vous verrai le 18,[3] ce sera un vendredi, jour que Mme de Luxembourg prétend lui être funeste, et que vous rendrez pour moi très heureux, car il faut bien l'avouer, je serai fort aise de vous revoir.

Ce dimanche.

Je soupai hier au soir à Saint-Ouen chez les Necker; j'y menai la Maréchale de Luxembourg, l'Évêque de Mirepoix et la Sanadona; j'y trouvai l'Idole et sa belle-fille. Tout cela soupera chez moi mercredi prochain; j'aurai peut-être seize ou dix-sept personnes; le lendemain neuf ou dix. J'ai besoin de m'étourdir cette semaine. Je soupe ce soir chez Mme de Mirepoix. Elle sera fort aise de vous revoir. Mme de Luxembourg prétend aussi vous aimer beaucoup. Les

---

1. 'Madame du Deffand was likewise at home, and invited me to supper which I accepted, I carried her a fan. She asked what the mount was, whether there were no birds; the Mademoiselle who lives with her assured her there were none. She was glad of it, birds in a fan-mount portended quarrels and trouble. She was told there was nothing in the fan I had given her but what signified peace and plenty—whether this was pleasantry or superstition I can't tell you. I played at whist and did nothing. She gave us an excellent supper but I did

not *eat* much. She was surprised Mr Walpole had not wrote her word of my coming, (I am not) he had acquainted her of his niece the Duchess of Gloucester being gone abroad and of her being with child. That I could have expected, but that he should have mentioned me would have been a surprise' (MS Journal of Lady Mary Coke, 2 Aug. 1775).

2. HW left London 16 Aug. 1775 (*Paris Jour.*).

3. He arrived 19 Aug. 1775 (ibid.).

Necker et la dame de Marchais sont brouillés. Je ne sais si ces nou-velles connaissances vous plairont; le Necker a beaucoup d'esprit, il ne s'éloigne pas de vous ressembler à quelques égards. La dame Marchais vous fera manger de très bonnes pêches;[4] son ami,[5] qui est directeur des bâtiments, lui fournit toutes sortes de fruits en abon-dance, elle m'en fait une très grande part. Je me fais un plaisir du jugement que vous porterez de quantité de personnes que vous n'avez jamais vues; je crois que nous serons fort d'accord.

Je vis hier M. de Presle; je lui parlai de Mme d'Olonne. Il ne croit pas que l'inventaire se fasse sitôt.

Vous aurez des loges aux deux Comédies;[6] vous serez très mécon-tent de nos spectacles. Je ne sais si j'irai à Roissy avant votre arrivée, ce qui est de certain c'est que je ne vous proposerai point d'y aller. J'aurais voulu que votre nièce royale eût passé par Paris. Je suis fâ-chée que les Churchill aient changé d'avis, j'aurais été bien aise qu'ils eussent passé quelques jours ici; ç'aurait été pour vous une ressource.

Peut-être ne vous ennuierez-vous pas autant que je le crains.

From Madame du Deffand, Sunday 20 August 1775

Missing. Written the morning after HW's arrival in Paris (see HW to Lady Ailesbury 20 Aug. 1775).

From Madame du Deffand, Thursday 12 October 1775

Entirely in Colmant's hand.
Address: À Monsieur Monsieur Walpole à Paris.
Postmark: None. Sent by hand.

ADIEU, ce mot est bien triste; souvenez-vous que vous laissez ici la personne dont vous êtes le plus aimé, et dont le bonheur et le malheur consistent dans ce que vous pensez pour elle. Donnez-moi de vos nouvelles le plus tôt qu'il sera possible.

4. She gave him red and white lilies (ibid.).

5. Charles-Claude Flahaut (1730–1809), Comte de la Billarderie d'Angiviller, who married Mme de Marchais in 1781. See his *Mémoires,* ed. Louis Bobé, Copen-hagen, 1933.

6. Perhaps the *Misanthrope* and *L'An-glais à Bordeaux,* which HW saw 30 Aug. 1775. Marie-Antoinette was there (*Paris Jour.*). D may be referring, on the other hand, to two theatres: the Comédie-Fran-çaise and the Comédie-Italienne.

Je me porte bien, j'ai un peu dormi, ma nuit n'est pas finie; je serai très exacte au régime, et j'aurai soin de moi, puisque vous vous y intéressez.

Ce jeudi à 6 heures.[1]

To Madame du Deffand, Thursday 12 October 1775

Missing. Written at Clermont, the night of HW's departure from Paris. Answered, 13 Oct.

From Madame du Deffand, Friday 13 October 1775

Paris, ce 13 octobre 1775.

J'AI autant d'impatience de vous savoir à Londres que j'en aurais de votre arrivée à Paris. La fatigue du voyage, la crainte du passage, me troublent, et avant dimanche en huit je ne serai point tranquille.

Je ne vous parlerai point de notre séparation, je n'aurais rien à vous apprendre, vous n'ignorez pas ce que je pense. Je vous rendrai compte de tout ce que j'ai fait depuis. La première visite que j'ai reçue hier a été le Caracciolo, à qui j'appris que les Beauvau souperaient chez moi; il n'a pas manqué d'y venir. Je vis plusieurs personnes dans l'après-dîner. Le soir j'eus à souper les Beauvau, Mmes de Boufflers et de Cambis, le Craufurd, l'Évêque de Mirepoix et le Caracciolo. Craufurd nous quitta de bonne heure pour aller chez Milady Spencer; je le chargeai de lui proposer à souper pour ce soir, il m'écrivit qu'elle l'avait accepté, et qu'elle lui avait dit que le Roi venait de donner une pension de vingt mille francs à la Maréchale du Muy;[1] il lui en avait donné dix à son mariage, ce qui fait trente, et huit qu'elle a de douaire cela fait trente-huit. Elle a de plus la jouissance d'une très jolie maison à l'Arsenal[2] qui avait été bâtie et ornée pour feu l'Archevêque de Cambrai. Mais si l'on retient les trois dixièmes sur les pensions comme c'est l'usage, les trente mille livres de rente seront reduites à vingt et un.

Dans ce moment qu'il est trois heures je reçois votre billet de Cler-

1. The day of HW's departure from Paris (*Paris Jour.*).

1. Her husband had died 10 Oct. 1775.
2. On the Quai des Célestins (*Dict. de Paris*).

mont.[3] Pourriez-vous douter que je ne sois contente? J'aurai tout le soin de moi que vous pouvez désirer, l'espérance de vous revoir en doit persuader. Je suis très fidèle au régime, je n'ai mangé que du potage et des œufs brouillés hier au soir; il est vrai que ma nuit n'en a pas été meilleure, je n'ai point dormi et j'ai eu beaucoup d'étourdissements; je verrai Bouvart cet après-dîner. J'ai pris un bouillon suivant vos ordres. Enfin, n'en doutez pas, j'ai envie de vivre.

Le petit Craufurd se plaignait hier un peu plus qu'avant-hier, mais il fut de bonne humeur; je l'aurai ce soir et j'espère tous les jours; j'aurai Milord et Milady Spencer, l'Idole, le Mirepoix, le Fréjus,[4] que vous ne connaissez pas, M. de Loménie,[5] peut-être quelqu'autre que je ne prévois pas. Je vous écrirai tous les jours en manière de journal, et je continuerai tant que cela ne vous ennuiera pas. Vous ne vous attendez pas à des lettres amusantes, ce n'est pas mon genre; si j'en reçois de jolies de l'Abbé je vous les enverrai, je vous manderai tout ce que je saurai, j'observerai à la lettre tout ce que vous me prescrirez. J'ai commencé aujourd'hui, j'ai pris un petit bouillon. De votre côté, mon ami, informez-moi de tout ce qui vous regarde, et rendez-moi aussi heureuse qu'il est possible que je le sois étant séparée de vous.

Ce samedi 14.

J'eus hier la compagnie que je vous avais nommée, excepté le Loménie, qui fut remplacé par Milord Althorpe,[6] disais-je bien son nom? C'est le fils des Spencer. La Milady[7] fut très agréable, l'Idole, accueillante et sublime, la Vicomtesse[8] polie et complaisante. Elle chanta tant qu'on voulut parfaitement et très agréablement.

Notre ministre n'est point encore nommé.

Je vis hier Bouvart, sur certains petits détails que je lui fis de mon état, il m'avait ordonné une petite emplâtre de vésicatoire au bras droit; j'y avais consenti, mais toutes réflexions faites je n'ai pu m'y résoudre, je ne sais comment il prendra cette désobéissance; je vous aurais consulté si vous aviez été ici. Ma nuit a été moins mauvaise

3. HW to D 12 Oct. 1775 (missing).

4. Emmanuel-François de Bausset de Roquefort (d. 1802), Bishop of Fréjus, 1766 (Pius Bonifacius Gams, *Series Episcoporum*, Ratisbon, 1873, p. 552).

5. Paul-Charles-Marie (1738–86), Marquis de Loménie (*Rép. de la Gazette*). 'Proche parent de M. de Loménie de Brienne, Archevêque de Toulouse; il fut dans la suite chef de brigade dans les gardes du corps' (note by Bishop of Rodez).

6. Corrected by HW from Wiart's 'Holtrop.' George John Spencer (1758–1834), Vct Althorpe, 2d E. Spencer, 1783.

7. Lady Spencer.

8. De Cambis (HW).

que la précédente, un peu plus de sommeil et moins d'étourdissements.

J'ai pris à une heure le petit bouillon, j'ai dormi par dessus. Il est
actuellement près de quatre heures, vous devez être bien près de
Calais.

Le Craufurd se porte mieux, il fut hier de la plus belle humeur.

Ce dimanche 15.

Vous êtes dans ce moment[9] en pleine mer, et moi en grande peine.
Je n'aurai de vos nouvelles qu'après-demain au plus tôt; elles ne
m'apprendront point ce que vous aurez souffert du passage, ce ne
sera que d'aujourd'hui en huit que j'en aurai des nouvelles. Je m'attribue toutes vos fatigues, et je m'afflige de ce que je mets dans votre
vie plus de mal que de bien. Vous ne faites pas le même effet dans la
mienne, et malgré toutes les circonstances qui s'opposent à mon bonheur, celui de vous avoir pour ami suffit pour me rendre heureuse et
me donne le courage de tout supporter.

Je n'ai point repris le sommeil, à cela près je me porte bien, mes
forces augmentent de jour en jour.

J'eus hier beaucoup de monde à souper, nous étions douze; les
Beauvau, les Luxembourg, Mmes de la Reynière et de Cambis, MM.
de Gontaut, Necker, Loménie. Je ne me suis couchée qu'à trois
heures, et endormie entre huit et neuf. Il en est trois et je viens de
prendre le petit bouillon. J'ai des projets d'abstinence pour le soir,
qui puissent me conduire petit à petit à quitter le souper pour le
dîner; mais c'est peut-être trop vous parler de moi. Ne suivez pas la
règle que vous m'imposez, parlez-moi toujours de vous, que je puisse
être au fait de votre état et de vos dispositions présentes; enfin rap-
prochez-vous de moi autant qu'il vous sera possible.

Le petit Craufurd souffrait hier au soir, il eut froid pendant le souper, ce qui lui fit revenir des douleurs de goutte. J'ai oublié d'envoyer savoir de ses nouvelles. Il passera la soirée chez moi avec Mme
de Roncherolles et de Cambis.

Nous n'avons point encore de ministre de la guerre, l'opinion et le
vœu général est pour M. de Castries.[10] On croit que cela ne se décidera que dans quinze jours ou trois semaines, mais il ne serait pas
impossible que ce fût dès aujourd'hui.

---

9. HW embarked that day at 4 p.m.   10. Saint-Germain was appointed (*post*
(*Paris Jour.*).   25 Oct. 1775).

Voilà une lettre qui ne vous causera pas le même plaisir que celles du grand Abbé, je n'en ai reçu aucune de Chanteloup depuis votre départ. J'en espérais une d'Abbeville aujourd'hui, mais j'en aurai apparemment lundi ou mardi une de Calais.

Adieu, mon ami. Bouvart est content de moi, il me pardonne ma désobéissance sur les vésicatoires.

From Madame du Deffand, Wednesday 18 October 1775

The beginning and end of this letter are in Colmant's hand. The part from 'à 3 heures et demie' to 'jeudi à 6 heures du matin' is in Wiart's hand.

Ce mercredi 18e octobre, à 6 heures du matin [1775].[a]

JE me flattais que vous m'écririez d'Abbeville, et que je recevrais hier un petit billet; apparemment que vous n'avez pas pu. Savez-vous quel est mon plus grand regret après celui de votre départ? C'est que vous ne soyez pas mon père. Si vous m'aviez élevée, si vous preniez soin de moi, je serais aussi parfaite que la nature permet de l'être. Votre raison m'en impose, vous avez soumis mon imagination; je ne trouve rien à opposer à vos conseils; je suis persuadée que vous ne pouvez jamais avoir tort, quand même je m'aperçois de quelque refroidissement; je crois que c'est ma faute et qu'il ne tient qu'à moi de n'avoir point à m'en plaindre.

Je prends tous les jours, suivant votre ordonnance, un petit bouillon; je voudrais bien que le sommeil fût soumis à vos ordres, et que vous voulussiez me l'envoyer; malgré l'exactitude de mon régime je ne saurais dormir, ce qui retarde le retour des forces.

Je fus hier avec Mme de Cambis souper au Carrousel, il n'y avait que la mère, la fille et la Maréchale d'Armentières.[1] Le petit Craufurd ne voulut point y venir, parce qu'il passait la soirée chez les Spencer, qui partent aujourd'hui. Il se porte beaucoup mieux. Il est très aimable, il a deux coquettes qui méritent mieux ce titre que moi, qui le tiennent en belle humeur. La plus âgée[2] part demain pour Fontainebleau. Les Beauvau y vont aujourd'hui. On prétend

a. Date of year added by HW.

1. Marie-Charlotte de Senneterre (1750–94), m. (1770) Louis de Conflans de Brienne, Maréchal d'Armentières; she was guillotined in the Reign of Terror (Woel-mont de Brumagne ii. 234). HW has expanded 'Maréchale' from Wiart's 'M.'

2. Mme de Roncherolles, l'autre était Mme de Villegagnon (HW).

qu'il est question d'établir un conseil[3] comme du temps de la Régence, composé de maréchaux de France, de lieutenants-généraux, de maréchaux de camp. C'est une opinion qui n'est pas générale. On ne parle plus de gens de robe; on nomme M. de Castries, le Baron de Breteuil, M. du Châtelet. Je dis à cela *devine si tu peux, et choisis si tu l'oses.*

Adieu à tantôt, apparemment que j'aurai de vos nouvelles; j'en suis, je vous assure, fort inquiète, et vous n'avez pas fait un pas que ma pensée ne vous ait accompagné.

À 3 heures et demie.

Me voilà dédommagée de ma mauvaise nuit, non parce que j'ai un peu dormi cet après-midi, mais parce qu'à mon reveil j'ai reçu deux de vos lettres, qui me confirment bien dans la ferme résolution que j'ai dû prendre de ne jamais douter de vous. Je ne suis pas mécontente de votre route, cependant vous ne me dites mot de votre santé, de votre sommeil. C'est dimanche que j'ouvrirai votre lettre avec précipitation; il faisait beau dimanche passé, la mer a dû être de bonne humeur. Ma santé ne va point mal; cependant l'insomnie subsiste. Je n'attrape le sommeil que sur les neuf heures au plus tôt; j'ai toujours la tête étonnée et des étourdissements dans mon lit; quand après m'être mise à mon séant je pose ma tête sur mon chevet, il me semble qu'elle tombe en arrière. Cela ne dure qu'une ou deux secondes. Mme de la Vallière, qui me questionna hier sur ces étourdissements, prétend que ce sont des nerfs, je le crois aussi; elle en a souvent, qui sont à peu près pareils. Poissonnier n'est point de retour, Bouvart continue ses soins. Il m'a ordonné tous les jours avant mon souper douze gouttes de Stoughton,[4] dont je me suis trouvée avoir une phiole qu'il faut que j'aie depuis plus de trente ans; il en a goûté, il l'a trouvé bon.

Je ne puis vous mander de nouvelles, je n'ai vu personne depuis hier au soir. Ce soir j'aurai neuf ou dix personnes; les Maréchales, Mmes de Cambis et de Loménie, l'Évêque de Mirepoix et son neveu,[5] M. de Stainville, qui est de retour de Lorraine. Je ne fer-

---

3. Instead of a minister of war.

4. An 'élixir stomachique,' made chiefly from absinth (*La grande encyclopédie*). 'Pharmacopœia Empirica or List of Nostrums and Empirics' (GM xviii. 348, Aug. 1748) lists it as bitters for the stomach, sold by Mr Stoughton of Bath for 1*s*.

5. Abbé de Brixarre (HW). He was more probably the Abbé de Cambon whom HW met in Paris four times in 1775 (*Paris Jour.*), who was made vicar-general of Toulouse, abbot of Eannes, and prior of Friardel (*Rép. de la Gazette*).

merai ma lettre que demain matin, et j'y ajouterai ce que j'apprendrai. Le pied du petit Craufurd va fort bien et sa tête aussi, je crains qu'il ne reste pas longtemps.

J'avais écrit ce matin[6] à la grand'maman. Je lui parle de vous et je donnais toute licence à l'Abbé pour recommencer ses gazettes quand il lui plairait. Il se trouve que j'en ai reçu une en même temps que vos lettres, elle n'est pas aussi gaie que les autres; il y a cependant quelques traits assez jolis, mais pas assez pour que je hasarde de vous l'envoyer.

Ne sachant que lire, j'ai repris les lettres de Bussy; les deux premiers volumes sont la correspondance de lui et de Mme de Sévigné. Les lettres de cette dernière sont charmantes, on ne pourra jamais lui comparer personne, c'est un genre qui n'a point eu de modèle et qui n'en peut servir.

Mme de la Vallière me combla d'amitié, elle m'embrassa dix fois, il y en avait pour le moins cinq qui parurent être une manière de reproche à sa fille[7] de sa froideur pour moi, qui était moitié affectation et moitié décontenancement. J'avais parié avec Mme de Cambis sur ce qu'elle me dirait; Mme de Cambis pariait qu'elle ne me dirait rien et moi qu'elle me ferait quelque compliment; je crus avoir perdu, mais après une demi-heure de silence je gagnai mon pari, elle me dit qu'elle était venue chez moi, elle me parla de vous, me fit tout le détail de son voyage, de sa visite à Voltaire, etc., etc.

Adieu, mon ami, à dimanche.

Jeudi, à 6 heures du matin.

L'insomnie n'est pas complète, j'ai déjà dormi deux heures et je n'en resterai pas là, à ce que j'espère; ma journée d'hier a été tranquille. Mon petit bouillon passe bien, on oublia hier les gouttes de Stoughton, ce n'est pas un grand malheur. J'eus trois personnes de moins à souper, le Craufurd en fut un, il resta avec Mme de Roncherolles qui va aujourd'hui à Fontainebleau. La cour ne produit aucunes nouvelles. Je prévois une grande désertion la semaine prochaine, presque toutes mes connaissances s'éparpilleront, et ne reviendront qu'à la Saint-Martin.

Ne manquez pas de parler beaucoup de moi à M. Conway et à Milady, vous savez quels sont mes sentiments pour eux. N'oubliez pas

6. D to Mme de Choiseul 18 Oct. 1775   7. Duchesse de Châtillon (HW).
S–A iii. 201.

mes remercîments à Mme Damer, et de savoir d'elle combien je lui suis redevable.[8]

Il y a dans la dernière lettre de l'Abbé mille tendresses pour vous.

From MADAME DU DEFFAND, Monday 23 October 1775

Entirely in Colmant's hand.

Ce lundi 23 octobre 1775.

QUINZE heures[1] en mer, une nuit sans vous coucher, voilà ce dont j'ai été l'occasion; des marques de votre souvenir dans tous les lieux où vous vous êtes arrêté, voilà ce que je ne puis pas assez reconnaître.

Enfin vous êtes arrivé en bonne santé, vous jouissez du plaisir de revoir vos amis. Ne perdez point le souvenir de ceux que vous avez quittés, ni les espérances que vous leur avez données.[1a]

Ma santé se fortifie tous les jours. Je vis du plus grand régime, je prends tous les jours le petit bouillon, en votre mémoire.

Bouvart m'a ordonné des gouttes de Stoughton; vous me ferez plaisir de m'en envoyer une petite bouteille. Votre ambassadeur ne refusera pas de me l'apporter. Je ne suis pas absolument quitte de mes étourdissements, ni de certaines vapeurs noires; il me semble que tout ce qui s'est passé depuis le 19 d'août soit un rêve, dont le souvenir ne peut s'effacer, et qui fait regretter que ce soit un songe. Le Craufurd partira, à ce qu'il dit, dans le cours de cette semaine, il se porte mieux. Son pied est encore faible. Je lui ai dit ce qu'il en coûtait à la douane de Douvres pour les porcelaines. Il voudrait bien faire reprendre aux marchands celles qu'il a achetées.

Les Beauvau sont à Fontainebleau; les Maréchales vont au Raincy aujourd'hui. Celle de Luxembourg en reviendra samedi; nous irons souper à Saint-Ouen. J'y fus avec elle samedi dernier. C'était ma seconde sortie, j'avais soupé le mardi au Carrousel. Je soupai hier chez Mme de la Reynière, à qui je dis que vous la trouviez la plus belle femme de France; en conséquence elle vous croit l'homme du plus grand mérite; elle est au désespoir de votre départ, et elle ne doute pas que si vous revenez jamais ici que sa maison ne soit celle qui vous

8. For the fans (see *post* 26 Nov. 1775).

——

1. 'Above fourteen hours' (*Paris Jour.*).
1a. Probably hopes of his returning, but

HW to Conway 27 Nov. 1774 says that his visit in 1775 would probably be his last trip to Paris.

conviendra le mieux. Je l'ai bien laissée dans cette persuasion. Je dois souper après-demain mardi chez l'Idole avec Mme de Cambis et le Craufurd. Nous souperons chez moi le mercredi, et le jeudi le Craufurd doit m'amener les Grenville.[2]

Point de ministre de la guerre; on reviendra de Fontainebleau le 16. Voilà l'article qui me regarde, et celui de mon pays coule à fond. Venons à vous, je vous félicite et je partage votre joie d'être au milieu de vos amis; j'ai reçu un billet de M. Conway, il m'a fait un grand plaisir. J'y répondrai l'ordinaire prochain. J'espère que les affaires du Général Cholmondeley[3] étaient en assez bon ordre pour que le choix qu'il a fait de vous ne vous donne pas beaucoup de soin et d'embarras; j'aurais voulu qu'il eût laissé une rente viagère à Mme Cholmondeley, si elle perd son mari elle mourra de faim. Malgré ses torts, malgré ses défauts, elle est intéressante et aimable; je suis véritablement fâchée de ce que le Général ne lui a rien laissé. Je compte lui écrire incessamment. J'espère recevoir encore de vos nouvelles mercredi prochain. Vous devrez avoir bien des choses à m'apprendre. Adieu.

To Madame du Deffand, ca Tuesday 24 October 1775

Missing. Probably written at Arlington Street. Answered, 29 Oct.

From Madame du Deffand, Wednesday 25 October 1775

In Wiart's hand up to 'Ce jeudi à 6 heures du matin'; finished by Colmant.

Ce mercredi 25 octobre 1775.

IL n'y a point de courrier, ce qui me déconcerte. Je comptais apprendre aujourd'hui des détails de ce que vous auriez fait, de ce que vous auriez vu. Lindor a écrit à Wiart que vous aviez envoyé chez lui à votre arrivée pour lui faire savoir de mes nouvelles. De plus, j'ai

2. Henry, his wife and daughter (HW). Henry Grenville (1717–84), m. (1757) Margaret Banks (d. 1793); their daughter Louisa (1758–1829) m. (1781) Charles, 3d E. Stanhope (Arthur Collins, *Peerage*, ed.

Brydges, 1812, ii. 418–19, iv. 179; GM 1793, lxiii. pt i. 581). They were in Paris during HW's recent visit (*Paris Jour.*).

3. Gen. James Cholmondeley, brother of HW's brother-in-law, nominated HW an

vu votre ambassadeur, il arriva lundi à dix heures du soir; il était parti le vendredi,[1] il n'avait point pu vous voir. Peut-être le courrier n'est-il que retardé, j'espère une lettre demain. Le petit Craufurd doit partir, mais je préfère de vous écrire par la poste. Sa tête est bien mal rangée et ne se rangera jamais; c'est dommage, car il est aimable; mais je suis bien persuadée, ainsi que vous, qu'il ne peut y avoir de liaisons solides qu'entre les gens raisonnables.

Je soupai hier chez l'Idole; le Prince[2] y vint manger sa soupe sans se mettre à table; il alla se coucher tout de suite; il me paraît bien malade.

Le Duc d'Orléans se porte mieux.

La nouvelle d'hier était que M. de Saint-Germain[3] était ministre de la guerre; il est Franc-Comtois. Il avait commencé par être lieutenant de milice, était parvenu à être lieutenant général; des dégoûts prétendus ou vrais l'avaient fait quitter notre service; il était entré dans celui de Danemark; des banqueroutes, jointes au changement du ministère, l'en avaient fait sortir et revenir en France, où par des représentations, des sollicitations, il avait obtenu une pension de douze mille francs; je saurai ce soir si la nouvelle est véritable.

J'ai enfin vu Mme Grenville, je lui donnerai à souper jeudi. Elle est de facile entretien, et pourra m'être de ressource. Vous savez que je ne puis être seule. Pourquoi ne m'avez-vous jamais parlé d'un M. Chute qu'on dit être votre ami intime?

Je reçois dans le moment une lettre de M. de Caraman, de Fontainebleau, qui m'apprend la nomination de M. de Saint-Germain. Peut-être vous écrirai-je demain par M. Craufurd; sinon, adieu jusqu'à dimanche.

Je me porte bien.

N'oubliez pas de payer Mme Damer.

Je n'ai su ce que je vous disais en vous priant de m'envoyer une petite bouteille de Stoughton par votre ambassadeur; cela était impossible, je n'en suis nullement pressée, j'en ai certainement pour plus

---

executor of his will, but HW did not accept (HW to Lady Ossory 21 Oct. 1775). The date of his death is variously given: 10 Oct. (*London Magazine*, 1775, p. 546), 13 Oct. (*Scots Magazine*, 1775, p. 582; *London Chronicle*, 17 Oct. 1775, xxxviii. 374), and 14 Oct. (*St James Chronicle*, 16 Oct. 1775). HW dates his death 13 Oct. in *Paris Jour*.

1. 'Yesterday about noon the Right Hon. Lord Viscount Stormont set off from his house with a grand retinue for Dover, where he will embark for France' (*Public Advertiser*, Saturday, 21 Oct. 1775).

2. De Conti.

3. Claude-Louis (1707–78), Comte de Saint-Germain.

de cinq ou six mois. Apportez-la moi vous-même, et elle me fera encore plus de bien que je n'en peux désirer et attendre.

> Ce jeudi, à 6 heures du matin.

Je ne doute pas que M. Craufurd ne parte aujourd'hui, mais je ne puis m'en remettre à lui, pour vous porter cette lettre, il prétend cependant qu'il arrivera plus tôt que la poste; mais je ne puis prendre aucune confiance en lui. Je compte que le courrier qui manqua hier arrivera aujourd'hui, il sera le bien arrivé s'il m'apporte une lettre.

Je ne sais rien de nouveau sur M. de Saint-Germain, sinon qu'il a soixante-cinq ans, qu'il est estimé des troupes; on le dit fort dévot. On croit que M. de Malesherbes a infiniment influé dans ce choix.

Il y a aujourd'hui quinze jours que vous êtes parti, ce sont deux semaines de moins sur ma vie; je consentirais à en retrancher bien d'autres. Mme de Cambis, qui se conduit très bien avec moi, m'a fait promettre de vous dire mille choses de sa part; je voudrais que vous puissiez m'écrire quelque chose pour elle, pour Mme de Luxembourg, et pour Mlle Sanadon que je pusse leur faire lire.

Adieu, il faut faire mettre ma lettre à la poste.

To Madame du Deffand, Saturday 28 October 1775

Missing. Written at Arlington Street. Answered, 10 Nov.

From Madame du Deffand, Sunday 29 October 1775

> Paris, ce dimanche 29 octobre 1775.

ENFIN, voilà de vos nouvelles.[1] J'en espérais plus tôt, parce que je croyais que vous m'écririez par la poste du vendredi 20. Vous ne pouviez recevoir de mes nouvelles que ce jour-là parce qu'étant parti le jeudi 12 la poste ne partait que le lundi 16.

Vous savez actuellement que j'ai reçu tous vos billets, et cette lettre-ci sera le cinquième volume de mon journal. Ce ne sera pas le dégoût que je trouverai à l'écrire qui en empêchera la continuation, mais la disette de faits et une sorte de crainte de vous fatiguer. Notre chose publique ne vous intéresse guère, et la mienne particulière vous déplaît; vous me l'avez dit; mais cependant cela ne m'arrêtera pas, et je vous parlerai de moi avec confiance, quand ce sera de ma santé et de ce que je fais. En supprimant ce que je pense, ce que je

1. HW to D ca 24 Oct. 1775.

sens, et les détails domestiques, vous ne me gronderez point. J'ai reçu depuis votre départ une lettre pleine d'amitié de votre cousin; j'y ai répondu; j'ai fort envie d'apprendre que vous les avez vus.

Le petit Craufurd partit jeudi, il comptait qu'il serait à Londres demain lundi; il avait le projet de m'écrire de Calais en cas qu'il ne s'embarquât pas sur-le-champ. Son départ m'a fait quelque peine, mais pas bien forte. Je suis plus philosophe que ne l'était Madame la Duchesse du Maine,[2] je commence à pouvoir me passer des choses dont je ne me soucie pas.

Je vous ai mandé la nomination de M. de Saint-Germain. Si j'étais diserte comme Mme de Sévigné, je vous ferais de beaux récits. Je vous dirais qu'il arriva jeudi au soir, qu'il débarqua à l'auberge, qu'il soupa, que M. de Maurepas l'y vint voir, que le Roi remit au lendemain à le voir, qu'il l'a vu vendredi matin. C'est vous dire tout; mais j'y joindrais les circonstances qui ne vous feraient rien, et que je n'aurais pas le talent de rendre agréables et intéressantes. Je crois que le choix de cet homme ne déplaît à personne, excepté à ceux qui étaient ses ennemis particuliers, et que tous les autres, surtout les prétendants à la place, à leur défaut l'auraient nommé; que le Maréchal de Contades[3] aime mieux que ce soit lui que MM. de Castries, de Broglie, de Vogüé,[4] de Poyanne, du Châtelet, de Breteuil, etc., etc.; et chacun de ceux-là pense de même pour tous les autres. Ce qui est de singulier, c'est que j'ignore encore si l'on a fait quelques changements, et si l'on n'a pas séparé l'artillerie et quelque département de province; quand je le saurai, je vous le manderai.

Il y a eu très peu de monde à Paris toute la semaine dernière, presque toutes mes connaissances étaient éparpillées. Les Maréchales étaient au Raincy; cependant le mercredi j'eus douze ou treize personnes, Mme de la Reynardière[5] en était une, les Strogonov,[6] la Comtesse de Boufflers, Mme de Cambis. Le jeudi j'en eus neuf ou dix; le Necker, deux Évêques, d'Arras et de Mirepoix, trois Grenville. Je pense que ceux-ci seront à côté de M. Leroy, lequel n'est point encore de retour.

2. See *ante* 17 Dec. 1770.
3. Louis-Georges-Érasme (1704–93), Marquis de Contades.
4. Charles-François-Elzéar (1713–82), Marquis de Vogüé.
5. See *post* 3 Nov. 1776 note 6.
6. Alexander Sergeievitch Strogonov

(1734–1811), m. (2) (ca 1770) Catherine Petrovna Troubetskoi (1744–1815); they spent many years in Paris (Nicholas, Grand Duke of Russia, *Le Comte Paul Strogonov*, Paris, 1905, i. Chap. i). HW had twice met Mme Strogonov in Paris in the previous month (*Paris Jour.*).

Je soupai hier à Saint-Ouen; j'y menai la Maréchale, parce qu'étant revenue le matin du Raincy, elle ne voulut pas faire faire à ses chevaux un second voyage, et moi, qui ai beaucoup de considération pour mes petites juments,[6a] je ne voulus pas leur faire traîner tant de monde, je pris des chevaux de remise. La compagnie que nous trouvâmes était les Strogonov, M. d'Albaret, l'Abbé Raynal et Marmontel, qu'on engagea après le whisk à nous faire la lecture d'une pièce de six cents vers sur l'éloquence; il y a quelques traits assez beaux, mais cependant rien n'est plus ennuyeux.

Je suis dans l'indécision sur ce que je ferai ce soir; irai-je chez Mme de la Reynardière ou chez Mme de la Vallière? Je ne me sens d'attrait ni pour l'une ni pour l'autre; la disposition du moment décidera. Demain je soupe chez Mme Rondet, et en cas que j'aille aujourd'hui chez Mme de la Vallière je ne sais pas ce que je ferai mardi, ce mardi sera pour elle si je n'y vais pas aujourd'hui.

J'eus hier la visite de Milady Henriette.[7] Mme de Cambis et elle prirent leur thé chez moi; je leur donnerai à souper d'aujourd'hui en huit, et j'y inviterai Milady Barrymore;[8] vous me l'avez ordonné.

Il faut actuellement que je vous parle de ma santé. Je me porte assez bien le jour, les nuits ne sont pas de même; je ne suis point absolument quitte des étourdissements, mais comme ils sont courts et sans douleurs je m'y accoutume et je n'en suis point inquiète. Bouvart me rend de fréquentes visites, et ne m'ordonne rien. J'ai repris l'usage de ma casse, je fais peu de fautes contre le régime et je pense à moi le moins que je peux. Mes journées se passent sans que j'en regrette la fin; excepté les jours de poste rien n'arrive où je fasse attention.

Vous aurez eu de moi cinq lettres en dix-huit jours. Que cette abondance ne vous fasse point de peur, je reprendrai le train de tous les huit jours. Adieu.

To Madame du Deffand, Monday 30 October 1775

Missing. Written at Arlington Street. Answered, 8 Nov.

6a. D's two black short-tailed mares were described as 'hors d'âge' in 1780 (Appendix 2).

7. Lady Harriet Stanhope.

8. Lady Amelia Stanhope (1749–80), sister of Lady Harriet Stanhope, m. (1767) Richard Barry, 6th E. of Barrymore. She had been in Paris during HW's recent visit (*Paris Jour.*).

From Madame du Deffand, Thursday
2 November 1775

Ce jeudi 2 novembre 1775.

JE ne comptais point recevoir de lettres hier; j'appris sans chagrin qu'il y avait un courrier et qu'il n'y avait rien pour moi, c'était dans l'ordre; mais le soir je fus fort fâchée et fort inquiète de toutes les nouvelles que l'on débita. On prétendit que M. d'Aranda avait reçu un courrier qui venait d'Angleterre, qui lui apprenait qu'un ancien shérif, dont j'ai oublié le nom, s'était approché de la personne du Roi comme il entrait au Parlement, et qu'il avait dit au premier officier de ses gardes de ne pas songer à s'opposer à l'entreprise que l'on allait exécuter, qui était d'enlever le Roi et de l'enfermer dans la Tour. Je vous laisse à juger si dans un pays tel que le nôtre cette nouvelle doit paraître absurde; je crois que vous me le trouverez moi-même en daignant la répéter, et en osant vous la raconter; mais quand on s'est permis une sottise, il ne coûte plus rien d'en y ajouter une autre. Je me suis donc rappelé que pendant votre séjour ici, je vous avais raconté que j'avais rêvé qu'il y avait une conjuration en Angleterre; ce rêve m'est revenu dans l'esprit. Moquez-vous de moi, et s'il y a, non pas une conjuration, mais quelque chose qui ait donné occasion à cette prétendue nouvelle, mandez-le-moi.[1]

J'aurai ce soir les Grenville et peut-être M. Saint Paul; c'est ce qui me fait vous écrire dans ce moment, parce qu'ils pourront peut-être me fournir une occasion de vous faire tenir cette lettre. Sinon elle ne partira que lundi, et j'y ajouterai la réponse à celle que je recevrai de vous dimanche. Le frère de Couty doit arriver demain, s'il vous a fait savoir son départ vous auriez pu m'écrire par lui.

Notre ministre de la guerre a beaucoup de succès; cela ne vous fait pas grand'chose ni à moi non plus. Je m'étonne quelquefois de l'inutilité de ma vie, et du peu de différence qu'il y a entre moi et Tonton. Je crois qu'il n'y a que M. Gudin qui soit dans l'enchantement de son existence; pour moi, je suis bien éloignée d'y trouver du plaisir, je ne sais qu'en faire; cependant il n'est pas naturel, ou, pour

---

1. Stephen Sayre, banker, and former sheriff of London, was arrested on a charge of high treason brought by Francis Richardson, an American, adjutant of the Guards. Sayre was accused of trying to bribe Richardson to help him seize George III and the Tower of London. He was later released, and brought suit against Lord Rochford for illegal imprisonment (see HW to Mann 28 Oct. 1775; *Annual Register* xviii. 239–43, xix. 53–5, xx. 210; 1775, 1776, 1777).

mieux dire, il n'est pas raisonnable de ne pas savoir employer le temps, surtout quand il en reste bien peu. Vous savez en faire usage, vous avez des goûts en abondance qui vous tiennent lieu d'occupations.

Depuis votre départ je n'ai point vu Mme de Marchais, elle a toujours été à Fontainebleau. Je crois que je la verrai demain, je lui parlerai de vos graines de lis.

Je n'ai point vu non plus M. de Presle. Je n'ai point oublié que je lui dois dire de ne pas mettre l'enchère sur M. Bassan[2] le brocanteur. Si vous avez quelques instructions à me donner sur l'inventaire de Mariette ne différez pas, puisque vous prétendez qu'il se doit faire à la fin du mois.

Je vais passer cinq jours de suite sans sortir. Que n'êtes-vous ici? Cela me conviendrait bien.

Ce vendredi.

Nous fûmes hier treize à souper. J'avais prié M. de Saint Paul, un mal de dent l'empêcha de venir. Les Grenville avaient reçu des lettres, et nous avons aujourd'hui notre gazette, qui confirme ce que je ne croyais qu'un faux bruit. J'attends dimanche avec impatience, j'espère que vous m'apprendrez ce que je dois croire et penser de tout ceci.

Je reçus hier une lettre de Calais du petit Craufurd, elle est datée du lundi 30. Il avait trouvé à Calais Milord et Milady Spencer, qui y étaient depuis dix jours à attendre le moment favorable pour le passage. Il allait s'embarquer, et il me promettait de m'écrire de Londres le vendredi 3 qui est aujourd'hui; il n'en fera rien sans doute. Je ne serais pas étonnée de ne plus entendre parler de lui de ma vie. Jamais sa tête ne s'arrangera, il ne se repaît que d'illusions, cette manière d'être réduit toutes ses bonnes qualités à rien. Je préfère de beaucoup votre solidité, quoique souvent elle vous rende un peu froid et dur; mais il n'y a jamais de décompte et vous tenez pour ainsi dire plus que vous ne promettez.

J'ai ce soir la dame Marchais, et la Duchesse de Boufflers, sœur de la Comtesse de Broglie. Vous ne l'avez point vue dans votre dernier voyage, elle était à la campagne avec sa sœur chez l'Évêque de Noyon. L'Évêque et les deux sœurs sont de mes amis, le nœud de

---

2. HW had twice visited Bassan, and had had one call from him, in Paris, 1775 (*Paris Jour.*). He was perhaps Pierre-François Basan (1723–97) the engraver (T–B; Lazare Duvaux, *Livre-Journal*, 1873, i. xcvi, cvi).

cette liaison est le petit Comte;[3] celui-ci est à Metz, dont il est commandant et ne reviendra qu'à la fin du mois prochain. J'aurai demain à souper mon Prince, qui revient, dit-il, de Fontainebleau pour me voir; joignez-y la rentrée de l'Académie qui est pour ce jour-là, et vous serez parfaitement au fait de ce petit voyage. Il retournera dimanche à la cour, son épouse et lui en reviendront tout à fait le dimanche 12, lendemain de la représentation de *Menzikoff.* On nous dit hier que M. de Maurepas avait été saigné pour prévenir la goutte dont il croit être menacé. Mme de Luxembourg doit aller dimanche au Val, près de Saint-Germain, maison de campagne de Mme de la Marck, dont elle ne reviendra que mercredi pour souper chez moi. J'aurai demain avec M. de Beauvau les deux Maréchales, Mme de Lauzun et Mme[3a] de Mirepoix. Mme de Cambis est au Raincy, elle en reviendra dimanche pour passer la soirée chez moi avec les Miladys Barrymore et Henriette.

Voilà tout pour aujourd'hui. Vous absorbez toutes mes autres correspondances. Il faut cependant que j'écrive à Chanteloup[4] par M. de Brienne qui doit y aller lundi et y passer huit jours. Son frère l'Archevêque[5] se porte un peu mieux, mais il a dans la tête plus de projets que moi.

Ce samedi.

Je serais tentée de vous parler de ma santé parce que je suis en colère de la nuit que je viens de passer, pour avoir fait à peu près la même faute que l'âne dans *Les Animaux malades de la peste,*[6] mais je ne veux ni vous ennuyer et encore moins vous inquiéter, et en effet il n'y a pas sujet de l'être.

Je passai hier la soirée avec Mme de Marchais. Vous aurez vos graines de lis au retour de Fontainebleau. Ne voudriez-vous point avoir son portrait, vêtue comme elle l'était hier, en Polonaise, galonnée d'argent, toute prête à danser sur la corde? Oh! c'est une bonne femme, mais bien ridicule, et l'on[7] en est amoureux, cela est ineffable! Je la mettrais sur un écran comme on y met l'*Afrique* et l'*Amérique,* et au bas de sa figure: *Esquisse du goût du règne de Louis XVI.* Elle continue à me donner les plus belles poires et les plus beaux raisins; mais comme je n'y tâte pas, cela diminue mes

3. The Comte de Broglie, the Bishop's brother.

3a. Probably a mistake for 'M.'

4. D to Mme de Choiseul 4 Nov. 1775, S–A iii. 205.

5. De Toulouse.

6. La Fontaine, *Fables* vii. 1.

7. The Comte de la Billarderie d'Angiviller.

scrupules du peu de goût que j'ai pour elle. Mais savez-vous ce que j'aime encore bien moins qu'elle? C'est Mme de Scudéry:[8] c'est une femme odieuse; je crois vous avoir déjà écrit qu'elle quêtait l'amitié comme une quêteuse de paroisse. Je me meurs de peur que mes lettres qui vous ont tant choqué, ne ressemblent aux siennes; si cela est, brûlez-les toutes et qu'il n'en reste aucun vestige.

Je me rappelle que je ne vous ai point parlé de Pompom, ni de Tonton; Pompom se porte mieux, il tousse beaucoup moins. Tonton est malade depuis quelques jours; nos incommodités se ressemblent.

M. de Maurepas fut saigné du pied avant-hier, il a la goutte aux genoux.

La soirée d'aujourd'hui et votre lettre de demain feront la suite de celle-ci. Je vais essayer de dormir, mais je ne l'espère pas.

Ce dimanche, à 4 heures.

Ah! je ne m'y attendais pas; point de courrier; ce qui joint à point de sommeil ne me met pas de belle humeur. Je ne suis pas bien depuis deux jours, je redouble de régime, nous verrons ce que cela produira.

Mon petit chien est malade. J'espère demain de vos nouvelles. Si je n'en ai pas, il faudra prendre patience.

To MADAME DU DEFFAND, ca Tuesday 7 November 1775

Missing. Probably written at Arlington Street. Answered, 12 Nov.

From MADAME DU DEFFAND, Wednesday 8 November 1775

Address: To Monsieur Monsieur Horace Walpole in Arlington Street near St James's *London* Angleterre.
Postmark: NO 20.

Paris, ce mercredi 8 novembre 1775.

N'AYEZ point peur, je ne prétends point vous écrire deux fois la semaine, mais il faut vous dire que votre lettre du 30, que j'aurais dû recevoir le 5, ne me fut rendue qu'hier 7 de ce mois.

8. Bussy's correspondent.

Dans l'intervalle j'avais lu dans la gazette que l'on avait envoyé dans tous les ports de mer des ordres de ne laisser embarquer qui que ce soit, jusqu'à ce que le gouvernement eût levé cet embargo.[1] Je croyais que je ne recevrais plus de vos nouvelles. Cette crainte fut dissipée hier, mais il m'en reste une autre. La lettre dont vous me parlez, que vous avez confiée à quelqu'un que vous ne me nommez point, ne m'a point été rendue. Si je savais le nom de celui qui en a été chargé, je pourrais m'informer dans les hôtels garnis s'il est arrivé. Nous avons eu aujourd'hui des nouvelles de Couty, il est à Boulogne et sera demain ici. J'espère que votre lettre ne sera pas perdue et qu'elle m'éclaircira plusieurs articles de votre lettre d'hier.

Je vous remercie de votre attention pour toutes mes connaissances et amis, j'ai déjà fait lire à Mlle Sanadon et à Mme de Cambis leurs articles. Mme de Luxembourg entendra le sien ce soir. Je puis vous dire avec vérité que vous êtes regretté de tous ceux qui vous ont vu.

La cour revient le 16, les Beauvau la précéderont de quelques jours.

Je vous ai mandé que vous auriez votre graine de lis. Si vous voyiez le petit Craufurd, dites-lui que je lui écrirai incessamment.

Poissonnier est de retour, cela m'est indifférent, on ne peut avoir moins de confiance que j'en ai dans les médecins et la médecine. J'ai toujours des étourdissements. Il m'arrive du monde. Adieu.

From Madame du Deffand, Friday
10 November 1775

Address: To Monsieur Monsieur Horace Walpole in Arlington Street near St James's *London* Angleterre.
Postmark: NO 20.

Ce vendredi 10 novembre 1775.

COUTY arriva hier à neuf heures du soir, et je reçus votre lettre du 28 en sortant de table. Je m'étonnai de n'avoir pas compris ce que voulait dire la défunte.[1] Serez-vous obligé de payer ses dettes? Sont-elles considérables? Je sais bien que Mme Cholmondeley a eu quelque chose en mariage, mais elle en a, je crois, mangé la meilleure partie, et si elle n'a rien d'assuré en viager, elle mourra à l'hôpital.

---

1. Perhaps D refers to the embargo on gunpowder and saltpetre ordered by the English government, 27 Oct. 1775 (*London Chronicle* xxxviii. 418, 30 Oct. 1775).

1. Catherine Day, natural daughter of Sir Robert Walpole, had died 21 Aug. 1775 aged 51 (*Paris Jour.*).

Vous avez donc cru pendant quelques moments que j'avais négligé de vous écrire? Mais après, vous vous êtes bien moqué de vousmême, et vous vous êtes bien dit que vous n'aviez pas telle chose à craindre avec moi, mais bien le contraire. Je n'ai point reçu la lettre pour votre nièce,[2] à qui l'avez-vous confiée?

Notre *Gazette* d'aujourd'hui parle de votre cousin; il paraît en grande intelligence avec Milord Shelburne; il me semble qu'ils ne se conviennent guère;[3] vous me ferez beaucoup de plaisir de m'informer de votre chose publique et des choses particulières intéressantes pour vous et les vôtres. Notre ministère à nous autres est tout écloppé; le Maurepas est revenu à Paris pour un rhumatisme goutteux. Le Turgot devait y revenir pour une franche goutte; mais on m'a dit ce matin qu'il resterait à Fontainebleau jusqu'au départ du Roi; on prétend qu'il a trois grands projets auxquels il veut travailler sans relâche.

Ce samedi.

Je fus hier toute la journée dans mon lit; je vis peu de monde: Milady Henriette, qui ne parle point; les Grenville soupèrent chez moi; ce sont de bonnes gens, mais pas fort agréables, le mari est pesant, la femme causeuse. J'avais les deux Maréchales, Mme de Boisgelin et l'Évêque de Mirepoix. Je donnai votre sucre candi, dont on vous remercie, ainsi que l'Évêque de son tricot.

Ce dimanche, à 2 heures.

J'attends le facteur, s'il n'arrive point je fermerai ma lettre. Je ne me porte point bien, je n'ai point dormi, j'ai de la fluxion dans la tête, et l'enrouement et plus d'étourdissement que jamais; cet état m'ennuie, il me rend incapable de tout, même de vous écrire.

Voilà le facteur, il m'apporte vos lettres.[3a] Vous serez exactement obéi. La lettre de votre Anglais[4] m'est envoyée de Senlis, je craignais beaucoup qu'elle ne fût perdue. Elle sera demain à la poste. Ne me laissez point ignorer aucune de vos nouvelles.

Je ne vous questionnerai point, puisque vous me le défendez; mais trouvez le moyen de m'apprendre ce qui vous intéresse. Vous savez

2. Probably the Duchess of Gloucester, then on the Continent.

3. 'Conway, void of factious principles and connected with neither the Rockingham nor Shelburne squadrons, became nevertheless the principal instrument of their success' (*Last Journals* ii. 406).

3a. HW to D ca 7 Nov. 1775 (missing).

4. Perhaps William Pars (see *post* 15 Nov. 1775).

que le Maurepas et le Turgot ont la goutte; l'un est parti de Fontainebleau, l'autre en partira; ce qui fait dire à M. de Bièvre⁵ que nos ministres *s'en vont goutte à goutte.*

Les Maréchales sont parties pour Sainte-Assise, celle de Luxembourg n'en reviendra pas sitôt.

Je voudrais savoir des nouvelles de votre neveu autrement que par les gazettes.

To MADAME DU DEFFAND, Monday 13 November 1775

Missing. Probably written at Arlington Street. Answered, 19 Nov.

From WIART, Wednesday 15 November 1775

Paris, ce 15 novembre 1775.

ON est venu m'avertir hier, Monsieur, qu'un graveur anglais[1] et qui a été autrefois valet de chambre de Milord Palmerston, était chargé de plusieurs lettres de recommandation de votre part pour Paris, dans lesquelles il y en avait une pour Madame. J'imagine que cette lettre était pour moi, et que c'était la commission du papier à meuble[2] dont vous parlez dans une de vos lettres.[3] Cet homme est désolé, il a perdu sa malle entre Chantilly et Paris, et par conséquent toutes les lettres qu'il avait, ainsi que ses effets; il a fait toutes les recherches possibles et jusqu'à présent elles ont toutes été infructueuses. Il a cependant encore quelque espérance de retrouver sa malle. Mais en cas que la lettre soit perdue voulez-vous bien, Monsieur, me donner de nouveaux ordres que j'exécuterai sur-le-champ?

Madame a été un peu enrhumée ces jours-ci, son rhume va mieux, il y a encore de temps en temps des étourdissements.

Je suis avec un profond respect, Monsieur, votre très humble et très obéissant serviteur,

WIART

5. Georges-François Mareschal de Bièvre (1747–89), Marquis de Bièvre (Gabriel Mareschal de Bièvre, Comte de Bièvre, *Le Marquis de Bièvre*, 1910).

1. William Pars (1742–82), who was going to Rome on a student's pension from the Society of Dilettanti (HW to Mann 14 Nov. 1775).

2. Not explained.

3. Missing.

From Madame du Deffand, Sunday
19 November 1775

Ce dimanche 19 novembre 1775.

FAITES attention à la date de mes lettres, et vous verrez que je réponds sur-le-champ aux vôtres. Par exemple celle que je reçois aujourd'hui dimanche 19 du mois est du lundi 13, et vous ne recevrez celle-ci que samedi 25. Le plus tôt qu'on a la réponse ne peut être qu'au bout de douze ou treize jours pour le plus tôt, ainsi il est impossible quand on répond à des nouvelles que cela ne paraisse pas un rabâchage; et quand on veut rappeler ce qu'on a dit dans ses lettres précédentes on n'y comprend plus rien. Dans la lettre[1] à laquelle vous avez répondu le 13 et que je reçois aujourd'hui, je vous avais parlé d'un rêve que je n'avais point fait; c'était pour vous faire entendre ce que je ne voulais pas vous dire plus clairement; mais vous avez la tête remplie de trop de choses pour que les unes n'effacent pas les autres.

Vous me faites grand'peur; mais je n'ai ouï dire à personne que nous protégerons l'Amérique;[2] je ne le crois pas, mais je suis bien ignorante, ainsi cela ne prouve rien. Je ne puis vous mander que des nouvelles de société; il est bien vraisemblable qu'à Londres on ne se soucie guère de ce qui se passe à Paris. Qu'est-ce que cela vous fera de savoir que je soupai hier chez Mme de Caraman, qui est de retour de Roissy? que j'aurai ce soir Mme de Gramont, les Beauvau, des diplomatiques, des Évêques, et une comédienne nommée Mme Suin,[3] que M. de Beauvau veut me faire entendre? que demain je souperai chez Mme de Mirepoix, qui doit revenir de Sainte-Assise, que j'y mourrai peut-être de froid?

Le Chevalier de Boufflers est ici; je trouve qu'il a pris de l'esprit de province; il fronde et a l'air de mépriser ce qu'il désirerait, auquel il ne parvient pas; il a plus de talent que de discernement, de tour et de finesse que de justesse; en vérité, à l'examen, il y a peu d'esprits dont on soit et dont on puisse être parfaitement content.

1. *Ante* 2 Nov. 1775.
2. The American Congress had considered sending ambassadors to France, but had decided to form a secret committee to correspond with European sympathizers (William E. H. Lecky, *History of England*

in the 18th Century, New York, 1878–90, iii. 494).
3. Marie-Denise Vriot, (1742–1817), m. Nicolas Suin (Grimm xi. 211, March 1776; *L'Intermédiaire des chercheurs et curieux* xliii. 815–6).

La vente de Mariette est commencée, j'ai vu M. de Presle, il ne mettra point l'enchère sur Bassan. Celui-ci ne doit-il pas m'apporter les emplettes qu'il aura faites pour vous?

Je savais l'aventure de votre peintre, Wiart vous en a écrit;[4] on va lui envoyer votre lettre.

D'où vient ne me dites-vous pas un mot de M. Conway, de la Milady et du prix des éventails?

Mme de Marchais me promet toujours de la graine de lis. Je la verrai mardi, je lui en parlerai encore.

Les Necker vont revenir à Paris. Votre ambassadeur me recherche assez; c'est des diplomatiques celui qui me plaît le plus. Le Caracciolo est un braillard; et pour les Allemands, ils ne me plaisent guère.

Si j'étais avec vous, je vous conterais mille bagatelles, mais la peine de les écrire et le peu d'attention que vous y apporteriez me les font supprimer.

L'on m'avait dit que votre neveu l'Altesse Royale était hors d'affaire,[5] mais j'attendais votre lettre pour le croire; je vous en fais mon compliment et j'en suis ravie.

Nos ministres se portent bien. Il n'en est pas de même de Tonton, il a pris médecine ce matin; son humeur est pire que jamais, et son amour pour moi augmente chaque jour, je l'aime après qui vous savez plus que toute chose au monde. Ma santé va bien, j'ai moins d'étourdissements et quand j'en aurais davantage qu'est-ce que cela ferait, ils ne causent point de douleurs, et il n'y a que cela que je crains? Je les crains autant pour vous que pour moi, ainsi je vous prie, n'oubliez rien pour vous garantir de la goutte.

Je ne saurais trouver un certain plaisir à vous écrire, parce qu'il me semble que c'est un temps perdu pour vous que celui que vous donnez à me lire; chez vous le dégoût est tout à côté des mouvements de la plus grande sensibilité. On est comme on est, on n'est pas plus maître des sentiments qu'on a, des impressions qu'on reçoit, que de tousser, d'éternuer, etc. Ainsi on a tort de rien exiger de personne, on n'en peut obtenir que des *semblants*. Tout ce que je désire, c'est de vous revoir. Adieu.

4. See *ante* 15 Nov. 1775.

5. The Duke of Gloucester had been seriously ill in Italy.

To Wiart, ca Sunday 19 November 1775

Missing. Sent with samples of paper. Probably written at Arlington Street. Answered, 26 Nov.

To Madame du Deffand, Tuesday 21 November 1775

Missing. Probably written at Arlington Street. Answered, 26 Nov.

From Madame du Deffand, Sunday 26 November 1775

In Colmant's hand up to 'à 3 heures'; finished by Wiart.

Ce dimanche 26e novembre, à 6 heures
du matin.

IL y a en vérité un long intervalle d'un dimanche à l'autre; et encore a-t-on à craindre que le vent ne le rende plus considérable. Les courriers dans cette saison manquent souvent d'arriver; je prévois cet accident pour aujourd'hui, et comme j'ai des nouvelles à vous dire, cette lettre partira indépendamment de celle que j'attends de vous.

Ce n'est point de la graine qu'il faut pour avoir des lis, ce sont des oignons. Mme de Marchais m'a dit qu'elle avait fait partir à votre adresse une caisse qui en contient vingt-quatre, douze qui seront entièrement couleur de rose et douze autres couleur de rose et blanc.[1] Elle a confié cette caisse à un Anglais[2] de sa connaissance qui lui a assuré affirmativement qu'elle vous sera fidèlement et promptement rendue. Mme de Marchais prétend que vous la recevrez presque en même temps que cette lettre.

On fait l'inventaire de Mariette.[2a] Mme d'Olonne ne sera vendue que tout à la fin, à ce que croit M. de Presle, qui ne le croit que par conjecture, car il ne va point à l'inventaire.

Je vous ai envoyé par une occasion que m'ont fournie les Grenville quatre boîtes de sucre d'orge; si vous trouvez que c'est trop vous le distribuerez aux enrhumés de votre connaissance.

1. 'Red and white lilies from Mme Marchais' (Paris Jour.).

2. Not identified.

2a. HW's copy of the catalogue of Mariette's collection was in 2 vols 8vo, 1775 (see A Catalogue of the Collection of Scarce Prints, Removed from Strawberry Hill, 13–23 June 1842, N° 1154).

Nos ministres ont toujours la goutte, cependant on me dit hier que M. Turgot retournait aujourd'hui à la cour. M. de Maurepas n'est point encore en état d'y aller, il a les pied trop enflés et douleureux. On nous annonce une grande quantité d'édits pour la diminution des impôts.

Tout Chanteloup sera ici le dix du mois prochain; le grand Abbé préviendra de quelques jours. Milady Henriette part ce soir ou demain matin avec monsieur son père. On dit qu'elle va se marier à M. Foley.[3] Vous me manderez ce qui en sera. Elle prit hier du thé chez moi avec Mme de Cambis laquelle a, je crois, toute sa confiance; je crois qu'elle avait quelque crainte que l'ambassadeur[4] n'arrivât, ce qui aurait bien pu être, car il me voit assez souvent.

M. Leroy m'a fait promettre de vous parler de lui et de ses regrets d'avoir été absent pendant votre séjour ici. Ne tardez pas à m'apprendre la réception des oignons, dussiez-vous enfreindre la règle des sept jours.

Il faut vous dire un mot de ma santé. Elle est bonne, quoique les insomnies et les étourdissements soient à peu près de même. Je prends tous les jours du Stoughton avant souper, par ordre de Bouvart, et par votre ordre un petit bouillon, que je coupe avec de l'eau, à une ou deux heures après midi. Je continue à donner à souper chez moi le mercredi et le jeudi. Le jour des Necker est changé, c'est le lundi au lieu du samedi. J'aime de plus en plus le petit Pompom. Tonton augmente de méchanceté et de passion pour moi; il ne se porte point bien, on lui donne force lavements, pour lesquels il n'a point de répugnance.

Voilà à peu près tout ce que je puis vous mander. Si je ne reçois point de lettre celle-ci partira telle qu'elle est sans y rien ajouter.

Monsieur le Prince de Conti est dans un pitoyable état.

À 3 heures.

Voilà votre lettre[5] du 21. Vous voyez que j'avais répondu d'avance à presque tous les articles.

Vous ne voulez donc point me dire ce que je devais à Mme Damer pour les éventails. Je n'ai point reçu la lettre dont vous aviez chargé

3. Hon. Thomas Foley (1742–93), 2d Bn Foley, n.c., 1777, m. Lady Harriet Stanhope, 20 March 1776.

4. Lord Stormont had been rejected by Lady Harriet.

5. Missing.

le peintre. J'avais dit qu'on allât lui demander s'il avait eu des nouvelles de son vol, et l'on n'en a rien fait.

Wiart reçut votre lettre[6] avec les échantillons de papier par la petite poste, il a exécuté vos ordres; on travaille à vos papiers, on les lui a promis pour le commencement du mois.

Je ne doute point du mariage de Milady Henriette, non plus que de la confiance qu'elle a en Mme de Cambis; celle-ci cultive bien plus ses amies anglaises que les françaises. Je suis avec elle, ainsi qu'avec tout le monde, comme vous m'avez vue. Nous devons aller ensemble aujourd'hui faire une visite à l'Idole; j'irai ensuite souper chez Mme de la Reynière.

Je ne consulte point Poissonnier, je m'en tiens à Bouvart, ou pour mieux dire je ne consulte personne. J'ai bien dormi cette nuit, et je n'ai guère été éveillée que le temps où je vous ai écrit.

Si vous avez été content de Texier[7] jugez de ce que j'ai pu l'être, moi pour qui l'illusion doit être bien plus forte. Je voudrais que vous eussiez entendu l'*Indigent,* cette pièce m'a fait cent fois plus de plaisir que le *Mariage de Julie.*[8]

Je suis fâchée de l'accident de la Marquise de Blandford.[9] Je ne me souviens pas que vous m'ayez jamais parlé d'elle. Ce que vous me mandez de votre chose publique me fait plaisir, et ce que vous me dites de votre cousin m'en fait encore davantage. Votre lettre est un peu écourtée, vous attendez à la dernière extrémité pour écrire, c'est-à-dire au jour du départ de votre courrier.

Le mariage de Milady n'est point un secret, tout le monde ici en parle. Elle a l'air d'être fort contente.

Je ne trouve point que le Bièvre ressemble à Lindor, le Bièvre n'est qu'un polisson, et Lindor est, comme vous dites, *une bête inspirée.*

Bonjour, je vais me lever.

Le Craufurd ne m'écrit point, je n'en suis point surprise.

Mes lettres sont bien longues en comparaison des vôtres, c'est que moi je n'ai rien de mieux à faire.

6. HW to Wiart ca 19 Nov. 1775 (missing).
7. See HW to Lady Ossory 23 Nov. 1775.
8. Comedy by Saurin (*Soleinne*).
9. Maria Catherina de Jong (ca 1697– 1779) m. (1) (1729) William Godolphin, M. of Blandford; m. (2) (1734) Sir William Wyndham, 3d Bt; she had broken her hip, 21 Nov. 1775 (HW to Lady Ossory 23 Nov. 1775).

From MADAME DU DEFFAND, Monday 4 December 1775

Entirely in Colmant's hand.

Ce lundi 4, à 6 heures du matin.

LA poste commence à être fort irrégulière, je ne reçus point de lettre hier, vraisemblablement elle arrivera aujourd'hui, mais il m'est bien plus agréable et plus facile de vous écrire quand j'ai à vous répondre; vos lettres me rapprochent de vous; je crois que vous m'écoutez, que vous m'entendez, je sais où vous êtes, mais quand je n'ai point de vos nouvelles, je ne sais où vous prendre; il me semble que je fais un monologue, et ils ne sont supportables que sur le théâtre; cependant quoiqu'il en soit, je ne veux point enfreindre la règle des huit jours.

Je vous préviens que si la lettre que j'attends aujourd'hui exige quelque réponse, je vous écrirai encore mercredi. Attendez-vous à cette licence, préparez-vous et n'en soyez point surchargé, il ne vous en coûtera pas une ligne de plus; vous en serez quitte pour quelques minutes de temps perdu, celui que vous mettrez à me lire. Après ce préambule il faut vous dire quelque autre chose. Malgré les insomnies et les étourdissements, qui subsistent toujours un peu, je me porte bien d'ailleurs, je prends tous les jours votre bouillon d'ordonnance, je m'en trouve bien. Mes journées sont très remplies et vont l'être encore davantage par l'arrivée de mes parents; ils partent samedi, ils seront ici dimanche. Je souperai avec eux ce jour-là chez Mme de Gramont. Ma vie en apparence est fort remplie, mais moi je sais que ce n'est que du remplissage; il n'y que l'intérêt que l'on met aux choses qui leur donne de la consistence et de la solidité; tout ce qui est dénué d'intérêt n'est que bouteille de savon, lanterne magique.

J'ai reçu une lettre de Voltaire,[1] il y avait huit ou dix mois que notre correspondance était suspendue; le bruit courait qu'il était chargé d'une commission de finance, qu'on l'avait fait marquis. Sans le croire je priai d'Argental de lui dire de ma part ce vers de l'opéra d'*Atys:*[2]

Atys, comblé d'honneurs, n'aime plus Sangaride.

1. Voltaire to D 26 Nov. 1775, Voltaire, *Œuvres* xlix. 426.

2. Quinault, *Atys* IV. i; D has substituted 'plus' for 'point.'

Il y a répondu par un autre vers de l'opéra de *Thésée*:[3]

> Églé ne m'aime plus, et n'a rien à me dire.

Voilà de grandes bagatelles, il y a bien loin de cela à vos affaires d'Amérique.

Pompom est plus gentil que jamais, et Tonton plus passionné et plus méchant, et moi pour le moins autant votre amie.

Voilà des vers sur l'Abbé Terray:

> Peu délicat dans le choix du moyen,
> Sans foi, sans loi, sans pudeur, sans paroles,
> Comme le mal il aurait fait le bien;
> Son intérêt fut toujours sa boussole.

To Madame du Deffand, Monday 11 December 1775

Fragment, quoted by D in her reply, 17 Dec. 1775. Probably written at Arlington Street.

VOICI les tricots pour Monseigneur de Mirepoix.[1] Cela fera une caisse considérable. Il y a dix-huit pièces de trois couleurs selon ses ordres, qui coûtent quarante-huit livres sterling, treize schellings.

From Madame du Deffand, Monday 11 December 1775

Ce lundi 11 décembre 1775.

VOUS avez tort de conclure sur ce que je vous avais mandé que vous ne devrez pas remettre à me répondre au moment où votre courrier partait, que je désirais que vos lettres fussent beaucoup plus longues; longues ou courtes j'en suis également contente, et je suis très persuadée que vous êtes peut-être le seul de votre nation capable d'un tel effort que d'écrire tous les huit jours. Comme je ne puis pas douter que cette complaisance ne vous coûte beaucoup, c'est sans humeur et de la meilleure foi du monde que je vous prie de ne vous en plus contraindre; je ne serai point fâchée de mon côté de n'être

---

3. *Idem, Thésée* IV. v.

---

1. See *ante* 10 Nov. 1775. HW's memorandum about this in *Paris Jour.* is: 'for

Bishop of Mirepoix, six pieces of tricot noir, six of violet, and six of couleur de feu.'

point assujettie à aucune règle, je vous écrirai à mesure qu'il me viendra quelque chose à vous dire; quand cela ne sera pas pressé, ma lettre sera à différentes reprises. Le courrier d'aujourd'hui ne vous portera rien.

Depuis cinq ou six jours je suis malade; j'ai de la fièvre, des étourdissements, une grande faiblesse. Je devais souper hier chez Mme de Gramont avec les Choiseul, qui arrivaient de Chanteloup. J'écrivis pour m'excuser, et pour prier qu'on ne me vînt point voir avant mercredi, parce que j'avais besoin de repos. J'ai pris aujourd'hui une médecine qui ne me fait rien, je suis assez ennuyée de mon état; mais parlons d'autres choses.

J'ai envoyé votre lettre à Mme de Marchais: vous ne me dites point si vous avez reçu les oignons de lis.

M. de Beauvau ne me paraît pas dans le dessein de faire aucun remède, il se porte bien.

Quand vous voudrez que je vous parle des gens de votre connaissance, et de ce qui se passe ici, vous prendrez la peine de m'interroger; de moi-même je ne vous en manderai rien, parce que j'ai peine à croire que vous vous intéressiez à tout ce qui s'y passe.

Comme j'ai manqué le courrier de ce matin, je vais envoyer cette lettre chez M. Saint Paul, qui l'enverra par son courrier.

From MADAME DU DEFFAND, Tuesday 12 December 1775

In Colmant's hand up to 'à 5 heures'; finished by Wiart.

Ce mardi 12ᵉ décembre, à 2 heures.

JE suppose que ce que je vous ai écrit hier doit vous causer quelques inquiétudes sur ma santé, et que vous ne serez point fâché d'apprendre de mes nouvelles. Je n'eus point de fièvre hier, je ne me levai qu'à huit heures du soir; je me trouvai plus de force que les jours précédents, quoique j'eusse pris une médecine dont l'effet fut tardif, mais qui fut tel que je pouvais le désirer. J'ai peu dormi cette nuit, j'ai assez toussé; j'ai pris votre petit bouillon à une heure, je me trouve assez bien dans le moment actuel. J'ai écrit à la grand'maman pour la prier de ne point venir me voir aujourd'hui, parce que je voulais végéter et reprendre des forces pour la voir demain. Le grand Abbé viendra me dire de ses nouvelles et lui portera des miennes.

Je fis fermer ma porte hier toute la journée, excepté à deux ou trois personnes, vous devinez bien que c'étaient M. de Beauvau et Mme de Luxembourg. J'en userai de même aujourd'hui; demain je continuerai ce bulletin.

À 5 heures.

Je le reprends plus tôt que je ne croyais, mais c'est la surprise de ce que je viens de recevoir qui en est cause; j'ai Mme d'Olonne entre les mains; vous voilà au comble de la joie; mais modérez-la, en apprenant que ses galants ne la payaient pas plus cher de son vivant que vous ne la payez après sa mort; elle vous coûte trois mille deux cents livres. Est-il possible que vous ayez donné un pouvoir aussi illimité à votre brocanteur? C'est Monsieur le Prince de Conti, a-t-il dit, qui a si extravagamment poussé ce bijou. Ce M. Bassan s'offrait de vous le faire tenir par un Anglais[1] dont il prétend être sûr, qui partira vendredi; mais je n'ai pas voulu contrevenir en rien à ce que vous avez prescrit. Mandez-moi à qui vous voulez que je le remette; voulez-vous que ce soit au courrier de l'ambassadeur?

Ah! mon ami, je vois que tous les hommes sont fous, et que celui qu'on croit le plus sage a son coin comme les autres.

La poste, qui n'avait rien à m'apporter de vous, arrive dans ce moment, ce qui est un jour plus tôt qu'à l'ordinaire. Je reçois une lettre de Craufurd toute pleine de vous, c'est-à-dire de sa jalousie contre vous; ce badinage remplit toute sa lettre, à l'exception de la nouvelle que M. Foley a obtenu le consentement de son père[2] pour épouser Milady Henriette Stanhope.

C'est en prenant mon thé que je vous écris; la toux m'interrompt, mon secrétaire est d'écho; toute la maison a la grippe, je ne sais combien cela durera. C'est votre maudite ville de Londres qui nous a envoyé cette peste par ses courriers les brouillards; tout le monde est atteint de ce mal, il n'a encore tué personne.[3]

1. Probably Mr Torre (see *post* 16 Feb. 1776).

2. Thomas Foley (1716–77), cr. (1776) 1st Bn Foley, n.c.

3. In London the same disorder had been equally universal, under the name of influenza (B). 'The outbreak of 1775 was comparatively mild; the death-rate was practically nil (in England at least), although the epidemic was widespread. It began towards the end of October, and in London reached its peak about the middle of November. Some other portions of England were afflicted later, even after the New Year. In any given locality, it lasted about three weeks. Mme du Deffand's cough was highly characteristic.' (Letter from Dr Yale Kneeland.) See Theophilus Thompson, *Annals of Influenza*, Sydenham Society, London, 1852, pp. 86–116.

Ce mercredi à midi.

Hier après que j'eus fini de vous écrire je tombai dans une mélancolie profonde, je vis beaucoup de monde et il n'y eut personne qui voulut consentir à passer la soirée avec moi; le grand Abbé arriva, il me dit qu'il passerait la soirée tête à tête avec la grand'maman. Il me prit un grand désir de m'y trouver en tiers. Enfin je vous épargne le récit de tout ce qui fut fait et dit. Conclusion, je partis avec l'Abbé et je fus chez la grand'maman, je fus reçue comme je pouvais le désirer; je passai une soirée fort douce, je suis rentrée avant deux heures. J'ai moins mal dormi qu'à l'ordinaire, et je serais assez contente de moi si je n'avais un fond de vapeurs qui me rend bien malheureuse. Vous devez être bien content de ne pas connaître ce vilain état, et de n'avoir besoin d'aucune société, de n'être jamais plus heureux que lorsque vous êtes seul; je donnerais tout ce que je possède pour penser de même.

La grand'maman me parla de vous avec toute l'affection et l'amitié possible, ainsi que le grand Abbé; mais tout cela ne vous fait rien, et je ne vous en blâme pas. Je suis si persuadée que rien de tout ce qui se passe ici ne peut vous intéresser que cela m'ôte le courage de vous rien raconter.

Mme de Caraman vous prie de lui faire faire l'emplette de quatre verges de molleton cramoisi pareil à l'échantillon qu'elle a donné et que je vous envoie.

Wiart prie M. Philippe⁴ de vouloir bien aussi lui acheter douze verges de flanelle blanche pour faire de petites camisoles. On mettra le tout dans la caisse que vous devez envoyer à l'adresse de M. Trudaine.

From MADAME DU DEFFAND, Sunday 17 December 1775

Paris, ce dimanche 17 décembre 1775.

JE commence par l'article de votre lettre du 11 qui me surprend le plus:

Voici les tricots pour Monseigneur de Mirepoix. Cela fera une caisse considérable. Il y a dix-huit pièces de trois couleurs selon ses ordres, qui coûtent quarante-huit livres sterling, treize schellings.

Rien n'est si surprenant que trois habits de tricot puissent coûter

4. Mr Walpole's valet de chambre (B).

près de 50 louis, sûrement c'est une méprise. Wiart l'année passée a eu un habit de tricot cramoisi qui ne lui a coûté que trois louis; chaque habit est composé de six pièces, et le prix de la pièce est de douze francs. Si ce n'est point une méprise et qu'en effet vous avez payé pour trois habits 48 livres sterling et treize schellings, j'en suis au désespoir. D'où vient vous êtes-vous chargé de tant de commissions? Il n'en faut plus faire aucune, et pour moi je m'engage par serment à ne vous en jamais donner. D'où vient six médaillons à M. de Caraman? Vous n'en marquez pas le prix, est-ce un présent que vous comptez lui faire? À propos de quoi? Passe pour les confitures à M. de Beauvau et Mme de Mirepoix; il y a de l'à-propos. C'est bien fait aussi d'envoyer votre tragédie et votre *Richard,* puisqu'on vous l'a demandé, et des estampes à Mme de la Vallière. Vous auriez eu grand tort de faire un présent à Mme de Marchais. Je n'ai point vu la lettre que vous lui avez écrite, je la lui envoyai à Versailles, où elle était. Je vois par ce que vous m'en dites que le style est un badinage que vous soupçonnez n'être pas trop bon, il n'importe guère. Vous n'avez donc point encore reçu ses oignons. Je donnerai à M. Leroy l'extrait de votre lettre sur la généalogie que vous désirez avoir.

À l'égard de l'*Éloge de Richardson*[1] je le ferai chercher.

Je crois que voilà tous les articles de votre lettre répondus.

J'ai déjà dit à la grand'maman et au grand Abbé toutes les choses que vous me chargez de leur dire; l'un et l'autre m'ont parlé de vous avec la plus grande amitié; je souperai avec elle ce soir chez la petite sainte.

Je ne suis pas extrêmement contente de ma santé, je ne suis pas encore quitte de la grippe, mes insomnies subsistent, et les vapeurs me gagnent terriblement.

J'attends votre réponse sur la miniature de Mme d'Olonne, j'ai impatience qu'elle soit entre vos mains. Vous avez acheté assez cher le plaisir qu'elle vous fera. Vous êtes fort heureux d'avoir des goûts aussi vifs. Ceux qui me restent c'est de manger et de dormir; je ne puis jouir de celui-ci, et l'autre me fait mal.

Je ne lirai point M. Thomas, les éloges sont un genre que je déteste. Je lis actuellement l'*Histoire des dernières révolutions d'Angleterre* par le Docteur Burnet;[2] son style est celui de la conversation,

1. By Diderot (B). It was first published in the *Journal étranger,* Jan. 1762.

2. Gilbert Burnet (1643–1715), Bishop of Salisbury. His *Dernières révolutions* (apparently a translation by François La Pillonière of part of Burnet's *History of his own Times*), was published at The Hague 1725 (Bibl. Nat. Cat.).

il n'y a plus que celui-là que je puisse supporter. Tous ceux qui écrivent pour faire étalage de leur esprit me sont odieux.

Je ne sais d'où vient Mme Cholmondeley n'a pas répondu à un petit billet que je lui ai écrit sur la mort de son oncle le Général. M. Saint Paul me dit hier qu'il partirait pour aller à Londres le 10 ou le 12 du mois prochain et qu'il se chargerait de mes commissions. Si vous en avez à me donner dites-le. Adieu.

Je crois vous avoir mandé que j'avais reçu une lettre de Voltaire.[2a]

Voici l'épitaphe qu'il a faite de l'Abbé de Voisenon:[3]

Ici gît, ou plutôt frétille
Voisenon frère de Chaulieu.[4]
À sa muse vive et gentille
Je ne prétends point dire adieu,
Car je m'en vais au même lieu,
Comme cadet de la famille.

Voici une apostille de Wiart:

La caisse de papier à meuble est toute prête, et elle partira les premiers jours de cette semaine à l'adresse indiquée.

From MADAME DU DEFFAND, Tuesday 26 December 1775

Ce mardi 26 décembre 1775.

J'AI manqué à la règle des huit jours, en voici la raison: votre courrier manqua dimanche, c'était, comme vous savez, la veille de Noël; je devais avoir le soir tout Chanteloup, ce qui faisait un grand fracas dans mon ménage; mes secrétaires étaient occupés, et n'ayant point reçu de lettre, je me dispensai d'en écrire. Je connais votre indulgence, d'ailleurs vous ne deviez plus être en peine de ma santé; vous deviez savoir qu'elle était assez bonne, elle est encore meilleure aujourd'hui; j'ai parfaitement bien dormi cette nuit, et je n'ai d'incommodité que mon baptistaire; celle-là est sans remède, il ne peut y avoir que des palliatifs, et le plus souverain de tous, c'est . . . Vous savez quel il est.

2a. See *ante* 4 Dec. 1775.

3. Voisenon had died 24 Nov. 1775 at Voisenon (*Rép. de la Gazette*). The epitaph is in Voltaire's letter to Mme de Saint-Julien, 8 Dec. 1775, Voltaire, *Œuvres* xlix. 444.

4. Guillaume Amfrye de Chaulieu (1639–1720), writer of light verse.

Je vous félicite du plus profond de mon cœur de l'espérance que vous avez de revoir votre ami,[1] car je persisterai jusqu'à la mort dans l'erreur de croire qu'il n'y a de bonheur dans la vie que d'aimer et d'être avec ce que l'on aime.

Ma soirée de dimanche se passa fort bien; je donnai à Mme de Luxembourg ses étrennes, c'était un immense chapelet de parfilage. Le Chevalier de Boufflers m'avait fait un couplet; c'est la traduction de l'*Ave Maria*. Le voici:[2]

> Sur l'air: *De tous les capucins du monde.*
>
> Je vous salue, ô mon amie!
> De grâce vous êtes remplie!
> Le dieu du goût est avec vous;
> Ce lieu retentit de louange
> Pour vous et votre enfant si doux.[2a]
> Adieu;—je parle comme un ange.

Je fis donner mon présent par Pompom, et comme le Chevalier ne m'apporta son couplet qu'une heure ou deux avant souper j'en avais fait deux dans la nuit pour les faire chanter par Pompom; ils sont infiniment plats, mais qu'importe? Les voici:

> Sur l'air des *Feuillantines.*
>
> Pompom voudrait avoir fait
>   Un couplet,
> Pour le joindre au chapelet.
> Mais sa muse est trop jeunette,
> Ne fait pas, ne fait pas de chansonnette.
>
> Il vous dira cependant,
>   Quoiqu'enfant,
> Qu'il vous aime infiniment,
> Et qu'en imitant sa maîtresse
> Son cœur est, son cœur est plein de tendresse.

Tout cela réussit fort bien. Le souper était grand et fort bon; nous n'étions que quatorze, nous aurions dû être dix-huit ou dix-neuf, mais la grippe fut l'excuse de plusieurs. Comme vous aimez les noms

1. Sir Horace Mann, who, by the death of his elder brother, had inherited the estate of Linton in Kent. He did not come to England.

2. *Mon Ave Maria. À Madame la Maré-* chale de Luxembourg qui m'avait donné un chapelet pour mes étrennes (*Poésies diverses du Chevalier de Boufflers*, 1886, p. 71).

2a. Duchesse de Lauzun (HW).

propres et que vous voulez que je croie que ce que je fais et ce que je vois vous intéresse, voici la liste de ma compagnie:

M. et Mme de Choiseul; M. et Mme de Beauvau; Mmes de Luxembourg et de Gramont; l'Archevêque de Toulouse et son frère;[3] M. de Stainville; l'Évêque de Rodez; l'Abbé Barthélemy; le Président de Cotte; Mlle Sanadon et moi. Je me couchai à quatre heures, parce que Mmes de Gramont et de Beauvau restèrent jusqu'à trois heures et demie. Ne me grondez point sur le dérèglement de ma conduite; il n'y a que deux choses dangereuses pour moi, les indigestions et l'ennui; les veilles ne me font point de mal; je dors si mal dans la nuit, qu'il n'importe à quelle heure je me couche; souvent je ne m'endors qu'à dix ou onze heures du matin; il y a mille ans que je vis comme cela, ce n'est plus la peine de changer.

Les Brienne viennent d'acheter l'hôtel de Madame la Princesse de Conti[4] cinq cent cinquante mille livres. J'en suis bien aise; mais cependant, comme ils passent huit mois à Brienne, je ne jouirai guère de leur voisinage. C'est assez parler de moi, venons à vous.

Vous ne m'avez point articulé que vous ayez reçu les oignons de lis; cependant je le suppose, puisque vous avez écrit à Mme de Marchais, et que vous l'appelez *Flore;* je ne l'ai point vue depuis ce temps-là, je soupçonne quelque refroidissement; il y a plusieurs jours qu'elle cesse d'être Pomone pour moi; je croyais que le jour de mon souper elle m'accablerait de fruits, et elle ne m'envoya rien.

Vous saurez par ma première lettre si mes soupçons sont fondés.

Vos aventures d'Amérique me font de la peine, je crains que vos fonds publics ne s'en ressentent et que cela ne vous intéresse. Vous ne me dites pas un mot de votre santé, pas un mot de vos parents. Milord Stormont m'a dit que Milady Ailesbury lui avait parlé de moi; dites-lui, ainsi qu'à M. Conway, qu'un de mes plus grands désirs c'est de les revoir et qu'ils me sont aussi chers l'un et l'autre que s'ils étaient d'anciens amis.

Votre Duchesse de Kingston me paraît une impudente; elle ne peut pas être punie, à ce qu'on m'a dit, autrement que par le déshonneur, et ce n'est rien pour elle.

J'ai reçu une lettre de Mme Cholmondeley, la plus tendre et la plus touchante du monde, c'est grand dommage que sa tête ne soit bien bonne, car elle est fort aimable.

3. M. de Brienne (HW).   4. On the Rue Saint-Dominique (*Dict. de Paris*).

J'attends la caisse, j'ai impatience qu'elle arrive et surtout que vous m'éclaircissiez sur le prix des habits de tricot. Certainement ce que vous m'en mandez ne peut être qu'une méprise. L'Évêque s'en retourne chez lui le 7 du mois prochain.

Je confierai à M. Saint Paul votre Mme d'Olonne, il vous la rendra lui-même dans le courant du mois prochain.

L'*Éloge de Richardson* dont vous êtes curieux ne se trouve que dans les *Variétés littéraires*,[5] qui sont en quatre volumes; si vous ne les avez pas, et que vous en soyez curieux, M. Saint Paul pourra vous les porter; vous aurez le temps, avant son départ, de m'apprendre ce que vous pouvez désirer.

Ce mercredi.

La dame Marchais est redevenue Pomone: les poires, les pommes et les raisins sont arrivés en abondance; elle est malade depuis trois semaines et ne vient point à Paris.

On ne parle ici que des nouveaux arrangements dans le militaire; vous en serez instruit par les gazettes, et sans doute M. de Guines reçoit les ordonnances. Les mousquetaires sont détruits; les gendarmes de la garde et les chevau-légers sont réduits à cinquante; on se scandalise de la préférence qu'on leur a accordée, on l'attribue à la déférence du ministre pour M. de Maurepas, dont, comme vous savez, M. d'Aiguillon est le neveu.[6] La Reine dit à M. de Saint-Germain: 'Vous avez conservé ces deux troupes apparemment pour accompagner le Roi aux lits de justice?'—'Non, madame, mais aux *Te Deum*.'

On voulait que ce ministre demandât le gouvernement de Blaye, vacant par la mort du Duc de Lorges.[7] Le Roi, a-t-il dit, a trop de dédommagements à faire pour qu'il doive penser à accorder des grâces. Enfin, que vous dirai-je? Ce ministre donne très bonne opinion de lui; c'est dommage qu'il ait faibli sur les chevau-légers; nous verrons bientôt quelle conduite il aura pour la gendarmerie, les carabiniers, les invalides et l'École Militaire.

5. By Arnaud and Suard, 1768–9, 4 vols. In the 1770 edition, the *Éloge de Richardson* is ii. 63–96. HW does not seem to have had a copy but D's copy was among the books which the Prince de Beauvau chose after her death; in 1886 it belonged to M. Lormier of Rouen (Appendix 2; Ernest Quentin Bauchart, *Les Femmes bibliophiles*, 1886, ii. 437).

6. The Duc d'Aiguillon was *Capitaine-lieutenant commandant des chevau-légers* (B). Mme de Maurepas was an aunt of d'Aiguillon's wife.

7. He died 10 Dec. 1775 (Jacob-Nicolas Moreau, *Mes souvenirs* 1898–1901, ii. 291 n).

J'attends votre première lettre avec beaucoup d'impatience. Wiart va vous parler à son tour.

La caisse des papiers est partie dimanche 24 et sera tout au plus dix jours à arriver à Calais. J'ai écrit en cette ville au commissionnaire de la faire partir par le premier bâtiment qui partira pour Londres, et de l'adresser à la douane à Monsieur le Comte de Brühl.[8]

Je joins ici le mémoire,[9] j'attends vos ordres pour l'acquitter.

Voilà une variante du Chevalier de Boufflers:

> Je dis, comme l'ange à Marie,
> De grâces vous êtes remplie,
> Vous avez un enfant divin.
> Ce compliment doit vous suffire.
> Je veux le chapelet en main
> Cinquante fois vous le redire.

From Madame du Deffand, Wednesday 3 January 1776

One sentence was omitted in Toynbee.

Paris, ce mercredi 3 janvier 1776.

L'ÉVÊQUE[1] prétend qu'il vous avait donné sa commission par écrit; qu'elle consistait en trois habits; noir, violet et rouge, chacun, composé de six pièces, ce qui faisait en tout dix-huit pièces; qu'il les voulait de laine, et il pensait que le tout, suivant ceux que l'on reçoit ici, lui coûterait dix louis; qu'au lieu de cela le mémoire du marchand[2] monte à onze cent cinquante-sept livres dix-neuf sous, ce qui fait, par rapport au prix qu'il voulait y mettre, neuf cent dix livres de plus. Au lieu de dix-huit pièces, il y en a trente et une, dont six pour un pantalon auquel l'Évêque n'a jamais pensé, et six pour des culottes, séparées des habits. Que faire à cela? Ce serait de faire reprendre au marchand toutes ses fournitures, si cela se pouvait. Si le marchand ne le veut pas, l'Évêque en passera par là, il le payera; il serait fâché de vous causer le plus petit embarras. Cependant si M. Panchaud pouvait trouver à s'en défaire, cela serait heureux. L'Évêque n'est point riche, et quand il le serait, il n'aurait pas fait une telle emplette. Vous auriez dû, ayant oublié ce qu'il désirait, ne point faire la commission sans demander auparavant de nouvelles instructions. Je n'ai point encore entendu parler de la caisse. L'Évêque ne

8. Hans Moritz (ca 1737–1809), Graf von Brühl (*Notes and Queries*, 9th Series, xii. 275; GM 1809, lxxix. pt i. 186).
9. Missing.

1. De Mirepoix.
2. Not identified.

sera plus ici quand elle arrivera. Il part dimanche 7 pour son diocèse, il ne reviendra certainement pas avant la fin du mois de décembre '76.

Je suis on ne peut pas plus fâchée d'avoir été pour ainsi dire l'occasion des soins que vous vous êtes donnés, et de leur mauvaise réussite. Oh! j'en réitère le serment, je ne me chargerai des commissions de personne, et vous ne recevrez par moi nulle importunité; je n'ai point à me reprocher de m'être mêlée de la commission de l'évêque, elle a été de vous à lui, sans que j'en aie eu la moindre connaissance. En voici bien long sur cet article, qui m'ennuie à la mort.

Dans le temps que je me plaignais de Mme Cholmondeley, elle m'écrivait, je vous l'ai mandé. J'espère que vous serez content des oignons. Il y a près d'un mois que je n'aie vu Mme de Marchais, elle a toujours été malade. Elle me mande qu'elle viendra cette semaine passer quelques heures à Paris.

Le Comte de Broglie est de retour de Metz; toutes mes connaissances sont rassemblées, je vois plus de monde et j'ai plus de soupers que je ne veux. Ce n'est point une extrême dissipation qu'il me faut; je voudrais que mes journées fussent remplies, mais par la même société et les mêmes occupations; j'ai souvent la pensée de me mettre dans un couvent; ce serait, je l'avoue, une manière d'être enterrée vive. J'aime Pompom et Tonton; l'ingénuité de l'un, l'excessif amour de l'autre, me satisfont peut-être plus que tout ce que je trouve d'ailleurs.

J'ai lu Londres;[3] je l'avais sans le savoir, il m'a assez plu; j'avais lu autrefois Burnet avec plaisir, je l'ai voulu relire, il m'a ennuyée. On se trompe bien en écrivant l'histoire de son temps; un demi-siècle passé après les événements les rend bien peu intéressants, il n'y a guère que les lettres, et quelques mémoires écrits par ceux dont ils contiennent l'histoire, qui puissent m'amuser. Burnet ne jouait pas un assez grand rôle dans les faits qu'il nous raconte; ses portraits me plaisent assez, mais les anglicans et les presbytériens sont fastidieux; il n'a pas le défaut, je l'avoue, de faire étalage du bel esprit, et c'est ce qui domine dans tous les livres que l'on fait actuellement, et c'est ce qui me les rend insupportables. Vous êtes plus heureux qu'un autre, vous vous passez de tout, vous savez être seul, vous vous suffisez à vous-même, et moi je n'ai d'autre désir que de me fuir. Je connais bien tous ceux qui m'environnent, je sais ce que valent les protesta-

3. Pierre-Jean Grosley (1718–85), Londres, Lausanne, 1770, 3 vols. It was reprinted at Lausanne, 1774; an English translation called A Tour to London appeared 1772. It describes Strawberry Hill (ii. 89).

tions d'amitié. Tout n'est que spectacle et comédie.[4] L'illusion subsiste des instants, la toile se baisse, tout est fini. Il en est de même de la vie, il n'importera guère au dernier moment de la pièce qu'on y aura jouée. Voilà des réflexions bien communes et bien mal rendues.

Savez-vous que ce M. Texier, qui vous charme et qui m'a charmée aussi, n'est pas bien dans ce pays-ci, et qu'on a blâmé M. de Guines de l'avoir reçu chez lui? On ne parle à présent que de M. de Saint-Germain; il a l'estime publique, quoiqu'il fasse le malheur de beaucoup de particuliers.

Je me refuse à vous raconter toutes les petites nouvelles de société; il me paraît impossible qu'elles puissent vous intéresser; elles me semblent si froides, à moi qui y joue un rôle, que je ne saurais croire qu'elles puissent vous amuser.

Je ne vois plus les Grenville, je les ai laissés là; je ne comprends pas ce qu'ils font à Paris, et qu'est-ce qui a pu les déterminer à quitter Nancy où ils avaient de la société, pour venir dans un lieu où ils ne connaissent personne.

Je dois voir demain le Saint Paul, je compte lui confier votre Mme d'Olonne, il vous la remettra en mains propres; je vous manderai le jour de son départ, il vous la portera aussitôt qu'il sera arrivé.

Parlez quelquefois de moi à votre cousin. Je n'oublie point les obligations que je lui ai, vous m'avez souvent répété que c'était à lui que j'avais l'obligation de votre dernière visite. Qu'il ne s'en tienne pas là et qu'il vous prêche d'exemple en venant lui-même avec Milady. Oh! ce serait un grand plaisir, mais je ne l'espère pas. Wiart vous a envoyé le mémoire du papier dans ma dernière lettre. À l'égard du molleton je ne m'y intéresse point.

From Madame du Deffand, Wednesday
10 January 1776

Address: To Monsieur Monsieur Horace Walpole in Arlington Street near St James's *London Angleterre.*
Postmark: IA 22.

Paris, ce mercredi 10 janvier 1776.

J'AI une extinction de voix qui sans rhume me prit hier au soir. Je ne tousse point, je n'ai point mal à la poitrine, je n'ai point mal dormi; le seul inconvénient c'est la difficulté de pouvoir

4. Sentence omitted in Toynbee.

dicter. Mais il m'arriva un accident vendredi dernier qui m'a fait beaucoup souffrir et qui subsiste encore. À neuf heures du soir, étant prête de sortir, je passai dans ma garderobe, c'est-à-dire dans mon cabinet. Couty me donnait la main, de l'autre je tenais le pot. Je ne sais ce qui m'arriva, mais le pied se tourna, je voulus me retenir, je chancelai, Couty me retint, et m'empêcha de tomber de mon haut, je tombai de côté sur le bras d'un fauteuil, qui me fit une douleur extrême. Je sortis cependant tout de suite pour aller chez la petite sainte. Le lendemain je fus souper chez la grand'maman, le dimanche chez les Brienne, le lundi je devais aller chez les Necker, mais comme par intervalle j'avais des douleurs qui me forçaient de crier, je restai chez moi. Je ne sortis point hier non plus, et d'ici à vendredi je ne sortirai point et peut-être de tout le reste de la semaine. Bouvart vient de me visiter tout à l'heure; il n'y a nulle fracture, et cet accident n'est rien, mais il y a de certaines attitudes qui me causent d'assez grandes douleurs; nul sujet d'inquiétude.

La caisse n'est point encore arrivée; vraisemblablement je remettrai à M. Panchaud tous les tricots; on prétend qu'il pourra s'en défaire aisément. M. Leroy le connaît, il l'amènera chez moi. S'il ne peut pas s'en défaire, il faudrait que le marchand les reprît; l'Évêque est parti pour Montpellier. Il est dans la résolution de la prendre s'il n'y a pas moyen de s'en défaire, il ne souffrira pas que ce soit à votre dommage.

M. Saint Paul partira dans le courant du mois, je lui remettrai en propres mains votre Mme d'Olonne.

Je vous donnerai de mes nouvelles incessamment.

Quelle est la maladie de Milady Ailesbury?[1] En est-elle parfaitement guérie?

Ma chute n'a point été causée par un étourdissement, mon aveuglement non plus n'y a point eu de part, cet accident pouvait arriver à tout le monde. Je pense bien à vous quand je ressens des douleurs, il faut une grande patience pour les pouvoir supporter. Je vous plaignais bien, mais je vous plaindrai encore bien davantage à l'avenir si vous êtes dans le cas d'un accès de goutte. Je voudrais pouvoir me flatter qu'elle ne vous reviendra plus.

Je comprends que vous ne voyiez point de médecin. Je les crois de toute inutilité. Adieu, je vous écrirai dimanche. La parole me sera revenue et j'aurai reçu la caisse.

1. Not explained. She was well enough to come to London on 17 Jan. (MS Journal of Lady Mary Coke, 17 Jan. 1776).

From MADAME DU DEFFAND, Saturday
13 January 1776

Ce samedi 13 janvier [1776.][1]

JE serais bien fâchée de douter que vous ne vous intéressiez à moi, ainsi je suppose que je vous ferai plaisir en vous donnant de mes nouvelles.

Depuis ma chute, qui fut il y a eu hier huit jours, j'ai constamment senti dans le côté gauche l'impression du coup, et selon les mouvements et les attitudes, quand je tousse ou éternue je ressens des douleurs très vives; c'est aujourd'hui le neuvième jour, et c'est toujours de même. Je sortis les trois premiers jours, mais depuis lundi je suis restée chez moi. Je suis en balance si j'irai ce soir chez la grand'maman, en très petite compagnie. Je crois que non et que je me résoudrai à préférer le tête-à-tête de ma compagne. Je vous manderai demain ce que j'aurai fait; cette dernière nuit a été détestable, je n'ai point dormi, j'ai souffert; j'ai la sûreté qu'il n'y a point de fracture. N'aurais-je point quelque dépôt? D'où viennent ces douleurs? Je n'en sais rien, mais j'ai une grande admiration de la patience avec laquelle vous supportez votre goutte, et si elle vous revient je vous plaindrai plus que jamais.

La caisse n'est point encore arrivée, et selon les nouvelles que nous avons eues elle devrait l'être.

Le feu prit au Palais[2] mercredi dernier. On le croit fini de ce matin. La Cour des Aides est entièrement brûlée, plusieurs salles du Palais Marchand, le dépôt des greffes où étaient tous les arrêts rendus depuis trente ans; enfin, c'est un malheur effroyable. On ne sait par où est venu le feu, si c'est par la Conciergerie ou par la négligence de quelque marchand, mais on croit qu'il a commencé par la galerie des prisonniers; on est porté à croire que quelques-uns d'eux en sont les auteurs. On les a tous transférés au Châtelet ou à l'Abbaye.[3] Demain je vous en dirai davantage.

1. Added by HW.
2. See *Mercure historique* clxxx. 105–6, Jan. 1776.
3. The Grand Châtelet at the Porte-Paris, the Petit Châtelet at the end of the Petit Pont, and the Abbaye, at the Marché de la rue Sainte-Marguerite, were all used as prisons in the eighteenth century. The Abbaye, like the Conciergerie, was used for prisoners during the Revolution (*Dict. de Paris*).

Ce dimanche, à 9 heures du matin.

Le feu est éteint. Je ne sortis point hier. Le mal de côté est diminué, mais je n'ai point dormi cette nuit. Je suis sans inquiétude sur le dépôt, et comme je n'ai pas de grandes douleurs je prends patience. Je crois que je ne sortirai point encore aujourd'hui.

Je viens de recevoir la nouvelle de l'arrivée de la caisse chez M. Trudaine; on me mande d'envoyer soixante francs pour le port et qu'on me la livrera. J'écris à M. Leroy de venir chez moi cet après-dîner pour délibérer avec lui de ce que l'on fera de toutes ces pièces de tricot. Il proposera à M. Panchaud de se charger de les débiter ou bien de les faire reprendre au marchand, car quoique l'Évêque consente à les prendre, il me semble qu'il serait malhonnête de l'y obliger. Me voilà guérie pour tout jamais de toute espèce de commission. Je n'ai pas à me faire le reproche d'avoir contribué à celle-ci, cependant comme c'est chez moi qu'on vous l'a donnée j'en ai du chagrin.

On ne reçoit les lettres dans ces premiers jours de l'année que deux ou trois jours après leur arrivée. Vraisemblablement je n'en recevrai que mardi. Ma réponse ne partirait que jeudi, ce serait vous faire trop attendre de mes nouvelles et en jugeant de vous par moi je vous causerais de l'inquiétude. Je puis vous dire avec vérité que vous n'en devez point avoir. Le sommeil reviendra vraisemblablement, et si selon les apparences je suis quitte de toute espèce de douleurs je serai bien contente.

Je me suis fait traduire l'épître dédicatoire à M. Conway du petit recueil⁴ de vos ouvrages. Elle m'a fait plaisir, elle m'a touchée, et c'est quelqu'un qui déteste l'amitié qui écrit ainsi! Allez, allez, vous êtes incompréhensible.

To Madame du Deffand, Sunday 14 January 1776

Missing. Probably written at Ampthill, where HW was confined a fortnight by snow and the gout (HW to Lady Ossory 27 Dec. 1775, and to Cole 26 Jan. 1776). Answered, 1 Feb.

4. HW's *Fugitive Pieces in Verse and Prose*, Strawberry Hill, 1758 (HW's *Journal* of the Printing Office at Strawberry Hill, 1923, pp. 7, 31).

From Madame du Deffand, Tuesday 16 January 1776

Memoranda by HW:
Bauffremont   D'Olonne   Mme Dumont[a]

Ce mardi 16 janvier 1776.

J'AI tant de choses à vous dire que je ne sais par quel bout commencer. Parlons d'abord de la caisse; elle arriva dimanche. J'attendis M. Leroy pour en faire l'ouverture afin qu'il pût vérifier le mémoire du marchand de tricot. Savez-vous ce que vous avez fait? Au lieu de trois habits que l'Évêque avait demandés, vous en avez envoyé dix-huit et vingt-quatre culottes par-dessus le marché. Eh bien! il n'y aura rien de trop. L'Évêque aura ses trois habits; nous ne sommes qu'à mardi et tout le reste est presque débité, la presse y est pour en avoir, et comme vous aimez les noms propres je vous nommerai tous ceux qui en ont pris et en prendront. D'abord le grandpapa, MM. de Beauvau, de Bauffremont, d'Entragues, de Cotte, Abbé de Cambon, Bouvart, à qui j'en donnerai un. Voilà ceux qui sont distribués; les autres seront des Évêques. Vos 48 livres sterling et 13 schellings, qui font suivant le calcul de M. Leroy 1158 francs, resteront entre les mains de Wiart, et vous manderez, s'il vous plaît, comment on vous les fera tenir. Nous avons taxé le prix des habits, que l'on trouve à bien bon marché. Je serai remboursé des soixante francs des frais de port et Wiart aura un habit pour rien.

Je crois que cet arrangement vous plaira. Jamais rien n'a été si bien emballé. Demain je vous rendrai compte de la distribution de tous les effets. Je me suis approprié les deux livres de thé, pensant que c'était votre intention. Il est excellent, et je vous en remercie.

Jamais aucune de vos lettres ne m'a fait autant de plaisir que la dernière. Vous y êtes gai, vous vous portez à merveille, vous vous plaisez où vous êtes, vous m'y faites aimer et désirer, vous m'y invitez à vous venir voir. Ah! si j'avais deux yeux de plus et quarante ans de moins je vous prendrais au mot, et je ne me ferais pas attendre; songez du moins que si à l'impossible nul n'est tenu, que ce qui n'est pas impossible n'est pas de même. Bonjour, à demain. Je vous dirai comment je me porte, cet article est ennuyeux.

Ce mercredi 17.

Beaucoup mieux; la douleur est presque insensible, il ne reste

a. The memoranda doubtless refer to the contents of this letter.

plus qu'une légère impression. J'ai même un peu dormi cette nuit, je me suis réveillée d'assez bonne humeur; passons à autre chose.

Je croyais avoir beaucoup à dire et je ne trouve rien, si ce ne sont vos distributions. Les confitures sont trouvées excellentes par M. de Beauvau, et par moi qui suis bien fâchée de n'en point avoir. Je ne doute pas que Mme de Mirepoix ne les trouve fort bonnes, je les lui envoyai et je ne sais pas ce qu'elle en pense.

M. de Beauvau est très reconnaissant, il voudrait imaginer ce qui pourrait vous faire plaisir, il dit que vous le comblez d'attentions. Je fus contente de la manière dont il me parla de vous. Je vois la mine que vous faites, vous ne vous en souciez pas, vous avez tort, c'est un parfaitement galant homme, je l'aime infiniment, et s'il y a deux personnes dans le monde qui m'aiment, comme je m'en flatte, il en est une très certainement.[1]

La Flore-Pomone ne vient plus à Paris, elle prétend être toujours malade, mais elle m'envoie toutes les semaines des poires, des pommes et des raisins. Elle est généreuse, obligeante, elle a de l'esprit, elle est bonne, mais elle n'est point amusante; on peut se servir pour elle de l'expression qui est à la mode, elle est *exaltée.* Plus je vis et plus je déteste tout ce qui s'éloigne du naturel et sur toute chose ce qui veut être *sublime.* J'aime mieux la simplicité de Pompom que tous les beaux discours académiques. Tonton est plus méchant que jamais, parce que son amour pour moi augmente tous les jours.

Je n'ai point vu la grand'maman depuis vendredi ni le grand-papa ni Mme de Gramont. Je devais aller souper avec eux ce jour-là chez Mme d'Anville, mais le mauvais temps me fit rester chez moi; je n'en suis point sortie pendant huit jours, ce n'est que lundi dernier que j'ai pris l'essor; j'ai senti avec joie que je pourrais m'accoutumer à passer les soirées à peu près seule, surtout si je pouvais avoir des livres amusants. J'avais déjà lu *Londres,* je ne m'en souvenais plus; je le relis par votre ordre, je m'en trouve assez bien, il y a des choses que je n'entends pas, mais ce qu'il dit de vos possessions en Amérique est singulier. Vous êtes d'une grande tranquillité sur votre chose publique, elle m'inquiète plus que vous.

M. de Caraman vous fera lui-même ses remercîments.[2] J'ai envoyé vos estampes à Mme de la Vallière.

1. D entrusted to the Prince de Beauvau her legacy of MSS for HW. She also left him a punch-bowl, and his choice of five hundred books from her library (see Appendix 2).

2. For medallions presented to him by HW (*ante* 17 Dec. 1775).

M. d'Angeul[3] est à la campagne, on a dit chez lui qu'on ne l'attendait qu'à la fin du mois; j'attendrai son retour pour lui remettre le cachet.

Vous n'aurez pas sitôt votre Mme d'Olonne; Mme Saint Paul est malade, son mari attend sa guérison et son rétablissement pour partir, et je ne remettrai point Mme d'Olonne en d'autres mains que les siennes à moins d'un nouvel ordre.

Faites-moi le plaisir de faire dire à Mme Dumont que je l'aime toujours beaucoup, et que je reçois avec plaisir les marques de son souvenir et de son amitié.

M. Leroy va lire votre tragédie et Mme Necker votre *Richard;* l'un et l'autre vous sont très obligés.

Je vois votre ambassadeur tous les lundis chez les Necker, et les jeudis chez moi, et il y vient encore dans le courant de la semaine. Je lui trouve de l'esprit, de la politesse, de l'usage du monde, et du piquant, c'est la perle de nos diplomatiques. Je n'ai point vu le Creutz depuis dimanche, ainsi je ne lui ai point donné ses médaillons. Je passerai aujourd'hui la soirée chez moi avec M. et Mme de Beauvau. Je me suis envoyé excuser chez Mme de Mirepoix avec qui j'étais engagée; elle m'avait demandé de lui céder mon mercredi parce qu'elle voulait donner à souper à diverses personnes en me priant d'y venir; j'y avais consenti et je m'étais engagée d'y aller, mais les Beauvau m'ayant dit que si je restais chez moi ils me tiendront compagnie, j'ai pris ce dernier parti et j'ai mandé à la Maréchale que j'étais enrhumée; j'aurai peut-être une tracasserie.

Monsieur l'Archevêque d'Aix fut élu lundi dernier à l'Académie pour remplacer l'Abbé de Voisenon; il ne sera reçu que le mois prochain. Je vous promets de ne vous point envoyer les discours.

Il me semble que je n'ai plus rien à dire.

Vous avez bien jugé les couplets du Chevalier de Boufflers.[4]

To Madame du Deffand, Tuesday 23 January 1776

Missing. Probably written at Arlington Street. Answered, 5 Feb.

3. Probably René-Joseph Plumard de Dangeul (b. 1722), 'maître des comptes,' author of *Remarques sur France et Grande Bretagne* (Grimm ii. 339, April 1754; *Rép. de la Gazette*). HW had met a M. Dangeul in Paris in 1765–6 and 1775; his address is given as 'Rue Saint-André-des-Arts, vis-à-vis de Rue des Grands Augustins' (*Paris Jour.*). Plumard de Dangeul had lived at that address when he was 'maître des comptes' (*Almanach royal*, 1763, p. 223), and was probably the same person.

4. See *ante* 26 Dec. 1775.

From Madame du Deffand, Wednesday
24 January 1776

Address: To Monsieur Monsieur Horace Walpole in Arlington Street near St James's *London* Angleterre.
Postmark: FE 3.

Ce mercredi 24 janvier 1776.

ON n'entend plus rien à la poste; c'est ordinairement le grand froid qui facilite la communication, cette fois-ci il la retarde: je n'ai pas entièrement perdu l'espérance, il n'est pas encore heure indue pour le facteur, mais qu'il arrive ou non, je veux vous écrire.

Je crois vous avoir rendu compte de toutes vos commissions. Je vis hier M. de Creutz pour la première fois parce qu'il a eu la goutte; il est charmé de ses médaillons; il m'en demanda le prix. Pour Mme de Mirepoix, elle n'est pas si curieuse; je lui parlai la première de vos confitures, elle dit qu'elles étaient bonnes; elle me traite avec beaucoup de froideur, l'atmosphère des Choiseul et de sa belle-sœur,[1] qui me traite au mieux, l'éloigne infiniment de moi. On trouve beaucoup de sentiment, et si la jalousie est une preuve d'amour, il y en a beaucoup dans le monde. Je n'ai point eu de vos lettres depuis que vous avez dû apprendre ma chute; vous m'en parlerez apparemment dans votre première; elle m'a beaucoup fait souffrir, je m'en ressens encore, mais ce n'est plus qu'une impression légère; j'ai esquivé les rhumes, les grippes, et je ne me porte pas trop mal. Vous étiez fort content de votre santé dans votre dernière, vous me ferez plaisir d'y mettre toujours un article qui la regarde.

Voulez-vous savoir de nos nouvelles? On attend des édits du contrôleur général, des réformes de M. de Saint-Germain; ce dernier fait beaucoup espérer, toutes les apparences sont de la fermeté, du désintéressement, et beaucoup de connaissance de sa besogne; on le voit du bon œil, excepté ceux qui perdent leurs places. L'école militaire[2] est sûrement détruite, on prend d'autres mesures; cet établissement était plus fastueux qu'utile. Mais il me convient bien de vous parler de tout cela, vous l'apprendrez par la gazette, elle est cent fois mieux instruite et plus éloquente que moi; vos nouvelles m'intéressent bien davantage; je crains que vos affaires d'Amérique n'aient une mauvaise suite et qu'elles ne me causent des chagrins particuliers. On dit

1. The Princesse de Beauvau.
2. The École Royal Militaire was completely reformed by Louis XVI's declaration of 1 Feb. 1776, and his order of 25 March 1776 (*Dict. de Paris*, and *Mercure historique* clxxx. 306–14, March 1776).

que non, mais j'ai peur; encore deux ou trois ans tout au plus, je n'en demande pas davantage, et en vérité hors le sentiment machinal, je ne me sens pas beaucoup de répugnance à quitter tout ceci; plus on connaît le monde, plus on y vit, et plus on le méprise. Comment faites-vous pour être toujours de bonne humeur et gai? J'ai des moments où je suis assez animée, mais ce n'est point de la gaîté, le fond de mon âme est triste, je crains souvent de retomber dans mes anciennes vapeurs. Je ne m'entends pourtant pas mal à être vieille, et c'est peut-être le rôle que j'aurai le mieux joué, mais on ne sait pas où le bât me blesse; je vous prédis que vous ferez un excellent vieillard, et cela parce que nous ne nous ressemblons pas, comme vous me le dites souvent.

Je viens d'envoyer tout à l'heure chez M. Saint Paul. Sa femme est malade, j'attendrai qu'on soit de retour de chez lui pour fermer ma lettre. On arrive, la femme garde toujours la chambre, le mari me verra avant son départ, je voudrais que ce fût bientôt pour que vous fussiez en pleine jouissance de Mme d'Olonne.

Vous donnerez vos ordres à Wiart sur vos 48 livres sterling et 13 schellings.

Le facteur n'arrive point, Wiart dit qu'il arrive plus tard, et moi je ne l'espère plus.

To MADAME DU DEFFAND, Thursday 25 January 1776

Missing. *Post* 5 Feb. 1776, dates this letter 25–6 Jan. Probably written at Arlington Street.

From MADAME DU DEFFAND, Thursday 1 February 1776

Entirely in Colmant's hand.

Ce jeudi 1er février 1776.

JE ne sais plus où j'en suis, je n'ai plus de vos nouvelles; êtes-vous toujours chez Milord Ossory? Les neiges empêchent-elles les lettres d'y arriver? Vous auriez dû en recevoir de moi deux ou trois dont la plus ancienne était du 7, où je vous mandais la chute que j'avais faite. Je ne me souviens plus de ce que les autres contenaient; mais il me semble que vous deviez y répondre. J'ai reçu pour toute chose le 25 une lettre datée du 14; le retardement des courriers me fait espérer que je pourrai avoir de vos nouvelles cet après-dîner; je devrais peut-être attendre, mais comme le courrier part ce matin, et que celui d'après ne partira que le lundi je serais trop longtemps sans vous écrire; je ne me plais point à garder le silence, et j'aime à parler à mes amis quand même je n'ai rien à leur dire. L'indifférence est l'état le plus cruel pour moi, c'est être, quoiqu'en vie, dans le néant. excusez cette façon de penser, chacun a la sienne.

Je vous ai mandé le débit de vos tricots. Je craindrais de rabâcher en vous en parlant davantage. Nous avons à vous onze cent cinquante et tant de livres, nous attendons vos ordres. Le Colonel Saint Paul diffère tous les jours son départ, j'en suis fâchée à cause de votre Mme d'Olonne. M. de Guines sera plus tôt à Paris que M. Saint Paul à Londres. Que dites-vous de ce rappel?[1] Il me fâche extrêmement. Mais on ne veut pas souffrir qu'il m'inquiète, cependant il me semble qu'il ajoute à mes années, et m'ôte le temps d'attendre;[2] vous m'entendez, à moins que vous ne vouliez pas entendre.

J'ai reçu une lettre de votre cousin la plus aimable du monde. Ses mouvements ne sont pas de la sensibilité des vôtres, mais il n'est pas sujet au refroidissement et au dégoût. Parlez-lui de moi, ainsi qu'à Milady.

From Madame du Deffand, Monday 5 February 1776

Entirely in Colmant's hand.

Ce lundi 5ᵉ février, à 6 heures du matin.
[1776.][1]

VOS deux lettres, l'une du 23 et l'autre du 25 et 26, arrivèrent si tard hier au soir, que je fus obligée de remettre à ce matin à vous répondre, et ce matin l'heure de la poste me presse, je ne pourrai vous dire que deux mots; l'un que je me porte parfaitement bien; l'autre que je suis infiniment inquiète de vous. Vous voilà repris de

1. Guines had been recalled from his embassy at London. D evidently feared that this was a sign of approaching hostility between France and England, but it seems to have been caused by Turgot's opposition to Guines (*Last Journals* i. 517–21).

2. D implies that she might not live to see the end of a war which would prevent HW from visiting her.

————

1. Date of year added by HW.

la goutte, je sais par expérience ce que c'est que la douleur, et je ne doute pas que les miennes n'aient été rien en comparaison des vôtres. Combien cette maudite goutte durera-t-elle? Quel temps prendra-t-elle sur mon bonheur et sur ma vie? Je suis tout près du but, l'espérance ne m'est plus permise; il ne me reste à désirer que d'avoir de vos nouvelles le plus souvent possible. Je ne veux point que vous fassiez l'effort de m'écrire vous-même. Faites-moi écrire par qui vous pourrez, en anglais ou en français, cela est égal, un bulletin suffit. On peut le faire traduire par tout le monde; si M. Conway était avec vous il prendrait volontiers la peine de me donner de vos nouvelles.

Je vous écrirai par la poste de jeudi 8, je répondrai à tous les articles de vos lettres, pour aujourd'hui je n'ai pas le temps.

To Madame du Deffand, ca Friday 9 February 1776

Missing. Probably written at Arlington Street. Answered, 16 Feb.

From Madame du Deffand, Saturday 10 February 1776

In Colmant's hand up to 'ce dimanche 11'; finished by Wiart.

Ce samedi 10 février, à 7 heures du matin.
[1776.][1]

J'HÉSITE à vous écrire, mais il me faudrait faire un effort pour m'en empêcher; je tâcherai seulement d'écarter les vapeurs qui m'environnent, et de ne penser qu'au bonheur de vous avoir pour ami. Je commence par vous remercier de m'avoir fait donner de vos nouvelles par madame votre sœur. Elle recevra ma réponse par cet ordinaire. Je n'oserais me flatter d'avoir demain de vos nouvelles, depuis cinq ou six semaines les courriers sont très irréguliers. On supporte ce contretemps quand on n'a point d'inquiétude, mais vous croyez bien que dans ce moment-ci il s'en faut bien que j'en sois exempte. Mais comme je n'ose vous parler ni de moi ni de vous, je vais tâcher de me distraire, en vous entretenant de tout ce qui ne me fait rien ni à vous non plus.

Le rappel de notre ambassadeur fait ici beaucoup de bruit, chacun

1. Date of year added by HW.

l'interprète à sa manière. Ce qui est de plus vraisemblable c'est que notre cour ne lui est pas favorable.[2] C'est un homme bien malheureux. On porta hier au Parlement six édits[3] sur différentes parties de l'administration, il n'y en eut qu'un qui fut enregistré, et on nomma des commissaires pour examiner les cinq autres. Monsieur le Prince de Conti est un des commissaires. Il fut hier le matin et le soir au Parlement. Il y retournera cet après-dîner. Je passai hier la soirée avec lui chez l'Idole, avec Mmes de Luxembourg, de Cambis et M. Dutant.[4] La conversation ne fut pas fort agréable; le Prince s'alla coucher[5] au sortir de table. Je me retirai d'assez bonne heure, l'esprit et l'âme peu satisfaits, et fort occupée de différents projets de retraite, dont vraisemblablement je ne mettrai aucun en exécution. Pourquoi faut-il que l'océan nous sépare? Je l'échangerais volontiers pour cent lieues de plus, ce serait pour moi un moindre obstacle. Mais à quoi servent les regrets, les plaintes, les épanchements de cœur? À rien du tout, qu'à fatiguer ceux à qui on les confie.

J'attendrai jusqu'à lundi matin pour finir cette dépêche.

J'oubliais de vous parler du bal que Milady Barrymore a donné dans la maison de votre ambassadeur, mardi dernier. Il la lui avait prêtée, il fit tous les frais, mais les billets d'invitation étaient de la Milady. N'est-ce pas encore un hommage indirect?[6] Le bal fut joli, il y avait une table de quarante couverts, il y eut deux cent personnes. Il finit à cinq heures du matin.

Ce dimanche 11.

Les nouvelles que je reçois ne dissipent pas mes inquiétudes. Remerciez, je vous prie, Milady Churchill et M. Conway de leurs atten-

2. Guines had offended the administration by ignoring one of Turgot's protégés (*Last Journals* i. 517).

3. 'Il y eut, le 9, une assemblée des chambres du parlement . . . On y présenta à l'enregistrement six de ces édits; savoir, I. portant suppression de la caisse de Poissy; II. suppression des droits qui se perçoivent à la Halle aux Grains; III. une modération sur ceux que paient les Juifs; IV. suppression des charges sur les ports de Paris; V. suppression des jurandes ou maîtrises des professions de commerce, arts, et métiers; VI. suppression des corvées et établissement d'un impôt, pour en tenir lieu, qui n'excédera pas dix millions. On enregistra sur le champ le premier de ces édits . . . très onéreux aux bouchers de Paris, qui étaient obligés d'y emprunter de l'argent pour leur commerce, soit qu'ils en eussent besoin ou non. Les cinq autres furent renvoyés à l'examen des commissaires, nommés avec M. le Prince de Conti, pour en faire le rapport' (*Mercure historique* clxxx. 217–8, Feb. 1776).

4. So spelled in MS, but probably intended for Louis Dutens (1730–1812). HW's copy of Dutens' *Histoire* was sold SH v. 191.

5. He was so ill that he had not been expected to appear at the parliament, the previous morning (*Mercure historique* clxxx. 217, Feb. 1776).

6. D probably alludes to Lord Stormont's former attentions to Lady Barrymore's sister, Lady Harriet Stanhope.

tions, en attendant que je le fasse moi-même, ce qui ne m'est pas possible aujourd'hui. Wiart exécutera les ordres de Milady. Il vous demande s'il peut payer le marchand de papier, qui vient tous les jours lui demander de l'argent.

J'ai toute confiance dans les bontés de Milady et de M. Conway, et je compte assez sur votre amitié pour espérer que vous leur marquerez qu'ils vous feront plaisir de me donner régulièrement de vos nouvelles. Je vous écrirai par M. Saint Paul un peu plus longuement que je ne peux faire par la poste. J'attends mercredi avec impatience.

To MADAME DU DEFFAND, ca Wednesday 14 February 1776

Missing. Probably written at Arlington Street. Answered, 21 Feb.

From MADAME DU DEFFAND, Friday 16 February 1776

In Colmant's hand, from 'Ce dimanche 18 février' to 'Voilà la réponse de M. Basan'; the rest is by Wiart.

Ce vendredi 16 février 1776.

JE ne reçus qu'hier la lettre[1] que j'attendais avant-hier; j'étais impatiente d'avoir de vos nouvelles, c'en fut une très bonne d'avoir de votre écriture, mais elle perdit beaucoup par le détail de votre état. Vos souffrances, la fièvre que vous avez eue et que vous avez peut-être encore, me causent un peu d'inquiétude; permettez-moi de vous le dire et ne trouvez point mauvais si je désire d'avoir de vos nouvelles, le plus souvent possible. Je ne me porte pas trop bien non plus, mes insomnies sont pires que jamais, j'ai de l'agitation toutes les nuits, mais je n'ai point de douleurs; je voudrais bien que vous fussiez de même.

Enfin, je crois que vous aurez bientôt votre Mme d'Olonne. M. Saint Paul doit partir ces jours-ci, je me propose de vous écrire par lui.

Je fis hier vos excuses à M. de Beauvau,[1a] il ne les trouva que trop légitimes. Je suis très contente de lui, il a des attentions infinies pour moi; mais je remets toutes causeries pour la lettre que vous portera M. Saint Paul.

1. HW to D ca 9 Feb. 1776 (missing).   1a. Probably for not answering Beauvau's letter of 27 Jan. 1776.

Ce dimanche 18 février 1776.

Je vous écrivis avant-hier quoique ma lettre ne dût partir que demain lundi. Je comptais y ajouter la réponse que j'aurais à vous faire après que j'aurais reçu de vos nouvelles. La poste cette fois-ci m'a bien contentée; elle arriva hier un jour plus tôt qu'à l'ordinaire. Elle m'a apporté de bonnes nouvelles; je vous crois hors de tout danger, mais vous souffrez toujours beaucoup, et vous souffrirez peut-être encore longtemps, ce qui suffit pour me faire souffrir beaucoup. Ne craignez point que je vous parle de tout ce qui peut me passer par la tête, et de tout ce que vous me faites envisager pour l'avenir. Je suis dans la ferme résolution de ne point troubler votre tranquillité, de ne former aucuns désirs qui puissent contrarier vos intentions, de ne vous faire aucune représentation, quelque justes et raisonnables qu'elles puissent me paraître. Je serais très fâchée d'obtenir rien par effort, et que vous ne puissiez pas m'accorder sans inquiétude et sans ennui. Je me dirai sans cesse que je dois me contenter des assurances de votre amitié sans en exiger d'autres preuves, si ce n'est de continuer à me donner de vos nouvelles tout aussi souvent que vous avez fait tant que vous serez malade. Je ne séparerai point cette lettre-ci de ce que je vous écrivis avant-hier; c'est l'heure à laquelle j'écris qui fait qu'elle n'est pas de la même écriture, je change de secrétaire selon l'heure. Wiart est mon secrétaire de l'après-dîner, et Colmant est celui du matin. C'est le temps de mes insomnies; il n'arrive presque jamais que je ne m'éveille à cinq heures, et que je puisse me rendormir avant midi. Cette mauvaise habitude n'augmente pas mes forces, et si elle rend mes journées plus longues, elle ne produit pas le même effet sur ma vie, mais j'en suis peu inquiète.

J'ai remis à M. Saint Paul votre Mme d'Olonne. J'avais intention de vous écrire par lui, mais toutes réflexions faites ce que j'ai à vous dire peut se confier à la poste. Vous vous souciez fort peu de notre chose publique, et moi je n'y prends pas assez de part pour en être bien instruite. Mes liaisons ne m'entraînent à aucun intérêt particulier, mes amis ne désirent rien, ne se mêlent de rien, et mes dispositions sont très conformes aux leurs. La vie que je mène est fort uniforme; je sors à neuf heures, je soupe le dimanche chez Mme de la Reynière, rarement ailleurs, le lundi chez les Necker, le mardi au Carrousel, ou chez les Caraman. Le mercredi chez moi avec les Maréchales et leurs accompagnements, c'est-à-dire Mmes de Cambis, de Lauzun, quelquefois Mmes de Broglie, Duchesse de Boufflers; d'autres fois des dames russes, les diplomatiques, enfin les uns les autres jusqu'à la concurrence de quatorze ou quinze personnes tout au plus. Le jeudi c'est chez moi encore, avec M. et Mme de Beauvau, Mme de Cambis, MM. Necker, Leroy, le Président de Cotte, l'Abbé Barthélemy, parfois l'Evêque d'Arras. Le dernier jeudi j'eus de plus MM. de Jarnac et Saint-Lambert; j'ai toujours ce jour-là votre ambassadeur et celui de Naples. Le vendredi et le samedi sont dévoués au petit comité de la grand'maman, où nous sommes rarement plus que six; hier nous étions neuf, parce que le grand-papa, Mme de Gramont et le Chevalier de Beauteville[2] y furent. Depuis plusieurs jours je me lève fort tard, et je ne reçois du monde qu'entre six et sept heures. Je vois régulièrement tous les jours M. de Beauvau, je lui dois une reconnaissance infinie de son amitié et de ses attentions, elles ont l'empreinte du goût et de l'intérêt. Je suis aussi fort contente de Mme de Luxembourg. Son humeur n'est pas sans variations, mais elle a l'air de m'aimer; tout le reste est du remplissage, quelquefois agréable, plus souvent froid et ennuyeux. Voilà le récit fidèle de tout ce qui me regarde.

Passons à autres choses. Mme de la Vallière me demanda hier si vous aviez reçu sa lettre[3] (vous savez que vous ne m'en avez point parlé); cela ne m'empêche pas de lui dire, que vous m'aviez chargée de vos excuses, que vous aviez la goutte aux mains. Elle me raconta tout ce que contenait la lettre qu'elle vous avait écrite, et qui me parut devoir être fort bien.

La grand'maman fait venir de Chanteloup un des deux tonneaux qu'elle avait fait faire pour moi; on le portera chez Mme de la Vallière, chez laquelle tous les fauteuils sont incommodes. Jugez par cette attention si je dois être contente de cette grand'maman. L'Abbé Barthélemy vous prie de me mander si vous avez imprimé une lettre en faveur de votre Shakespeare contre les attaques de Voltaire.[4] Il y a un homme de sa connaissance[5] qui écrit son éloge. S'il y a un écrit de vous, envoyez-le moi; il désire pouvoir vous citer.

M. Louvet[6] n'est point encore venu chercher l'argent de Milady

---

2. Pierre de Buisson (b. 1703, d. after 1790), Chevalier de Beauteville (*La Grande encyclopédie*). HW had met him several times in Paris, 1765–6 and 1775 (*Paris Jour.*).

3. Missing.

4. The Abbé probably meant HW's defence of Shakespeare in the preface to the second edition of the *Castle of Otranto*.

See 'Short Notes,' 20 June 1768, where HW describes avoiding a Shakespearean controversy with Voltaire in which 'whether he were right or wrong, all France would be on his side, and all England on mine.'

5. Probably Le Tourneur (see *post* 21 March 1776, n. 4, n. 7).

6. Not identified.

Churchill; vous n'avez point répondu à l'article de l'homme au papier, qui est venu plusieurs fois demander son payement à Wiart.

Vous m'aviez promis la recette des pâtés d'ananas. Voilà, je crois, tout ce que j'ai à vous dire. J'espère avoir de vos nouvelles mercredi.

Adieu.

Parlez-moi de M. Conway, de Milady Churchill, et du mariage de Milady Henriette.

Voilà la réponse de M. Bassan:

Ce Torré[7] est un marchand de Londres établi derrière l'Opéra dans une petite rue. Il est très honnête homme, et ne manquera pas de remettre ce buste dès qu'il sera arrivé à Londres, mais sans doute les grandes gelées et les glaces en ont retardé l'arrivée à Londres.

Wiart dit que vous m'avez envoyé la recette des ananas. M. Saint Paul n'ira qu'à très petites journées; il vous portera Mme d'Olonne dès qu'il sera arrivé.

From Madame du Deffand, Wednesday 21 February 1776

Ce 21 février 1776.

JE n'ai pas passé un seul jour de poste sans écrire; quand j'ai cru que vous n'étiez pas en état de lire je me suis adressée à Milady Churchill et à M. Conway.

Je n'aime point ce retour de douleurs à la jambe. J'ai impatience d'apprendre qu'il n'aura point eu de suite. Je ne trouve point fâcheux si vous vous trouvez parfaitement quitte de cet accès qu'il se soit placé dans cette saison; vous allez au-devant du beau temps, vous reprendrez bien plus promptement vos forces, et vous n'avez pu prendre le parti bizarre et téméraire de rester enfermé dans votre château éloigné de toute société et de tout secours; enfin, enfin, quand vous serez parfaitement guéri je serai très contente.

Je me porte mieux depuis deux jours, il m'est démontré que toutes mes incommodités, dont l'insomnie est la principale, ne sont causées que par mon intempérance; depuis cinq ou six jours j'ai peu mangé et je me suis interdit plusieurs fois la viande, mais ce qui me fait un

7. Torre and Dehessa, merchants, were in Mark Lane, Tower-Street, in 1792 (*Universal British Directory of Trade, Commerce and Manufacture*, 1791–?8, i. 313). 'Signor Torre of Marybone' advertised his fireworks in the *Public Advertiser*, No. 11048, 6 July 1772.

bien infini et dont je vous ai toute l'obligation, c'est le bouillon que vous m'avez ordonné et que je prends régulièrement; le peu de sommeil que j'ai eu n'a jamais été qu'après avoir pris ce bouillon. Je le coupe avec de l'eau; encore un bon effet qu'il produit, c'est qu'il me rend la casse moins nécessaire. Ainsi je vous dois le bien que j'éprouve quant à ma santé, et je pourrais dire en bien d'autres choses. Tous vos conseils sont bons, j'en fais usage plus que vous ne croyez.

Ne vous pressez point d'écrire à mon Prince,[1] je lui ai fait tous vos remercîments. Quand vous vous porterez bien quatre mots suffiront.

Est-ce que vous n'avez pas reçu la lettre de Mme de la Vallière? Elle est si contente de ce qu'elle vous a écrit qu'elle aurait du regret que sa lettre eût été perdue.

Les Maréchales ne vont pas trop bien, l'une[2] a une humeur effroyable depuis trois semaines ou un mois, et l'autre a un rhume terrible, qui est venu à la suite d'un mal aux pieds qui donnait de l'inquiétude, et qui avait l'air d'une disposition à la gangrène. Je ne saurais, vu l'éloignement des quartiers, la voir aussi souvent que je le voudrais; je devais dimanche dernier passer la soirée chez Mme de la Reynière, j'allai avant lui rendre visite, et voyant qu'elle devait passer la soirée toute seule je restai avec elle, elle en fut fort contente. Pour l'autre Maréchale son humeur passera, à ce que j'espère, elle soupera ce soir chez moi et je crains que la compagnie qu'elle trouvera ne lui soit pas trop agréable, ce sera les Caraman;[3] mais comme j'ai bien dormi cette nuit je suis dans une bonne disposition, et je me conduirai bien avec elle.

Je suis très contente de la grand'maman, de son mari, de sa belle-sœur; leur départ me sera fort sensible, je prévois une grande solitude pour tout l'été; il ne tiendrait qu'à moi de l'aller passer à Chanteloup, mais c'est à quoi je ne puis me résoudre. Les Beauvau partent le 1er avril pour leur quartier, qui ne finit que le 1er juillet, mais à chaque jour suffit son mal, jamais ce qu'on craint ou ce qu'on espère n'arrive comme on le prévoit, il faut s'abandonner au hasard. Portez-vous bien, voilà l'essentiel pour mon bonheur.

On attend ces jours-ci M. de Guines; son étoile n'est pas heureuse,

1. De Beauvau.
2. Probably Mme de Mirepoix, since 'l'autre' (who seems to be the one D visited) is apparently Mme de Luxembourg.

3. Mme de Caraman was Mme de Mirepoix's niece, but Mme de Mirepoix was apparently on bad terms with the Caramans, as she was also with her own brother, M. de Beauvau.

mais s'il n'a rien à se reprocher, comme je n'en doute pas, il pourra surmonter son malheur. Il a de puissants ennemis, mais il a aussi des amis et beaucoup d'esprit et de courage.

Je vous sais un gré infini de votre exactitude à me donner de vos nouvelles, ne craignez point de m'accoutumer à en recevoir deux fois la semaine; dès que vous vous porterez bien, vous me contenterez en reprenant le train ordinaire. Enfin je ne prétends point à des complaisances qui vous gênent, je ne désire de vous que ce que vous m'accorderez sans peine. Tout ce qui peut vous coûter le moindre effort ne saurait m'être agréable. Je suis contente de vous, je me flatte que vous l'êtes de moi, et que nous n'aurons jamais de reproches à nous faire.

On ne vient point chercher la dette de Mme Churchill.

Je ne vois point les Grenville, je n'ai pu vaincre la répugnance que j'ai pour eux.

From MADAME DU DEFFAND, Sunday 25 February 1776

Ce dimanche 25 février 1776.

VOUS aurez été étonné, en recevant Mme d'Olonne, que je ne l'aie pas accompagnée d'une lettre; mais j'ai des temps de stérilité; j'étais dans cet état au départ de M. Saint Paul; je crois que mes insomnies y contribuent; elles attaquent la mémoire. Je m'aperçois sensiblement de l'affaiblissement de ma tête; mais à quoi bon en parler? on s'en apercevra assez sans que j'en avertisse. Vous avez raison, j'ai tort d'annoncer des projets de retraite, ils ne peuvent rien faire à personne; c'est vouloir forcer ceux à qui je les communique à les combattre, c'est vouloir occuper de soi. Vous êtes souverainement raisonnable, tous vos conseils sont bons, et partent d'un intérêt véritable et bien entendu; il est malheureux que l'océan nous sépare, tout autre genre de distance serait surmontable; mais à quoi servent les regrets?

Vous voilà donc quitte de la goutte; puisque vous ne pouvez pas vous en délivrer, je la trouverais mieux placée dans cette saison-ci que dans le mois de septembre ou d'octobre; ne le pensez-vous pas? Je suis persuadée que vous observez le régime convenable; je suis ravie que vous soyez à Londres; j'estime fort votre Strawberry Hill, mais l'air n'y est-il pas fort humide, et la retraite ne vous rend-elle pas un peu sauvage?

Le temps s'avance à grands pas où toutes mes connaissances et mes amis abandonneront Paris; les Choiseul pour Chanteloup, les Beauvau le 1er avril pour leur quartier; les Broglie iront à Metz, les Caraman à Roissy; il ne me restera que Mme de la Vallière. D'où vient suis-je sujette à l'ennui? D'où vient ne trouvé-je aucune lecture qui m'amuse, et un si petit nombre de gens qui me plaisent? C'est peut-être parce que je manque de raison et de bon sens; mais dépend-il de moi d'en avoir davantage? Je vois très clairement que c'est une sottise que de se plaindre, parce que cela ne remédie à rien. Quand je pense à la retraite, je sens bien que l'ennui m'y suivrait et deviendrait peut-être plus grand; mais il y aurait de moins une certaine honte et humiliation qu'on éprouve au milieu du monde, et que l'on n'éprouve pas quand on est environné de gens qui ne sont pas plus heureux que nous. Enfin on n'est point maître de ses pensées et de ses sentiments; on l'est jusqu'à un certain point de sa conduite et de ses actions; on peut l'être de ses paroles, mais il est fâcheux de ne pouvoir pas dire ce qu'on pense et de n'oser ouvrir son âme à personne; et je conviens que cela est nécessaire, parce que, tout bien examiné, on doit être persuadé qu'on n'a point d'amis, *vous excepté,* et ce n'est point un compliment. Mais de quelle ressource pouvez-vous m'être? Ne vaudrait-il pas autant être dévote? cela vaudrait mieux. Mais voilà encore ce qui ne dépend pas de soi.

Je suis véritablement fâchée de ne vous avoir pas écrit par M. Saint Paul; ce qui m'en console, c'est que ce que je vous aurais mandé ne vous aurait pas beaucoup intéressé; je ne suis point comme était Mme de Sévigné, qui parlait de tout avec chaleur parce qu'elle s'intéressait à tout; si j'ai quelque vivacité dans la conversation, dans les disputes, elle est passagère, et je retombe promptement dans la froideur et l'indifférence. Cette façon d'être tient aux organes, ils sont en moi très faibles.

Nous attendons, mardi ou mercredi, M. de Guines; son arrivée produira des sujets de conversation. Nous n'en manquons pas présentement; MM. de Saint-Germain et Turgot en fournissent d'amples matières; il y a des subdivisions à l'infini dans chaque parti; les encyclopédistes, les économistes forment des religions avec différentes sectes. C'est ici pour le moins comme chez vous, et je suis certainement beaucoup plus neutre que vous ne sauriez l'être. Monsieur le Prince de Conti ne manque aucune séance au Parlement, et il se porte beaucoup mieux; cette occupation lui était nécessaire.

Je vous mandais, dans ma dernière lettre, combien j'étais contente de Madame la Maréchale de Luxembourg, je n'en dirais pas autant aujourd'hui; les jours avec elle se succèdent mais ne se ressemblent pas; peut-être demain cela ira-t-il bien. Je soupe ce soir tête à tête avec la Maréchale de Mirepoix, c'est un petit réchauffé qui ne sera pas suivi de beaucoup de chaleur. La grand'maman est tout ce que je connais de plus parfait, son départ me sera fort sensible. Je suis fort contente de son mari; s'ils n'allaient qu'à vingt lieues de Paris, ce serait un grand bonheur pour moi, mais soixante et tant rendent le voyage impossible.

Je vous remercie d'avoir détourné Milady Churchill de prendre la peine de m'écrire. Les assurances de mes sentiments pour elle lui seront plus agréables passant par vous, et c'est de toute vérité que je ne puis écrire qu'à vous, toutes autres lettres me fatiguent.

J'espère que vous ne perdrez point de temps pour répondre à Mme de la Vallière, c'est une très bonne femme, son indifférence est plus sociable que l'amitié des autres, elle est d'une facilité et d'une égalité parfaites. Sa fille est tout à fait bel esprit. Je ne les vois pas bien souvent, parce que mes deux soupers par semaine et le séjour des Choiseul ici font une grande diversion, mais l'été je les verrai souvent.

On est venu chercher l'argent de Milady Churchill. Wiart payera le papier ces jours-ci.

Avez-vous lu les *Anecdotes sur la vie de Mme du Barry?*[1] presque tous les faits sont vrais.

Parlez de moi à M. Conway, je parle beaucoup de lui avec Milord Stormont. Je ne vois point la Milady Barrymore. Je sais qu'elle ne parle point encore de son départ, j'ignore avec qui elle vit.

Je voudrais bien vivre avec vous.

Voilà la quittance de M. Louvet de 444 francs.

To MADAME DU DEFFAND, ca Monday
26 February 1776

Missing. Probably written at Arlington Street. Answered, 3 March.

1. By Mathieu-François Pidansat de Mairobert (1707–79), Londres, 1776. It was often attributed to Charles Théveneau de Morande (Antoine-Alexandre Barbier, *Dictionnaire des ouvrages anonymes*, 1872, i. 187; Grimm x. 225 n. April 1773).

To MADAME DU DEFFAND, ca Friday 1 March 1776

Missing. Written at Arlington Street. Answered, 6 March.

From MADAME DU DEFFAND, Sunday 3 March 1776

Ce dimanche 3 mars, à deux heures
après midi.

JE préviens l'arrivée du facteur; s'il m'apporte une lettre j'y répondrai, et s'il ne m'en apporte pas, je ne prétends pas me dispenser de vous écrire.

M. de Guines arriva avant-hier à minuit, il avait essuyé un passage affreux: sa voiture cassa, versa et roua un de ses gens; il fut hier matin à Versailles; nous verrons ce qui arrivera. Il n'a point encore de successeur. Ce temps-ci est curieux; on peut parier presque sur tout, le pour ou le contre. On fait des édits, on en refuse l'enregistrement; on fait des remontrances, qu'en résultera-t-il?[1] retirera-t-on les édits? y aura-t-il un lit de justice? Les paris sont ouverts.

Il y eut jeudi à l'Académie la réception de l'Archevêque d'Aix, pour remplacer l'Abbé de Voisenon. Hier M. Colardeau[2] fut élu à la place de M. de Saint-Aignan.[3] Je crois que vous êtes peu curieux de toutes les belles harangues qui s'ensuivront. Voici une épigramme que je leur préfère.

> Quelqu'un,[3a] dit-on, a peint Voltaire,
> Entre la Beaumelle et Fréron;
> Cela ferait un vrai Calvaire,
> S'il n'y manquait le bon larron.

Ce temps-ci produit une infinité de bons mots, je me reproche de ne les pas retenir pour vous les mander, mais je perds la mémoire; les insomnies en sont cause; de plus, depuis quatre jours j'ai un rhume de cerveau qui m'offusque la tête; je suis comme la chanson de M. Chauvelin, *j'écoute sans entendre, je regarde sans voir.* Ah! je ne regarde pas!

Êtes-vous parfaitement guéri de votre goutte? Je commence à craindre de n'avoir pas de vos nouvelles aujourd'hui. Vous aurez dû recevoir mardi ou mercredi votre Mme d'Olonne; je ne le saurai que

1. See *Mercure historique* lxxx. 306–45, March 1776.
2. Charles-Pierre (1732–76) who died before he was formally received.
3. Paul-Hippolyte de Beauvilliers (1684–

1776), Duc de Saint-Aignan, had died 22 Jan. 1776.
3a. 'Le Jay' in Voltaire, *Œuvres* x. 593, where the epigram is ascribed to Voltaire.

dans huit jours. Je commence à être embarrassée quand je vous écris; que puis-je vous mander qui vous intéresse? Rien, ce me semble. Je pensais l'autre jour que j'étais un jardin dont vous étiez le jardinier; que, voyant l'hiver arriver, vous aviez arraché toutes les fleurs que vous jugiez n'être pas de la saison, quoiqu'il y en eût encore qui ne fussent pas entièrement fanées, comme de petites violettes, de petites marguerites, etc., et que vous n'aviez laissé qu'une certaine fleur (qu'on ne connaît peut-être pas chez vous), une espèce de petit pissen-lit, qui n'a ni odeur ni couleur, que l'on nomme *immortelle,* parce qu'elle ne se fane jamais. Ceci est l'emblème de mon âme, dont il résulte une grande privation de pensées et d'imagination, mais où il reste une grande constance d'estime et d'attachement.

On disait ces jours passés qu'il paraissait un nouveau volume des lettres de Mme de Sévigné;[4] vous croyez bien que j'étais bien pressée de l'avoir; mais c'était une nouvelle édition du neuvième tome,[5] qui commence par des lettres du Cardinal de Retz, de M. de la Roche-foucauld, et où il y en a plusieurs de Mme de la Fayette, quelques-unes de Mme de Grignan, d'autres de Mme de Sévigné, et beaucoup de Mme de Coulanges, dont l'esprit ne me plaît point du tout. On y découvre de la vanité, des airs, nul sentiment, enfin tous les défauts que l'on rencontre dans le grand nombre des gens avec lesquels on vit. Relisez ce volume. Mme de la Fayette avait des vapeurs; je me trouve beaucoup de conformité avec elle. Le style de M. de la Roche-foucauld me plaît. Pour celui de Mme de Sévigné, il est unique et d'un agrément qui ne ressemble à rien.

Je vous envoie de nouveaux vers de Voltaire,[6] ils ont ici un grand succès; je les trouve bien, mais je n'en suis pas charmée.

Mais à propos, je le suis de votre lettre[7] à Mme de la Vallière, elle est très jolie; elle la montre à tout le monde. J'ai un tonneau établi chez elle, que la grand'maman a fait venir de Chanteloup; c'est un indice que je n'y retournerai pas; mais je m'afflige de ce que leur dé-part s'avance à grands pas; je ne sais pas si ces gens-là m'aiment, mais ils me sont bénévoles: on ne peut guère rien espérer de mieux.

4. *Recueil de lettres choisies, pour servir de suite aux lettres de Mme de Sévigné à Mme de Grignan, sa fille,* 1775 (Mme de Sévigné, *Lettres* xi. 444).

5. With the same title, published 1751 as a supplement to the 1734 edition of Mme de Sévigné's letters (ibid. 443).

6. B identifies these as *Le Temps pré-sent,* but that poem had appeared in the previous year. This poem was probably *Sésostris,* which was being circulated in Paris in March 1776 (see Voltaire to M. de Vaines, 17 March 1776 in Voltaire, *Œuvres* xlix. 555). A MS copy of *Sésostris* is in D's bequest to HW. See HW to Mason 11 March 1776.

7. Missing.

Le facteur n'arrive point, l'heure se passe, il est vraisemblable que je n'aurai rien à ajouter.

À quatre heures.

Voilà le facteur. Votre lettre[8] n'exige pas beaucoup de réponse. Je parlerai de la généalogie, il est vrai que je ne sais plus ce que c'est, mais comme j'en ai parlé précédemment à M. Leroy il s'en souviendra.

J'ai tort de vous avoir annoncé que j'écrirais par M. de Saint Paul; mais quand je veux parler nouvelles, la plume me tombe des mains; premièrement, parce que je ne sais pas raconter; et puis, que ce que je raconterais ne m'intéresse point; et ce qui est encore bien plus certain, c'est la certitude où je suis que ce que je pourrais vous mander ne vous intéresserait point du tout; tout ce qui s'est passé devant vos yeux pendant vos séjours ici ne vous a pas fait plus d'impression que la lanterne magique. Les choses qui pourraient peut-être vous intéresser sont celles dont je suis moins instruite, et qui exigeraient le plus de connaissance et de vérité, et dans ce temps-ci, le faux et le vrai se débitent également, et ce que je crains le plus, c'est de dire des faussetés. Je comprends que les détails de société doivent devenir, en l'absence, comme étaient pour vous mes détails domestiques, c'est-à-dire ennuyeux. Que faut-il donc faire, ne pouvant parler ni des autres ni de soi? Faire des gazettes? Je n'en ai pas le talent. Ce qui me fâche, c'est que votre goutte ne soit pas entièrement dissipée. Vous avez bien tort, si vous croyez que je ne vous plains pas et que je fasse comparaison de l'insomnie aux douleurs; ah! mon Dieu, non, j'en sens la différence.

From Madame du Deffand, Monday 4 March 1776

D encloses with this letter that of the Comte de Creutz to HW 6 March 1776.

Ce lundi 4 mars 1776.

JE veux réparer le tort que j'ai eu de ne vous pas écrire par M. Saint Paul. Il partira jeudi un certain Baron suédois, envoyé du Roi de Suède, qui vous rendra cette lettre; je n'ai pu retenir son nom,[1] mais il n'importe. Je vous ai mandé l'arrivée de M. de

---

8. HW to D ca 26 Feb. 1776 (missing).

1. The Baron Nolken (B). Gustaf Adam

von Nolcken (1733–1812) (*Nordisk Familjebok*, Stockholm, 1923–34; GM, 1812, lxxxii. pt ii. 597).

Guines, vendredi à minuit; le lendemain, samedi, il fut à Versailles; il a vu le Roi, et lui remit une lettre; le Roi rougit, ne lui fit pas mauvaise mine et ne lui parla pas; il était dans la foule des courtisans; on n'infère rien de cette première entrevue. La cour était nombreuse, il y avait les députés du Parlement qui venaient demander au Roi quel jour il assignerait pour répondre aux remontrances[2] qu'ils lui apportaient; le Roi, avec un visage sévère, leur dit qu'il voulait la grande députation et qu'il leur assignerait le jour.

Tout le monde est persuadé qu'il y aura un lit de justice; le Comte de Broglie a parié contre moi qu'il n'y en aurait point.

L'ambassadeur de Venise[3] donna hier un bal, l'Archevêque a voulu s'y opposer, mais il n'a pu y réussir.

L'on m'apporte dans le moment les harangues de l'Académie; comme elles ne vous coûteront point de port, je vous les enverrai.[4]

L'épigramme[5] que je vous ai envoyée, que je croyais nouvelle, est ancienne.

Je ne vous ai point dit que ce fut chez l'Idole que M. de Guines débarqua en arrivant; elle avait un grand souper où étaient son Prince,[6] M. et Mme de Beauvau, Monsieur le Duc de Choiseul, Mme de Gramont, Mme de Luxembourg, Mme de Lauzun, Mme d'Usson, le Marquis de Laval,[6a] l'Archevêque de Toulouse et plusieurs autres; ce dernier ne se porte point bien, sa poitrine, son ambition ne sont pas en bon état; il est ami du Turgot, du moins en apparence, mais peut-il y avoir de l'amitié entre les ambitieux? On ne sait ce que tout ceci deviendra: il paraît impossible que le Turgot ne succombe, il ne sait ce qu'il fait. Le Maurepas est la faiblesse même. Le Saint-Germain, dont on avait bonne opinion, indépendamment qu'il est assez malade, ne soutient pas l'idée qu'on avait de lui; le choix qu'on a fait de M. de Montbarey[7] pour être en quelque sorte son adjoint, marque peu de discernement; c'est un homme très borné, d'une naissance très médiocre, et sans aucun mérite distingué; nous n'avons personne qui ait le sens commun. Ceux qui nous gouvernent pré-

2. The remonstrances of the parliament of Paris against the intended reforms of M. Turgot (B).

3. Alvise Mocenigo (V) (living, 1797), son of Alvise Mocenigo (IV) who was Doge of Venice (*Mercure de France*, Jan. 1777, pt i. 230; Heinrich Kretschmayr, *Geschichte von Venedig*, iii. Stuttgart, 1934, pp.

456–7, 535). The Archbishop probably objected to his giving a ball in Lent.

4. Not with the MS.

5. See *ante* 3 March 1776.

6. De Conti.

6a. See *post* iv. 302, n. 14.

7. Alexandre-Marie-Léonor de Saint-Mauris (1732–96), Prince de Montbarey.

sentement rendent leurs prédécesseurs considérables, et les font regretter.

Ce mardi 5.

J'ai envoyé chercher toutes les ordonnances de M. de Saint-Germain, moins pour vous, à qui elles ne feront rien, que pour M. Conway, qui ne sera peut-être pas fâché de les voir.

Je n'ai rien appris de nouveau hier. J'ai lu les harangues: c'est bien abuser de la parole.

J'ai mieux dormi cette nuit. Mon petit chien est très amoureux; Pompom est fort aimable. Je donne à souper ce soir à Mme de Roncherolles et à M. Francès, lesquels sont très *turgotins*, c'est ainsi qu'on les appelle; car *-tistes* les rendrait trop fameux, cela leur donnerait l'air d'une secte; à eux n'appartient pas tant d'honneur. Adieu jusqu'à demain.

J'avais quinze numéros à la loterie de l'école militaire; elle a été tirée aujourd'hui, et je n'ai rien eu.

Ce mercredi 6.

Il y a eu hier bien des *on dit,* qui sont sans vérité, et même sans vraisemblance. On dit qu'on propose au Chancelier Maupeou, pour qu'il donne sa démission, un million, et de faire son fils aîné[8] Duc et Pair; la place de Chancelier serait pour M. de Malesherbes; cela est absurde.

On dit qu'on veut supprimer deux places de gentilshommes de la chambre, et deux de capitaines des gardes; autre absurdité. Le Roi n'a point encore dit quel jour il signifierait sa volonté, et les paris subsistent. Je commence à croire que je pourrais bien perdre et que le Parlement cédera; ce qui est de certain, c'est que le Turgot ne cédera pas; il n'y a pas d'homme plus entreprenant, plus entêté, plus présomptueux; son associé Malesherbes va comme on le pousse. On dit de nos trois ministres: le Turgot ne doute de rien, le Malesherbes doute de tout, et le Maurepas se moque de tout; et chacun pense qu'un tel gouvernement ne peut subsister. Venons aux faits vrais.

Il y a eu avant-hier un duel entre le Prince de Salm[9] et un M. de Lanjamet,[10] officier dans le régiment du Roi. L'affaire se conte diffé-

8. René-Ange-Augustin de Maupeou (1746–94), Marquis de Bully, Marquis de Maupeou (Woelmont de Brumagne iv. 519).

9. 'The Prince Frederick de Salm, of no good reputation before this disgraceful adventure' (B). A previous duel which he probably fought is mentioned, *ante* 27 Jan. 1772.

10. Louis-François-Georges (d. 1829), Chevalier de Lanjamet (Woelmont de Brumagne iv. 1052). The duel is described

remment; mais comme il y eut grand nombre de témoins, on ne tardera pas à en savoir la vérité. La querelle fut occasionnée par le jeu: Lanjamet était le débiteur; il était convenu de payer à un terme qui n'était point expiré; il sut que le Prince tenait de fort mauvais propos; il chercha de l'argent et s'acquitta, et rencontrant le Prince dans les Tuileries, il le traita très mal. Ils sortirent pour s'aller battre sur le rempart où il y avait beaucoup de monde. M. de Salm fut suivi de deux hommes, dont l'un, dit-on, était son valet de chambre, et l'autre, un maître en fait d'armes. Lanjamet lui demanda pourquoi ces gens-là le suivaient; le Prince, sans lui répondre, tira son épée; on prétend que celui-ci avait un gros manchon devant lui. Lanjamet lui proposa de se déshabiller; l'autre, sans répondre, alla sur lui; on prétend que la pointe de l'épée de Lanjamet trouva de la résistance; ce qui est de sûr, c'est que Lanjamet tomba, et que le Prince l'aurait tué par terre si Lanjamet ne s'était saisi de son épée et ne l'eût cassée; on prétend que le maître en fait d'armes, quand il vit Lanjamet par terre, criait au Prince: 'Plongez votre épée.' Lanjamet se relevant fut sur le Prince qui n'avait plus d'épée et le poursuivit; il était comme un enragé; le Prince a eu quelques légères blessures. Une Mme de Créqui,[11] amie de la Princesse de Salm,[12] fut lui rendre visite, ne sachant rien de l'aventure de son fils; sa mère lui dit qu'il était incommodé; elle demanda à le voir; on lui fit quelques difficultés, elle insista, le Prince était dans son lit. Elle lui demanda pourquoi on avait fait difficulté de la laisser entrer: 'C'est,' dit-il, 'qu'il y a des tableaux fort obscènes dans ma chambre.'—'Bon,' dit-elle, 'qu'est-ce que cela fait, je suis si vieille! Je sais que ce sont les impuissants qui aiment les peintures malhonnêtes, et que ce sont les poltrons qui veulent toujours se battre.' Elle ne savait rien de l'aventure, ce qui a rendu ce propos plaisant.

J'ai fait copier hier des vers que j'ai trouvés jolis et que je vous envoie; c'est une invitation à dîner que fit Voltaire à Destouches[13] après la représentation de sa pièce du *Glorieux*.[14]

in Emmanuel, Duc de Croÿ, *Journal*, 1906–7, iii. 245, and in Louis-Philippe, Comte de Ségur, *Mémoires*, 1824–6, i. 94–7.

11. Perhaps Marie-Louise de Monceaux d'Auxy (ca 1706–83), m. (1720) Jacques-Charles, Marquis de Créqui (*Rép. de la Gazette*).

12. Marie-Thérèse-Josèphe de Hornes (1726–83), m. (1742) Philipp Joseph, Prince

of Salm (A. M. H. J. Stokvis, *Manuel*, Leide, 1888–93, iii. Table 151).

13. Philippe Néricault, called Destouches (1680–1754).

14. The verses which D encloses were written in Feb. 1750 in a letter from Voltaire to Destouches (Voltaire, *Œuvres* xxxvii. 107). *Le Glorieux* was first acted in 1732. D's copy agrees with the printed

Je n'ai point vu M. Leroy, mais il soupera demain chez moi. Vous auriez dû me renvoyer une note de cette généalogie pour que je pusse [la] lui donner en cas qu'il ait perdu celle que je lui ai remise.

On a payé le papier.[15]

Je n'espère pas de vos nouvelles aujourd'hui, vous auriez cependant bien fait de m'en donner, puisque vous n'êtes pas entièrement quitte de votre goutte. J'ai appris que M. de Saint Paul avait eu un passage affreux;[16] Mme d'Olonne a couru un grand risque.

Mme de Luxembourg est fort enrhumée, et quoiqu'elle ne soit pas assez malade pour garder la maison, j'en suis inquiète.

Monsieur le Prince de Conti se porte beaucoup mieux; il se distingue dans l'affaire du Parlement, et le mouvement qu'elle donne à son sang lui a fait plus de bien que le régime et les remèdes.

Sachez-moi gré de cette lettre; plus elle est détestable, plus vous me devez de reconnaissance.

À 4 heures après midi.

Voilà une lettre[17] que je n'espérais pas. D'un mal[18] vous passez à un autre mal, il faut que je sois toujours inquiète. Je consens volontiers que vous me fassiez rentrer dans l'ordre accoutumé, quand je n'ai point d'inquiétude; mais quand vous êtes malade il faut me donner de vos nouvelles.

Je suis fort aise que Mme Cholmondeley m'aime, je l'aimerais beaucoup si elle n'était pas un peu follette, elle a beaucoup d'âme, elle est extrêmement sensible, mais elle a tous les inconvénients de la sensibilité qui sont une grande inégalité. Sans ce défaut je l'aurais aimée à la folie, sa société m'aurait infiniment convenu. Quelle différence d'elle à Mlle Sanadon, à Mme de Cambis, etc., etc.! Si j'avais encore longtemps à vivre je changerais de situation, je n'aime point la vie que je mène, je ne tiens à rien; mais je ne veux point vous parler de moi.

Vous avez actuellement votre Mme d'Olonne. Le projet de M. Saint Paul était de vous la remettre en mains propres.

Je voudrais savoir si vous voyez quelques médecins, et ce qu'ils

version except that 'mardi' is changed to 'demain,' and 'si souhaité' to 'tant souhaité.' See Appendix 46.

15. The 'papier à meuble,' ordered by HW in Paris.

16. 'Col. S——p, secretary of embassy to the court of France, arrived in great haste on Saturday evening [9 March] at St James's' (*Public Advertiser*, 12 March 1776; see also *London Chronicle* xxxix. 246, 12 March 1776).

17. HW to D ca 1 March 1776 (missing).

18. HW had recovered from the gout but still had a nervous fever (Cole ii. 7).

disent de votre fièvre. Je vous avoue que je suis fâchée de votre résolution de ne me donner de vos nouvelles que tous les huit jours. Je
supporte l'inquiétude impatiemment.

From Madame du Deffand, Sunday 10 March 1776

Paris, ce 10 mars 1776.

LE Colonel Saint Paul ne sait ce qu'il dit s'il vous a fait entendre
que je me couchais trop tard; mais s'il vous a dit que je passais
presque toutes les nuits sans dormir, il a eu raison; ce sont des insomnies, et non des veilles. Votre patience et votre sagesse n'y pourraient rien. Par extraordinaire cette nuit-ci a été très bonne.

Je suis fort aise que vous soyez quitte de votre fièvre, mais je suis
très mécontente de votre impatience d'être à Strawberry Hill. Je
n'aime ni l'air que vous y respirez ni la solitude où vous y vivez. Bientôt il ne tiendra qu'à moi d'être à Paris aussi solitaire que vous dans
votre petit château. Les Beauvau partent pour leur quartier dans la
semaine sainte, les Choiseul pour Chanteloup le lundi de Pâques,[1]
les Brienne dans la même semaine pour leur campagne, les Broglie
iront incessamment à Metz, le 1er mai les Caraman à Roissy, et Mme
de Mirepoix et Mme de Boisgelin partiront pour la Franche-Comté
et iront trouver la Marquise de Boufflers dans le château de M. de
Bauffremont;[2] de là elles iront en Suisse et passeront par Ferney pour
voir Voltaire. Ensuite viendra le voyage de Compiègne qui m'en-
levera le reste de ma compagnie. Mais, comme vous dites, la patience
et la sagesse remédient à tout.

J'ai parlé à M. Leroy de votre généalogie, il ne l'a point oubliée.
M. de Burigny[3] devait lui rendre réponse, et ne l'a pas fait. Il doit
voir ces jours-ci un homme[4] qui doit lui apprendre ce que vous désirez savoir.

Cette lettre-ci sera précédée d'un gros paquet[5] dont le Baron de
Nolcken[6] s'est chargé; vous aurez peu de contentement de ce qu'il

1. Easter Monday was 8 April 1776.
2. Scey-sur-Saône.
3. Jean Lévesque de Burigny (1692–
1785), member of the Académie des In-
scriptions.
4. Not identified.
5. Containing speeches made at the
Académie française (*ante* 4 March 1776).

6. 'Yesterday his excellency the Baron
de Nolken, ambassador from the Swedish
court, was at court for the first time'
(*London Chronicle* xxxix. 254, 14 March
1776). 'Tuesday [12 March] Baron Nolken
ambassador [from] the court of Sweden is
arrived at his house in Suffolk Street'
(*Public Advertiser*, 14 March 1776).

contient, je n'en excepte pas ma lettre. Je ne sais point les nouvelles d'aujourd'hui, je n'ai encore vu personne, je crois qu'il doit être décidé s'il y aura un lit de justice. Je verrai ce soir la grand'maman, je lui apprendrai ce qui regarde Milady Charlotte.[7] Milady Churchill a donc renoncé au voyage de France? J'aurais beaucoup de plaisir à la revoir, ainsi que M. Conway et Milady Ailesbury. Vous ne voulez donc pas me dire un mot de Milady Henriette,[8] ce ne peut être par ignorance, c'est l'effet d'une grande prudence. Je soupai hier, à ce qu'on m'a dit, avec Milady Barrymore. Comme je ne me mis point à table et qu'elle ne me vint point parler je ne l'ai su que par ouï-dire. Votre ambassadeur est très empressé pour elle, il y en a qui croient qu'il en est amoureux, je n'en crois rien. Je crois vous avoir mandé qu'il a loué l'Hôtel des Deux Ponts.[9] Il s'est engagé à ne pas dire combien, il dit seulement que cela passe seize mille francs; c'est une très grande et belle maison, un très beau jardin, qui est terminé par une terrasse sur le rempart.[10] Il y entrera dans le mois de décembre. Milord Clermont[11] part demain, sa femme a eu le plus grand succès à notre cour. La Reine l'a comblée de politesse; je ne l'ai jamais rencontrée. J'ai quelque remords de ma conduite avec les Grenville, je ne saurais faire des visites et je ne puis me résoudre à les prier à souper. Ai-je tort? Ou m'approuvez-vous?

Je condamne fort Lindor. Perdre son argent et vivre avec des jeunes gens[11a] me paraît une sotte folie. Vous ne me parlez plus du petit Craufurd, sans doute il m'a oubliée, rien n'est plus naturel et plus simple.

Je serais bien aise de revoir Mme Cholmondeley, mais rien n'est moins possible.

Je viens de relire les lettres de Milady Montagu,[12] c'est bien peu de chose.

Le plaisir de posséder Mme d'Olonne n'a-t-il pas été acheté un peu

7. Lady Charlotte Burgoyne.

8. She was married, 20 March 1776, to Foley.

9. On the Rue Neuve Saint-Augustin (*Almanach royal*, 1777, p. 163).

10. 'Ces remparts, plantés d'arbres, sablés dans les contre-allées, arrosés dans le milieu, garnis de bancs de pierre de distance en distance, forment, depuis quelques années, l'une des plus belles promenades de la Capitale' (*Dict. de Paris* i. 659).

11. 'On Thursday last [14 March] Lord Clermont arrived at his house in Berkeley Square from Italy, but last from France,

and was yesterday at the levee' (*Public Advertiser*, 16 March 1776).

11a. Such as Carlisle, Fitzpatrick and Fox. Selwyn gambled at Almack's (Brooks's).

12. Lady Mary Pierrepont (1689–1762) m. (1712) Edward Wortley Montagu. A French translation of her letters by Jean Brunet appeared at Amsterdam, 1763, and was reprinted (Londres et Paris), 1764–8. HW considered them entertaining (HW to Conway 6 May 1763 and to Mann 10 May 1763).

cher? Il y a bien des choses qu'on doit croire sans les comprendre, et qui ne sont pas du genre des grandes vérités.

Je voulais vous envoyer un livre d'anecdotes sur une certaine dame,[13] mais votre ambassadeur m'a dit qu'il était à Londres depuis bien longtemps.

Je n'ai point encore vu M. de Guines, il n'était pas encore hier de retour de Versailles; je le plains beaucoup, mais il a un grand courage, il est par conséquent moins malheureux que s'il était faible.

Votre Amérique, vous ne m'en parlez plus.

Vous aurez bientôt M. de Lauzun. Trois sorcières lui ont prédit qu'un jour il serait roi; on cherchait où ce pourrait être. 'En Amérique,'[14] répondit-il. Prenez-y garde, soit pour l'empêcher ou pour parvenir à sa faveur.

P.S.—Je viens d'apprendre qu'il y aura un lit de justice mardi 12.

To Madame du Deffand, ca Tuesday 12 March 1776

Missing. Probably written at Arlington Street. Answered, 17 March.

From Madame du Deffand, Sunday 17 March 1776

Paris, ce dimanche 17 mars 1776.

J'AI chez moi mes neveux;[1] ils sont dans mon antichambre, j'ai la plus grande impatience de m'en débarrasser, et comme Wiart les mènera promener, je veux prévenir l'arrivée du facteur pour n'avoir qu'un mot à ajouter à la réponse que j'aurai à vous faire, et qu'on les emmène; j'espère recevoir de vos nouvelles; votre santé n'était pas assez raffermie pour que je sois entièrement exempte d'inquiétude.

Je prévois que le paquet que vous aura remis M. Nolcken ne vous aura pas fort amusé.

Il parut hier cinq édits[2] et six ordonnances.[3] Lundi nous aurons

---

13. Pidansat de Mairobert's *Anecdotes sur la vie de Mme du Barry*, published at London (see *ante* 25 Feb. 1776).
14. Lauzun fought for the Americans in the Revolution.

———

1. Probably Abel de Vichy, later Comte de Champrond, and his wife.

2. See *ante* 10 Feb. 1776 n. 3.
3. Probably six ordinances about military affairs, summarized in *Mercure historique* clxxx. 695, June 1776, and dated variously from 24 Feb. to 25 March 1776.

la relation du lit de justice;[4] si vous en êtes curieux, mandez-le-moi, je vous enverrai tous ces fatras par la première occasion.

M. et Mme Necker se préparent à un voyage en Angleterre; ils partiront la semaine de Pâques, et ils assurent qu'ils seront ici de retour à la fin de mai; si vous voulez faire venir quelque chose d'ici, mandez-le-moi.

L'homme aux généalogies a dit qu'il fallait lui donner plus d'éclaircissements sur ce que vous voulez savoir. M. Leroy m'avait promis de m'apporter la note de ce qu'il demande, je ne l'ai point encore reçue. Peut-être votre ambassadeur ira-t-il aussi faire un tour à Londres; il en a grande envie. J'ai eu la visite de Milady Dunmore, elle m'a rappelé qu'elle m'avait vue plusieurs fois[5] pendant le séjour que fit ici Monsieur le Duc de Richmond; je ne m'en souvenais guère. M. Colardeau a été élu à l'Académie pour remplacer M. de Saint-Aignan; on dit qu'il mourra avant sa réception.[6] Fréron est mort;[7] on a donné le privilège de sa feuille[8] à sa veuve.[9] Nous aurons incessamment un roman,[10] commencé par Mme de Tencin[10a] et fini par Mme Élie de Beaumont; elle me vint voir l'autre jour, et elle m'a promis le premier exemplaire; s'il paraît avant le départ de M. Necker, il vous le portera.

M. de Guines, depuis son arrivée ici, n'a point quitté Versailles; il n'a pas encore pu obtenir d'audience; cela n'est pas un trop bon signe.

Nous sommes en plein jubilé,[11] je ne m'en aperçois pas beaucoup.

Je fus jeudi dernier à la comédie chez Mme de Montesson; la pièce était de sa composition, elle a pour titre, *La Femme sincère*. Ce n'est pourtant pas une pièce de caractère, c'est une femme qui fait un aveu à son mari dans le genre de la Princesse de Clèves. Ce spectacle n'a pas réveillé en moi le goût de cet amusement. Je ne lis plus que des

4. Of 12 March 1776. See ibid. 469–84, 554–85, April and May 1776; and HW to Dr Gem 4 April 1776.

5. See *ante* 17 Oct. 1769, 3 March 1770.

6. This happened; he died at Paris, 7 April 1776 (*Rép. de la Gazette*).

7. He died at his house near Montrouge, 10 March 1776 (ibid.).

8. The *Année littéraire*.

9. Annetic Royou-Pennanrun (ca 1748–1814), m. (1766) Élie-Catherine Fréron (François Cornou, *Élie Fréron*, 1922, pp. 348, 353, 464). The *Année littéraire* was directed, however, by her son.

10. *Anecdotes de la cour et du règne d'Édouard II, roi d'Angleterre*, 1776.

10a. Claudine-Alexandrine Guérin (1681–1749), Marquise de Tencin, Pont-de-Veyle's aunt. HW describes her in his 'Marginal Notes written in . . . Chesterfield,' p. 60, *Philobiblon Society Miscellanies* xi, 1867–8.

11. Pius VI extended the Papal jubilee of 1775 to other countries for the first six months of 1776 (Herbert Thurston, *The Holy Year of Jubilee*, 1900, p. 127).

romans; je viens de lire les *Malheurs de l'amour,* par Mme de Tencin, qui est bien écrit, mais qui n'inspire que de la tristesse, et un autre qu'on appelle *Ernestine,* par Mlle Riccoboni,[12] qui m'a fait beaucoup de plaisir; lisez-le, je vous en prie; si vous ne l'avez pas, je vous l'enverrai. Je n'ai pas de quoi vous entretenir jusqu'à l'arrivée du facteur, je vais l'attendre.

Le voilà arrivé;[13] vous n'êtes point quitte de votre goutte; ces retours m'inquiètent, et je n'aime point du tout qu'elle grimpe si haut.

Vous me donnez des louanges dont je suis bien indigne, vous me jugez mal sur tous les points. Je ne suis point difficile, je m'accommoderais de l'esprit de tout le monde, si tout le monde n'était pas ridicule. Je pense comme Despréaux:

Chacun, pris en son air, est agréable en soi.[14]

Il n'y a que l'affectation, la prétention et le ridicule qui me choquent, et l'on ne trouve que cela. Je m'aperçois très sensiblement que je perds petit à petit toutes les facultés de l'esprit; la mémoire, l'application, la facilité de l'expression, tout cela me manque au besoin. Je ne désire point d'être aimée, je sais qu'on n'aime point, et je le sais par moi-même; je n'exige point des autres qu'ils aient pour moi les sentiments que je n'ai point pour eux; ce qui s'oppose à mon bonheur, c'est un ennui qui ressemble au ver solitaire et qui consomme tout ce qui pourrait me rendre heureuse. Cette comparaison exigerait une explication, mais je ne puis pas débrouiller cette pensée. Je ne sais pas ce que c'est que le choix d'Hercule.[15] Mais je suis de votre avis sur ce poème, je trouve que c'est peu de chose. Il paraît des *Lettres sur les Chinois,*[16] à la suite desquelles on a mis les lettres du Chevalier de Boufflers[17] avec une épître[18] à Voltaire, et la réponse[19] qu'on a déjà vue. J'ai relu la réponse avec plaisir. On demandait l'autre jour à quelqu'un s'il avait lu les seize volumes de l'Abbé de Condillac[20] sur l'éducation. 'Ah, mon Dieu! non,' dit-il, 'je m'en tiens au dix-septième.' Vous comprenez quel il est, c'est le Prince.[21]

12. Marie-Jeanne Laboras de Mézières (1714–92), m. (1735) Antonio Francesco Riccoboni.

13. HW to D ca 12 March 1776 (missing).

14. Boileau's *Épître au Marquis de Seignelay* (Épître ix) 89.

15. Virtue and Vice; he chose Virtue (Xenophon, *Memorabilia,* II. i. 21–34).

16. Voltaire's *Lettres chinoises, indiennes, et tartares à M. Paw par un Bénédictin,* 1776 (Voltaire, *Œuvres* xxix. 451).

17. To his mother.

18. Nicolas-Louis-François de Neufchâteau (1752–1828), *Le Mois d'Auguste* (ibid.).

19. Voltaire to François de Neufchâteau 31 Aug. 1774 (ibid. xlix. 72).

20. Abbé Étienne Bonnot de Condillac (1715–80), *Cours d'étude pour l'instruction du Prince de Parme,* Parma, 1775, 16 vols. (Bibl. Nat. Cat.).

21. Ferdinand, Duke of Parma.

Je suis fort aise de l'arrivée du Duc de Richmond, vraisemblablement il restera peu à Paris. La Duchesse viendra-t-elle avec lui?

Ne dites point de mal de votre lettre à Mme de la Vallière; je l'ai lue une seconde fois, et je vous assure qu'elle est très jolie.

Si votre édition[22] du neuvième tome de Mme de Sévigné n'est pas plus ancienne que '51, c'est la même que la mienne. Mes lettres ne méritent aucune espèce de louanges, je n'ai point de style; mais si l'on voulait absolument m'en supposer, il aurait plus de rapport à celui de Mme de la Fayette qu'à celui de Mme de Sévigné.

Mme Beauclerk[23] ne serait-elle pas heureuse de perdre son mari? Vous faites bien de voir Mme Cholmondeley, elle a de l'esprit, elle est animée, elle vous amusera.

Voici la note généalogique[24] que M. Leroy vient de m'apporter.

To MADAME DU DEFFAND, ca Tuesday 19 March 1776

Missing. Probably written at Arlington Street. D writes to Craufurd, 26 March 1776: 'M. Walpole m'a écrit que vous lui aviez demandé de mes nouvelles la veille d'une lettre où je lui demandais des vôtres; il ajoutait qu'il vous avait trouvé très bon visage, et que vous étiez convenu que vous vous portiez mieux' (S–A iii. 211). Answered, 24 March.

From MADAME DU DEFFAND, Thursday 21 March 1776

Ce jeudi 21 mars 1776.

JE vous plains de l'envie qui me prend de vous écrire. Je me suis fait relire votre dernière lettre; si ce n'est pas un chef-d'œuvre de bon français, c'en est un d'un excellent anglais. Aux louanges près que vous m'y donnez, tout le reste est très vrai, très approfondi, et d'un esprit très éclairé; mais quel profit en puis-je faire? Avons-nous du pouvoir sur nous-mêmes? Si cela était, tous les gens d'esprit seraient heureux. Je commence par vous, et je vous demande si vous êtes heureux? J'ai peine à le croire. Cependant il ne faut pas toujours juger des autres par soi-même. Moi, par exemple, quand mon âme

22. HW's edition of Mme de Sévigné's letters was in nine volumes, Paris, 1738. (MS Cat.). One of these volumes was probably the one published in 1751 as a supplement to the earlier ones.

23. Lady Diana Beauclerk.
24. Not with the MS.

est sans sentiment, je suis sans idées, sans goût, sans pensées, je tombe dans le néant que j'appelle ennui. S'il suffisait du raisonnement et de la réflexion pour se rendre heureux, on verrait tout le contraire de ce qu'on voit, car tous les jours, en examinant le monde, je vois que ce sont les sots qui sont les plus contents des autres et d'eux-mêmes, et qui savent le mieux se suffire. Vous vous êtes tant moqué de moi sur le cas que je faisais de l'amitié, qu'à la fin vous m'avez persuadée; mais en détruisant mes illusions, je ne sais rien mettre à la place; c'est, je crois, un bonheur de prendre pour or les feuilles de chêne. J'ai ri de la récapitulation que vous me faites de tous mes bonheurs; celui d'une longue vie, par exemple; vous saurez peut-être un jour ce qu'il en faut penser. À l'égard de la considération dont je jouis, de l'estime qu'on a pour moi, des empressements qu'on me marque, je dis comme Aman dans *Esther*:[1]

> De cet amas d'honneurs la douceur passagère
> Fait sur mon cœur à peine une atteinte légère;
> Mais Mardochée, etc.

En fait de connaissances, de liaisons, et d'amis, ce n'est pas le nombre qui satisfait. Voilà ce qu'il m'a pris envie de vous dire aujourd'hui; vous voilà quitte de moi pour ce moment.

Je vais faire copier une lettre[2] de Voltaire qu'il a envoyée à M. de Malesherbes, où vous verrez qu'il soutient bien son caractère; c'est à propos d'un arrêt du parlement qui a condamné au feu un livre intitulé, *Contre les droits féodaux*.[3]

Ce samedi 23.

Il paraît deux volumes de votre Shakespeare,[4] on dit qu'il en aura seize:[5] le premier contient une *Épître* à notre Roi, l'institution et la description du jubilé[6] en l'honneur de Shakespeare, et l'histoire de sa vie écrite très longuement et très ennuyeusement; je n'ai encore rien lu de la traduction de ses pièces. La première est *Othello*, dont

1. Racine, *Esther* II. i.
2. With the MS. See Appendix 47.
3. A brochure by Pierre-François Boncerf (ca 1745–94), condemned, 23 Feb. 1776, by order of the parliament (Voltaire, *Œuvres* xxx. 333). Its title was *Les Inconvénients des droits féodaux*.
4. The first two volumes of *Shakespeare traduit de l'anglois,* by Pierre-Prime-

Félicien Le Tourneur (1737–88) and others, were published in 1776. Among the subscribers is 'Sir Horace Valpole.' His copy is probably the 'Shakespeare, in French,' 2 vols, sold SH v. 187.
5. There were twenty.
6. The Shakespeare jubilee at Stratford-on-Avon in September 1769, conducted by Garrick.

l'Abbé Barthélemy est très content; mais tous les jours je me confirme à ne m'en rapporter au jugement de personne; non pas que je croie avoir plus de goût, mais du moins je ne juge que d'après moi, que par l'impression que je reçois, et jamais par des règles que je ne sais point.

J'imagine que votre ambassadeur accompagnera les Necker dans leur petit voyage; j'aurai quelque regret de leur absence; je soupe avec eux deux fois la semaine, le lundi chez eux, le jeudi chez moi. Je trouve de l'esprit à votre ambassadeur, beaucoup de politesse et de noblesse; c'est de nos diplomatiques celui qui vaut le mieux sans nulle comparaison; vous vous connaissez peu l'un et l'autre; mais ce qui doit vous prévenir en sa faveur, c'est l'amitié qu'il a pour votre cousin. Je crois que le Caracciolo crèvera bientôt; il a une abondance de flegmes, de paroles, qui le suffoquent. On n'est point fâché de le connaître, de le rencontrer, de l'avoir chez soi, mais cependant il fatigue, il assomme. Il a d'abord été fort épris de Mme de Beauvau, et elle de lui, mais cela est fort refroidi. L'objet de sa vénération, c'est d'Alembert et Mlle de Lespinasse; mais cela ne l'empêche pas d'avoir une sorte de considération pour moi.

Le départ des Choiseul avance à grands pas, ce sera le mardi de Pâques; je les verrai jusqu'à ce jour-là le plus souvent qu'il me sera possible; quand toutes mes connaissances seront dispersées, je me dévouerai à la solitude et au tête-à-tête de ma compagne, qui, tout au plus, est tant soit peu au-dessus du rien; il m'arrive même quelquefois de la croire au-dessous.

Jouissez du bonheur de vous savoir passer de tout, contemplez votre Mme d'Olonne, ou faites . . . je ne sais pas quoi, car je ne saurais avoir aucune idée de vos amusements; depuis que je suis aveugle je n'en connais qu'un genre, et c'est la société; quand elle est bonne, c'est tant mieux; mais je préfère la médiocre et même la mauvaise à être réduite à moi-même.

À propos, ne croyez pas que si vous étiez Français, ou moi Anglaise, que je serais plus ou moins contente de vous; ce n'est pas la différence des nations qui nuit à notre bonne intelligence; les mœurs et les usages n'y font rien. Bonjour, à demain.

Ce dimanche à midi.

J'ai commencé *Othello,* j'en suis enchantée. L'Abbé m'a chargée de vous dire qu'il trouve Shakespeare supérieur à tout, et qu'il vous prie de n'écouter que le dieu[7] et de ne faire aucune attention à l'homme; il trouve, ainsi que moi, que tout ce que les traducteurs, car ils sont trois,[8] disent de leur chef est du dernier plat. Je ne sais si leur traduction est fidèle, mais il me semble que Shakespeare n'a pu mieux dire. Il est étonnant que ces trois traducteurs n'aient pas mieux écrit tout ce qui précède leur traduction. J'ai impatience de savoir si vous serez content; je prévois que je le serai infiniment; mais en vieillissant je m'aperçois que je redoute d'être remuée par des choses trop tragiques.

Je soupai hier et avant-hier avec le grand Abbé, la petite sainte et la grand'maman, nous avons beaucoup parlé de vous, et la grand'maman me fit faire serment hier de vous beaucoup parler d'elle, de son estime, de son amitié. Elle voudrait, dit-elle, vous en parler elle-même; je suis très contente d'elle, elle se plaît avec moi. La petite sainte est aimable, mais elle ne me restera pas. L'Abbé ne partira qu'à la fin de mai, je n'aurai de stable que Mme de la Vallière.

On dit que le procès de M. de Richelieu et de Mme de Saint-Vincent sera jugé jeudi prochain. Je fermerai cette lettre après l'arrivée du facteur.

Le Prince de Salm et M. de Lanjamet se sont battus avant-hier.[9] On dit que le Prince a reçu un grand coup d'épée dans le ventre, mais comme on dit qu'il n'en mourra pas, il faut que ce soit ailleurs.

À 4 heures.

Je reçois une lettre du petit Craufurd en même temps que la vôtre.[10] Il ne me mande pas grand'chose, il me parle des folies de M. Selwyn; il a, dit-il, perdu une fois dix mille guinées, une autre fois cinq, cela est exorbitant.[11] Dieu le bénisse! je serais bien fâchée de m'intéresser à lui, je n'aime pas les fous. Je vous trouve très raisonnable, malgré vos fantaisies, je ne vous blâme pas de les satisfaire.

7. Voltaire, in a note to his *Lettre à l'Académie française*, 1776, says that the programme of Le Tourneur's edition of Shakespeare, p. 3, calls Shakespeare '*le dieu créateur de l'art sublime du théâtre, qui reçut de ses mains l'existence et la perspective*' (Voltaire, *Œuvres* xxx. 351).

8. The dedicatory *Épître au roi* is signed 'Le Comte de Catuelan, Le Tourneur, Fontainemalherbe.' Catuelan was a noted anglophile (Emmanuel, Duc de Croÿ, *Journal*, 1906–7, iii. 146), and it was he, who, with Le Tourneur and Jean Fon-

taine-Malherbe (ca 1740–80), presented the first two volumes of the translation to Louis XVI 18 March 1776 (*Rép. de la Gazette*).

9. See *ante* 4 March 1776. The Prince was badly wounded but recovered.

10. HW to D ca 19 March 1776 (missing).

11. A mistake. 'J'ai donc grand tort de vous accuser d'extravagance, d'avoir perdu douze cent louis dans une seule séance. Vous les aviez gagnés, dites-vous . . .' (D to Selwyn 10 April 1776, MS in Society of Antiquaries).

Votre goût pour la solitude est la seule chose que je condamne. Cependant si en effet elle vous convient vous avez raison de la préférer à la société. Je suis bien de votre avis sur les médecins, les directeurs et les avocats. Mandez-moi si vous voulez que je vous envoie la traduction de Shakespeare, elle aura ici une grande réussite. La Place[12] en avait fait un squelette.

M. de Guines est toujours à Versailles sans qu'on pense à s'expliquer avec lui; cet homme est complètement malheureux.

On vous avait envoyé la note[13] que vous demandez. Wiart vous en envoie une seconde.

To MADAME DU DEFFAND, Tuesday 26 March 1776

Missing. Probably written at Arlington Street. Answered, 31 March.

From MADAME DU DEFFAND, Wednesday 27 March 1776

In Colmant's hand, up to 'Voilà le lit de justice'; finished by Wiart.

Ce mercredi 27ᵉ mars.

CETTE lettre-ci est ce que Mme de Luxembourg appelle 'air à la Prasline.' Le Vicomte de Noailles, qu'on dit être le jeune seigneur le plus élégant de ce moment, m'avait fait demander, et me demanda même hier au soir mes commissions pour Londres, et nommément pour vous. J'acceptai ce bon office, comme un moyen que je lui donnais de vous connaître, et pour satisfaire ma vanité, dont ma liaison avec vous s'honore. Ce jeune homme prétend avoir envie de me connaître; mais il est d'un âge à ne m'en pas donner le désir.

M. de Guines eut samedi sa première audience du Roi; il demanda quelle était la cause de son rappel? La fin du terme de l'ambassade. Il répéta la même question, il reçut toujours la même réponse. C'est un homme bien malheureux, mais comme je crois qu'il n'a point de tort, mais seulement des ennemis, et qu'il a un courage étonnant, il ne se laissera point accabler, et parviendra à prendre le dessus. Il n'y a que les gens faibles qui succombent et qu'on écrase impunément. Depuis son retour il n'a point quitté Versailles.

12. La Place's *Théâtre anglais*, 1745–8, contained abstracts and free translations of Shakespeare's plays.

13. The genealogical note, requested by HW.

Je vous avoue que j'envisage avec une sorte d'effroi la séparation où je vais être de mes connaissances les plus agréables. Je ne connais de malheurs que les douleurs et l'ennui. Sans doute que les douleurs doivent être plus fâcheuses que l'ennui, mais feu Monsieur le Duc de la Vallière,[1] père de celui-ci, avait alternativement ou des vapeurs ou la gravelle, et quand il avait l'un il préférait l'autre. Je voudrais être comme les bonnes âmes qui s'occupent de leur jubilé. Les églises sont pleines; la foi dans tous les cœurs n'est point encore bannie, que n'en ai-je non seulement pour le jubilé, mais pour transporter les montagnes? Qui pourrait faire ce prodige pouvait sans doute marcher sur les eaux, ce qui me conviendrait fort.

Le procès de M. de Richelieu et de Mme de Saint-Vincent sera jugé après-demain.

Je ne sais si je vous ai envoyé le procès-verbal du lit de justice;[2] Wiart me le dira. Si vous ne l'avez pas, je pourrai vous l'envoyer.

Mme de la Vallière ne se porte pas trop bien; son estomac est fort dérangé. Elle va devenir mon unique ressource. Je voudrais que le petit Craufurd fût tenté de nous venir voir cet été, il n'en fera rien. Vos lettres feront mon unique consolation, celles de la grand'maman ma satisfaction, et celles de l'Abbé mon amusement; il n'ira à Chanteloup qu'à la fin du mois de mai.

J'attends avec impatience les jours où je reçois vos lettres. Je voudrais bien que la première m'apprit le retour de vos forces, et l'entière exemption de toutes douleurs.

Voilà le lit de justice,[3] vous ne vous en soucierez guère; eh bien! vous ne le lirez pas.

Vous ferez tenir, je vous prie, cette lettre à M. Craufurd.

Ne me laissez point oublier de M. Conway, et remerciez Milady Ailesbury de tout ce qu'elle a écrit à Milord Stormont pour moi; il se propose de leur offrir un logement chez lui, il a loué la maison la plus charmante, c'est l'Hôtel des Deux Ponts, mais il en fera lui-même la description.

Vous pourrez m'écrire par M. Saint Paul, qui doit revenir incessamment, l'ambassadeur ne partira je crois qu'après son retour.

J'ai fini *Othello,* rien n'est plus tragique et ne produit plus de terreur.

1. Charles-François de la Baume le Blanc (ca 1669–1739), Duc de la Vallière (*Rép. de la Gazette*).

2. Of 12 March (*ante* 17 March 1776).

3. Not with the MS.

From MADAME DU DEFFAND, Sunday 31 March 1776

Ce dimanche 31 mars 1776.

VOTRE lettre du 26 arriva hier, un jour plus tôt qu'à l'ordinaire; c'est une bonne fortune, mais c'est une bien mauvaise nouvelle que la lenteur de votre rétablissement; ne peut-on pas l'attribuer au retour du froid? Après quelques jours assez beaux, la gelée est revenue; depuis six ou sept jours, il a fallu rallumer du feu, s'habiller plus chaudement; les rhumes sont revenus, ce peut fort bien être ce qui retarde votre parfaite guérison. Vous irez donc incessamment sur le bord de la mer; vous ressouvenez-vous d'un vers de Despréaux, dans son *Ode à Louis XIV*, sur le passage du Rhin?[1]

Se plaint de sa grandeur qui l'attache au rivage.

N'en pourrais-je pas faire une application? Mais non, toute plainte est bannie.

Votre lettre est très bonne, elle m'a fait plaisir.

Les Necker partiront la semaine de Pâques; ils vous rendront une visite à Strawberry Hill, et puis vous en serez quitte; leur projet est de ne voir personne. Je ne saurais bien dire quel est l'objet de leur voyage, de leur curiosité; ne pourrait-ce point être quelques affaires? Ils ne verront point Newmarket. Le procès de la Duchesse de Kingston, vos spectacles, Garrick surtout, sont leurs principaux objets ils le disent; j'espère bien qu'ils seront de retour à la fin de mai. Votre ambassadeur partira plus tôt qu'eux, il partira l'instant d'après le retour de M. Saint Paul; s'il veut se charger des pastilles, d'un roman nouveau[2] et quelques ordonnances[3] pour M. Conway, vous les recevrez bientôt, sinon vous les recevrez par les Necker.

Avant-hier vendredi, les Princes, les Pairs et le Parlement s'assemblèrent au palais à dix heures du matin; ils ne se séparèrent qu'à deux heures après minuit: c'était pour l'affaire de M. de Richelieu et de Mme de Saint-Vincent; ils ont arrêté qu'on nommerait de nouveaux experts pour la vérification des billets, qu'on entendrait de nouveaux témoins, et la conclusion fut à un plus amplement informé, et le jugement remis après la Saint-Martin, qui est la rentrée

1. Boileau, *Épître au Roi* (Épître iv) 114.

2. Mme Tencin's *Anecdotes d'Édouard II*, finished by Mme Élie de Beaumont (*ante* 17 March and *post* 3 April 1776).

3. Probably the six military ordinances mentioned *ante* 17 March 1776.

du Parlement; on a relâché tous les prisonniers; j'attendis le retour de M. de Choiseul, qui, dans toute la journée, n'avait mangé que deux petits pâtés. La grand'maman, qui ce jour-là avait soupé au Palais-Royal, revint chez elle à une heure pour lui faire préparer un morceau à manger; j'avais soupé avec l'Abbé chez la petite sainte; nous vînmes à l'Hôtel de Choiseul; Mmes de Gramont et de Beauvau vinrent de leur côté attendre le grand-papa; je ne rentrai qu'à quatre heures. Cette conduite vous effraye, mais elle ne me fait point de mal.

Je fis hier une connaissance nouvelle de Mme de Genlis[4] du Palais-Royal; c'est elle qui a désiré de me voir, et ce sont les la Reynière[5] qui s'en sont mêlés; elle a beaucoup de talent, [est] grande musicienne, [a] une assez belle voix, chante fort bien et joue de la harpe divinement; je crois qu'elle sera bientôt dame d'honneur[6] de Madame la Duchesse de Chartres; elle est actuellement dame de compagnie; Mme de Blot s'est retirée, et une petite Mme de Polignac[7] qui la remplace n'est qu'intermédiaire.

J'ai peine à croire que ces nouvelles vous intéressent.

Mme Necker connaît M. Gibbon,[8] elle l'a vu à Genève, apparemment qu'elle rapportera son livre.[9]

Il faut que je vous quitte parce que Wiart veut aller à la messe.

J'ai dit aux Necker toutes vos politesses. Ils en sont très reconnaissants.

Après midi.

J'oubliai l'autre jour en vous parlant des jeunes gens qui allaient en Angleterre, de vous dire qui ils étaient; l'un est le Vicomte de Noailles, second fils du Maréchal de Mouchy, qui était ci-devant Comte de Noailles; l'autre le Marquis de Coigny, fils aîné du Duc; le troisième M. de Charlus,[10] fils unique de M. de Castries. Je ne connais aucun des trois, on les dit fort aimables.

4. Stéphanie-Félicité Ducrest de Saint-Aubin (1746–1830), m. (1763) Charles-Alexis Brulart, Comte de Genlis. She gives a long account of this visit to D in her *Mémoires*, Brussels, 1825, iii. 101–9 (see Appendix 3i).

5. Laurent Grimod de la Reynière.

6. She did not receive this position, but was made governess of the Duchess's children in 1779 (*Rép. de la Gazette*).

7. Constance-Gabrielle-Bonne Le Vicomte du Rumain de Coëtenfao (ca 1747–83), m. (1767) Louis-Marie-Alexandre Comte de Polignac (Stephanie-Félicité Du-

crest, Comtesse de Genlis, *Mémoires*, Bruxelles, 1825, ii. 165; *Rép. de la Gazette*).

8. Edward Gibbon (1737–94), the historian, had been in love with Mme Necker (then Mlle Curchod).

9. *The Decline and Fall of the Roman Empire*, of which the first volume had appeared in Jan. 1776 (see HW to Gibbon 14 Feb. 1776).

10. Armand-Charles-Augustin de la Croix (1756–1842), Comte de Charlus, later Duc de Castries.

Le Duc de Richmond n'est-il pas bien fâché du divorce?[11] Apparemment qu'il ne viendra ici que dans le mois de juin, je serai fort aise de le revoir. J'espère que les Necker se chargeront de la flanelle, s'ils ne s'en chargent point, comme marchandise de contrebande, il faudrait que le marchand la reprît.

Je viens de lire le roman de Mme de Tencin: si c'était son histoire véritable, on ne s'étonnerait pas qu'on l'eût écrit; mais pour un ouvrage d'imagination, ce n'était pas en vérité la peine.

Monsieur le Duc de Chartres n'ira point à Newmarket; il part pour Toulon, et Madame la Duchesse de Chartres avec lui.

To Madame du Deffand, ca Monday 1 April 1776

Missing. Probably written at Arlington Street. Answered, 7 April.

To Madame du Deffand, ca Tuesday 2 April 1776

Missing. Probably written at Arlington Street. Sent by Col. St Paul. Answered, 8 April.

From Madame du Deffand, Wednesday 3 April 1776

Address: À Monsieur Monsieur Horace Walpole in Arlington Street near St James's London.
Postmark: Sent by hand.

Ce mercredi 4 avril[1] 1776.

L'AMBASSADEUR part demain ou après-demain, je compte qu'il vous portera vos pastilles, le roman de Mme de Tencin, et les ordonnances et les arrêts qui ont paru.

Vous serez médiocrement content du roman, la dernière partie, qui est de Mme Élie de Beaumont, donne quelque petite valeur au style de Mme de Tencin, de qui sont les deux premières.

Je soupai hier chez l'ambassadrice de Sardaigne avec nombreuse compagnie; les deux Maréchales, les Broglie, les Necker, votre ambassadeur, d'autres diplomatiques. Je fus traitée à merveille par le mari et la femme, ils me dirent qu'ils s'étaient occupés de moi toute

11. Lady Sarah Bunbury, the Duke's sister, was divorced in 1776.

1. A mistake; Wednesday was 3 April 1776.

la matinée, et qu'ayant jugé que j'allais être fort seule tout cet été, ils désiraient de m'être de ressource, de venir chez moi, de m'avoir souvent chez eux.

Je reçois dans ce moment une lettre de M. de Beauvau, pleine d'amitié et telle que je n'en désirais jamais de vous une plus agréable; il me mande 'que M. de Saint-Germain a eu avant-hier avec le Roi un travail de trois heures et demie, qu'on dit sera le dernier sur la refonte générale; on n'aura que vers le 15 les ordonnances qui y ont rapport. On n'entend pas plus parler ici des réformes annoncées dans la maison domestique pour le 1er d'avril que s'il n'en avait jamais été question.'

M. Turgot est toujours très absolu, mais chacun pense qu'il ne le sera pas longtemps.

Si je ne vous envoie pas par votre ambassadeur tout ce que je vous annonce, les Necker y suppléeront, ils doivent partir le 11 ou le 12; cependant ils ne sont point encore assurés d'un logement, et ils craignent de n'en point avoir. Tous nos jeunes gens voudraient partir pour l'Angleterre.

J'attends toujours les dimanches avec impatience. Je ne suis point rassurée sur votre santé, c'est une situation triste que d'être séparée de ses amis, et Dieu sait pour combien de temps.

On dit que Mlle de Lespinasse se meurt et qu'elle n'ira peut-être pas à quinze jours.[2]

Les Choiseul partent toujours mardi, le grand Abbé n'ira les retrouver qu'au commencement de juin. Mme de Gramont reste, elle pourra y aller faire un voyage de quelques jours, mais elle reviendra pour aller à Plombières à la fin de juin, où elle restera deux mois.

Pompom grandit beaucoup, Tonton engraisse; il est actuellement fort beau. Je me porte assez bien, à quelques vapeurs près.

From Madame du Deffand, Sunday 7 April 1776

Ce dimanche de Pâques.

VOUS avez bien fait de prévenir l'arrivée de M. de Saint Paul, il n'est point encore ici, mais je n'attends point la lettre qu'il m'apporte. Je veux répondre à celle que j'ai reçue hier.[1] D'abord je me plains de ce que vous ne me dites pas un mot de votre santé. Y

2. She died 23 May 1776.   1. HW to D ca 1 April 1776 (missing).

a-t-il quelque chose qui m'intéresse davantage? Je vous proteste que non, pas même la mienne. Mes deux bonnes amies[2] sont, dit-on, fort malades. La Palatine, a la suite d'un érésipèle dont vous avez pu entendre parler, et dont elle était guérie, assista le jeudi saint[3] au service à sa paroisse.[4] On prétend qu'elle eut un besoin auquel elle résista, dans l'obligation où elle se croit d'édifier le public; elle rentra chez elle, ne se plaignit point, mais un quart d'heure après, ses gens étant entrés dans sa chambre, la trouvèrent couchée tout de son long par terre et sans connaissance, un œil fermé; cela ressemble un peu à l'apoplexie, mais la connaissance est revenue, l'œil est ouvert, ce ne sera rien.[5] L'autre est la demoiselle dont le foie est obstrué; elle ne digère plus, et Bordeu, son médecin, dit qu'elle est fort mal; ses amis sont fort alarmés. Je me sens fort indifférente pour ce qui en peut arriver.

Votre ambassadeur partit hier matin, il vous porte vos pastilles et le roman. Je suis bien aise que le lit de justice vous ait fait plaisir; si on a ouvert votre lettre au bureau on en aura été bien édifié; MM. Turgot et Malesherbes vous devront des remercîments.[6]

Je vais vous chercher une boîte; il aurait fallu me mander de quelle forme vous la souhaitez, et si vous y voulez une charnière; M. Necker ne pourra pas vous la porter, je n'aurai pas le temps d'en faire l'emplette avant son départ; comme je vous écrirai par lui, je ne vous en dirai pas davantage aujourd'hui. Mettez-vous bien à votre aise avec lui et avec les petits messieurs dont je ne me soucie point et que je ne connais même pas. Je vous en quitte pour recevoir une fois seulement M. et Mme Necker à Strawberry Hill.[7]

Je reçus hier une grande lettre de Lindor, elle me fit plaisir; dites-lui que je lui répondrai incessamment;[8] il devrait nous venir voir,

2. Mme Geoffrin and Mlle de Lespinasse. D is, of course, being sarcastic. She probably called Mme Geoffrin 'la Palatine' because of her friendship with Stanislas II of Poland, where provincial governors were called 'palatins' (see Pierre Larousse, *Grand dictionnaire du XIXe siècle*, 1866–90).

3. 4 April 1776.

4. Saint-Roch, on the Rue Saint-Honoré.

5. Mme Geoffrin never recovered from this stroke, but lingered until 6 Oct. 1777. During this last year, her daughter, Mme Ferté-Imbault, kept d'Alembert and the other philosophers away, so that Mme Geoffrin's religious reawakening might not be hindered by their presence (see Janet Aldis, *Mme Geoffrin* [1905], pp. 356–63).

6. HW admired Turgot and Malesherbes (HW to Dr Gem 4 April 1776).

7. HW's extant letters do not mention this visit, but Necker's letter to D, 'au mois de mai 1776' is copied in D's MS *Recueil de lettres*, and gives a flattering description of Strawberry Hill. See Appendix 57.

8. D to Selwyn 10 April 1776, in Society of Antiquaries. It does not mention HW.

mais s'il y venait seul il s'y ennuierait trop; qu'il s'associe avec quelques amis.

Wiart me dit qu'il vous a envoyé le mémoire[9] de l'emploi qu'il a fait de votre argent et le montant de ce qu'il lui en reste.

From Madame du Deffand, Monday 8 April 1776

Memoranda by HW (hardly decipherable, and unexplained):

Mme Tencin	Visiting Ficheses[a]—Mrs Parley[b]
Pastilles	Earls' daughters Miss
Schuwalof	Mr James Boswell
the doublebeaked swan	Lord Lothian[c] Lord Dunmore
K. turning farms into park	8000 men & 9 ships & 3 frigates

Ce lundi 8 avril 1776.

LE Colonel Saint Paul arriva avant-hier au soir; il vint hier chez moi un moment après que j'en étais sortie pour aller chez Mme de la Vallière. Il laissa votre lettre;[1] je ne me la suis fait lire que ce matin. Je commence à y répondre, quoique dans l'intention d'attendre, s'il le faut, le départ de M. Necker: je m'informerai cependant s'il n'y aura pas d'occasion plus prochaine, parce que je voudrais recevoir le plus tôt possible des éclaircissements sur la commission que vous me donnez. Voulez-vous que cette boîte soit carrée, ronde, ou ovale? Apparemment que vous ne voulez point qu'elle soit émaillée, mais vous ne voulez point sans doute qu'elle soit tout unie. Approuveriez-vous qu'il y eût quelques médaillons de différents ors? On m'en a parlé d'une d'hasard qui a été donnée à un de nos ministres dans les cours étrangères qui coûterait vraisemblablement peu de façon. Expliquez-vous le plus clairement et le plus promptement que vous pourrez. Voilà l'article le plus important et le plus pressé.

Si je n'ai point d'occasion de faire partir cette lettre, j'aurai le temps de répondre à tout ce que contient la vôtre. Je ne veux cependant pas tarder de vous dire que, si je n'avais pour être heureuse qu'à combattre des visions, la besogne serait bien avancée: je crois être sûre de n'en avoir jamais eu; mais aujourd'hui il ne reste pas d'apparence où l'on puisse se méprendre.

9. Missing.

_____

a. Not identified.
b. Not identified.

c. William John Kerr (1737–1815), 5th M. of Lothian.
1. HW to D ca 2 April 1776 (missing).

Vous vous trompez fort si vous croyez que je ne sois pas persuadée et fort touchée du mauvais état de votre santé. Dans les moments où je souffrais de ma chute, je pensais sans cesse que vos douleurs étaient cent fois plus insupportables que celles que j'éprouvais. Je comprends l'effet qu'elles produisent dans votre âme, et je prévois, sans murmurer et sans m'en plaindre, tout ce qui en doit résulter. Ne me croyez point ni folle ni injuste; mais plaignez-moi d'avoir reçu de la nature un caractère contraire au bonheur, parce qu'il me rend dépendante de tout. J'ai lu dans Shakespeare qu'on exhortait Brutus à se voir tel qu'il était,[2] et que comme les miroirs étaient nécessaires pour voir sa propre figure, je conclus qu'il en doit être de même des qualités de notre esprit et de notre âme. C'est donc l'opinion de ce qui nous environne qui nous fait nous connaître et nous rend très sensibles au bien ou au mal qu'on pense de nous. Ajoutez que je ne puis par mon âge, et toutes les circonstances qui s'y trouvent jointes, supporter la solitude. Je n'ai ni goût, ni curiosité, ni talent; j'aime la conversation, j'aimerais l'amitié par la confiance qui en résulte, j'aime la vérité, le bon sens. Où trouve-t-on tout cela? Nulle part; il n'y a personne, personne au monde, qui donne l'espérance de pouvoir former une liaison véritable, il n'y a que le désœuvrement mutuel qui rassemble les gens qui se voient. Quel remède y a-t-il à cela? Nul. Il est donc inutile de s'en plaindre, aussi je ne prétends pas m'en plaindre, mais vous faire voir que je ne suis pas folle.

Ce mardi 9.

Nous n'avons de Shakespeare qu'*Othello*, la *Tempête* et *Jules César*. J'aime infiniment mieux *Othello* que les deux autres. Il y a de beaux endroits dans *Jules César*, mais aussi de plus mauvais, ce me semble. Pour la *Tempête*, je ne suis point touchée de ce genre. Les deux premiers volumes seront le *Roi Lear, Coriolan, Timon;* je ne sais plus quel autre.[3] Il vous sera facile d'avoir la traduction, si vous en êtes curieux; il y a déjà du temps qu'elle est à Londres.

Je ne vois pas d'apparence que cette lettre puisse vous être rendue

2. '. . . it is very much lamented, Brutus,
That you have no such mirrors as will turn
Your hidden worthiness into your eye
That you might see your shadow.'
    (*Julius Cæsar* I. ii.)
3. 'Le troisième et le quatrième volumes

contiendront *Le Roi Lear, le Marchand de Venise, Coriolan, Hamlet*' (*Shakespeare traduit de l'anglois* ii. 410). This order was not followed, however, and the third and fourth volumes (1778) contained *Coriolanus, Macbeth, Cymbeline,* and *Romeo and Juliet.*

par d'autres que par les Necker. Ils partent à ce qu'ils disent vendredi au plus tard.

Vous croyez que je ne vois plus Mme de Marchais. Vous ne vous trompez pas, mais vous vous trompez infiniment si vous pensez que ce soit ma faute; elle n'a fait que deux ou trois apparitions ici depuis Fontainebleau. Son mari était alors de quartier,[4] il n'en sortit qu'au 1er janvier, il vient d'y rentrer au 1er avril, et pendant l'intervalle où elle était libre elle n'a pas quitté le lit ou le bain pour ce gonflement d'amygdales qui lui fait craindre à tout moment d'étouffer. Elle continue toujours à m'envoyer des fruits toutes les semaines, son bon ami[4a] est favori du maître et en quelque sorte l'appui du Turgot. Vous avez eu raison en pensant du bien de Malesherbes; tout annonçait en lui de la bonhomie; les mémoires, les représentations qu'on avait eus de lui tandis qu'il était premier président de la cour des aides, ne laissaient point douter de son esprit; on le croyait sans ambition. La première faute qu'il a faite, c'est d'accepter le ministère, pour lequel il n'a nul talent; mais ce qui lui fait un tort irréparable, c'est la bassesse qu'il a eue de se charger d'une commission qui n'était point de son département, en se chargeant de parler à la Reine contre M. de Guines, pour lui faire perdre la protection qu'elle lui accorde; c'était l'affaire de M. de Vergennes, ou bien de M. de Maurepas; mais ils lui ont voulu faire attacher le grelot; il a eu la bassesse d'avoir cette complaisance pour eux; il a perdu l'estime publique, n'a point réussi auprès de la Reine, et l'on ne doute pas qu'il ne se retire incessamment.

N'ayez nulle inquiétude sur ma conduite: si vous doutez de ma prudence, soyez convaincu de mon indifférence; je suis très simple et très froide spectatrice; je ne m'intéresse à personne, et mon plus grand mal est ma profonde indifférence.

Les Choiseul doivent être partis ce matin; la grand'maman ne reviendra qu'au mois de décembre, le grand-papa reviendra pour la Pentecôte:[5] je ne crois pas qu'il ait aucun projet ambitieux; il lui faudrait tout ou rien. Il serait difficile de prévoir ce qui arrivera; ceci ne paraît pas avoir pris une consistance solide; mais qu'est-ce qu'on y substituera? La retraite ou la mort de Maurepas pourrait donner beau jeu à mon neveu:[6] il est toujours ami ou soi-disant ami du Turgot; peut-être celui-ci se l'associerait-il pour se fortifier par ses lu-

4. He was the King's valet de chambre.
4a. The Comte de la Billarderie d'Angiviller.

5. 26 May 1776.
6. The Archbishop of Toulouse.

mières, dont il sentira tôt ou tard qu'il manque. Le Saint-Germain est entièrement soumis au Maurepas, qui a bien contrarié sa besogne; tous les changements qu'il a faits, quoique considérables, l'auraient été bien davantage s'il avait eu plein pouvoir; il a une sorte de considération dans le public, mais ce n'est pas un homme à prendre un certain ascendant et à devenir le premier; d'ailleurs il a soixante-neuf ans et une très mauvaise santé. Voilà l'exposé tant bien que mal de toutes mes connaissances sur notre ministère; vous pourrez comprendre par la suite ce que je voudrai vous faire entendre par la poste.

Je ne vous parlerai plus de mes vapeurs, de mes ennuis; je vois que vous croyez que ce sont des insinuations que je vous fais. Oh! non, je ne prétends point vous en faire; toutes illusions sont cessées; je compte sur votre amitié, je prétends à votre estime, je la mérite à plusieurs égards, et mon plus grand désir est d'être assez raisonnable pour supporter ma situation.

Ce mercredi.

Le bruit continue que M. de Malesherbes se retire: on dit que M. de Sartine aura sa place, c'est-à-dire le département de la cour et les provinces; que M. Turgot aura celui de la ville de Paris; M. Albert, qui en est lieutenant de police, placé par M. Turgot, et absolument de sa faciende, ne pourrait pas s'accorder avec M. de Sartine. On donnera la marine à M. de Clugny,[7] intendant de Bordeaux. Voilà ce qui se dit, et dont peut-être il ne sera rien. Ce qui est de certain, c'est que M. de Malesherbes a fait de grands pas de clerc.

Enfin, je vis hier M. de Saint Paul; il m'a rendu un très bon compte de votre état, il ne vous trouve point changé comme vous le dites.[7a] Je comprends qu'après avoir infiniment souffert, il suffit, pour être parfaitement heureux, de ne plus souffrir. J'ai passé par cette épreuve; j'ai eu jadis des douleurs si grandes, qu'en trois jours de temps je devenais un squelette vert de pré, comme si l'on m'avait exhumée; passant de cet état à une grande faiblesse, le repos, la tranquillité me paraissaient le vrai bonheur; je n'avais nul désir, nul besoin d'occupation, mon âme était sans activité; qu'on me rende cet état, et je serai contente; mais malheureusement mon âme ne vieillit point comme mon corps; il lui faudrait de l'occupation, et aujourd'hui rien

7. Jean-Étienne-Bernard de Clugny (1729–76), Baron de Nuits-sur-Armançon, later contrôleur général des finances (Woelmont de Brumagne iii. 221–2).

7a. HW's extant letters do not mention Col. St Paul.

ne m'occupe ni ne m'intéresse. Il y a une sorte de honte à l'état que j'éprouve; mais il y a bien de la sottise et de l'absurdité à vous en rendre compte, étant aussi persuadée que je le suis qu'aucune personne au monde puisse écouter sans ennui les détails des dispositions, des peines et des plaisirs d'un autre. J'ai cependant écouté hier M. de Saint Paul pendant deux petites heures; il est extrêmement content, il va jouir d'une fortune honnête.[8] Je prévois que de sa nouvelle dignité il en résultera que l'ambassadeur fera fréquemment de longues absences. Je n'en serai pas au désespoir, mais j'en serai fâchée. Il ne me paraît pas un homme aussi commun que vous le dites, et il me semble de meilleure compagnie que M. de Saint Paul.

J'aurai, je crois, beaucoup de monde à souper ce soir, entre autres l'ambassadrice de Sardaigne et son mari; je devais avoir Mme de Mirepoix, mais elle me traite avec beaucoup de froideur et de dédain, c'est de cette sorte qu'elle reconnaît l'attachement constant que je lui ai marqué. Vous avez beau dire, c'est un grand malheur de ne pouvoir estimer ni aimer personne; je ne puis m'empêcher de me moquer de ceux qui me croient beaucoup d'amis; si j'en ai, le nombre est bien petit; mais je suis encore plus fâchée de ne pouvoir plus aimer, que je ne le suis de ne pouvoir pas l'être; mais brisons là. Je vous demande pardon de vous avoir tant parlé de moi, mais c'est que je ressemble à cet homme[9] qui dans le même cas s'excusait en disant *'c'est que je m'intéresse beaucoup à ce qui me regarde.'* Cependant encore un mot de moi; un de mes grands chagrins, c'est que toute espèce de lecture m'ennuie. Nous aurons je crois, bientôt la traduction de votre histoire romaine, de votre M. Gibbon, on m'a assurée que depuis trois semaines elle était ici et qu'on la traduisait,[10] on me le dit hier. M. de Choiseul, qui soupa chez moi samedi dernier, me demanda s'il n'y avait point de livres nouveaux en Angleterre; je lui dis qu'il y avait ce livre de M. Gibbon. Il voulait que je vous le demandasse pour qu'il le fît traduire et qu'il en ferait les frais, c'est ce que je comptais faire; voilà Mme Necker qui va en Angleterre et qui connaît beaucoup l'auteur, qui raisonnera avec lui sur ce sujet. Elle prétend que personne ne pourra le traduire aussi parfaitement bien

8. He had been made minister plenipotentiary at Paris, and it was expected that he would succeed Lord Stormont (*Last Journals* i. 535).

9. A friend of Formont's (see *ante* 21 March 1768, and 14 March 1769).

10. A translation by Le Clerc de Septchênes (d. 1788) of the first volume was published 1776.

qu'il le traduirait lui-même; elle dit qu'il écrit supérieurement bien en français.

J'ai actuellement trois boîtes d'or chez moi, on m'en apportera encore d'autres, je les ferai voir ce soir, et je m'en rapporterai à la décision générale; comme j'ai de l'argent à vous je vous prierai de m'envoyer deux livres de thé par les Necker, et je les ajouterai à votre magot.

Je ne prévois pas avoir rien à ajouter à ce volume, cependant je ne le fermerai qu'au moment du départ des Necker; il est possible que j'y joigne une lettre pour Lindor[11] si je me trouve en humeur d'écrire.

Ce jeudi.

Les Necker ne partent que samedi, ainsi me revoilà encore; mais n'ayez pas peur, je ne vous dirai plus rien de moi, c'est-à-dire de mes pensées; pour de mes actions, cela est différent.

J'eus hier au soir vingt-deux personnes, je ne m'y attendais pas; Mme de Mirepoix devait aller à la campagne ainsi que Mme de Boisgelin et cinq ou six hommes; la partie manqua, on revint chez moi; j'avais prié d'autres personnes pour les remplacer, et quelques autres m'envoyèrent demander à souper, ce qui fit ce nombre, mais il n'y en eut que douze qui se mirent à table.

On m'avait apporté beaucoup de tabatières à choisir, je les fis voir à ces dames, elle n'en furent pas contentes. Mme de Luxembourg doit aller aujourd'hui chez Auguste,[12] si elle trouve ce qu'il faut, elle le prendra, et alors M. Necker vous portera votre boîte. Sinon vous ne l'aurez que dans trois semaines ou un mois; l'ouvrier qui m'a vendu ma tabatière ovale en fait une suivant ce que je la lui ai commandé; j'aurai la liberté de la laisser si elle ne convient pas, et alors vous aurez le temps de me donner de nouvelles instructions.

Les bruits publics sont toujours les mêmes. Il faut que je vous dise un trait de la grand'maman. Le samedi saint,[13] qu'elle soupait chez moi avec son mari, sa belle-sœur, il y avait M. de Guines et le Marquis de Laval;[14] vous connaissez le premier; le second est le meilleur

11. D to Selwyn 10 April 1776, now in the Society of Antiquaries. It is addressed 'To Monsieur Monsieur Selwyn en Chesterfield Street Mayfair London.'

12. Robert-Jacques (or -Joseph) Auguste (1725–1805), goldsmith to Louis XVI (T–B; Henri Bouilhet, *L'Orfèvrerie française aux xviiie et xixe siècles*, 1908, i. 261).

13. 6 April 1776.

14. Anne - Alexandre - Marie - Sulpice-Joseph de Montmorency-Laval (1747–1817), Marquis (later Duc) de Laval (Albert, Vicomte Révérend, *Titres . . . de la Restauration*, 1901–6, v. 297).

homme du monde, de la plus grande simplicité; quelqu'un dit: 'Voilà deux hommes bien différents.'—'Oui,' dit la grand'maman, 'l'un est agréable par les formes qu'il a, et l'autre par celles qu'il n'a pas.'

J'aurai ce soir belle compagnie, mais moins nombreuse que celle d'hier; comme vous aimez les noms propres, les voici: Mme de Gramont, M. et Mme de Beauvau, Mmes de Luxembourg et de Lauzun, Mme de Cambis, le Comte de Broglie, M. Necker, l'Abbé Barthélemy, Mlle Sanadon, et peut-être M. de Guines.

                                                            Ce vendredi.

Je n'eus point hier Mmes de Beauvau et de Cambis, ni M. de Guines; à leur place j'eus les ambassadeurs d'Espagne et de Naples, Saint-Lambert et le Président de Cotte. Mme de Beauvau soupait chez le Roi. J'attends dans ce moment de nouvelles boîtes; si j'en trouve une qui convienne, les Necker vous la porteront. Voulez-vous que le reste de votre argent entre dans le payement de cette boîte? M. Panchaud n'aurait à payer que le surplus. Si les Necker ne vous portent point de boîte, vous aurez le temps de me mander quelle est la forme qu'on préfère, et si, comme je le crois, on ne veut point d'émail ni de médaillon.

Mme de Luxembourg en apporta hier une de chez Auguste, extrêmement bien faite et jolie, mais je la trouvai trop petite.

Plusieurs personnes parient pour des changements dans notre ministère avant la Pentecôte; je ne pense rien sur cela.

J'ai bien envie d'apprendre que vous êtes parfaitement rétabli. Je suis fort contente de vos analyses sur les pièces de Shakespeare. Adieu. Vous voilà quitte de moi, il en est temps. Voilà le marchand[15] de boîtes qui arrive, ainsi j'ajouterai encore un mot. Je ne vous envoie pas de boîte, ainsi j'attendrai celle qui est commandée.

From Madame du Deffand, Friday 19 April 1776

                                            Ce vendredi 19 avril [1776].[1]

J'AI la mémoire si peu sûre, que je craindrais d'oublier ce que j'ai à vous dire si je le remettais à dimanche. M. de la Reynière désire d'avoir six médaillons de l'espèce de ceux de ma cheminée, mais tout ce qu'il y a de mieux fini, de plus parfait; il n'y veut point de

15. Not identified.   1. Date of year added by HW.

bordure. Voulez-vous bien en faire l'emplette en me mandant ce qu'ils auront coûté? Je compte payer la boîte de M. Gibbon avec votre argent, j'y ajouterai le surplus, j'aime à avoir un compte en banque avec vous.

J'ai eu un plaisir assez vif mardi dernier. Je fus souper chez la petite sainte, et selon mon usage je demandai dans l'antichambre quelles étaient les personnes que je trouverais. On me nomma M. de Mirepoix. Lequel? dis-je. C'est l'Évêque. J'entre persuadée que le valet de chambre s'était mépris, et que c'était quelque autre évêque. C'était le mien, mon ami. Son neveu[2] m'avait dit deux jours auparavant qu'il résistait à la prière qu'il lui faisait de venir pour terminer une affaire importante, prétendant qu'on pouvait se passer de lui, qu'il fallait qu'il allât aux eaux, et qu'enfin il était résolu à ne venir qu'après les États de Languedoc. Les surprises sont fort agréables, le moment en est vif. J'aimerais cependant mieux prévoir, espérer, et attendre.

J'eus hier les Beauvau, Mmes de Gramont, de Lauzun et de Cambis, l'ambassadeur de Naples, M. de Guines, l'Abbé Barthélemy; nous étions quinze. Il est impossible de se restreindre à sept ou huit personnes comme ce serait mon goût. La Maréchale de Luxembourg n'y était point, parce qu'elle est malade; elle revint lundi matin de Saint-Cloud avec une très grosse fièvre et avec le rhume qu'elle y avait porté et qui était fort augmenté. J'en ai été deux jours fort inquiète; aujourd'hui elle n'a plus de fièvre et Tronchin assure qu'elle est guérie. Je vais passer auprès d'elle une partie des après-dîners, ce qui me dérange et me fatigue. J'y rencontrai hier l'Idole, qui n'aime point Shakespeare; nous disputâmes un peu, et je m'aperçus que je perdis de la considération qu'elle me marquait depuis quelque temps. Dites-moi pourquoi, m'ayant fait l'analyse de presque toutes les pièces de Shakespeare, vous n'avez pas dit un mot de *Jules César*. Ai-je tort de la trouver beaucoup moins bonne que celle d'*Othello*, et d'être choquée de la scène avec Cassius avec Brutus?

Vous ne me parlerez point dans votre première lettre des Necker, ce ne sera que le 24 ou le 28 de ce mois que je pourrai avoir votre réponse au volume[3] qu'ils vous auront remis.

Ce dimanche 21.

Je suis étonnée que vous n'ayez pas vu votre ambassadeur, ou du

2. Abbé de Cambon.   3. *Ante* 8 April 1776.

moins qu'il ne vous ait point envoyé ma lettre[4] et vos pastilles. Son mariage[5] est bien extraordinaire, je ne le voulais pas croire. Est-ce qu'elle est fort riche? Quel avantage en tirera-t-il?

Mme de Luxembourg est presque entièrement guérie, j'en suis fort aise. C'est peut-être la personne qui aujourd'hui a le plus d'amitié pour moi. Vous n'en avez guère quand vous vous plaisez à me dire que vous ne guérirez peut-être jamais, que vos forces ne reviendront point. Elles reviendront, j'en suis sûre, et vous vous porterez bien cet été. J'aime bien mieux que votre accès ait été près du printemps que près de l'automne; d'abord, parce que vous en voilà quitte. Mais ce n'est pas la seule raison. Vous vous rétablirez bien mieux dans l'été que vous n'auriez fait dans l'hiver.

Comment osez-vous me parler toujours de votre âge, est-ce que les Maréchales n'ont pas dix ans plus que vous? Elles sont parées comme à vingt ans, ne manquent aucune fête, aucun spectacle; est-ce que je ne serais pas votre grand'mère? Dois-je me faire enterrer? Hélas! pourvu que je n'en sentisse rien je n'en serais pas fâchée.

Cette Duchesse de Kingston est devenue intéressante,[6] cela me surprend. J'ai peut-être tort, mais je me flatte que j'aurai une lettre mercredi, vous devrez avoir beaucoup de choses à me dire.

On fait votre boîte, j'espère que vous en serez content; on me l'a promise pour le 15 du mois prochain.

Je vais faire chercher les graines.

Ayez soin, je vous prie, que les médaillons du Sieur de la Reynière soient tout au mieux; des sujets recherchés, curieux, etc.

On m'a proposé pour vous un portrait du Czar Pierre en émail qu'on dit parfait; j'en ai demandé le prix. On m'a dit cent louis, apparemment parce qu'on vous croit magnifique. J'ai rejeté de vous en faire la proposition.

Je dirai le bien que vous me mandez de nos jeunes gens.[7]

Le Chevalier de Boufflers vient de recevoir un grand dégoût; il était sur la liste que M. de Saint-Germain a présentée au Roi pour la distribution des régiments. Le Roi l'a rayé de sa propre main. On

4. *Ante* 3 April 1776.
5. Lord Stormont married, 5 May 1776, the Hon. Louisa Cathcart (1758–1843). On 31 Oct. 1776, the Earldom of Mansfield was secured in remainder to her, in her own right, and to her husband, on the death of his uncle, the first Earl, who died in 1793.

6. During her trial for bigamy she astonished the spectators by her calm and unaffected behaviour (HW to Mann 17 April 1776).
7. MM. de Noailles, Coigny, and Charlus (see *ante* 31 March 1776).

n'en peut deviner la cause. Cela me fait un peu de peur pour ma gratification.

From MADAME DU DEFFAND, Wednesday 24 April 1776

Ce 24 avril 1776.

VOS lettres m'apprennent le côté d'où vient le vent; celui du nord est très favorable, il fait arriver les courriers un jour plus tôt. Je ne comptais pas vous écrire aujourd'hui, mais m'y voilà sans avoir grand'chose à vous dire.

Je viens de recevoir le second volume de l'*Histoire de la maison de Bourbon*,[1] c'est un livre assez cher, chaque volume [coûte] 15 francs 12 sols.[2] L'auteur[3] ne me semble pas fait pour être si renchéri, j'ai lu quelques uns de ses ouvrages qui m'ont paru assez plats.

Nous n'aurons pas sitôt la suite de Shakespeare.[4] La traduction des deux premiers volumes doit être à Londres, comment ne l'avez-vous pas encore lue?

Je n'ai pas compté que vous répondissiez à ma grande lettre;[5] c'est bien assez si vous avez eu la patience de la lire.

Je ne reviens point d'étonnement du mariage de Milord Stormont. Épouser une fille de quinze ans,[6] n'avoir personne pour la produire, la conduire. J'imagine que ce sera l'ambassadrice de Sardaigne qui prendra ce soin.[7] Il faut que ce Milord ait eu des raisons bien fortes pour se résoudre à un tel établissement. Vous aurez vu dans mes lettres précédentes que je comptais payer la boîte de votre argent et du mien le surplus. J'ai vos graines, on ne sait ce que c'est que des œillets 'carnes,'[8] le marchand n'en a pas connaissance; il y [a] suppléé en envoyant de graines de toutes sortes.

J'aurai ce soir à souper M. Saint Paul. Il se chargera volontiers de tout ce que j'aurai à vous envoyer; je doute cependant que son courrier puisse se charger du livre, il est d'une grosseur prodigieuse.

Je viens de recevoir une petite visite de Mme de Marchais; c'est la troisième depuis votre départ; ses amygdales, ses exagérations, ses

---

1. Which HW had ordered (*ante* 13 Feb. 1774 n. 1).

2. The first volume cost 21 livres 10 sous (ibid.).

3. Desormeaux.

4. The next two volumes appeared in 1778.

5. *Ante* 8 April 1776.

6. Lord Stormont's fiancée would be eighteen on July 1.

7. Probably because Mme de Viry was the only other ambassador's wife who was English.

8. HW probably meant 'œillets carnés.'

fruits, ses belles phrases, tout cela fait que je ne comprends rien à elle, mais qu'importe, il y a tant de choses plus importantes où l'on n'entend rien qu'on peut laisser celles-là dans la foule.

Je suis curieuse de la décision du procès de Mme de Kingston. Je le suis aussi de votre première visite des Necker; et puis du mariage de l'ambassadeur; et puis de M. Conway, de Milady Ailesbury.

Mme de Luxembourg se porte mieux. Je ne la verrai pas aujourd'hui, parce que soupant chez moi elle ne veut pas que je sorte; je la verrai demain. Je ne suis plus inquiète sur ma gratification, l'ordonnance est signée.

Je ne suis pas fâchée que vous ayez beaucoup d'affaires,[9] ce m'est une sûreté que vous ne vous ennuierez pas. Je voudrais cependant que vos lettres ne s'en ressentissent pas. Je vous en envoie une de Voltaire au Roi de Prusse.[10] Il a eu bien soin de la rendre assez publique pour en faire sa cour à nos ministres. J'ai envoyé votre lettre[11] à M. Schuwalof.

From Madame du Deffand, Saturday 27 April 1776

Address: To Monsieur Monsieur Horace Walpole in Arlington Street near St James's *London Angleterre.*
Postmark: MA 3.

Paris, ce 27 avril 1776.

LE Comte de Bristol[a] n'a-t-il pas sujet d'être bien fâché, bien humilié du jugement? n'avait-il pas été d'accord avec cette femme pour supprimer toutes les pièces qui devaient servir de preuves?[1] J'aurais voulu un peu plus de détail. Je croyais que je recevrais des nouvelles des Necker. Je ne doute pas de vos attentions pour eux, et je partage leur reconnaissance.

Vous ne me mandez point si le mariage de votre ambassadeur est

9. HW's letters of this time are chiefly concerned with the trial of the Duchess of Kingston, which he described to his various correspondents.

10. Probably Voltaire to Frederick the Great 30 March 1776 (Voltaire, *Œuvres* xlix. 568). A MS copy of this letter is among the papers bequeathed by D to HW; it may have been the copy enclosed in her letter to HW. It is marked 'imprimée' by HW.

11. Missing.

———

a. Augustus John Hervey (1724–79), 3d E. of Bristol.

1. The Duchess of Kingston was convicted of bigamy. It was rumoured that the Earl of Bristol had given her a bond of £30,000 not to molest her, and that this collusion would prevent the divorce which the Earl's family proposed (HW to Mann 24 April 1776).

fait. Il a chargé M. Saint Paul de m'en faire part, je viens de lui écrire quatre lignes.

Vous dites que je dois deviner ce qui vous empêche de répondre aux articles de ma longue lettre.[2] En vérité je n'en sais rien; c'est apparemment la prudence, je me flatte que ce ne peut être quelque mécontentement.

L'on dit toujours que M. de Malesherbes veut se retirer. La dernière apoplexie de M. de la Vrillière lui a fait tous les biens du monde, il ne s'en porte que mieux. Vous avez donc compris ce que c'était que la Palatine;[3] en vérité cela n'était pas difficile.

Vous avez dû recevoir vos graines, M. de Saint Paul a dû les faire partir jeudi. Vous ne recevrez pas sitôt votre gros volume,[4] il ne peut pas en charger son courrier.

Mon souper d'hier au soir fut fort bon, j'entends ce qui était sur la table, mais ce qui était autour ne fut pas de même; cette personne[5] que je trouve une domination fut dominante à l'excès; son intime amie[6] se conforme, se soumet à toutes ses décisions; nous avions deux jeunes personnes, la Princesse ma voisine,[7] et la Duchesse[8] dont la grand'mère[9] est entièrement guérie.

Je vous conseille de vous abonner pour la *Bibliothèque des romans*,[10] il y a des articles fort bien faits, il y en a d'ennuyeux, mais où l'ennui ne se trouve-t-il pas? Il se glisse partout, on doit être content quand il ne domine pas.

Mme de Marchais est venue à Paris, j'ai passé une soirée avec elle chez Mme de la Vallière, elle fut fort gaie et m'amusa beaucoup.

Ce dimanche 28.

J'ai la traduction de votre lettre à l'ambassadrice de Sardaigne.[11] C'est une galanterie que m'a faite M. Dutens. Je voudrais avoir celle que vous avez écrite à M. Schuwalof.[12] Je trouve l'idée charmante de s'être fait peindre votre estampe à la main.[13]

On me doit rendre la boîte vers le 15 du mois prochain. Elle sera

2. Of 8 April 1776, HW doubtless meant that it was dangerous to comment upon her political news.

3. Mme Geoffrin (HW).

4. Desormeaux's *Histoire de la Maison de Bourbon*.

5. Princesse de Beauvau (HW).

6. Duchesse de Gramont (HW).

7. De Poix (HW).

8. De Lauzun (HW).

9. La Maréchale de Luxembourg (HW).

10. The *Bibliothèque universelle des romans* was published from 1775 to 1789. HW had eighteen volumes of it, which were sold SH v. 116.

11. HW to Mme de Viry ? April 1776.

12. Missing.

13. See HW to Schuwalof 23 June 1776.

ovale, de différents ors et un trophée pour tout ornement. Je ne suis pas en train d'écrire, je vous donne le bonjour.

From Madame du Deffand, Sunday 5 May 1776

Ce dimanche 5 mai 1776.

PERMETTEZ-MOI de vous dire que votre critique ne vaut rien. La *tâche*[1] est une expression cent fois plus énergique que le mot *occupation,* qui ne serait convenable que dans les choses de peu d'importance et point du tout dans celles dont Othello vient de parler, et dont il est fortement occupé. *Tâche* en général veut dire occupation, mais forcée et pénible, et cette expression convient à la situation de l'âme d'Othello.

Je n'ai pas trouvé l'endroit de *pas du tout,*[2] ainsi je ne sais point ce qu'on aurait pu y suppléer. Tout ce que je puis vous dire, c'est que cette pièce me charme, et que les choses de mauvais goût qui peuvent y être ne me refroidissent *pas du tout, pas du tout.*

M. de Richmond n'est point encore arrivé, j'aurai beaucoup de plaisir à le revoir. Je lui ferai bien des questions. Vous me faites beaucoup de peine en m'apprenant que vos forces ne reviennent point, mais c'est que le temps est diabolique, il fait froid comme en hiver. Je pourrais me plaindre aussi de ma faiblesse, mais elle ne tient point au temps, et ne vient point de la goutte, mais de ce que vous savez; elle ne peut qu'augmenter, et il n'y a point de remède; mais si mon corps s'affaiblit il n'en est pas ainsi de mon âme, je me flatte quelquefois qu'elle se fortifie. Ce qui me le persuade c'est peut-être parce qu'elle s'endurcit; je deviens moins sensible, le peu d'intérêt que j'aperçois dans les autres passe en moi pour moi-même, je ne m'écoute plus, et je ne trouve plus que du ridicule à m'affecter vivement.

La façon des Necker ne me surprend point; ils ne savaient pas pourquoi ils faisaient ce voyage; leur séjour sera court; je vous suis très obligée de vos attentions pour eux,[3] ce sont d'honnêtes gens; le

---

1. The French translators of *Othello* had translated 'Othello's occupation's gone' (III. iii. 357) as 'La tâche d'Othello est finie' (*Shakespeare traduit de l'anglois* i. 138, Act III Scene viii).

2. 'Not a jot, not a jot' (*Othello* III. iii.

216) was translated 'Non, pas du tout, pas du tout' in the same translation i. 126 (III. v).

3. HW had entertained them at Strawberry Hill (see *ante* 7 April 1776, n. 8).

mari a beaucoup d'esprit et de vérité; la femme est roide et froide, pleine d'amour-propre, mais honnête personne; j'ai plus de goût pour eux que pour la Pomone, dont l'esprit et le caractère me paraissent un fantôme, mais qui n'est point effrayant, qui n'a que les formes de bonté, de générosité, mais qui, quoique sans fausseté, n'est qu'apparence. Cette définition vous paraîtra un galimatias, mais je ne puis avoir aucune idée d'elle qui ait quelque réalité; nous sommes très bien ensemble, mais elle ne vient presque point ici; elle est par ses liaisons entraînée dans l'intrigue et la politique. Il se prépare de grands changements, on nous les annonce prochains; je vous en parlerai quand il sera temps, c'est-à-dire quand ils seront arrivés; ils m'intéressent on ne peut pas moins, quoiqu'il soit question d'une place considérable pour un de mes parents[4] dont vous ne m'avez jamais entendu parler.

Je soupai hier chez l'ambassadrice de Sardaigne, qui me comble de caresses; elle a de l'esprit, je la trouve aimable; il y avait la Maréchale de Mirepoix, l'Idole, les Cambis,[5] Boisgelin, Lauzun; la Maréchale de Luxembourg ne sort point encore, quoiqu'elle soit guérie. Tous mes diplomatiques y étaient. Je vais ce soir chez Mme d'Anville.

L'Évêque de Mirepoix me recommande de vous parler de lui, il prétend vous aimer beaucoup. Le bon M. Dutens a traduit votre lettre à l'ambassadrice de Sardaigne pour me la faire voir, elle est très jolie. M. Schuwalof ne veut pas me faire voir celle que vous lui avez écrite, je ne sais pas pourquoi, j'en serais très curieuse. Vous écrivez parfaitement bien; malgré vos fautes de langage, vous rendez parfaitement bien vos pensées; et quand vous êtes de bonne humeur, vous avez beaucoup d'esprit. Je suis désolée de votre mauvaise santé, et de ce qu'elle vous persuade que vous êtes un vieillard.

M. Saint Paul m'a dit que votre *Maison de Bourbon* doit partir aujourd'hui ou demain; c'est un bon homme que ce M. Saint Paul, je l'estime, mais . . . je me tais.

Je viens de relire cette lettre, je n'en suis point contente, parce que je sens que vous ne le serez point; je n'ai point bien rendu ma pensée

4. Antoine-Jean Amelot (d. 1795), Marquis de Chaillou, second cousin once removed of D's husband, was made secretary of state in the King's household (*post* 12 May 1776; Woelmont de Brumagne vi. 1065; *Rép. de la Gazette*).

5. Mme de Cambis' husband was

Jacques-François-Xavier-Régis-Ignace (b. 1727), Vicomte de Cambis, later Comte de Cambis-Orsan (Woelmont de Brumagne v. 216). D may intend 'les,' however, to modify 'Cambis, Boisgelin, Lauzun,' not 'Cambis' alone.

sur le mot *tâche*, mais c'en serait une trop difficile pour moi, si je cherchais à me mieux expliquer.

On dit que votre dame de Kingston a été deux jours à Paris. Un Anglais[6] a dit l'avoir vue; on prétend qu'elle aura soixante-dix mille livres de rente, indépendamment de deux ou trois millions qu'elle a fait passer à Rome.

From Madame du Deffand, Sunday 12 May 1776

Paris, ce dimanche 12 mai 1776.

JE vous avais annoncé, dans ma dernière lettre, que je pourrais vous apprendre quelques événements dans celle qui la suivrait; je ne m'attendais pas qu'ils fussent aussi considérables; ceux que je prévoyais ne sont pas encore arrivés, mais vraisemblablement le seront dans peu de jours. Celui dont il s'agit aujourd'hui est le renvoi de M. Turgot; son successeur est nommé; c'est M. de Clugny, qui avait été employé précédemment dans la marine sous M. de Praslin. Je ne sais aucune circonstance; mercredi vraisemblablement je pourrai en savoir; ce que je sais très clairement, c'est le triomphe de M. de Guines, et j'espère que je pourrai vous envoyer la lettre[1] que le Roi lui a écrite avant-hier matin, dans laquelle il lui apprend qu'il le fait Duc à brevet en récompense de ses services dont il est très content; Monsieur le Marquis de Noailles est nommé ambassadeur chez vous.

Je suis tout étonnée, toute bouleversée, je ne sais de quel côté vient le vent; vient-il de Touraine ou de Champagne?[2] je n'en sais rien. J'apprends dans l'instant que M. Amelot a la place de M. de Malesherbes, qui a donné sa démission, et que M. de Sénac[3] est intendant de la guerre. Faites-moi le plaisir de dire ou de faire savoir de ma part tout ce que je vous mande à M. et Mme Necker.

Je vous remercie des éclaircissements que vous me donnez sur Mme de Bristol;[4] vous me marquez que Milord Bristol boira sa honte chez nous; sera-ce à Paris ou dans quelque autre province?

---

6. Not identified.

1. Louis XVI to the Comte de Guines 10 May 1776. It is copied in D's MS *Recueil de lettres*, bequeathed to HW.

2. She means that she does not know whether Choiseul or the Archbishop of Toulouse is to be in power (B).

3. Gabriel de Sénac de Meilhan (1736–1803).

4. The Duchess of Kingston.

Je vous remercie des médaillons de M. de la Reynière. On ne m'a point encore apporté la boîte de M. Gibbon.

Mais voici un événement peu considérable, mais bien singulier. Il y a un mois que Mme Wiart trouva, sous le coussin d'une de mes bergères, une boîte toute neuve; le prix de sa valeur, soixante-douze livres, était dans le couvercle; il n'y a eu aucune personne de ma connaissance que je n'aie interrogée pour découvrir à qui elle appartenait; personne ne la réclama; je ne voulais cependant pas en disposer; enfin, il y a quatre jours qu'étant à ma toilette, je me souvins tout d'un coup qu'elle devait être à vous, et que c'était la boîte que vous avez perdue;[5] j'y fus confirmée par Wiart, qui me dit qu'il se ressouvenait de la description que vous en aviez faite; c'est certainement une restitution qu'on a voulu faire, parce que la veille du jour qu'on l'a trouvée, on avait battu tous les coussins de mes fauteuils et qu'on ne l'avait pas trouvée; je vous l'enverrai par la première occasion.

Qu'est devenu le voyage du Duc de Richmond? il n'est point encore arrivé ici: aurait-il commencé par aller à Aubigny?

J'ai la tête si occupée, si troublée de toutes les nouvelles du jour, et de toutes les réponses que je suis obligée de faire aux billets que je reçois, que je ne puis vous rien dire de plus. J'ajoute cependant que votre amour-propre est singulier, et certainement du bon genre; il détruit en vous toute vanité, et ne produit qu'une grande modestie.

Je viens de recevoir une lettre de Milord Stormont en réponse au compliment que je lui ai fait; il m'écrit du jour de son mariage, qui a été le 5.

Je suis parfaitement avec Mme de Marchais; c'est la Pomone la plus fertile et la plus généreuse, la meilleure et la plus ridicule de toutes les femmes.

From Madame du Deffand, Wednesday 15 May 1776

In Colmant's hand up to the asterisk; finished by Wiart.

Ce mercredi 15 mai.

IL y a aujourd'hui quatre ans que je partis pour Chanteloup; vous fûtes bien en colère, avouez que vous le seriez bien moins aujourd'hui. Que n'en est-il de l'âme comme du corps, ou plutôt du

5. Not explained.

corps comme de l'âme? Pourquoi votre goutte ne s'affaiblit-elle pas, ainsi que les sentiments? Je dirai comme Voltaire a dit,[1] à l'occasion de ce que dans la nature la moitié des individus mange l'autre:

> Ainsi Dieu le voulut, et c'est pour notre bien.

M. Saint Paul m'offrit hier de mettre ma lettre dans son paquet, si je voulais vous écrire, et il m'assura qu'elle ne courait aucun risque d'être ouverte dans aucun bureau. Je puis donc vous parler en toute liberté. Ressouvenez-vous de la guerre des Sabins contre les Romains, l'histoire s'en renouvelle aujourd'hui.* Il ne reste plus, à mon avis, sur le champ de bataille, que deux champions, une Sabine et un Romain;[2] 's'il se peut pour être Romain n'avoir rien d'humain.'[3] Ceci est un peu énigmatique, mais je passe ma vie à deviner des énigmes, des charades, des logogriphes; je suis bien aise de vous exercer à votre tour. J'étais assez tentée de vous envoyer la copie d'une lettre que j'ai écrite au Toulouse; j'en étais contente, mais ç'aurait été une petite vanité, et vous ne l'aimez pas; vous avez raison, je trouve qu'elle fane, pour ainsi dire, tout ce qu'elle approche. Eh bien, vanité à part, je vais vous faire transcrire la lettre que je reçois du Duc de Guines;[3a] vous vous conformerez à sa volonté en ne donnant point de copie de celle qu'il a reçue du Roi. Montrez-là à M. Necker, mais sans la lui donner.

Le 14 mai.

Vous m'avez accoutumé à votre intérêt, Madame la Marquise, dans tous les événements heureux ou malheureux de ma vie: il en est arrivé que ceux-ci me l'ont paru moins, et les autres davantage.

Je n'ai donné aucune copie de la lettre du Roi; je l'ai transcrite dans quelques-unes que j'ai écrites dans le premier moment, à mes parents les plus proches, ou à mes amis les plus intimes, et[3b] les priant de n'en point abuser. Je vous dois trop de confiance, Madame la Marquise, pour n'en pas user de même et aux mêmes conditions.

'Versailles, ce 10 mai 1776.

Lorsque je vous ai fait dire, Monsieur, que le temps que j'avais réglé pour votre ambassade était fini, je vous ai fait marquer en même temps que je me réservais de vous accorder les grâces dont vous étiez susceptible.

---

1. In *Le Marseillais et le lion,* line 139, Voltaire, *Œuvres* x. 147.

2. She means the Queen and M. de Maurepas (B).

3. 'Je rends grâces aux dieux de n'être pas Romain,

Pour conserver encor quelque chose d'humain.'
(Corneille, *Horace,* II. iii.)

3a. Not with the MS. The letter and its enclosure are copied in D's MS *Recueil de lettres.*

3b. *Sic.*

Je rends justice à votre conduite et je vous accorde les honneurs du Louvre, avec la permission de porter le titre de Duc. Je ne doute pas, Monsieur, que ces grâces ne servent à redoubler, s'il est possible, le zèle que je vous connais pour mon service.

Vous pouvez montrer cette lettre.'

Je ne me flatte pas, Madame, de vous faire ma cour vendredi, parce que je n'ai point fait mes remercîments au Roi; le changement de ministère en a différé le moment; ce sera vraisemblablement à la fin de cette semaine.

En lisant à M. Necker la lettre du Roi, recommandez-lui de ne dire à personne que je vous l'ai envoyée. Mandez-moi ce que vous saurez de ses projets pour son retour.

On dit que la Sabine a traité très mal le Romain, qui lui demandait le retour de son neveu,[4] en se faisant valoir d'avoir concouru aux grâces accordées à M. de Guines. On doute que M. de Clugny accepte les finances. L'ambassadeur de Naples est hors de lui; il adore le Turgot. Il disait, l'autre jour, que dans trois mois on dirait la rage de son successeur. Je lui dis: 'Trois mois! cela est bien long, on n'a pas tant tardé pour M. Turgot.'

Considérez ce que c'est que tout ceci. Que deviennent ce lit de justice, tous ces édits, tous ces beaux préambules? il faut de nécessité qu'il arrive de plus grands changements. Je ne désespère pas que mes parents vrais et adoptifs[5] ne paraissent tôt ou tard sur la scène, et que le Romain, avant six mois, ne retourne à sa charrue.

Nous attendons le grand-papa le 20 ou le 21; il reviendra pour la cérémonie de l'ordre, on verra quelle sera sa réception. Le vrai parent est à sa campagne, ne se portant pas trop bien, prenant du lait; il fera un petit voyage ici fort court, à la fin du mois prochain ou au milieu.

Je joins à cette lettre un petit billet cacheté, que vous n'ouvrirez qu'après avoir tâché de deviner de qui est le portrait que je vais vous transcrire et quel en est l'auteur.

Portrait de Mme ***, par une de ses amies à qui elle avait demandé son portrait.

Non, non, Madame, je ne ferai point votre portrait; vous avez une manière d'être si noble, si fine, si piquante, si délicate, si séduisante; votre

4. D'Aiguillon (B).   5. The Archbishop of Toulouse and the Choiseuls.

gentillesse et vos grâces changent si souvent pour n'en être que plus aimables, que l'on ne peut saisir aucun de vos traits ni au physique ni au moral.

Vous connaissez beaucoup ces deux personnes; faites quelques efforts pour les deviner, et puis, et puis, adieu.

Je vous recommande et demande en grâce de n'ouvrir ce papier
qu'après avoir lu toute ma lettre.

Le portrait est de Mme de Cambis. L'auteur est Mme de la Vallière. N'en êtes-vous pas étonné, et ne le trouvez-vous pas fort joli?

From MADAME DU DEFFAND, Sunday 19 May 1776

Ce dimanche 19 mai 1776.

CE parent[1] c'est M. Amelot, fils de celui[2] qui a eu les affaires étrangères; je le connais fort peu, mais je suis amie de sa sœur la
Marquise de Roncherolles.

Je vous ai appris la nouvelle dignité de M. de Guines; ce fut le 10
que cette grâce lui fut accordée. Le dimanche 12 M. de Maurepas
fut déclaré chef du conseil des finances. Le contrôleur général ira
travailler chez lui, et lui, M. de Maurepas, assistera à chaque travail
que chaque ministre fera avec le Roi; il a fait des tentatives pour le
retour de son neveu exilé,[3] mais sans succès. On s'attend encore à
quelques changements. Je vous manderai ce qui arrivera.

Est-ce que vous êtes en froideur avec M. de Richmond?[3a] Je n'en
ai point du tout entendu parler. S'il est en France il n'est point venu
à Paris.

J'attends les Necker avec impatience; les changements qui sont
arrivés en leur absence ne leur sont pas désagréables. La Pomone
n'en est pas si contente, je ne l'ai pas vue depuis.

Le grand-papa arrive après-dîner demain 21. Je souperai avec lui
chez Mme de Gramont, et vraisemblablement il soupera chez moi
vendredi 24.

D'où vient ne me dites-vous rien de votre ambassadeur? Pourquoi
êtes-vous si froidement avec lui? C'est de tous nos diplomatiques le
plus aimable sans nulle comparaison. Je serai fort aise de le revoir.
Et de M. Conway, vous ne m'en dites mot; ne souffrez point qu'il se

1. *Ante* 5 May 1776.
2. Jean-Jacques Amelot de Chaillou
(1689–1749).

3. D'Aiguillon.
3a. No. See *post* 22 May 1776.

refroidisse pour moi, non plus que son épouse. Ils ont un ascendant sur vous que je serais fâchée qu'ils perdissent, il m'a été favorable.

Il faut que Mme Necker entende très bien l'anglais, sans quoi elle n'aimerait pas aussi passionnément Garrick. Il ne serait pour elle qu'un pantomime si elle ne l'entendait pas, et ce genre ne peut pas causer un fort grand plaisir.

Je balance à vous faire souscrire pour la *Bibliothèque des romans*, si elle allait vous ennuyer vous vous moqueriez de moi. Je vais lire les *Mémoires de la Grande Bretagne et de l'Irlande sous les règnes de Charles II et de Jacques II* par M. Dalrymple.⁴ Il y a environ un an qu'ils ont été traduits, je ne sais pourquoi on en avait arrêté la distribution.

Je lis un roman⁵ du genre de ceux de Richardson, l'auteur n'a pas certainement autant d'esprit que lui, mais comme il est simple et naturel il ne m'ennuie pas.

Je n'aurai la boîte de M. Gibbon que la veille des fêtes.⁶

J'espère que M. Necker prendra la peine de m'écrire un mot pour m'annoncer son retour; si vous le voyez dites-lui que je ne suis pas contente de sa paresse, il aurait bien pu m'écrire un mot. Dites-lui aussi que Mme d'Anville est revenue à Paris après la grande nouvelle, et qu'elle repart mardi prochain pour la Roche-Guyon, où elle mènera son bon ami.

Le Mirepoix⁷ est encore ici, mais il partira incessamment. Je lui ferai tous vos compliments, mais n'allez pas le croire un homme fort sensible et qu'on puisse beaucoup aimer. Oh! qu'il y a peu de gens qui méritent de l'être! Mais il y en a d'agréables, ceux-là plaisent, et puis c'est tout.

Je dirai bien tout ce que vous me mandez sur nos jeunes gens; vous pourrez m'écrire et par les Necker et par eux.

Êtes-vous charmé du Général Koch?⁸ C'est un bon homme, mais il n'en est guère de plus ennuyeux.

La demoiselle de Lespinasse est au plus mal, elle n'en a, dit-on, que pour peu de jours à vivre. Ce sera une grande perte pour les

4. Sir John Dalrymple (1726–1810), 4th Bt, *Mémoires de la Grande Bretagne et d'Irlande depuis la dissolution du dernier parlement de Charles II jusqu'à la bataille navale de la Hogue,* Londres, 1775–6, 2 vols, translated from the second English edition, 1771–3, by the Abbé Jean-Louis Blavet (1719–1809).

5. Not identified.
6. May 25, the day before Whitsunday.
7. The Bishop of Mirepoix.
8. 'Cock' in MS. Johann Baptist (1733–80), Freiherr von Koch (Constantin von Wurzbach, *Biographisches Lexikon,* Wien, 1856–91). HW met him three times in Paris in 1775 (*Paris Jour.*).

beaux esprits encyclopédistes. Vous ne m'avez pas dit un mot de M. Suard, je ne le connais point du tout.

Je relis ma lettre. À l'article de M. de Maurepas je me suis trompée, c'est le 15 ou le 16 et non le 12.

Qu'est-ce qui pourrait engager Milady Barrymore à s'établir en France?[9] Je crois qu'elle ferait une folie.

To Madame du Deffand, ca Monday 20 May 1776

Missing. Written at Strawberry Hill. Answered, 26 May.

From Madame du Deffand, Wednesday 22 May 1776

Ce 22 mai 1776.

J'AI envie de vous écrire; il me semble que je vous dois rendre compte de tout ce qui m'intéresse; je ne sais pas trop pourquoi.

Mlle de Lespinasse est morte cette nuit, à deux heures après minuit; ç'aurait été pour moi autrefois un événement, aujourd'hui ce n'est rien du tout.[a]

Ce 24.

J'ai été interrompue, je reprends aujourd'hui.

Le Duc de Richmond arriva hier à midi, il vint chez moi à six heures; il m'apporta votre joli présent[1] et une charmante petite boîte à thé de Madame la Duchesse de Richmond. Recevez mes remercîments, et chargez-vous auprès d'elle de ceux que je lui dois. J'ai été ravie de voir le Duc. Vous avez raison, on se plaît avec lui, et c'est parce qu'il est sensible; il n'y a que ces gens-là avec qui l'on se plaît véritablement; il soupera demain chez moi, et lundi avec moi chez la Duchesse[2] du Carrousel; sa fille,[3] je crois, n'y sera pas; elle est dans une violente douleur, ainsi que le vilain bossu.[4] Il y a un nombre

9. Lady Barrymore had thought of spending the previous winter in the south of France (MS Journal of Lady Mary Coke, 12 Oct. 1775).

———

a. 'Mme du Deffand a dit, en apprenant sa mort: *Elle aurait bien dû mourir quinze ans plutôt; je n'aurais pas perdu d'Alembert*' (Jean-François de la Harpe, *Correspondance littéraire*, 1804–7, i. 388).

1. Perhaps the scissors, mentioned *post* 13 March 1779.
2. De la Vallière (HW).
3. La Duchesse de Châtillon (HW).
4. M. d'Anlezy (HW). Jean-Pierre Damas (1734–1800), Comte d'Anlezy, Marquis de Thianges (Woelmont de Brumagne ii. 282; *Lettres de Mlle de Lespinasse*, ed. Eugène Asse, 1882, p. 170 n).

considérable d'affligés qui concourent d'intelligence à mettre le comble à la célébrité de cette défunte;[5] il ne reste plus rien d'elle ni des siens dans mon voisinage; je n'entendrai plus parler d'eux, et bientôt en effet on n'en parlera plus.

Je reçus hier une très aimable lettre de M. Necker,[6] il me parle beaucoup de vous; je ne sais si vous avoueriez tout ce qu'il m'en dit; il y a un article[7] que je ne crois pas, mais qui est fait pour plaire, n'eût-il que le son.

J'attends dimanche pour continuer, votre lettre m'en fournira le moyen.

Ce dimanche.

Cette lettre[8] arriva hier. Je vous passe vos préventions sur les deux renvoyés;[9] ce sont d'honnêtes gens, je le crois; mais lisez la fable dixième du huitième livre de La Fontaine.[10] Vos prédictions pourront arriver, mais il faudra qu'elles soient précédées d'un nouvel événement. Je ne m'intéresse pas plus que vous à la politique; mes souhaits se bornent à bien digérer, à bien dormir, et à ne point m'ennuyer.

Je suis fort aise du retour des Necker; ils débarqueront à Saint-Ouen; ils m'ont fait dire que ce serait samedi ou dimanche. Ils ne vous plaisent pas beaucoup,[10a] je le vois bien; tous les deux ont de l'esprit, mais surtout l'homme; je conviens qu'il lui manque cependant une des qualités qui rend le plus agréable, une certaine facilité qui donne, pour ainsi dire, de l'esprit à ceux avec qui l'on cause; il n'aide point à développer ce que l'on pense, et l'on est plus bête avec lui que l'on ne l'est tout seul, ou avec d'autres.[11]

Vous avez dû être surpris de l'auteur[12] du portrait; elle en a fait un de notre Pomone qui est une vraie enseigne à bière; je n'en ai pas pris copie; c'est tous les lieux communs de louanges, qui ressemblent à tous les brimborions dont la Pomone se pare.

5. Mlle de Lespinasse.

6. Necker to D ? May 1776, copied in D's MS *Recueil de lettres,* bequeathed to HW. See Appendix 57.

7. 'M. Walpole, après avoir fait voir toutes les curiosités singulières que renferme son cabinet, finit toujours par montrer cette lettre [D's letter in the name of Mme de Sévigné], et s'il ne remplissait pas tout le monde de son sentiment, on pourrait admirer sa conduite' (ibid.).

8. HW to D ca 20 May 1776.

9. MM. Turgot et Malesherbes (HW).

10. *L'Ours et l'amateur des jardins:*
'Rien n'est si dangereux qu'un ignorant ami;
Mieux vaudrait un sage ennemi.'

10a. HW's extant letters do not mention their visit.

11. Nothing can be more accurate, nor better defined than this account of M. Necker in society (B).

12. Mme de la Vallière (see *ante* 15 May 1776).

C'est certainement votre boîte,[13] et c'est une restitution occasionnée par le jubilé, ou les pâques; ce n'a été qu'au bout de plus d'un mois que j'ai deviné qu'elle pouvait être celle que vous aviez perdue; j'avais interrogé tout ce que j'avais vu, enfin je me souviens que ce pouvait être à vous; je vous la renverrai, avec la boîte de M. Gibbon, qu'on ne m'a point encore rapportée; j'y joindrai notre décompte.

M. de Richmond, la Duchesse de Leinster[14] et M. Ogilvie[14a] soupè-rent hier chez moi; aujourd'hui et demain, je souperai avec le Duc chez Mme de la Vallière; ce Duc me plaît beaucoup, sa sœur me paraît aussi très aimable, je lui crois de l'esprit et à son M. Ogilvie. Je m'occuperai beaucoup d'eux tout le temps qu'ils seront ici.

J'eus avant-hier, vendredi, le grand-papa,[15] sa sœur, les Beauvau, la Maréchale[16] et sa petite-fille[17] et plusieurs autres; j'aurai même compagnie jeudi prochain; et samedi, 1er juin, le grand'papa partira pour Chanteloup, et sa sœur[18] pour Brienne; elle y restera cinq ou six jours; de là elle ira à Plombières, et ne reviendra à Paris qu'à la fin du mois d'août. Il n'y a point cette année de Compiègne,[19] ce qui fera que je ne serai point entièrement isolée.

Si j'étais plus en train d'écrire, je pourrais vous dire mille petits riens; mais je n'ai ni le goût ni le talent de Mme de Sévigné: elle trouverait aujourd'hui matière à huit pages. Tout l'intéressait, et moi, rien ne m'intéresse.

To Madame du Deffand, ca Tuesday 28 May 1776

Missing. Probably written at Strawberry Hill. Answered, 3 June.

To Madame du Deffand, ca Wednesday 29 May 1776

Missing. Probably written at Strawberry Hill. Answered, 3 June.

13. See *ante* 12 May 1776.
14. Lady Emilia Mary Lennox (1731–1814), m. (1) (1747) James Fitzgerald, 20th E. of Kildare, cr. (1761) M. of Kildare and (1766) D. of Leinster; m. (2) (1774) William Ogilvie (1740–1832). She was the Duke of Richmond's sister.
14a. Corrected by HW to 'Ogilby' from Wiart's 'Angelvy.'

15. Duc de Choiseul (HW).
16. De Luxembourg (HW).
17. Mme de Lauzun (HW).
18. Mme de Gramont (HW).
19. She means no temporary establish-ment of the Court at the Château de Compiègne (B).

From Madame du Deffand, Monday 3 June 1776

Entirely in Colmant's hand.

Ce lundi 3e juin.

JE reçus samedi par la poste votre première lettre,[1] et hier par M. Necker la seconde;[2] je ne veux ni ne peux y répondre aujourd'hui. Ce sera par M. de Richmond que je vous dirai tout ce que je pense de vos gronderies, que je préfère, toutes injustes qu'elles sont, à la feinte douceur et à la fausse politesse. Je me borne seulement à vous dire que je suis on ne peut pas plus touchée de la perte que vous avez faite d'un ancien ami;[3] je sais par expérience combien ce malheur est grand, n'eût-on à regretter qu'une ancienne habitude. Il n'[y] a point de jour que je ne sente que mon pauvre ami Pont-de-Veyle me manque.

Je vais souper ce soir à Saint-Ouen. Je fis hier bien des questions à M. Necker, je l'en accablerai ce soir. Je suis assez satisfaite de tout ce qu'il m'a déjà dit. Une chose m'est incompréhensible, c'est la différence de nos jugements, et cependant la quantité de rapports que j'ai avec vous; nous discuterons cet article une autre fois.

Vous n'aurez que ce mot aujourd'hui. Dans quelques jours vous recevrez un volume.

Je ne me porte pas trop bien, je dors mal, je suis faible. Ma tête s'en va, je m'en aperçois.

To Madame du Deffand, ca Tuesday 4 June 1776

Missing. Probably written at Strawberry Hill. Answered, 9 June.

From Madame du Deffand, Wednesday 5 June 1776

Paris, ce mercredi 5 juin 1776.

JE commence mon journal, que je continuerai jusqu'au départ du Duc. Je lui ai lu vos réprimandes dont il a bien ri. Je ne doute pas qu'il ne me trouve une grande douceur; c'est une qualité qui ne m'est pas trop naturelle, mais que vous m'avez rendue nécessaire. Je vous promets de ne vous plus jamais demander raison de ce que

1. HW to D ca 28 May 1776.
2. HW to D ca 29 May 1776.
3. John Chute died 26 May 1776 (HW to Mann 27 May 1776).

143

Ce Lundy 3.e Juin

Je reçu Samedy par la poste vôtre
premiere lettre, et hier par Mr. Aubert
Lascionde; je ne veut ny ne peut y
repondre aujourdhuy; ce sera par
mr. de Richemont que je vous diray
tous ce que je pense de vos Gronderies,
que je préfere toutes, injustes qu'elles
Sont a la feinte douceur et a la fauss
politesse. Je me borne seulement a vous
dire, que je Suis on ne peut pas plus
touchée de la perte que vous avez fait
d'un ancien amy; je Scais par expérience
Combien ce malheur est grand, n'eut on
a regretter qu'une ancienne habitude.
il n'y a point de jour que je ne sente
que mon pauvre amy Pontdeveyl me manque

MADAME DU DEFFAND'S LETTER OF
3 JUNE 1776, IN COLMANT'S HAND

feront vos amis; je fais serment de ne plus vous parler de votre ambassadeur; s'il y a encore quelque article que je doive bannir, apprenez-le-moi promptement, pour que je puisse avoir, au moins une fois en ma vie, la satisfaction de vous écrire une lettre où vous n'avez rien trouvé qui vous choque ou vous déplaise.

M'est-il permis de vous dire ce que je pense de nos ministres renvoyés? Le Malesherbes est un sot, bon homme, sans talent, mais modeste, qui n'avait accepté sa place que par sa faiblesse; par lui-même il n'aurait fait ni bien ni mal; il eût voulu le bien, mais il ne savait comment s'y prendre; il aurait fait le mal qu'on lui aurait fait faire, faute de lumière et par sa déférence pour ses amis; la preuve qu'il en a donnée a été de se charger de parler à la Reine contre M. de Guines, ce qui n'aurait point été de son devoir, quand il aurait été persuadé que cet ambassadeur était coupable; c'était l'affaire de M. de Vergennes, qui fut bien aise de ne se pas commettre, et le Turgot se servit de son ascendant sur ce pauvre homme pour lui faire faire cette sotte démarche; il ne s'en repent pas, parce qu'il ne lui en coûte que sa place, dont il est ravi d'être débarrassé.

Pour le Turgot, il n'en est pas de même. Il s'afflige, dit-il, non de sa disgrâce, mais de ce qu'il n'est plus en son pouvoir de rendre la France aussi heureuse qu'elle l'aurait été si ses beaux projets avaient réussi, et la vérité est qu'il aurait tout bouleversé. Sa première opération, qui fut sur les blés, pensa à le faire manquer dans Paris, y causa une révolte; depuis il a attaqué toutes les propriétés; il aurait ruiné le commerce, nommément celui de Lyon. Le fait est que tout est renchéri depuis son administration; aucune de ses entreprises n'a eu l'apparence de devoir réussir; il avait les plus beaux systèmes du monde sans prévoir aucun moyen. Enfin, excepté les économistes et les encyclopédistes, tout le monde[1] convient que c'est un fou, et aussi extravagant et présomptueux qu'il est possible de l'être; on est trop heureux d'en être défait. Qu'est-ce qui lui succédera? Je l'ignore, mais on ne peut pas avoir pis qu'un homme qui n'a pas le sens commun; et mieux vaut pour le gouvernement un habile homme avec moins de probité, c'est-à-dire avec moins de bonnes intentions, qu'un

1. That is to say—'that crowd of people of all conditions and ranks, who had contracted the unfortunate habit of living at the expense of the public without serving it, who subsisted upon a multiplicity of particular abuses, and considered them as so many rights; all these men, alarmed and terrified, formed a league powerful by its numbers and the strength of their clamours' (B, quoting Jacques-Marie de Caritat de Condorcet, *Life of M. Turgot*, London, 1787, p. 189).

homme qui, ne voyant pas plus loin que son nez, croit tout voir, tout comprendre, qui entreprend tout sans jamais prévoir comment il réussira; voilà comme est celui dont vous faites votre héros; de plus, il est d'un orgueil et d'un dédain à faire rire; si vous le connaissiez, il vous serait insupportable. Je l'ai beaucoup vu autrefois, et je puis vous assurer qu'il est tel que je vous le dépeins; un tel personnage est très dangereux dans un État comme le nôtre; il pourrait brouiller tout au point qu'on n'y trouvât que difficilement du remède. Il ne suffit pas, pour être un bon ministre, d'être désintéressé, ni de vouloir faire le bien; il faut le connaître. En voilà assez sur ce sot animal. Bien des gens croient que ce seront mes parents adoptifs et réels[2] qui pourront succéder; si cela arrive, je n'en serai ni bien aise ni fâchée. J'ai tort; j'en serai fâchée, si cela nous procure la guerre; voilà le seul côté par où j'envisage notre chose publique, et c'est peut-être encore un intérêt de trop; car, qu'est-ce que je puis avoir à y perdre ou à y gagner? Vous vous moqueriez de moi, de ce que je penserais que cela me dût faire quelque chose.

Ce lundi 24.

Vous voyez quelle interruption! Je me trouve assez embarrassée pour reprendre le fil de l'histoire. Je suis assez disposée à croire qu'il y a bien peu de choses qui intéressent, et que vous êtes peut-être l'homme du monde le plus indifférent, du moins vous voulez qu'on le pense; cependant je vais vous rendre compte de tout ce qui s'est passé ici.

On a fait une division des troupes; vingt-deux lieutenants généraux ont dans diverses provinces un nombre d'escadrons et de bataillons sous leur commandement, chaque lieutenant général a sous lui deux maréchaux de camp. La province d'Alsace, par exemple, est divisée en trois commandements; Strasbourg est la première division. M. de Beauvau a la troisième, qui est à Schelestadt; M. de Maillebois a été nommé pour la province de Picardie; il en avait eu précédemment le commandement, on lui en donnait les appointements, mais on lui avait interdit toute autorité dans son emploi; M. de Saint-Germain et M. de Maurepas, qui le protègent extrêmement, ont obtenu qu'il exercerait aujourd'hui son emploi comme tous les autres lieutenants généraux. Les Maréchaux de France qui composent dans ce moment-ci le tribunal, sont au nombre de onze; six ont fait des repré-

2. Duc de Choiseul et l'Archevêque de Toulouse (HW).

sentations pour que ledit Maillebois ne fût point employé, alléguant qu'il était déshonoré et devait être exclu de tout pouvoir et de tout honneur militaire.[3] Ces six sont, MM. de Richelieu, de Biron, de Broglie, de Fitzjames, de Brissac et de Clermont-Tonnerre. Ceux qui sont pour lui, MM. de Noailles, d'Harcourt, de Soubise, Nicolaï et Duras. Le Roi a ordonné qu'il voulait qu'il eût le commandement, et en conséquence il partira mercredi pour en prendre possession. Lieutenants généraux, maréchaux de camp, aucuns ne seront à Paris le 1er juillet; ce qui fera près de soixante-dix officiers généraux de moins dans Paris. J'eus la visite, hier, de Madame la Marquise de Polignac, je ne sais si vous la connaissez;[4] c'est la sœur de Mme de Monconseil; c'est une femme d'une vivacité singulière, et qui depuis trente ans a l'amitié la plus passionnée pour M. de Maillebois; il a bien exercé sa sensibilité, elle a été prête à mourir vingt fois de douleur de toutes ses aventures; hier elle était triomphante.

Le crédit de M. de Maurepas non-seulement se maintient, mais il se fortifie; il en jouira toute sa vie, mais comme il est fort vieux, il y a de la marge dans l'avenir; mes parents, ou le Cardinal de Bernis, sont dans la coulisse prêts à remplacer; ce sont les seuls pour le moment présent. La Reine paraît fort tranquille et fort indifférente, et ce qu'elle a fait pour M. d'Aiguillon[5] marque beaucoup d'égards pour M. de Maurepas. En voilà assez pour aujourd'hui.

Ce mardi 25.

Vous n'aurez aujourd'hui que des nouvelles domestiques. Tonton a pris sa médecine ce matin, qui est quelques grains de gros sel qu'on le force à avaler. Il a vomi comme à l'ordinaire une grande quantité de flegmes, mais en même temps un bouchon de liège et cinq noyaux d'abricot. Cela n'est-il pas singulier?

Mlle de Boulainvilliers,[6] qui logeait ici, âgée de quatre-vingt-neuf ans, est morte cette nuit à deux heures.

3. See *ante* 10 March 1771.

4. HW does not mention her in *Paris Jour.*

5. After the death of the Duc d'Aiguillon's daughter, Mme de Chabrillan, 11 June 1776, the Queen asked the King to release Aiguillon from his place of exile (Aiguillon), knowing that it might be unpleasant for him to remain in the place where his daughter had just died (Maria Theresa and Florimond-Claude-Charles,

Comte de Mercy-Argenteau, *Correspondance secrète*, 1874, ii. 462, Marie-Antoinette to Maria Theresa 14 July 1776). D had already told HW about this, in *post* 20 June 1776.

6. Perhaps a daughter of François de Hallencourt, Marquis de Boulainvilliers, who m. (1676) Marie-Françoise de Caumont, though no daughter is mentioned (Woelmont de Brumagne ii. 371).

Je viens de recevoir une lettre de Plombières de Mme de Gramont, la plus cordiale, la plus familière, la plus confiante; elle en a dû recevoir une de moi le même jour, nos lettres se sont croisées. J'en reçois souvent de Chanteloup, remplies de la plus tendre amitié; on m'invite à y faire un second voyage; bien des raisons me détournent d'y penser, dont la moindre est la fatigue du chemin, qu'il me serait difficile de supporter; mais s'il y avait un lieu sur terre où je pusse me séparer de moi-même, c'est-à-dire me délivrer de toutes les idées tristes et vaporeuses qui offusquent ma tête, je ne balancerais pas à m'y acheminer, fût-ce au bout du monde; mais comme je me retrouverais partout, je reste dans mon tonneau; j'écarte autant que je le puis toutes les idées qui me tourmentent; et, convaincue de l'impossibilité d'être heureuse, je tâche de ne point penser et de me détacher de tout: mais j'éprouve que cet état, qui ressemble si fort au néant, est le pire de tous.

Je croyais que M. de Richmond partirait dimanche, mais les affaires qui l'ont amené ici, et qui ont quelque apparence de réussite, le retiendront peut-être plus longtemps. Je fais la réflexion que ce n'était pas la peine de vous dire cela, puisque ce sera par lui que vous recevrez cette lettre et que ce sera un article de celle que je vous écrirai dimanche.

Il y eut jeudi dernier une réception à l'Académie française:[7] vous recevrez les discours avec les *Mannequins;*[8] vous serez étonné du genre de l'éloquence d'aujourd'hui. Je lisais *Cicéron*[9] en même temps que ces beaux ouvrages, vous pouvez juger de ce que j'en puis penser.

Madame de Luxembourg partit hier pour l'Isle-Adam avec sa petite-fille, l'Idole, et sa belle-fille; le Prince est, dit-on, mourant. Le Comte de Broglie partit hier pour Metz. M. de Beauvau partira

---

7. That of La Harpe. The following account of his reception was given in the news of the day: '21 Juin. M. de la Harpe a été reçu hier à l'Académie française, avec un concours de monde prodigieux. Son discours fort long, fort égoïste, fort emphatique, fort ridicule, a été suivi d'une réplique de M. Marmontel dans le même genre, non moins bavarde, et non moins impertinente. . . M. d'Alembert a terminé par l'*Éloge de M. de Sacy* dans lequel il a fait venir celui de l'héroïne qu'il vient de perdre, Mademoiselle de Lespinasse, qu'il n'a eu garde de nommer, mais dont tout le monde a senti l'allusion' (B quoting Louis Petit de Bachaumont, *Mémoires secrets,* Londres, 1784–9, ix. 140). A more full and favourable account is in *Mercure de France,* July 1776, vii. 178–91.

8. A satirical pamphlet against M. Turgot and his intended plans (B). It is attributed to the Comte de Provence, later Louis XVIII (Bibl. Nat. Cat.).

9. 'Adieu, chère grand'maman, je vous quitte pour Pétry, mon invalide, qui va, pour m'endormir, me lire les lettres de mon ami Cicéron' (D to Mme de Choiseul 30 June 1776, S–A iii. 226). See *post* 18 June 1776. D admired Cicero (see D to Voltaire 2 May 1764, Voltaire, *Œuvres* xliii. 197).

lundi pour Schelestadt, qui est le lieu de sa division. Je vois partir tout le monde sans m'en affliger beaucoup. Je ne sais d'où vient je vous rends compte de moi et de ce qui m'environne; vous me dites dans votre dernière lettre:[10] *J'ai des amis parce que ce sont des personnes que j'estime, mais je ne me soucie pas de tout ce qu'ils font dans l'absence.* J'ai donc tort, oui, et très grand tort; mais ayez un peu d'indulgence, et soyez persuadé que je ne vous parle de moi que parce que je n'en puis parler à personne, et que ce m'est un petit soulagement qui m'aide à prendre patience. Ne pensez jamais que j'aie aucun dessein qui puisse vous regarder, je vous manderais les mêmes choses si vous étiez à Rome.

Je suis actuellement occupée des petites emplettes pour chez vous; je vois que je n'ai nul goût, et je crains votre critique. On m'a rapporté la boîte de M. Gibbon, elle est trouvée fort bien par tous les connaisseurs. Elle coûte 35 louis et demi. Vous verrez notre décompte, j'y ajouterai le surplus à l'argent que j'ai à vous, et il servira à payer les commissions que je pourrai prendre la liberté de vous donner.

Ce lundi 1er juillet.

M. de Richmond vous remettra beaucoup de petits paquets dont la destination est sur les enveloppes, mais en voici le mémoire en cas que les enveloppes se déchirassent:

Deux cartons de différentes formes, le rond contient une soucoupe de porcelaine, dans laquelle est le couvercle de la tasse qui est dans l'autre carton. Un paquet qui renferme un étui de galuchat. Ces trois choses sont pour Milady Ailesbury.

Un petit ballon pour Milady Churchill, rempli de pastilles de Nancy, qui sont de sa connaissance et qui ne valent pas ses ananas. Un petit étui pour faire du filet pour Mlle Churchill. Je ne puis douter qu'elle ne s'amuse de cet ouvrage par la jolie bourse que j'ai reçue d'elle et qui me porte un grand bonheur au jeu. Un petit paquet de deux bourses, dont l'une est pour M. Conway et l'autre pour vous; vous aurez le choix.

Enfin la boîte de M. Gibbon et votre boîte perdue.[11] Un rouleau de papier de l'ordonnance militaire, des *Mannequins* et des discours académiques.

Comme M. de Richmond partira peut-être demain matin, je

10. HW to D ca 18 June 1776.   11. See *ante* 12 May 1776.

compte lui remettre ce soir qu'il doit souper chez moi, cette lettre, celle pour M. Conway, que je mets sous votre enveloppe, et tout ce que je viens de vous annoncer.

Il n'y a rien ici de nouveau: les crédits subsistent tels qu'ils étaient, celui de la Reine pour les grâces de la cour, celui du Maurepas pour l'administration. Plusieurs prétendent que le Saint-Germain sera chassé, je n'en crois rien. Les spéculatifs prévoient la guerre, je ne le veux pas croire. Dites à M. de Richmond tout le bien que je vous ai dit de lui, le chagrin que j'ai de son départ, et mon impatience pour son retour.

Adieu; avouez que je vous ai bien ennuyé.

Je ne vous ai point parlé de M. de Clugny, successeur du Turgot, mais c'est que je n'en entends rien dire.

From Madame du Deffand, Sunday 9 June 1776

Ce dimanche 9 juin 1776.

QUELLES sont donc les réflexions dont je vous accable et que je préfère aux *riens* que vous regrettez tant? Il me semble que toutes mes lettres ne sont remplies que de *riens,* et que je ne vous entretiens guère de mes pensées et de mes réflexions: mais il faut que vous me grondiez toujours, et avec le ton de l'ironie et de la moquerie. Ce qui est de singulier, c'est que cela ne me déplaît pas, et que je vous en aime davantage; vous devez être fort content de l'éducation que vous avez faite de moi; si elle n'est pas parfaite, il ne s'en manque guère.

Nous savions ici toute l'histoire de la maison du Prince de Galles;[1] j'ai donné votre lettre[2] à lire au Duc. Je comprends parfaitement votre amitié pour lui; je le trouve infiniment aimable; mais ce que je ne concevrai jamais, c'est la façon dont les Anglais s'aiment, en ne se voyant point, en ne se donnant point de leurs nouvelles; il faut qu'ils aient quelques génies qui leur viennent communiquer leurs pensées, leurs sentiments et leur épargnent la peine de se parler et de s'écrire; effectivement, une Française telle que moi doit leur pa-

---

1. The disrespect shown by the Prince of Wales and Prince Frederick to their governor, Lord Holdernesse, made it necessary for him to resign, and for a new staff to be appointed (HW to Mann 5 June 1776; *Last Journals* i. 554–8).

2. HW to D ca 4 June 1776.

raître une espèce bien étrange. J'ai beaucoup de penchant pour le Duc; mais je me garde bien de l'aimer, c'est assez d'un Anglais tel que vous.

Vous jugez très bien mes amis;[3] la femme a de l'esprit, mais il est d'une sphère trop élevée pour que l'on puisse communiquer avec elle. Son mari, qui en a plus qu'elle, et qui est peut-être celui qui, aujourd'hui, en a le plus dans notre nation, vaut bien mieux qu'elle. Il est bien persuadé de sa supériorité, mais elle ne le rend ni suffisant ni pédant; le défaut que je lui trouve, c'est qu'il n'est point de facile conversation, on ne se trouve point d'esprit avec lui. Il a cependant de la franchise, de la bonne humeur, de la douceur et de la bonté, mais il est distrait, et par conséquent stérile. Il dit qu'il vous aime beaucoup, et moi je lui dis que je n'en crois rien; il se fâche, et je lui soutiens qu'il est trop distrait pour avoir pu démêler ce que vous valez. Eh bien, je crois vous voir hausser les épaules et vous impatienter; vous me direz: 'Pourquoi, le croyant, m'écrire ces fadaises?' —Ah! monsieur, c'est qu'elles me viennent au bout de ma plume, et qu'il me plaît de vous dire tout ce que je pense.

J'espère que votre Duc réussira à son affaire;[4] il vit hier tous ceux de qui elle dépend; il en fut fort content. Je lui conseille d'en hâter la conclusion, parce qu'on ne sait pas ce qui pourrait arriver; j'ai commencé une lettre du 5 de ce mois dont je le ferai porteur; je vous y parlerai la bouche ouverte; je ne sais pas ce que je vous dirai, mais ce sera tout ce que je saurai, tout ce que je penserai.

Je comprends, à l'énumération que vous me faites de vos occupations, que vous devez regretter le temps que vous perdez à m'écrire; vos journées sont bien remplies; je dois vous savoir beaucoup de gré des moments que vous me donnez, et d'autant plus que je sais par expérience [ce] qu'il en coûte pour écrire, car rien n'est si vrai que vous êtes le seul pour qui cela ne me coûte rien.

Je vous remercie d'avance de vos éventails; ma reconnaissance s'étend sur ce que vous faites pour mes amis, et je suis fort aise que vous traitiez bien Mme de la Vallière; sa conduite avec moi est d'une égalité et d'une facilité charmantes. Sa fille est dans la plus grande affliction de la demoiselle Lespinasse, laquelle a fait un testament olographe des plus parfaitement ridicules. Mon neveu,[5] qui est ici, a

---

3. M. and Mme Necker (B).
4. His attempt to have himself registered in the French peerage as Duc d'Aubigny.

5. Abel de Vichy, later Comte de Champrond, who was both half-brother and nephew of Mlle de Lespinasse.

voulu le voir, il prétend qu'il était en droit de l'exiger,[5a] il faut bien que cela fût puisqu'on le lui a montré. Elle lui a laissé un perroquet en le qualifiant de son neveu de Vichy; elle charge son exécuteur testamentaire d'Alembert du soin de faire vendre tous ses effets, d'en employer le produit à payer ses dettes; et s'il ne suffit pas, elle compte assez sur l'amitié et la générosité de son neveu Vichy pour le prier d'ajouter le surplus. À l'égard des d'Albon, elle n'en veut point parler, dit-elle, parce que, non-seulement quoique légitime elle n'a reçu d'eux aucun bienfait, mais qu'ils lui ont volé une somme que sa mère avait mise en dépôt pour elle; elle a signé ledit testament: JULIE D'ALBON.[6]

Voilà de ces riens que je vous ai épargnés dans d'autres lettres, et que, pour punition de vos réprimandes, j'insère dans celle-ci.

Je trouve la Duchesse de Leinster fort aimable, son Ogilvie ne me déplaît pas.

Savez-vous les présents dont vos amis me comblent? Milady Ailesbury me donne un tableau de son ouvrage[6a] qui est un chef-d'œuvre. Tous ceux qui le voient en sont dans l'admiration, je vais lui faire faire un beau cadre, je le placerai au-dessus de mon canapé. M. Conway m'a écrit une lettre charmante, il m'envoie deux médaillons. Je lui écrirai dès que je les aurai reçus, ce sera apparemment Mme Bingham[7] qui me les apportera ainsi que vos éventails. Vous me comblez de galanteries mais vous ne m'envoyez point de thé, je suis persuadée que vous l'avez oublié. Je n'en suis point pressée, et de plus je ne veux point que ce soit en présent, et c'est pourquoi j'ose vous en faire souvenir.

Je vous prie de me mander les nouvelles que vous avez de la Duchesse de Gloucester, et l'âge de toutes ses filles.[8] Le Duc prétend que

5a. She stipulated that in case her property was insufficient for her legacies, a copy of the will should be sent to Vichy (Eugène Asse, *Mlle de Lespinasse et la Marquise du Deffand*, 1877, p. 64).

6. Although Julie was not M. d'Albon's daughter, she was born while he was Mme d'Albon's husband, and was therefore technically legitimate. D is not altogether correct in giving the provisions of this will, which was printed by Eugène Asse in *Mlle de Lespinasse et la Marquise du Deffand*, 1877, pp. 61-5. Julie

did not leave Vichy a parrot; she did not call herself legitimate, or say that the d'Albons never helped her (though she did mention the stolen deposit); and she signed herself 'Lespinasse' and not 'd'Albon.'

6a. In tapestry.

7. Margaret Smith (d. 1814), m. (1760) Sir Charles Bingham (1735-99), 7th Bt, cr. (1776) Bn Lucan, and (1795) E. of Lucan.

8. By her first marriage, the Duchess of Gloucester had Lady Elizabeth Laura Waldegrave (1760-1816), m. (1782) her cousin George Waldegrave, 4th E. Walde-

GIBBON'S SNUFF-BOX

l'aînée a dix-sept ans. J'approuve fort qu'elle passe quelques jours avec vous à Strawberry Hill.

Mme Necker prétend que M. Gibbon viendra ici au mois de septembre. Ne serait-il pas mieux de l'attendre pour qu'il fît lui-même l'emplette de sa boîte? N'en ayant point trouvé de faite, j'en ai fait faire une. Ceux à qui je l'ai fait voir, tous gens de goût, n'en ont pas été contents; on en fait une autre. Si elle est bien, vous l'enverrai-je? Celle qui était faite était de 34 louis, celle que l'on fait pourra être d'environ 40.[9]

Vous seriez le plus aimable du monde si vous vouliez me dire ce qui pourrait être agréable à Milady Ailesbury. Une très jolie tasse avec une cuillère d'or à café, conviendrait-il? Répondez-moi comme on répond à son amie, sans moquerie et avec sincérité. Il me semble que je n'ai plus rien à dire; adieu.

Nous soupâmes hier, Mme de Cambis, le Duc et moi, chez les Necker. Nous souperons ce soir au Carrousel; peut-être mardi chez moi, et mercredi chez Mme de Mirepoix, à qui j'ai cédé mon jour. Il y aura de plus la Duchesse[10] et son mari. Mme de Luxembourg et sa petite-fille sont à Saint-Assise chez Mme de Montesson jusqu'au 18.

To Madame du Deffand, Monday 10 June 1776

Missing. Probably written at Strawberry Hill. Answered, 18 June.

To Madame du Deffand, Tuesday 18 June 1776

Sentence, quoted *ante* 5 June–1 July 1776. Probably written at Arlington Street.

J'ai des amis parce que ce sont des personnes que j'estime, mais je ne me soucie pas de tout ce qu'ils font dans l'absence.

grave; Lady Charlotte Maria Waldegrave (1761–1808), m. (1784) George Henry Fitzroy, styled E. of Euston, 4th D. of Grafton, 1811; and Lady Anna Horatia Waldegrave (1762–1801), m. (1786) Lord Hugh Seymour. By her second marriage, the Duchess had Princess Sophia Matilda of Gloucester (1773–1844), the other daughter having died in infancy.

9. Apparently Gibbon bought the more expensive box, since his MS Diary shows that he paid £37. 5. 6 for it (David Morrice Low, *Edward Gibbon*, 1937, p. 251 n). The box is now in the British Museum. See illustration opposite.

10. The Duchess of Leinster and Mr Ogilvie.

From Madame du Deffand, Tuesday 18 June 1776

Ce mardi 18 juin 1776.

JE n'eus point de lettres samedi ni dimanche, et votre lettre du 10 ne m'a été rendue qu'hier en rentrant chez moi.

J'ai vu M. et Mme Bingham; je les trouve aimables, la femme me paraît gaie et franche: quand nous nous connaîtrons, nous saurons si nous nous convenons. Elle m'a remis les éventails; je vous remercie du mien, que je trouve joli et d'invention nouvelle et commode. Mme de la Vallière m'a chargée de tous ses remercîments, elle est fort sensible aux marques de votre souvenir; c'est en vérité une très bonne femme, et douée d'un caractère qui la rend très sociable et très heureuse; elle a mille attentions pour les Richmond, je crois qu'ils doivent être contents d'elle, de Mme de Mirepoix et de Mme de Cambis; je pourrais y ajouter Mme de Luxembourg; mais comme depuis dix jours elle est à Sainte-Assise, chez Mme de Montesson, elle n'a pas pu continuer ses attentions. J'ai cédé la semaine passée mon mercredi à Mme de Mirepoix qui voulait leur donner à souper. La Duchesse de Leinster nous invita pour le lundi d'après, qui était hier; mais en arrivant, nous apprîmes qu'elle était malade; je viens d'envoyer chez elle, elle a eu de la fièvre toute la nuit, et il lui est sorti une ébullition, c'est peut-être la rougeole. Le souper ne fut point à l'Hôtel de Luynes[1] où elle loge, mais à l'Hôtel de Modène,[2] chez son fils Milord Charles Fitzgerald.[3] Le Duc, M. Ogilvie, son fils et sa fille,[4] en firent les honneurs; nous étions seize: les Bingham, l'ambassadrice de Sardaigne, Mmes de Mirepoix, de Cambis, de Boisgelin; MM. de Monaco, de Beaune, Mlle Sanadon et moi, les quatre de la maison; il en manque deux, je ne les retrouve pas. J'y arrivai morte de fatigue; j'étais sortie de bonne heure pour aller voir la petite sainte qui partait aujourd'hui pour Chanteloup; je fis encore deux visites, je ne pouvais plus me soutenir. Je m'affaiblis terriblement; si ce n'était que les jambes, je prendrais patience; mais la tête,

1. On the Rue Saint-Dominique (*Dict. de Paris*).

2. On the Rue Jacob (Findlay Muirhead, *Paris*, 1927, p. 138). This was Sterne's Paris hotel (see Wilbur L. Cross, *Life and Times of Laurence Sterne*, New Haven, 1929, p. 388).

3. Lord Charles James Fitzgerald (1756–1810), cr. (1800) Bn Lecale of Ardglass.

4. The son was Lord Charles Fitzgerald; the daughter was perhaps the oldest unmarried daughter, Lady Charlotte Mary Gertrude Fitzgerald (1758–1836), m. (1789) Joseph Holden Strutt, and cr. (1821) Baroness Rayleigh.

la tête! cela est bien triste. Les idées de retraite me reviennent souvent; je voudrais un état fixe, que le jour, la veille et le lendemain fussent semblables. Il vaudrait mieux, dans la vieillesse, être sourde qu'aveugle, la surdité est contraire à la société; mais quand on n'y est plus propre, ce serait un petit inconvénient que d'être forcé à s'en passer, et d'avoir à la place des yeux pour pouvoir s'occuper dans la retraite. Mais à quoi servent ces réflexions? À vous ennuyer, à vous déplaire; je vous en demande pardon.

Ne vous gênez point pour m'écrire plus que vous ne pouvez, et n'interrompez point ni vos affaires ni vos amusements. Je compte sur votre amitié, mais je ne veux point qu'elle vous gêne en rien. Je sais par mes autres correspondances qu'il est fâcheux d'écrire quand on n'a rien à dire. Je ne puis pas ajouter quand on a autre chose à faire, car je n'ai ni devoir ni occupation ni amusement.

Je n'ai point encore écrit à M. Conway, ni fait mes remercîments à Milady Ailesbury. On fait le cadre de son beau tableau. J'attends qu'il soit en place pour pouvoir ajouter à mes remercîments tous les éloges qu'on en fera. M. Conway m'a parlé de deux médaillons qu'il m'envoyait, à qui les a-t-il remis? M. de la Reynière est très content des siens. J'ai joint son payement à l'argent que nous avons. Quand j'aurai la boîte de M. Gibbon je vous enverrai notre décompte.

Il n'y a rien ici de nouveau. Nous avons repris notre ancien lieutenant de police en congédiant le nouveau.[5]

J'enverrai par M. de Richmond à M. Conway l'ordonnance de M. de Saint-Germain[6] pour le militaire, je suis bien sûre que vous ne la lirez pas. Il vous reportera votre boîte perdue et celle de M. Gibbon.

La Maréchale de Luxembourg revient demain, dont je suis fort aise. M. de Beauvau part le premier du mois prochain pour sa division, qui est à Schelestadt. J'en suis affligée.

Ce mercredi.

Ce n'est point la rougeole qu'a Mme de Leinster, c'est une fausse couche qu'elle a faite. M. Ogilvie me l'est venu apprendre. J'en ai été scandalisée, pourquoi cela?[7] Son départ en sera retardé et par conséquent celui du Duc, à ce que j'espère; il me paraît qu'il ne s'ennuie point ici, et qu'il trouve Mme de Cambis fort a son gré.

5. See *ante* 7 May 1775.

6. Military ordinances had been issued on 31 May and 17 June 1776 (*Mercure historique* clxxxi. 154–66, Aug. 1776).

7. See *post* 14 July 1776, and *ante* 13 July 1767.

J'appris hier par M. Saint Paul que c'était lui qui m'avait envoyé votre lettre,[8] qu'il l'avait trouvée dans son paquet. Apparemment votre domestique, ayant trouvé le courrier ordinaire parti, l'avait portée au bureau des affaires étrangères.

Le grand Abbé part demain ou après-demain pour Chanteloup; je viens d'écrire à la grand'maman une assez plate lettre et qui m'a coûté. Je ne sais pas si tous les gens qui vieillissent sentent autant que moi la diminution de leurs forces corporelles et l'anéantissement de leurs âmes. Croyez, mon ami, que l'opinion qu'on a de moi ne subsiste plus que sur une réputation d'esprit très mal fondée, que quelques personnes (dont vous êtes peut-être du nombre) ont imaginé de me donner; elle tombera bientôt avec justice.

Ma lecture présente est la *Vie de Cicéron,* par Middleton,[9] très bien traduite par l'Abbé Prévost; je l'entremêle des *Lettres de Cicéron à Atticus,*[10] en suivant les époques. Je trouve que l'esprit de Cicéron doit servir de mesure pour tous les autres, son style m'enchante. Je lui pardonne sa vanité en faveur de sa sincérité, et sa faiblesse, parce que, je puis vous l'avouer, en ce seul point je trouve que je lui ressemble.

From MADAME DU DEFFAND, Thursday 20 June 1776

Entirely in Colmant's hand.

Jeudi 20, à 7 heures du matin.

LA nouvelle d'hier est la permission envoyée à M. d'Aiguillon, d'aller partout où il voudrait, excepté à la cour. Voici comme la grâce a été accordée: Mme de Chabrillan était allée trouver son père.[1] En arrivant elle tomba malade d'une fièvre putride et mourut. La Reine apprenant cet événement, fut sur-le-champ chez le Roi, et le pria d'accorder à M. d'Aiguillon la liberté d'aller partout où il voudrait excepté à la cour. Elle lui demandait de réitérer la défense d'y paraître jamais sous quelque prétexte que ce pût être. Le Roi y con-

8. HW to D 10 June 1776.

9. Conyers Middleton (1683–1750), *History of the Life of Marcus Tullius Cicero,* translated by the Abbé Prévost as *Histoire de Cicéron,* 1743, 4 vols.

10. Translations of Cicero's letters had been made by the Abbé Prévost, the Abbé Maumenet, and Denis Gaullyer (Bibl. Nat. Cat.).

1. The Duc d'Aiguillon (see *ante* 5 June 1776).

sentit; elle ajouta qu'elle souhaitait qu'il lui fût permis, en annonçant à M. de Maurepas le retour de son neveu, et en l'apprenant à tout le monde, de déclarer la défense expresse qui lui était faite, de ne jamais paraître à la cour. Cet événement a surpris; il doit prouver la bonne intelligence de la Reine avec le ministre.

M. de La Harpe sera reçu aujourd'hui à l'Académie par M. Marmontel; c'est à Colardeau qu'il succède. M. de Richmond ira à l'Académie avec Mme de Luxembourg. Il soupa hier chez moi avec elle, il y soupera encore ce soir avec les Beauvau, Mme de Poix, etc. J'oubliais de vous dire que Milady Bingham a déjà tout vu; elle a été au Moulin-Joli,[2] elle copie les miniatures de M. de Presle; on lui a donné un petit cabinet au Palais-Royal, elle s'y établit pour tirer ces copies. Son talent surprend tout le monde, et surtout les connaisseurs. Greuze[3] le peintre n'en revient pas d'étonnement.

From Madame du Deffand, Sunday 23 June 1776

Paris, ce dimanche 23 juin 1776.

IL n'est plus temps d'attendre M. Gibbon. On m'a rapporté aujourd'hui sa boîte, je crois qu'elle est très bien, j'en ferai juger les connaisseurs. M. de Richmond se chargera de toutes mes commissions, il partira tout au plus tard les premiers jours de la semaine prochaine. Il a des affaires qui le pressent de retourner en Angleterre, mais il reviendra ici au mois d'août pour en terminer une autre[1] dont je n'ai pas grande opinion du succès. Sa sœur la Duchesse cherche une petite maison auprès de Paris, son dessein est de s'y établir pour trois semaines. Elle retournera ensuite à Aubigny auprès de neuf enfants[2] qu'elle y a laissés.

2. Watelet's 'English' garden, on an island in the Seine (*Paris Jour.*, 2 Sept. 1775; and HW to Mason 6 Sept. 1775).
3. Jean-Baptiste Greuze (1725–1805). HW met him in Paris, 1769.

———

1. The registration of his French peerage.
2. Of the Duchess's twelve living children, the Duke of Leinster, Lady Bellamont, and Lord Charles Fitzgerald were probably elsewhere (D would have mentioned the first two, and the third was evidently living in Paris). The other nine were Lady Charlotte Mary Gertrude Fitzgerald (1758–1836), later Baroness Rayleigh; Lady Sophia Mary (1762–1845); Lady Lucy Anne (1771–1851), m. (1802) Sir Thomas Foley, G.C.B.; Lord Henry (1761–1829); Lord Edward (1763–98); Lord Robert Stephen (1765–1833); Lord Gerald (1766–88); Lord George Simon (1773–83); and Cecilia Margaret Ogilvie (b. 1775), m. (1795) Charles Lock (Sir John Bernard Burke, *Peerage*, 1880, pp. 743–4; Arthur Collins, *Peerage*, ed. Brydges, 1812, vi. 196–7).

Je trouve les vers[3] de Texier assez faciles, il n'y a ni bien ni mal à en dire; je juge que la Milady est Mme Beauclerk.

Je ne vous aurais jamais comparé à un artichaut, j'aurais trouvé plus de rapport à un rosier. Je comprends très bien qu'il y a peu de gens que vous puissiez aimer autant que Rosette; le souvenir de Kismi et la jouissance de Tonton me font sentir que cela doit être. Quand vous comparez ma façon de penser à la vôtre, n'oubliez pas la différence de notre état; vous avez vingt ans moins que moi, deux bons yeux, des goûts, des talents, sans compter un caractère infiniment plus heureux.

Les Necker ont été fort contents de votre château et des choses rares et magnifiques qu'il renferme. Ils se louent beaucoup de votre politesse, ils font de vous de grands éloges, je les crois sincères.

Je n'ai rien de nouveau à vous mander; ce qui serait bon pour la conversation serait plat et insipide pour une lettre. J'espère que vous vous portez bien.

J'ai commencé le 5 de juin une lettre que M. de Richmond vous portera, je n'y ai rien ajouté depuis, mais d'ici à son départ j'y ferai quelque augmentation.

From Madame du Deffand, Sunday 30 June 1776

Address: To Monsieur Monsieur Horace Walpole in Arlington Street near St James's *London Angleterre.*
Postmark: IY 5.

Ce dimanche 30 juin 1776.

J'AI reçu votre thé; vous aurez dans vos mains de quoi le payer. Si vous voulez que ce soit un présent, vous êtes le maître; les remercîments vont sans dire.

À qui vous plaignez-vous de votre peu d'imagination? À quelqu'un de stupide: non-seulement j'en suis dépourvue, mais la perte de mémoire me jette dans une timidité qui fait que je n'ose hasarder de parler; les expressions, les mots, tout me manque; j'en suis humiliée, surtout devant les nouvelles connaissances à qui on a bien voulu donner bonne opinion de moi. Vous prendrez cette honte pour de la vanité; cela peut être, mais sûrement je n'ai pas celle qui cherche à

---

3. Verses left at Strawberry Hill when Le Texier, the Beauclerks, and Gibbon called there, and found HW absent (see HW to Lady Ossory 20 June 1776).

en imposer et à se donner pour meilleur qu'on est. Je n'ai pas de peine à vous croire, en vous jugeant par moi, que vous êtes quelquefois dénué de pensée; c'est mon état habituel: quand j'ai été longtemps seule ou avec des sots ou de nouvelles connaissances, je crois que je ne penserai de ma vie, et c'est cet état que je nomme ennui, et qui m'est insupportable.

Votre ambassadeur me dit qu'il avait des paquets à mon adresse qu'un des gens de Milady Hertford lui avait apportés. Je vous avoue que je dis sur-le-champ, 'Ah! c'est de M. Walpole.' Il me les envoya le lendemain. Je soupai hier avec lui et sa femme chez les Necker, il me demanda si j'avais trouvé mes paquets en bon état? Je lui dis qu'oui, et par pure distraction je ne le remerciai seulement pas; il ne fut pas question de vous.

Vous recevrez un volume[1] par M. de Richmond; il partira mercredi. Il vous portera plusieurs petits paquets, avec l'instruction de l'usage que je vous prie d'en faire. Ce Duc ne se porte pas trop bien; sa tête est plus remplie que la vôtre, mais je ne sais pas si toutes ses idées sont justes et bien rangées; je crois son cœur excellent, il est plus sensible que votre cousin,[2] mais j'aime bien mieux ce dernier, et j'avoue que je serais charmée de le revoir. Je voudrais bien qu'il vînt avec le Duc, qui doit revenir au mois d'août, et ne s'en retourner que deux ou trois mois après.

Si vous n'étiez pas si dédaigneux, si indifférent, si porté à croire que je suis vaine, je vous enverrais une lettre[3] que j'écris à la grand'maman, qui par hasard me paraît assez bonne, mais pas à beaucoup près autant que sont les vôtres. Tout ce que vous me dites à l'occasion du Schuwalof[4] est excellentissime. Il revient aujourd'hui de la campagne, je crois que je le verrai. Je lui remettrai vos paquets, sinon je les lui enverrai demain matin.

Bonjour, mon ami. Je suis encore à décider si c'est un bonheur ou un malheur pour moi de vous connaître. Mandez-moi toujours toutes vos nouvelles; elles ne me font rien, il est vrai, mais les nôtres ne vous font point davantage. Je donne à souper mercredi aux Bingham et aux Saint Paul; jeudi aux Stormont, aux Necker et à plusieurs diplomatiques.

1. *Ante* 5 June 1776.
2. Conway.
3. Probably D to Mme de Choiseul 30 June 1776, S–A iii. 225.

4. See HW to Schuwalof 23 June 1776.

J'allais oublier de vous apprendre que le petit Marquis de Coigny, que vous avez vu,[5] a une forte petite vérole. Il l'a prise de sa femme, qu'il a gardée dans son inoculation; il avait été inoculé par Gatti; on croit que son frère le Vicomte[6] l'aura aussi.

Pompom, qui est à ma toilette pendant que je vous écris, veut que je vous dise qu'il vous aime bien, et qu'il vous prie de lui envoyer un petit cheval, et que je vous explique bien qu'il veut qu'il soit en vie. Je lui ai demandé comment il voulait que vous le lui envoyassiez? Il dit, par la poste. C'est le plus joli enfant du monde, je l'aime à la folie.

Cette dépêche n'a pas été toute faite à ma toilette, je n'y suis que depuis l'article de M. de Coigny.

La réforme des Invalides[7] se fit avant-hier, vous la lirez dans les gazettes; je n'ai point le courage de vous la raconter.

To Madame du Deffand, ca Tuesday 2 July 1776

Sentence quoted in D's reply, 7 July 1776. Probably written at Strawberry Hill.

On n'est point malheureux quand on a le loisir de s'ennuyer.

From Madame du Deffand, Sunday 7 July 1776

Ce dimanche 7 juillet 1776.

VOS raisonnements sont excellents, ils interdisent toute réplique: *On n'est point malheureux quand on a le loisir de s'ennuyer.*

Vous attendez M. de Richmond pour savoir à quoi vous en tenir sur l'affaiblissement de ma tête; je vous préviens qu'il n'y a pas pris garde. Je ne doute pas qu'il ne m'ait trouvé autant de santé et de bon sens qu'il lui fallait. Il n'est parti que jeudi 4, il ne passera point par Londres; il m'a dit que vous recevriez ma lettre dans cette semaine-ci.

Je suis réellement très fâchée de ce que vous ne reprenez point vos forces. Il vous est permis de penser que l'ennui n'est point un mal, les douleurs sont cent fois pires.

5. Coigny had just visited England.
6. Pierre-Auguste de Franquetot (b. 1757), Vicomte de Coigny.

7. According to the ordinance of 17 June 1776 (*Mercure historique* clxxxi. 156–65, Aug. 1776).

J'approuve tous vos projets pour cet été;[1] ceux du Duc sont de revenir ici les premiers jours d'août, il espère y terminer son affaire. La Duchesse de Leinster est encore ici; elle partira pour Aubigny avec son époux dès qu'elle pourra soutenir la voiture. C'est une femme très agréable; sa recette contre l'ennui[2] n'aurait pas été la mienne. Si elle est heureuse comme je le crois, elle a bien fait.

Je soupai hier chez les Necker avec une Mme Montagu;[3] la connaissez-vous? C'est un bel esprit, dit-on; cela est-il vrai? Est-elle des vrais Montagu? M. Necker m'a priée de vous faire mille compliments, il me paraît qu'il vous aime. L'ambassadrice[4] est jolie; elle se tient mal, elle n'a pas bonne grâce, sa physionomie est spirituelle.

Je ne suis pas en train de vous faire une longue lettre; vous serez assez ennuyé de celle que vous recevrez par M. de Richmond,[5] et ce sera en même temps que celle-ci.

Cette pauvre femme[6] qui s'est brûlée pour sauver son chien! Je pense comme vous, j'en suis sûre, je n'aurais peut-être pas fait comme elle, mais j'en aurais été bien tentée.

Je ne défendrai point Cicéron, mais après César, c'est l'homme que j'aime le mieux; sa sincérité me fait lui pardonner tous ses défauts.

Je vous crois sans vanité, mais je vous prie de me nommer avec vérité et simplicité les personnes à qui vous croyez plus d'esprit qu'à vous; j'en excepte les beaux esprits et les femmes; ne vous comparez qu'avec les gens du monde et de votre société. Quand vous m'aurez fait cet aveu, je vous en ferai un pareil, en exceptant les beaux esprits et les hommes; j'entends par beaux esprits les auteurs et les savants.

To Madame du Deffand, ca Wednesday 10 July 1776

Missing. See *post* ?18 July 1776. Written at Strawberry Hill.

1. HW wrote Conway, 30 June 1776, that he had no plans for the summer, but expected to visit Conway at Park Place. The Beauclerk Tower was added to Strawberry Hill at this time.

2. The Duchess's remedy was bearing children, of whom she had twenty-one by her two marriages.

3. Elizabeth Robinson (1720–1800), m. (1742) Edward Montagu, grandson of the 1st E. of Sandwich. She was the leader of the bluestockings. 'There was of the party a Mme du Deffand much celebrated for her wit, she had desired to be introduced to me, was exceedingly obliging, and I was charmed with her, and the more as she is four score years of age, totally blind, and is as gay and lively as eighteen. She eat a very hearty supper, and I left her behind me at one in the morning' (Mrs Montagu to Mrs Vesey 15 July 1776, Reginald Blunt, *Mrs Montagu*, 1924, i. 319).

4. Lady Stormont.

5. *Ante* 5 June 1776.

6. Not identified.

From Madame du Deffand, Sunday 14 July 1776

Ce dimanche 14 juillet 1776.

VOUS avez actuellement cette grande lettre[1] que vous porte M. de Richmond. Je me repens de vous l'avoir tant annoncée, car autant qu'il m'en souvient elle n'en valait pas la peine. Celle à la grand'maman que je vous ai dit[2] que j'avais été tenté de vous envoyer, n'y ayez point de regret; ç'aurait été en effet par une pauvre petite vanité, parce que je la trouvais assez bien écrite, vous ne l'auriez peut-être pas trouvé telle. Je la gardai trois jours, et l'ayant relue je la déchirai en m'applaudissant de n'en avoir pas fait d'autre usage.

Je pense comme vous beaucoup de bien du Duc,[3] son cœur est excellent. Je suis de l'avis de tout le monde, il a été plus aimable ce voyage-ci qu'il ne l'a été dans tous les autres; c'est par justice que je le reconnais et point du tout par séduction, car il a été bien moins occupé de moi qu'il ne le fut il y a sept ans. Vous lui serviez d'exemple alors, et cette année, je n'avais que ma propre valeur, qui comme de raison lui a paru peu de chose. J'ai été fort contente de moi par rapport à lui, je ne lui ai point su mauvais gré, non seulement de son partage, mais de ses préférences. Celle[4] qui chante si bien, *Sans dépit, sans légèreté,* les a toutes obtenues, elle a joint à ses grâces naturelles toute la coquetterie possible, et il m'a paru que c'était avec beaucoup de succès. Sa sœur la Duchesse[5] part aujourd'hui pour regagner Aubigny, quoiqu'elle ne soit pas bien remise de sa fausse couche, mais elle a une de ses petites filles[6] malade. Connaissez-vous M. Ogilvie? Quel choix elle a fait là! Je ne doute pas qu'il ne soit fort honnête homme, qu'il n'ait du bon sens, mais il n'est pas moins scandaleux qu'elle en ait fait un mari. J'en demande pardon à la morale, mais je trouve que c'est cent fois pis que s'il avait été son amant; on aurait aisément supposé qu'il n'y aurait jamais de couche, fausse ou vraie, à craindre. Vous trouverez cette façon de penser un peu licencieuse, mais il me paraît affreux d'être la femme de M. Ogilvie, et une chaîne avec un tel homme est horrible, et ne devrait pas du moins être éternelle. Je ne puis m'accoutumer au manque de goût; soit vanité, soit amour propre, je crois l'avoir excellent, et que

1. *Ante* 5 June 1776.
2. See *ante* 30 June 1776.
3. Of Richmond.

4. Mme de Cambis (HW).
5. Of Leinster.
6. Not identified.

je ne trouve jamais aimable ce qui ne l'est pas. *À vous, Monsieur du ruban vert.*[7]

Nous soupâmes, avant-hier, Mmes de Luxembourg, de Boisgelin, Sanadon et moi, chez la Flore-Pomone;[7a] je m'y suis donnée une indigestion. M. Ducis, auteur d'*Hamlet,* que j'entendis avec vous,[7b] nous lut une tragédie que l'on jouera dans trois semaines, intitulée *Œdipe chez Admète.* Je ne vous en ferai point l'analyse, non parce que je ne le veux pas, mais parce que je ne le pourrais pas; je ne doute pas qu'elle ne tombe.[8]

Je vous prie de dire à M. Conway ou de lui écrire, que j'ai reçu par votre ambassadeur ses deux médaillons, qui sont superbes. Je les ai fait placer dans mon cabinet au-dessous de M. de Turenne.[8a] Dites-lui combien je suis reconnaissante de ses beaux présents et de ceux de Milady. Je m'attends que vous vous moqueriez bien des chiffons que je vous envoie; je ne me pique pas de goût sur ces sortes de choses; excepté sur les personnes, dont je prétends juger assez bien, je ne me connais à rien.

On est fort occupé dans les sociétés particulières du Portugal et de l'Espagne.[9] Les gens qui sont instruits prétendent qu'il n'en arrivera rien. Disent-ils vrai? Je l'ignore, mais comme vous n'êtes pas militaire, ce qui doit arriver ne me trouble point.

Ma correspondance avec l'Abbé[10] est fort refroidie; vous n'en serez point surpris, vous savez bien que tout s'use.

Monsieur le Prince de Conti ne va point bien, Mme de Luxembourg lui rend de grands soins, mais cependant cela ne l'empêchera pas d'aller coucher aujourd'hui à La Tuilerie[10a] chez les La Reynière, dont elle ne reviendra que mercredi pour souper chez moi. J'irai demain souper avec elle avec Mme de Beauvau et M. Necker, peut-être

7. See Molière, *Le Misanthrope,* V, iv.

7a. Mme de Marchais (HW).

7b. HW, D, and others attended, 30 Sept. 1769, the first performance of an adaptation of *Hamlet* by Jean-François Ducis (1733–1816) (*Paris Jour.*).

8. It was acted with success, 4 Dec. 1778 (Grimm xii. 184, Dec. 1778; Soleinne).

8a. D had 30 engravings in her 'cabinet de toilette'; the medallions were placed there (Appendix 2). See *ante* 1 July 1769.

9. Spain and Portugal had been fighting over their South American colonies. Portugal, finding that England would not help

her, attempted to make peace, but Spain continued sending troops to South America, and peace was not made until 1777; the final treaty was made in 1778 (François Rousseau, *Règne de Charles III d'Espagne,* 1907, ii. 104–6; John Athelstane Smith, Conte da Carnota, *Memoirs of the Marquis of Pombal,* 1843, ii. 235–40).

10. Barthélemy (HW). He had written to her, however, on 10 July 1776 (S–A iii. 231).

10a. The country home of M. and Mme de la Reynière, near Paris.

y retournerai-je encore mardi. Je ne cherche point le plaisir, mais je fuis l'ennui. Vous qui ne le connaissez pas, jouissez de ce bonheur, peu de personnes peuvent s'en vanter.

J'aurai mercredi la Milady Lucan, elle est gaie et naturelle, elle prétend qu'elle vous fera couler l'eau de la bouche. Nous disons, nous autres, venir l'eau à la bouche pour exprimer l'espérance qu'on a d'obtenir ce qu'on désire. Elle prétend donc qu'elle aura des portraits d'Henri IV à toutes sortes d'âge, ceux de tous ses ministres et de toutes ses maîtresses. C'est M. de Pezay qui le lui fait espérer. Je l'engagerai à faire une copie du meilleur portrait de la grand'maman; il lui faudra laisser copier le tableau de Carmontelle, où elle substituera le portrait qu'elle aura fait de la grand'maman, et puis vous m'en donnerez une copie, n'est-il pas vrai, mon ami?

J'allais oublier de vous dire que les deux petits Coigny sont hors d'affaire, l'aîné[11] a été extrêmement mal; il était de ceux qui avaient été inoculés par Gatti. Rien n'est plus inquiétant pour tous ceux qui sont dans le même cas; la grand'maman est du nombre et toute l'école militaire.

Je ne veux pas manquer de vous dire que Milady Lucan reconnaît une très grande supériorité des talents de Mme Beauclerk à celui qu'elle a, elle m'en fait des récits admirables. C'est la différence, selon ce qu'elle me dit, du vrai génie, du génie créateur, à l'esprit, à l'art imitatif.

Je veux vous donner une charade à deviner. Sa première moitié est latine, la seconde est française, et le tout est italien.[12]

To MADAME DU DEFFAND, ca Monday 15 July 1776

Missing. Probably written at Strawberry Hill. Answered, 20 July.

From MADAME DU DEFFAND, Thursday ?18 July 1776

This letter must have been written between Feb. 1775 (when Conway and his family left Paris), and March 1778 (when the English ambassador was recalled from Paris). In it, D acknowledges HW's letter 'of the 10th,' received the day before, and promises to answer it on Sunday; therefore her letter must be dated about the 16–18 of the month. The mysterious box had come two days before; therefore she had certainly not written to HW during those days. T misplaces

11. The Marquis de Coigny.   12. The answer is 'italien' (*ita-lien*).

the letter between those of 26 Dec. 1775 and 3 Jan. 1776, but the only month when it apparently could have been written is July 1776. It is entirely in Colmant's hand.

Ce jeudi, à 7 heures du matin.

JE reçus hier à cinq heures du soir votre lettre du dix, vous devez vous douter du plaisir qu'elle me fit et de l'impatience que j'avais d'y répondre; c'est ce que je n'ai pu faire, n'ayant pas été seule un instant jusqu'à deux heures après minuit. Je n'ai point dormi, il faut que les lettres soient à la boîte avant dix heures; ainsi je remets à dimanche à vous écrire. Je vous prie seulement de satisfaire ma curiosité le plus tôt qu'il vous sera possible si vous le pouvez. Avanthier un homme qui dit être laquais d'un nommé M. Leduc,[1] tailleur, remit à Wiart une petite boîte que son maître m'envoyait, et qu'il avait reçue à Londres, dont il n'était revenu que depuis trois jours, et qui lui avait été donnée pour me l'apporter par une personne dont il ne savait pas le nom. Cette boîte contient une petite navette d'or émaillé la plus jolie du monde, mais de nul usage. Je ne saurais comprendre de qui peut être ce présent, je ne forme aucun soupçon qu'il ne se détruise à l'instant; j'ai d'abord pensé à votre cousin ou aux Miladys. J'interrogeai hier au soir votre ambassadeur, il n'en n'a nulle connaissance.

Adieu jusqu'à dimanche.

From Madame du Deffand, Saturday 20 July 1776

Ce samedi 20 juillet 1776, à quatre heures
après midi.

JE suis fort aise que vous soyez content de la boîte de M. Gibbon, et je vous remercie de la peine que vous avez prise de m'écrire une longue lettre.[1] Je trouve vos conseils excellents, et j'ai le désir d'en profiter. Je ne me porte pas bien depuis huit jours. Ce souper de Mme de Marchais, dont je vous ai parlé,[2] où j'avais mangé trop de fruits, m'a causé à peu près la même indisposition que j'eus l'année passée; j'observe le plus grand régime et je commence à me rétablir.

Je suis absolument de même avis que vous sur le jugement que vous portez des discours de l'Académie, mais non sur M. Turgot. Je trouve aussi que vous avez toute raison de condamner qu'on s'occupe

1. Not identified. Mentioned, HW to the Hon. Thomas Walpole 13 March, 30 April 1780.

1. HW to D ca 15 July 1776.
2. See *ante* 14 July 1776.

trop de soi-même, et surtout d'exiger des autres qu'ils s'occupent de nous. Ceux qui ont de la bonté supportent nos plaintes, et ceux qui n'en ont pas s'en moquent. Je ne prévois pas que j'aie aucune commission dont je puisse vous importuner, ainsi vous me ferez payer par votre banquier si vous le voulez.

M. de Richmond n'était pas sûr de vous voir, à ce qu'il m'avait dit. Sa sœur est retournée à Aubigny pour y aller retrouver tous ses enfants. Elle est intéressante, je ne puis m'empêcher de la plaindre de l'étrange mariage qu'elle a fait. C'est un honnête homme, je n'en doute pas, mais est-il fait pour plaire?

N'allez-vous pas bientôt commencer vos courses?[2a]

Je vais ce soir souper à Saint-Ouen avec Mmes de Luxembourg et de Cambis, qui partiront demain pour Villers-Cotterêts. Mon intention est de vous rendre mes lettres moins ennuyeuses, le plus sûr expédient est de les rendre très courtes.

Ce dimanche.

Je relis votre lettre, et je peux sans scrupule ajouter à la mienne sans craindre de la rendre trop longue.

M. de Saint-Aignan avait quatre-vingt-douze ans, il était frère de Monsieur le Duc de Beauvilliers,[3] gouverneur du Dauphin, fils[4] de Louis XIV. Son père[5] l'avait eu d'un second mariage à l'âge de quatre-vingts ans. Il avait été ambassadeur en Espagne et à Rome; c'était un homme très médiocre, fort dévot; il avait épousé, il y a vingt ans, la sœur[6] de M. Turgot, qui est une grande Janséniste; il n'en avait point eu d'enfants. Conservez votre bonne opinion pour son frère, j'y consens, mais n'exigez pas que je sois persuadée que les bonnes intentions suffisent pour faire un bon ministre, quand étant dénué de lumières, il est présomptueux et entreprenant, et s'embarque à faire des établissements sans prévoir leur impossibilité, et qu'au lieu de procurer le bien qu'il désire, il n'en résulterait que du désordre, et de plus grands inconvénients que ceux qu'on chercherait à détruire.

2a. HW thought of going to the sea-shore, but decided not to do so (see HW to Mann 16 July 1776, and to Lady Ossory 16 Aug. 1776).

3. Paul (1648–1714), Duc de Beauvilliers.
4. Louis (1661–1711).
5. François-Honorat de Beauvilliers (1610–87), Duc de Saint-Aignan. His second marriage (1680) was with Françoise Geré-de-Rancé (ca 1642–1728), called Mlle de Lucé. See Louis de Rouvroy, Duc de St-Simon, *Mémoires*, 1879–1928, i. 134, n. 5.

6. Hélène-Françoise-Étiennette Turgot (1729–84), m. (1757) Paul-Hippolyte de Beauvilliers, Duc de Saint-Aignan (genealogical chart by Georges Villain in *Commission municipale du vieux Paris*, 9 Feb. 1899, p. 60).

J'ai autant d'horreur que vous pour le Cardinal de Richelieu, mais je crois qu'il avait un peu plus de talent que M. Turgot pour le ministère. Jamais Henri IV n'aurait pris M. Turgot pour ministre, soyez-en sûr; il l'aurait peut-être fait gouverneur de ses pages ou intendant de quelque petite province comme il était avant.

Je soupai hier chez les Necker avec Mmes de Luxembourg, de Cambis et de Houdetot. Je dis au Necker ce que vous m'écriviez d'obligeant pour lui; c'est lui qui est véritablement un bon homme. De la capacité sans présomption, de la générosité sans faste, de la prudence sans mystère; ce serait un bon choix que d'employer un tel homme, mais sa religion est un obstacle invincible. Je ne mangeai qu'un potage et un œuf à l'eau, et je n'ai pas dormi de la nuit; mais comme je n'ai pas de vapeurs, je prends patience. Je ne vous parlerai plus jamais de mes chagrins, pour m'en consoler; vous me démontrez qu'ils ne sont que l'effet de mon caractère, et que si je n'étais pas la plus vaine et la plus exigeante de toutes les créatures, je devrais être la plus contente, et que je ne me plains que parce que je suis orgueilleuse et injuste. J'aurais cru pouvoir me flatter d'être mieux connue de vous, et que vous ne m'auriez pas accusée d'exiger que l'on fît plus pour moi que je ne fais pour les autres. Mais n'en parlons plus; il y a dix ans que je vous suis à charge de toutes les manières et que j'ai poussé votre patience à bout; je vous en demande pardon, mais comme vous avez dû remarquer que toutes vos leçons ne m'ont pas été inutiles, et qu'il y a bien des articles sur lesquels je suis très corrigée, pourquoi ne puis-je pas me corriger sur le reste? Si vous avez le courage d'en faire l'épreuve, je vous en serai obligée.

From Madame du Deffand, Sunday 28 July 1776

Address: To Monsieur Monsieur Horace Walpole in Arlington Street near St James's *London Angleterre.*
Postmark: AV 2 PAR<IS>

Ce dimanche 28 juillet 1776.

JE comprends votre effroi,[1] puisque le seul récit que vous m'en faites m'a fort alarmée.

    J'ai été un peu malade depuis huit jours, mais je me porte bien présentement. Ne vous inquiétez point de ma santé, et ne vous

1. Conway had had a sort of facial paralysis, following a cold (HW to Mann 11 Aug. 1776).

alarmez pas de mes ridicules. Je les crains plus que vous et je me flatte d'en être aussi exempte; épargnez-vous à l'avenir toutes les distinctions d'amour et d'amitié, je sais que le terme du règne du premier est fort court, et il est bien douteux si le règne de l'autre arrive jamais.

On cherchera votre estampe.[2]

Le latin de la première partie du logogriphe[3] est *ita;* l'autre partie française est *lien.* Vous voyez que le tout est *ita-lien.*

Il n'est pas besoin de vous prier de me donner des nouvelles de M. Conway. Vous ne devez pas douter combien je m'intéresse à lui. Parlez de moi, je vous prie, à Milady Ailesbury et à Mme Damer.

Votre ambassadrice est grosse.

From Madame du Deffand, 4 August 1776

In Wiart's hand except for the end, beginning 'Ce lundi 5,' which is by Colmant.

Paris, ce dimanche 4 août 1776.

JE voudrais être bien sûre que vous soyez plus tranquille; mais je connais votre sensibilité, mon ami; cependant je crois que c'est à tort que vous vous alarmez; je juge, par le détail que vous me faites, que la cause du mal m'est étrangère et n'a point d'existence réelle. Je vous prie instamment de continuer à me donner des nouvelles. Votre amitié pour votre cousin n'est pas le seul motif de l'intérêt que j'y prends; j'ai tant d'estime pour lui et milady, qu'il y a bien peu de personnes que j'aime autant qu'eux.

Vous avez l'air de me croire mécontente de M. de Richmond, mais c'est tout au contraire; je n'ai que des sujets de me louer de lui, et je l'ai trouvé encore plus aimable dans son dernier voyage que dans le précédent. Je suis très touchée du service qu'il a essayé de me rendre en voulant vous déterminer à venir ici. Je ne saurais me plaindre de ce qu'il n'y a pas réussi. J'ai peu d'espérance de vous jamais revoir, et c'est là où je dois faire usage de ma raison.

Monsieur le Prince de Conti mourut avant-hier après dîner; il avait reçu la visite de l'Archevêque et des exhortations de M. de la

2. Of the Comtesse de Buri (see *post* 4 Aug. 1776).   3. See *ante* 14 July 1776.

Borde; *c'est tout ce qu'il a reçu.*[1] Son fils[2] s'est très bien conduit; les d'Orléans et les Condé ne lui ont donné aucune marque d'attention.

L'Idole est dans la plus grande douleur, elle s'est retirée à Auteuil. La Maréchale de Luxembourg l'y a suivie, elle vient de me mander tout à l'heure que j'y serai reçue, c'est une très grande faveur, j'irai cet après-diner.

On m'apporte dans le moment une lettre de l'Abbé Barthélemy; elle est si originale que j'en vais faire faire une copie pour vous l'envoyer;[3] j'y joindrai celle d'une lettre de Voltaire[4] que je vous prie de montrer à peu de personnes, car je ne veux pas qu'on dise que c'est par moi qu'elle est devenue publique en Angleterre. Je me suis souvenue que je ne vous avais point dit quel était le Montazet[5] dont il était question dans les discours de l'Académie, c'est de l'Archevêque de Lyon.

Nous avons ici M. et Mme Hamilton,[6] votre ministre de Naples, je ne les ai point encore vus. La dame de Montagu ne me déplaît point, sa conversation est pénible parce qu'elle parle difficilement notre langue; elle est très polie, et elle n'a point été trop pédante avec moi; je lui ai fait voir la lettre de Voltaire, elle me dit, sur *les perles et le fumier,*[7] que *ce fumier n'avait pas servi à fertiliser sa terre.*

J'attends votre première lettre avec impatience; je suis aussi inquiète que vous, car mon inquiétude est double; ne négligez aucun détail.

Wiart va vous répondre sur l'estampe que vous désirez:—'Mon-

1. She means that he did not receive the sacraments. In the *Nouvelles du jour* the following mention is made of this event: 'Tout le monde s'accorde à convenir d'une conversation, à peu près telle qu'on l'a rapportée entre le malade et l'Archevêque de Paris; elle a eu lieu le jour de la première visite du prélat; depuis il a été refusé deux fois par le Suisse à la porte de la rue, sans être descendu du carrosse et en présence d'un peuple immense. Les gens du métier reprochent à M. de Beaumont (*l'Archevêque*) de n'avoir pas sauvé ce scandale, en mettant un peu d'astuce, en descendant, en entrant dans la cour, et se tenant en quelqu'endroit, pour en imposer au moins aux spectateurs, et qu'on crût qu'il avait été admis auprès de son Altesse' (B, quoting Louis Petit de Bachaumont, *Mémoires secrets,* Londres, 1784–9, ix. 186).

2. The Comte de la Marche, now Prince de Conti.

3. This letter is not to be found (B).

4. Voltaire to d'Argental 19 July 1776 (Voltaire, *Œuvres* l. 58), attacking Shakespeare. HW sent a copy of it in his letter to Mason ? Nov. 1776.

5. Antoine de Malvin de Montazet (1713–88), Archbishop of Lyon.

6. Sir William Hamilton (1730–1803), K.B., m. (1) (1758) Catherine Barlow (d. 1782) (Alfred Morrison, *Collection of Autograph Letters, Hamilton and Nelson Papers,* 1893–4, i. 2).

7. '. . . c'est moi qui autrefois parlai le premier de ce Shakespeare; c'est moi qui le premier montrai aux Français quelques perles que j'avais trouvées dans son énorme fumier' (Voltaire, *Œuvres* l. 58).

sieur, j'ai d'abord été chez Joulain,[8] votre marchand d'estampes, comptant qu'il me donnerait quelque éclaircissement, il n'a jamais vu l'estampe de Milady Comtesse de Buri,[9] et n'en a point entendu parler. Je me suis ensuite adressé à tous les marchands d'estampes sur le quai également sans succès. J'ai su seulement que le nommé Pouget,[10] joaillier, s'était cassé la tête avec un pistolet il y a six ou sept ans. J'ai été chez celui qui a acheté son fond, mais il m'a dit n'avoir trouvé aucune estampe après la mort de Pouget. J'ai ensuite découvert la demeure de la sœur[11] de Pouget, qui a fait chercher partout chez elle, comptant y trouver quelque exemplaire de ces estampes, mais elle n'en a plus. Elle ne sait point qui était Milady Comtesse de Buri. Elle m'a promis de me faire savoir la demeure d'un homme[12] qui était l'ami de son frère, pour qui ses estampes ont été faites, lequel les a fait faire au retour d'un voyage qu'il a fait en Angleterre. Ne sachant pas sa demeure, elle m'a demandé dix à douze jours; alors il sera possible d'avoir une estampe et les éclaircissements que vous désirez, Monsieur.'

Ce lundi 5.

J'ai vu l'Idole, elle observe très bien le costume, il n'y a rien à dire; et moi, mon ami, j'observai très bien hier celui d'une Française; on m'annonça le Duc de R.,[13] je sautai de mon tonneau à son cou, je l'embrassai de tout mon cœur, je me flattais qu'il vous aurait vu, qu'il me dirait comment il vous avait trouvé, qu'il me rendrait compte de l'état de votre cousin, point du tout, il n'avait vu ni l'un ni l'autre; j'en fus un peu refroidie, je vous l'avoue; je le quittai pour aller à Auteuil mais je passai la soirée avec lui au Carrousel. La Duchesse[14] m'inquiète; elle a un rhume très obstiné, elle ne dort point, elle est triste et changée, je serais très fâchée qu'elle partît avant moi. Mon Dieu! que j'attends samedi ou dimanche avec impatience! je ne puis pas soutenir l'inquiétude. Mettez la main sur la conscience, et avouez

8. Probably François-Charles Joullain (d. 1790), print-seller, or his father, François (1697–1778) (T–B). HW had visited his shop on the Quai de la Férraille (also called Quai de la Mégisserie) in 1766, 1769, 1771, and 1775 (Paris Jour.).

9. Also spelled 'Bari' (see post 20 Oct. 1776). D may perhaps refer to Marie-Elisabeth Frotier-de-la-Messalière, m. (1727) Jacques-Marin-Alexandre Peruchon-de-Varax, Comte de Bury; or to her predecessor, Anne-Marie d'Urre-d'Aiguebonne, (ca 1633-1724), m. François de Rostaing, Comte de Bury. Perhaps this is a veiled reference to Mme du Barry, whose name is spelled 'Bari,' post 26 Feb. 1777.

10. Jean-Henri-Prosper (d. 1769) (T–B)

11. Not identified.

12. Not identified.

13. Richmond.

14. De la Vallière.

que vous avez beau être Anglais, votre amitié est un peu française; vous n'attendriez pas patiemment des nouvelles de vos amis, si vous étiez inquiet de leur état.

From Madame du Deffand, Sunday 11 August 1776

Paris, ce 11 août 1776.

JE suis bien contente des nouvelles que vous me donnez de votre cousin. Quelques Anglais arrivés ces jours-ci à Paris m'avaient donné de l'inquiétude. Je suis fort aise aussi que ma dernière lettre vous ait contentée. On cherchera votre estampe, mais je crains que ce ne soit sans succès.

Nous garderons M. de Richmond jusqu'aux vacances de notre parlement; son affaire vraisemblablement sera décidée; il me semble qu'il espère qu'elle le sera selon ses désirs, je le souhaite.

À propos, j'oublie toujours de vous demander si vos oignons de lis ont réussi; Mme de Marchais m'en fit la question l'autre jour, je n'y pus répondre. Je fis avant-hier un souper chez elle qui ressemblait à la vallée de Josaphat, il y avait des gens de toute nation.

Hier je fus chez les Necker, ce fut à peu près de même, il y avait une femme qui me parut aimable, la Baronne de Diede,[1] dont le mari était chez vous envoyé de Danemark.

Depuis la mort de Monsieur le Prince de Conti Mme de Luxembourg est établie à Auteuil, elle y doit rester encore toute cette semaine. J'y ai fait deux visites, et j'y dois souper demain. L'Idole mène un grand deuil, c'est un préliminaire pour la considération dont elle veut s'assurer. Malgré toutes ses prétentions et ses affectations elle est aimable, je ne suis pas fâchée qu'elle soit devenue plus libre et de ce qu'on la verra plus souvent.

Mme de Gramont, qui a été à Plombières, arrivera ces jours-ci à Paris, elle y restera peu et ira à Chanteloup.

J'ai lu ces jours-ci un roman[2] qui m'a fait assez de plaisir, parce que les différents états y sont bien peints, ainsi que plusieurs différents caractères. Je l'ai donné à lire au Duc, et je lui avais dit de vous l'envoyer par la première occasion qu'il trouverait, mais comme je

1. Corrected by HW to 'Dieden' from Wiart's 'Dine.' Ursula Margrethe Constantia Louise von Callenberg af Huset Muskau (1752–1803), m. (1772) Wilhelm Christopher von Diede (*Dansk Biografisk Leksikon,* ed. Svend Dahl, Copenhagen, 1933–).

2. Not identified.

vous crois fort occupé présentement je lui dirai de n'en rien faire, et d'attendre que je sache si vous voulez qu'on vous l'envoie.

Avez-vous lu notre traduction de Shakespeare? Non, sans doute, puisque vous ne m'en avez rien dit.

On prétend que vous allez faire bâtir[3] à Strawberry Hill.

Tous nos nouveaux logements[4] sont remplis, mais cela ne me donnera aucune nouvelle connaissance.

Connaissez-vous M. Hobart?[5] Il ne me déplaît pas. Je suis curieuse de savoir comment vous aurez trouvé la lettre de Voltaire sur Shakespeare; j'espère l'apprendre dimanche, car je me flatte que la réforme ne porte que sur ce que doivent contenir nos lettres, mais ne doit pas les supprimer.

From MADAME DU DEFFAND, Sunday 18 August 1776

Ce dimanche 18 août 1776.

JE suis fort aise du bon état de monsieur votre cousin. On m'a conté un semblable accident avec toutes les mêmes circonstances, arrivé à quelqu'un[1] il y a plus de trente ans, et qui se porte encore aujourd'hui fort bien. Je suis ravie que vous n'ayez plus ce sujet d'inquiétude, je la partageais véritablement. Il vous reste l'Amérique, mais cela est bien différent. Vous me ferez plaisir de me mander toutes les nouvelles qu'on en recevra.

Vous m'avez dit quelquefois que vous apprendriez volontiers celles de ma société; j'ai peine à le croire; vous feriez bien, si cela est vrai, de me le répéter. Au bout d'un certain temps et dans l'éloignement, les objets s'effacent, et il est très naturel qu'ils cessent d'intéresser. Cependant je vous dirai aujourd'hui que Mme de la Vallière ne voit encore personne; j'envoie tous les matins savoir de ses nouvelles: elle a un peu dormi cette nuit, et si en effet elle n'a d'autre incommodité que l'insomnie, je n'en dois pas être fort inquiète: j'ai l'expérience qu'on se passe de sommeil.

L'Abbé Barthélemy est arrivé de Chanteloup, Mme de Gramont de Plombières, et Mme de Luxembourg est revenue coucher à Paris,

3. HW added the Beauclerk Tower to Strawberry Hill in the summer and autumn of 1776.

4. The old part of St Joseph's convent had been torn down and replaced by three houses (*ante* 9 July 1775).

5. Corrected by HW from Wiart's 'Obar.' Probably the Hon. George Hobart (see *post* 29 Sept. 1776).

1. The Duc d'Harcourt (see below).

après quinze jours de séjour qu'elle a fait à Auteuil auprès de la divine Comtesse. Ma société en est plus ranimée, mais ce sera pour peu de temps. Dans quinze jours, les Comtesses de Boufflers doivent, dit-on, aller à Arles, parce que M. Pomme, qui traite la belle-fille[2] et qui était venu ici pour elle, s'y en retourne. L'Abbé en fera autant pour Chanteloup, et Mme de Luxembourg a différents voyages à faire dans le courant du mois prochain.

Le jeune Duc,[3] comme vous l'appelez, ira à Aubigny aussitôt la vacance de notre Parlement; je voudrais bien que son affaire réussît, mais je crains plus que je n'espère.

On vous a dit la vérité, la Reine a très bien traité Milady Lucan; elle la rencontra au Moulin-Joli, chez Watelet; la Milady y avait dîné; la Reine vint s'y promener et s'informa qui elle était; elle lui fit dire de s'approcher d'elle, lui parla de son talent, voulut voir ses miniatures, et la pria de lui en donner. La Milady lui en laissa le choix, la Reine en prit deux, qui étaient le portrait de son fils et de sa fille;[4] elle lui dit de venir à Versailles, elle y a été, et la Reine l'a très bien traitée.

À l'égard de Mme de Craon, je ne sais que vous en dire. Il y a trois mois qu'elle est à la campagne chez son père,[5] et qu'elle a son fils[6] avec elle. Mme de Boisgelin occupe son appartement chez Mme de Mirepoix, je ne sais si c'est en passant ou pour toujours. Je n'interroge point la Maréchale, je la vois rarement, elle a repris son appartement à Meudon depuis un mois ou six semaines. J'y ai été passer deux ou trois soirées, je suis assez froidement avec elle. Il n'en est pas de même avec Mme de Luxembourg, qui me marque beaucoup d'amitié, et si j'étais sans reminiscence du passé je m'en croirais véritablement aimée, et j'y prendrais confiance.

M. Panchaud m'a remis l'argent que vous me deviez.

Je vois quelquefois Mme Montagu;[7] je ne la trouve pas trop pé-

2. Comtesse Amélie de Boufflers.

3. Richmond.

4. Hon. Richard Bingham (1764–1839), styled (1795) Lord Bingham; 2d E. of Lucan, 1799; and probably his eldest sister, the Hon. Lavinia Bingham (1762–1831), m. (1781) George John Spencer, styled Vct Althorpe; 2d E. Spencer, 1783.

5. Louis-Étienne Desmier, Comte d'Archiac de Saint-Simon (Woelmont de Brumagne v. 83).

6. Marc-Étienne-Gabriel, later Prince de Beauvau.

7. 'I desire you to follow me on Sunday to Mme Necker's . . . on Tuesday you shall dine with us at Col. Drumgold's . . . That night you shall sup at la Marquise du Deffand's with Russian princes, French princes, beaux esprits, etc.' (Mrs Montagu to Mrs Carter 11 Aug. 1776, Reginald Blunt, *Mrs Montagu*, 1924, i. 321).

dante, mais elle fait tant d'efforts pour bien parler notre langue, que sa conversation est pénible. J'aime bien mieux Milady Lucan, qui ne s'embarrasse point du mot propre, et qui se fait fort bien entendre.

J'ai vu le Chevalier Hamilton et madame sa femme, ce n'est pas assez pour les connaître. Je ne vois pas d'autres Anglais.

J'allais oublier de vous raconter ce que me dit l'autre jour l'ambassadeur de Naples. M. de Richmond m'avait bien recommandé de ne pas vous le laisser ignorer:

Il prétend qu'il a vu M. Conway, dans le temps qu'il était ministre, se promener au Ranelagh étant extrêmement ivre,[8] et que lui, ainsi que tous les Anglais du plus grand monde et de la meilleure compagnie, s'enivrent tous les soirs.[9] Je lui demandai s'il vous avait vu, ou s'il avait su que vous vous fussiez enivré quelquefois; il me dit que non: mais pour votre cousin, il en était sûr. Je crois que ce pauvre ambassadeur ne vivra pas longtemps; il est jaune comme un coing, il a les jambes enflées, il a une toux continuelle, il crache à faire horreur. Je prétends qu'il tousse comme une caverne. C'est un étrange homme; il n'en faudrait pas deux semblables pour la société, un seul y est tout au plus supportable.

P.S.—L'homme qui a eu le même accident que M. Conway est Monsieur le Duc d'Harcourt. Il a toujours la bouche un peu tournée, mais il se porte parfaitement bien depuis deux ans que cela lui est arrivé, et cela lui est arrivé avec toutes les mêmes circonstances.

To MADAME DU DEFFAND, ca Thursday 22 August 1776

Missing. Probably written at Strawberry Hill. Answered, 26 Aug.

From MADAME DU DEFFAND, Thursday 22 August 1776

Entirely in Colmant's hand.

Ce jeudi 22ᵉ août, à 6 heures du matin [1776].[a]

IL est impossible d'exprimer ce que j'ai ressenti hier au soir en apprenant la fin tragique de M. Damer.[1] Toutes mes pensées furent sur vous. Quel trouble vous aura causé ce tragique événement, qui

8. There is no other record of this, and Conway was a man of temperate habits.
9. Another exaggeration.

———

a. Date of year added by HW.

1. He shot himself at Covent Garden, 15 Aug. 1776, leaving huge debts (HW to Mann 20 Aug., to Lady Ossory 16 Aug. 1776).

arrive à la suite des alarmes que vous a données votre cousin! votre tête en sera troublée, et je crains que votre santé n'en soit dérangée. Donnez-moi de vos nouvelles, non comme à une personne indifférente, mais comme à celle sur qui vous devez le plus compter, et qui vous est le plus véritablement attachée. Je vous parlerai de vos parents dans ma première lettre, dans ce moment-ci je ne pense qu'à vous.

From Madame du Deffand, Monday 26 August 1776

Entirely in Colmant's hand.

Ce lundi 26, à 6 heures du matin.[1776].[a]

JE suis très touchée, très reconnaissante des détails que vous me faites; vous aurez vu par ma lettre précédente que j'étais informée du tragique événement. Je ne cesse point d'en être occupée. Je conçois le trouble où vous êtes, il vous ôte le faculté de penser et de réfléchir, vous ne voyez que la douleur de vos parents; mais, mon ami, permettez-moi d'essayer de vous calmer. Ne conviendrez-vous pas que si la mort avait été naturelle, elle eût été un bien plutôt qu'un mal? De quel malheur elle eût affranchi son aimable femme! Elle s'était dévouée à le suivre dans les pays étrangers,[1] à se priver pour bien des années de l'appui de la société, de la vue de tout ce qu'elle a de plus cher, et peut-être manquer du nécessaire, et elle aurait eu la présence continuelle d'un objet qui n'aurait pu lui être que très odieux. Elle ne doit donc point avoir du regret à la personne, mais les circonstances et le genre de la mort sont effroyables, et empêchent qu'on ne réfléchisse à ce que j'ai dit ci-dessus. Le bruit, les propos, les interprétations, les commentaires, tout cela est très fâcheux, je l'avoue, mais ne durera que peu de temps; la bonne conduite de la femme, les mauvaises mœurs du mari, dont il a donné des preuves jusque dans ses derniers moments,[2] le parti qu'elle prenait de le suivre partout où il irait, ne permettra à aucune personne sensée de lui imputer aucun tort. Enfin, mon ami, le temps amènera la consolation, la paix, et la tranquillité. Je prévois que ce triste accident s'oubliera, qu'elle mènera une vie fort douce, qu'elle jouira de la

a. Date of year added by HW in the margin.

1. Mrs Damer had expected to accompany her husband when his debts made it necessary for him to leave England (HW to Mann 20 Aug. 1776).

2. His last moments were spent at a tavern with four women.

tendresse de ses père et mère et de la vôtre. Continuez, je vous prie, vos détails, et soyez persuadé que rien au monde ne m'intéresse autant.

Vous avez eu grand tort de vous alarmer sur ce que je vous avais écrit[3] de vos bâtiments, apparemment que je m'étais mal exprimée; on ne m'avait parlé que de deux petites chambres[4] et on ne pensait point à vous en blâmer; une seule personne m'en avait parlé, et je ne me souviens pas qui c'était.

Dites à vos parents tout ce qu'il me convient de leur dire, et soyez persuadé que votre amitié pour eux, jointe à la connaissance de leur mérite me les rendent infiniment chers.

J'eus hier la visite de Milord Shelburne et de M. Townshend.[5] Ils sont depuis fort peu de temps ici; et ils partent dans deux jours pour Bordeaux. Ils repasseront par Paris, en s'en retournant à Londres, où ils se rendront pour votre parlement. Je donnai hier votre lettre[6] à Milord Richmond, vous connaissez sa sensibilité, ainsi vous pouvez juger de son effet. Il était déjà fort affligé de la mort d'une petite fille[7] qu'il élevait. Ses affaires n'avancent point, les délais qu'on apporte à terminer me font prévoir peu de succès.

From MADAME DU DEFFAND, Sunday 1 September 1776

Ce dimanche 1er septembre 1776.

J'ESPÈRE que vous n'aurez pas oublié de parler de moi à vos parents, c'est pour me conformer à vos usages que je ne leur ai point écrit; les nôtres m'en auraient imposé l'obligation, et si je n'avais pas craint de les importuner, j'aurais suivi les nôtres, parce qu'ils sont plus conformes à mes sentiments. C'est une chose assez naturelle de marquer à ses amis l'intérêt qu'on prend à eux. Je conviens que les compliments sont importuns à faire et à recevoir quand ils n'ont pas d'autres principes que l'usage. Ceux qu'ils auraient re-

---

3. See *ante* 11 Aug. 1776.
4. The Beauclerk closet, and, possibly, the upper or 'green' closet above it (see HW's *Strawberry Hill Accounts*, 1927, pp. 16, 169, 173).
5. Spelled 'Toussaint' in this letter, but corrected in *post* 1 Sept. 1776. He was James Townshend (d. 1787), Alderman and Lord Mayor of London: 'On Monday night

[28 Oct. 1776] Lord Shelburne and Mr Alderman Townshend arrived in town, after a ten weeks' tour together through France, where they have inspected into the naval state of that kingdom, which is in the most formidable situation' (*Public Advertiser*, 30 Oct. 1776).
6. HW to D ca 22 Aug. 1776.
7. Not identified.

çus de moi, n'auraient pas été de ce genre. Je vous félicite du temps que vous aurez passé avec eux, vous serez de retour quand vous recevrez ma lettre. Vous aurez vu par ma précédente que je prévoyais un état agréable pour Mme Damer et ses père et mère.

Notre Reine a la fièvre tierce; le voyage de Fontainebleau devient incertain, on dit que l'air de ce pays est contraire à cette maladie, mais comme il y a cinq semaines d'aujourd'hui au jour qui était fixé pour le départ, si la fièvre cesse on partira.

Vous avez raison, je ne crois pas perdre jamais les Maréchales, celle de Mirepoix ne tient pas beaucoup de place dans ma vie, je la vois très rarement. Pour l'autre c'est différent. Je la vois tous les jours, elle a certainement une sorte d'amitié pour moi et moi pour elle. Je tue le temps, et la certitude qu'il me le rendra bientôt fait que je ne prends plus rien à cœur.

Je soupe chez moi deux fois la semaine, le mercredi et le jeudi; le samedi chez les Necker, les mardis à la Tuilerie chez les La Reynière, les autres jours à Auteuil chez Mme de Boufflers, quelquefois à Montrouge chez mon frère; et il est très rare que je reste chez moi tête à tête avec Mlle Sanadon, alors j'ai Tonton et Pompom. Toutes ces choses se succèdent, chacun arrive à son tour et me sont à peu près égales.

Votre Duc nous quittera à la fin de cette semaine ou dans le courant de l'autre. Il est d'une profonde tristesse, je n'en sais pas la cause.

Mme de Gramont partit jeudi dernier pour Chanteloup, le grand Abbé en fera bientôt autant.

Mme de Luxembourg s'en va mercredi pour différentes courses, Mme de la Vallière persiste à ne voir personne. Je ne la crois pas bien malade, mais comme on travaille aux appartements qu'elle a au premier, elle occupe actuellement le second; elle ne veut pas y faire monter la compagnie. J'envoie tous les jours savoir de ses nouvelles.

Je regrette mon pauvre ami Pont-de-Veyle, il viendrait végéter avec moi; l'habitude donne de la valeur à tout, et j'y suis plus attachée que personne, je n'en forme pas aisément, j'ai beaucoup de peine à m'accoutumer aux nouvelles connaissances, cela ne m'empêche pas d'en chercher, parce que ce que je crains le plus c'est la solitude. Je suis bien éloignée de trouver du plaisir à jouir de moi-même. Mais ne voilà-t-il pas que je vous parle de moi? je vous en demande pardon.

Les sept mille pièces des dettes de M. Damer, ne sont-elles pas ce que nous appelons des dettes criardes, de celles dont on ne paye point d'intérêt? comme à des marchands, à des ouvriers, etc.? Le procédé de la veuve[1] est très noble. Votre Duc m'a donné son estampe,[1a] je ne sais où la placer, il faudra faire un changement total dans l'arrangement que vous avez fait.[1b]

Je ne sais si je vous ai dit que j'avais eu la visite du Milord Shelburne, il était avec M. Townshend; ils doivent être partis pour Bordeaux, ils repasseront par Paris avant votre parlement.[2] Il y a fort longtemps que je n'ai vu Mme de Montagu, elle fut à l'Académie le jour de la Saint-Louis.[3] Elle fut bien mécontente, on y lut un écrit de Voltaire contre Shakespeare;[4] il doit être imprimé, je vous l'enverrai. On y lut aussi deux pièces de vers[5] qui ont remporté le prix, qui a été partagé. Voilà à peu près ce qu'il y a de nouveau.

Vos nouvelles de l'Amérique[6] sont un peu plus importantes; j'en augure mal.

La description de la fête pour la naissance de votre Prince de Galles est charmante.[7] Adieu.

From Madame du Deffand, Saturday 7 September 1776

Paris, ce samedi 7 septembre 1776.

J'AI oublié, dans ma dernière lettre, de vous mander que Mme Geoffrin était tombée, pour la troisième fois, en apoplexie. Cette dernière fois-ci elle est restée paralytique d'un côté; elle a presque perdu la connaissance; on croit pourtant qu'elle ne mourra point de cette attaque. Vous voyez que la mort en veut ici aux per-

1. She allowed her jewels to be sold, and went to live with her parents.

1a. Of Mrs Damer (see *post* 17 Sept. 1776). It was a mezzotint by J. R. Smith, 1774, after Reynolds (Freeman O'Donoghue, *British Museum Catalogue of Engraved British Portraits*, 1908–22, ii. 6).

1b. On 12 Sept. 1769, HW arranged the prints in D's 'cabinet de toilette' (*Paris Jour.; ante* 2 July 1769).

2. It opened, 31 Oct. 1776, three days after Shelburne's return.

3. 25 Aug. 1776.

4. *Lettre de M. de Voltaire à l'Académie française* (Voltaire, *Œuvres* xxx. 349). Mrs Montagu had published an essay on Shakespeare in 1769, defending him against Voltaire; her essay was translated into French in 1777 as a reply to this attack (see *post* 12 Oct. 1777, n. 7). She describes the session of the Académie in her letter to Mrs Vesey, 7 Sept. 1776 (Reginald Blunt, *Mrs Montagu*, 1924, i. 329–32).

5. *Les Adieux d'Andromaque et d'Hector* by Gruet, and by Pierre-Nicolas André called Murville (Grimm xi. 316, Aug. 1776).

6. Sir Peter Parker's attack on Charleston had been repulsed (HW to Mann 20 Aug. 1776).

7. The regatta on the Thames, 22 Aug. 1776, given in honour of the Prince's birthday on the 12th (HW to Lady Ossory 22 Aug. 1776; GM 1776, xlvi. 383).

sonnes de mérite singulier; d'abord Mlle de Lespinasse, ensuite Monsieur le Prince de Conti, et puis Mme Geoffrin, qu'on peut regarder comme morte. Ces trois personnes étaient fort célèbres chacune dans leur genre. On regrettera moins Monsieur le Prince de Conti, parce qu'il n'avait plus de maison; les désœuvrés se rassemblaient chez les deux autres: jusqu'à temps qu'il survienne quelques personnes assez ridicules pour être dignes de leur succéder, il faudra s'en passer.

La petite fille[1] que le Duc a tant regrettée n'était point sa nièce. Je soupçonne que c'était quelque bâtarde de lui ou de quelqu'un de ses amis. Il nous quitte le 15. J'y aurai beaucoup de regret, il repassera par ici en s'en retournant. Ce M. Townshend qui accompagnait Milord Shelburne, a été l'ordinaire. J'ignore ce qu'ils vont faire à Bordeaux, que sait-on, peut-être prendre des connaissances en cas de besoin?

Je prévoyais bien que la perte de Mme Damer ne pouvait pas [la] rendre inconsolable.

Je compte sur ce que vous direz de moi à vos parents; c'est pour me conduire à l'anglaise que je me suis fait l'effort de ne leur pas dire moi-même combien j'ai pris intérêt à cet étrange événement. Je ne comprends pas comment vous n'êtes point avec eux, et comment vous vous accommodez de la vie que vous menez; des estampes, des médailles, des breloques, me semblent un froid amusement; mais il ne faut pas juger des autres par soi-même. Si en effet vous ne vous ennuyez pas, vous êtes heureux; et il faut bien que cela soit, puisque c'est par choix que vous vivez ainsi.

L'Idole me donna à lire avant-hier une lettre de M. Hume,[2] à l'occasion de la mort du Prince; il lui disait adieu, comme n'ayant plus que quelques jours à vivre. Cette lettre m'a paru de la plus grande beauté; je lui en ai demandé une copie, et je l'aurai.[3] Elle part à la fin de ce mois pour Arles; sa maison est déjà retenue et meublée. Une certaine bienséance, l'embarras d'un maintien dans cette espèce de veuvage, la confiance que la belle-fille a dans la science de M. Pomme, de qui elle attend sa guérison, et qui habite dans cette ville, l'ont déterminée à s'y établir pour y passer l'hiver; elle ne reviendra qu'au mois de février.

1. See *ante* 26 Aug. 1776.
2. Hume to Mme de Boufflers 20 Aug. 1776 (David Hume, *Letters,* ed. J. Y. T. Grieg, Oxford, 1932, ii. 335).

3. The letter, in French translation, is copied in D's MS *Recueil de lettres,* bequeathed by her to HW; it has been annotated by HW.

Je vous ai dit que Mme de Luxembourg devait faire de petits voyages; elle partit mercredi 4, elle ne sera de retour que le 20 ou le 21.

La Sanadona va s'absenter aussi; elle part mardi pour Praslin, où elle ne restera que huit jours, malgré les efforts que tout le *praslinage* fait pour la retenir plus longtemps; mais elle veut me revenir trouver, jugeant qu'elle m'est fort nécessaire. Elle ne se trompe pas; elle est pour moi ce qu'est un bâton pour gens de ma confrérie. Je suis fort bien présentement avec la Vicomtesse ma voisine;[4] je vous en dirais bien la raison, mais je m'en rapporte à votre pénétration pour la deviner.

Quand vous devriez me croire autant de vanité qu'à Cicéron, je vous avoue que quand je me compare aux autres femmes, j'augmente d'estime pour moi; je me crois plus fidèle, plus sincère qu'aucune autre, mais je suis aussi faible que ce philosophe; j'en conviens à ma honte, c'est à la nature que je m'en prends; je suis restée telle qu'elle m'a faite, je n'ai pas à me louer d'elle; si elle m'a donné un corps assez sain, elle y a joint un esprit fort malade. Elle vous a traité tout au contraire; je voudrais que votre âme fût moins saine, et que votre corps le fût davantage.

From MADAME DU DEFFAND, Sunday 15 September 1776

Paris, ce dimanche 15 septembre 1776.

LE Duc est parti ce matin pour Aubigny; on n'a jamais vu personne aussi profondément triste. Il dit qu'il ne se porte pas bien, mais il ne dit point quel est son mal; il repassera par ici en retournant à Londres.

Vos nouvelles d'Amérique se font attendre bien longtemps; elles sont un objet de grande curiosité pour toute l'Europe; je les attends avec patience; ni vous ni les vôtres n'y êtes point personnellement intéressés.

Les Lucan sont fort aimables; ils me donnèrent l'autre jour chez moi la plus jolie musique du monde, et qui ne me causa pas plus d'embarras que si ç'avait été chez un autre; je ne sortis point de mon tonneau, je ne me levai pour personne. Le Milord avait fait apporter un piano-forte dans mon antichambre; il avait amené le maître de

4. Mme de Cambis, who was receiving much attention from the Duke of Richmond (see *post* 3 Nov. 1776).

musique[1] de ses filles, qui est italien, un autre Italien[2] qu'il a pris ici, qui est bon violon; il avait sa flûte, ses deux filles[3] chantèrent tour à tour, et chacune s'accompagna. Votre ambassadrice chanta et s'accompagna aussi. Il y vint assez de monde; mais je ne vis que ceux qui s'approchèrent de mon tonneau. La musique finie, tout décampa, le piano-forte, les musiciens, les enfants, une partie de la compagnie, et nous restâmes douze pour le souper, Milord, Milady, le Duc, votre ambassadeur[4] et l'ambassadrice, Mme de Mirepoix, ses deux nièces[5] et quelques autres.

Le lendemain, vendredi, Mme de Montagu nous donna un très bon souper dans une maison qu'elle a louée à Chaillot. La compagnie était Mme de Mirepoix et ses deux nièces, un Milord écossais, Eglintoun[6] (j'estropie peut-être son nom), le Duc de Richmond, la maîtresse de la maison et Mlle Gregory,[7] Mme de Marchais et moi.

Hier je fus à Saint-Ouen avec le Vicomte de Beaune; nous ne trouvâmes que les maîtres de la maison[8] et Milord Lhomley;[9] on a oublié de l'enterrer, car certainement il n'est pas en vie. On parla d'une brochure qui va paraître, dont le titre sera, *Commentaire sur la vie de Voltaire.*[10] Il y parle, à ce qu'on dit, de toutes les personnes célèbres qu'il a connues. Mme Necker prétendait qu'il fallait que je fusse brouillée avec lui, parce que je n'y étais pas nommée. Je l'assurai, avec vérité, que j'en étais fort aise, et que je préférais d'être dans le nombre des personnes qu'il avait oubliées, qu'à côté de celles qu'il a célébrées; Mmes du Châtelet[11] et Geoffrin y tiennent les premières places. Je serais bien fâchée d'être citée comme un bel esprit; je n'ai jamais rien fait qui puisse m'attirer ce ridicule.

1. Not identified.

2. Not identified.

3. Probably Lord Lucan's eldest daughters, the Hon. Lavinia Bingham and the Hon. Margaret Bingham (d. 1839) m. (1784) Thomas Lindsay.

4. Lord Stormont (HW).

5. Mmes de Cambis et de Boisgelin (HW).

6. Corrected by HW from Wiart's 'Eclintoun.' Archibald Montgomerie (1726–96), 11th E. of Eglintoun, Boswell's friend.

7. Dorothea Gregory (d. 1830) m. (1784) the Rev. Archibald Alison. From her father's death in 1773 until her marriage in 1784 she was Mrs Montagu's companion (Sir Archibald Alison, *Some Account of My Life*, Edinburgh, 1883, i. 5–7, 292).

8. The Neckers.

9. Probably George Augusta Lumley-Saunderson (1753–1807), styled Vct Lumley, later 5th E. of Scarbrough.

10. *Commentaire historique sur les Œuvres de l'auteur de la Henriade* (Voltaire, *Œuvres* i. 67). 'Mme du Deffand, qui n'a pu pardonner à l'auteur de ne l'avoir pas nommée une seule fois dans tout l'ouvrage, dit que M. de Voltaire n'a jamais écrit de plus mauvais, que c'est tout platement *l'inventaire de ses vieilles nippes*' (Grimm xi. 328, Sept. 1776).

11. Gabrielle-Émilie le Tonnelier de Breteuil (1706–49), m. (1725) Florent-Claude, Marquis du Châtelet; she was Voltaire's 'Émilie.' See Appendix 52a. D had a copy of her *Institutions de physique* (Appendix 2).

Mme de Montagu s'est très bien comportée à l'Académie; elle ne se laisse aller à aucun emportement, c'est une femme raisonnable, ennuyeuse sans doute, mais bonne femme et très polie. La Lucan et son mari sont aimables, remplis de talents; je les vois avec plaisir. Voilà tout ce qui compose ma société anglaise, et un M. Hobart, qui est, dit-on, petit-fils de Cromwell;[12] quel homme est-ce? il me semble avoir du bon sens. Je suis, comme je vous l'ai mandé, séparée de Mlle Sanadon; elle est à Praslin, et n'en reviendra que dans le cours de cette semaine; j'attends, à peu près dans le même temps, le retour de Mme de Luxembourg; je la reverrai avec grand plaisir, je crois qu'elle est, *pour le présent,* la personne dont je suis le plus aimée. J'attends les Beauvau dans le courant du mois prochain. Le Comte de Broglie reviendra le 5 ou le 6, mais il partira soudain pour Ruffec en Angoumois.

Je vais ce soir souper, avec Mme de Marchais, chez la Comtesse de Broglie et l'Évêque de Noyon, lequel crache ses poumons,[13] ce qui fait grand'pitié; il est doux et aimable.

Notre Reine se porte bien; elle est quitte de sa fièvre tierce, ce qui assure le voyage de Fontainebleau, qui sera le 9 octobre jusqu'au 18 novembre. Venons à vos commissions.[14] Je les exécuterai le mieux qu'il me sera possible.

Nous ne savons pas trop ce que c'est que les racines pour les dents.[15] Nous en enverrons toujours, mais comme nous pourrons nous méprendre, donnez m'en l'explication dans votre première lettre. Je pourrai bien faire choisir vos manchettes par Milady Lucan.

Ne cessez point de parler de moi à vos parents, je les estime de toute mon âme et je les aime de tout mon cœur.

To MADAME DU DEFFAND, ca Tuesday 17 September 1776

Missing. Probably written at Strawberry Hill. Answered, 22 Sept.

---

12. This was not true, but Hobart's great-grandmother, wife of Sir John Hobart, was the daughter of the parliamentarian leader, John Hampden. HW evidently questioned D's statement, because *post* 29 Sept. 1776 explains that Mr

Hobart is brother to Lord Buckingham-shire.
13. He died a year later.
14. See *post* 29 Sept. 1776.
15. Probably orris roots.

From Madame du Deffand, Tuesday
17 September 1776

Ce 17 septembre 1776.

VOICI un hors-d'œuvre, n'en prenez point d'épouvante. C'est pour vos commissions dont je ne puis m'acquitter si vous ne vous expliquez pas mieux.

Milady Lucan a lu votre anglais,[1] sa traduction est comme la vôtre. Je me suis informée si nous avions du *frangé;* on ne sait ce que cela veut dire, si ce n'est de l'effilé que l'on n'emploie que pour le deuil. Sont-ce des manchettes de deuil que vous demandez? En ce cas on bordera les manchettes d'effilé. Vous voulez, mais je ne sais si cela sera possible, que la mousseline des manchettes soit campanée; ordinairement, l'effilé ne s'emploie que pour border des manchettes, des fichus ou autres choses, qui ne sont ni campanées ni festonnées ni en languettes. Voilà pour un article.

Vous demandez de plus huit paires de ciseaux et canifs. Est-ce huit de chaque façon ou quatre de chacune? Vous voulez que cela ne coûte que deux louis. De quelle forme faut-il les ciseaux et les canifs? Comment est-il possible que vous préfériez notre acier qui ne vaut rien, au vôtre qu'on recherche de partout? À l'égard des racines pour les dents, je crois que ce sont les dentistes chez qui on les trouve; vous en aurez par la première occasion.

Répondez à mes questions le plus promptement que vous pourrez, pour que vos commissions puissent être faites quand le Duc de Richmond retournera à Londres.

Mme Geoffrin ne meurt, ni ne vit, elle est toujours paralytique d'un côté et sans connaissance.

M. de Montbarey est entré dans le conseil des dépêches.

Mlle Sanadon n'est point encore arrivée de Praslin.

Voilà toute ma missive.

J'oublie toujours de vous faire souvenir que vous ne m'avez point répondu à la question que je vous ai faite sur les oignons de lis couleur de rose. Mme de Marchais m'en demande souvent des nouvelles, j'ai quelque honte de ne pouvoir y répondre.

L'estampe que M. de Richmond m'a donnée n'est pas la sienne mais celle de Mme Damer;[2] je l'ai placée avec celle de la Duchesse de

---

1. Apparently HW had written a translation of some English passage.

2. See *ante* 1 Sept. 1776, n. 1a.

Richmond[3] à l'un et l'autre côté du buste de Voltaire.[4] Il a fallu un remue-ménage, mais il n'y a eu que mes chats[5] qui aient été supprimés.

Ce 18.

Il avait couru un bruit qui se trouve très faux, que nous faisions partir 35 bataillons pour la Bretagne;[6] cela était alarmant, mais il n'en est rien.

Je soupai hier chez Mme de Marchais, je suis rentrée fort tard; j'avais beaucoup mangé, je craignais pour ma digestion, mais j'ai bien dormi.

Je reçois une lettre de Mme de Luxembourg, elle ne reviendra pas sitôt que je l'espérais, je ne l'attends que le 21 ou le 22.

Je crois que la Sanadona reviendra demain, elle n'a pas donné de ses nouvelles.

From MADAME DU DEFFAND, Sunday
22 September 1776

Ce dimanche 22 septembre 1776.

JE suis dans une grande incertitude. Écrirai-je? N'écrirai-je pas? Ma lettre de mercredi, qui a prévenu celle de dimanche, n'en doit-elle pas tenir lieu? Ne suffit-elle pas?

Vous avez beaucoup d'ordre, il s'étend sur tout, vous êtes économe sur les soins que vous rendez à vos amis, et sur ceux que vous voulez bien recevoir d'eux. Ces réflexions devraient m'arrêter, mais j'ai de la disposition aux vapeurs, et quoique ce ne soit pas le meilleur moyen de les écarter que de m'occuper de vous, j'y ai cependant recours. L'embarras est de savoir ce que je vous dirai. Je pourrais répondre à votre lettre[1] en vous disant qu'il me paraît qu'il ne tient qu'à vous de mener une vie agréable; non seulement vous avez des

---

3. Probably the engraving by W. W. Ryland after Angelica Kauffmann, 1775 (Freeman O'Donoghue, *Catalogue of Engraved British Portraits*, 1908–25, iii. 580).

4. The bust 'en plâtre réparé sous un bocal de verre et sur un pied de bois doré' (Appendix 2).

5. Cochin's engraving of D's cats. See illustration opposite.

6. D perhaps refers to the operations of Beaumarchais, who had secretly received

money from the government to help the Americans, and who sent three ships there in 1777. Lord Shelburne, on his return to England from France, 28 Oct. 1776, reported extensive naval preparations on the French coast (*ante* 26 Aug. 1776 n. 5). Vergennes was trying to embroil France in a war with England.

---

1. HW to D ca 17 Sept. 1776.

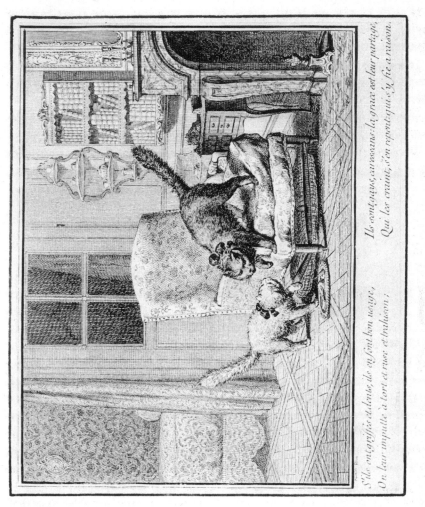

S'ils ont grifes et dents, ils en font bon usage,
On leur impute à tort et rixe et trahison :
Ils ont joyas, caressans : la grace est leur partage,
Qui les craint, s'en repent : qu'ils y fie à raison.

MADAME DU DEFFAND'S CATS AND CHAMBER

BY COCHIN

parents que vous aimez et qui vous aiment, mais vous avez des amis qui vous plaisent infiniment. Ne pouvez-vous pas vivre avec eux, ou du moins les voir extrêmement souvent? Je vois plus de monde que vous, et malgré cela je suis dans une bien plus grande solitude; aucun genre de sentiment ne m'unit à personne; tout ce que je fais pour me dissiper est ennuyeux ou me paraît ridicule; je me survis à moi-même. Il n'y a qui que ce soit au monde que je trouve digne d'estime et qui soit digne qu'on en fasse un ami.

Je reçois les louanges que vous me donnez parce que je les mérite; oui, je suis fidèle et sincère. Mais je suis faible, sans courage, sans fermeté; une chiquenaude me fait tomber par terre. J'ai besoin d'être conduite pour ne pas faire de faux pas, personne n'en prendrait la peine, ainsi je vais à tâtons de toutes les manières possibles. Mais parlons d'autres choses.

Il paraît une brochure[2] intitulée *Commentaire historique sur les œuvres de l'auteur de la Henriade*. C'est un recueil de tous les faits qu'on pourrait ignorer et dont il veut augmenter sa gloire et sa réputation, une récapitulation de tous ses actes de bienfaisance. Cette brochure est terminée par des lettres dont celle qu'il vous a écrite en 1768 sur Shakespeare[3] est du nombre. Je ne les ai point encore lues. C'est un de mes malheurs qu'il n'y a point de lecture qui m'amuse, et cependant c'est ma seule ressource. Je m'interromps, il m'arrive une lettre de Chanteloup.

Elle est de l'Abbé; il me dit que si je l'ai cru refroidi pour moi, s'il m'a vu moins souvent dans son dernier voyage, c'est que j'ai attiré chez moi un homme dont il a beaucoup de sujet de se plaindre, il ne me le nomme point et je ne puis le deviner. Mon soupçon tombe sur d'Argental, frère de mon pauvre ami Pont-de-Veyle, j'avais été comme brouillée avec lui pendant trente-cinq ans; nous nous sommes raccommodés pendant la maladie du dernier, je n'ai nulle liaison intime avec lui, mais ce peut être un prétexte que prend l'Abbé, dont la sincérité est à la provençale.

La Sanadona est de retour; la société des Praslin n'a pas diminué ses airs à la Prasline, expression de Mme de Luxembourg sur les prétentions et tous les ridicules de ce genre.

Cette Maréchale n'est point encore de retour, je serai bien aise de la revoir; elle me ranime tantôt par sa bonne humeur, et tantôt par sa mauvaise.

2. See *ante* 15 Sept. 1776.   3. Voltaire to HW 15 July 1768.

La dame Montagu partira les premiers jours d'octobre, je pourrai vous envoyer par elle la brochure de Voltaire. Pour vos commissions ce ne pourra être que par M. de Richmond.

To Madame du Deffand, ca Tuesday 24 September 1776

Missing. Probably written at Strawberry Hill. Answered, 29 Sept.

To Madame du Deffand, Sunday 29 September 1776

Missing. Probably written at Strawberry Hill. Answered, 7 Oct.

From Madame du Deffand, Sunday 29 September 1776

Address: To Monsieur Monsieur Horace Walpole in Arlington Street near St James's *London Angleterre.*
Postmark: OC 4 PA<RIS>

Paris, ce dimanche 29 septembre 1776.

MME de Montagu partira ces jours-ci et vous portera les *Commentaires de Voltaire,* et les racines; pour les manchettes et les ciseaux je ne puis m'en charger si je ne reçois pas plus d'éclaircissements.

Je suis fort charmée que vos amis pensent à moi et vous en parlent.[a] Pour le Général Koch j'ai peine à comprendre que vous ayez été tenté de le retenir à coucher. C'est un bon homme, mais il n'en est point de plus ennuyeux.

Je ne vous ai certainement parlé d'aucun Chomley, je vous ai peut-être dit[1] que votre Duc m'avait amené un Milord Lhomley. Ce Duc va bientôt revenir; je ne crois pas que vous deviez être inquiet de sa santé, il ne m'a point paru malade.

J'ai reçu ces jours passés une lettre de Milady Churchill. J'aurai l'honneur de lui écrire incessamment.

a. HW mentions D in letters to Lady Ossory, 16 Aug. and 22 Sept. 1776.   1. See *ante* 15 Sept. 1776.

Mme de Luxembourg est de retour, mais d'ici au mois de décembre elle fera de continuels voyages à Sainte-Assise, ce qui me déplaît. En vérité je crois qu'elle a du goût pour moi. Les Beauvau seront ici avant le 15. Le petit Comte de Broglie fera aussi apparition, puis il s'en ira en Angoumois, son frère l'Évêque incessamment dans l'autre monde, et c'est dommage. La Geoffrin est toujours dans le même état, sans connaissance, mais buvant, mangeant, et dormant, ne demandant aucun de ses besoins. Il est fort question d'une lettre de sa fille Ferté-Imbault à d'Alembert;[2] elle le prie de ne point venir chez sa mère, parce qu'elle ne veut pas qu'elle meure en esprit fort. Il montre cette lettre à tout le monde, et donne à lire auparavant une lettre[3] qu'il a reçue du Roi de Prusse sur la perte qu'il a faite de Mlle de Lespinasse; c'est, dit-on, la plus belle chose qui ait jamais été écrite.

Oui, j'aime bien les Lucan, ce sont les meilleurs gens du monde; ils répéteront leur musique chez moi jeudi prochain; il y aura d'augmentation la petite Boufflers[4] et sa harpe, M. de Guines et sa flûte.[5]

J'allais oublier de vous apprendre la mort de Mme Trudaine.[6] Elle arrivait de nos provinces méridionales, se croyant parfaitement guérie des maux de nerfs qui l'y avaient fait aller. Quatre jours après son arrivée elle fut prise de la fièvre la plus violente, puis d'un spasme qui lui dura quarante heures, qui fut suivi de convulsions et puis de la mort. Voilà trois pertes pour les diplomatiques, pour les encyclopédistes; la Lespinasse, la Trudaine, et la Geoffrin.

Vous avez raison, je n'ai pas été sans compagnie ces derniers temps; Fontainebleau me sera plus contraire, mais à chaque jour suffit son mal; je suis bien guérie de la manie de me plaindre.

Je parlerai de vos oignons à Mme de <Marchais. Elle[7]> m'ap-

2. Mme de la Ferté-Imbault to d'Alembert 1 Sept. 1776 (Pierre-Marie-Maurice-Henri, Marquis de Ségur, *Le Royaume de la rue Saint-Honoré*, 1898, pp. 368–9). Marie-Thérèse Geoffrin (1715–91), m. (1731) Philippe-Charles d'Estampes, Marquis de la Ferté-Imbault, had met HW several times during his visits to Paris in 1765–6, 1767, and 1769 (*Paris Jour.*). She took the occasion of her mother's illness to exclude the free-thinking 'philosophes' who had frequented Mme Geoffrin's salon. See *ante* 7 April 1776, n. 5. See also Grimm xi. 365–6, Oct. 1776 and Constantin Photiadès, 'La Reine des lanturelus,' *Revue de Paris*, 1927, xxxiv. pt

v. 756–84, pt vi. 104–35, 279–302, 646–81, 880–910.

3. Frederick the Great to d'Alembert 9 July 1776 (*Œuvres de Frédéric le Grand*, Berlin, 1846–57, xxv. 45).

4. Comtesse Amélie de Boufflers.

5. The Duc de Guines was an accomplished flautist; his daughter played the harp, and Mozart composed a concerto for them, Paris, 1778 (Marcia Davenport, *Mozart* [1933], p. 91; and Wolfgang A. Mozart, *Letters*, ed. Mersmann, 1928, p. 101).

6. She died at Paris, 26 Sept. 1776 (*Rép. de la Gazette*).

7. MS torn.

porta l'autre jour trois lis dont deux couleur de rose, et un panaché couleur de rose et blanc.

Non, nous n'envoyons point de bataillons, mais on n'en parle pas moins de guerre et nos effets royaux baissent considérablement. J'y ai quelques petits intérêts.

Je crois avoir répondu à tous les articles de votre lettre.[8]

Je relis votre lettre. Mme de la Vallière se porte mieux, je compte la voir cet après-dîner, elle ne recommence pas encore à donner à souper.

Le Chevalier Hamilton m'a beaucoup plu. M. Hobart est le frère du Comte de Buckingham.[9]

Voltaire a fait son *Commentaire*, ou il a été écrit sous ses yeux.[10]

Je n'ai vu qu'une fois Milady Vernon,[11] et ce fut chez l'ambassadrice de Sardaigne.

On disait ces jours-ci que les Américains vous avaient battus.[12]

To MADAME DU DEFFAND, Monday 7 October 1776

Missing. Probably written at Arlington Street. Answered, 13 Oct. D writes to Mme de Choiseul, 13 Oct. 1776:

'On attend tous les jours de grandes nouvelles de l'Amérique. Je viens d'en recevoir d'Angleterre du 7 qui n'apprennent rien; il y a apparence qu'il n'y aura pas de grands événements, c'est-à-dire rien de décisif, c'est tant mieux, à ce que je crois' (S–A iii. 249).

From MADAME DU DEFFAND, Monday 7 October 1776

Paris, ce 7 octobre 1776.

C'EST par M. Elliot que je vous écris; je lui avais déjà remis les *Commentaires* de Voltaire, je les lui laisse, quoique je voie, par votre lettre du 29, que vous les avez déjà lus. Je suis bien de votre

8. HW to D ca 24 Sept. 1776.

9. John Hobart (1723–93), 2d E. of Buckinghamshire.

10. It was written at his dictation (Voltaire, *Œuvres* i. 69).

11. Lady Henrietta Wentworth (d. 1786), m. (1743) Henry Vernon; sister of the 2d E. of Strafford, n.c. (GM 1786, lvi. pt i.

353). Lady Mary Coke says that Lady Henrietta Vernon went to France to 'settle' her son (MS Journal of Lady Mary Coke, 20 June 1776).

12. A false rumour; the British won the battle of Long Island, 27 Aug. 1776, and occupied New York.

avis sur tout ce que vous dites sur la fureur de la célébrité; la vanité, qui la fait rechercher, n'empêche pas que les ouvrages soient bons, mais diminue bien de l'estime pour l'auteur.

Je suis fort curieuse de la traduction de votre tragédie.[1] Elle me fait désirer le retour de Texier.

J'ai reçu une lettre de votre cousin, elle est pleine de bonté et d'amitié. Oh! vous avez bien raison de l'aimer, personne ne mérite plus de l'être.

Je n'ai point entendu parler de M. de Richmond depuis son départ pour Aubigny. Je ne crois pas qu'il tarde à revenir. Je souhaite le trouver plus gai qu'il n'était à son départ.

Les Beauvau arrivèrent hier au soir, je verrai certainement le Prince cet après-dîner.

Mme de Luxembourg part mardi pour Sainte-Assise; elle y restera huit ou dix jours. Monsieur donna hier une très belle fête au Roi et à la Reine dans son château de Brunoy;[2] je n'en sais point les détails, je les apprendrai aujourd'hui; je sais seulement qu'il n'y avait que la famille royale, dont Mesdames les tantes n'étaient point, les seules dames de semaine ont suivi, et les officiers du Roi et de la Reine. Monsieur le Duc de Chartres n'a point été invité, ce qui surprend beaucoup. Il n'y a eu que MM. de Guines, d'Esterhazy,[3] le Comte et le Chevalier de Coigny[4] qui aient été admis.

On parle beaucoup de changements dans notre ministère; les clameurs contre M. de Saint-Germain sont à toute outrance; le contrôleur général[5] est fort malade, et sa considération est des plus minces. Le Maurepas paraît ne savoir ce qu'il fait. On ne sait ce que tout ceci deviendra; nous n'avons pas un seul homme qui ait le sens commun. Je m'applaudis bien, je vous assure, de ne m'intéresser à qui que ce soit, pas même à la chose publique. Pourvu que je passe le temps sans un excessif ennui, je m'en contente; mon indifférence pour tout est extrême.

1. HW to Mason 18 Feb. 1776 says that Texier had not read the *Mysterious Mother* which was never translated.

2. The château of Brunoy, thirteen miles south of Paris, had belonged to Paris de Montmartel, the banker, whose son, the Marquis de Brunoy, sold it to the Comte de Provence. It was destroyed in the Revolution (*Dict. de Paris;* and Maria Theresa and Florimond-Claude-Charles, Comte de Mercy-Argenteau, *Correspondance secrète,* 1874, ii. 502n, Mercy to Maria Theresa 18 Oct. 1776; Robert Dubois-Corneau, *Le Comte de Provence à Brunoy,* 1909).

3. Valentin-Ladislas, Comte d'Esterhazy.

4. Jean-Philippe de Franquetot (1743–ca 1806) (Woelmont de Brumagne vi. 291).

5. Clugny.

Nous vous rendrons Mme Montagu. C'est, comme vous dites, une très bonne femme, dont la conversation est fatigante.

Je suis du dernier bien avec les Lucan; ils m'ont amené deux fois leur petite famille, m'ont donné de jolies musiques; ils furent vendredi à une course de chevaux où était la Reine; elle fit monter la Milady et sa petite famille dans son pavillon, elle les combla de politesses; ils vous conteront tout cela.

Ce petit Elliot est tout à fait aimable; il a beaucoup d'esprit, il sent encore un peu l'école, mais c'est qu'il est modeste, et qu'il est la contre-partie de Charles Fox; la sorte de timidité qu'il a encore sied bien à son âge, surtout quand elle n'empêche pas qu'on ne démêle le bon sens et l'esprit.

Vous ne me parlez point de MM. de Chimay[6] et de Fitzjames; c'est par votre cousin que j'ai appris que le premier avait été chez vous, et qu'on a pensé qu'il y avait eu quelque affaire entre eux. Nous avons ici tous les jours des nouvelles de votre Amérique, tantôt par Nantes, tantôt par Boulogne; elles se détruisent trois jours après qu'elles ont couru.

Il me paraît que l'idée de la guerre s'accrédite beaucoup; si elle a lieu, comme je commence à le croire, elle sera un obstacle invincible aux visites réciproques;[6a] elle me fera faire l'application d'un passage d'un opéra de Quinault:[7]

> Peut-être souffrirais-je moins
> Si je pouvais haïr une rivale.

Vous avez eu tort de penser que ce que le grand Abbé m'avait mandé[8] était une énigme sans mot; il s'est expliqué; ce n'était point d'Argental dont il entendait parler, mais d'un homme que je ne vois point, l'Abbé Arnaud, qui est un des beaux esprits du temps, dans le goût des Jean-Jacques, des Thomas, etc.

Je reconnais et j'avoue que je précipite trop mes jugements: on ne connaît le caractère des gens que bien à la longue; j'ai encore la duperie des jeunes gens; les premiers jugements que je porte sont toujours favorables, et par la suite j'en viens au rabais; je trouve

6. Philippe-Gabriel-Maurice-Joseph d' Alsace-Hénin-Liétard (1736–1804) (*La Grande encyclopédie*). He had married the daughter of the Duc de Fitzjames. HW had met him in 1765 (*Paris Jour.*) but his extant letters of this time do not mention Chimay or Fitzjames.

6a. This proved to be the case, when war broke out between France and England in 1778.

7. *Phaéton* I. iii.

8. See *ante* 22 Sept. 1776.

partout fausseté et légèreté, et souvent tous les deux. Il y a un bien petit nombre de gens que j'estime véritablement, et peut-être ne suis-je pas du nombre; on ne peut s'unir intimement avec personne, et si, comme dit Voltaire de l'amitié,[9]

> Sans toi tout homme est seul,

il faut prendre le parti d'une solitude entière. Encore si les morts valaient mieux que les vivants, ce serait une ressource; mais il n'y a pas même de livres qui contentent.

Si vous voulez des manchettes, des ciseaux et canifs, vous me donnerez de nouvelles instructions.

From Madame du Deffand, Sunday 13 October 1776

Address: To Monsieur Monsieur Horace Walpole in Arlington Street near St James's *London Angleterre.*
Postmark: OC 21 PAR<IS>

Ce dimanche 13 octobre 1776.

VOUS aurez reçu par M. Elliot le *Commentaire de Voltaire,* des racines pour les dents et une lettre;[1] vous verrez je crois bientôt le Duc de Richmond, sa tristesse ne fait qu'augmenter, sa santé n'est pas bonne, il se plaint d'un rhumatisme.

Je ne suis pas fâchée d'être dispensée de la commission des manchettes et des ciseaux on l'aurait faite tout de travers. On dit que la Geoffrin est toujours dans le même état. Mme de la Ferté-Imbault[2] la soustrait aux yeux de tout le monde. Le contrôleur général, M. de Clugny, est dangereusement malade. Mme de la Vallière est toujours assez incommodée, elle ne donne plus à souper, on ne la voit que depuis sept heures jusqu'à neuf.

Tout le monde est à Fontainebleau, à Sainte-Assise, ou dans des campagnes particulières. Je serai bientôt réduite au tête-à-tête de la Sanadona, et d'être en partie carrée avec elle, Pompom, et Tonton.

Votre M. Beauclerk me paraît un espèce de Diogène, aussi ridicule et plus haïssable que l'ancien. L'Idole s'intéresse toujours à lui. Elle voudrait bien qu'il fît l'été prochain un voyage ici, elle me prie de m'informer si c'est son intention. Elle part mercredi avec sa belle-fille pour la Provence, où elle compte rester jusqu'au mois de février.

9. *Discours en vers sur l'homme,* iv. 155 (Voltaire, *Œuvres* ix. 405).

1. *Ante* 7 Oct. 1776.
2. Fille de Mme Geoffrin (HW).

La Maréchale de Luxembourg est à Sainte-Assise. La Maréchale de Mirepoix ira la trouver mercredi. Les Beauvau partiront le même jour pour Fontainebleau, je leur donnerai à souper mardi. La Princesse me donnera du sucre d'orge pour vous en reconnaissance de vos confitures d'ananas.

Vos nouvelles d'Amérique[3] ne me déplaisent pas, il me semble que tant que cette affaire ne sera pas terminée vous ne penserez pas à nous, l'on prétend que nous ne pensons point à vous et je le crois.

Le petit Elliot vous aura rendu compte de la fête[4] que Monsieur a donné à la Reine dans son château de Brunoy.

Je ne trouve plus rien à vous dire. Bonjour.

From Madame du Deffand, Sunday 20 October 1776

Address: À Monsieur Monsieur Horace Walpole in Arlington Street near St James's London.
Postmark: None. Sent by the Duke of Richmond.

Paris, ce dimanche 20 octobre 1776, à 3 heures
après midi.

LE facteur n'est point encore arrivé, ainsi cette lettre n'est point en réponse. Si je n'en reçois point aujourd'hui il ne faut pas moins que je vous écrive pour que M. de Richmond s'en charge. Je vous envoie par lui six boîtes de sucre d'orge dont M. et Mme de Beauvau vous font présent. Wiart a trouvé l'estampe que vous désiriez, c'est une pièce rare, et d'un grand prix. Il y a autant de différence entre les hommes en peinture qu'entre ceux qui sont animés. Celle d'un Roi et d'un savetier, celle de Mme d'Olonne et de la Comtesse de Bari;[1] celle-ci est de 36 sols, vous vous souvenez du prix de l'autre.

M. de Richmond vous rendra compte de son affaire, il me semble qu'il n'a point perdu l'espérance, et qu'il croit qu'elle pourra se terminer en son absence et de la manière qu'il le désire. Il faut bien que je le souhaite, et que j'aie assez de générosité pour y sacrifier le plaisir que j'aurais à avoir la certitude de le revoir. Il part après souper et ne vous verra vraisemblablement que jeudi ou vendredi. Il vous dira

---

3. The British had occupied New York.
4. See Mercy-Argenteau to Maria Theresa, 18 Oct. 1776, in Maria Theresa and Florimond-Claude-Charles, Comte de Mercy-Argenteau, *Correspondance secrète,*

1874, ii. 502–3. No letters from Elliot to HW have been found, and there is no record of his calling on HW.

———

1. Spelled 'Buri' in *ante* 4 Aug. 1776.

toutes nos nouvelles; la plus *conséquencieuse* est la mort[2] de notre contrôleur général, M. de Clugny. Quel sera son successeur, nous l'ignorons. Je ne m'en embarrasse guère.

La dispersion de toutes mes connaissances m'intéresse bien davantage. Je n'ai pas comme vous de vocation pour la solitude, et je n'ai ni les goûts ni les talents nécessaires pour en faire usage.

J'apprends dans l'instant que le facteur est passé, comme il ne m'apporte point de lettre, je finis celle-ci; j'ignore si vous avez reçu celle[3] dont j'avais chargé M. Elliot avec le *Commentaire de Voltaire*.

Mme de Marchais devait m'envoyer ce matin des oignons de lis couleur de rose, je ne les ai point encore reçus, s'ils arrivent M. de Richmond vous les portera.

To Madame du Deffand, ca Tuesday 22 October 1776

Missing. Probably written at Strawberry Hill. Answered, 27 Oct.

From Madame du Deffand, Wednesday 23 October 1776

Address: À Monsieur Monsieur Horace Walpole in Arlington Street near St James's *London* Angleterre.
Postmark: OC 28 PAR<IS>

Ce mercredi 23 octobre 1776.

J'AVOUE que je suis très fâchée de ne point avoir de vos nouvelles aujourd'hui. Ce petit ressentiment de goutte m'inquiète; le climat n'est point une chose indifférente pour vous. Je crois que l'humidité vous est très contraire. Il y a bien loin d'ici à dimanche, l'inquiétude rend le temps bien long.

Nous avons un contrôleur général, ou plutôt deux. M. Taboureau[1] pour les affaires contentieuses, les intendants, les impositions, et M. Necker pour la finance, la recette, la régie, le trésor royal, etc., il travaillera avec le Roi. Ils furent nommés lundi au soir. Ce choix a tellement plu au public que les effets royaux ont remonté considéra-

2. He died at Paris, 18 Oct. 1776 (*Rép. de la Gazette*).
3. *Ante* 7 Oct. 1776.

1. Louis-Gabriel Taboureau des Réaux (1718–82) (*Rép. de la Gazette*).

blement. En mon particulier je suis très contente, M. Necker est fort mon ami.

Le Duc de Richmond partit lundi matin comme il l'avait projeté. Il s'embarque à Dieppe, ce port étant plus près de son château;[2] il ne doit se rendre à Londres que le 28 ou le 29, mais il vous fera tenir ma lettre et votre sucre d'orge, à ce qu'il m'a promis. Il n'aura pas grand'chose à vous dire de moi. Je voudrais bien que quelqu'un pût me parler de vous et savoir au vrai quel est votre état.

From Madame du Deffand, Sunday 27 October 1776

Ce dimanche 27 octobre 1776.

VOUS m'aviez mandé que vous aviez eu une bouffée de goutte aux genoux, j'en étais inquiète. Votre lettre d'aujourd'hui[1] (quoique étique) me fait beaucoup de plaisir, parce qu'elle me rassure.

Vous recevrez demain ou après-demain, par M. de Richmond, une lettre de moi[2] qui n'aura guère plus d'embonpoint que la vôtre. Quand on ne doit rien dire de soi, ni de la personne à qui on écrit, et qu'on prend fort peu de part à tout le reste, on a peu de chose à dire. Je vous dirai pourtant aujourd'hui que je suis contente de la place qu'on vient de donner à M. Necker; on a lieu d'espérer qu'il s'en acquittera bien. Le public, dans ces premiers instants, paraît approuver ce choix; nos papiers se sont relevés, mais malgré cela, je m'attends que dans quelques jours on dira beaucoup de mal de lui, et je ne mettrais pas à fonds perdus sur la durée de sa faveur. Il y a même dans ce moment quelque sujet d'inquiétude; la goutte a repris à M. de Maurepas: elle s'est d'abord placée sur une épaule, on l'a fait descendre aux pieds; s'y tiendra-t-elle? c'est de quoi on ne peut s'assurer. C'est une vilaine chose que cette goutte, et s'il arrivait malheur à ce ministre, le nouveau directeur du trésor royal[3] pourrait être bientôt déplacé. Je soupai hier chez sa femme, elle a une très bonne contenance et nullement la tête tournée. Je ne sais ce que la Flore-Pomone[4] pense de ceci; elle est depuis mardi à Fontainebleau; je n'ai point entendu parler d'elle. Tout ce que je gagne à ce nouvel établissement, c'est que ma pension sera payée plus promptement,

2. Goodwood, in Sussex.

1. HW to D ca 22 Oct. 1776.

2. *Ante* 20 Oct. 1776.
3. Necker.
4. Mme de Marchais (HW).

mais d'ailleurs je perdrai de l'amusement; les soupers seront plus rares, au moins pendant quelque temps.

Mme de Luxembourg reviendra demain de Sainte-Assise, où elle a fait un séjour de près de trois semaines; elle restera à Paris cinq ou six jours, et puis y retournera pour autant de temps qu'elle y a été. Sa passion dominante est le jeu, elle fait vingt-cinq ou trente *robbers* par jour. L'autre Maréchale⁵ est dans un grand désœuvrement; elle dissimule son ennui autant qu'elle peut; elle trouverait de la honte à l'avouer. Je souperai demain chez cette dernière avec les Lucan. Ils s'en retourneront le mois prochain, je les vois souvent, je les perdrai pourtant sans grands regrets. Ils ne me déplaisent pas, mais je ne sais trop que leur dire. La Milady a eu la complaisance de me faire une copie d'un portrait de la grand'maman,⁶ je l'ai fait voir à tout le monde. Autant de personnes qui l'ont vu, autant d'avis différents. Cependant ce que je puis en conclure, c'est qu'il n'est pas trop ressemblant. Cela ne m'empêchera pas d'en faire faire une boîte par l'ouvrier⁷ qui a fait celle de M. Gibbon.

Je soupe ce soir tête à tête avec la Sanadon, je compte manger très peu. Je veux faire l'essai d'une grande sobriété, et voir si j'en dormirai mieux. Mes dernières nuits ont été détestables. Mais pour m'empêcher de m'en plaindre je pense à votre goutte. Tâchez de vous en garantir, évitez l'humidité, qui je crois est pernicieuse pour ce mal.

Le Duc de Richmond ne vous dira pas grand'chose de moi. Je n'en ai pas non plus à dire de lui; il y a tant d'articles qu'il faut s'interdire en vous écrivant, qu'il faut que le désir d'avoir de vos nouvelles soit bien grand pour entretenir une correspondance.

J'ai reçu de Lyon une lettre de l'Idole; je suis du dernier bien avec elle; je remarque qu'il est facile d'être parfaitement bien avec tous ceux dont on ne se soucie pas.

To Madame du Deffand, Tuesday 29 October 1776

Missing. Written at Strawberry Hill. Answered, 3 Nov.

5. Mme de Mirepoix (HW).
6. Lady Lucan, a painter of miniatures, was to copy Carmontelle's portrait of Mme de Choiseul (see *ante* 14 July 1776).
7. The name on the box is apparently Meunière. He was Paul-Toussaint (or -Nicolas) Meunière (verified by Mr A. J. Watson and Mr Tonnochy of the British Museum, where the box now is; see also Marc Rosenberg, *Der Goldschmeide Mirkzeichen*, 3d ed., iv. N° 6733; Henry Nocq, *Le Poinçon de Paris*, 1928, iii. 227).

From Madame du Deffand, Sunday 3 November 1776

Paris, ce 3 novembre 1776.

JE ne sais pourquoi vous recevez mes lettres plus tard. Ne serait-ce pas quelque examen des bureaux? Il y a quelque temps que je reçus une des vôtres un lundi et le passage ne paraissait pas avoir dû être mauvais. Excepté cette seule fois, je les ai toujours reçues le dimanche entre 2 et 4 heures.

Je suis étonnée que vous n'ayez point de nouvelles de M. de Richmond. Il est parti le 20, il devait s'embarquer à Dieppe le 22, aller à son château, et se rendre à Londres le 29, qui est la date de votre lettre. Une certaine dame[1] est en peine de n'avoir point de ses nouvelles; elle me pria hier au soir de lui faire savoir ce que j'en apprendrai par vous, si elle n'en apprenait point par lui.

Les bruits de guerre sont bien fâcheux, mais je n'en suis point extrêmement troublée, cela aurait été pour moi un bien plus grand événement il y a quelques années; mais je puis dire aujourd'hui:

Grâce au ciel, mes malheurs ont passé mon attente.[2]

C'est un vers d'un de nos opéras.

Je me réjouis médiocrement du choix de M. Necker; je n'imagine pas que son règne soit de longue durée. J'ai beaucoup d'opinion de sa capacité; mais les brigues, les intrigues, s'en démêlera-t-il? ne s'opposeront-elles pas à ses projets? Le bien que je puis attendre de lui, c'est que ma pension sera payée un mois ou six semaines plus tôt qu'elle ne l'était par les autres. Je lui dirai ce que vous m'écrivez sur lui.[3] Depuis sa nouvelle place, je ne l'ai vu qu'une fois pendant un quart d'heure; il est presque toujours à Fontainebleau; il aura travaillé avec le Roi aujourd'hui pour la seconde fois chez M. de Maurepas, qui a la goutte depuis dix-sept ou dix-huit jours. Il ne paraît encore aucune nouvelle opération, et je ne vois pas que l'on imagine aucun de ses projets; tout ce que l'on dit sur cela sont des choses bien vagues.

Les Lucan doivent être partis ce matin; ils vous verront aussitôt qu'ils seront arrivés. Ils ne vous porteront rien de moi, je n'avais rien de particulier à vous dire; ainsi j'ai autant aimé vous écrire par

1. Mme de Cambis (HW).
2. 'Grâce aux dieux, mon malheur passe mon espérance!' (Racine, *Andromaque*, V. v). *Andromaque,* however, is not an opera.

3. HW's extant letters of this time do not describe Necker.

la poste que par eux. Je ne sais ce qui les a déterminés à partir plus promptement qu'ils n'en avaient le projet; ils disent qu'ils reviendront ici dans dix-huit mois. Ils projettent de faire un voyage en Italie. Ils passeront par Paris. S'ils m'y trouvent encore, à la bonne heure; je vous prie quand vous les verrez de leur dire que je vous ai mandé mille biens d'eux; j'ai effectivement beaucoup de sujet de m'en louer. Il n'y a point d'attentions qu'ils n'aient eues pour moi. Il me paraît qu'ils vous aiment fort, ils sont fort au fait de tout ce qui vous regarde, de vos liaisons, de vos amusements. Ils connaissent vos amis et ils prétendent qu'ils sont fort aimables et que vous les aimez infiniment. Ils ont été chargés de beaucoup de commissions par M. Beauclerk qui a, disent-ils, une fort belle bibliothèque.[4]

Je crois que Mme de Montagu n'a pas été fort satisfaite de son séjour ici, interrogez les Lucan. Ils vous conteront les embarras[5] qu'elle a eus à son départ.

Je n'ai pas été trop seule pendant le voyage de Fontainebleau; les quinze jours qu'il durera encore seront les plus fâcheux, ce qui m'était resté de compagnie part ces jours-ci. J'ai pris le parti de souper tous les jours chez moi et de me soumettre à l'ennui du tête-à-tête avec ma compagne. Je veux ne me plus soucier de rien et moins de moi que de tout autre. Je voudrais bien dormir, et toujours dormir s'il était possible. Je suis bien éloignée d'un tel bonheur, cependant je suis fort contente de ma dernière nuit, elle a été très bonne, mais je la dois à plus de quinze nuits d'insomnie qui l'ont précédée.

Vous vous plaignez de n'avoir rien à me mander, il doit vous suffire d'avoir des nouvelles de votre santé à m'apprendre; tout le reste m'est indifférent.

Je vois toujours les Reynardière.[6] La Flore-Pomone[7] est à Fontainebleau. Vous recevrez par M. de Richmond quatre ou cinq oignons de lis rouge qu'elle vous envoie. La dame du Carrousel[8] se porte mieux, elle n'a point repris ses soupers et ne les reprendra, je crois, plus; elle se couche à dix heures. Je n'ai pas été une seule fois à Roissy. Le mari était à Toulouse et la femme n'a point voulu recevoir de monde.

L'Évêque d'Arras a été à Chanteloup, il est à Fontainebleau.

4. Beauclerk's library of 30,000 volumes was sold in 1781 for £5,011. Dr Johnson and Wilkes discussed it (Boswell's *Life of Johnson* ed. George Birkbeck Hill and L. F. Powell, Oxford, 1934, iii. 420 n, iv. 105; HW to Lady Ossory 14 Nov. 1779).

5. Unless D refers to Voltaire's attack on Shakespeare, which was delivered at the Académie française during Mrs Montagu's visit (see *ante* 1 Sept. 1776), this 'embarras' is unexplained.

6. Les Reynières, que M. Walpole avait par méprise appelé les Reynardières (HW).

7. Mme de Marchais (HW).

8. Mme de la Vallière (HW).

L'Évêque de Mirepoix reviendra le 15 janvier après les États de Languedoc, ainsi que l'Archevêque de Toulouse.[9] Les Brienne doivent arriver ce mois-ci et s'établiront dans leur nouvelle maison, qui est l'Hôtel de Conti. On voit leur jardin des fenêtres de mon cabinet, ce sont mes plus proches voisins.

On a représenté à Fontainebleau, jeudi dernier, une tragédie de Chamfort, *Mustapha et Zéangir;* elle a eu un très grand succès. La Reine lui donna le lendemain une pension de cinquante louis,[10] et Monsieur le Prince de Condé une place de secrétaire de ses commandements, de même valeur; quand elle sera imprimée, je vous l'enverrai.[11] Il y a eu à Fontainebleau beaucoup d'autres nouveautés qui n'ont eu aucun succès.

To MADAME DU DEFFAND, ? November 1776

Missing. D writes to the Duke of Richmond, 16 Nov. 1776: 'J'ai reçu une grande lettre de M. Walpole, il prétend que je vous ai fort ennuyé en vous parlant de sentiment . . . il s'est diverti à me chercher querelle, je suis accoutumée à cette sorte de badinage, il n'altère point mon attachement pour lui, ni la confiance que j'ai dans son amitié' (MS copy by Wiart in D's MS *Recueil de lettres,* bequeathed by D to HW).

To MADAME DU DEFFAND, ca Tuesday 19 November 1776

Missing. Probably written at Strawberry Hill. Answered, 27 Nov.

From MADAME DU DEFFAND, Wednesday 27 November 1776

Paris, ce 27 novembre 1776.

VOUS ne recevrez pas cette lettre au jour ordinaire parce que j'ai reçu la vôtre[1] un jour plus tard et après le départ de notre courrier. J'ai été un peu incommodée ces jours passés, mais je n'ai pas été

9. Two letters from the Archbishop of Toulouse to D, dated 30 Oct. and 6 Nov. 1776, are in D's MS *Recueil de lettres.*
10. See Grimm xi. 360, Oct. 1776.

11. It was printed in 1778.

———

1. HW to D ca 19 Nov. 1776.

aussi malade que lorsque vous étiez ici.[1a] Je suis bien confirmée de la nécessité dont m'est le régime, et je l'observe actuellement dans la plus grande sévérité.

Je me flattais bien que les Lucan étaient contents de moi. La Milady m'a écrit la lettre du monde la plus tendre; vous me gronderez de vous adresser ma réponse, mais à qui voulez-vous que j'aie recours? Craufurd ne [la] lui rendrait pas, il l'oublierait, et M. Fox ne se souvient pas de sa demeure. J'ai été bien étonnée de voir ce M. Fox, je soupai hier avec lui chez les Necker, et il soupera ce soir chez moi, il me paraît plus aimable qu'il me le paraissait autrefois. J'aurai demain tout Chanteloup, dix-huit ou vingt personnes. J'entends que vous dites tout bas 'Pourquoi me parle-t-elle toujours de ses ennuis?' J'ai tort de vous en parler et je ne le ferai plus. Permettez-moi seulement de vous dire que le nombre des espèces ne fait pas la richesse, c'est leur valeur; une guinée vaut mieux que cent sols marqués.

Je juge comme vous sur les apparences, ici ainsi que chez vous, elles annoncent la guerre.

Je suis fâchée que la lettre que je vous ai envoyée pour M. le Duc de Richmond[2] n'ait pas été à cachet volant, je vous aurais épargné de l'inquiétude que vous prenez toujours mal à propos. Je n'ai point été mécontente de lui, je le trouve tel qu'il est, poli, aimable, de très bonne compagnie, parfaitement honnête homme et le cœur excellent. Sa sœur la Duchesse de Leinster doit venir incessamment, j'en serai fort aise. On dit que je ne lui déplais pas, vraisemblablement je la verrai beaucoup.

Mme de Luxembourg part dimanche pour Montmorency, elle y sera dix-sept jours. C'est d'elle dont je reçois le plus d'attention et dont l'absence me fâche le plus. Elle et M. de Beauvau me viennent voir tous les jours. Pour Mme de Mirepoix, il n'y a plus d'elle à moi que ce qu'on appelle la frime, c'est-à-dire des semblants.

J'ai reçu une lettre du petit Craufurd, il me dit que s'il est content de moi il me viendra voir dans trois semaines. Vous pensez bien que je n'en crois rien. On dit qu'il y a beaucoup d'Anglais à Paris, mais je ne le sais que par ouï-dire; ils ne viennent point chez moi.

Il y [a] longtemps que vous ne m'avez parlé de Milady Churchill. J'aimerais bien qu'elle fût ici et avoir un logement à lui offrir. Elle n'est point dissipée, je passerais des soirées bien douces avec elle; elle

1a. In 1775.
2. D to the Duke of Richmond 16 Nov.

1776, copied in D's MS *Recueil de lettres*, bequeathed by her to HW.

s'accommoderait du tête-à-tête. Ah! si je pouvais me faire une société telle que je la voudrais je choisirais quelques personnes de votre pays, et un très petit nombre du mien. Malgré votre goût pour la solitude j'espère que vous ne resterez pas deux mois tout seul à votre campagne. Quelque charmante qu'elle soit, elle ne tient pas compagnie; les choses inanimées ne suffisent pas, il faut entendre et être entendu; si l'on pouvait s'en passer, mon petit chien me suffirait, il m'aime à la folie et je l'aime de même.

From MADAME DU DEFFAND, Sunday 1 December 1776

Ce dimanche 1ᵉʳ décembre 1776.

OH! non, on dit ici tout le contraire, le Grimaldi[1] voulait la paix. Les avis sont fort partagés sur la guerre, et sur tout ce que l'on dit on ne peut asseoir aucun jugement. J'ai fait une veillée avec le Fox; il a certainement beaucoup d'idées, une extrême facilité à les rendre, enfin beaucoup d'esprit, si la justesse, le discernement et le bon sens n'est pas nécessaire. Mais je ne sais de quoi je m'avise de vouloir définir ou peindre. Je perds sensiblement le peu que la nature m'avait donné, et je deviens imbécile à en avoir honte.

Oui, mes parents[2] sont de retour, ils soupèrent chez moi jeudi dernier, la grand'maman n'y resta pas parce qu'elle avait la migraine, je ne me mis pas à table parce que j'étais encore incommodée; je m'ennuyai à la mort, nous étions quinze. Hier je passai la soirée chez cette grand'maman, nous n'étions que quatre, elle, le grand Abbé, et M. de Gontaut. Le grand-papa rentra à minuit. La conversation fut assez animée. Dites-moi pourquoi je suis frappée de l'excès de vanité de presque tout le monde; jamais, ce me semble, elle n'a été aussi générale et aussi excessive. Peu de gens la couvrent d'une fausse politesse; on veut dominer, on veut profiter de tous ses avantages, on compte les autres pour rien; il faut se laisser écraser si l'on veut avoir la paix. Je suis bien fâchée de n'être pas née Anglaise, puisque le caractère de cette nation fait qu'on se passe sans peine de toute société.

La grand'maman m'a beaucoup demandé de vos nouvelles, elle dit qu'elle s'étonne que vous ne vouliez pas venir à Chanteloup. Elle m'a

1. Don Jerónimo Grimaldi (1720–86), minister of foreign affairs in Spain, was supposed to be hostile to England (HW to Mann 24 Nov. 1776).

2. Les Choiseul (HW).

chargée de vous faire mille compliments et m'a bien fait promettre de ne le pas oublier. Ah! je n'ai garde, lui ai-je dit, rien ne lui peut faire autant de plaisir.

D'ici à Pâques on fera trois inventaires superbes, de M. Boisset de Randon[3] qu'on estime monter à trois millions, de M. de Gagny,[4] et de feu Monsieur le Prince de Conti.[5] M. de Presle vous offre les catalogues quand ils paraîtront. Dites si vous les voulez.

Vous lisez de la musique[6] et moi je lis *Cassandre*.[7]

Je soupe ce soir chez Mme de Jonzac pour la première fois depuis un an et beaucoup plus.

Demain je souperai tête à tête avec la Sanadona, vous jugez bien comme je m'évertuerai. On m'a toujours dit qu'il fallait apprendre à s'ennuyer ou à ne point s'ennuyer, je ne sais lequel des deux; quoique ce puisse être j'en prendrai demain une leçon; ce ne sera certainement pas la première que j'aurai prise, mais celle-là sera d'un genre différent des autres.

Mme de Luxembourg est à Montmorency d'aujourd'hui jusqu'au 17, elle me manquera beaucoup.

From Madame du Deffand, Monday 9 December 1776

Ce 9 décembre 1776.

IL y a quelques changements aux jours où je vous écris; vos lettres ne me sont pas toujours rendues le dimanche, je les attends pour y répondre, et cela me mène au mercredi; je le préviens aujourd'hui, parce que je me trouve seule et que je ne peux faire un meilleur emploi de mon temps que de causer avec vous; tant pis pour vous, vous vous passeriez bien de remplir les lacunes de ma journée; mais n'êtes-vous pas mon ami? Et quel agrément peut-on trouver dans un ami, si l'on n'y a pas une parfaite confiance, et s'il faut être toujours dans la crainte de l'ennuyer?

3. Paul Randon de Boisset (1708–76), art collector, died 26 Sept. 1776. The sale of his collection began 3 Feb. 1777 (Louis Torterat, Comte Clément de Riis, *Les Amateurs d'autrefois*, 1877, pp. 359–81). His sale is mentioned in Louis Petit de Bachaumont, *Mémoires secrets*, Londres, 1784–9, x. 73, 76.

4. Augustin Blondel de Gagny (1695–1776) died 9 July 1776. The sale of his collection began 10 Dec. 1776 (Louis Torterat, Comte Clément de Riis, op. cit. 343–58, and Louis Petit de Bachaumont, op. cit. x. 27).

5. See Émile Dacier, 'La Curiosité au XVIIIe siècle: les collections et les ventes du Prince de Conti,' *Le Mercure de France*, 15 Nov. 1920, cxliv. 128–54.

6. HW was reading the *General History . . . of Music* by Sir John Hawkins (1719–89), Kt (Cole ii. 28).

7. By La Calprenède.

Je suis sûre que vous êtes persuadé que je m'amuse beaucoup, et que le retour de Chanteloup me cause des plaisirs ineffables. Il y a beaucoup à en rabattre. *Je suis contente,* comme disait à Mme de Montespan la Carmélite la Vallière,[a] *mais je ne suis pas bien aise.*

Mes parents[1] souperont jeudi chez moi pour la troisième et dernière fois; ils ouvriront leur maison dimanche prochain, et c'est où j'irai fort rarement; ils se tiennent dans leur galerie; je ne sais si vous la connaissez, elle est infiniment grande, il faut soixante-dix ou douze bougies pour l'éclairer; la cheminée est au milieu, il y a toujours un feu énorme et des poêles aux deux bouts; eh bien! malgré cela on y gèle, ou l'on y brûle si l'on se tient auprès de la cheminée ou des poêles; toutes les autres places dans les intervalles sont des glacières; on trouve un monde infini, toutes les belles et jeunes dames et les grands et petits seigneurs; une grande table au milieu, où l'on joue toutes sortes de jeux, et cela s'appelle une macédoine; des tables de whisk, de piquet, de comète; trois ou quatre tric-tracs qui cassent la tête. Peut-être vos assemblées ressemblent-elles à cela; en ce cas, je crois que vous vous y trouvez rarement: il n'y a que d'être seule que je trouve pis que cette cohue. Cette maison est ouverte depuis le dimanche jusqu'au jeudi inclusivement; le vendredi et le samedi, je suis dévouée à la grand'maman. Je lui fis hier vos compliments, et l'assurai de votre sincère attachement: elle me répéta qu'elle vous aimait beaucoup, et qu'elle était bien fâchée que vous prissiez si mal votre temps pour vos voyages ici, et d'être privée du plaisir de vous voir. Je lui dis qu'à l'avenir elle n'aurait à envier personne. L'Abbé prétend vous aimer beaucoup; et sur ce que je lui ai dit de votre part, il pourra prétendre que vous l'aimez beaucoup aussi; et de toutes ces prétentions il en résulte fort peu de propriétés.

Ce mercredi.

J'étais hier en train de bavarder; je suis aujourd'hui sèche et stérile. Je soupai hier chez M. Necker; je lui dis un mot de M. Texier, il ne fut pas reçu favorablement. Il a volé la caisse de la recette[2] et de plus M. Boutin,[3] qui s'était rendu sa caution; en un mot c'est un fripon; j'en suis fâchée, car il a un talent agréable.

Voilà le retour de Montmorency qui s'approche; je serai bien aise

---

a. Françoise-Louise de la Baume le Blanc (1644–1710), Duchesse de la Vallière, mistress of Louis XIV.

1. Les Choiseul (HW).

2. He was receiver-general of the taxes of Lyon (see Pierre Manuel, *La Police de Paris,* 1791, ii. 240–2).

3. Probably Simon-Charles Boutin (guillotined 1794) (Henri-Alexandre Wallon, *Histoire du tribunal révolutionnaire,* 1880–2, v. 74). HW had met him several times in Paris in 1766, 1771, and 1775, and had visited his famous English garden (*Paris Jour.*).

de revoir la Maréchale. Tous vos amis et amies sont-ils absents? et M. Conway, que fait-il? Ne pourrais-je pas, par son moyen, avoir les *Mémoires* de M. Hume?[4] J'ai un très bon traducteur[5] tout prêt. Je sais que ces *Mémoires* sont peu de chose; mais ceux de Mme de Staal ne sont pas fort importants, et ne laissent pas de faire grand plaisir: enfin je les désire, et si M. Conway veut me les faire avoir, il me fera grand plaisir. Combien M. Conway a-t-il été dans le ministère?[6] J'ai eu sur cela une dispute.

Le Fox a l'air de se plaire ici. Je vis hier un M. Greville,[7] cousin de l'ambassadrice, neveu du Chevalier Hamilton; il vous connaît, il a été à Strawberry Hill; il m'aurait reconnue sur mon portrait.

Je penche à croire que nous n'aurons point la guerre; on parle d'une réforme dans la cavalerie; nos guerriers en murmurent, et s'en prennent un peu à M. Necker.

J'ai reçu d'Arles une lettre de l'Idole, qui y est établie. Elle est très bien écrite et très touchante, je m'en laissais attendrir; mais je me suis rappelé sa conduite avec feu la demoiselle,[8] et mon cœur s'est fermé. Oh! vous avez raison; il faut être de pierre et de glace, et surtout n'estimer assez personne pour y prendre confiance. Tout cela se peut faire sans haine et sans misanthropie. Il me semble que si je revenais à trente ou quarante ans, je me conduirais bien différemment que je n'ai fait. Mais peut-être me trompé-je; on ne vaut pas mieux que les autres; les occasions, les circonstances emportent, et la réflexion ne vient qu'après tout ce qui devait être; je trouve seulement que l'on fait un plat usage de la vie. Voilà ce qui s'appelle bien des lieux communs; je vous en demande pardon.

Si vous voyez Mme Cholmondeley, dites-lui que je vous demande de ses nouvelles.

Voici une petite chanson à la mode, que tout le monde chante:

> Nos dames doivent leurs attraits
> À tous leurs grands plumets,
> À tous leurs grands plumets;
> Et nos seigneurs tous leurs succès
> À leurs petits jacquets,
> À leurs petits jacquets.

4. Hume's *Autobiography*, published 1777. A MS French translation is in D's bequest to HW.

5. Not identified.

6. Conway was secretary of state, 1765–8.

7. Charles, fils du Comte de Warwick (HW). Hon. Charles Francis Greville (1749–1809), whose mother, like Lady Stormont's mother, was a sister of Sir William Hamilton. HW's extant letters do not mention Greville's visit to Strawberry Hill.

8. Mlle de Lespinasse (HW).

To MADAME DU DEFFAND, ca Friday
13 December 1776

Missing. Probably written at Strawberry Hill. Answered, 18 Dec.

To MADAME DU DEFFAND, ca Tuesday
17 December 1776

Missing. Probably written at Arlington Street. Answered, 22 Dec.

From MADAME DU DEFFAND, Wednesday
18 December 1776

Ce 18 décembre 1776.

POUR répondre aux questions de votre dernière lettre,[1] il faut
que je répète ce que je vous ai dit dans mes lettres précédentes.
Tout Chanteloup est ici; les Caraman sont aussi de retour, ainsi que
Mme de Jonzac, enfin tout le monde. Je ne puis pas me plaindre de
la solitude, et si je m'ennuie, je peux savoir à qui m'en prendre;
j'aime mieux, je l'avoue, que ce soit aux autres qu'à moi seule.
L'abandon, et tout ce qui en a l'air, m'est insupportable. Jouissez du
bonheur de vous suffire à vous-même; je voudrais que la nature m'eût
aussi bien traitée, et m'eût donné un caractère semblable au vôtre. Je
ne sais pas bien encore comment je trouve le Fox;[2] il a sans doute
beaucoup d'esprit, et surtout beaucoup de talent. Je ne sais si sa tête
est bien rangée, et si toutes ses idées sont bien justes; il me semble
qu'il est toujours dans une sorte d'ivresse, et je crains qu'il ne soit
bien malheureux quand cette façon d'être cessera, et qu'il sentira
qu'il est le seul auteur de tous ses malheurs. Il serait alors bien à
plaindre s'il avait une tête française; mais je ne connais point les
têtes anglaises: elles sont si différentes des nôtres, que si j'en voulais
juger, ce serait comme si je voulais juger des couleurs.

Je ne sais que penser de la guerre; si elle arrive, ce sera par des
malentendus; je suis persuadée que ni vous ni moi ne la voulons.
C'est encore un problème pourquoi M. Franklin[3] vient ici; et ce qui

1. HW to D ca 13 Dec. 1776.
2. Charles Fox (HW).
3. Benjamin Franklin landed 3 Dec. and
reached Paris 20 Dec. 1776. He, with Silas
Deane and Arthur Lee, had been appointed to seek French aid for the American colonies. See Lévis, *Souvenirs* p. 51.

est de plus singulier, c'en est un aussi de savoir s'il est à Paris; depuis trois ou quatre jours, on dit le matin qu'il est arrivé, et le soir qu'il ne l'est pas.

Un certain M. de Pezay a épousé depuis peu de jours une très belle Mlle de Murat,[4] qui n'a pas un sou, presque point de parents; il n'en est point amoureux; on ignore quel est son motif. Je vous envoie des vers[5] qui sont une inscription qu'il a faite pour sa maison de campagne,[6] avec la parodie qu'on en a faite, et que l'on a mise chez vous dans votre journal.[7] Ce M. de Pezay est celui qui a fait des vers pour moi,[8] assez jolis, et que vous avez dû voir. On l'accable de ridicules; on lui envie la protection qu'on prétend que le ministre[9] lui a accordée; on ne cesse de l'accabler d'épigrammes. On fait même des suppositions; on lui fait demander au ministre quel titre il prendra, de Comte, de Marquis, ou de Baron. Le ministre répond, 'Cela m'embarrasse; si c'est Comte, on dira *conte pour rire;* si c'est Marquis, on ajoutera, *saute, Marquis* (trait de la comédie du *Joueur* de Regnard);[10] si c'est Baron, on se souviendra du *Baron de la Crasse.*'[11] Voilà de nos plaisanteries; mais malheur à qui en est l'objet; ce ne sont pas des blessures légères.

Vous vous plaignez de vos lectures, je n'en suis point étonnée; je suis à la fin du dernier livre de *Cassandre,* il m'a fallu une excessive patience; vous avez raison, tous les personnages se ressemblent; les dialogues, les monologues sont abominables, mais les intrigues sont quelquefois ingénieuses et donnent de la curiosité; mais enfin je suis bien aise d'en être quitte. Je ne sais plus que lire.

Mme de Luxembourg est d'hier de retour de Montmorency, je soupai hier avec elle chez les Necker; il y avait assez de monde, et comme vous aimez les noms propres, il faut vous les nommer. D'abord elle, Maréchale, et puis Mmes de Lauzun, de Cambis, moi, le maître et la maîtresse de la maison, les ambassadeurs d'Espagne, de Naples, et de Suède, Mme de Houdetot, M. de Saint-Lambert, M. Fox, le Vicomte de Beaune, Marmontel; si j'oublie quelqu'un, pardonnez-le-moi.

M. Selwyn est-il tout à fait fou, ou bien est-il ensorcelé? Oh! les

4. Charlotte Murat (living 1834); they were married 24 Nov. 1776 (*Mercure de France,* Jan. 1777, i. 234; *L'Intermédiaire des chercheurs et curieux,* xliv. 950; xlv. 354–5).
5. See Appendix 48.
6. Pezay, near Blois.

7. Not found.
8. See *ante* 22 June 1774.
9. Maurepas.
10. Jean-François (1655–1709).
11. Comedy by Raymond Poisson (1633–90).

Anglais, les Anglais sont bien étranges, on ne doit jamais prétendre à les connaître; ils ne ressemblent en rien à tout ce qu'on a vu, chaque individu est un original, il n'y en a pas deux du même modèle. Nous sommes positivement tout le contraire; chez nous, tous ceux du même état se ressemblent; qui voit un courtisan, les voit tous; un magistrat, tous les gens de robe, ainsi que tous les autres; tout est faux air chez nous, prétentions, jusque même aux maladies; tout le monde aujourd'hui a des maux de nerfs; tout le monde admire les lettres du Roi de Prusse à d'Alembert; on ne cesse de vanter sa sensibilité; je suis peut-être la seule à n'en être point touchée, à m'en moquer et à trouver qu'il n'est qu'un rhéteur, et même un fat dans ses prétentions de bel esprit et d'homme sensible.

Je dirai à M. de Presle de vous envoyer les catalogues des cabinets. Il paraît un petit ouvrage qui a pour titre, *Mânes de Louis XV;*[12] je le lis actuellement, je pourrai vous l'envoyer en faveur de tous les noms propres dont il est plein.

N'êtes-vous pas content de cette lettre? n'est-elle pas selon votre goût? n'est-elle pas pleine de choses indifférentes? y est-il question de vous et de moi? sachez dire au moins quelquefois que vous êtes content.

J'ai oublié dans la liste du souper des Necker, la Sanadona; j'en suis bien aise, parce que cela me donne occasion de vous dire que j'en suis fort contente; je le serais davantage, si elle ne me louait pas tant; mais comme c'est presque toujours tout de travers, elles me font l'effet d'un blâme; elle veut flatter ma vanité, qu'apparemment elle croit excessive.

Vous avez bien à peu près la même idée.

From MADAME DU DEFFAND, Sunday 22 December 1776

Ce dimanche 22 décembre 1776.

JE ne puis pas dire que votre lettre[1] m'ait agréablement surprise, mais elle m'a bien étonnée et bien affligée.[2] Vous me connaissez trop bien pour pouvoir douter que je ne sois fort inquiète et que je ne vous sache beaucoup de gré si vous voulez bien me donner le

12. By Gudin de la Brenellerie (*post* 22 Dec. 1776; Grimm xi. 387, 391–2, Nov. and Dec. 1776).

1. HW to D ca 17 Dec. 1776.
2. HW had the gout (HW to Lady Ossory 17 Dec. 1776).

plus souvent de vos nouvelles qu'il vous sera possible, je ne demande que des bulletins.[2a] À quoi me seraient bons les Anglais que je vois s'ils se refusaient à me les traduire?

Je vous suis très obligée de l'intention où vous êtes de m'envoyer les *Mémoires* de M. Hume. Je vais tâcher de vous envoyer par le courrier de l'ambassadeur une brochure en deux petits volumes qui a pour titre, *Aux mânes de Louis XV et des grands hommes qui ont vécu sous son règne; ou essai sur les progrès des arts et de l'esprit humain sous le règne de Louis XV.*

Ce livre est défendu, on ne sait pas pourquoi, il n'est pas d'un mauvais style. Il y a des articles sur les sciences qui sont très ennuyeux, c'est un étalage de tout le savoir de l'auteur. Cet auteur est nommé Gudin que vous avez pu voir chez moi;[3] il n'est pas fort célèbre, c'est lui qui en dernier lieu a fait la tragédie de *Coriolan* qui n'a pas eu un grand succès; mais comme vous aimez les noms propres son dernier ouvrage pourra vous amuser. Si c'est le courrier de l'ambassadeur qui vous le porte, il partira jeudi 26. Si cette voie me manque j'en chargerai le Fox, qui partira sûrement le 12 du mois prochain.

Le Franklin arriva hier à 2 heures après midi, il avait couché la veille à Versailles. Il a deux petits-fils[4] avec lui, un de sept ans, un autre de dix-sept, et un petit-neveu,[5] un M. Penet,[6] son ami et un gouverneur des enfants.[7] Il loge dans la rue de l'Université dans la même auberge[8] que Milady Clermont.

Je crois que vous vous trompez sur M. Texier, il peut n'être pas fripon, mais il ne se peut pas qu'il n'ait été convaincu d'une friponnerie.

On dit que M. de Lauzun a des affaires un peu embarrassées. Sa grand'mère[9] ne m'en parle pas, ainsi je feins de l'ignorer. Chaque

2a. Corrected by HW to 'buletins' from Wiart's 'bultins.'

3. HW probably met him three times in 1769 and once in 1771 (*Paris Jour.*).

4. William Temple Franklin (ca 1759–1823) and Benjamin Franklin Bache (1769–98) (*Dictionary of American Biography*, New York, 1928–36, and *Appleton's Cyclopedia of American Biography*, ed. James Grant Wilson and John Fiske, New York, 1899–1900, i. 126, ii. 535).

5. Jonathan Williams, jr (1750–1815) (*Appleton's Cyclopedia of American Biography* vi. 528–9).

6. Of Nantes. See Francis Wharton, *Diplomatic Correspondence of the American Revolution*, Boston, 1829–30, ii. 30; and *American Archives*, Series IV, iv. 61, 235.

7. Apparently a mistake; no tutor is mentioned by Franklin's biographers.

8. Hôtel d'Hambourg (Bernard Faÿ, *Franklin*, Boston, 1929, p. 411).

9. Mme de Luxembourg, his wife's grandmother.

jour je deviens plus persuadée que personne n'est heureux. Mais n'ayez pas peur, je n'augmenterai point vos malheurs. Je ne vous communiquerai point mes réflexions et mes inquiétudes. Daignez penser que huit jours sont bien longs.

J'approuve extrêmement que vous soyez retourné à Londres. Je vous exhorte, je vous prie, non seulement dans ce moment-ci mais de tout l'hiver, de ne point aller à votre campagne, ni à aucune autre où il y ait à craindre l'humidité. C'est une horrible chose que les douleurs; on s'accoutume à tous les malheurs, je le sais, celui-là excepté; je crois même que les plus grands dévots ne pourraient le supporter.

Je voudrais que M. Conway retournât tout à l'heure à Londres. Milady Churchill y est-elle, et les Beauclerk? Quelque plaisir que vous trouviez à être seul je n'aime point à vous y savoir.

M. de Tourville entre chez moi, il me demande de vos nouvelles. Je lui dis que vous avez la goutte, il veut que je vous mande de faire usage d'une herbe qu'on appelle camœdris lorsque l'accès sera passé. On la prend en infusion comme le thé; il assure qu'il s'en trouve très bien, ainsi que M. Tronchin, qui la conseille à tous les goutteux et qui en use pour lui-même. C'est un stomachique qui ne garantit pas de la goutte mais qui en adoucit les douleurs. M. de Tourville prend un grand intérêt à votre santé et me demande toujours de vos nouvelles.

To Madame du Deffand, Monday
23 December 1776

Missing. Written at Arlington Street. Answered, 8 Jan.

From Madame du Deffand, Sunday
29 December 1776

Ce dimanche 29 décembre 1776.

MA manière n'est point de me flatter, ainsi je ne suis point surprise de la continuation de votre goutte. Je vous laisse à juger de ce que je pense; je serai infiniment obligée à Milady Churchill si elle veut bien me donner de vos nouvelles autant qu'il lui sera possible; c'est le plus grand service qu'on puisse me rendre.

Vous avez reçu, ou vous recevrez incessamment, le livre[1] que je vous ai annoncé. Je vous enverrai par le Fox les règlements de M. Necker,[2] qui sont fort approuvés, et le prospectus d'une loterie de 24 millions,[3] qui ne paraît pas encore.

J'ai rêvé toute la nuit de M. Conway, je voudrais bien qu'il fût à Londres.

Vous savez que nous avons ici M. Fitzpatrick. Je le menai hier avec son ami[4] souper chez la Flore-Pomone. Ces deux jeunes gens ont de l'esprit, mais non pas de celui que je désirerais qu'eût mon fils, mon frère, et toutes personnes auxquelles je m'intéresserais.

Je vous écrirai quelques jours plus au long ce que je pense d'eux, ce sera quand vous vous porterez bien et que je trouverai quelque occasion.

Je dois voir aujourd'hui M. Franklin; je n'en ai pas grande curiosité. Vous savez que je ne suis pas Américaine, mais je suis pour la paix, et tout ce qui la trouble et l'éloigne me fait un aussi violent chagrin que si j'y avais un intérêt particulier; et vous savez bien que cela n'est pas; cependant il n'y a rien que je désire plus au monde après votre parfaite santé.

From Madame du Deffand, Tuesday 31 December 1776

Entirely in Colmant's hand.

31 décembre, à 6 heures du matin.

LE jeune Elliot arriva hier ici, après avoir quitté son père à Avignon, qui allait continuer sa route jusqu'à Marseille, où il compte rester. Ce petit Elliot part dans quatre ou cinq heures pour Londres; il m'a offert de vous porter de mes nouvelles, je ne puis refuser cette occasion. Peut-être ma lettre arrivera-t-elle mal à propos; si vous souffrez, si vous êtes accablé, ne me lisez point, attendez que vous soyez calme et sans douleurs, et d'assez bonne humeur pour que je ne vous sois point importune.

Si vous voyez ce petit Elliot, il vous dira le monde qu'il trouva hier dans ma chambre; et voici comme nous étions rangés: moi dans

---

1. Gudin's *Aux Mânes de Louis XV.*
2. Of 22 Dec. 1776 (*Mercure historique* clxxxii. 87, Jan. 1777).

3. According to the edict registered by the parliament, 7 Jan. 1777 (ibid.).
4. Charles Fox.

mon tonneau, M. Franklin à côté, avec un bonnet de fourrure sur sa tête et des lunettes sur son nez, et puis tout de suite, Mme de Luxembourg, M. Silas Deane,[1] député de vos colonies, le Vicomte de Beaune, M. Leroy,[2] le Chevalier de Boutteville, Monsieur le Duc de Choiseul, l'Abbé Barthélemy, M. de Guines qui fermait le cercle. Le petit Elliot apportait des nouvelles d'Amérique du 4 et du 6 de novembre, qu'il affirma être véritables et que personne ne voulut croire, parce qu'elles sont très défavorables pour les insurgents, et auxquels toute la compagnie est fort dévouée, excepté M. de Guines et moi qui sommes pour la cour. M. Elliot ne débita ces nouvelles qu'après que MM. Franklin et Deane, et M. Leroy qui me les avait amenés, furent sortis. Si le Fox et Fitzpatrick étaient arrivés, ma chambre aurait pu représenter la salle de Westminster, où, comme vous voyez, le parti royaliste n'aurait pas été le plus fort. D'autres personnes qui survinrent après le départ de la plupart de ceux que je viens de vous nommer, se mirent à politiquer; et moi, qui entendis neuf heures sonner, et qui avais un rendez-vous chez Mme de Mirepoix avec qui il s'agissait d'explication, d'éclaircissement, de réconciliation, je passai dans mon cabinet, laissant toute la compagnie auprès du feu; je descendis, je montai dans mon carrosse avec la Sanadona, j'arrivai chez la Maréchale; le début fut l'embrassement le plus tendre, qui fut suivi des justifications, des protestations les plus tendres, enfin d'un parfait accommodement; nous n'avions que la Sanadona en tiers; nous nous séparâmes à deux heures, plus intimes amies que jamais; je vins me coucher; j'ai dormi environ une heure et demie, j'ai attendu avec impatience que six heures fussent sonnées pour pouvoir éveiller mon secrétaire; j'ai dicté, il a écrit, tout est dit.

Je vous envoie les règlements qu'a faits M. Necker, c'est la première chose qui ait paru de lui; il me semble que cela est généralement approuvé; reste à savoir s'ils pourront s'exécuter, et s'il sera soutenu, comme il serait à souhaiter, par ses supérieurs. Ah! si j'étais avec vous, nous aurions bien des matières de conversation; j'en aurais bien à vous dire sur le Fox et Fitzpatrick. Je vous écrirai quelque jour ce que je pense d'eux, mais pour ce moment-ci, il faut que je

1. Corrected by HW from Wiart's 'Dillas.' Silas Deane (1737–89) (*Dictionary of American Biography*, New York, 1928–36).

2. Erroneously identified by T as Franklin's host at Passy, who was Donatien Le Ray de Chaumont. This is more probably Franklin's friend, Jean-Baptiste Leroy, the scientist, whom HW had met frequently in Paris in 1775, and whose name would therefore need no explanation in this letter (confirmed by Mr George S. Eddy).

fasse fermer mon paquet pour qu'on le remette à M. Elliot, et puis que je tâche de dormir.

Adieu, mon ami. Je n'ose vous dire à quel point je suis fâchée de vous savoir avec la goutte. Si vous avez de l'amitié pour moi, ne perdez pas une occasion de me donner de vos nouvelles.

To Madame du Deffand, Sunday 5 January 1777

Missing. Probably written at Arlington Street. Answered, 14 Jan.

From Madame du Deffand, Sunday 5 January 1777

Address: **To Monsieur Monsieur Horace Walpole in Arlington Street near St James's** *London Angleterre.*
Postmark: IA 11.

Paris, ce dimanche 5 janvier 1777.

JE n'entends plus parler de l'Angleterre qu'à l'occasion de l'Amérique. L'ordinaire de mercredi a manqué, celui d'aujourd'hui n'est point encore arrivé; enfin je suis dans une ignorance si totale de ce qui vous regarde qu'il me semble que je n'en entendrai plus jamais parler. Vos compatriotes disent qu'ils ne reçoivent point de nouvelles. Je n'ai point vu l'ambassadeur depuis mardi dernier. La visite que je vous ai mandé avoir reçue de M. Franklin, lui fait peut-être craindre de le rencontrer. Cela n'aurait pas de bon sens, car il est hors de toute vraisemblance que je puisse avoir des liaisons avec lui.

Peut-être aurai-je demain de vos nouvelles, on reçoit toujours les lettres plus tard dans les premiers jours de l'année. Enfin je suis inquiète, cela n'est pas étrange, puisque je vous sais la goutte, et que loin d'en apprendre des nouvelles tous les ordinaires comme je le désirerais, toute communication semble être interrompue.

Vous avez dû recevoir une de mes lettres[1] par M. Elliot. Je ne sais que vous écrire aujourd'hui, je ne sais si vous êtes dans la disposition ou dans l'état de m'écouter; il est vraisemblable que j'aurai de vos nouvelles d'ici à mercredi, et je remets à ce jour-là à vous écrire, pour aujourd'hui cela ne m'est pas possible.

1. *Ante* 31 Dec. 1776.

Je souperai mardi chez votre ambassadeur,[2] peut-être aura-t-il reçu une lettre de M. Conway.

J'attendais ces jours-ci la Duchesse de Leinster; elle m'a fait dire qu'elle n'arriverait que dans trois semaines.

Le Fox nous quittera de mardi en huit; peut-être ne pourra-t-il pas se charger d'une lettre pour vous; enfin je suis dans une ignorance et dans un délaissement qui m'est insupportable. Si dans cette situation je venais à apprendre que vous êtes bien malade je serais bien troublée. Peut-être demain aurai-je une lettre, cette journée-ci me paraîtra bien longue. Si j'étais tranquille sur votre état je trouverais mille choses à vous dire, mais dans ce moment tout est brouillé dans ma tête; cet état m'est insupportable.

To MADAME DU DEFFAND, Tuesday 7 January 1777

Missing. Probably written at Arlington Street. Answered, 22 Jan.

From MADAME DU DEFFAND, Wednesday 8 January 1777

Address: To Monsieur Monsieur Horace Walpole in Arlington Street near St James's London Angleterre.
Postmark: IA 15 PA<RIS>

Paris, ce 8 janvier 1777.

VOILÀ trois jours de poste sans courrier d'Angleterre; les dernières nouvelles que j'ai reçues de vous sont du 23. J'espérais en avoir aujourd'hui parce que le courrier de votre ambassadeur arriva hier, et qu'ordinairement le nôtre arrive le lendemain, mais point du tout. Je n'en comprends pas la raison. Il est fort triste de savoir son ami malade, et d'être plus de quinze jours sans apprendre de ses nouvelles. Il ne serait pas impossible que j'eusse demain une lettre, les facteurs ne portent point régulièrement les lettres dans les premiers jours de l'année. Enfin nous verrons. L'inquiétude est un état insupportable, mais c'est de quoi il ne faut pas vous parler.

Votre ambassadeur donna hier à souper; il y avait, je crois, soixante personnes. Il y eut un biribi, un pharaon, MM. Fox et Fitzpatrick y jouèrent. J'entends dire qu'ils perdent toujours et qu'ils payent. Quelle est leur ressource? Je ne le comprends pas. Ce sont deux

2. Lord Stormont (HW).

bien mauvaises têtes, et je les crois incurables, surtout le Fox, qui tire une grande gloire de sa prétendue insensibilité pour sa situation. Pour moi, j'avoue qu'elle me fait horreur, son avenir me paraît affreux, je ne lui vois d'autre ressource que d'imiter M. Damer. Qu' est-ce que l'esprit sans jugement et sans un grain de bon sens? À vingt-huit ans avoir perdu tout son bien, avoir des dettes qu'on ne pourra jamais acquitter, et n'en être pas seulement troublé; rien n'est plus surprenant. Il me serait impossible de m'intéresser pour de tels personnages, et d'avoir aucune estime pour leur genre d'esprit. Je crois que vous pensez de même.[1]

Il n'y a ici rien de nouveau, les bruits de guerre s'affaiblissent, plutôt qu'ils ne s'augmentent. Mais si je n'ai point de vos nouvelles, que m'importe de la paix ou de la guerre?

From Madame du Deffand, Monday 13 January 1777

Paris, ce lundi 13 janvier 1777.

J E ne comprends plus rien au dérangement de la poste. Voilà encore un ordinaire qui manque; je ne sais si nos lettres éprouvent les mêmes retardements. Dans cette incertitude, je me détermine à vous écrire par M. Fox; il doit partir demain, il me promet de ne point perdre ma lettre, et de vous la rendre à son arrivée. Dieu le veuille! je n'ai pas grande foi à son exactitude. Mais pourquoi n'envoyez-vous pas les vôtres chez celui qui est chargé des paquets de Milord Stormont? Il est bien fâcheux de ne point recevoir de nouvelles quand on est dans l'inquiétude, c'est un malheur que je n'avais point encore éprouvé. Vous ne pouvez pas répondre, il est vrai, des retardements des courriers, aussi je ne vous fais point de reproches. Vos dernières nouvelles étaient que vous aviez passé une bonne nuit, mais vous la deviez à un calmant que vous aviez pris en vous couchant. J'ignore l'état où vous êtes présentement. Je ne trouve rien à vous dire, je crois que rien ne vous intéresse, et tout ce que je pourrais vous écrire me paraît hors de propos. Je ne sais point parler seule.

Si vous êtes en état de voir M. Fox, interrogez-le; je crois cependant que vous n'en tirerez pas grande satisfaction; je l'ai beaucoup vu, mais nous nous sommes toujours contrariés; nos façons de penser sont très différentes. Il a beaucoup d'esprit, j'en conviens; mais c'est

1. HW disapproved of Fox's gambling but admired his brilliance.

un genre d'esprit dénué de toute espèce de bon sens. Je n'en ai pas assez dans ce moment-ci pour le définir. Quand vous vous porterez bien, quand j'aurai reçu de vos nouvelles, je pourrai causer avec vous; mais avant ce temps-là, je n'ai rien à dire.

Le Fitzpatrick ne partira que dans trois ou quatre jours, peut-être vous écrirai-je encore par lui; mais mes lettres vous fatiguent peut-être. C'est une situation assez fâcheuse que celle que j'éprouve.

J'ai le livre de M. Gibbon,[1] je ne l'ai point encore commencé. Je vous envoie l'édit de notre loterie,[2] j'ai pris quatre billets; elle a été remplie sur-le-champ. On prétend que les billets gagnent cent francs.

Ce mardi 14.

Je ne l'espérais pas, et voilà que je reçois votre lettre du 5; elle est de votre écriture et trop longue. Je suis bien touchée de votre complaisance, et des égards que vous avez de diminuer mes inquiétudes; mais je ne saurais être parfaitement tranquille, tant que ce maudit accès de goutte ne sera pas entièrement passé. Ce qui me fâche encore beaucoup c'est la solitude où vous êtes, mais vous aurez du monde quand vous recevrez cette lettre, tous vos amis seront de retour à Londres. Vous ne me parlez plus des Beauclerk, où sont-ils donc présentement?[3] Lindor est un bon homme, je lui sais bon gré de ses attentions, et je pardonne au Craufurd sa conduite avec moi puisqu'il se conduit bien avec vous. Le Fox compte vous voir. Dites-lui que je vous ai écrit beaucoup de bien de lui. En effet, j'en pense à de certains égards; il n'a pas un mauvais cœur, mais il n'a nulle espèce de principes, et il regarde en pitié tous ceux qui en ont; je ne comprends pas quels sont ses projets pour l'avenir, il ne s'embarrasse pas du lendemain. La plus extrême pauvreté, l'impossibilité de payer ses dettes, tout cela ne lui fait rien.

Le Fitzpatrick paraîtrait plus raisonnable, mais le Fox assure qu'il est encore plus indifférent que lui sur ces deux articles; cette étrange sécurité les élève, à ce qu'ils croient, au-dessus de tous les hommes. Ces deux personnages doivent être bien dangereux pour toute la jeu-

1. The first volume of the *Decline and Fall*, translated by Le Clerc de Septchênes (Gibbon to Holroyd 7 Dec. 1776, in Edward Gibbon's *Letters*, 1896, i. 296).

2. Registered 7 Jan. 1777 (see *Journal de Paris*, 9 Jan. 1777, pp. 2–3). It is not with the MS.

3. They were in Bath at the close of 1776, when both husband and wife were ill (John Heneage Jesse, *George Selwyn and his Contemporaries*, 1882, iii. 162–4, 172–3).

nesse. Ils ont beaucoup joué ici, surtout le Fitzpatrick; il a beaucoup perdu. Où prennent-ils de l'argent, c'est ce que je ne comprends pas; je ne saurais m'intéresser à eux, ce sont des têtes absolument dérangées, et sans espérance de retour; je n'aurais jamais cru, si je ne l'avais connu par moi-même, qu'il pût y avoir des têtes comme les leurs. J'ai bien quelque inquiétude de confier cette lettre au Fox; s'il avait la curiosité de l'ouvrir, il deviendrait mon ennemi; mais je ne puis me persuader qu'il soit capable de cette infidélité.

Je voudrais vous envoyer quelque chose qui pût vous amuser; mais nous n'avons rien qui en soit digne; une comédie de Dorat que je n'ai point encore lue, ne peut être que très plate; elle a pour titre, *Le Malheureux imaginaire*.[4] Nos journaux sont très ennuyeux. Il y a des *Lettres* de Mlle Riccoboni,[5] qui sont une espèce de petit roman; il n'y a pas de risque à vous les envoyer; si elles vous déplaisent, vous les laisserez là. Je serais bien aise d'être avec vous, mon ami; je vous ennuierais peut-être plus que tout le reste, j'en aurais la crainte, mais vous ne m'ennuieriez pas, et je vous assure, avec vérité, que je vous préférerais à tout ce que je fais, quoiqu'on s'imagine que je m'amuse beaucoup.

La grand'maman, le grand Abbé me recommandent toujours de vous parler d'eux. Mme de Mirepoix projette de vous faire un présent, c'est un petit tableau qu'elle croit qui vous sera agréable. Nous nous aimons beaucoup actuellement. Vous comprenez bien ce que c'est que cette amitié, elle ne donne ni plaisir ni souci, mais elle fait passer de temps en temps une heure ou deux. Les deux personnes de qui je reçois plus de marques d'affection, c'est de Mme de Luxembourg et de M. de Beauvau, je les vois presque tous les jours.

M. Necker, que je vois à présent fort rarement, a aussi assez d'amitié pour moi, mais tout cela est assez superficiel. Je ne suis pas en droit de m'en plaindre, car je suis pour eux comme ils sont pour moi. Je mène toujours la même vie, et quand je ne m'ennuie pas extrêmement je ne suis pas mécontente. Je voudrais des livres qui m'amusassent et je n'en trouve point; le seul plaisir que je puisse avoir, le seul que je désire, le seul qui m'affecte, c'est de vous savoir en bonne santé, et de compter sur vous.

4. Acted 7 Dec. 1776, and published 1777 (Bibl. Nat. Cat.).

5. Mme Riccoboni's *Lettres de My-Lord* *Rivers à Sir Charles Cardigan*, Paris, 1777 (BM Cat.).

From Madame du Deffand, Wednesday
15 January 1777

Ce mercredi 15 janvier 1777.

M. FOX m'a fait un joli tour, il me promit de venir chercher hier ma lettre et que de plus il passera la soirée chez les Necker. Je l'attends chez moi toute la journée, il n'y vient point, je vais souper chez les Necker, je ne l'y trouve point; j'y avais porté mon paquet, je voulais le rapporter chez moi, croyant qu'il viendrait ou qu'il l'enverrait chercher; Madame Necker s'y opposa, m'assurant qu'elle avait des moyens de vous le faire parvenir, je l'ai cru et j'ai bien fait; le Fox n'est ni venu ni n'a envoyé chez moi. J'ignore s'il est parti, et je ne me soucie pas de le savoir, je n'ai plus besoin de lui. Ce que je voudrais apprendre c'est si vous avez reçu un autre petit paquet que M. Elliot s'était chargé de vous remettre il y a plus de quinze jours. M. Saint Paul, que je vis avant-hier, prétend que ce M. Elliot a dû passer par Bruxelles, et y faire quelque séjour. Je voudrais savoir s'il n'y a point de mes paquets d'égarés. Depuis que je vous sais la goutte, je vous ai écrit presque toujours deux fois la semaine. Je vous ai envoyé des règlements de M. Necker, l'édit de l'emprunt en loterie, avec la brochure de Mme Riccoboni, c'est mon dernier paquet, qui partira vraisemblablement par le même courrier que cette lettre.

J'ai bien envie que vous ayez de la compagnie, surtout M. Conway, comme étant ce qui vous est le plus agréable, et puis parce qu'il m'a promis de prendre le soin de me donner de vos nouvelles quand vous seriez malade.

Je ne sais pourquoi la poste est si irrégulière, on dit que c'est le passage; je prétends que les vents commencent les hostilités entre nous et vous, Dieu veuille qu'il n'en survienne point d'autres! Il me semble que l'on parle moins de guerre, et ma politique à moi me persuade que si vous soumettez l'Amérique, vous aurez besoin de toutes vos forces pour maintenir vos possessions, et que vous ne songerez point à en acquérir d'autres, ce que nous aurions à craindre si vous aviez à réparer vos pertes. Voilà ce qui fait que je suis royaliste, indépendamment que je préfère le gouvernement monarchique au républicain. Vous vous moquerez de mes beaux raisonnements, surtout si vous souffrez.

Je n'aurai point de vos nouvelles avant lundi, indépendamment du passage on ne délivre les lettres tout le courant de ce mois-ci qu'un jour plus tard.

J'ai mal dormi cette nuit, et il m'a passé une idée par la tête, d'écrire de certains événements dont j'ai eu connaissance. Ce serait des anecdotes assez curieuses, mais je n'ai point assez de style, ce serait une entreprise dont je ne viendrais point à mon honneur. Il faudrait m'étudier, réfléchir, songer à bien dire, j'y trouverais de l'impossibilité, le dégoût ne tarderait pas à arriver; adieu l'ouvrage, et ce que j'aurais fait pour écarter l'ennui ne servirait qu'à le rendre plus grand.

On joue actuellement ici un jeu abominable. Il commence à n'être plus question que de deux, trois mille louis de perte. Il n'y a presque plus de souper sans pharaon ou trente et quarante, ou autres jeux de hasard. Mme de Mirepoix a quitté le gros jeu, elle ne joue plus qu'au douze francs au whisk.

Avez-vous entendu parler de M. de Lauzun?[1] Il est dans la même situation que le Fox. Mme de Luxembourg a dans cette occasion une conduite admirable, indulgente, généreuse; il n'y a point de défaut qu'un bon cœur ne fasse tolérer, on peut toujours espérer de bons procédés de ceux qui ont l'âme sensible. Depuis quelque temps je me sens beaucoup d'éloignement pour les personnes qu'on donne pour être parfaites, c'est pour l'ordinaire celles qui n'ont point d'âme qu'on donne pour telles. Qu'est-ce que c'est que de n'avoir aucun mouvement naturel, et quand on en a, est-il possible de ne point faire de fautes?

Je ne sais pas pourquoi je raisonne, cela me sied très mal, je suis trop vieille pour réfléchir et pour penser; à quoi cela me servirait-il? Me reste-t-il du temps pour agir?

Adieu; le peu qui m'en reste sera pour vous aimer toujours.

To Madame du Deffand, ca Friday 17 January 1777

Missing. Probably written at Arlington Street. Answered, 22 Jan.

1. The Duc de Lauzun was deeply in debt. His opinion of Mme de Luxembourg's generosity was not so enthusiastic as D's (Armand-Louis de Gontaut, Duc de Lauzun, *Mémoires*, 1858, pp. 261–5, 267–8; and Gaston Maugras, *Duc de Lauzun and the Court of Marie Antoinette*, 1896, pp. 125–6).

To MADAME DU DEFFAND, ca Tuesday 21 January 1777

Missing. Probably written at Arlington Street. Answered, 25 Jan.

From MADAME DU DEFFAND, Wednesday 22 January 1777

Ce mercredi 22, à trois heures après midi
[Jan. 1777.][1]

LA poste a manqué dimanche, ainsi les dernières nouvelles que j'ai de vous sont du 7; vous ne trouveriez pas bon que je vous dise que cela me fâche et m'inquiète; j'attends le facteur; s'il n'arrive point, ou qu'il n'y ait rien pour moi, je ferai partir ce billet et je n'aurai pas le courage d'y rien ajouter.

À 5 heures.

Le facteur arrive et m'apporte une lettre[2] dont la longueur m'a d'abord fait plaisir, et puis après je m'en fâche; je ne prétends point que vous vous fatiguiez, et vous n'avez pu écrire aussi longtemps sans que cela soit. Je ne le serai pas beaucoup à vous donner des nouvelles de l'Empereur;[3] on a appris, vendredi, par un courrier que reçut son ambassadeur, que les neiges rendaient son voyage impossible. Vous croirez bien qu'on ne se paye pas de cette raison,[4] et que les spécu-latifs ne perdent pas cette occasion d'imaginer, de conjecturer, de prévoir, etc.; plusieurs croient que nous ne désirions point sa visite et que nous avons trouvé le moyen de l'éluder, vous en jugerez ce qu'il vous plaira. Pour moi, à qui cela ne fait rien du tout, je ne prends pas la peine d'y penser. Vous ne prenez pas celle de répondre aux nouvelles que je vous mande, vous ne me dites rien des règlements sur les pensions et la maison du Roi;[5] vous me parlerez peut-être de la loterie dont je vous ai envoyé l'ordonnance, je ne me souviens plus par qui.

1. Date of month and year added by HW.
2. HW to D ca 17 Jan. 1777.
3. Joseph II was about to visit Paris to investigate the strained relations between Louis XVI and Marie Antoinette.
4. He was actually delayed by political decisions about Bohemia (Maria Theresa and Florimond-Claude-Charles, Comte de Mercy-Argenteau, *Correspondance secrète*, 1874, iii. 11 n, Mercy to Maria Theresa 24 Jan. 1777).
5. Of 22 Dec. 1776 (see *ante* 29 Dec. 1776).

ce sont les sentimens avec lesquels j'ay l'honneur d'être
monsieur votre tres humble et tres obbeyssante servante

Vichy du Deffand

Vos perdrix ont été trouvées Excellentes et en grande
abondance, il est bien ridicule que vous en reçevies
aussi tard mes remerciemens, mais ce n'ep pas ma faute

Copie de la Reponse

Aubigny ce 28 Janvier —

Bien loin de vous trouver, M. la Marquise, ou ingrate
ou peu reconnoissante, je ne me suis nullement attendu
a l'honneur que vous me faites par la Lettre que je
viens de reçevoir; dont je suis pourtant tres sensible
et d'autant plus flaté comme étant une Marque de
votre souvenir et de cette Bonté que j'ai déja si
souvent ~~aproueé~~ éprouvé — Daignes en reçevoir,
Madame, mes tres humbles Remerciemens, et les Assurances de mes tres profond Respects —

MADAME DU DEFFAND'S SIGNATURE TO HER LETTER
OF 21 JANUARY 1777 (IN WIART'S HAND) TO OGILVIE,
WITH THE ROUGH DRAFT OF HIS REPLY

Vous avez dû recevoir un paquet par le petit Elliot, Mme Necker s'est chargée d'un autre, je ne me souviens plus de ce qu'il contenait. La mémoire a pris congé de moi.

Je n'ai pas reçu d'autres visites de M. Franklin.

Vous me conseillez de ne point attirer tous vos Anglais chez moi, ils se conseillent de leur côté de n'y point venir; je suis passée de mode pour eux; les Clermont, les Dorset,[6] les Lyttelton,[7] tout cela n'est point venu chez moi; je ne vois d'étrangers que ceux que vous avez vus, Naples, Danemark, Suède, Prusse, Genève, Russie; c'en est assez, mais je ne dirai pas trop, parce qu'ils ont des attentions qui me sont agréables.

L'Évêque de Mirepoix vient d'arriver dans le moment, j'en suis bien aise, c'est encore une apparence d'ami.

J'ai reçu une lettre, en même temps que la vôtre, de Milady Lucan; elle m'envoie, dit-elle, un présent par un Anglais[8] qui partait pour Paris; c'est, dit-elle, une petite crémière et deux boîtes de confitures; elle ne nomme point celui qu'elle en a chargé.

Est-ce que M. Conway n'est point encore de retour à Londres? Vous ne m'en parlez pas; et M. de Richmond, y est-il?[9] A-t-il le projet de nous revenir voir? La Duchesse de Leinster m'a comblée de gibier;[10] elle devait venir ici dès le mois de décembre, nous voilà à la fin de janvier, et il n'est pas question qu'elle arrive.

Je suis curieuse de savoir si le Fox vous rendra visite, et savoir ce qu'il vous dira; je lui aurai paru une plate moraliste, et lui, il m'a paru un sublime extravagant. Vos Anglais ont laissé bien de l'argent ici; ils ont animé la fureur du jeu; on commence à ne plus parler que par mille louis; quatre ou cinq cents louis sont des bagatelles qu'on ne daigne pas citer; j'avoue que cela me fait horreur, et réellement je ne saurais estimer les fous de cette espèce; il me paraît impossible qu'ils puissent être parfaitement honnêtes gens. C'est bien dommage de Charles Fox; il joint à beaucoup d'esprit, de la bonté, de la vérité,

---

6. John Frederick Sackville (1745–99), 3d D. of Dorset.

7. Thomas (1744–79), 2d Bn Lyttelton.

8. Not identified.

9. Both Conway and the Duke of Richmond were in London for the Queen's birthday, 18 Jan. 1777 (HW to Lady Ossory 19 Jan. 1777).

10. The game came from Aubigny, where the Duchess sometimes stayed with her brother, the Duke of Richmond. D wrote to Ogilvie, 21 Jan. 1777, thanking him and the Duchess for the partridges, and expressing regret that her previous note of thanks had not been mailed. Ogilvie copied his reply (dated 28 Jan.) on the back of D's letter (MS now wsl). See illustration opposite.

mais cela n'empêche pas qu'il ne soit détestable, sans principes; je n'ajoute pas sans probité, mais je me fierais plus à lui s'il n'avait pas cette maudite passion.

J'ai commencé M. Gibbon. Le peu que j'ai lu m'a plu; mais je ne lis que faute de pouvoir dormir, ainsi toute application me fatigue et éloigne le sommeil; cela fait que je préfère des comédies et des Peau-d'âne.[11] Je ne suis plus abonnée pour la *Bibliothèque des romans;* les autres[12] mettent un faste dans cette érudition qui me paraît très ridicule, et qui par elle-même est assez fastidieuse. De tous les journaux, c'est le journal anglais[13] qui me plaît le plus; je ne sais qui en est le rédacteur. M. Le Monnier, dans ce moment, m'apprend que c'est M. Suard.

Si je reçois une lettre de vous dimanche, je vous écrirai lundi.

Adieu, mon ami; conservez-vous, vous êtes le seul bien qui me reste.

From Madame du Deffand, Saturday 25 January 1777

Ce samedi 25 janvier 1777.

M. FITZPATRICK me dit hier qu'il partirait ce soir et qu'il se chargerait de mes commissions. Je lui dis que je lui enverrais une lettre pour vous; mais l'incertitude où je suis de l'état où vous serez en la recevant, fait que je ne trouve rien à vous dire; je crains le hors-de-propos. Si vous souffrez, si vous êtes de mauvaise humeur, vous me trouverez importune, insupportable; enfin il n'importe, mon intention sera mon excuse, je voudrais vous amuser ou du moins varier votre ennui. Dans cette intention je vais répondre aux questions que vous m'avez faites dans votre dernière lettre,[1] où mon excessive prudence m'empêcha de répondre par la poste. Vous allez croire que je vais vous dire beaucoup de choses, mais ce sera la montagne qui accouchera d'une souris.[2]

Beaucoup de gens veulent se persuader que c'est par nos intrigues que l'Empereur ne vient point ici; ce n'est point mon opinion. Ce

11. Fairy tales.
12. (?) Auteurs.
13. Perhaps the *Journal étranger de littérature, des spectacles, et de politique,* started at London, 1777 (BM Cat.); or perhaps the *Affaires de l'Angleterre et de*

l'Amérique, published at Anvers (really at Paris) from 1776 to 1779 (*Yale University Library Gazette* x. 78–80, April 1936).

———

1. HW to D ca 17 Jan. 1777.
2. See La Fontaine, *Fables* v. 10.

n'a été que la surveille du jour qu'il devait partir qu'il a changé de dessein. La raison qu'il en a donnée, que les chemins étaient couverts de neige, ne peut être la véritable; je crois donc, ainsi que beaucoup d'autres personnes, que la santé de l'Impératrice, qu'on dit être en mauvais état, celle du Roi de Prusse qu'on prétend être hydropique, les mouvements des Russes contre les Turcs, peuvent être les causes de ce changement.[3] Il est vrai que l'on en a été bien aise ici. On dit que notre premier ministre[4] n'a pas dissimulé sa joie. Il craint tout ce qui pourrait apporter quelque changement à sa situation. Selon toute apparence il n'en arrivera aucun, il jouira toute sa vie de l'absolu pouvoir; mais chacun s'occupe à prévoir quel sera son successeur. S'il ne se donne point d'adjoint, mes parents[5] pourraient bien avoir beau jeu, ce qui serait, à ce qu'il semble, indubitable, si la Reine s'emparait du crédit. S'il se nomme un adjoint, lequel sera-ce, de M. d'Aiguillon, de M. de Nivernais, ou du Cardinal de Bernis? Je penche à croire le dernier. Pour Monsieur de Toulouse il pourra avoir la finance en cas que ce soit le premier, c'est-à-dire si c'est la Reine qui s'empare du crédit, ce qui selon toute apparence sera, si on ne nomme point d'adjoint. Voilà où se borne ma politique, qui est bien peu de chose, par deux raisons: la première parce que mes lumières sont très bornées, la seconde parce que mon indifférence pour l'avenir est excessive; si vous me connaissez bien vous le croirez aisément. Je ne saurais désirer ni m'occuper de diverses choses, il n'y en a que deux que je désire, la seconde est de m'ennuyer le moins qu'il m'est possible.

Vos Anglais ont laissé ici à peu près vingt mille louis, ils nous ont soufflé la fureur du gros jeu. Je ne sais si nous haïssons votre nation, mais nous l'imitons dans tout ce qu'elle peut avoir de mauvais.

Monsieur le Comte d'Artois a obtenu le château neuf de Saint-Germain et la capitainerie[5a] depuis Poissy jusqu'à Nantes. Mme de la Marck avait échangé avec les Beauvau sa maison du Val[6] contre une maison attenante au château neuf de Saint-Germain qui s'appelle Le Boulingrin, et qui est une partie du château neuf; elle restait moyennant cela sans habitation, et privée du voisinage de son frère le Maréchal de Noailles, chez qui elle passe sa vie, ressource qui lui est très nécessaire, n'ayant à ce qu'on dit que trente-cinq mille livres de rente. Elle avait fait beaucoup de dépense pour ajuster Le Boulingrin; on me dit hier que Monsieur le Comte d'Artois payait cette dépense sur les mémoires des ouvriers; et que de plus il lui donnait quarante mille francs pour qu'elle pût acquérir une autre habitation.

Je suis tout étonnée du récit que je viens de vous faire; je me crois une nouvelle Schéhérazade. Vous ne ressemblez pas mal au Sultan.

Adieu, sachez-moi quelque gré de cette lettre, et si elle vous ennuie dites-le-moi, afin que je ne fasse pas à l'avenir le même effort.

From MADAME DU DEFFAND, Sunday 26 January 1777

Address: To Monsieur Monsieur Horace Walpole in Arlington Street near St James's *London Angleterre.*
Postmark: IA 31.

Ce dimanche 26 janvier 1777.

VOUS êtes content de moi, c'en est assez pour que je sois contente de vous, mais j'ai encore d'autres sujets de l'être—votre exactitude à notre correspondance, car quoique je n'ai pas reçu vos lettres les jours qu'elles devaient arriver, il ne s'en est égaré aucune.

Votre goutte n'a pas été si maligne que les accès précédents, elle ne vous tiendra pas si longtemps sans marcher, mais cependant j'aimerais mieux qu'elle se fût placée différemment. Elle doit être moins dangereuse aux pieds qu'aux bras, à ce qu'il me semble.

Vous avez parfaitement jugé de la compagnie qui s'est trouvée chez moi le jour du Franklin;[1] ce fut un pur hasard, et ce ne serait pas, comme vous dites, le lieu qui serait choisi pour un rendez-vous; je ne suis initiée à aucun mystère et je suis non-seulement persuadée, mais absolument convaincue, qu'il n'y a aucune intelligence entre tous ces gens-là; je suis seulement étonnée que ce soit par d'autres que par le petit Elliot qu'on ait appris chez vous ce détail.

Je me repens de vous avoir confié l'idée[2] qui m'avait passé par la tête, d'écrire les faits dont je me souviendrais; j'ai excité en vous une curiosité que je ne satisferai peut-être jamais, malgré le désir que j'ai de vous satisfaire en tout ce qui vous est agréable. Je n'ai plus de mé-

1. 29 Dec. 1776 (see *ante* 29 Dec. and   2. See *ante* 15 Jan. 1777.
31 Dec. 1776).

moire, je suis presque toujours affaissée, ne pensant qu'à demi, les expressions me manquent. Enfin je m'aperçois d'une diminution qui est sans remède. Je vous promets, si j'ai quelques bons moments, d'en faire usage pour vous,[3] mais oubliez le projet que j'avais fait et n'en attendez l'exécution que par le hasard, j'en suis absolument dépendante, je ne suis pas plus maîtresse de mes pensées que de celles d'un autre. Je ne suis pas fâchée qu'on me croie de l'esprit, parce que je suis bien aise qu'on me recherche, mais il est très certain que je m'en crois fort peu, et lorsque je dis quelque chose qui fait croire que j'en ai ce n'est qu'un hasard. Ce hasard par exemple vous servira mal aujourd'hui, je ne suis point en train d'écrire, mais je vous promets que s'il me vient quelque souvenir qui puisse vous amuser je vous en ferai part, la grâce que je vous demande c'est de n'y pas compter.

M. Fitzpatrick, qui a dû partir hier, vous porte une lettre.[4] Tout ce que vous me dites de lui et de son ami Fox est à merveille. Je suis bien de votre avis sur la sagesse des vieillards, mais la folie de ces jeunes gens me paraît un peu blesser l'exacte probité. Il est vrai qu'ils sont fort éloignés de l'hypocrisie et de toute espèce de fausseté, et quoique en ruinant leurs amis, ainsi qu'ils se ruinent eux-mêmes, ils ont beaucoup de bonté et un bon cœur, mais ils ne sont pas scrupuleux ni délicats sur les secours et les services qu'ils acceptent de leurs amis, et sur les dettes qu'ils contractent, que selon toute apparence ils ne pourront jamais acquitter. Ma lettre a été interrompue par une visite, je la reprends pour vous apprendre la nouvelle qu'on vient de me dire. On vient d'administrer le Cardinal de la Roche-Aymon,[5] il est à toute extrémité. Ce sera une belle dépouille à distribuer, je crois que je pourrai vous en instruire par l'ordinaire prochain.

From Madame du Deffand, Saturday 1 February 1777

Paris, ce samedi 1ᵉʳ février 1777.

VOUS voulez la *Bibliothèque des romans;*[1] cela veut-il dire que vous voulez avoir tout ce qui en a paru jusqu'à présent, ou bien si vous voulez seulement qu'on vous en envoie tout ce qui en pa-

3. Elle n'en fit rien (HW).
4. *Ante* 25 Jan. 1777.
5. He lived until 17 Oct. 1777 (*Rép. de la Gazette*). As he was *grand aumônier* of France, his position was an attractive one to would-be successors.

———

1. HW had 18 vols of the *Bibliothèque*

raîtra à l'avenir? Il y en a seize feuilles chaque année. Je suis fâchée
que vous ne m'ayez pas parlé plus tôt; j'étais abonnée, je m'en suis
dégoûtée, et je donnai l'autre jour à l'Abbé Barthélemy une année et
demie, faisent 24 feuilles de ce fastidieux ouvrage. L'auteur[2] met un
faste d'érudition à ce plat receuil qui m'a choquée; et presque tous
ses extraits m'ont ennuyée. Si vous voulez tout ce qui a paru jusqu'à
présent, il faudra attendre une occasion, mais pour les feuilles à venir
je pourrai vous les envoyer par le courrier de l'ambassadeur. Expliquez votre volonté, elle sera satisfaite.

Je suis bien de votre avis sur le jugement que vous portez des romans de nos auteurs, j'aime cent fois mieux les contes arabes et per-
sans, et même les contes de fées. Ce que j'aime le mieux de nous
sont les romans de Le Sage, auteur de *Gil Blas,* et de Marivaux, de
Marianne et du *Paysan parvenu.*[2a] Je ne sais que lire, les histoires ne
m'intéressent point. J'ai commencé M. Gibbon. Le style m'en paraît
trop oratoire, mais je n'ai encore lu que le premier chapitre, qui
n'est, comme vous savez, que l'exposition de l'état de l'empire sous
Trajan.

Je trouve les *Lettres de Milord Rivers* de Mme Riccoboni bien
écrites. Vous avez raison de dire qu'on peut écrire aussi bien que
cela, vous n'avez pas loin à aller pour le prouver; vos lettres, par
exemple. Vous vous êtes, dites-vous, épuisé dans votre avant-dernière;
eh! pourquoi vous épuiser? Pourquoi mettre de la complaisance dans
notre correspondance? Il faut qu'elle soit pour vous un amusement
et non une gêne. Je ne me sens pas disposée à écrire à M. Craufurd,[3]
que lui dirais-je? Je n'ai ni sentiment ni pensée.

Vous ne m'avez point mandé si vous avez vu M. Fox. Ce n'est pas
que je sois fort curieuse de le savoir. Je me soucie de bien peu de
chose, et je m'aperçois chaque jour que tout s'affaiblit en moi.

M. de Richmond viendra-t-il bientôt? J'imagine que la Duchesse
de Leinster a remis à faire son voyage ici au temps où il arrivera.

M. Schuwalof est toujours ici, je lui ferai votre question sur la
médaille.[4]

Je vous envoie une lettre pour Milady Lucan, elle me fait un petit
présent fort joli, un cruchon de cristal, une tabatière de cuir et deux
boîtes de confitures.

universelle des romans, sold SH v. 116. D
sent him many issues of it; Wiart and the
Thomas Walpoles sent later ones.

2. The Marquis de Paulmy, chief editor.

2a. D's copy of the *Paysan parvenu,*
1735, now belongs to the Duc de Mouchy.

3. D wrote him, 13 May (S–A iii. 265).

4. Not explained.

M. et Mme Graham[5] sont ici, Milord Cathcart,[6] et une petite sœur qui n'a que sept ou huit ans.[7]

Je pense que je pourrai vous envoyer la *Bibliothèque des romans* par M. Saint Paul quand il retournera à Londres.

Il n'y a ici rien de nouveau, beaucoup d'intrigues, de spéculations, de projets, de jalousies. Je n'y prends nulle part, tout m'est d'une indifférence parfaite.

Mme de Mirepoix ne m'a pas reparlé du présent qu'elle voulait vous faire, sans doute qu'elle l'a oublié, je ne l'en ferai pas souvenir.

Si je vous parlais de ce qui m'intéresse le plus, je vous entretiendrais de Pompom et de Tonton. Cela vous paraîtrait un peu fade, telle est la vie que je mène.

Vous ne me mandez point si vous avez encore le doigt enflé. Je crains le séjour de Strawberry Hill dans la disposition où vous êtes. Vous seriez un des hommes le plus heureux sans cette maudite goutte, vous savez vous passer de tout, vous vous suffisez à vous-même; je donnerais tout ce que j'ai au monde pour un tel bonheur, mais je suis comme Mme du Maine, je ne saurais me passer de ce que je ne me soucie pas.[8] Je sais bien pourquoi, c'est que je ne peux pas me souffrir. Je n'en infère pas que je suis sans amour-propre, c'est peut-être parce que j'en ai beaucoup, mais qu'il est mal entendu.

Je rouvre ma lettre pour vous dire que M. d'Aranda est fait cordon bleu, M. du Châtelet Duc héréditaire, M. de Mailly d'Haucourt,[9] mari de la dame d'atour, Duc à brevet.

On fait un emprunt de dix millions sur l'ordre du Saint-Esprit, à cinq pour cent perpétuel, et sept pour cent viagère sur deux têtes.

To Madame du Deffand, ca Wednesday 5 February 1777

Missing. Probably written at Arlington Street. Answered, 9 Feb., 12 Feb.

5. Corrected by HW from Wiart's 'Cream.' Thomas Graham (1748–1843), cr. (1814) Bn Lynedoch, m. (1774) Hon. Mary Cathcart (1757–92), Lady Stormont's sister.
6. William Schaw Cathcart (1755–1843), 10th Bn, Lady Stormont's brother.
7. Hon. Charlotte Catherine Cathcart (1770–94) (Sir James Balfour Paul, *Scots Peerage,* Edinburgh, 1904–14, ii. 524).
8. See *ante* 17 Dec. 1770.
9. Louis-Marie (1744–92), Duc de Mailly (Alcius Ledieu, *Le Maréchal de Mailly,* 1895).

From MADAME DU DEFFAND, Sunday 9 February 1777

Ce dimanche 9 février 1777.

JE commence cette lettre à mon tour par vous annoncer qu'elle sera fort courte; il est 6 heures du soir, je ne fais que m'éveiller, je suis à ma toilette, Mme de Luxembourg arrive; je ne peux ni ne veux la renvoyer. Si je ne peux pas vous écrire demain matin vous n'aurez que cela et je vous écrirai mercredi.

Ce lundi matin.

Je ne suis pas en humeur d'écrire, attendez l'ordinaire prochain, je prévois que je vous ferai une longue lettre; de petits détails de société, la réponse à vos gronderies et à vos leçons, enfin mille choses que je n'ai pas le temps de vous dire aujourd'hui. Sachez seulement que je ne cours point après vos Anglais, que je n'aime que ceux que je trouve de bonne compagnie, et qu'il en est, ainsi que parmi les Français, un très petit nombre.

From MADAME DU DEFFAND, Wednesday 12 February 1777

Ce mercredi 12 février 1777.

VOUS aurez vu, par mon dernier billet, que je ne pouvais pas vous écrire, parce que je m'étais levée fort tard, ce qui m'arrive quand j'ai passé la nuit sans dormir; et puis l'arrivée de Mme de Luxembourg, qui fut suivie d'autres visites. Je comptais réparer ces contre-temps le lendemain matin; mais je ne m'éveillai que tard, et il n'y avait pas assez de temps jusqu'à la levée des lettres pour pouvoir en faire une longue.

Je vous ai menacé que la première que vous recevriez le serait infiniment; je ne sais pas si je vous tiendrai parole. Je viens de me faire relire votre lettre,[a] et j'y peux répondre en peu de mots: *primo,* je n'attire point chez moi ni Anglais ni Anglaises; je n'ai jamais prié M. Craufurd de m'amener aucune famille; je ne sais qui m'amena les Fanshawe;[1] ce fut Milord Harcourt qui m'amena les Miller.[2] Je suis bien convaincue que je connais les plus aimables de votre nation, et

---

a. HW to D ca 5 Feb. 1777.   2. See *ante* 21 Feb. 1773.
1. See *ante* 16 May 1769. Selwyn had introduced the Fanshawes.

qu'aucune autre ne leur ressemble. Vos jeunes gens ont beaucoup d'esprit; le Fitzpatrick est silencieux, mais je crois qu'il a plus de bon sens que le Fox, et que sans ce dernier il serait raisonnable.

Je serai charmée de revoir votre Duc; je n'ai nulle peine à consentir qu'*il en compte à d'autres*. On n'efface jamais les impressions que vous avez une fois prises; cependant il arrive de grands changements dans les dispositions de l'âme, qui en produisent dans la conduite. Vos leçons, vos réprimandes ont eu plus d'effet que vous n'en espériez; vous m'avez désabusée de bien des chimères, vous avez été parfaitement secondé par la décrépitude; je ne cherche plus l'amitié, je vous jure, je serais injuste d'y prétendre; il ne faut pas vouloir recevoir plus qu'on ne donne, et quand quelque manque d'attentions me blesse, j'examine si c'est mon amour-propre ou mon cœur qui est blessé, et je découvre presque toujours que ce n'est que le premier. Je ne vous parle de moi que parce que vous m'y avez forcée, j'ai voulu rectifier vos idées.

Beaucoup de belles dames s'affligent outrément de la mort de M. d'Ennery;[3] on croit que sa maladie a été causée par le tonnerre, qui tomba, je ne sais plus dans quel mois, entre un nommé M. Traversay[4] et lui; le premier mourut quelques jours après. M. d'Ennery a toujours langui depuis; enfin il est mort; sa place fut donnée hier à M. d'Argout,[5] qui commandait, je crois, à la Martinique.

La mort[6] de Monsieur le Maréchal de Conflans, qui était Vice-amiral, en a fait nommer deux autres, M. d'Estaing[7] et M. de Listenois.[8]

Depuis la loterie de vingt-quatre millions, on fait un emprunt de dix sur l'ordre du Saint-Esprit, à cinq pour cent, ou à sept sur deux têtes en rente viagère.

3. Victor-Thérèse Charpentier, Comte d'Ennery, died in Dec. 1776 (Woelmont de Brumagne ii. 197–8). He had been governor-general of the 'Îles françaises sous le vent.'

4. Jean-François Prevost de Traversay (d. 1776), second in command at San Domingo (C–D).

5. Robert (d. 1780), Comte d'Argout, *commandant général* of Martinique since 1771 (*Almanach royal*, 1777, p. 133. *Rép. de la Gazette;* Pierre de Vaissière, 'Origines de la colonisation . . . à St-Domingue' in the *Revue des questions historiques*, lxxix. 558 n).

6. Hubert de Brienne-Conflans (ca 1690–1777), Maréchal de Conflans, d. 27 Jan. 1777.

7. Jean-Baptiste-Charles (1729–94), Comte d'Estaing, guillotined in the Revolution.

8. Joseph de Bauffremont (1714–81), Prince de Listenois (*Rép. de la Gazette*). 'He commanded a squadron under the Maréchal de Conflans in 1747, and, in the action with Hawke, mistaking a signal for chasing for a signal for retreat, sailed away as fast as he was able to the roads of the Isle d'Aix' (B).

Le Cardinal de la Roche-Aymon ne meurt point; c'est un objet de grande curiosité que la distribution que l'on fera de ses places et de ses bénéfices; d'abord la feuille,[9] la grande aumônerie, les abbayes de Saint-Germain et de Fécamp; il y a bien des prétendants pour tout cela; on croit que la feuille[9a] sera pour l'Évêque d'Autun, Abbé de Marbeuf;[10] l'Abbé de Bourbon[11] aura peut-être l'abbaye de Saint-Germain, mais qui pourra être mise aux économats en attendant qu'il ait un certain âge. La place de grand aumônier pourra être pour le Prince Louis[12] ou l'Archevêque de Rouen[13] ou celui de Bourges.[14]

Je baragouine à vous raconter un petit fait de société, parce que je crois qu'il ne vous amusera guère; mais cependant comme il y a beaucoup de noms propres, je vais le hasarder.

Mme de Luxembourg, soupant avec M. de Choiseul chez M. de la Borde, se plaignit de ce qu'il n'y avait plus de gaîté dans les soupers, qu'on n'y buvait plus de vin de Champagne, qu'on y périssait d'ennui, que les femmes, loin d'apporter de la gaîté, y répandaient du sérieux, et y mettaient de la gêne et de la contrainte. M. de Choiseul proposa de donner un souper où il n'y aurait que des hommes et Mme de Luxembourg; la Maréchale approuva le projet, mais elle exigea que ce fût elle qui donnât le souper. On y consentit, le jour fut pris et fixé au premier vendredi de février; il s'est exécuté. La bonne chère, la gaîté, tout a été parfait, et tel qu'on le désirait; il n'y avait que Mme de Luxembourg de femme et huit convives dont voici les noms: MM. de Choiseul, de Gontaut, de Guines, de Laval, de Besenval, d'Estrehan,[15] de Mun,[16] et Donnezan. En se mettant à table,

9. 'La feuille des bénéfices' was the list of benefices for which nominations were to be made to the King when vacancies occurred (Lalanne).

9a. De bénéfices (HW).

10. Yves-Alexandre de Marbeuf (1732–99), Archbishop of Lyon, 1788 (Pius Bonifacius Gams, Series Episcoporum, Ratisbon, 1873, p. 571). 'He obtained the feuille des bénéfices' (B).

11. Louis-Aimé de Bourbon (1762–87), natural son of Louis XV by Mlle de Romans (Mouffle d'Angerville, Vie privée de Louis XV, 1921, pp. 353–4).

12. Prince Louis de Rohan, coadjutor of Strasbourg. He was made grand aumônier in Nov. 1777 (Rép. de la Gazette).

13. Dominique de la Rochefoucauld (1713–1800), cardinal in 1778.

14. Georges-Louis Phélypeaux d'Herbault (1729–87), Bishop of Bourges.

15. Charles-Jacques-Robert le Héricy (b. ca 1710), Marquis d'Estrehan (Woelmont de Brumagne v. 560). 'An old man, who had lived all his life in this said best company, and was made to shine in it. He had universally among his intimates obtained the name of le Père, by which, in the following verses he is addressed' (B). Since his name was often spelled Étrehan, he is probably the 'M. d'Etrian' whom HW met in Paris in 1771 (Paris Jour.).

16. Alexandre-François (d. 1816), Comte de Mun (Jean-Nicolas, Comte Dufort de Cheverny, Mémoires, 1909, i. 106). He was probably the 'Comte de Meun' whom HW met in 1775 (Paris Jour.).

Mme de Luxembourg reçut un billet apporté par un décrotteur, qui était une forte satire contre elle et son souper. Aux fruits, on apporta à chaque convive un couplet; j'en dois avoir une copie, vous la recevrez peut-être en même temps que cette lettre. Adieu, je suis lasse à mourir, et je retiens Wiart; et je ne doute pas qu'il ne soit fort fâché de n'être pas auprès de Pompom,[17] qui a la fièvre.

COUPLET

que reçut Mme de Luxembourg en se mettant à table, dont elle fit semblant d'être en colère; plusieurs de la compagnie crurent que cette colère était sérieuse et ne furent détrompés qu'à la fin du souper, qu'on apporta un paquet dans lequel il y avait un couplet pour chaque personne.

AIR des *Trembleurs.*

Comment, sibylle proscrite,
Depuis cent ans décrépite,
À tant de gens de mérite
Tu veux donner un repas!
Déjà chacun d'eux s'ennuie,
Et toute la compagnie
Trouvera, je le parie,
Tes propos, tes vins, plats, plats, plats, etc.

À MONSIEUR LE DUC DE CHOISEUL

AIR de *Joconde.*

Un laboureur, bon citoyen
    Entre nous se remarque;
Il conduit également bien
    La charrue et la barque;
Prompt à jouir de tout plaisir,
    Vert-galant, bon convive,
Le laboureur doit réussir
    Dans tout ce qu'il cultive.

Même air.

M. DE GUINES

Personne, avec notre flûteur,
    Pour la grâce ne lutte;
Son ton est encor plus flatteur
    Que les tons de sa flûte.

17. Son fils (HW).

Partout, de plus d'une façon,
Ce beau flûteur sait plaire,
Voilà, si j'étais Vaucanson[18]
Comme j'en voudrais faire.

Même air.

M. DE BESENVAL

Notre Suisse devient grison,
Sans être moins aimable;
Pour l'amour il n'est pas moins bon,
Il est meilleur à table:
S'il voit un bon morceau, bientôt
Il en tire aile ou cuisse;
Ce n'est pas un sot, il s'en faut
De l'épaisseur d'un Suisse.

AIR: *Tirelarigot.*

LE MARQUIS DE LAVAL

D'où vient un enfant de trente ans
Est-il de la partie?
C'est que Laval est du vieux temps
L'image rajeunie:
C'est le même cœur,
La même vigueur,
Chacun de nous l'admire;
Mangeant comme un loup,
Buvant plus d'un coup,
Aimant en vrai satyre.

AIR: *M. le prévôt des marchands.*

MONSIEUR LE DUC DE GONTAUT

Le frère du Duc de Biron
Est un méchant petit Néron;
Tous ses gens disent qu'il les roue,
Et l'on saura, par mes couplets,
Que sa belle-fille[19] a la joue
Toujours rouge de ses soufflets.

18. Among Vaucanson's devices was a mechanical flautist which played airs (La-lanne).

19. Mme de Lauzun.

Même air.

M. D'ESTREHAN

Voyez le père, comme il rit!
Comme il boit! comme il se nourrit!
Comme il fait tout ce qu'il veut faire!
Rendons hommage aux cheveux blancs,
Et convenons qu'auprès du Père[20]
Nous ne sommes que des enfants.

AIR: *Ah! ma voisine, es-tu fâchée?*

SUR M. DE MUN

N'êtes-vous point cet Alexandre
     Du mont Ida,
Qui pour Vénus, en juge tendre,
     Se décida?
En pareil cas vous étiez l'homme
     Fait pour juger,
Et l'on aurait avec la pomme
     Pris le berger.

SUR M. DONNEZAN,

qui avait parfaitement joué le rôle du Barbier de Séville.

AIR de *Joconde.*

En tout temps on se servira
     Du Barbier de Séville;
Jamais l'âge ne le rendra
     Moins leste et moins habile;
En fait de grâces, de talents,
     De gaîté, de finesse
Il ferait à quatre-vingts ans
     La barbe à la jeunesse.

Vous ne connaissez pas une partie de ceux pour qui sont ces couplets, ainsi ils ne vous amuseront guère; je vous en enverrai d'autres la première fois.

Vous savez sans doute que le Chevalier Elliot[21] est mort; sa fille[22] me l'a écrit de Marseille.

---

20. On l'appelait 'le père' (HW).
21. He died 11 Feb. 1777 at Marseilles.
22. Isabella Elliot (1749–1803) (Gilbert

Elliot, *Border Elliots*, Edinburgh, 1897, p. 429; *Scots Magazine* xi. 406, xiii. 213, Aug. 1749, April 1751).

Pompom a toujours la fièvre, on dit que ce sont des dents, et qu'il ne faut pas en être inquiet.

J'attends votre réponse sur la *Bibliothèque des romans*.

Je n'ai plus de thé.

Savez-vous si la Duchesse de Leinster viendra à Paris quand le Duc de Richmond y sera? Demandez-lui et mandez-le-moi.

M. de Beauvau m'apporta hier un paquet pour vous sur lequel on s'est contenté de mettre votre adresse, il a paru trop gros à Wiart pour y joindre le mien. Je ne comprends pas ce qu'il contient, je ne m'en suis point informée.

To MADAME DU DEFFAND, ca Tuesday
18 February 1777

Missing. Probably written at Arlington Street. Answered, 26 Feb.

From MADAME DU DEFFAND, Wednesday
19 February 1777

Address: To Monsieur Monsieur Horace Walpole in Arlington Street near St James's *London Angleterre.*
Postmark: FE 28 PAR<IS>

Paris, ce mercredi 19 février 1777.

IL y a des dérangements dans l'arrivée des courriers qui en causent à mes lettres; celle-ci pour cette fois sera très courte. J'éprouve une vraie calamité. La maladie du petit Pompom, qui n'est point finie, occupe et afflige si fort son père et sa mère et moi aussi, que je n'ai pas le temps ni le moyen de vous écrire longuement. J'ai trois laquais qui pourraient suppléer à Wiart; ils sont tous trois malades, l'un d'une fluxion de poitrine, un autre[1] de la goutte, et l'autre d'une sciatique. Enfin je n'ai dans mon domestique qu'un seul laquais pour me servir; j'ai envoyé contremander tout le monde pour mon souper d'aujourd'hui et celui de demain. J'espère que le petit garçon se

1. Colmant (see below).

tirera d'affaire; Bouvart le voit tous les jours, il dit que c'est une fièvre putride dont la période est très souvent de vingt-et-un jours et plus, il entre aujourd'hui dans le quinze. Je reçois dans cette occasion beaucoup de marques d'attention de la plupart de mes connaissances, où l'enfant et son père ont leur part; je suis persuadée que vous y en prendriez beaucoup si vous étiez ici.

Je serai ravie de revoir M. de Richmond, envoyez-moi par lui des bottines, c'est pour ce malheureux Colmant, qui a des accès de goutte affreux.

Votre *Bibliothèque des romans* est toute prête à partir. Il y a vingt-sept volumes, elle commence au mois de juillet '75, jusqu'au mois de février '77. Vous en aurez tous les mois la continuation.

Je suis fort flattée de l'approbation de M. Fitzpatrick, il a sans doute voulu vous plaire, il m'a fort peu vue. Pour M. Fox, j'ai fait des veillées avec lui tête à tête.

Ne croyez point que je fasse des efforts pour m'attirer des louanges, j'ai renoncé aux vanités de ce monde. Je vous ai en grande partie l'obligation de m'avoir détachée de toutes les chimères.

On ne sait que croire ici de vos nouvelles d'Amérique, je n'en suis pas plus curieuse que vous.

Je vous prie de dire à M. Churchill un mot de moi sur la perte qu'il vient de faire.[2]

Je n'aime point que vous ayez encore un doigt enflé, c'est un mal bien détestable que la goutte.

Voici un trait que l'on conta hier. On prétend que La Harpe disait que ses vers n'avaient ni l'ampoulé de Corneille ni la douce fadeur de Racine. Quelqu'un dit, 'C'est ce qui fait qu'entre deux selles il a le cul à terre.'

To Madame du Deffand, ca Tuesday 25 February 1777

Missing. Probably written at Arlington Street. Answered, 1 March.

2. The death, 6 Feb. 1777 of his sister, Harriet Churchill (ca 1726–77), m. (1) Sir Everard Fawkener; m. (2) (1765) the Hon. Thomas Pownall (GM 1777, xlvii. 95; 1805, lxxv. pt i. 289).

From MADAME DU DEFFAND, Wednesday
26 February 1777

Entirely in Colmant's hand.

Ce mercredi 26, à 6 heures du matin. [1777.][1]

OUI, vous m'avez donné d'excellents conseils; je n'ai pas su en profiter, mais il n'y a point de faute qu'on ne puisse réparer, ni de défauts dont on ne puisse se corriger; oubliez le passé et, puisque vous êtes content du présent, soyez sûr qu'il sera toujours de même.

Où M. Craufurd prend-il que je l'avais prié de m'amener les Grenville? Je ne crois pas y avoir jamais pensé. Je ne suis pas empressée de nouvelles connaissances à moins qu'on ne m'assure qu'elles me conviendront.

Je ne suis point de votre avis sur la préférence que vous donnez à nos dames sur les vôtres; les nôtres peuvent avoir plus de jargon, mais la plupart n'en découvrent que mieux leur sottise; celles qui ont de l'esprit, ont une vanité, des prétentions, des affectations insupportables, presque aucunes ne sont naturelles; pour nos hommes, je conviens que les vôtres valent mieux; ils ont plus de caractère, et de vérité. On peut peut-être trouver des amis dans votre pays, pour ici je le crois presque impossible.

Mon petit Pompom est guéri, il était avec moi quand son père m'a lu votre lettre.[2] Il m'a dit après, 'Mon petit cœur, M. Walpole parle de moi.' Cet enfant est très aimable, c'est le premier que j'ai aimé; quand je suis entre lui et Tonton je me crois entre ce qui m'aime le mieux, et je m'y trouve bien, car dussiez-vous vous en moquer, rien ne me fait autant de plaisir que d'être aimée; je conviens avec vous, que c'est une folie d'y prétendre.

Le vieux Cardinal[3] ne meurt point. Je crois vous avoir mandé que le public distribue sa dépouille; la grande aumônerie au Prince Louis, le chapeau à l'Archevêque de Rouen, la feuille à l'Évêque d'Autun, l'abbaye de Saint-Germain aux économats, en attendant que l'Abbé de Bourbon soit engagé dans les ordres.[4] J'ai fait votre commission, vous recevrez dans cinq ou six semaines la *Bibliothèque des romans* en trois paquets de neuf volumes chacun, qui sont tout ce qui a paru depuis le commencement, 1 juillet 1775, jusqu'au 1

1. Date of year added by HW.
2. HW to D ca 18 Feb. 1777.
3. De la Roche-Aymon.

4. The first three predictions were fulfilled.

février 1777. Vous recevrez la suite par des occasions que je trouverai. Si j'avais le talent et le goût d'écrire je pourrais vous raconter plusieurs bagatelles; peut-être que si j'écrivais moi-même je l'entreprendrais, mais je ne puis me résoudre à dicter des balivernes.

M. de Richmond s'annonce pour le milieu du mois prochain; je crois qu'il sera bien reçu de tout le monde, mais de moi certainement.

Il est étrange que vous ne me disiez jamais un mot des Américains.[4a]

M. de l'Isle, dont vous avez vu plusieurs chansons, en a fait une que je trouve jolie, la voici. Il s'adresse à son postillon, il lui dit que les dragées qu'il apporte à Paris sont pour Mme de Gramont. Il y a quatre couplets, les trois premiers sont plats. Je ne transcris que le quatrième.

> Sur l'air, *À la façon de Barbarie:*
>
> Elle est sœur du joyeux Chrétien,[5]
>   Qui ne vous en déplaise,
> A mené l'Europe aussi bien
>   Que vous menez ma chaise.
> Nul ne coupa ce postillon,
> La faridondaine, la faridondon,
> Mais il heurta contre un Bari,[6]
>   Biribi,
> Écrasé depuis, Dieu merci,
>   Mon ami!

C'est M. Saint Paul qui s'est chargé de vos livres, ils iront par terre jusqu'à Rouen. Ils sont dans une caisse de son bagage.

From MADAME DU DEFFAND, Saturday 1 March 1777

Ce samedi 1er mars 1777.

RIEN de si irrégulier que notre poste, la lettre que je devais recevoir dimanche 23 n'a été rendue que mardi 25, et celle[1] que j'attendais demain 2 de mars je la reçois aujourd'hui, qui est le premier. Dieu veuille que notre correspondance ne devienne pas sujette

---

4a. Doubtless HW was unwilling to give any information which might be of interest to the French post office.

5. The Duc de Choiseul (HW).

6. Mme du Barry.

1. HW to D ca 25 Feb. 1777.

à de plus grands inconvénients! Pour moi, je l'espère, et je suis très persuadée que nous n'avons aucun mauvais dessein.

Vous vous moquez bien de trouver le premier couplet[2] chatouilleux. Sachez que nous avons notre franc-parler autant et peut-être plus que vous, nous ne laissons échapper aucune de vos belles manières. Je les tolère toutes, à l'exception de vos voitures, que je trouve insupportables.

Je vous fais mon compliment sur le beau temps, je souhaite qu'il continue pour que Strawberry Hill vous cause des plaisirs ineffables. Comptez-vous vous promener beaucoup? Vos jambes vous le permettent-elles? Pour moi je suis à poste fixe dans mon tonneau, je ne sais que par ouï-dire le temps qu'il fait. On ne peut mener une vie plus paresseuse et plus uniforme, les courriers d'Angleterre sont les principaux événements de ma semaine.

Votre lettre d'aujourd'hui me parle de l'Amérique, il semble qu'elle soit une réponse à celle que je vous écrivis avant-hier.

On a donné ici des cordons rouges[3] à MM. de Wimpffen[4] et de Beaumanoir,[5] des régiments au Chevalier de Boufflers, à M. de Duras, et un troisième[6] dont je ne me souviens pas du nom.

Je lis une vie de Marguerite de Valois[7] qui me plaît assez; on dit qu'elle n'est pas bien écrite et je dis tant mieux, ce qu'on appelle beau style aujourd'hui m'est antipathique. Nous aurons à Pâques les Mémoires du Maréchal de Noailles[8] sur ses manuscrits dont l'Abbé Millot[9] est rédacteur. Son fils le Maréchal, avec qui j'ai renouvelé connaissance, m'a promis qu'il me les donnerait au moment qu'ils paraîtront. Je n'attendrai pas que je les aie lus pour vous les envoyer, si je trouve une occasion.

2. Addressed to Mme de Luxembourg (see *ante* 12 Feb. 1777).

3. Of the order of Saint Louis.

4. Pierre-Christian (1725–81), Baron de Wimpffen (*Rép. de la Gazette*).

5. Nicolas-François du Rozel de Beaumanoir.

6. The Comte de Boufflers was made lieutenant-colonel of the infantry regiment of Chartres; the Comte de Duras was made colonel of the infantry regiment of Vexin; and the Duc de Lorges was made commander of the cavalry regiment Royal-Piémont (*Rép. de la Gazette*, 7 March 1777). The Comte de Duras was Charles-Armand-Fidèle de Durfort (1743–1804)

(Albert, Vicomte Révérend, *Titres . . . de la Restauration*, 1901–6, ii. 496). HW met him in 1766 (*Paris Jour.*).

7. Probably *L'Histoire de la reine Marguerite de Valois*, 1777, by Antoine Mongez (1747–1835). D's copy was in 24 vols 8vo (Appendix 2).

8. Adrien-Maurice (1678–1766), Duc de Noailles's *Mémoires politiques et militaires pour servir à l'histoire de Louis XIV et de Louis XV*, published 1776–7 in six volumes (Bibl. Nat. Cat.).

9. Claude-François-Xavier (1726–85). See James Harris, E. of Malmesbury, *Letters*, 1870, i. 357.

Les Caraman marient leur seconde fille[10] au Comte de Sourches-Montsoreau, cousin de celui qui est grand prévôt;[11] sa figure est horrible,[12] mais la demoiselle l'a vu, il ne lui inspire point de répugnance; ses père et mère[13] ne vivent point ensemble, ils sont riches l'un et l'autre; il est leur fils unique, il aura après eux 90,000 livres de rente; je crois qu'on donne cent mille écus à la demoiselle et cinq années de logement et de nourriture.

Je souperai lundi chez Mme de Marchais pour entendre les opéras de Quinault que Marmontel a rédigés, taillés, rognés, pour que Piccinni[14] puisse y ajouter sa musique. Je ne l'entendrai sûrement pas, je ne vais plus aux spectacles, je ne puis souffrir toutes les nouveautés, il n'y a que la danse qui est, sur ce que j'entends dire, mieux qu'elle n'a jamais été. Mais pour la musique, la prose, les vers, les acteurs, les actrices, les grands seigneurs, les grandes dames, les gens de lettres, les beaux esprits, le commun du monde, tout est déplorable. Je n'ai personne avec qui je puisse causer, je n'ai réparé aucune perte, c'est peut-être une providence. J'en aurai moins de peine à prendre congé de la compagnie. Je suis persuadée que vous n'êtes point fâché que je sois dans cette disposition et que votre amitié vous engagerait à contribuer à me la procurer.

J'ai reçu aujourd'hui une lettre de Mme Greville, elle me parle beaucoup du Craufurd, mais elle ne me dit pas un mot de sa part. Elle me mande que M. Fitzpatrick part pour l'Amérique,[15] il me paraît qu'elle le regrette infiniment.

Voilà des vers[16] pour mettre au bas de l'estampe de M. Franklin:

10. Marie-Anne-Antoinette de Riquet de Caraman m. (15 March 1777) Jean-Louis du Bouchet (1750–ca 1782), Vicomte (later Comte) de Sourches (*Journal de Paris*, 1784, i. 622).

11. The Marquis de Sourches.

12. See Sébastien-Roch-Nicolas Chamfort, *Caractères*, 1924, p. 66, No. clxxx.

13. Louis-Hilaire du Bouchet (1716–88), Comte de Sourches, m. (1747) Louise-Françoise le Voyer (*Journal de Paris*, 1788, i. 456).

14. Niccolò Piccinni (1728–1800).

15. He went to America, March 1777, with the Grenadier Guards, fought at Brandywine and elsewhere, and returned to England in May 1778.

16. The authorship of these verses is unknown, but Turgot wrote verses 'Pour le portrait de Franklin,' beginning with the same first line:

'Le voilà, ce mortel dont l'heureuse industrie

Sut enchaîner la foudre et lui donner des lois,

Dont la sagesse active et l'éloquente voix

D'un pouvoir oppresseur affranchit sa patrie,

Qui désarma les Dieux, qui réprima les Rois.'

(*Œuvres de Turgot*, ed. Gustave Schelle, 1913–23, v. 647.)

Turgot wrote to Du Pont de Nemours, 5 June 1776, enclosing an inscription for Franklin's portrait, presumably this one (ibid. v. 494). Neither Turgot's verses nor

> Le voilà, ce mortel dont l'heureuse industrie
> Au tonnerre imposa des lois.
> Il est beau d'asservir la nature au génie,
> Il est plus beau de triompher des rois.

Ce dimanche 2.

La journée d'hier n'a rien produit que je puisse ajouter. Je vis peu de monde, je soupai chez les Caraman, nous n'étions que six: le père, la mère, la fille mariée,[17] celle qui va l'être, l'Évêque de Mirepoix et moi; nous jouâmes au loto;[18] connaissez-vous ce jeu? Il n'est pas gai. Ce soir je souperai chez les la Reynière; demain, je vous l'ai dit, chez Mme de Marchais; mardi, comme à mon ordinaire, chez les Necker. Voilà mon histoire passée, présente et à venir.

From Madame du Deffand, Sunday 9 March 1777

Ce dimanche 9 mars 1777.

AH! mon Dieu, mon Dieu, il faut que mon goût pour vous soit à toute épreuve, pour en conserver après les aveux que vous me faites! Aimer Crébillon, et nommément l'*Écumoire!* Les *Lettres de la Marquise,*[a] etc., ne sont qu'abominables; mais je sais bien pourquoi vous les aimez, parce qu'elles s'accordent à l'opinion qu'en général vous avez des femmes. Pour *Marianne* et le *Paysan parvenu,* je les aime aussi, non que le style en soit bon, mais il est original, et Marivaux, dans une seconde ou troisième classe, y est distingué.

À l'égard de Jean-Jacques, c'est un sophiste, un esprit faux et forcé; son esprit est un instrument discord, il en joue avec beaucoup d'exécution, mais il déchire les oreilles de ceux qui en ont. Buffon est d'une monotonie insupportable; il sait bien ce qu'il sait, mais il ne s'occupe que des bêtes; il faut l'être un peu soi-même pour se dévouer à une telle occupation. Vous me trouverez tranchante, mais c'est un tourment pour moi que de parler sans dire ce que je pense. Je vous approuve sur Marmontel et vos autres jugements.

Je n'aime pas mieux à écrire que vous; il n'y a que vous au monde

those quoted by D were apparently used for engravings of Franklin (information from Mr George S. Eddy).

17. Mme de la Fare.

18. 'She played at loto by substitute, and directed by memory' (Selwyn to Mary Townshend 20 May 1779, S. Parnell Kerr, *George Selwyn and the Wits,* 1909, p. 201). See also *post* 29 July 1778, and D's Journal.

———

a. *Lettres de la marquise de M . . . au comte de R . . .,* 1732.

à qui j'écrive des lettres aussi longues. Les histoires[b] que je ne vous conte point ne vous amuseraient guère, je les retiens mal, et je ne cherche point des louanges en vous disant que je ne sais pas conter. Rayez-moi sur tous les points dans la peinture que Crébillon fait des femmes; c'est un faquin qui n'a jamais vécu qu'avec des espèces.

Voici des vers; ils exigent une petite histoire. M. Schuwalof a donné cette année pour étrenne à Mme de Luxembourg une boîte avec une miniature qui représentait une Charité,[1] non la romaine,[2] mais une femme environnée d'enfants; ce qui fait allusion à son extrême charité. Elle lui a donné ces jours-ci une sorte de tablette, ce qu'on appelle *souvenir*. Sur l'un des côtés de la couverture est son chiffre en émail, une S et un C; de l'autre côté sont écrits en émail les vers que voici:

> Le souvenir est doux à l'homme heureux et sage[3]
> Qui sut jouir de tout et n'abusa de rien,
> Et qui de la faveur fit un si bon usage,
> Que même ses rivaux n'en ont dit que du bien.

Vos nouvelles d'Amérique[4] confirment celles qui s'étaient répandues.

Votre ambassadrice accoucha vendredi à sept heures du matin, le plus heureusement du monde, d'un garçon.[5]

Toute ma famille se porte bien et mieux que moi, j'ai une fluxion dans la tête qui m'a fait passer une bien mauvaise nuit. Il est cinq heures après midi, je me lève parce qu'il faut que je reçoive la visite de Mlle Elliot, qui passe par Paris en s'en retournant; je lui donnerai une lettre pour vous et un cahier de la *Bibliothèque des romans*, ainsi je finis dans ce moment.

N'envoyez point de bottines, je suis bien de votre avis, ce remède serait inutile.[6]

---

b. 'Historiens' in MS.

1. Perhaps a copy of Andrea del Sarto's painting, now in the Louvre.

2. The legend of the woman who fed her starving parent in prison from her breast.

3. M. Schuwalof fut favori (et l'on croit mari) de la Czarine Élisabeth, et pendant douze ans de faveur ne fit pas un ennemi (HW).

4. The Americans had won the battles of Trenton and Princeton, 26 Dec. 1776 and 3 Jan. 1777, and reoccupied most of New Jersey.

5. David William Murray (1777–1840), 3d E. of Mansfield, 1796, born at Paris, 7 March 1777.

6. Because Colmant, for whom they were wanted, would not stop drinking (see *ante* 19 Feb. and *post* 16 March 1777).

From MADAME DU DEFFAND, Wednesday
12 March 1777

Ce mercredi 12 mars 1777.

MME et Mlle Elliot sont ici, elles partent demain ou après-demain, je vous envoie par elles la dernière feuille de la *Bibliothèque des romans*. Il n'y a nulle nouveauté, si ce n'est des *Anecdotes américaines;*[1] c'est une suite d'anecdotes de tous les états de l'univers. Il y en a déjà dix-sept volumes. J'ai commencé ce matin ce dernier, il est passable, mais il ne m'intéresse guère. Je n'aime plus du tout l'histoire. Je hais les traités de morale, il n'y a presque plus de lecture qui me plaise. Nous allons avoir tout à l'heure les *Mémoires du Maréchal de Noailles,* je vous en ai déjà parlé. J'en lirai un volume avant de vous l'envoyer.

Vous ne me parlez point de Linguet, que vous avez chez vous;[2] vous vous gardez bien de me rien envoyer de ce qui pourrait m'amuser.[3] Il y a une lettre de lui à M. de Vergennes[4] qui fait beaucoup de bruit; il y en a peu d'exemplaires, j'ai prié Milord Cathcart d'en faire venir, et M. de Beauvau a mandé à M. de Poix de lui en rapporter. Ce Linguet ne cessera point d'écrire et l'on attend de lui des libelles contre tout le monde. C'est, je crois, un grand faquin, mais tout ce qui est satirique se fait lire.

Je suis ravie que vos nièces soient aimables et qu'elles vous soient un amusement, mais je doute qu'elles vous occupent assez pour que cela puisse être. Il faut tant de convenances, tant de rapports pour qu'on puisse être satisfait, que cela est presque impossible.

Je viens d'être un peu malade, j'ai gardé le lit. J'ai passé les soirées avec deux ou trois personnes, je m'en suis bien trouvée, ce genre de vie est celui qui me conviendrait le mieux, mais il est difficile à prendre, il faut pour cela avoir d'anciens, je ne dirai pas amis, mais d'anciennes habitudes, c'est ce que j'ai eu par le passé et qui me man-

---

1. Antoine Hornot, *Anecdotes américaines ou Histoire abrégée des principaux événements arrivés dans le Nouveau monde depuis sa découverte jusqu'à l'époque présente,* 1776 (Bibl. Nat. Cat.).

2. Linguet, whose *Journal politique et littéraire* had been suppressed by Maurepas, had taken refuge in England.

3. HW probably thought it indiscreet to discuss a French refugee in letters which might be opened by the French authorities.

4. Printed at London, 1778.

quent aujourd'hui. Ce n'est pas qu'il n'y ait quelques personnes dont j'ai sujet d'être contente, M. de Beauvau par exemple, mais sa dépendance pour sa femme, son quartier,[5] les voyages en Lorraine, à Chanteloup, tout cela coupe la société. Le petit Comte de Broglie a des occupations infinies. Mme de Luxembourg est celle dont je jouis le plus, mais son humeur rend son commerce épineux. J'entends ce que vous dites à la lecture de ceci: 'Elle voudrait qu'on ne vécût que pour elle.' Non, non, je ne suis point aussi[6] injuste, mais je voudrais avoir une société comme j'en ai eu autrefois. Cela est impossible, je ne la cherche plus, et je ne songe qu'à traîner le reste de ma vie le moins ennuyeusement qu'il est possible. Quand je suis un peu malade ce n'est pas le temps où je suis la plus malheureuse, parce qu'alors tout me devient plus égal. Je n'ai pas le même bonheur que vous, vous vous suffisez toujours à vous-même, c'est un don que la nature vous a fait. On tient tout d'elle, nous n'avons réellement que ce qu'elle nous a donné, tout ce que nous croyons avoir acquis n'est que précaire, et nous sommes bientôt désabusés de l'honneur que nous faisons à notre raison.

Je dois voir cet après-dîner Mme et Mlle Elliot. Ce sont des personnes très estimables, mais cette visite me pèse. Que dire aux personnes qu'on ne connaît point?

Tout le monde croit ici que les Américains ont de grands avantages, on s'en réjouit et moi je crois qu'on a tort.[6a] Mais je n'entreprendrai pas de parler politique, je n'y entends rien et elle m'intéresse fort peu.

Le Duc de Richmond ne viendra pas aussitôt qu'il s'était annoncé, il a perdu un homme[7] chargé de ses affaires, ce qui lui cause beaucoup d'embarras.

Vous n'avez pas voulu me dire le conte[8] que vous a fait M. Conway. Vous vous entendez très bien en punition, et je vous tiens toujours en haleine; je me rappelle souvent vos corrections, je m'en étonne.

Adieu, je ne trouve plus rien à dire.

5. As captain of the King's bodyguard.
6. 'Assez' in MS.
6a. The Americans had won the battles of Trenton and Princeton (26 Dec. 1776 and 3 Jan. 1777) but their army was depleted.

7. Not identified.
8. Perhaps the story of the sailor who broke his wooden leg (HW to Mann 5 March 1777).

From MADAME DU DEFFAND, Sunday 16 March 1777

Paris, ce dimanche 16 mars 1777.

JE n'ai jamais prétendu blâmer votre amour pour Strawberry Hill, ni votre goût pour la retraite, je ne vous en ai parlé que par envie.

Ce que vous me dites des deux Marguerite[1] est excellent.

Je vous ai écrit par les Elliot, elles sont parties avant-hier, ainsi vraisemblablement vous recevrez cette lettre-ci avec celle qu'elles vous portent.

Je suis fâchée du contretemps qui retiendra M. de Richmond; ne m'envoyez point par lui ni par d'autre des bottines, elles seraient inutiles pour un ivrogne[2] que rien ne peut corriger.

Toute notre famille royale a été enrhumée; le Roi l'est encore et ne sortira de huit jours; Monsieur a craché du sang. Le Comte d'Artois a été le moins malade, il fait continuellement des courses et perd tous ses paris.[3] M. de Maurepas a une goutte vague qui intéresse beaucoup de monde, mais par différents motifs. Le Cardinal de la Roche-Aymon en a rappelé.

Votre critique sur les vers de Franklin est très judicieuse. Je vous envoie d'autres vers pour exercer votre critique; les premiers sont du Chevalier de Boufflers, c'est l'envoi des cheveux de Mme de Mirepoix à M. de Nivernais, et la réponse de celui-ci. Vous me direz lesquels vous trouverez les meilleurs.

J'aurai, je crois, ces jours-ci les *Mémoires de Noailles,* j'espère pouvoir vous les envoyer par M. Saint Paul. Je n'entends point parler de lui, mais je me flatte qu'il ne partira point sans me le faire savoir.

Voilà donc le Roi de Portugal mort,[4] sa dernière action ne vous paraît-elle pas bien insensée? Marier un enfant de seize ans à une fille de trente-deux![5]

1. Perhaps a reference to HW's housekeeper, Margaret Young, and some other Margaret; or perhaps a reference to Marguerite de Valois (whose life was mentioned, *ante* 1 March 1777) and Marguerite de Navarre, author of the *Heptaméron.*

2. Colmant.

3. See Mercy-Argenteau to Maria Theresa 18 March 1777 (Maria Theresa and Florimond-Claude-Charles, Comte de Mercy-Argenteau, *Correspondance secrète,* 1874, iii. 31).

4. José Manoel died 24 Feb. 1777.

5. In order to strengthen the authority of his successor, José married his grandson, nephew, and heir presumptive, José Francisco Xavier (1761–88), Prince of Beira, to his daughter Maria Francisca Benedetta (1746–1829), who was both aunt and cousin of her husband. The Prince of Beira never succeeded to the throne be-

Je ferai vos compliments aux Caraman, le mariage[6] se fit hier. Le mari est laid à faire peur, mais il ne déplaît point à sa femme.

Je vous souhaite de beaux jours dans votre retraite.

Les Choiseul partiront d'aujourd'hui en quinze. Les Beauvau entreront de quartier le lendemain de Pâques,[7] et tout de suite tout le monde défilera. Je prévois une grande retraite jusqu'au retour de Fontainebleau, je n'aurai garde de m'en plaindre.

Vers.[8]

Recevez ces cheveux depuis longtemps blanchis,
D'une longue union qu'ils soient pour vous le gage.
Je ne regrette rien de ce que m'ôta l'âge,
Il m'a laissé de vrais amis.
On m'aime presque autant, j'ose aimer davantage;
L'astre de l'amitié luit dans l'hiver des ans,
Fruit précieux du goût, de l'estime et du temps,
Rien ne s'oppose plus à l'attrait qu'elle inspire.
On ne s'y méprend plus, on cède à son empire,
Et l'on joint sous les cheveux blancs
Au charme de s'aimer le droit de se le dire.

Réponse.

Que parlez-vous de cheveux blancs?
Laissons, laissons courir le temps,
Que nous importe son ravage?
Les tendres cœurs en sont exempts,
Les amours sont toujours enfants,
Et les grâces sont de tout âge.
Pour moi, Thémire, je le sens,
Je suis toujours dans mon printemps
Quand je vous offre mon hommage.
Si je n'avais que dix-huit ans,
Je pourrais aimer plus longtemps,
Mais pourrais-je aimer davantage?

cause he was survived by his mother, Maria I. The marriage took place 21 Feb. 1777. See John Athelstane Smith, Conde da Carnota, *Memoirs of the Marquis of Pombal*, 1843, ii. 258; Hereford George, *Genealogical Tables; Almanach de Gotha*, 1831, p. 165). Wilhelm Karl, Prinz von Isenburg, *Stammtafeln*, Berlin, 1935–7,

ii. 55 gives the date of the marriage as 27 April.

6. Of Mlle de Caraman to the Vicomte de Sourches.

7. Easter Monday was 31 March 1777.

8. A different version of both the verse and the reply is in Stanislas, Chevalier de Boufflers, *Poésies diverses*, 1886, pp. 23–4.

To MADAME DU DEFFAND, ca Tuesday
18 March 1777

Missing. Written at Strawberry Hill. Answered, 23 March.

From MADAME DU DEFFAND, Wednesday
19 March 1777

In Colmant's hand up to 'À 3 heures'; finished by Wiart.

Ce mercredi 19e mars. [1777.][1]

LE Chevalier Elliot arriva dimanche au soir à Paris, il venait y trouver sa mère et sa sœur pour les accompagner dans leur voyage. Il les trouva parties, et il apprit qu'il aurait pu les voir à Amiens où il coucha, et où elles avaient couché le même jour, dans une hôtellerie différente. Jugez de ses regrets. Il vint chez moi lundi après-dîner; j'avais reçu le matin les *Mémoires du Maréchal de Noailles,* dont le Maréchal son fils m'a fait présent. Il me trouva occupée à couper les feuilles du premier volume; il me prit sur-le-champ le désir de vous les envoyer; les six volumes faisant un gros paquet, j'avais quelque scrupule d'abuser de sa complaisance, mais je l'ai surmonté par l'idée que cela vous ferait plaisir. Il me dit qu'il serait bien aise que j'en séparasse un ou deux volumes pour qu'il puisse lire en chemin, j'y consentis; ainsi le paquet ne contient que les quatre derniers volumes. Il vous remettra les deux premiers; vous serez certainement au fait de cet ouvrage plus tôt que moi. Vous m'en direz votre avis;[1a] j'aime les jugements que vous portez,[2] vous les rendez à merveille; vous êtes très éloquent quand vous vous donnez la peine de penser. Je ne vous ai point dit assez de bien de votre dernière lettre, je la trouve charmante, c'est la pure vérité. Je ne prétends point vous encourager à m'écrire, j'abandonne tous projets, je m'interdis tous désirs. Je fais de nécessité vertu, je ne me repais plus d'aucune chimère. Si je n'en suis pas plus heureuse, j'en suis du moins moins ridicule, et moins importune.

Cette lettre-ci est un hors-d'œuvre; elle n'est que pour vous annoncer les livres, il faudra que vous les envoyiez chercher si on ne vous les apporte pas.

1. Date of the year added by HW.   2. See HW to Mason 5 April 1777.
1a. Clause omitted in Toynbee.

À 3 heures.

J'ai écrit ceci à 6 heures du matin.

On est actuellement au Parlement pour juger M. de Guines. Ce sera le sujet d'un second sous-scriptum.

Il faut que je vous raconte ce qui m'arriva l'autre jour avec M. Ogilvie.[3] Je n'entendis pas bien son nom quand on me l'annonça, je crus que c'était M. O'Kelly,[3a] que je ne connais que depuis un ou deux ans, qu'il y avait très longtemps que je n'avais vu, que j'avais entendu dire s'être marié. Je lui demandai s'il était content de son établissement. Il fut embarrassé à me répondre, et me fit beaucoup de compliments de la part de sa femme, m'assura de son attachement, de sa reconnaissance. 'Vous me surprenez,' lui dis-je, 'vous ne m'avez point fait faire connaissance avec elle, je ne l'ai point encore vue, et vous n'êtes point venu chez moi depuis votre mariage.' Il me parut très embarrassé, il me dit qu'il était depuis longtemps à la campagne, qu'il n'en était de retour que de la veille. 'Avez-vous ramené madame votre femme?' lui demandai-je.—'Non,' me dit-il.—'Quelle est la campagne où vous étiez?'—'À Aubigny.'—'Quoi, chez Madame la Duchesse de Leinster.'—'Sans doute, puisque c'est d'elle dont je vous fais des compliments.'—'Ah! vous êtes donc M. Ogilvie!'—'Oui, je le suis.'—'Vous m'avez donc crue en enfance, je vous ai pris pour M. O'Kelly. Comment ne m'avez-vous pas tirée d'erreur? Je vois bien que vous m'avez soupçonnée d'avoir perdu le bon sens, et que vous ne vouliez pas me le faire connaître.' J'abrège la conversation, qui dura près d'un quart d'heure. Je le revis hier et il est parti aujourd'hui pour rejoindre sa femme. Ils reviendront ici l'un et l'autre dans douze ou quinze jours, ils attendent un homme de confiance, qui restera à Aubigny avec les enfants tout le temps que la Duchesse sera absente. Elle doit aller en Irlande passer deux ou trois mois pour voir son fils et pour être auprès de sa belle-fille,[4] qui est grosse, et qui doit accoucher dans cette intervalle.[5] Il me dit encore que M. de Richmond ne viendrait à Paris que le 15 ou le 20 d'avril, et que la Duchesse pourrait bien ne le pas attendre.

3. Ogilvie, mari de la Duchesse de Leinster (HW).

3a. Corrected by HW from Wiart's 'Oqueli.'

4. Hon. Emilia Olivia Saint George (d. 1798), m. (1775) William Robert Fitzgerald (1749–1804), 2d D. of Leinster.

5. Her daughter Lady Mary Rebecca Fitzgerald, (1777–1842) who m. (1799) Sir Charles Ross, was born 6 May (Arthur Collins, *Peerage*, ed. Brydges, 1812, vi. 198; Sir John Bernard Burke, *Peerage*, 1880, p. 744).

Ce récit ne vous fait pas grand'chose, mais je n'ai guère d'événement plus intéressant à raconter; vous vous souciez fort peu de savoir ce que font et ce que disent toutes les belles compagnies que je vois.

Je ne vous ai point écrit par M. Elliot parce qu'il ne m'en laissa pas le temps, il ne fut qu'un moment chez moi.

Pompom continue à se bien porter, c'est un joli enfant; il ne lit pas mal, il commence à écrire, et dimanche dernier il m'apporta une petite lettre qu'il vous écrivait, et comme il y avait quelque chose que vous auriez pu croire que je lui eusse dicté, je ne voulus pas vous l'envoyer. Le voilà qui entre dans ma chambre, je vais lui céder la plume. '*Je vous aime, M. Walpole, et je voudrais*'[6]—en voilà assez, Pompom; je ne lui permets pas d'en dire davantage.

Voici l'extrait de l'arrêt de M. de Guines.[7]

To MADAME DU DEFFAND, ca Saturday 22 March 1777

Missing. Probably written at Strawberry Hill. Answered, 27 March.

To MADAME DU DEFFAND, Sunday 23 March 1777

Missing. Written at Strawberry Hill. Answered, 31 March.

From MADAME DU DEFFAND, Sunday 23 March 1777

Ce dimanche 23 mars 1777.

Je t'ai comblé d'ennui, je t'en veux accabler.

J'ENTENDS parler de mes lettres: il n'y a point d'occasions dont je n'aie fait usage pour vous écrire; mais comme il me paraît que je ne vous fatigue pas, je continuerai. C'est une citation de Corneille[1] par où commence celle-ci; j'ai substitué le mot *ennui* à celui de *biens*.[2] Quoique vous m'écriviez souvent, je pourrais vous reprocher votre paresse. Vous me dites que vous êtes presque toujours seul à votre campagne; ne pourriez-vous pas me traduire quelquefois les

6. Written in the large round handwriting of a child. This is as far as D dared to go in hinting that HW should return.
7. See Appendix 49.

1. *Cinna,* V. iii: 'Je t'en avais comblé; je t'en veux accabler.'
2. The reference is to 'bienfaits.'

choses que vous croyez qui me feraient un extrême plaisir? Si dans ce qui paraît de Milord Chesterfield[3] il y a plusieurs lettres dans notre langue à Mme de Monconseil,[4] pourquoi ne me les pas envoyer? Je demanderai à Milord Stormont le volume que vous m'indiquez; rien ne me plaît autant que des lettres. On dit qu'il y en a beaucoup dans les *Mémoires de Noailles:* je n'ai pas encore fini le premier volume; j'ai impatience d'apprendre si vous avez reçu les six que le Chevalier Elliot vous porte.

Je vous remercie du thé que je recevrai par M. de Poix; il arrivera fort à propos, je suis à la fin de ma dernière boîte.

Aimez donc toujours Crébillon, puisque c'est votre folie. Je n'ai point ses lettres, dont vous êtes si charmé; je les ai lues autrefois, et je me souviens qu'elles m'ont fort déplu. Pour son *Tanzaï,* son *Sopha,* ses *Égarements de l'esprit et du cœur,* ses *Lettres athéniennes,* tout cela m'a paru mauvais. Il a voulu contrefaire Marivaux pour le critiquer; et puis il a cherché à imiter Hamilton, et il est bien au-dessous de tous les deux. Marivaux avait du génie, petit et un peu borné; pour Hamilton, son style est charmant, et Crébillon lui ressemble comme l'âne au petit chien.[5]

Mme Martel[6] s'appelait Mlle Coulon; c'était une petite demoiselle du Dauphiné, dont, à son arrivée, la beauté fit grand bruit: elle était précieuse, affectée, galante, eut beaucoup d'aventures; elle n'était pas du ton de la bonne compagnie. M. de Curzay,[7] père de Mme de Monconseil, était gentilhomme, frère de Mme de Pleneuf,[8] laquelle était mère de Mme de Prie. Je ne me souviens pas aujourd'hui quel était le nom de Mme de Curzay:[9] elle était certainement peu de chose; elle

3. Chesterfield's *Miscellaneous Works,* 1777, in two volumes. HW's annotations to this book were published by the Philobiblon Society, xi, 1867–8. See HW to Mason 13 March 1777. HW's copy is now in the BM.

4. See ibid.

5. See La Fontaine, *Fables,* IV. v.

6. Chesterfield had written to Mme Martel, 12 Feb. 1742 (*Letters of Lord Chesterfield,* ed. Bonamy Dobrée, 1932, ii. 487). She had a son who was in London in 1746 (Chesterfield to Mme de Monconseil 28 Nov. 1746, ibid. iii. 820). See Charles-Jean-François Hénault, *Mémoires,* ed. Rousseau, 1911, p. 27; and Hénault to D 9 July 1742 in D's *Correspondance,* ed.

François-Adolphe-Mathurin de Lescure, 1865, i. 42.

7. Séraphin Rioult de Douilly (d. 1738), Marquis de Curzay (ibid. vi. 2966). The rest of this paragraph is quoted in HW's 'Marginal Notes in . . . Chesterfield,' p. 62, Philobiblon Society Miscellanies, xi, 1867–8.

8. Agnès Rioult de Douilly (1681–1758), m. Jean-Étienne Berthelot de Pleneuf (Woelmont de Brumagne iv. 86).

9. Catherine-Thérèse-Élisabeth-Améline Blondot (1690–1753), m. (1704) Séraphin Rioult de Douilly, Marquis de Curzay (*Letters of Lord Chesterfield,* ed. Bonamy Dobrée, 1932, vi. 2966).

avait de la beauté, beaucoup d'impudence et d'intrigue; elle avait été entretenue par un nommé Hœgger,[10] qu'elle ruina, qui se retira à Saint-Germain, et devint amoureux de la Desmares,[11] comédienne, mère de Mme de Ségur,[12] qui le fit subsister et qu'il épousa. Je prétendais qu'on avait dans sa cuillère le portrait de Mme de Curzay et de Mme de Monconseil; de la première, en se regardant dans le large, et de la seconde, en la prenant de l'autre sens.

Je ne connais point du tout le Marquis de Noailles, et presque point M. de Poix. Je dirai au Maréchal le bien que vous me mandez de son fils,[13] et à Mme de Poix ce que vous me dites de son mari; à M. de Schuwalof, l'usage que vous ferez des vers de Marmontel;[14] car ils sont de cet auteur, dont, ainsi que moi, vous ne faites pas grand cas.

Venons à votre Amérique. C'est une grande nouvelle que l'élection d'un protecteur:[15] il faut que Charles Fox devienne son premier ministre.[16] Tout accommodement devient-il donc impossible avec la métropole? Je ne sais d'où vient j'en serais fâchée, puisque cela ne vous fera rien par rapport à nous.

On disait ces jours-ci que Voltaire était tombé en apoplexie; cela n'est pas vrai, il s'est trouvé mal pour avoir souffert du froid, mais il se porte bien présentement. Nous n'avons plus de correspondance, je n'avais rien à lui dire, ni lui à moi; c'était une fatigue que je me suis épargnée. Il n'y a qu'à vous à qui je puisse écrire sans me fatiguer; il n'y a que votre amour pour les noms propres qui m'embarrasse, parce que je n'ai point de mémoire, et que le peu d'intérêt que je prends à tout ne me donne aucune facilité pour raconter, et qui plus est je ne puis me persuader que vous puissiez vous soucier d'apprendre ce qui se passe ici. Ajoutez que je suis le plus souvent triste, pleine de va-

10. Anton Hœgger (1682–1767), Baron de Presle (*Dictionnaire historique et biographique de la Suisse*, Neufchâtel, 1921–33; René-Louis de Voyer de Paulmy, Marquis d'Argenson, *Journal et Mémoires*, 1859–67, i. 30–33; Émile Campardon, *Les Comédiens du Roi*, 1879, pp. 71–3).

11. Christine-Antoinette-Charlotte Desmares (1682–1753). See François-Adolphe-Mathurin de Lescure, *Les Maîtresses du Régent*, 1860.

12. Philippe-Angélique de Froissy (1700–85), m. (1718) Henri François, Comte de Ségur (Pierre-Marie-Maurice-Henri, Marquis de Ségur, *Le Maréchal de Ségur*, 1895, pp. 22, 26). She was the natural daughter

of Mlle Desmares and the Regent d'Orléans. HW met her several times in Paris in 1765, 1766, and 1767 (*Paris Jour.*).

13. The Prince de Poix.

14. See *ante* 9 March 1777.

15. Probably D's misunderstanding of 'dictator.' Lord George Germaine had declared in Parliament that the powers granted to Washington by Congress made him 'the dictator of America' (John C. Fitzpatrick, *George Washington himself*, Indianapolis, [1933], p. 284). HW to Mann 3 April 1777 calls Washington 'the dictator.'

16. Fox was in sympathy with the Americans.

peurs, et que dans cet état je ne pourrais que vous parler de moi, ce qui infailliblement vous ennuierait beaucoup. Je suis souvent dans un si grand dégoût, d'abord de moi, et de tout ce qui m'environne, que vous auriez en horreur mes lettres si je vous écrivais dans cette disposition. Je n'ai point un caractère tel que le vôtre, vous êtes la plus raisonnable personne que je connaisse, et je suis presque la plus insensée.

Adieu jusqu'à dimanche. Je vais cependant relire votre lettre[17] pour savoir si je réponds à tout.

Oui, je n'ai rien omis.

From MADAME DU DEFFAND, Thursday 27 March 1777

Entirely in Colmant's hand.

Ce jeudi 27e, à 6 heures du matin, [mars 1777.][1]

JE ne voulais pas vous écrire avant dimanche, quoique j'eusse à vous apprendre que j'avais reçu votre paquet avec votre petit billet[2] et votre thé. Je crains toujours de vous fatiguer par mes lettres; mais celle que M. de Beauvau a reçu de vous,[3] et qu'il me lut hier, me fait sauter sur toutes considérations. Je manque donc à la règle des huit jours pour vous dire que rien n'est si charmant que cette petite lettre; elle a toute la politesse, l'élégance, la grâce possibles. M. de Beauvau en est charmé, je lui demanderai à voir la réponse;[4] vous ne pouviez jamais rien faire qui me fît plus de plaisir. Ah! je mens bien fort.

Je fais partir aujourd'hui pour la Comtesse de Boufflers la *Vie de M. Hume,* nous l'aurons ces jours-ci traduite par Suard.

Adieu jusqu'à dimanche.

From MADAME DU DEFFAND, Monday 31 March 1777

Ce lundi 31 mars 1777.

NOTRE courrier n'est arrivé qu'après le départ du vôtre; ainsi je ne reçois qu'aujourd'hui lundi votre lettre du 23, que j'aurais dû recevoir hier 30. Il n'y a pas grand mal; mais ce qui me fâche et

17. HW to D ca 18 March 1777.

_____

1. Dates of month and year added by HW.

2. HW to D ca 22 March 1777.
3. Missing.
4. Beauvau to HW 29 March 1777.

m'inquiète, c'est que vous n'ayez pas encore ma lettre[1] et les *Mémoires de Noailles*. Cependant nous faisons le calcul, Wiart et moi, qu'il n'y a rien d'extraordinaire; M. Elliot n'étant parti que le 18, il n'est pas étonnant que vous ne les ayez pas reçus le 23. Mais, sans connaître cette famille, il vous est facile de savoir leur demeure, et d'envoyer demander la lettre et les livres dont je les ai chargés.

Je crois que vous serez content de cette lecture, j'entends celle des *Mémoires*, et qu'elle vous fera aimer Louis XIV. J'ai commencé ce matin le quatrième volume; le troisième m'a fait grand plaisir; c'est un spectacle dont on voit toute la mécanique des machines et des décorations, on est dans les coulisses.

Je suis bien de votre avis sur les livres d'histoire; il n'y a que les lettres et les mémoires que je puisse lire sans ennui. J'ai commencé M. Gibbon, dont nous n'avons encore que le premier volume, mais je l'ai laissé là; tout excellent qu'il peut être, il m'ennuie. Je trouve la comparaison[2] de la succession des empereurs aux douze mois de l'année fort bonne et très plaisante. Je crois que vous vous portez fort bien; vous avez de la gaîté, conservez-la; si vous pouviez m'en envoyer, ainsi que du thé, vous me feriez plaisir. Je fais le projet de quelques changements dans ma vie; je veux m'arranger à souper tous les jours chez moi, c'est-à-dire à n'en plus chercher ailleurs; je crois que je pourrai en soutenir la dépense; je courrai souvent le risque du tête-à-tête avec la Sanadona; cela ne sera pas divertissant, mais je m'y accoutumerai. Votre jugement sur les petits vers[3] me paraît fort bon; je trouve que c'est Jean qui danse mieux que Pierre, et Pierre mieux que Jean. Il y a une *Épître*[4] du Prince de Ligne à Voltaire, je l'ai fait copier pour vous; mais il me semble qu'elle ne vaut pas la peine de vous être envoyée; il n'y a qu'un trait qui me plaît: il dit que l'aigle régnait anciennement à Rome, et qu'actuellement c'est une oie.[5]

Le grand-papa, la grand'maman sont partis cette nuit; je n'y ai pas grand regret. Le grand Abbé est resté, ainsi que Mme de Gramont; leur départ ne sera qu'à la fin de mai ou au commencement de juin; quand ils partiront, je leur dirai bon voyage; rien ne me plaît

1. *Ante* 12 March 1777.
2. Not found.
3. See *ante* 16 March 1777.
4. *Réponse de M. le Prince de Ligne à une lettre de Voltaire, dans laquelle il se traite de vieux hibou, et M. le Prince de Ligne d'aigle autrichien* (Grimm xi. 425–6, Feb. 1777).

5. 'L'aigle n'est plus à Rome, il n'y reste qu'une oie.
De qui le Capitole est l'asile et la proie:
Elle l'avait sauvé dans un temps plus brillant.'

assez aujourd'hui pour y avoir regret. Il n'est pas besoin de vous dire les exceptions. De tous les départs présents, celui qui est le plus singulier et le plus étonnant, c'est celui de M. de la Fayette, que vous avez pu voir le jour[6] que vous avez dîné chez notre ambassadeur. Il n'a pas vingt ans; il est parti ces jours-ci pour l'Amérique; il emmène avec lui huit ou dix de ses amis; il n'avait confié son projet qu'au Vicomte de Noailles,[7] sous le plus grand secret; il a acheté un vaisseau,[8] l'a équipé, et s'est embarqué à Bordeaux.[9] Sitôt que ses parents en ont eu la nouvelle, ils ont fait courir après lui pour l'arrêter et le ramener; mais on est arrivé trop tard, il y avait trois heures qu'il était embarqué. Il a, dit-on, fait son traité avec un nommé Hill,[10] qui demeure avec Franklin: il aura le titre ou grade de Général Major, sûreté de pouvoir revenir en France en cas que nous ayons la guerre avec qui que ce soit, ou que quelque affaire domestique exige son retour. C'est une folie sans doute, mais qui ne le déshonore point, et qui, au contraire, marque du courage et du désir de la gloire; on le loue plus qu'on ne le blâme, mais sa femme[11] qu'il laisse grosse de quatre mois, son beau-père,[12] sa belle-mère[13] et toute sa famille en sont fort affligés.

Tous les récits que l'on fait ici de votre Amérique se contre-disent; j'attends le résultat pour me déterminer à croire.

Votre ambassadeur n'a point les livres de Milord Chesterfield; vous devriez bien me les envoyer par M. de Richmond, et me marquer ce qui vaut la peine d'être traduit; j'ai des traducteurs dont je peux disposer.

Ce mercredi 2 avril.

Il ne s'est passé rien de nouveau hier ni avant-hier.

Je viens de relire votre lettre, vous la finissez par me dire que je ne

---

6. Around the first of March, when La Fayette spent three weeks in England with the Prince de Poix (Agénor Bardoux, *La Jeunesse de la Fayette*, 1892, pp. 31–2).

7. His brother-in-law.

8. *La Victoire.*

9. 25 March 1777.

10. Probably William Carmichael (d. 1795), the last syllable of whose name might sound, in French, like Hill (*Dictionary of American Biography*, New York, 1929–36; Louis R. Gottschalk, *Lafayette Comes to America*, Chicago,

1935, pp. 85, 104; information from Dr Louis Gottschalk through the kindness of Mr Stuart W. Jackson).

11. Marie-Adrienne-Françoise de Noailles (1759–1807), m. (1774), the Marquis de la Fayette.

12. Jean-Louis-François-Paul de Noailles (1739–1824), Duc d'Ayen.

13. Henriette-Anne-Louise d'Aguesseau (1737–94), m. (1755) the Duc d'Ayen; she was guillotined in the Revolution. See ibid.

suis pas tenue à y répondre. Vraiment je le crois bien, cela me serait impossible; elle est d'une solidité et profondeur de raisonnement dont ma tête n'a jamais été capable dans la force de l'âge, et pour aujourd'hui toute application m'est impossible. Vous avez en vérité beaucoup d'esprit et de goût; cependant ce dernier s'égare quelquefois, témoin du jugement que vous portez des lettres de Crébillon;[14] j'ai voulu les relire, croyant que je m'étais trompée; oh! non, je persiste à les trouver insupportables; c'est un petit esprit que cette Marquise, qui se donne des airs, qui fait la jolie femme, qui n'a ni sentiment ni passion, et de la tournure des dames de Beauharnais,[15] et de toutes nos prétendues spirituelles qui n'ont pas le sens commun. J'aimerais cent fois mieux être comparée aux héroïnes de Scudéry qu'aux bégueules de Crébillon.

Cette lettre n'arrivera pas assez à temps pour que vous puissiez m'envoyer par M. de Richmond les livres de Chesterfield.

Je serai bien étonnée si les *Mémoires de Noailles* ne vous font pas plaisir; ils m'en font un extrême. Ils me rappellent tous les faits dont j'ai entendu parler dans ma jeunesse, qui sont très conformes à ce qu'on disait alors; je n'en suis qu'au quatrième volume. Cette lecture a un inconvénient pour moi; mon Invalide commence à me lire entre six et sept heures; elle m'empêche de me rendormir. J'ai bien de l'impatience d'apprendre ce que vous en penserez.

Je suis bien fâchée d'être aussi bête; je voudrais avoir la capacité de vous répondre, mais c'est au-dessus de mes forces; je sens et je comprends encore, mais je ne puis plus m'exprimer. Ah! il n'est que trop vrai que je suis extrêmement baissée; on peut me dire que je ne suis pas tombée de bien haut; peut-être ne s'aperçoit-on pas de ma chute, mais je la sens; je ne m'en afflige point, je suis peut-être encore assez bonne pour tout ce qui m'environne, mais je ne le serais pas pour vous.

14. D alludes to Crébillon's *Lettres de la Marquise*.

15. Marie - Anne - Françoise Mouchard (1737–1813), m. (1753) Claude de Beauharnais, Comte des Roches-Baritaud (Albert, Vicomte Révérend, *Titres . . . de la Restauration*, 1901–6, i. 149). She wrote several novels. 'Mme de Beauharnais, to whom she alludes, was the daughter of a M. Mouchard, a receiver general of the finances. She was very intimate with Dorat, the poet, whose verses it was well known she passed for her own. After his death, no more verses of hers appeared, and the wits of Paris said that upon Dorat's death, "Beauharnais en avait perdu l'esprit." She was aunt to the Vicomte de Beauharnais, the first husband of the Empress Josephine' (B).

From Madame du Deffand, Saturday 5 April 1777

Ce samedi 5 avril 1777.

AH! je m'en doutais bien; vous êtes charmé[1] des *Mémoires de Noailles,* j'en aime infiniment le style. J'eus hier au soir les oreilles déchirées d'entendre dire qu'ils étaient pitoyables. C'était Monsieur de Toulouse qui prononça ce blasphème. Mais n'aimez vous pas Louis XIV? Est-il possible de mieux écrire? D'avoir plus de bon sens? Un meilleur cœur? Plus d'indulgence? Toutes vos idées sur lui ne sont-elles pas changées?[1a] Et la Reine d'Espagne,[2] ne vous plaît-elle pas beaucoup? Je n'en suis encore qu'au quatrième volume. Je ne trouve rien à redire jusqu'à présent si ce n'est que l'article de M. de Vendôme[3] est trop succinct; ce fut lui qui rétablit le Roi d'Espagne. Pour Mme des Ursins, c'était une femme d'intrigues, vaine, ambitieuse, active, voilà tout; je n'en fais pas grand cas. Cette lecture me plaît infiniment. Je pense exactement comme vous, je voudrais qu'il y eût cent volumes, et que toute l'histoire fût écrite dans ce goût-là; c'est un spectacle où tout est animé et où l'on voit (comme je crois vous l'avoir déjà dit) le derrière des coulisses.

Je suis ravie du retour de M. de Richmond. Je me propose de l'aimer beaucoup, et de faire de fréquents petits soupers avec lui. J'aimerais beaucoup mieux qu'il m'apportât les œuvres de Milord Chesterfield que les chefs-d'œuvre de votre manufacture de porcelaines,[4] dont toutefois je vous fais mille remercîments.

J'avais jugé que vous vous garderiez bien de m'envoyer la lettre de Linguet,[5] exactement par les mêmes raisons que vous me dites, que vous ne voudriez pas qu'elle vînt de vous et qu'elle fût répandue par moi. Je l'ai entendu lire, elle ne m'a pas fort plu. Je ne puis souffrir aucun des ouvrages de nos beaux esprits, tout me déplaît aujour-

1. See HW to Mason 5 April 1777 and *ante* 1 March 1777.

1a. HW thought him pompous and ineffectual.

2. Marie-Louise-Gabrielle of Savoy (1688–1714), m. (1701) Philip V of Spain.

3. Louis-Joseph (1654–1712), Duc de Vendôme, who brought Philip V to Madrid in 1710, and secured his succession to the Spanish crown by the victory at Villaviciosa.

4. Probably Wedgwood, which would have been something of a novelty in Paris. HW owned examples of the four great contemporary English porcelains—Bow, Chelsea, Worcester, and Derby—but he was more partial to Wedgwood, and it is possible that D did not distinguish between porcelain and pottery.

5. See *ante* 12 March 1777.

d'hui. Il est bien juste que personne ne m'aime, car je n'aime rien; j'en excepte Pompom et Tonton, je suis pour le dernier comme vous étiez pour Rosette. Oh! j'en conviens, on ne doit aimer que son chien.

Ce dimanche.

Devinez par qui je ferais traduire les morceaux de Chesterfield? par Mme de Cambis! Elle a commencé à apprendre l'anglais dans le mois de novembre, elle le sait fort bien. N'y a-t-il pas là du Dibutades[6] et d'un certain peintre (n'est ce pas le Titien?)[7]

Comme vous ne me rendez point compte de vos occupations et que vous me dites toujours que vous êtes tout seul à votre campagne, il serait naturel que je vous crusse du temps de reste. N'avez-vous pas fait la vie des hommes illustres ou célèbres[8] (car ce sont deux choses différentes) de votre nation? Milord Stormont m'a demandé si je connaissais ce que vous aviez écrit sur Milord Strafford,[9] celui de Charles Ier. Il m'a conseillé de vous le demander; vous me feriez certainement plaisir si vous m'envoyiez de petits morceaux de vous, mais si vous êtes choqué de ce que je vous crois désœuvré, pardonnez-le-moi, d'autant plus qu'en vérité je vous crois plus occupé que vous ne dites.[9a]

Je ne me trouve point en train d'écrire dans ce moment-ci. Je ne trouve rien à dire.

Je ferai vos compliments à M. de Guines.

Les Choiseul ont couru de grands risques en s'en retournant. On leur envoya de Chanteloup à la dernière poste six chevaux neufs, point dressés, qui prirent le mors aux dents sur la levée qui est entre la rivière et un abîme, heureusement ils en ont été quittes pour la peur.

L'Idole est toujours à Arles, elle reviendra ici au commencement

---

6. Corrected by HW from Wiart's 'Debutatisse.' Dibutades of Sicyone, a Greek potter, was supposed to have discovered the art of bas-relief by filling with clay the profile which his daughter traced on the wall from her lover's shadow (Pliny, *Natural History* xxxv. 12).

7. D probably means that love led Dibutades and Titian to discover new arts, just as it led Mme de Cambis to learn the language of her new friend, the Duke of Richmond. There is a story that Titian, when a child, painted a Madonna with

the juices of flowers because he had no other pigments (Sir Joseph Archer Crowe, and G. B. Cavalcaselle, *Titian*, 1877, i. 39).

8. *Royal and Noble Authors* (HW).

9. Thomas Wentworth (1593–1641), 1st E. of Strafford. A short notice of him is in HW's *Royal and Noble Authors*, 1759, ii. 163.

9a. HW seems to have had no important business at the moment, but he was soon to be busy with the care of his nephew.

de juin, elle fera en revenant un petit séjour à Chanteloup. Je serai assez aise de la revoir, je suis assez bien avec elle, elle reviendra positivement dans le temps que Paris sera désert. Tous nos nouveaux bâtiments[10] sont remplis, mais cela ne fournit pas une seule personne à voir. Rien n'est si rare que de trouver à qui parler, il me semble qu'autrefois on n'était pas aussi sot. Cette Mme de Cambis me plairait assez, mais je crois que je ne lui plais guère, de plus elle est naturellement sèche, silencieuse, et toute concentrée à un seul objet. Pour les Caraman je n'en sais rien du tout, ils marient leurs filles, ils sont maîtres d'école de leurs autres enfants, ils sont dévots, économes, se suffisent à eux-mêmes et écartent autant qu'ils peuvent toute société.

La Duchesse du Carrousel[11] est bien occupée et bien transportée de joie dans ce moment-ci. Sa petite-fille, Mlle de Châtillon,[12] épouse après-demain mardi, le fils unique de Monsieur le Duc d'Uzès, à qui on a donné le titre, il est Duc de Crussol. La noce se fait chez Mme de la Vallière, elle aura cinquante-deux personnes. Mme de Luxembourg y est invitée, ainsi qu'au repas du lendemain chez Mme d'Uzès[13] et le surlendemain chez la Duchesse de Rohan,[14] c'est la suite d'un raccommodement, auquel Mme de Luxembourg est parvenue. Ah! vraiment c'est elle qui craint véritablement l'ennui, il est étonnant tout ce qu'elle fait pour remplir son temps, elle cultive tous les gens qu'elle déteste; il n'y a point de sortes de gens qu'elle ne recherche, je suis du nombre de ceux qu'elle cultive le plus; elle me dit qu'elle m'aime beaucoup, mais je n'en crois rien, nous sommes bien ensemble, cela suffit.

To MADAME DU DEFFAND, Tuesday 8 April 1777

Missing. Written at Arlington Street. Answered, 13 April.

10. À St Joseph (HW).
11. Mme de la Vallière.
12. Amable-Émilie de Châtillon (1761–1840), m. (8 April 1777) Marie-François-Emmanuel (1756–1843), Duc de Crussol (Albert, Vicomte Révérend, *Titres . . . de la Restauration*, 1901–6, ii. 240). See Pierre de Vaissière, *Lettres d'aristocrates*, 1907, pp. 336, 342.

13. Madeleine-Julie-Victoire de Pardaillan de Gondrin (b. 1731, d. in emigration in London), m. (1753) the Duc d'Uzès (Woelmont de Brumagne iv. 620).
14. Niece of Mme de la Vallière and sister of the Duc d'Uzès.

From MADAME DU DEFFAND, Sunday 13 April 1777

Entirely in Colmant's hand.

Ce dimanche 13ᵉ avril [1777].[1]

WIART est dans son lit, avec un rhumatisme dans les reins et une grosse migraine. Il est trois heures, je reçois votre lettre du 8, je ne suis point encore levée, je ne vous répondrai que très succinctement.

J'aime à la folie les deux, trois et quatrième volumes des *Mémoires de Noailles,* mais le premier et surtout le cinquième et la moitié du sixième, qui est où j'en suis,[2] m'ont fort ennuyée. Mais c'est que je hais les récits de guerre à la mort; ce ne sont que de vieilles gazettes. Ce Maréchal qui donnait tant de beaux conseils était un fou. Il me prend envie de vous dire une chanson de feu Madame la Duchesse du Maine, sur lui et sur Law.[3] La voici:

> Votre Law est un filou,
> Disait au Régent Noailles;
> Et l'autre, par représailles:
> Votre Duc n'est qu'un fou.
> C'est ainsi qu'à toute outrance
> Ils se font la guerre entre eux;
> Mais le malheur de la France,
> C'est qu'ils disent vrai tous deux.

Je n'affiche point la retraite; je hais le grand monde parce que j'y suis déplacée, mais je crains encore plus la solitude. J'aime la société, elle m'est nécessaire, et je me crois toujours à la veille d'en manquer. J'ai perdu mes anciens amis, je n'ai même presque plus d'anciennes connaissances; je ne forme pas de vraies liaisons. Quand je dis que je veux prendre le parti de souper toujours chez moi, c'est que je crois que j'y serai forcée. Il y a quelques maisons ouvertes où je peux aller quand je veux: comme l'Hôtel de Choiseul pendant trois ou quatre mois, chez Mme de Luxembourg depuis le mois de janvier jusqu'à Pâques, et chez les la Reynière toujours. Je vais quelquefois chez ces derniers mais très rarement, et chez les autres jamais. Je ne suis point

1. Date of year added by HW.
2. The fifth and sixth volumes discussed the reign of Louis XV; HW found them interesting. The first volume, on the persecution of the Protestants, he found

unsatisfactory (see HW to Mason 5 April 1777).
3. J. Law, auteur du système du Mississippi (HW). John Law (1671–1729).

priée ailleurs, et si je ne donnais pas à souper, je ne verrais personne. Enfin n'ayez pas peur, je ne prétends point à être philosophe. Je ne connais que deux maux dans le monde, les douleurs pour le corps, et l'ennui pour l'âme. Je n'ai de passion d'aucune sorte; presque plus de goût pour rien, nul talent, nulle curiosité; presque aucune lecture ne me plaît ni ne m'intéresse. Je ne puis jouer ni travailler; que faut-il donc que je fasse? Tâcher de me dissiper, entendre des riens, en dire, et penser que tout cela ne durera plus guère. Personne ne m'aime, je ne m'en plains pas; je suis trop juste pour cela.

Je serai fort aise de voir M. de Richmond, du moins je le crois.

From MADAME DU DEFFAND, Wednesday 16 April 1777

Entirely in Colmant's hand.

Ce mercredi 16ᵉ avril [1777],[a] à six heures du matin.

DEPUIS ma dernière lettre, Wiart garde le lit. Je viens de me faire relire la vôtre du 8. Je me reproche d'y avoir répondu d'une manière si succincte, et de ne vous avoir point satisfait sur ce que vous me demandiez. Un peu d'humeur, dont je m'interdis de faire connaître la cause, le changement de secrétaire, tout cela m'a coupé la parole, et m'a fait écrire une courte et sotte petite lettre, en réponse à une des plus agréables, des plus sensées qu'il y ait jamais eu.

Je ne suis pas d'accord de tous les jugements que vous portez.[1] Le feu Maréchal[1a] était un fou, même au sens le plus littéral. Il y a des extravagances de lui qui en auraient conduit d'autres aux Petites-Maisons. Le cinquième et le sixième volume, où j'en suis, m'ont infiniment ennuyée; vous avez toute raison sur les écrits que Louis XIV lui confia en mourant, ils changent beaucoup la disposition où on était pour lui sur sa correspondance avec le Roi et la Reine d'Espagne. Cette petite Reine était charmante. Je fais peu de cas de Mme des Ursins. Je ne vois en elle qu'une femme du grand monde, qui n'aimait que la représentation et le mouvement, ne se plaisait que sur le théâtre, n'était ni bonne ni méchante, ni fausse ni vraie, et

a. Date of year added by HW.   1a. De Noailles (HW).
1. D alludes to the *Mémoires* of Noailles.

dont toute la conduite était un rôle qu'elle jouait assez bien. Pour Mme de Maintenon, je trouve que le portrait qu'en fait l'auteur[2] est extrêmement juste. Elle n'était point aimable, parce qu'elle était triste et indifférente; sa dévotion avait nui à son esprit et gâté son discernement; elle s'était laissé conduire par les circonstances. Elle n'était point hypocrite, sa dévotion était petite et minutieuse. Elle avait le malheur d'être sujette à l'ennui; mais à tout prendre c'était une femme qui avait naturellement l'esprit très philosophique, et très éloigné, à ce qu'il me semble, de fausseté et de manège.

Mais n'avez-vous pas été bien fâché de ce que l'intérêt de ces *Mémoires* est coupé tout net à la mort de la Reine d'Espagne? qu'il n'est plus question de rien? Pas un mot des disgrâces de Mme des Ursins, du Cardinal Alberoni,[3] de l'arrivée de la Farnèse,[4] de son gouvernement, etc., etc.? Que dites-vous des lettres de Monsieur le Duc de Bourgogne,[5] de celles du feu Roi,[6] et d'une de Monsieur le Dauphin,[7] qui répond parfaitement à l'idée que j'avais de son esprit? Si je causais avec vous, j'aurais bien d'autres remarques à faire, mais en voilà assez et peut-être trop pour une lettre.

J'en reçus une hier de votre cousin,[8] remplie de bontés et d'amitiés; s'il était vrai qu'il m'aime, il saurait bien quelles preuves m'en donner.[9] Le Duc de Richmond s'annonce pour le 20. L'Empereur[10] arrive aujourd'hui ou demain. On murmure certains bruits qui me font plaisir, de conventions, de désarmement; mais ce n'est peut-être que du bruit.

Adieu. Je vais dormir.

À 5 heures après midi.

Je reçois dans le moment une lettre de Versailles, de M. de Beauvau. Voici ce qu'il me mande:

'La nouvelle d'un arrangement pacifique avec l'Angleterre se confirme tous les jours.'

---

2. Noailles married Mlle d'Aubigné, niece and heiress of Mme de Maintenon.

3. Giulio Alberoni (1664–1752), prime minister to Philip V of Spain.

4. Elizabeth Farnese, wife of Philip V of Spain.

5. Louis (1682–1712), Duc de Bourgogne, grandson of Louis XIV, and father of Louis XV. There is a series of letters from him to Mme de Maintenon, written in 1708.

6. Probably Louis XV.

7. Probably the son of Louis XV. There is a letter from his father *to* the Dauphin of 6 May 1744.

8. M. Conway (HW).

9. She means in persuading Mr Walpole to make another visit to France (B).

10. Joseph II, who reached Paris 18 April 1777.

From Madame du Deffand, Sunday 20 April 1777

Paris, ce dimanche 20 avril 1777.

J'AI achevé ce matin les *Mémoires de Noailles*. J'avais interrompu cette lecture, à la moitié du sixième volume, pour lire des *pauvretés* (c'est le nom que méritent toutes nos nouveautés). Je ne suis point mécontente de la fin de ce sixième tome, tout au contraire. Je ne vous blâme pas de la grande opinion que vous avez conçue du Maréchal; il n'est pas le seul qui gagne à être raconté, et qui perde beaucoup à être pratiqué. Je crois que Fénelon n'était point hypocrite, qu'il a été de bonne foi martyr de ses systèmes, lesquels cependant il n'avait point soutenus contre l'autorité du Pape: c'était ce qu'on appelle aujourd'hui un esprit *exalté*. Ce mot est devenu à la mode pour exprimer l'enthousiasme. Je crois que si Fénelon n'avait pas pris le parti de la dévotion, il aurait été très romanesque. Je n'aime point son genre. Je connais peu Bossuet; je crois qu'il n'était pas fou, mais qu'il était dur, vain, ambitieux, bien plus que dévot. De son temps on n'était point esprit fort; il n'y a que M. de la Rochefoucauld qu'on puisse soupçonner de l'avoir été.

Vous ne voulez donc rien traduire pour moi? À la bonne heure, je ne vous en parlerai plus.

On a rattrapé M. de la Fayette à Saint-Sébastien;[1] on ne l'a point ramené à Paris, on l'a conduit ou envoyé à Toulon, attendre le Duc d'Ayen, son [beau-]père, qui va, avec M. et Mme de Tessé,[2] faire le voyage d'Italie.

L'Empereur arriva avant-hier entre cinq et six heures du soir; il descendit chez son ambassadeur,[3] qui était au lit pour une espèce de coup de sang causé par des hémorroïdes, ce qui le mettra hors d'état de suivre son maître; il logera chez lui. Il fut hier matin à Versailles; il visita tous les Princes et tous les ministres, il est d'une familiarité dont on est charmé. Son intention était de loger chez le baigneur,[4] on l'a fait consentir de coucher au château; le Maréchal de Duras lui a

---

1. La Fayette was already on board his ship at Saint-Sébastien when he received orders forbidding him to sail. He landed, but, on finding that it was merely his father-in-law's influence that procured the order, he escaped in disguise, rejoined his ship, and sailed for America, 20 April 1777. (See Henry Dwight Sedgwick, *Lafayette*, Indianapolis, [1928], pp. 26–8).

2. René-Mans de Froulay (1736–1814), Comte de Tessé, had married Mme de la Fayette's aunt (Jean-François-Eugène Robinet, *Dictionnaire historique et biographique de la Révolution*, [1899], ii. 777).

3. Mercy-Argenteau.

4. Touchet (Emmanuel, Duc de Croÿ, *Journal*, 1906–7, iv. 9).

prêté son appartement. On dit qu'il ne recevra personne chez lui, mais qu'il ira visiter tout le monde sous le nom de Comte de Flakemberg.[5] Je vous dirai tout ce que j'en apprendrai, parce que vous aimez les détails.

La réconciliation de la Maréchale[6] et de la Duchesse[7] s'est bornée aux repas de noce, dont on ne pouvait pas se dispenser de la prier, à cause du degré de parenté.[8] Je ferai vos compliments à Mme de la Vallière. Je croyais vous avoir mandé qu'on ne soupait plus chez elle; sa porte est toujours fermée à dix heures. Pour Mme de Châtillon,[9] je ne lui dirai rien; je ne la vois point depuis la grande liaison qu'elle avait avec la Lespinasse.

La grand'maman recevra vos compliments, ils lui feront plaisir, mais qu'est-ce que cela vous fait? Je fais prendre les feuilles de la *Bibliothèque des romans,* j'imagine que vous en désirez la suite, je vous les ferai tenir par les occasions qui se présenteront.

Je m'étais bien doutée que M. de Richmond n'arriverait pas dans le temps qu'il s'était annoncé, il y a toujours des déchets[9a] et des délais avec les Anglais. Je n'entends plus parler de Mme de Leinster ni de M. Ogilvie.

Je serai fort aise de faire connaissance avec M. Gibbon;[10] mais je serai pour lui une piètre compagnie: les Necker sont bien mieux son fait.[11] Vous ne voulez pas croire que je baisse beaucoup; cela est pourtant bien vrai: mon âge n'en est pas la seule cause.

Je revois depuis peu plus souvent Mme de Jonzac; je passerai la soirée aujourd'hui avec elle; j'ai du goût pour elle, j'aimerais à vivre avec elle, mais nos liaisons et nos allures sont très différentes. Depuis que j'ai perdu mes amis, il est devenu presque impossible que j'en fasse d'autres; il faut que je me contente d'avoir des connaissances que je n'entretiens et ne conserve que par les deux soupers que je donne dans la semaine. Je me résous à passer les soirées des autres jours tête à tête avec la Sanadona; ce qui n'est, je vous assure, pas divertissant. Je ne fais point de projet de retraite. J'ai trouvé l'autre jour un trait dans une comédie qui m'a plu. Un homme, fatigué du

5. Falkenstein.

6. De Luxembourg (HW).

7. De la Vallière (HW).

8. Mme de Luxembourg's second husband was brother to the Duchesse d'Antin, maternal grandmother to the bridegroom.

9. La Duchesse, fille de Mme de la Vallière (HW).

9a. 'Decheoit' in the MS.

10. He was in Paris, May–Nov. 1777. 'I hear from England that Mr Gibbon has solicited the secretaryship of the embassy at Paris, and I hear at Paris that he certainly will not obtain it' (Dr Jeans to James Harris 30 Jan. 1777, James Harris, E. of Malmesbury, *Letters,* 1870, i. 357).

11. Gibbon had been deeply in love with Mme Necker.

monde, triste, mécontent, dit qu'il veut se retirer dans sa campagne pour y trouver la tranquillité et la paix. *Il faut l'y porter,* lui répond-on, *si vous voulez l'y trouver.* Rien n'est si pénible à supporter que le vide de l'âme; ainsi je conclus que la retraite (qui ne peut que l'augmenter) est de tous les états celui qui me conviendrait le moins; je ne compte faire aucun changement à la vie que je mène; il n'y en a pas de plus oisive, de plus dénuée de tout genre d'occupations et d'intérêts.

Si vous voyez votre cousin, dites-lui que sa lettre m'a fait un plaisir extrême, et que j'y répondrai incessamment.

From Madame du Deffand, Sunday 27 April 1777

Address: To Monsieur Monsieur Horace Walpole in Arlington Street near St James's *London Angleterre.*
Postmark: MA 2.

Ce dimanche 27 avril 1777.

QUE vous dirai-je? C'est un grand malheur que la folie de votre neveu,[1] mais il m'affecte moins qu'un accès de goutte. L'expérience du passé vous servira; vous êtes si raisonnable qu'il n'y a point de conseil à vous donner, mais je crains votre sensibilité. Les impressions que vous recevez sont vives; on n'est maître d'aucun de ses mouvements, mais on l'est de sa conduite, et vous vous souviendrez que vous fîtes mille fois plus que vous ne deviez il y a je ne sais combien d'années;[2] ne faites que ce que vous devez faire, et que votre bon cœur ne vous mène pas par delà.

On attend le Duc de Richmond à toute heure, j'espère qu'il m'apportera de vos nouvelles et que vous aurez pu amener votre neveu à Londres; c'est ce qui me paraît de la dernière importance, je serais très inquiète si vous restiez seul avec lui. Vous devez être bien persuadé de ce que je pense et du besoin que j'ai d'avoir de vos nouvelles. Ce n'est pas le moment de vous en donner de ce qui se passe ici; il n'y est question que de l'Empereur. J'ai écrit une longue lettre à votre cousin qu'il vous montrera si vous le désirez.

Je prie Mme Churchill de me donner des marques de son amitié

1. Lord Orford (HW). His insanity returned early in April 1777, and HW was called to take charge of him (HW to Mann 28 April 1777).

2. In 1773.

et de la vôtre; une plus longue lettre vous importunerait. Je finis en vous priant de ne pas oublier combien est sincère l'intérêt que je prends à vous.

To Madame du Deffand, ca Tuesday 6 May 1777

Missing. Probably written at Arlington Street. Answered, 11 May.

From Madame du Deffand, Tuesday 6 May 1777

Ce mardi 6 mai 1777.

VOILÀ le Baron de Castille[1] que je vous présente. Vous l'avez vu en dernier lieu sous ce nom-là, et plus anciennement sous celui d'Argenvillier.[2] Il va voir M. et Mme de Masserano,[3] vous en serez quitte avec lui pour quelques politesses et vous me ferez plaisir de lui dire que je vous le recommande, et que vous savez que je l'aime beau·coup. En voilà assez, n'en parlons plus.

Eh bien! mon ami, vous voilà donc affublé de votre neveu. Je me flatte que vous n'avez point oublié quelle a été sa reconnaissance,[4] et que vous vous conduirez en conséquence dans cette occasion-ci. Mon-sieur votre frère[5] est étonnant de vous laisser tout l'embarras dont il devrait être seul chargé. Voilà la même aventure d'il y a quatre ans; elle me fâche, elle m'attriste, elle m'inquiète. Je reçus dimanche der-nier un billet de Milady Churchill, elle s'acquittait de l'ordre que vous lui aviez donné, elle ne me dit rien d'elle-même ou du moins fort peu de chose. Est-ce que je ne suis pas bien avec elle? J'en serais fâchée, vous savez combien je l'estime. Nous avons ici Monsieur le Duc de Richmond, il arriva il y a aujourd'hui huit jours, il m'a ap-porté la boîte de thé, votre joli tableau, avec un autre dont il m'a fait présent, et les deux volumes de Milord Chesterfield. Ce jeune Duc, comme vous l'appelez, est un peu triste, la fatigue du voyage en est

1. Gabriel-Joseph de Froment-Fromen-tès de Castille (b. 1747) (Woelmont de Brumagne vii. 811).
2. He had been mayor of Argivillars (ibid.). In C–D, he is called Baron d'Argil-liers. HW had met him once in 1775 (*Paris Jour.*).
3. The Principe di Masserano m. (1737) Charlotte-Louise de Rohan-Guéménée

(1722–86) (Pompeo Litta, *Famiglie celebri italiane*, Milano, 1819–, iii. tav. v).
4. HW had received little gratitude for his services during his nephew's previous attack of insanity.
5. Sir Edward Walpole was now a re-cluse, and left the care of their nephew en-tirely to HW.

peut-être cause; il avait passé deux nuits sans se coucher. Nous l'avons tous reçu à merveille.[6] J'ai soupé tous les jours avec lui, excepté hier qu'il fut à Versailles à l'opéra de *Castor et Pollux*,[7] que l'on représenta pour l'Empereur. Je ne saurais vous en rien mander, car je n'en sais rien.

Je vous envoie la suite de la *Bibliothèque des romans*, mandez-moi si je continuerai.

Vous menez une étrange vie, la goutte ou votre neveu sont deux alternatives bien odieuses; je ne dis pas tout ce que j'en pense. Je me conforme autant que je puis à vos sentiments et à votre conduite.

Le grand-papa doit être parti hier de Chanteloup et arrivé à Limours, à huit lieues de Paris, chez Mme de Brionne où il restera jusqu'au 15 qu'il viendra à Paris. Il soupera peut-être chez moi la surveille de la Pentecôte;[8] peut-être n'en fera-t-il rien, cela m'est égal; je crois être parvenue à l'insensibilité; je ne sais si c'est tant mieux pour moi, mais j'en suis moins importune pour les autres, c'est toujours un bien. Adieu.

C'est chez Mme de la Vallière que vous avez vu ce Baron de Castille;[9] il vous contera le mariage de Mlle de Châtillon avec le Duc de Crussol, il vous dira tout ce que vous voudrez savoir.

Ce mercredi.

J'ai attendu le passage du facteur pour fermer ma lettre; j'en espérais une de vous.

M. de Richelieu fut jugé hier, il a gagné son procès; c'est-à-dire que tous les billets, les lettres et mandats sont déclarés faux; Mme de Saint-Vincent hors de cour; un M. de Vedaine[10] et un autre,[11] injonction d'être plus circonspects à l'avenir; M. de Richelieu obligé à donner des dédommagements à six ou sept personnes,[12] la somme se monte à 65,000 francs. Cela ne vous fait rien ni à moi non plus.

---

6. See Gibbon to Mrs Dorothea Gibbon 24 July 1777 (Edward Gibbon, *Private Letters*, 1896, i. 316).

7. Opera by Pierre-Joseph Bernard (1710–75), with music by Jean-Philippe Rameau (1683–1764).

8. Whitsunday was 18 May 1777.

9. HW met him there, 22 Aug. 1775 (*Paris Jour.*).

10. François de Vedel-Montel (Maurice Soulié, *La Présidente de Saint-Vincent*, in *Les Œuvres Libres* lxxxi. 355, 377).

11. The others censured were Mme de Saint Vincent's relatives, the Abbé de Villeneuve-Flayosc, and Alexandre-Marie de Villeneuve (b. 1748), Abbé de Trans; also a young priest, the Abbé Froment de Bénavent (ibid. lxxxi. 377).

12. Three persons: the Abbés de Villeneuve and Trans, and M. de Vedel-Montel (ibid.).

Je fais un tour de force aujourd'hui, je vais à la Comédie. Je pourrai bien ne pas plus entendre que voir, je serai dans une très petite loge avec Mme de Luxembourg et Mme Necker. De là je reviendrai souper chez moi, et je penserai que vous êtes avec votre fou de neveu où vous vous ennuyez encore plus que vous ne feriez chez moi.

From MADAME DU DEFFAND, Sunday 11 May 1777

Ce dimanche 11 mai 1777.

VOTRE lettre[1] me tranquillise, je craignais votre sensibilité, mais la raison est toujours en vous la plus forte.

Je suis très fâchée de la mort du petit Cholmondeley,[2] je vais écrire à madame sa mère.

Vous aurez vu le Baron de Castille quand vous recevrez cette lettre. Il me semble que je n'ai rien à vous mander qui puisse vous intéresser. Vous ne vous souciez guère du procès de M. de Richelieu: on dit qu'il l'a gagné. Comme je n'entends pas les affaires, je croirais, en lisant son arrêt, que lui et sa partie l'ont tous deux perdu. Quand il sera imprimé, je vous l'enverrai si vous voulez.

L'Empereur continue à se faire admirer: il fut hier à l'Académie des Sciences; on l'y attendait depuis douze ou quinze jours; tout était préparé pour faire devant lui des expériences de chimie; il y resta une demi-heure, on ne lui fit aucun compliment, il ne voulut aucune place de distinction. Il y a toute apparence qu'il n'ira à aucune autre Académie. Il n'y a point de jour qu'il n'emploie à visiter tous les établissements, les manufactures, etc. Il couche chez son ambassadeur, M. de Mercy; il se lève à huit heures, fait tous ses tours jusqu'à deux heures qu'il rentre à l'Hôtel de Tréville,[3] où loge toute sa suite; il y dîne avec MM. Colloredo,[4] Cobenzl,[5] Belgioioso, ne reçoit qui que ce soit, puis il sort avec eux ou sans eux, va quelquefois aux spectacles, voir des maisons autour de Paris; il observe tout, ne critique

1. HW to D ca 6 May 1777.

2. Robert Francis Cholmondeley, Mrs Robert Cholmondeley's younger son, died in the East Indies, 29 April 1777 (*Annual Register*, 1777, p. 228).

3. On the Rue de Tournon; it was later called the Hôtel de Joseph II, and then the Hôtel Foyot (Emmanuel, Duc de Croÿ, *Journal*, 1906–7, iv. 4).

4. Joseph Maria (1735–1818), Graf von Colloredo-Melz und Wallsee (Constantin von Wurzbach, *Biographisches Lexikon*, Wien, 1856–91).

5. Johann Philipp (1741–1810), Graf von Cobenzl (ibid.).

rien: je crois qu'il est surpris de l'extrême magnificence de notre cour, mais qu'il n'en est point jaloux. Les beaux esprits doivent être bien étonnés du peu d'empressement qu'il a pour eux; aussi ne paraît-il ni vers ni prose à sa louange. On lui donne mardi une fête à Trianon, et jeudi à Choisy. Il verra dimanche prochain la cérémonie de l'ordre du Saint-Esprit. On croit qu'il partira le lendemain.

Venons à M. de Richmond. Je crains que sa santé ne soit pas bonne; il est d'une singulière tristesse: il soupera chez moi ce soir avec Mme de *Cambis*. Vous en a-t-il parlé?[6] Il fut l'autre jour à Sèvres pour la commission que vous lui avez donnée; il m'a dit vous en avoir écrit.

Si M. Gibbon est parti dimanche dernier, il doit être arrivé, et en ce cas je souperai demain avec lui chez les Necker. J'ai grand besoin de troupes auxiliaires, car tous mes compatriotes se dispersent.

Le grand-papa vient pour la cérémonie de l'ordre,[7] il doit souper chez moi vendredi. Le lendemain de la Pentecôte il ira visiter MM. Trudaine, d'Haussonville, et Boullongne, c'est-à-dire leurs maisons, et puis il s'en retournera chez lui avec madame sa sœur et le grand Abbé. La grand'maman est présentement toute seule. Mmes de Luxembourg et de Lauzun iront cette semaine passer trois ou quatre jours à Saint-Cloud; elles feront un voyage à Chanteloup au commencement de juin; les Comtesses de Boufflers les y joindront à leur retour de la Provence. Mme de Mirepoix prétend avoir pris le parti de ne plus souper, mais la stabilité dans ses projets n'est pas son fort. Mme de Rochefort a une fièvre qu'on dit être putride. Voilà tout ce que je sais, et ce que vous savez j'espère aussi bien que moi, c'est que je suis et serai toujours votre meilleure amie.

Je ne sais où adresser ma lettre à Mme Cholmondeley: vous voudrez bien lui faire tenir ce billet.

To Madame du Deffand, ca Tuesday 13 May 1777

Missing. Probably written at Arlington Street. Answered, 18 May.

6. See Gibbon to Holroyd 16 June 1777 (Edward Gibbon, *Private Letters*, 1896, i. 312).

7. The Ordre du Saint-Esprit (Mercy-Argenteau to Maria Theresa 15 June 1777, in Maria Theresa and Florimond-Claude-Charles, Comte de Mercy-Argenteau, *Correspondance secrète*, 1874, iii. 68). This ceremony, which took place on Whitsunday, consisted of a procession of the Knights of the order from the royal apartments to the chapel at Versailles, where Mass was celebrated (see *The Curiosities of Paris*, by A. R., London, 1757, pp. 165–8).

From MADAME DU DEFFAND, Sunday 18 May 1777

Ce dimanche 18 mai 1777.

VOUS êtes bien malheureux par vos parents; je me plaignais de n'en point avoir, j'avais tort.

Qu'est-ce que c'est que cette Milady Walpole[1] à qui la vieille Duchesse de Devonshire[2] laisse cinq mille pièces? Je n'en ai jamais entendu parler.

Je suis fort contente de M. Gibbon;[3] depuis huit jours qu'il est arrivé, je l'ai vu presque tous les jours: il a la conversation facile, parle très bien français; j'espère qu'il me sera de grande ressource; le grand-papa a beaucoup de curiosité de le voir; il a lu ce qu'on a traduit de son histoire, il en est charmé; il doit venir demain chez moi, j'ai pris mes mesures pour qu'il y trouve M. Gibbon.

On ne parle ici que de l'Empereur. Le hasard me l'a fait voir. Je soupai lundi passé chez les Necker; j'y arrivai à neuf heures et demie, l'Empereur y était depuis sept heures un quart; il avait été avec M. Necker environ deux heures, après lequel temps il passa chez Mme Necker, qui avait chez elle MM. Gibbon, l'Abbé de Boismont, Marmontel, Leroy, de l'Académie des Sciences, notre ami Schuwalof. Quand j'entrai dans la chambre, il vint au-devant de moi, et dit à M. Necker: 'Présentez-moi.' Je fis une profonde révérence; on me conduisit à mon fauteuil; l'Empereur voulant me parler et ne sachant que me dire, et me voyant un sac à nœuds, me dit: 'Vous faites des nœuds?'—'Je ne puis faire autre chose.'—'Cela n'empêche pas de penser.'—'Non, et surtout aujourd'hui que vous donnez tant à penser.'—Il resta jusqu'à dix heures un quart; il sait très bien notre langue, il parle facilement et bien; il est d'une simplicité charmante; il est surpris qu'on s'en étonne; il dit que l'état naturel n'est pas d'être Roi, mais d'être homme. Il n'y a rien qu'il ne veuille voir et

---

1. Fille de cette Duchesse (HW). Lady Rachel Cavendish (1727–1805), m. (1748) Horatio Walpole, 2d Bn Walpole of Wolterton, cr. (1806) 1st E. of Orford, n.c. cousin of HW.

2. Lady Walpole's mother, Catherine Hoskins, m. (1718) William Cavendish, 3d D. of Devonshire, died 8 May 1777.

3. 'M. de Lauzun, très lié avec M. Gibbon, l'a mené chez Madame du Deffand. Cette dernière, qui est aveugle, a l'habitude de tâter les visages des personnages célèbres qu'on lui présente . . . M. Gibbon s'est empressé de la satisfaire en lui tendant son visage . . . voilà Madame du Deffand promenant doucement ses mains sur ce large visage; la voilà cherchant vainement quelque trait, et ne rencontrant que ces deux joues si surprenantes. Durant cet examen, on voyait se peindre successivement, sur la physionomie de Madame du Deffand, l'étonnement, l'incertitude, et enfin tout à coup la plus violente indignation . . . "Voilà," s'écria-t-elle, "une infâme plaisanterie!"' (Stephanie-Félicité Ducrest, Comtesse de Genlis, Souvenirs de Félicie, 1811–13, i. 314–15). This story is probably fictitious.

connaître; il aura tout vu et connu, excepté la société, pour laquelle le temps lui manque, ayant partagé celui qu'il doit passer ici en deux emplois, de curieux et de courtisan; il avait été le jeudi précédent à l'Académie des Sciences, je crois vous en avoir rendu compte. Il fut avant-hier, vendredi, à l'Académie des Belles-Lettres, et hier à l'Académie française; il n'a point voulu faire de jaloux. On ignore le jour de son départ; je crois que ce sera bientôt. Ses succès ici ont été fort grands; mais comme il n'a distingué personne, ceux qui prétendent à l'être commencent à faiblir sur ses louanges. Il a voulu voir M. Turgot, et dans cette intention il a été chez Madame la Duchesse d'Anville, et ensuite chez Mme Blondel,⁴ sous le prétexte que M. Blondel⁵ avait été ministre plénipotentiaire à Vienne, et qu'il a été chez tous ceux qui y ont été. Il a beaucoup causé avec M. Turgot, qu'il savait devoir trouver chez ces deux dames. Vraisemblablement la raison qu'il avait pour vouloir le voir, c'est que ses systèmes d'administration sont suivis à Florence.⁶

Dans sa conversation avec M. Necker, il avait avec lui les personnes de sa suite, MM. de Mercy, de Colloredo, de Cobenzl,⁷ de Belgioioso. Il n'a reçu dans les trois Académies aucun compliment, il a resté dans chacune une demi-heure. Depuis l'opéra⁸ qu'on lui a donné à Versailles, la Reine lui a donné des comédies à Trianon et à Choisy; mais un hasard heureux, qu'il faut que je vous raconte, c'est que l'autre jour, étant allé à la Comédie-Française où l'on jouait *Œdipe*⁹ et où il arriva au second acte, ou quatrième, dans la scène de Jocaste et d'Œdipe, Jocaste dit, en parlant de Laïus:

> Ce Roi plus grand que sa fortune,
> Dédaignait comme vous une pompe importune:
> On ne voyait jamais marcher devant son char
> D'un bataillon nombreux le fastueux rempart;
> Au milieu des sujets soumis à sa puissance,

4. Mme Blondel was sister to M. Francès, who had been secretary of embassy from France to England, at the time of the Peace of Paris. Mme Blondel was a person much admired and esteemed, from the united good qualities both of her head and heart (B). HW met her once in 1771 and twice in 1775 in Paris (*Paris Jour.*).

5. Probably Louis-Augustin Blondel (b. 1696, d. after 1760), minister to Austria 1749–51 (*La Grande encyclopédie*). He is probably the M. de Blondel whom HW

met in Paris, 14 Aug. 1771, and again, 4 Oct. 1775 with Mme de Villegagnon, Mme Blondel's sister (*Paris Jour.*).

6. Joseph II's younger brother, afterwards Emperor Leopold II, was Grand Duke of Tuscany, and was interested in administrative reform.

7. Corrected by HW to Cobentzel from Wiart's 'Cowinsel.'

8. *Castor et Pollux* (*ante* 6 May 1777).

9. By Voltaire. The quotation is from Act IV, Scene i (Voltaire, *Œuvres* ii. 92).

Comme il était sans crainte, il marchait sans défense;
Par l'amour de son peuple il se croyait gardé.

Le parterre, les loges, tout battit des mains. En voilà, je crois, assez sur l'Empereur.

Parlons de M. de Richmond. Je le vois souvent, il ne se porte point bien, il est extrêmement occupé; je lui donnerai à lire votre lettre.[10] En voilà, je pense, assez pour aujourd'hui; j'ai fait un effort pour vous, que je ne ferai assurément pour personne.

To Madame du Deffand, ca Tuesday 20 May 1777

Fragment, paraphrased by D in her reply, 27 May 1777. Probably written at Arlington Street.

[J]E ne crois] point à sa passion pour la dame au Chevalier triste[1] . . . Ce n'est qu'une galanterie d'affiche tout au plus. . . . Il est d'un scrupule incroyable et la vertu même.

From Madame du Deffand, Sunday 25 May 1777

Address: To Monsieur Monsieur Horace Walpole in Arlington Street near St
   James's *London Angleterre.*
Postmark: MA 30 PAR<IS>

Paris, ce dimanche 25 mai 1777.

VOTRE dernière lettre[1] demanderait une grande réponse, mais je suis un peu incommodée aujourd'hui, je crois avoir eu un peu de fièvre cette nuit, je m'en tiendrai donc au pur nécessaire.

Le Baron de Castille n'est pas mon ami, mais une connaissance renforcée, tenant du complaisant, qui sait toutes les petites nouvelles, qui recueille toutes les chansons, les petits vers, etc. Vous ne pouvez pas honnêtement vous dispenser de le voir et de lui faire voir votre petit château, Mme de la Vallière vous en saura gré.

Vous en penserez ce que vous voudrez, mais je puis vous assurer que votre *jeune Duc* est fort épris,[2] et qu'il est de la plus profonde tristesse.

10. HW to D ca 13 May 1777.

────

1. HW refers to the Duke of Richmond's passion for Mme de Cambis (see *ante* 18 June, 14 July 1776, 11 May 1777).

1. HW to D ca 20 May 1777.

2. Richmond's affair with Mme de Cambis undoubtedly displeased HW, who was fond of him and his wife, Conway's step-daughter.

J'ai beaucoup de soin de votre ami M. Gibbon, il soupe toujours chez moi quand j'y soupe; M. de Choiseul qui est charmé de ce qu'on a traduit de son livre, m'a demandé à le voir. Il l'a vu, mais un instant; cette connaissance n'aura pas de suite, parce que le grand-papa s'en retourne à son château, où il attend Monsieur le Comte d'Artois qui y passera un jour franc, c'est-à-dire qui y couchera deux nuits. Il arrivera le 6 à Chanteloup et il sera de retour à Versailles le 8; j'aurais pu vous dire cela en moins de paroles. L'Empereur lui rendra visite. Il l'a très bien traité. Tout le monde a été content. Le jour du départ n'est pas encore fixé, on croit que ce sera vendredi ou samedi de cette semaine.

Est-il vrai que Milord Stormont est rappelé, et qu'on lui destine une place considérable?[3] On me dit cette nouvelle hier au soir. Je venais de quitter le Milord. Je demandai à plusieurs personnes si cette nouvelle était vraie, on n'en savait rien.

Il y eut hier au soir un grand souper et une musique chez l'ambassadeur de Naples, j'y avais fait inviter M. Gibbon. C'était l'opéra de *Roland,* paroles de Quinault, corrigées par Marmontel et mises en musique par Piccinni. Je n'y pris pas grand plaisir.

Vous et la Princesse Amélie avez raison, M. de la Fayette est en Amérique, ou en chemin pour y arriver.

Vous me demandez le procès de M. de Richelieu. Je ne sais pas si je pourrai l'avoir, je n'en ai rien lu que l'interrogatoire de Mme de Saint-Vincent. Je relirai votre lettre et si je ne réponds pas à tous les articles, ce sera pour une autre fois, aujourd'hui j'ai un peu mal à la tête.

From Madame du Deffand, Tuesday 27 May 1777

Ce mardi 27 mai 1777.

JE commence cette lettre dans l'intention de ne la finir que dimanche. Je me reproche de vous avoir écrit que je croyais avoir eu un peu de fièvre. J'ai vu Bouvart, il a dit que ce n'était rien; je le pense de même, mais mes insomnies sont insupportables; mes meilleures nuits sont de deux ou trois heures de sommeil, et comme j'en passe treize ou quatorze dans le lit, ce temps est cruellement long pour qui ne peut ni lire ni écrire; j'épuise mon Invalide, je prends toutes les sortes de lectures en aversion, je me creuse la tête à réflé-

---

3. This rumour was false.

chir, je m'examine, je m'épluche, et je suis, avec plus de raison que vous, très peu contente de moi, et j'ai plus de peine en vérité à me supporter que je n'en ai à supporter les autres; ma situation ne me met pas dans le cas de faire de belles actions, où il puisse entrer de la vanité; mon amour-propre a d'autres objets; vous le qualifieriez de jalousie, et je crois que vous auriez tort. Il est vrai que je suis blessée des manques d'égards, des préférences qui me semblent injustes. Ce n'est pas que je m'estime, ni que je fasse aucun cas de moi, mais j'en fais encore moins de tous les sots que je rencontre. Mais tout cela ne serait rien, si je n'avais pas en moi un fonds d'ennui que rien ne peut vaincre, et qui me met au-dessous de rien.

Je suis très persuadée que vous n'avez nuls reproches à vous faire sur les motifs de votre conduite, tant avec votre neveu qu'avec tout autre.

Dites-moi, je vous prie, laquelle de toutes les passions vous paraît la moins dangereuse, c'est-à-dire la moins contraire aux vertus. Est-ce l'amour, l'ambition, ou l'avarice? Ne les supposez pas dans un degré excessif. Quand vous m'aurez dit votre opinion, je vous dirai la mienne.

Je ne vous ai point répondu sur M. Gibbon, j'ai tort; je lui crois beaucoup d'esprit, sa conversation est facile, et *forte de choses,* comme disait Fontenelle; il me plaît beaucoup, d'autant plus qu'il ne m'embarrasse pas. Je me flatte qu'il est content de moi, c'est-à-dire qu'il me sait gré de la satisfaction que je lui marque de causer avec lui; je ne m'embarrasse nullement de ce qu'il pense de mon esprit, il me suffit qu'il ne me trouve pas le ridicule d'y prétendre.

J'aime M. de Richmond. Je ne sais pas à quel degré il est épris, mais il paraît l'être. Je ne sais ce que vous entendez quand vous dites *que vous ne croyez point à sa passion pour la dame au Chevalier triste, que ce n'est qu'une galanterie d'affiche tout au plus, qu'il est d'un scrupule incroyable et la vertu même;* je n'entends pas cela, expliquez-le-moi. Qu'est-ce que c'est qu'une galanterie d'affiche, et qu'est-ce que la vertu même a à démêler dans tout cela, et qui vous le rend incroyable?

Vous ne me parlez plus de votre neveu l'Évêque,[1] il n'est donc pas mort? En voilà assez pour aujourd'hui, demain je vous parlerai de l'Empereur.

1. Dr Keppel, Évêque d'Exeter (HW). Hon. Frederick Keppel (1729–77) had married Sir Edward Walpole's eldest daughter. He was seriously ill at this time (see HW to Lady Ossory 6 July 1777) and died in Dec. 1777.

Ce mercredi 28.

Je soupai hier chez les Necker avec plusieurs diplomatiques, MM. de Richmond et Gibbon; je n'y appris rien et l'on n'y dit rien qui valût la peine d'être retenu.

J'ai encore passé une nuit, à une heure et demie près, sans le moindre sommeil, ni même assoupissement. Mon petit chien n'est pas de même, il dort dix ou douze heures de suite, immobile comme une pierre.

Je vous promis hier de vous parler de l'Empereur, je vous tiendrai parole; mais il faut auparavant que je vous parle de mon petit chien. Je l'aime à la folie, il a pour moi une tendresse qui lui a acquis mon cœur et fait que je lui pardonne tous ses défauts, quoiqu'ils soient très grands: il aboie, il mord. Il a innombrablement d'ennemis; la liste de ses morsures et des manchettes déchirées est très longue; mais c'est qu'il ne veut pas qu'on m'approche; je le bats, mais il ne se corrige point. Il a quelques amis, un certain Chevalier de Beauteville, les ambassadeurs de Naples et d'Espagne, Mme de Luxembourg, voilà à peu près tout, et voilà aussi tout ce que je vous en dirai. Venons à l'Empereur. Il a été partout, il a voulu voir *le passé, le présent* et *l'avenir:* on ne pénètre point l'époque qu'il préfère. On croit qu'il partira vendredi ou samedi; il visitera nos provinces, il veut voir les bords de la Loire, ce qui le conduira très près de Chanteloup; il a promis d'y rendre visite. Son séjour ici a été le double de ce qu'il avait projeté. On s'est peut-être trop accoutumé à le voir; les impressions qu'il a faites se sont usées; la simplicité plaît, mais à la longue paraît peu piquante. Je crois que ses voyages lui seront fort utiles; il écrit tous les soirs tout ce qu'il a vu, entendu et retenu; sa tête sera remplie de beaucoup de connaissances, il en peut résulter des idées. Enfin il y a toute apparence qu'il sera un très bon souverain, et qu'il ressemblera plus à votre Henri VII, à notre Charles V, qu'à Frédéric II. Ce pronostic est fort hasardé.

Connaissez-vous les *Éléments de l'histoire d'Angleterre,*[2] par l'Abbé Millot? J'aime beaucoup sa manière d'écrire. Savez-vous ce que je lis présentement? La Bible. Si vous l'avez oubliée, relisez-la.

Ce jeudi 29.

Je vous plains de l'ennui de cette lettre; je serais tentée de la jeter au feu: c'est n'avoir songé qu'à tuer le temps. Allons, je veux me

2. First published in 1769.

persuader que je suis avec vous, je vous conterai un petit fait de l'Empereur qui m'a fort amusée; le voici:

Dans un de ses voyages, je ne sais dans quel temps ni dans quel lieu, il rencontra sur le grand chemin une chaise de poste versée, et celui à qui elle appartenait fort embarrassé; il s'arrêta et lui offrit une place dans sa voiture; l'homme l'accepta. Ne se connaissant ni l'un ni l'autre, l'Empereur l'interrogea, lui demanda d'où il venait, où il allait; il se trouva qu'ils faisaient la même route. L'homme à la chaise lui dit qu'il lui donnait à deviner ce qu'il avait mangé à son dîner.—'Une fricassée de poulet?' dit l'Empereur.—'Non.'—'Un gigot?'—'Non.'—'Une omelette?'—'Non.'—Enfin l'Empereur rencontra juste.—'Vous l'avez dit,' en lui tapant sur la cuisse.—'Nous ne nous connaissons point,' dit l'Empereur; 'je veux vous donner à deviner à mon tour. Qui suis-je?'—'Peut-être un militaire.'—'Cela peut être, mais on est encore autre chose.'—'Vous êtes trop jeune pour être officier général; vous êtes colonel?'—'Non.'—'Major?'—'Non.'—'Commandant?'—'Non.'—'Seriez-vous   gouverneur?'—'Non.'—'Qui   êtes-vous? Êtes-vous donc l'Empereur?'—'Vous l'avez dit,' en lui tapant sur la cuisse. Ce pauvre homme resta confondu, s'humilia, voulut descendre. 'Non, non,' lui dit l'Empereur, 'je savais qui j'étais quand je vous ai pris; j'ignorais qui vous étiez; il n'y a rien de changé, continuons notre route.'

On nous dit hier que la Geoffrin lui avait écrit qu'elle mourrait de douleur si elle ne le voyait pas; il a eu la complaisance d'y aller.[3] Il part, dit-on, après-demain.

To Madame du Deffand, ca Tuesday 27 May 1777

Missing. Probably written at Arlington Street. Answered, 1 June.

From Madame du Deffand, Sunday 1 June 1777

In Colmant's hand up to 'À midi'; finished by Wiart.

Ce dimanche 1ᵉʳ juin, à 6 heures du matin.

JE serais bien tentée de jeter au feu tout ce qui accompagne et qui a précédé ce billet-ci. Je ne veux point remettre à cet après-dîner pour l'écrire. J'ai pris hier de la casse, je me réveillerai peut-être très tard. L'effet de ma médecine, ma toilette, me mèneront peut-être

3. See Pierre-Marie-Maurice-Henri, Marquis de Ségur, *Le Royaume de la rue Saint-Honoré*, 1898, p. 380.

jusqu'à six ou sept heures du soir, et je n'aurais plus le temps de répondre à votre lettre.[a]

Quelles sont donc les plaintes que je vous fais? De qui suis-je mécontente? Quels sont les gens que je violente pour en être aimés? Vous avez contracté l'habitude de me réprimander, c'est comme un accent que vous avez pris et que vous ne sauriez perdre; mais comme c'est l'amitié qui vous l'avait fait prendre, la continuation ne peut que m'en plaire; mais prenez garde seulement que si je ne peux vous nommer personne sans vous faire imaginer que je n'en suis pas contente, cela mettra une grande entrave à mes lettres; il me paraîtrait bien dégoûtant d'être réduite à de simples gazettes.

L'Empereur est parti d'hier matin. Il n'a rien fait ni rien dit pendant six semaines de séjour qui ait été susceptible d'aucune critique. On ne peut être plus agissant, plus parlant, et en même temps plus simple, plus naturel et plus prudent. Le Roi lui a fait de beaux présents en porcelaines, en tentures des Gobelins et tapis de la Savonnerie.[1]

Vous voudriez avoir tout le procès de M. de Richelieu; je me suis informée en quoi cela consisterait: en cent-soixante et tant de mémoires; jamais vous ne liriez cela, et comment vous les faire tenir?

Le Baron de Castille est un très bon enfant, nous sommes fort bien ensemble. Je suis fort aise que vous le traitiez bien. M. Gibbon réussit parfaitement.[2] On lui trouve beaucoup d'esprit. Je me flatte qu'il est content de moi. Sa conversation me plaît beaucoup; son séjour ici m'est très agréable, surtout dans la circonstance du moment, où tout le monde se disperse.

Ne vous fâchez pas contre moi, je ne suis pas si déraisonnable que vous le croyez. Je ne mets personne à la torture pour forcer à m'aimer; ce n'est pas par le motif que vous avez la politesse de me donner. Je suis très convaincue que je ne suis point aimable, et très persuadée que je ne plais à personne, et qu'excepté Tonton, qui que ce soit ne m'aime. Quelques personnes me veulent du bien, et vous êtes certainement celle qui m'en souhaite le plus.

À midi.

J'ai encore le temps de vous dire un mot, et ce sera pour parler de

---

a. HW to D ca 27 May 1777.

1. A former soap factory, near Chaillot, later a 'manufacture royale d'ouvrages, façon de Perse et à la Turque,' chiefly used for making carpets (*Dict. de Paris*).

2. He was equally pleased with Paris (see his *Private Letters*, 1896, i. 317–8).

M. de Richmond. Je suis fort contente de lui; s'imaginerait-il que je ne le suis pas? Vous marquerait-il quelque inquiétude sur cela? Et prendriez-vous le change en me croyant mécontente? Je le vois beaucoup, nous ne parlons point sentiment, et c'est un sujet que je ne traite plus.

J'espère que nous allons avoir du beau temps, je le souhaite pour vous; car pour moi il m'est égal que le temps soit chaud, ou froid, sec ou pluvieux.

Je suis honteuse de ce volume, ne craignez point que j'en prenne l'habitude.

From MADAME DU DEFFAND, Sunday 8 June 1777

Address: To Monsieur Monsieur Horace Walpole in Arlington Street near St James's *London* Angleterre.
Postmark: IU 13 PAR<IS>

Paris, ce dimanche 8 juin 1777.

JE me suis bien repentie de vous avoir parlé de fièvre, elle n'a eu nulle suite. Je me conduis très bien présentement, j'observe un grand régime, il m'est devenu très nécessaire; M. de Richmond vous dira que je me porte bien. Il est réellement le meilleur homme du monde, je me flatte d'être fort bien avec lui. Je ne sais si son affaire[1] réussira, il s'en flatte. Moi je crains qu'on ne l'amuse.

Je m'accommode de plus en plus de M. Gibbon; c'est véritablement un homme d'esprit; tous les tons lui sont faciles, il est aussi Français ici que MM. de Choiseul, de Beauvau, etc. Je me flatte qu'il est content de moi; nous soupons presque tous les jours ensemble, le plus souvent chez moi: ce soir ce sera chez Mme de Mirepoix. Je voudrais qu'il vous écrivît et qu'il vous dît naturellement comme il me juge et que vous me le fissiez savoir.

J'ai appris que j'avais eu plus de succès auprès de l'Empereur que je n'avais pensé; il dit à Mme du Châtelet, étant à Choisy, qu'il ne se souvenait plus du nom d'une femme qu'il avait vue chez M. Necker, qu'il avait trouvée de bonne conversation, et qui avait beaucoup de vivacité; c'est Mme de Luxembourg qui me l'a écrit, à qui Mme du Châtelet l'a dit; elles sont toutes les deux à Chanteloup. Monsieur le Comte d'Artois a dû y arriver hier; il y séjourne aujourd'hui, il sera demain à Versailles. Il y aurait beaucoup de récits à faire de tous les

1. D'établir sa pairie d'Aubigny (HW).

amusements que mes parents lui préparaient; ils auront trente-cinq ou quarante personnes, tant de la suite du Prince que de leur compagnie; je serais bien fâchée d'être là. Tous les jours j'augmente de paresse, et c'est dans l'ordre. J'ai quelque espérance que le petit Craufurd fera un voyage ici, j'en serais fort aise. Est-ce que vous n'auriez pas rendu ma lettre à Mme Cholmondeley? Elle ne m'a pas répondu.

Je suis fort aise que vous soyez si content de notre Baron de Castille, c'est un très bon enfant.[2]

Mme de Châtillon me dit l'autre jour qu'elle vous avait écrit;[3] je l'assurai qu'elle vous avait fait grand plaisir.

Je crois que ma lettre qui a précédé celle-ci, et qui a été l'ouvrage de sept jours, vous aura bien ennuyé; je me laisse aller toujours à la disposition présente, je ne pense pas assez à l'effet qu'elle produira; c'est la conduite que j'ai toujours tenue avec vous, et qui m'a si souvent et si extrêmement mal réussi; je ne sais pas assez me contraindre et jamais me contrefaire, cela ne vous a pas empêché de m'accuser d'affectation; ce que je n'ai jamais eu avec vous ainsi qu'avec tout autre.

From Madame du Deffand, Sunday 15 June 1777

Given by B to the Marquis de Sainte-Aulaire. Edited from S–A iii. 269–71.

15 juin 1777.

JE me trouve bien ridicule, bien sotte et bien peu digne d'intéresser personne; enfin, on ne peut avoir plus de dégoût de quoi que ce soit que je n'en ai de moi-même. J'admire votre complaisance d'entretenir une correspondance avec quelqu'un dont on est séparé pour la vie. Mais parlons d'autres choses.

Ce que vous me dites du petit Craufurd me fait plaisir. Je crois que je serai fort aise de le revoir. Ce *je crois* vous surprendra, je devrais en être sûre; mais je ne le suis de rien, pas plus de mes sentiments que de ceux des autres.

Je persiste à trouver beaucoup d'esprit à M. Gibbon; mais serez-vous surpris si je vous dis qu'il frise un peu le ridicule par un trop grand désir de plaire et par vouloir mettre un tour fin et léger à tout ce qu'il dit? Je ne sais pas si je fais bien de vous dire cela, mais, malgré ce petit défaut, il me plaît beaucoup; il m'est d'une grande res-

2. HW's extant letters do not mention   3. Missing.
him.

source, et je suis fort aise du projet qu'il a de rester encore ici deux ou trois mois. Mme de Luxembourg, qui est encore à Chanteloup, m'écrit aujourd'hui qu'elle sera à Paris mercredi de très bonne heure et qu'elle soupera chez moi: c'est d'elle dont je reçois le plus de marques d'amitié.

Je suis actuellement dans la lecture des romans, je lis *Tarsis et Zélie*.[1] Il y a cinquante ans que j'avais ce livre[2] sans avoir pu me résoudre à le lire; j'en suis assez contente. Je ne puis me livrer à l'histoire, si ce n'est celle de quelques particuliers, des mémoires écrits par ceux de qui ils sont, des lettres, des pièces de théâtre, mais jamais de morale ni de métaphysique; ma vie n'est qu'une perte de temps continuelle, elle est celle d'un pauvre génie qui ne sait s'occuper de rien. Je vous trouve beaucoup d'esprit, vous m'avez répondu à merveille sur ma question des trois passions. Vous avez raison, la pire est toujours celle qui domine, il faudrait dire celle qui nous domine; c'est toujours pour nous celle qui devient la pire; mais vous vous exprimez mieux que moi, parce que vos idées sont plus justes et plus approfondies. Vous avez beaucoup de bonté, elle fait le tourment et l'occupation de votre vie. Je ne doute nullement que vous ne voulussiez faire le bonheur de la mienne; mais cela est impossible: il n'y faut pas songer. Toutes vos leçons sont bonnes, ne me les refusez jamais.

Milady Ailesbury a écrit pour moi des choses charmantes au Duc; elles m'ont fait un plaisir extrême. Elle dit qu'elle est dans l'intention de me revenir voir. Ces paroles, n'eussent-elles que le son, elles seraient toujours très agréables.

On débite ici mille fausses nouvelles; on disait hier que vous aviez pris une frégate[3] près de la Caroline. Mon premier mouvement a été d'en être fâchée, et puis je me suis dit: Qu'est-ce que cela me fait?

Mme de Beauvau vous fait mille remercîments des attentions que vous avez eues pour M. et Mme de Jarnac[4] par rapport à elle; elle m'a fort recommandé de vous en marquer sa reconnaissance.

1. By Roland le Vayer de Boutigny (d. 1685). It appeared in 1665.

2. It is not listed in D's inventory (Appendix 2).

3. D probably refers to the capture of the *Teresa*, an American privateer, off Cape Clear, by the English man-of-war *Boyne* (*Lloyd's Evening Post* xl. 570, 597, 14 June, 23 June 1777).

4. Her brother, Marie-Charles-Rosalie de Rohan-Chabot (1740–1813), Vicomte de Jarnac, m. (29 Sept. 1776) Elizabeth Smyth (d. 1843), sister of Mrs Mathew whom HW had met in Paris (*Paris Jour.*; *L'Intermédiaire des chercheurs et curieux* xc. 549). The Prince de Beauvau had written to HW to make inquiries about Miss Smyth's family (see the Prince de Beauvau to HW 27 Jan. 1776).

From Madame du Deffand, Sunday 22 June 1777

Paris, ce dimanche 22 juin 1777.

LA poste ne m'apporte rien aujourd'hui; vous ne voulez pas que j'en sois fâchée, je ne le suis pas; mais je ne puis m'empêcher de craindre que cette maudite goutte ne soit la cause de cette irrégularité.[1]

M. de Richmond eut de vos nouvelles mardi dernier; il m'a même lu de sa lettre[2] l'article qui me regardait; il est plein d'intérêt et de compassion: je connais la bonté de votre cœur, ainsi il ne m'a point surprise, mais il m'a fait prendre la résolution de ne me plus jamais plaindre. Je sais par expérience que la compassion est un sentiment qui attriste l'âme, et qu'on doit éviter de le faire éprouver à ses amis; nous avons des comédies pour lesquelles j'ai beaucoup de répugnance, où l'on représente des personnages qui sont dans l'humiliation, dans l'abandon, des pères déguenillés; on est touché de leurs malheurs, on en est affligé, mais cependant sans en être attendri; on n'aime point à les voir, on souhaite qu'ils disparaissent.

M. de Presle me doit donner pour vous deux catalogues[3] in-douze fort épais; j'y joindrai ce que j'aurai de feuilles de la *Bibliothèque des romans,* le Duc m'a dit qu'il vous les ferait tenir. Les attentions qu'il a pour moi ne me laissent pas douter du désir qu'il a de vous plaire: je vais vous rapporter les soins qu'il me rend, ils ne m'en sont que plus agréables.

Mme de Luxembourg est revenue mercredi de Chanteloup. J'ai reçu aujourd'hui une grande lettre de Mme de Gramont, très familière, pleine de narrations, enfin telle que vous les aimez.

L'Empereur n'a point été à Chanteloup, quoiqu'il ait été à Tours, de Tours coucher à Poitiers, abandonnant le projet de remonter la Loire, et en conséquence le projet d'aller à Chanteloup. L'Idole et sa belle-fille en arrivent aujourd'hui. Je ne prévois pas en tirer grand parti; je trouve tous les jours, de plus en plus, que la fable de La Fontaine, de *L'Alouette et ses petits,*[4] est de bien bon sens. J'exécute ce que j'avais projeté; je soupe presque tous les jours chez moi, hors deux, dont l'un est chez les Necker, l'autre chez la Comtesse de Choi-

1. HW did not have the gout, but was busy with his nephew's affairs (HW to Mann 18 June 1777).
2. Missing.
3. Not found.

4. *L'Alouette et ses petits, avec le maître d'un champ* (La Fontaine, *Fables,* IV. xxii), beginning: 'Ne t'attends qu'à toi seul, c'est un commun proverbe.'

seul, qu'on appelle la petite sainte. M. Gibbon me convient parfaitement; je voudrais bien qu'il restât toujours ici; je le vois presque
tous les jours; sa conversation est très facile, on est à son aise avec
lui; mais je n'ai pas encore lu son ouvrage, c'est-à-dire la première
partie; les deux autres ne sont point encore traduites.

En voilà assez pour une lettre qui n'est pas une réponse.

Je crois que j'ai un peu de goutte, c'est peut-être un air que je me
donne. Je sens de la douleur à l'article de milieu d'un de mes doigts,
ce n'est que par intervalles, mais le mouvement n'en est pas toujours libre. Je souhaiterais fort que la vôtre y fût semblable.

From Madame du Deffand, Sunday 29 June 1777

Paris, ce dimanche 29 juin 1777.

VOS leçons sont très bonnes et la meilleure réponse que je puisse
vous faire c'est d'en profiter. Vous avez dû voir par une de mes
dernières lettres,[1] celle où je vous parlais de ce que vous aviez écrit
de moi à M. de Richmond, que j'avais pris des résolutions conformes à ce que vous me prescrivez.

Je n'ai point autant d'esprit que vous, ni de connaissances ni
d'usage du monde, mais je me flatte que j'ai autant d'orgueil, et que
je ne m'abaisse pas auprès de ceux de qui j'éprouve des dégoûts. On
se méprend souvent en jugeant de la conduite de quelqu'un avec
tout le monde par celle qu'on a eue dans quelques cas particuliers.
Vous m'entendrez. C'est pour ne vous pas parler plus longtemps de
vous et de moi que je ne m'explique pas plus clairement.

L'affaire du Duc est en très bon train, il paraît persuadé de son
succès; il compte partir le 7 du mois prochain, il vous portera des
catalogues et la *Bibliothèque des romans.*

N'attribuez la stérilité de mes lettres qu'au peu d'événements qu'il
y a eu; elles n'auraient pu être remplies que de conjectures. Vous apprendrez par la première celles qui seront confirmées. Tout ce que
je puis vous dire dans celle-ci, c'est que M. Taboureau, contrôleur
général, donne aujourd'hui sa démission. M. Necker, qui ne peut le
remplacer à cause de la religion,[2] sera cependant à la tête des finances.
Sous quelle dénomination? je l'ignore.

L'ambassadeur de Sardaigne est rappelé.[3]

1. *Ante* 22 June 1777.   3. See *post* 23 Aug. 1777.
2. Necker was a Protestant.

J'ai vu hier Mme Menel,[4] monsieur son fils,[5] et un autre Anglais[6] dont j'ai oublié le nom; c'est le Duc qui me l'a amené. Il m'a paru qu'il parlait bien notre langue, il est vrai qu'il n'y a point eu de conversation. Elle m'a remis l'éventail dont je vous remercie, il est fort singulier.

Pour suppléer à la stérilité de mes lettres, sachant que vous aimez beaucoup celles de l'Abbé Barthélemy, je vous envoie la dernière que j'en ai reçue.[7] On se flatte d'une visite de l'Empereur à Chanteloup,[8] et j'avais prié qu'on chargeât l'Abbé de m'en faire le détail. Ne soyez point embarrassé de n'avoir point de nouvelles à me mander, je m'en passe à merveille, celles de votre santé me suffisent.

From MADAME DU DEFFAND, Wednesday 2 July 1777

Address: To Monsieur Monsieur Horace Walpole in Arlington Street near St James's *London* Angleterre.
Postmark: IY 8 PAR<IS>

Ce mercredi 2 juillet [1777].[1]

LA pairie[2] de M. de Richmond fut enregistrée hier au Parlement, elle le sera aujourd'hui ou demain à la chambre des comptes. Je ne doute pas qu'il ne vous le mande, mais je me fais un plaisir de vous dire moi-même cette bonne nouvelle.

M. Taboureau donna sa démission dimanche dernier. M. Necker est à la tête de la finance, son titre est *directeur des finances*. Il logera à l'hôtel du contrôle[3] à Paris et dans toutes les maisons royales. Il n'a point voulu accepter aucun traitement d'argent. Il servira gratis, c'est-à-dire sans appointements. Les arrangements qui sont la suite de ce changement souffrent plusieurs difficultés; je compte que dimanche je serai plus instruite, je vous manderai tout ce que je saurai.

Le Duc ne partira point lundi, nous espérons qu'il retardera son départ jusqu'au 12.

4. Probably Anne Boothby-Scrimshire (ca 1727–1814), 2d wife (1758) of Hugo Meynell of Quorn (John Nichols, *Leicestershire*, 1795–1815, iii. pt i. 101; GM 1814, lxxxiv. pt ii. 676).

5. Probably her elder son, Hugo Meynell (1759–1800) (John Nichols, loc. cit.; GM 1800, lxx. pt i. 493).

6. Not identified.

7. Barthélemy to D 18 June 1777, S–A iii. 271. See Appendix 50.

8. The Emperor did not visit Chanteloup; Choiseul, who hoped to gain credit by being his host there, was disappointed.

———

1. Date of year added by HW.

2. As Duc l'Aubigny.

3. The hôtel du contrôle général, on the Rue Neuve des Petits Champs (*Almanach royal*, 1778, p. 189).

To MADAME DU DEFFAND, ca Monday 7 July 1777

Missing. Probably written at Strawberry Hill. Answered, 13 July.

From MADAME DU DEFFAND, Wednesday 9 July 1777

Ce mercredi 9 juillet 1777.

LE départ de M. de Richmond devient incertain; je vous avais écrit une grande lettre, comptant qu'il vous la porterait, je viens de la jeter au feu. Que vous dirai-je dans celle-ci? que M. Necker est directeur général des finances; vous le savez, sans doute; qu'il a refusé les appointements et tous les droits attachés à la place de contrôleur général, dont il ne lui manque que le titre, en ayant toutes les fonctions et l'autorité. Il loge à Paris, ainsi que dans toutes les maisons royales, dans l'hôtel du contrôle général;[1] et s'il était catholique, il aurait le titre de contrôleur.

Trouvez bon que je vous envoie les édits,[2] et que je m'épargne la peine de vous transcrire ce qu'ils contiennent: je comptais que ce serait M. de Richmond qui vous les porterait, ainsi que les catalogues et la *Bibliothèque des romans*.

Je deviens très paresseuse, c'est-à-dire très stérile; et si notre correspondance, comme vous me le faites entendre, vous devient pénible, je consens que vous la rendiez moins fréquente; il ne faut point qu'elle devienne une gêne.

Est-il vrai qu'une de vos nièces épouse Milord Shelburne?[3]

Nous avons ici Milord Dalrymple qui arrive d'Italie; je ne me souviens plus dans quelle ville il a vu le Duc et la Duchesse de Gloucester; il a trouvé le Duc dans un état pitoyable pour sa santé, et la Duchesse, la plus belle femme qu'il eût jamais vue. Si vous lui écrivez, comme je n'en doute pas, remerciez-la de l'honneur qu'elle m'a fait en chargeant le Milord de me faire ses compliments; vous trouverez bon que je croie vous les devoir.

Il est vrai que les attentions de M. de Richmond peuvent m'être personnelles, mais la part que je vous y donnais ne diminuait point le plaisir qu'elles me faisaient, ni même ma reconnaissance pour lui. Il dit que ce qui le retient ici, c'est des formalités qu'il reste à faire pour la cour des aides, et des visites aux Princes du sang. La chanson dit,

1. See *ante* 2 July 1777.
2. Probably the edicts registered 7 June and 18 June for the regulation of commerce (*Journal encyclopédique*, 1777, vi. pt i. 179, 15 Aug.).
3. Lord Shelburne was engaged to

un cheveu de ce qu'on aime, tire plus que quatre bœufs.[4] Qu'en pensez-vous?

Je compte que vous direz mille choses pour moi à M. Conway et à Milady; je les conjure de ne me pas ôter l'espérance de les revoir; je leur suis véritablement attachée, et très reconnaissante des marques de souvenir qu'ils me donnent par M. de Richmond et par l'ambassadeur.

Je crois vous avoir mandé que j'ai reçu une lettre du petit Craufurd. Il donne l'espérance de le revoir dans le mois d'août s'il ne va pas en Écosse; mais en ce cas il fait serment de venir à la fin de septembre. Mais à ces promesses je dis le refrain de ma chanson, 'Eh! bon, bon, bon, les gens d'Albion,' etc.[5]

Il y a trois conseillers d'État nommés pour un comité des finances, qui sont: MM. de Beaumont[6] et Fourqueux,[7] ci-devant intendants des finances, et M. de Villeneuve.[8] Leur emploi sera pour ce qu'on appelle le contentieux: je ne sais pas trop bien en quoi il consiste.[9] Comme M. Necker ne peut pas prêter de serment, il ne peut pas non plus faire de signatures; on dit que ce sera M. de Beaumont qui signera.

From Madame du Deffand, Sunday 13 July 1777

Address: À Monsieur Monsieur Horace Walpole in Arlington Street near St James's à Londres.
Postmark: IY 18 PAR<IS>
Entirely in Colmant's hand.

Ce 13 juillet, à 6 heures du matin [1777.][1]

CECI n'est qu'un billet pour vous annoncer que M. de Richmond partira demain ou après-demain. Il vous portera des livres et peut-être une très longue lettre selon la disposition où je me trou-

Frances Molesworth in 1778, and, when that match had been broken, he married Lady Louisa Fitzpatrick in 1779. HW's letters do not mention a match between Shelburne and any of HW's family.

4. The Italian version of this proverb is:
'Più tira un sol pelo d'una bella donna
Che non fanno cento paia di buoi.'
(John Florio, *Second Frutes,* 1591, i. 182.)

5. See *ante* 16 Jan. 1767.

6. Jean-Louis Moreau de Beaumont (1715–85) (*Dictionnaire historique, critique et bibliographique par une société de gens de lettres,* 1821–3).

7. Michel Bouvard de Fourqueux (d. 1789) (Jean-Nicolas, Comte Dufort de Cheverny, *Mémoires,* 1909, i. 58 n; *Journal de Paris,* 1789, i. 442).

8. Jean-Baptiste-Claude Dufour de Villeneuve (d. 1781) (*Almanach royal,* 1778, p. 190; *Rép. de la Gazette; Journal de Paris,* 1786, i. 180).

9. It was to settle disputed points in the perception of the taxes between the *fermiers généraux* and the persons subject to their inquisitorial power (B).

———

1. Date of year added by HW.

verai. Je répondrai à celle[2] que j'ai reçue de vous hier, qui contre votre intention a réveillé en moi une sensibilité que je croyais avoir perdue.

Demain ou peut-être dès aujourd'hui je vous en dirai davantage.

From Madame du Deffand, Sunday 13 July 1777.

Ce 13 juillet 1777.

LA situation de madame votre nièce[1] est affreuse; je n'y puis penser sans frémir. Dans quel abîme l'amour ou l'ambition l'ont-ils précipitée![2] Que n'a-t-elle suivi vos conseils quand il en était encore temps? Mais les passions peuvent-elles écouter? Non, non, il n'y a que leurs suites et les malheurs qu'elles entraînent qui peuvent les détruire, ou du moins les terrasser. Quelle ressource reste-t-il à cette malheureuse Princesse? La raison, le courage? Tristes consolateurs; l'estime qu'ils font obtenir est un bien faible dédommagement.

Ne me laissez rien ignorer de tout ce qui vous intéresse; ce serait pour moi un vrai bonheur, si c'était pour vous une consolation de me confier vos peines. La tendre et sincère amitié devrait produire cet effet; mais c'est de quoi il ne faut point parler; tout, jusqu'au nom, vous en déplaît.

Le Duc partira je crois demain ou après-demain. Je l'ai peu vu ces derniers jours-ci; ses affaires, c'est-à-dire leurs suites, qui sont nombres de remercîments, et puis de tendres adieux, qui seront accompagnés de beaucoup de larmes, m'ont enlevé tous ses moments. Dites-lui bien quand vous le verrez que je me suis beaucoup louée de toutes ses attentions, que je suis remplie d'estime et d'attachement pour lui, et cela est très vrai. C'est un homme excellent, il est sensible, généreux, compatissant, il a toutes les vertus, une complaisance, une douceur, qui le rendent extrêmement aimable. Vous avez bien choisi vos amis, je troquerais bien tous ceux que j'ai ici pour MM. Conway et de Richmond.

Je vous ai je crois mandé que j'avais reçu une lettre du petit Craufurd, qui s'annonce pour le mois d'août ou à la fin de septembre.

2. HW to D ca 7 July 1777.

———

1. La Duchesse de Gloucester; on croyait le Duc en agonie (HW).

2. 'How dear has ambition cost her!' (HW to Mason 6 July 1777).

Cette promesse a l'air de bonne foi, mais que de choses peuvent en déranger l'exécution!

Je voudrais, de tout mon cœur, rendre mes lettres amusantes; mais, malgré ma bonne volonté, l'instinct m'arrête: je sens que rien de ce que je pourrais vous dire ne peut vous intéresser. Quelle part peut-on prendre à des objets qu'on a vus comme la lanterne magique, qu'on ne doit jamais revoir? Cependant, pour vous obéir, je vous dirai que M. Necker commence fort bien son ministère; ses premières opérations plaisent au public, et sont approuvées par les honnêtes gens; il ne veut point mettre d'impôts, et comme il est important et nécessaire d'égaler la recette à la dépense, cela ne se peut faire qu'en réformant les abus; ceux de la dépense de la cour sont impossibles, ou du moins ne se peuvent faire que petit à petit; il faut cependant un prompt remède. Les abus de la perception sont immenses, et s'il parvient à les réformer, il fera un grand chef-d'œuvre. Il s'y prend bien, mais il faut que le Maurepas le soutienne, et voilà ce qui est bien scabreux. L'entreprise est toujours très louable et lui fait beaucoup d'honneur. S'il n'est pas soutenu, il n'attendra pas son congé; il se retirera sans être dans le cas de changer rien à son état, puisqu'il n'a pas augmenté sa dépense, et qu'il ne reçoît aucun appointement, ni aucune grâce honorifique; il a jusqu'à présent rétabli le crédit que ses prédécesseurs avaient entièrement détruit.

Je cherche si je sais quelque autre chose à vous mander, je ne trouve rien; mais peut-être avant le départ de M. de Richmond arrivera-t-il quelque événement que je pourrai ajouter à cette lettre.

Je fus hier souper à Auteuil, chez l'Idole; j'y menai M. Gibbon: je suis toujours très contente de son esprit, mais il est pour les beaux esprits comme était Achille pour les couteaux,[3] quand il était chez je ne sais quel roi; il est allé aujourd'hui au Moulin Joli[4] avec M. Thomas. Je lui rends justice, on sent moins avec lui qu'avec tout autre qu'il est un auteur.

Ce lundi.

On murmure de la guerre, on parle d'un comité qu'on dit avoir été tenu avant-hier, de MM. de Saint-Germain, Montbarey, Sartine, Vergennes et votre ambassadeur. Je le vis hier; je le trouvai plus

---

3. D means that literary people attracted Gibbon just as Ulysses' weapons attracted Achilles when the latter was at King Lycomedes' court disguised as a girl (T).

4. Watelet's English garden, on an island in the Seine (HW to Mason 6 Sept. 1775).

triste et plus taciturne qu'à l'ordinaire, l'air occupé. Nous aurons la guerre, je le crois; notre correspondance alors ne pourra pas être fort exacte. Voilà comme tout prend fin, et qu'on peut dire des liaisons ce que Voltaire a dit de l'âme: *c'est un feu qu'il faut nourrir, et qui s'éteint s'il ne s'augmente.*[5]

M. de Richmond passa hier la journée à Versailles. Je n'ai point entendu parler de lui depuis vendredi. Je ne vis point hier M. Gibbon, je soupai chez M. de la Reynière avec Mme de Luxembourg. Sa femme est aux eaux de Luxen, elle n'en reviendra qu'à la fin d'août.

Le voyage de Compiègne est rompu, la Reine a la fièvre tierce. Il y aura à la place deux voyages de Choisy, et le Roi ira chasser deux fois à Compiègne.

M. de Valentinois, fils de M. de Monaco, épouse demain Mlle d'Aumont, fille de la Duchesse de Mazarin; M. de Monaco ne voulait pas que sa femme signât le contrat,[6] et M. d'Aumont[7] ne voulait pas le mariage sans sa signature: cela était encore en débat hier l'après-dîner. Je ne sais si ce différend est terminé, mais il n'était pas, dit-on, impossible qu'il en résultât une rupture. Il n'est donc point vrai qu' une de vos petites nièces épouse Milord Shelburne? Vous ne m'en dites rien.

Je suis fort aise que Mme Beauclerk[8] soit de retour des eaux, et qu'elle soit à Strawberry Hill. Tout le monde s'accorde à dire qu'il n'y a point de femme aussi aimable et qui ait autant d'esprit et de talents. Elle doit vous être d'une grande ressource: c'est un singulier bonheur que de rencontrer quelqu'un qui plaise et qui convienne; il arrive rarement, et pour l'ordinaire ne dure guère.

Je verrai sans doute aujourd'hui M. de Richmond. Vous ne le verrez pas sitôt, il ne va pas droit à Londres.

J'ai peu vu Mme de Menel, elle a dû partir aujourd'hui pour Bruxelles, où elle doit passer quelques jours avant de retourner à Londres.

Nous avons eu ici une Comtesse de Bucquoy[9] la plus aimable du monde. Elle part demain pour Spa. Voilà en vérité tout ce que je

5. See *ante* 27 Jan. 1768.

6. His wife received a separation from him in 1771.

7. The Duc d'Aumont, grandfather of the bride.

8. Lady Diana Beauclerk. She had been at Bath during the preceding winter (see *ante* 13 Jan. 1777, n. 3).

9. Thérèse Paar, m. Johann, Graf Bucquoy von Longueval (*L'Intermédiaire des chercheurs et curieux* liv. 21). She was in Paris when the Emperor Joseph II was there, and he was suspected of being in love with her (Emmanuel, Duc de Croÿ, *Journal*, 1906–7, iv. 20, 29, 38).

puis dire. J'ai ramassé tout ce que j'ai pu, je ne trouve plus rien. Parlez-moi beaucoup de vous et des vôtres, de vos occupations, de vos amusements; tout ce que vos lettres contiennent me fait plaisir, jusqu'à vos injustes gronderies.

To Madame du Deffand, Monday 21 July 1777

Missing. Probably written at Strawberry Hill. Answered, 27 July.

From Madame du Deffand, Sunday 27 July 1777

Paris, ce dimanche 27 juillet 1777.

JE reçois votre lettre du 21, et en même temps deux autres, l'une de M. de Beauvau qui est à Plombières, l'autre de la grand'maman qui revenait de Richelieu[1] (qu'ils avaient eu la curiosité d'aller voir). Toutes les deux sont longues, remplies d'expressions de la plus tendre amitié. La vôtre a un ton sévère; eh bien, je n'en crois pas moins être plus aimée de vous que de qui que ce soit, et c'est ce qui s'appelle la foi, mais qui ne me fera pas tenter de transporter les montagnes.

J'ai une extrême joie des nouvelles que vous me donnez des Altesses Royales;[2] je serais charmée qu'elles passassent par Paris, certainement je m'y ferais présenter.

J'espère que nous n'aurons point la guerre; l'arrivée de la Marquise de Noailles[3] à Londres n'est-elle pas une raison pour le croire?

Vous êtes un drôle d'homme! Quand vous haïssez d'entendre parler de quelque chose, vous vous persuadez qu'on vous en parle toujours. Je vous ai écrit deux ou trois fois sur cette passion du Duc,[4] et comme elle vous choque, vous vous persuadez que je n'ai cessé de vous en parler; mais moi à qui elle ne fait rien, je suis très assurée de ne vous en avoir pas entretenu. Il faut à cette occasion que je vous dise une gentillesse de cette Vicomtesse. Elle a appris l'anglais, elle le sait fort bien; elle a traduit plusieurs portraits de Milord Chesterfield, et

1. See Barthélemy to D 30 July 1777, S–A iii. 280.
2. The Duke and Duchess of Gloucester. The Duke was recovering.
3. L'Ambassadrice de France en Angleterre (HW). Charlotte-Françoise de Hal-lencourt de Drosménil (b. 1745), m. (1762) Emmanuel-Marie-Louis, Marquis de Noailles (Albert, Vicomte Révérend, Titres de la Restauration, 1901–6, v. 247).
4. The Duke of Richmond's affair with the Vicomtesse de Cambis.

elle a écrit au Chevalier de Boufflers, qui est à son régiment, de m'en faire un envoi au nom de feu Milord.[5] Le voici:

> J'obtins autrefois quelque gloire
> Dans les portraits que j'entrepris,
> Et mes flatteurs me faisaient croire
> Que j'avais remporté le prix.
> Aujourd'hui, sans oser me plaindre,
> Au second rang je suis placé,
> Et je sais que dans l'art de peindre,
> Une aveugle m'a surpassé.

Cela n'est-il pas joli? Je n'ai encore vu de la traduction que le portrait de George 1er.[6] J'aurai celui de monsieur votre père et tous les autres.

Je voudrais bien que les Churchill fissent un tour à Paris; celle que vous appelez Marie,[7] est-elle celle que je connais?

Je n'ai point de nouvelles du petit Craufurd, je n'ai point répondu[8] à sa dernière lettre, il m'a mandé qu'il viendrait ici le mois prochain en cas qu'il n'allât point en Écosse, et que s'il y allait, il ne viendrait qu'à la fin de septembre. J'ai peine à croire qu'il me tienne parole.

Je vais être pendant quinze jours ou trois semaines dans une grande solitude; la Maréchale de Luxembourg part mercredi 30 pour Villers-Cotterêts, d'où elle reviendra le 13. Mmes de Boufflers partent le même jour pour une de leurs terres en Normandie, dont elles reviendront le 9. Tous les hommes sont éparpillés, il me restera la Vicomtesse, qui fera peut-être aussi quelques escapades à Roissy ou à Villers-Cotterêts. Ce qui sera sédentaire ce sera M. Gibbon et les Necker; je ne vois ces derniers qu'une fois la semaine, qui est le jeudi. Tout mon amusement consiste en mes correspondances; j'aime beaucoup à recevoir des lettres, mais je n'ai pas le même plaisir à y répondre. Sans oser me comparer à Mme de Sévigné à nul égard, une très grande différence d'elle à moi, c'est qu'elle se plaisait à écrire et qu'elle était vivement affectée de tout ce qu'elle voyait, et qu'elle mettait par conséquent beaucoup de chaleur à ce qu'elle racontait.

5. *Envoi de Milord Chesterfield à Mme la M. du Deffand,* among the papers bequeathed by D to HW.

6. *Caractère de Georges premier,* written on the back of the *Envoi.*

7. Lady Cadogan, leur fille aînée (HW).

8. D replied to Craufurd, 29 July 1777, S–A iii. 277.

Moi, je suis médiocrement affectée; je n'ai point de mémoire, peu de facilité à m'exprimer, souvent des vapeurs qui m'ôtent la faculté de penser, et puis quand c'est à vous que j'écris, la crainte m'offusque, jamais mes lettres ne vous contentent; il faut que j'évite tout ce qui serait susceptible de certaines interprétations, que je me rappelle les choses dont je vous ai déjà parlé, pour ne pas tomber dans des répétitions; enfin, enfin, je ne suis point à mon aise avec vous, je vous crains. Je sais bien que c'est un sentiment qui en accompagne toujours d'autres, mais vous m'en donnez la dose un peu trop forte.

Voudriez-vous que je vous parlasse de nos opérations de finance? J'espère que non, je m'en tirerais fort mal; qu'il vous suffise de savoir que tout ceci prend un air raisonnable et solide, qu'on démêle que c'est un homme de bon sens[9] et d'esprit qui gouverne; il est fort à désirer qu'il n'arrive point de changement. On disait hier, comme une chose certaine, que la feuille des bénéfices serait donnée aujourd'hui à M. de Marbeuf, Évêque d'Autun. Le Cardinal de la Roche-Aymon ne veut point mourir,[10] on se lasse d'attendre.

Je dirai à Mme Necker ce que vous m'ordonnez.

Je soupe ce soir chez Mme de la Vallière; si le Baron de Castille est arrivé, sans doute que je l'y trouverai, il me dira de vos nouvelles.

M. de Richelieu a appris avec étonnement que tout Chanteloup avait été à Richelieu; avec indignation que le concierge avait fait tirer le canon pour eux; il a dit que s'il l'avait su, il aurait envoyé des boulets.[11]

From Madame du Deffand, Sunday 3 August 1777

Address: To Monsieur Monsieur Horace Walpole in Arlington Street near St James's *London* Angleterre.
Postmark: AV 8 PAR<IS>

Ce dimanche 3 août 1777.

JE ne reçois point de lettre, on dit qu'il n'y a point de courrier, j'en attendais avec impatience. Je m'intéresse aux Altesses Royales; peut-être en recevrai-je des nouvelles demain, car je ne doute pas que vous ne m'ayez écrit. J'ai reçu une lettre mercredi der-

9. M. Necker (HW).
10. He died 17 Oct. 1777 (*Rép. de la Gazette*).
11. Le Maréchal de Richelieu était grand ennemi du Duc de Choiseul, et avait causé sa chute en présentant Mme du Barry à Louis XV (HW).

nier du Duc de Richmond, pleine d'amitié; il me mande qu'il vous invite de le venir voir à sa campagne. Irez-vous? Avez-vous abandonné le projet[1] d'aller chez votre cousin et chez les Ossory? Je crois que tout ce que vous ferez sera en conséquence des nouvelles que vous recevrez de Leurs Altesses. Je voudrais bien qu'elles passassent par ici, certainement je m'y ferais présenter.

J'ai appris ce matin la mort de la Maréchale de Fitzjames; elle était dans son château,[2] elle se cassa la jambe il y a un peu plus de trois semaines. Elle était, dit-on, fort bien remise, elle n'avait eu aucun accident, ni douleurs ni fièvre, et aujourd'hui, elle est morte. Je vais tout à l'heure monter chez Mme de Grave, de qui elle était cousine,[3] pour savoir les détails.[4]

Il n'y a de nouvelles ici que des choses d'administration, qui ne me font rien du tout et qui vous feraient encore moins.

Je regrette beaucoup le Duc de Richmond, je ne le voyais pas bien souvent, mais c'est bien pis d'être sans espérance de le voir. Il se promet pour l'année prochaine, 'mais bon, bon, bon,' etc., la fin de cette chanson,[5] si vous vous en souvenez, ce sera aussi la fin de cette lettre, n'ayant plus rien du tout à dire.

To MADAME DU DEFFAND, ca Tuesday 5 August 1777

Missing. Probably written at Strawberry Hill. Answered, 10 Aug.

From MADAME DU DEFFAND, Sunday 10 August 1777

Ce dimanche 10 août 1777.

JE crois qu'il y a bien peu de gens qui reçoivent de l'agrément de leur famille. Les malheurs de la vôtre vous font souffrir, mais vous pouvez les aimer, parce que la plupart sont aimables; et moi je n'ai pas un parent avec qui je voulusse faire connaissance, s'ils ne m'étaient rien. Ce qui m'intéresse le plus de vos proches, c'est madame votre sœur Churchill, et puis votre nièce l'Altesse. Je conviens

1. See HW to Lady Ossory 19 July 1777. HW apparently did not go there.
2. Fitz-James, near Clermont.
3. Mme de Grave's mother was a Goyon-de-Matignon, aunt of the Duchesse de Fitzjames.

4. 'On a ouvert la Maréchale de Fitz-james, c'est un abcès près du cœur, formé par le contre-coup de sa chute, qui s'est crevé' (D to Mme de Choiseul 7 Aug. 1777, S–A iii. 284).
5. See ante 16 Jan. 1767.

que celle-ci a fait son malheur, et c'est justement cela qui la rend le plus à plaindre, parce que ce qui abat le plus l'âme, c'est d'avoir des reproches à se faire. Une remarque que je fais, c'est que la vanité cause toujours des malheurs, grands ou petits.

J'aimerais bien à jaser avec vous; je crois que nous serions souvent d'accord dans les jugements que nous portons; je vois que vous croyez [à] la guerre, je ne sais qu'en penser; je conviens que l'arrivée de la Marquise de Noailles ne prouve rien, ce peut n'être qu'un semblant; mais je suis persuadée que nous ne la désirons pas: nous ne songeons dans le moment présent qu'à remédier au dérangement de nos finances, et la guerre serait un grand obstacle à ce dessein. Tout événement me devient indifférent. Depuis quinze jours ou trois semaines ma santé n'est point bonne; je n'ai aucun mal particulier, mais je suis comme une vieille montre qui se détraque, et qu'il faut conduire au doigt et à l'œil pour la mettre à l'heure présente. J'ai encore des moments où je suis en vie, mais ils sont rares; je vois sans grand chagrin mon dépérissement; la faiblesse n'est point un état qui m'effraye, le détachement qui en est une suite naturelle ne me déplaît pas; et tout ce qui éteint le désir et l'activité produit nécessairement la tranquillité et l'indifférence, et c'est là ce qui peut rendre la vieillesse supportable.

Je serais assez aise que notre petit ami[1] vînt me voir, mais s'il n'y vient pas je m'en consolerai. Je m'amuse présentement des petites commodités que je me donne, je viens de faire faire une armoire à côté de mon tonneau que je voudrais que vous vissiez; j'aurai sous la main toutes les choses dont on peut avoir besoin.

J'aurais été bien étonnée que vous n'eussiez pas été content des vers[2] du Chevalier de Boufflers, ils sont extrêmement jolis. J'ai lu deux portraits[3] que Mme de Cambis a traduits, ceux de George 1er et de monsieur votre père; je n'en ai point été contente; mais je vous dis à l'oreille que je ne le suis point de l'ouvrage de M. Gibbon, il est déclamatoire, oratoire; c'est le ton de nos beaux esprits: il n'y a que des ornements, de la parure, du clinquant, et point de fond; je n'en suis qu'à la moitié du premier volume, qui est le tiers de l'in-quarto, à la mort de Pertinax.[4] Je quitte cette lecture sans peine, et il me faut

1. Probably Craufurd.
2. See *ante* 27 July 1777.
3. From *Characters of Eminent Personages of his own time written by the late Earl of Chesterfield*, 1777.

4. In 193 A.D., described in Chap. V of the *Decline and Fall*.

un petit effort pour la reprendre. Je trouve l'auteur assez aimable, mais il a, si je ne me trompe, une grande ambition de célébrité; il brigue à force ouverte la faveur de tous nos beaux esprits, et il me paraît qu'il se trompe souvent aux jugements qu'il en porte; dans la conversation il veut briller et prendre le ton qu'il croit le nôtre, et il y réussit assez bien; il est doux et poli, et je le crois bon homme; je serais fort aise d'avoir plusieurs connaissances comme lui, car à tout prendre il est supérieur à presque tous les gens avec qui je vis.

Je soupai hier chez la Maréchale de Mirepoix avec Mme de Bois-gelin, Mme de Marchais, Mlle Sanadon, et une comédienne nommée Mme Suin. La tante, la nièce[5] et Mme Suin récitèrent le *Tartuffe* parfaitement bien: cela ne m'empêcha pas de dormir pendant un acte; j'y eus du regret, mais j'étais si faible que je ne pus m'en em-pêcher.

Je devrais aller ce soir à Auteuil;[6] j'y suis engagée; mais je crois que je n'en ferai rien, et que je resterai avec la Sanadona: je m'accommo-derais bien plus d'elle, si elle voulait bien s'en tenir à ce qu'elle est; mais, toute médiocre que je suis, je lui donne une émulation de me ressembler qui me la rend quelquefois insupportable: elle fait des définitions; elle porte des jugements qu'elle croit conformes à ce que je pense, et qui n'ont pas le sens commun. Cependant, de toutes les personnes qui m'environnent, c'est celle qui m'est peut-être la plus chère et qu'il me serait le plus fâcheux de perdre.

Adieu, c'est assez bavarder.

Vous savez sans doute la mort de M. Trudaine.[7] Le Président[7a] de Cotte a les ponts et chaussées.

La Maréchale de Luxembourg revient mercredi de Villers-Cotte-rêts, Mme de Cambis y est allée hier, elle en reviendra vendredi. Il y a bien peu de monde à Paris, cela ne me fait pas grand'chose. Ce que je désirerais le plus à présent, ce serait quelque lecture amusante, car pour instructive et profitable, c'est-à-dire, de grandes histoires, ou de la morale, je n'en veux point.

Je n'irai point à Auteuil; je viens de m'excuser. Je viens de relire votre lettre,[8] pour juger si elle ne me fournirait rien à dire de plus.

---

5. Mme de Mirepoix and Mme de Boisgelin.

6. At the Comtesse de Boufflers' home.

7. He died at his château at Montigny, 5 Aug. 1777 (*Rép. de la Gazette*). D to Mme de Choiseul 7 Aug. 1777 gives the date as 6 Aug., but D is obviously confused about the date on which it occurred (S–A iii. 283).

7a. Expanded by HW from Wiart's 'P.'

8. HW to D ca 5 Aug. 1777.

Non, si ce n'est que personne n'écrit aussi bien que vous, n'a plus d'idées, et ne les fait mieux entendre, malgré vos fautes de langage.

From Madame du Deffand, Sunday 17 August 1777

Address: To Monsieur Monsieur Horace Walpole in Arlington Street near St James's *London Angleterre.*
Postmark: AV 22 PAR<IS>

Ce dimanche 17 août 1777.

JE savais le mariage[1] de madame votre nièce,[2] je le trouve infiniment heureux, et j'y prends toute la part possible. Si j'agissais par mes sentiments et si je suivais nos usages, j'écrirais à madame votre sœur et à madame votre nièce, mais je ne ferais que les importuner, elles aimeront mieux recevoir par vous tous mes compliments; chargez-vous-en donc, je vous supplie. Je suis réellement charmée de cet événement. Madame votre sœur y est, je crois, très sensible; j'aurais bien du plaisir à la revoir.

Vous ne me mandez point en quel endroit sont les Altesses Royales.[3] L'état de madame votre nièce est affreux dans le moment présent et elle ne peut espérer un avenir heureux. Votre amitié lui sera d'un grand secours, c'est l'unique bonheur sur lequel elle puisse compter, et si elle vous est attachée, comme elle le doit, ce sera pour elle une grande consolation, elle pourra vivre avec vous, et selon moi, un véritable ami change en bien tous les malheurs.[4]

Je crois vous écrire de l'autre monde, je me trouve aussi séparée de vous que si j'y étais déjà arrivée, et les objets qui m'environnent ne me ramènent point à celui-ci. Ils n'ont guère plus de réalité pour moi que celles des ombres. Je n'ai point le courage de vous entretenir de ce que je sais, de ce que je vois, je ne saurais me persuader que cela vous fît rien. Cependant si je jugeais de vous par moi, je penserais autrement, car vos nouvelles me font toujours plaisir, mais vous m'avez tant répété que nous ne nous ressemblions point, que je suis toujours incertaine sur ce que je dois vous dire.

Voilà toutes mes connaissances qui vont se rassembler, les Idoles sont déjà de retour. Les Beauvau arrivent d'aujourd'hui en huit.

1. 8 Aug. 1777 (Col. Churchill to HW 7 Aug. 1777).
2. Lady Cadogan (HW). See HW to Mann 11 Aug. 1777.

3. They were at Trent.
4. D is paraphrasing Voltaire (see *ante* 5 July 1767).

Mme de Gramont viendra à la fin du mois; elle passera ici quelques semaines, et M. de Choiseul quelques jours. L'objet de leur voyage est l'accouchement de la Princesse de Poix, après lequel ils retourneront à Chanteloup, et ils n'en reviendront qu'à la fin de décembre. Tout comme il leur plaira.

J'ai toujours oublié de vous demander si les derniers oignons de lis avaient réussi et si vous avez eu des lis couleur de rose.

J'ai vu le Baron de Castille, il est charmé de l'Angleterre, il en est ivre, il m'en entretint hier toute la journée. Il n'avait point laissé le Prince Masserano dans un état aussi fâcheux[5] que vous dites.

Je soupe ce soir chez Mme de Mirepoix en très petite compagnie. Je ne puis plus souffrir le grand monde. Je m'y trouve déplacée. Adieu.

Cette Maréchale m'a chargée de vous dire mille choses, elle est charmée du mariage de Milady Cadogan.

To MADAME DU DEFFAND, ca Tuesday 19 August 1777

Missing. Probably written at Strawberry Hill. Answered, 23 Aug.

From MADAME DU DEFFAND, Saturday 23 August 1777

Ce samedi 23 août 1777.

JE ne comprends rien à la poste, ou pour mieux dire aux vents. D'où vient ai-je reçu votre lettre[1] aujourd'hui? Le temps n'est point changé, et le procédé ordinaire est de ne recevoir les lettres que le dimanche; mais je ne m'en plains pas, puisqu'en vérité il n'y a plus que par la poste que je puis recevoir quelque plaisir. Je suis d'une humeur enragée; tout me choque, tout me blesse, tout m'ennuie: il faut que je me fasse des efforts incroyables pour ne pas brusquer tout le monde. Je ne sais si cela tient à ma santé, et je crains que cette disposition ne soit une maladie.

Ce dimanche.

Je ne pus pas continuer hier, et c'est tant mieux pour vous. J'ai bien dormi cette nuit; mon humeur en est radoucie; ce n'est pas que

---

5. He was not expected to live (MS Journal of Lady Mary Coke, 19 July, 16 Aug. 1777). His death occurred 15 Nov. 1777 (GM 1777, xlvii. 555).

1. HW to D ca 19 Aug. 1777.

je fasse des réflexions qui soient plus gaies; mais elles me rendent plus courageuse, elles me font prendre la résolution de souffrir sans me plaindre. En effet, à quoi bon les plaintes? À fatiguer ceux qui les écoutent. Je vous quittai donc hier pour aller à la comédie avec Mmes de Luxembourg, de Lauzun et M. Gibbon. C'était la seconde fois que je voyais cette pièce; elle me fit moins de plaisir qu'à la première: la loge était plus mauvaise; j'entendis moins, et j'entends fort peu actuellement. Je ne suis pas encore sourde, mais, selon toute apparence, je ne tarderai pas à le devenir. Le sujet de cette pièce, c'est le roman de *Madame Sancerre*[2] par Mme Riccoboni. Après la comédie, nous fûmes, M. Gibbon et moi, rendre visite à M. et Mme de Meinières, qui demeurent à Chaillot; de là nous continuâmes notre route, et nous fûmes souper à Auteuil. Il n'y avait que les Idoles, Mme de Vierville et les ambassadeurs de Naples et de Suède: la jeune Idole[3] chanta et s'accompagna de sa harpe. Les diplomatiques s'extasièrent, le Gibbon joua l'extase, et moi je m'en tins à l'exagération: c'est le parti que je suis forcée de prendre en toute occasion; car pour du plaisir, je n'en suis plus susceptible.

Je reçus avant-hier, par la petite poste, un *Éloge du Chancelier de L'Hospital:*[4] c'est le sujet du prix de cette année; mais celui-ci n'a pas été fait pour y concourir. L'auteur aura, je crois, soin de se bien cacher. Il a été envoyé à plusieurs personnes; je ne soupçonne point quel en peut être l'auteur. Je l'ai prêté à M. Gibbon, je vous l'enverrai par la première occasion; vous m'en direz naturellement votre avis.

La comédie dont je vous ai parlé a pour titre l'*Amant bourru*.

Madame la Duchesse de Chartres accoucha hier de deux filles.[5]

Je souscris à vos éloges sur la *Décadence de l'Empire;* je n'en ai lu que la moitié, il ne m'amuse ni ne m'intéresse; toutes les histoires universelles et les recherches des causes m'ennuient; j'ai épuisé tous les romans, les contes, les théâtres; il n'y a plus que les lettres, les vies particulières et les mémoires écrits par ceux qui font leur propre histoire, qui m'amusent et m'inspirent quelque curiosité. La morale, la

2. *Lettres d'Adélaïde de Dammartin, Comtesse de Sancerre, à M. le Comte de Nancé*, published in 1767 (BM Cat.), and dramatized by Jacques-Marie Boutet de Monvel (1745–1813) as *L'Amant bourru*. It was first acted 14 Aug. 1767 (Bibl. Nat. Cat.).

3. Comtesse Amélie de Boufflers.

4. Guibert's *Éloge historique de Michel de L'Hospital,* 1777 (Bibl. Nat. Cat. and Grimm xi. 504–6, Aug. 1777).

5. Louise-Marie-Adélaïde-Eugénie (1777–1848), and a twin sister called Mlle d'Orléans (1777–82). They were born 23 Aug. 1777 (*Journal de Paris,* 1782, i. 184).

métaphysique me causent un ennui mortel. Que vous dirai-je? J'ai trop vécu.

Mais parlons de ce qui vous regarde. D'où vient vous êtes-vous fait de si vieilles amies? Il ne vous reste plus que Milady Blandford[6] et moi; et pour moi, vous vous en apercevrez les jours de poste.

L'ambassadeur de Naples nous dit hier qu'il avait des nouvelles sûres que le Général Burgoyne avait pris la ville qu'il assiégeait, et dont je ne me souviens pas du nom.[7]

Je prévois avec chagrin que vous ne conserverez pas longtemps votre Prince; l'état de sa veuve m'intéresse beaucoup. Elle deviendra pour vous un grand objet d'occupation. Mais si vous l'aimez et si elle vous aime, cette occupation aura quelque douceur.

L'ambassadeur de Sardaigne[8] et sa femme ne sont plus ici; cette dernière en est au désespoir; il y avait longtemps que je n'en entendais plus parler, je ne m'apercevrai point de son absence.

Celle des Beauvau est terminée, ils arrivent aujourd'hui. J'ai reçu mille marques d'attention et d'amitié du mari, si je n'étais pas confirmée dans l'incrédulité, je pourrais croire qu'il m'aime; mais loin de moi une telle pensée; il est temps de ne plus tomber dans des méprises.

Mme de Luxembourg part mercredi pour aller à Crécy chez sa belle-fille la Princesse de Montmorency, et de là aux haras chez Mme de Briges.[9] Tous ses voyages ont pour objet de fuir l'ennui; il n'y a que les sentiments ou les occupations forcées qui, tant qu'ils durent, en mettent à l'abri.

Quand donc irez-vous chez M. de Richmond? Attendez-vous que la Duchesse votre nièce soit de retour? Qu'est-ce qui vous retient actuellement?[10] Vous n'êtes pas obligé de me répondre.

On vient de supprimer les administrateurs des postes; il y en avait dix avec des appointements de cent mille francs; on les met en régie; il n'y aura plus que six commis à vingt-quatre mille francs chacun;

6. She was then eighty-three years old (B).

7. Ticonderoga.

8. Le Comte de Viry; sa femme était Anglaise (HW). In Sept. 1777, Viry was recalled from Paris in disgrace, because his wife was said to have betrayed diplomatic secrets (Edward Gibbon, *Private Letters* i. 314 n, 16 June 1777, and *Journal encyclopédique*, 1777, vi. pt iii. 560, 15 Sept.). See *post* 7 Sept. 1777, n. 6.

9. Marie-Geneviève Radix de Sainte-Foix (b. 1729), m. (1) —— Boudret; m. (2) (1760) Nicolas-Augustin de Malbec de Montjoc, Marquis de Briges (Woelmont de Brumagne i. 514–5).

10. HW was unwilling to go until he heard that the Duke of Gloucester was out of danger (see HW to Lady Ossory 24 Aug. 1777). He now intended to go there on 27 Aug. for two days; there is no indication that he did so.

mais je joindrai l'édit[11] à cette lettre, si je puis l'avoir. Si M. Necker peut se maintenir, c'est-à-dire, si on le soutient, il y a toute apparence qu'il fera de bonne besogne.

From Madame du Deffand, Sunday 31 August 1777

Ce dimanche 31 août 1777.

VOUS pouvez prendre quelques espérances, mais qu'elles ne soient pas assez fortes pour vous causer un grand trouble et du renversement si vous apprenez une rechute. Ma manière à moi c'est de mettre toujours tout au pis; je n'en tire pas grand avantage, c'est filer la corde qui doit nous pendre. On est comme on est, comme la nature nous a fait, et ceux qui prétendent la corriger ou la perfectionner presque toujours la défigurent et se rendent des personnages insupportables. Je hais plus que jamais la philosophie et les philosophes du temps présent; seulement d'y penser m'échauffe la bile. Mais revenons à madame votre nièce.[1]

Je serais fort aise qu'elle passât par Paris, j'aurais hasardé de lui rendre mes hommages. Continuez, je vous prie, à m'informer de tout ce qui la regarde.

Qu'est donc devenu Mme Beauclerk, vous ne m'en parlez plus? D'où vient cela?

Il me semble que je serais ravie de revoir Mme Cholmondeley, et que nous vivrions fort bien ensemble, elle a de l'âme, et cela n'est pas commun à trouver.

Vous recevrez ces jours-ci les deux dernières feuilles de la *Bibliothèque des romans*. Est-ce qu'elle vous plaît toujours? Je lui trouve un ton érudit qui me semble ennuyeux.

Je vous envoie aussi deux *Éloges du Chancelier de L'Hospital*. L'un est celui qui a remporté le prix.[2] L'autre[3] n'y a pas concouru, vous le verrez bien. L'auteur est anonyme, il a été envoyé par la petite poste

11. Not with the MS. See *Journal de Paris* 24 Aug. 1777.

———

1. The Duchess of Gloucester.
2. The prize for eloquence was awarded by the Académie française, 25 Aug. 1777, to the Abbé Joseph-Honoré Remi (1738–82) (Grimm xi. 511, Aug. 1777).

3. By Guibert (see *ante* 23 Aug. 1777). For an account of this affair, see Mlle de Lespinasse's letters, and Naomi Royde-Smith, *The Double Heart*, 1931, pp. 173–231.

à diverses personnes, et j'ai été de ce nombre. Cependant si l'auteur est celui qu'on croit, je ne suis point de ses amis, il était un des courtisans de Mlle de Lespinasse; c'est peut-être pour se déguiser qu'il me l'a envoyé. Quoiqu'il en soit, il y a des endroits qui m'ont fort plu. Pour celui qui a remporté le prix, qu'en pensez-vous? Notre éloquence ne se perfectionne-t-elle pas toujours de plus en plus? Mais laissons là le bel esprit.

Je n'ai point été trop seule tout cet été, et c'est dans ce moment-ci que je suis forcée de souper presque tous les soirs chez moi; il est fort convenable que j'en prenne l'habitude, les maisons ouvertes ne me conviennent plus, mais à rester chez soi il y a l'inconvénient de la dépense et la difficulté d'avoir quelqu'un. Je voudrais bien que le Gibbon nous restât et que nous en eussions plusieurs comme lui, il est à tout prendre de fort bonne compagnie, fort poli, fort doux, et de bonne humeur.

Mme de Gramont arriva hier matin pour Mme de Poix, qui est accouchée le plus heureusement du monde d'un second garçon;[4] elle le nourrit. M. et Mme de Beauvau sont de retour; je vois, selon son usage, le Prince tous les jours; il a, comme je vous l'ai déjà dit, toutes les apparences et les pratiques de l'amitié.

Mme de Luxembourg est absente, elle va par monts et par vaux pour fuir l'ennui.

Je soupai hier avec M. Gibbon, chez les Idoles. Leur séjour à Auteuil me convient fort, mais elles le quitteront incessamment pour revenir au Temple qui est presque aussi loin qu'Auteuil.

Nous avons ici M. d'Éon, je crois qu'il restera tel, et qu'il ne se fera point demoiselle;[5] il ne serait reçu nulle part s'il se déclarait fille.

Vous irez chez M. de Richmond et vous ferez bien, cela ne nuira en rien aux nouvelles que vous attendez des Altesses, et ce ne peut pas être la vraie raison qui vous retiendra chez vous.

Pourquoi ne me dites-vous pas un mot de la prise de Ticonderoga?[6] Je ne sais pas bien pourquoi, mais je ne saurais être du parti des Américains.

On disait hier que Monsieur le Duc de Chartres avait une fièvre

---

4. Antonin - Claude - Dominique - Juste (1777–1846), Comte de Noailles, and later Prince de Poix, born 25 Aug. 1777. His older brother was Artus-Charles-Jean-Tristan-Languedoc, later Duc de Mouchy (*La Grande encyclopédie*).

5. He arrived in dragoon's costume, but was ordered by the King to resume female dress (Ernest A. Vizetelly, *The True Story of the Chevalier d'Éon*, 1895, p. 290; *post* 7 Sept. 1777, n. 4a).

6. By Burgoyne, 6 July 1777.

inflammatoire, et qu'il avait été saigné trois fois; j'ajouterai ce que j'en apprendrai aujourd'hui.

À 9 heures du soir.

Monsieur le Duc de Chartres a eu une grande évacuation, il est hors d'affaire.

From Madame du Deffand, ? September 1777

JE profite d'une occasion que me donne M. Fullarton,[1] secrétaire de votre ambassade, pour vous envoyer les *Éloges de M. le Chancelier de L'Hospital,* et les deux dernières feuilles de la *Bibliothèque des romans.* Quand vous en serez las, vous me le manderez, et vous me ferez savoir le jugement que vous portez des deux éloges. J'aime à savoir si je me rencontre avec vous.

To Madame du Deffand, ca Tuesday 2 September 1777

Missing. Probably written at Strawberry Hill. D writes to Mme de Choiseul, 8 Sept. 1777: 'M. Walpole me mande que l'on dit à Londres que M. Necker est renvoyé et que M. de Calonne le remplace' (S–A iii. 291).

From Madame du Deffand, Sunday 7 September 1777

Ce dimanche 7 septembre 1777.

LE facteur vient de passer, il n'y a point de courrier, et par conséquent point de lettre, et par une seconde conséquence peu de matières pour remplir celle-ci. Cependant pour ne point interrompre l'usage, je veux vous écrire. Que vous dirai-je? Le voici.

Il y a deux ans que j'étais bien malade et que vous étiez ici, je consentirais qu'aujourd'hui les circonstances fussent pareilles.

M. de Choiseul arriva hier au soir, je viens d'envoyer chez lui; je ne sais s'il restera ou s'il partira pour Limours avec Mme de Brionne, c'est ce que j'apprendrai quand Colmant reviendra. J'attends Mme de Luxembourg mercredi prochain. Je vois beaucoup les Idoles, je m'accommode assez de leur société. L'Idole mère est un peu moins ineffable qu'elle l'était du vivant de son Prince.[1]

1. William Fullarton (1754–1808).   1. De Conti (HW).

Nous garderons encore six semaines M. Gibbon. Toutes choses compensées il est aimable et de bonne compagnie. J'ai achevé son premier volume, qui finit à Philippe,[2] fils du jeune Gordien. Je ne saurais aimer le style de cette histoire, il est des plus académiques. Mon désespoir pour les lectures augmente tous les jours, je ne trouve rien qui me plaise ni m'intéresse; j'en pourrais peut-être bien dire autant des personnes.

Je compte que votre tribut arrivera demain, vous comprenez bien que c'est votre lettre. J'attends avec inquiétude des nouvelles du Prince-neveu et de votre nièce la Princesse. J'imagine que vous aurez été chez votre jeune Duc. Sa Dulcinée[3] part aujourd'hui pour Roissy, où elle restera quinze jours ou trois semaines. Elle ne lui a pas accordé le prix, mais un *accessit* assez bien conditionné.[4]

J'ai impatience d'apprendre ce que vous aurez pensé des *Éloges*. On ne peut avoir ici l'anonyme, il n'y a que ceux qui l'ont reçu directement; si vous ne faites point de collection de ce genre, et que vous ne vous souciez pas de le garder, renvoyez-le moi par quelque occasion.

On parle sans cesse de M. ou Mlle d'Éon, il a ordre d'aller à Tonnerre, lieu de sa patrie, de s'y habiller en femme, de s'y établir. On ne lui conservera sa pension qu'à ces conditions.[4a]

Il est très vrai que M. de Viry a été arrêté à Suse, avec ordre de n'en point sortir et de se présenter deux fois le jour chez le gouverneur[5] de la citadelle. On ignore quel est son crime ou sa faute; sa femme peut aller où il lui plaira.[6]

M. Gibbon soupe ce soir chez moi en très petite compagnie, c'est-à-dire avec Mlle Sanadon et une jeune dame nouvelle[7] habitante de

2. Marcus Julius Philippus (d. 249), Roman emperor. He was not the son of Marcus Antoninus Gordianus (192–238), called the younger Gordian, nor does Gibbon say that he was. His accession ends Chap. VII of the *Decline and Fall*.

3. Mme de Cambis.

4. Elle aimait le Chevalier de Durfort (HW).

4a. See Marjorie Coryn, *The Chevalier d'Éon*, New York, [1932], p. 174.

5. Not identified.

6. She was suspected of having been bribed by Lord Stormont to reveal negotiations at Turin (*Last Journals* ii. 44). Moreau says that Viry was the victim of intrigues at the Sardinian court, and was unjustly punished (Jacob Nicolas Moreau, *Mes souvenirs* 1906–7, ii, 287–9). HW, in a MS note to his letter to Mme de Viry in D's *Recueil de lettres*, says: 'They were soon after disgraced, recalled, and banished to their estate, on the King of Sardinia's discovering a secret correspondence between the Count and a clerk in the secretary's office, the true history of which is not known.' See *ante* 23 Aug. 1777, n. 8. Viry was restored to favour in 1783 (MS Journal of Lady Mary Coke, 23 Sept. 1783).

7. Perhaps Mme d'Angosse (see *post* 18 April 1779).

Saint-Joseph. Elle est un peu provinciale mais assez passable, elle lit fort bien, et c'est à quoi nous l'emploierons ce soir. Vous voyez que rien n'est impossible puisque j'ai trouvé le moyen de remplir deux pages et demie.

To Madame du Deffand, ca Tuesday 9 September 1777

Missing. Probably written at Strawberry Hill. D writes to Mme de Choiseul, 14 Sept. 1777: 'M. Walpole . . . me mande que les dernières nouvelles du Duc de Gloucester sont qu'il était le 26 du mois passé à l'agonie; il est fort occupé de l'état de la Duchesse, qui, comme vous savez, est sa nièce' (S–A iii. 293). Answered, 14 Sept.

From Madame du Deffand, Sunday 14 September 1777

Address: To Monsieur Monsieur Horace Walpole in Arlington Street near St James's *London Angleterre.*
Postmark: SR 19 PAR<IS>
Memorandum by HW (unexplained):
  I am so much more glad when I am glad than I <would> be sorry when
  I am not.

Ce dimanche 14 septembre 1777.

JE suis bien convaincue que vous n'avez pas votre semblable. C'est tant pis à plusieurs égards, et c'est tant mieux à plusieurs autres. Je me garderai bien de philosopher avec vous. Vous croyez toujours qu'on vous tend des pièges, et dans des thèses générales vous y voulez apercevoir des intérêts particuliers que vous repoussez avec une franchise et un dédain qui vous sont particuliers.

L'état de madame votre nièce m'intéresse infiniment. Je compte que vous ne m'en laisserez rien ignorer. Je ne doute pas que les premières nouvelles que je recevrai de vous ne soient la mort du Prince.[1] Quel sort fera-t-on à la Duchesse? Quel parti prendra-t-elle? Je voudrais qu'il fût décent, et qu'il pût lui convenir de s'établir à Paris ou dans quelqu'autre ville voisine, qu'elle y gardât, si cela était possible, une sorte d'incognito.

1. The Duke of Gloucester died, 1805.

Ah! je devine ce que vous fait penser ce que je vous dis là.[2] Eh bien! quel mal y a-t-il? Et y répondrez-vous par des sarcasmes désobligeants?

Vous aurez la suite de la feuille des *Romans,* je vous en envoyais deux avec les *Éloges de L'Hospital;* c'est le secrétaire d'ambassade, M. Fullarton, qui s'était chargé de vous les faire rendre. Je ne l'ai point vu depuis longtemps, je serais fâchée qu'ils fussent perdus.

Vos remarques que les romans vous font faire sur les progrès de notre esprit présent sont très justes; la *Princesse de Clèves*[3] est le premier du bon genre, Marivaux l'a perfectionné, quoique son style ne doive pas s'imiter.

La cour est à Choisy et revient à Versailles mardi; on ne parle ici que de la disgrâce de M. de Viry. M. d'Aigueblanche,[4] qu'on en croyait l'auteur, n'est plus dans le ministère; s'est-il démis volontairement, ou non? Voilà ce qui ne vous fait rien ni à moi non plus.

Ce que je vous mandai dans ma dernière lettre sur d'Éon ne se trouve pas vrai, on dit qu'il peut aller où il voudra.

Nous garderons M. Gibbon en France jusqu'à la fin d'octobre, et à Paris jusqu'au voyage de Fontainebleau. Il compte y passer quelque temps. Il a ici beaucoup de succès, et je trouve qu'il les mérite; il est le seul Anglais que je vois actuellement, j'ignore s'il y en a d'autres à Paris. M. de Choiseul et Mme de Gramont retournent à Chanteloup à la fin de ce mois. La grand'maman ne se porte point bien, on ne sait ce qu'elle a, elle maigrit et ne mange point. Elle ne reviendra que dans le courant de décembre, le séjour de Paris ne lui plaît point; elle est actuellement entre le grand Abbé et M. de Castellane. Et moi je serai bientôt entre la Sanadona et Tonton.

To MADAME DU DEFFAND, ca Tuesday
16 September 1777

Missing. Probably written at Strawberry Hill. Answered, 21 Sept.

2. HW would probably consider her wish to have the Duchess in Paris as a scheme to draw him there.
3. By Mme de la Fayette.
4. Giuseppe Angelo Maria Carron (d. 1796), Marchese di Aigueblanche (Antonio Manno, *Mémoires historiques sur la maison royale de Savoie par M. de Sainte-Croix,* pp. 397–8 in *Miscellanea di storia italiana* xvi, Torino, 1877).

From Madame du Deffand, Sunday
21 September 1777

Ce dimanche 21 septembre 1777.

JE ne me repens pas d'avoir toujours aimé votre Roi, son dernier procédé[1] doit vous faire oublier ce qui l'a précédé; j'attends avec impatience l'arrivée du Duc à Londres, et le récit que vous m'en ferez. La Duchesse est très intéressante; il n'y a point de bonheur que je ne lui souhaite; il y en a un dont elle jouit, et dont elle jouira encore davantage dans quelques semaines, et c'est celui dont je fais le plus de cas;[2] devinez-le, s'il est possible.

Vous êtes si occupé, et de choses si importantes, qu'elles m'imposent silence sur toutes les bagatelles que je pourrais vous mander. Vous m'avez dit souvent, quand je me plaignais de l'ennui, qu'il était le malheur des gens heureux; vous oubliiez dans ce moment que j'étais vieille et aveugle, cela ne m'empêche pas de convenir que vous avez raison; mais en même temps, il n'en est pas moins vrai que l'ennui est le plus grand des maux, j'en excepte la goutte, la pierre, et toute espèce de douleur; la pauvreté, les ennemis, les dégoûts, ne sont des malheurs que parce qu'ils entraînent nécessairement l'ennui; il y a des caractères qui n'en sont pas susceptibles; et ceux qui le tiennent de la nature ont reçu d'elle le plus grand des biens, et qui peut lui seul tenir lieu de tout autre; j'espère que vous êtes de ce nombre, et je vous en félicite.

L'aventure des Viry est singulière; leur ennemi, M. d'Aigueblanche, est disgracié en même temps qu'eux. Qu'est-ce que cela veut dire? Il m'importe peu de le savoir.

M. Gibbon a ici le plus grand succès, on se l'arrache; il se conduit fort bien, et sans avoir, je crois, autant d'esprit que feu M. Hume, il ne tombe pas dans les mêmes ridicules. Je ne sais pas si tous les jugements qu'il porte sont bien justes, mais il se comporte avec tout le monde d'une manière qui ne donne point de prise aux ridicules; ce qui est fort difficile à éviter dans les sociétés qu'il fréquente.

Les *Éloges de L'Hospital* vous sont arrivés bien mal à propos; ce

---

1. George III had written to the Duke of Gloucester, who was then dangerously ill at Trent, to assure him of his affection, and to promise to provide for his children in case he died (*Last Journals* ii. 55).

2. The affection of HW.

n'est pas que je trouve qu'ils méritassent une grande attention; le couronné est détestable, l'autre est bon par-ci par-là; tout le monde le croit de Guibert, l'auteur de la tragédie du *Connétable.*

Il paraît un livre, qui, je crois, m'amusera. Il a pour titre, *Mémoires secrets pour servir à l'histoire de la république des lettres en France, depuis 1762 jusqu'à nos jours, ou Journal d'un observateur contenant les analyses des pièces de théâtre qui ont paru durant cet intervalle; les relations des assemblées littéraires, les notices des livres nouveaux, clandestins, prohibés; les pièces fugitives, rares ou manuscrites, en prose et en vers; les vaudevilles sur la cour; les anecdotes et bons mots; les éloges des savants, des artistes, des hommes de lettres morts, etc., etc., etc., par feu M. de Bachaumont; imprimé à Londres chez John Adamson, 1777.*[3]

Si en effet il est imprimé à Londres,[4] vous me feriez un extrême plaisir de me l'envoyer; il est en huit volumes in-douze; on me l'a prêté, mais c'est un livre à avoir à soi; je ne l'ai commencé qu'hier, j'en ai lu un demi-volume, ce n'est que l'histoire des théâtres en 1762, cela est écrit jour par jour; plus il avancera, plus il deviendra intéressant, on ne pourra point l'avoir ici qu'avec de grandes difficultés.

Je fus hier à la répétition de l'opéra d'*Armide,*[5] par le Chevalier Gluck; il ne m'a pas fait le même plaisir que celui de Lulli; cela tient sans doute à mes vieux organes.

M. de Choiseul, qui est arrivé à Paris le 6 de ce mois, ira mardi prochain à la première représentation et retournera mercredi à Chanteloup. Je viens de recevoir une lettre de la grand'maman en même temps que la vôtre;[6] elle croit que je ne vous parle jamais d'elle, elle m'en fait des reproches, elle veut que je vous dise qu'elle vous aime, et qu'elle prend beaucoup d'intérêt, par rapport à vous, au Duc de Gloucester. Toute sa lettre est charmante: je ne crois pas qu'elle sente tout ce qu'elle dit, mais les paroles douces sont toujours agréables, n'eussent-elles que le son.

3. The first four and a half volumes were by Louis Petit de Bachaumont (1690–1771), and the continuation was by Pidansat de Mairobert; it was finished in 1789 when 36 volumes had appeared (BM Cat.).

4. It was probably printed at Amsterdam (ibid.).

5. The representation of *Armide* excited a violent controversy between the followers of Gluck and those of his rival, Piccinni (Grimm xi. 457–65, May 1777; xi. 537, Sept. 1777).

6. HW to D ca 16 Sept. 1777.

SUPPOSED PORTRAIT OF MADAME DU DEFFAND
BY CARMONTELLE

Je crois que je ferai bien de fermer cette lettre; quand on a une grande occupation dans la tête, tout ce qui en distrait importune.

Je ne puis me refuser de vous exhorter à ne point prendre trop de confiance sur le meilleur état du Duc; l'exemple du pauvre petit Évêque de Noyon apprend qu'il ne faut pas trop se rassurer; il mourut avant-hier[7] au bout de quinze ans de maladie, après avoir fait tous les remèdes de la médecine.

From MADAME DU DEFFAND, Thursday 25 September 1777

Entirely in Colmant's hand.

Ce jeudi 25e, à 6 heures du matin.
[septembre 1777][1]

JE vous ai prié de chercher et de m'envoyer un livre dont je n'ai plus que faire, je l'ai trouvé ici; je me hâte de vous le dire: je vous conseille de le lire, il vous amusera.

C'est aujourd'hui le jour de ma naissance; je n'aurais jamais cru voir l'année 1777: j'y suis parvenue. Quel usage ai-je fait de tant d'années? Cela est pitoyable. Qu'ai-je acquis? qu'ai-je conservé? J'avais un vieil ami[2] à qui j'étais nécessaire, c'est le seul lien sur lequel l'on puisse compter; je l'ai perdu, sans nul espoir de le remplacer, et jamais personne ne peut avoir autant que moi de besoin d'appui et de conseil. J'emploie mes insomnies à réfléchir, à chercher ce que je dois faire; je suis, par mon caractère, indécise, inquiète; mais qu'est-ce que cela vous fait?

La nouvelle d'hier, qu'on dit être sûre, c'est que M. de Saint-Germain se retire.[3] Lui donne-t-on son congé, ou sa retraite est-elle volontaire? Dimanche je pourrai vous le dire. En attendant, bonjour, bonne nuit; bonjour pour vous, bonne nuit pour moi. Je n'ai point encore dormi.

7. He died 20 Sept. 1777 at his château at Carlepont (*Rép. de la Gazette*).

1. Date of month and year added by HW.

2. M. de Pont-de-Veyle (HW).

3. His efforts to introduce Prussian discipline into the French army made him unpopular, and he retired with a pension and a position at the Arsenal in Paris.

From MADAME DU DEFFAND, Sunday
28 September 1777

Address: To Monsieur Monsieur Horace Walpole in Arlington Street near St
James's *London Angleterre.*
Postmark: OC 3 PAR<IS>
Memorandum by HW:
Lady Di's gown[a]

Ce dimanche 28 septembre 1777.

SI vous oubliez tout ce que vous écrivez il est inutile de vous le rappeler, et vos lettres ne doivent pas faire plus d'impression qu'un almanach de l'an passé. Si c'est pour vous une gêne d'écrire tous les huit jours, je vous l'ai déjà dit (et moi je me souviens de ce que j'écris) vous auriez tort de vous contraindre. Je n'ai jamais prétendu faire de vous un complaisant, je me suis flattée d'en faire un ami, vous m'en donnez le nom; vous m'avez dit que mes lettres vous faisaient plaisir, que vous désiriez que je les continuasse. Si c'est pour vous une gêne d'y répondre, faites la réforme qu'il vous conviendra, j'y consens.

Vous êtes donc persuadé que je me passionne pour vos affaires d'Amérique; je voudrais qu'il n'y eût que cela qui pût m'empêcher de dormir.

Je serai fort aise de revoir le petit Craufurd. Milord Dalrymple m'avait annoncé son arrivée, et selon lui elle aurait dû être hier au plus tard, mais selon vous il n'a dû partir que jeudi passé, et en conséquence il ne doit être ici que demain ou après-demain. S'il arrivait aujourd'hui je le mènerais ce soir chez Mme de Luxembourg. Demain je ne pourrais pas souper avec lui, devant passer la soirée chez la dame de Choiseul qu'on appelle la petite sainte, qu'il ne connaît pas. Mardi il sera invité chez votre ambassadeur, et puis tout le reste du temps qu'il restera ici, ce sera chez moi ou avec moi, et je serai fort aise de le voir.

Je prends part au plaisir que vous aurez de revoir votre nièce la Duchesse. Vous ne me parlez plus des Conway, des Churchill, des Cadogan,[b] et moi je vous parle de tout ce qui ne vous fait rien.

Je savais la triste fin de Milord Harcourt, j'en suis bien fâchée, c'était un bon et loyal homme.[1]

a. See *post* 12 Oct. 1777.
b. Mary Churchill m. Charles Sloane Cadogan (1728–1807), 3d Bn Cadogan, 1776; 2d E., 1800.

1. Lord Harcourt was drowned 16 Sept. 1777, in trying to rescue his dog from a well.

Vous ne reverrez M. Gibbon que les premiers jours de novembre, il veut passer quelques jours à Fontainebleau. Ses succès ici continuent; ils ne sont pas du même genre que ceux de M. Hume.[2]
Adieu, je n'ai plus rien à dire.

From MADAME DU DEFFAND, Monday 6 October 1777

Entirely in Colmant's hand.
Address: À Monsieur Monsieur Horace Walpole in Arlington Street near St James à Londres.
Postmark: OC 10.

Ce lundi 5e octobre,[1] à 6 heures du matin [1777].[2]

VOUS aurez sans doute reçu ma lettre un jour plus tard, tous les lundis il y en a une à la poste, et de plus vous avez dû recevoir un billet d'un mercredi ou jeudi; mais quand tous les deux seraient égarés il n'y aurait pas grand mal. Je me porte bien, et selon toutes apparences je ne suis pas prête de partir sitôt. J'attendrai si je puis que j'aie perdu toute espérance.

Les deux Craufurd sont arrivés il y a aujourd'hui huit jours. J'ai été ravie de revoir mon petit ami. Il est toujours hypocondre, son frère est aimable, il s'en retourne demain; il vous portera deux feuilles de la *Bibliothèque des romans,* et peut-être une lettre. C'est mon intention, parce que dans ce moment je ne suis pas en train d'écrire, et que cependant je ne veux pas m'en rapporter à lui. Je crois la poste plus fidèle.

Adieu jusqu'à tantôt.

From MADAME DU DEFFAND, Monday 6 October 1777

Ce lundi 6 octobre 1777.

JE vous ai écrit par la poste ce matin,[1] craignant que le Craufurd cadet[2] ne fût pas plus exact que le Craufurd l'aîné, qu'il ne retardât son départ ou qu'il ne perdît ma lettre. Je ne sais pas trop

---

2. The French thought Hume a 'curiosity,' talented but eccentric; they admired Gibbon's suavity and wit.

———

1. Monday was 6 Oct.; the date is given correctly in D's next letter, written the same day.

2. Date of year added by HW.

———

1. The preceding letter.

2. James Craufurd, younger brother of John.

de quoi je la remplirai. Quand vous vous plaignez de votre stérilité je sens que vous me la communiquez, et cela est tout simple, vous ne voulez pas écrire des riens et votre exemple m'est une leçon; cependant c'est tout ce qui me reste que cette correspondance qui vous fatigue et que je ne puis volontairement faire cesser.

Je ne trouve aucun changement dans notre petit Craufurd. Il a repris un charlatan qui l'avait traité il y a deux ans; il a cru en arrivant être pris de la goutte; hier au soir il me confia qu'il croyait qu'il allait devenir impotent, que ce n'était plus la goutte qu'il avait, mais qu'il perdait l'usage de ses jambes. Il prend des bains de l'ordonnance du charlatan. C'est grand dommage qu'il ait une aussi mauvaise tête, ayant tout ce qu'il faut pour être très aimable.

Nous avons ici quatre Spencer;[3] tant qu'ils y seront le Craufurd ne songera pas à nous quitter, mais leur départ lui laissera un grand vide, je ne lui suffirai pas pour le remplir. Il me semble qu'il se soucie moins de Mme de Roncherolles; et Mme de Cambis est à Roissy depuis quatre semaines, et ne parle point de son retour. Il veut que je lui écrive pour la presser de revenir et je le ferai.

Le Selwyn m'a envoyé son valet de chambre[4] pour me donner la commission de faire l'emplette d'un bijou pour cette petite fille[5] qui est ici, et qui partira dans deux ou trois jours. Rien n'est si fou que cet attachement, on ne sait ce que cela veut dire.

J'approuve fort l'affection que vous avez pour toute votre famille; il faut que le cœur soit occupé, c'est le plus grand préservatif contre l'ennui, et quoique ce soit souvent une occasion d'inquiétude et de chagrin, cela vaut mieux que l'indifférence, qui est une manière d'être mort de son vivant.

Ah! ne croyez pas que je me passionne pour vos affaires d'Amérique, il n'y a qu'un point qui peut ne me les pas rendre indifférentes, c'est ce qui en résultera par rapport à nous, et si je voulais parler plus vrai, je dirais par rapport à vous.

Nous vous rendrons bientôt M. Gibbon, c'est le seul de votre nation qui regrettera la France en la quittant. Je ne serais pas fort étonnée s'il s'établissait un jour ici, il a un esprit tout à fait tourné à la

3. Earl and Countess Spencer, their son, Vct Althorpe, and their daughter, Lady Henrietta Frances Spencer (1761–1821), m. (1780) Frederick Ponsonby, 3d E. of Bessborough.

4. Pierre Michalin (d. ca 1790) (S. Parnell Kerr, *George Selwyn and the Wits*, 1909, p. 325; GM 1791, lxi. pt i. 183).
5. Maria Fagnani, who was being sent back to her family in Italy.

française, et toute supériorité sur les nôtres. Je le regretterai beaucoup, non que je me sois prise de goût pour lui, mais sa conversation me plaît, elle est facile, son humeur est égale, il a de la gaîté, il réussit avec tout le monde.

On ne parle plus ici des Sardaignais.[6] L'affaire des postes est terminée. La retraite de M. de Saint-Germain sera bientôt épuisée. Tout passe ici rapidement.

J'aurai ce soir à souper les quatre Spencer, père, mère, fils et fille, Mmes de Mirepoix, de Boisgelin, et Roncherolles, les deux Craufurd, l'insipide Dalrymple, M. Francès, et encore quelques autres. Mon désir serait de n'avoir jamais plus de sept ou huit personnes, mais cela est impossible. Ne voilà-t-il pas trois pages remplies par des riens? Je souhaite qu'il ne vous en coûte pas plus à les lire qu'elles ne m'ont coûté à les dicter.

From Madame du Deffand, Sunday 12 October 1777

Entirely in Colmant's hand.

Ce dimanche 12e octobre 1777.

WIART a la migraine; il ne saurait écrire, et je ne veux pas manquer la poste de demain, étant très pressée de vous dire de ne me point envoyer le *Journal* de Bachaumont; je l'ai acheté et je trouve que j'ai fait une fort sotte emplette. Je suis étonnée qu'ayant reçu trois de mes lettres, comme vous me le mandez, vous n'y ayez pas trouvé que je révoquais cette commission. Je ne vous écris aujourd'hui que pour vous le redire. J'y ajouterai que je suis très étonnée que vous vous plaigniez de mes bouderies. Je n'ai point prétendu vous en marquer aucune, et comment et pourquoi vous bouderais-je? Vous m'avez mal interprétée, toutes mes pensées et mes paroles sont dépendantes de mes sentiments, et grâce au ciel je n'en ai point qui soient ridicules. Je dirai à M. Gibbon ce que vous me mandez. Il m'avait parlé de la commission de Mme Beauclerk;[1] il ne l'a point faite à cause de la difficulté de vos douanes, et puis parce qu'il croyait toujours qu'il arriverait un deuil;[2] mais il vous verra

6. The Comte and Comtesse de Viry.

1. See *ante* 28 Sept. 1777.

2. If the Duke of Gloucester's illness should end fatally.

les premiers jours du mois prochain, il vous dira lui-même ses raisons. Je suis d'accord sur le jugement que vous portez de lui, je le regretterai beaucoup. Je crois que le petit Craufurd ira passer quelques jours à Fontainebleau. Les Spencer et Mme de Roncherolles partirent hier pour y aller, les premiers y passeront dix jours, et la dernière y restera jusqu'à la fin de ce mois; d'une autre part, Mme de Cambis est à Roissy et n'en reviendra que dans huit jours. Toutes ces absences rendent ma société très circonscrite, ce qui n'est pas divertissant.

Quand vous verrez Mme Churchill faites-la souvenir de moi. Je serais fâchée d'en être oubliée, ainsi que des Conway.

La grand'maman vous estime et vous aime, et elle est fort flattée que vous ayez les mêmes sentiments pour elle. S'il vous est possible de vous abstenir des expressions sèches et dures vous me ferez plaisir de les supprimer. Je vous ai déjà dit que vous étiez le maître de notre correspondance, et d'y mettre les bornes ou l'étendue qu'il vous conviendra.

Mme Geoffrin mourut il y a quatre ou cinq jours;[3] elle a donné à d'Alembert en rentes viagères trois mille livres, à l'Abbé Morellet deux, à M. Thomas une.[4] Elle a fait des legs très considérables à ses domestiques; elle laisse cinquante ou soixante mille livres de rente à sa fille.

Cette lettre fut cachetée hier, je l'ai reprise ce matin, je vous en avertis pour que vous ne pensiez pas que ce soit une infidélité de la poste. Je suis de votre avis, mes lettres ne les divertiraient guère.

To Madame du Deffand, Monday 13 October 1777

Missing. Probably written at Strawberry Hill. D writes to Mme de Choiseul, 24 Oct. 1777: 'M. Walpole ne me mande pas de nouvelles, mais il me parle de vous, chère grand'maman, avec un amour et un respect infinis; il n'ose se flatter que vous souveniez de lui, je l'ai rassuré sur cette crainte' (S–A iii. 297–8). Answered, ca 22 Oct.

3. She died 6 Oct. 1777.
4. These bequests merely confirmed annuities which she had given some time be-fore (Pierre-Marie-Maurice-Henri, Marquis de Ségur, Le Royaume de la rue Saint-Honoré, 1898, p. 383).

From Madame du Deffand, ca Wednesday 22 October 1777

Address: To Monsieur Monsieur Horace Walpole in Arlington Street near St James's *London Angleterre.*
Postmark: OC 28 PAR<IS>

À Paris, ce mercredi 21 octobre[1] 1777.

CE n'est qu'aujourd'hui que je reçois votre lettre du 13, que j'aurais dû recevoir dimanche; n'ayant point de vos nouvelles je m'abstins de vous donner des miennes et de vous envoyer un itinéraire de la route du Duc de Gloucester que M. de Stainville, en revenant de Lorraine, avait rencontré le jeudi 16 à Châlons. Suivant notre calcul, il devait arriver à Londres le vendredi 25.[2] Je suis persuadée, qu'à moins d'accidents, vous l'aurez vu quand vous recevrez ma lettre.[3] Selon toute apparence vous le trouverez en pitoyable état. On dit à M. de Stainville qu'il était d'une faiblesse extrême et avait l'air mourant.

Tout ce que vous me dites sur la différence de la jeunesse à la vieillesse me paraît de la plus grande vérité. Mon état présent ne me fait pas imaginer la comparaison des couleurs, mais plutôt l'obscurité dans laquelle on ne démêle rien et où par conséquent tout devient égal.

Le petit Craufurd ne sera pas je crois fort content de son voyage, il s'attendait à plus d'amusement, je suis sa seule ressource et je suis au moins pour lui *pourpre foncé.* Je ne le vois que le soir. J'ai presque tous les jours soupé chez moi, en très petite compagnie, excepté les mercredis et vendredis. Les deux Maréchales, les deux Comtesses de Boufflers sont à peu près les femmes les plus agréables qu'il ait vues. Mme de Roncherolles est à Fontainebleau, Mme de Cambis à Roissy, et comme son projet est de s'en retourner lundi avec M. Gibbon, il pourra bien ne les pas voir. Je suis fâchée du départ de ces deux personnes, leurs couleurs[4] sont de quelques nuances plus claires que celles qui me restent.

J'aurais été bien contente si vous m'aviez appris que M. Conway

1. Wednesday was 22 Oct.
2. Friday was 24 Oct.
3. The Duke reached London 23 Oct. 1777 (HW to Mason 24 Oct. 1777).

4. See HW to Conway 5 Oct. 1777.

et Milady Ailesbury eussent le projet de venir avec Mme Damer, mais il est bien vraisemblable que je ne les reverrai jamais.

On dit ici que le Général Burgoyne a donné dans un piège, qu'il a été battu et qu'il a perdu deux mille cinq cent hommes. Comme vous ne m'en dites rien, je crois que cela n'est pas vrai.[5]

M. Boutin, que je vis l'autre jour, me dit que Mme Montagu l'avait chargé d'un présent[6] pour moi, il a trouvé de grandes difficultés à le faire entrer, il est actuellement à Rouen. Comme je serai obligée d'écrire une lettre de remercîments j'ai imaginé de lire son livre de l'apologie de Shakespeare[7] pour lui en pouvoir parler; j'en ai lu ce matin l'introduction, j'y trouve plus d'esprit que je ne lui en croyais, mais il ne m'appartient guère de juger de l'esprit de personne. Le peu que j'en avais est bien loin depuis longtemps; je ne m'en plains pas, et si la chose était possible je voudrais qu'il ne m'en restât point du tout et devenir une vraie automate; cet état est, je crois, fort doux.

From MADAME DU DEFFAND, Sunday 26 October 1777

Ce dimanche 26 octobre 1777.

VOUS pouvez être sûr que j'aurai pour Mme Macaulay[1] toutes les attentions possibles; vous sentez bien qu'il me sera fort aisé de faire connaître ce que je pense pour vous. Comme les temps changent! Autrefois vous me demandiez le contraire.

Non, en vérité, l'ennui que je connais, et dont je vous ai tant parlé, n'est pas celui du petit Craufurd; il ne sait ce qu'il veut ni ce qu'il lui faut, et moi je sais ce que je désire et ce qu'il me faudrait. M. Gibbon et lui partent demain; je les regrette l'un et l'autre, mais par des sentiments différents. J'aime le Craufurd, du moins je l'ai aimé, et quoiqu'il m'impatiente et que sa déraison me fatigue, je suis bien aise quand je suis avec lui. Pour le Gibbon, c'est un homme très raisonnable, qui a beaucoup de conversation, infiniment de savoir;

5. Burgoyne was defeated at the battles of Stillwater (19 Sept.) and Saratoga (7 Oct.), and surrendered (17 Oct. 1777).

6. Two censers (see *post* 19 Nov. 1777).

7. *An Essay on the Writings and Genius of Shakespear compared with the Greek and French dramatic poets, with some remarks upon the misrepresentations of M. de Voltaire*, published 1769, translated into French, 1777, as *Apologie de Shakespeare en réponse à la critique de M. de Voltaire* (Bibl. Nat. Cat.). See *ante* 1 Sept. 1776, n. 4.

1. Catherine Sawbridge (1731–91), m. (1) (1760) George Macaulay; m. (2) (1778) William Graham.

vous y ajouteriez peut-être infiniment d'esprit, et peut être auriez-vous raison; je ne suis pas décidée sur cet article; il fait trop de cas de nos agréments, trop de désir de les acquérir, j'ai toujours eu sur le bout de la langue de lui dire: Ne vous tourmentez pas, vous méritez l'honneur d'être français. En mon particulier, j'ai eu toutes sortes de sujets d'être contente de lui, et il est très vrai que son départ me fâche beaucoup; dites-lui bien, quand vous le verrez, que je n'ai cessé de vous parler de lui.

Le Craufurd vous dira que je ne l'aime plus; cela n'est pas vrai, mais je suis devenue comme vous, je ne peux plus aimer . . . je pourrais en demeurer là, mais j'ajoute . . . que des gens raisonnables. Il s'est ennuyé ici à la mort, et si l'amitié l'a conduit ici, elle s'en est apparemment retournée l'attendre à Londres, car elle l'avait abandonné à son arrivée. Il vous dira que j'ai un neveu[2] duquel je compte tirer quelque parti, et sur lequel je fonde quelques ressources; ce n'est point un homme amusant ni agréable, mais il est doux, il a assez de bon sens; il dit qu'il m'aime; je le veux croire, et je compte qu'il passera cinq ou six mois tous les ans avec moi.

J'attends que vous m'appreniez comment se sera passée votre entrevue avec vos neveux;[3] tous les détails que vous m'en ferez me seront agréables.

Je ne vous écrirai point par MM. Gibbon et Craufurd, comme ils font le voyage ensemble je crois que la poste arrivera plus tôt qu'eux. Je voulais vous envoyer par eux du sucre d'orge, mais le Craufurd m'a assurée que vous ne le receviez que par complaisance; mais peut-être a-t-il voulu s'épargner l'embarras de vous le porter. Il a fait le remède de son charlatan,[4] il en paraît content; il est charmé de s'en retourner, il n'y avait ici personne qui pût l'amuser.

Il vous portera une feuille des *Romans*.[5]

From Madame du Deffand, Sunday 26 October 1777

Ce dimanche au soir 26 octobre [1777].[1]

MON intention n'était pas de joindre une lettre à cette feuille, mais toutes réflexions faites, il y aurait trop de sécheresse à ne vous pas écrire un mot par M. Craufurd. Dites-lui que je suis fâchée

2. The Marquis d'Aulan.
3. Apparently with the Duke and Duchess of Gloucester (HW to Mason 24 Oct. 1777).

4. See HW to Lady Ossory 17 Oct. 1775.
5. Sentence omitted in Toynbee.

1. Date of year added by HW.

de l'avoir si peu diverti et amusé, que je crains que l'ennui qu'il a eu ne l'éloigne à tout jamais d'ici. Il n'a eu que moi; il sera plus heureux dans un autre voyage, à celui-ci j'ai été l'objet principal et même unique, et dans un autre je ne serai qu'un accessoire; c'est le seul rôle qui me convienne, et que je remplis pour l'ordinaire avec assez de succès. Ce sont les dames de Beauvau, de Luxembourg et l'Idole qui doivent être dominantes. Mme de Cambis est d'une autre classe, elle en est à la tête. Il me vient une idée, vous savez que je ne dîne point. Votre Mme Macaulay a bien l'air de ne pas souper; en conséquence je crains de ne lui être pas aussi utile que je le désirerais. Pour remédier à cet inconvénient, donnez-lui une lettre de recommandation pour Mme Necker. Que votre thème soit que les personnes célèbres sont faites pour se connaître. Partez de là pour donner des louanges à l'une et à l'autre, il en résultera des dîners pour Mme Macaulay.

Connaissez-vous l'*Apologie de Shakespeare* par Mme Montagu? Elle est traduite; j'en ai lu deux ou trois chapitres sans grande satisfaction.

J'ai vu plusieurs fois les Spencer, à leur retour de Spa et puis de Fontainebleau. J'en ai reçu des politesses extrêmes; ils sont partis ce matin.

C'est bien actuellement qu'il n'y a plus personne ici et que je suis réduite à la Sanadona et à mon neveu. Je n'en suis pas trop fâchée, la paresse vient à mon secours; et un certain dégoût que j'ai pour toutes choses me rend la solitude plus supportable.

Je crois vous voir surchargé des devoirs que vous avez à remplir, et je vous plains; il me semble que je serais bien fâchée de quitter mon tonneau pour remplir des devoirs. Que c'est une sotte chose que notre existence, on ne sait qu'en faire; quand on est sans passion, à quoi peut-on employer son temps? Je vous fais perdre le vôtre en lisant cette lettre. Adieu.

From MADAME DU DEFFAND, Sunday 2 November 1777

Paris, ce 2e novembre 1777.

C'EST pour vous dire qu'il n'y a point eu de courrier aujourd'hui, ce qui m'impatiente extrêmement. J'attendais des nouvelles de l'arrivée de vos Altesses; il y a des jours malheureux où tout va au rebours. Je compte que mercredi je serai plus heureuse.

Vous aurez appris par ma lettre de dimanche passé que vous verriez incessamment MM. Craufurd et Gibbon; vous les aurez vus quand vous recevrez ce billet. Le Craufurd me devait écrire de Calais; s'il l'avait fait j'aurais dû recevoir sa lettre.

> Mais tout ce qu'on dit en partant,
> Autant en emporte le vent.[1]

Je n'ai rien à vous apprendre en vous parlant de moi, et guère plus en vous parlant des autres.

J'attends votre Mme Macaulay, je voudrais qu'elle m'apportât du thé, il y a trois mois qu'il me manque.

To Madame du Deffand, ca Tuesday
4 November 1777

Missing. Written at Arlington Street. Answered, 9 Nov.

To Madame du Deffand, ca Friday
7 November 1777

Missing. Written at Arlington Street. D writes to Craufurd, 15 Nov. 1777: 'M. Walpole ne vous a pas trouvé bon visage' (S–A iii. 309). Answered, 12 Nov.

From Madame du Deffand, Sunday
9 November 1777

Ce dimanche 9 novembre 1777.

J'ATTENDAIS votre lettre avec impatience, celle[1] que je reçois aujourd'hui me fait attendre celle que je recevrai mercredi[2] avec un redoublement de la même impatience.

Vous ne me dites rien, rien du tout; quand vous aurez vu M. Gibbon vous saurez tout ce que je pourrais vous dire. Oui, le petit Craufurd est retourné avec lui, vous le savez déjà, mais il ne vous aura pas dit qu'il s'est un peu repenti de la peine qu'il avait prise et que l'absence de Mmes de Cambis[3] et de Roncherolles l'avait désorienté. Je

---

1. See *ante* 16 Jan. 1767.

———

1. HW to D ca 4 Nov. 1777.
2. HW to D ca 7 Nov. 1777.

3. A copy of Gibbon's letter to Mme de Cambis, 27 Oct. 1777, is in D's MS *Recueil de lettres*, bequeathed to HW.

ne crois pas que nous le revoyions bientôt. Pour M. Gibbon il se
promet pour '79; il a été très content de tout le monde et tout le
monde a été très content de lui.[4] Mmes Necker, de Beauvau, de
Cambis et moi avons été traitées par lui avec beaucoup de distinction; *j'ai observé les grades.*

Voilà tout Fontainebleau qui va revenir cette semaine, j'en suis
fort aise, mais je suis fort fâchée du départ d'un neveu qui me tient
compagnie depuis trois mois, qui sans être ce qu'on appelle très
aimable est le meilleur homme du monde; il me paraît avoir du goût
pour moi, et se plaire ici. Je projette des arrangements pour le faire
venir vers le mois de juillet et le garder jusqu'à la fin de novembre.

Je remets à mercredi à vous écrire plus longuement.

From MADAME DU DEFFAND, Wednesday 12 November 1777

Edited from S–A iii. 304. Given to the Marquis de Sainte-Aulaire by Miss Berry.

Paris, 12 novembre 1777.

VOS leçons ne me fâchent jamais, et je conviens que j'ai souvent
des torts; mais je ne crois pas avoir été dans ce cas avec le petit
Craufurd; si je vous faisais le récit de sa conduite et de la mienne,
vous verriez qu'en effet il a souvent soupé chez moi. Mais où aurait-il
été? Il n'y avait personne de sa connaissance à Paris. Quant à ses
visites après dîner, il n'y est pas venu plus de trois fois; je ne lui en
ai point fait de reproches, non point par effort de conduite, mais
parce que, devant le voir le soir, je me passais facilement de lui dans
la journée. Croyez-moi, il a moins d'amitié pour moi que je n'en ai
pour lui. Il fut tout déconcerté quand il se vit réduit à moi seule; il
voulut aller à Fontainebleau dans le temps que les Spencer y furent,
et il changea d'avis parce que les Spencer l'en détournèrent; enfin, il
a eu tout l'air de s'ennuyer et de regretter beaucoup d'avoir fait ce
voyage. Je conviens que je n'ai pas paru convaincue quand il m'as-
surait que j'en étais l'unique objet; mais je ne lui ai fait aucun reproche. Ses adieux furent fort tendres; il avait même, me dit-on, les
larmes aux yeux. J'en fus touchée. Cependant je suis persuadée qu'il
ne reviendra jamais ici s'il n'y a que moi qui l'attire. Je ne lui en
crois pas moins un bon cœur et qu'il ne fût prêt à me rendre toutes

4. This concluding clause is omitted in Toynbee.

sortes de services; mais le goût est usé et la reconnaissance ne saurait le remplacer.

Venons à M. Gibbon; c'est un homme d'une très aimable conversation. On serait trop heureux de vivre avec des gens comme lui; il n'y en a point ici, je puis vous l'assurer, et sans me flatter de l'avoir pour ami, je le regrette infiniment. Tous ceux qui le connaissent pensent de même, mais moi certainement plus que personne, non point que je prétende avoir plus de goût et de connaissances qu'un autre, mais parce que je ne puis avoir d'autres plaisirs que celui de la conversation. Le seul reproche qu'on peut lui faire, c'est d'avoir trop d'estime pour les beaux esprits; nous avons eu souvent sur cela des disputes; nous nous sommes accusés mutuellement de prévention. Il reviendra ici en '79; m'y retrouvera-t-il? J'en doute, et s'il me retrouve, dans quel état serai-je?

Vous ne me dites pas un mot de votre santé; vous ne m'en parlez ordinairement que pour m'en dire du mal. Ainsi je me flatte que vous n'avez pas à en dire. J'aurais voulu quelques détails sur Leurs Altesses, de la réception qu'ils vous ont faite, de votre contentement à les revoir. Voilà matière pour vos lettres à venir. Vous trouvez les miennes, dites-vous, fort courtes; vous n'aimez pas que je vous parle de moi. Je vous ennuie quand je vous communique mes pensées, mes réflexions; vous avez raison, elles sont toujours fort tristes. Vous entretenir de tel et telle, quelle part y pouvez-vous prendre? Malheureusement je ne ressemble en rien à Mme de Sévigné, je ne suis point affectée des choses qui ne me font rien; tout l'intéressait, tout réchauffait son *imagination*. La mienne est à la glace. Je suis quelquefois animée, mais c'est pour un moment. Ce moment passé, tout ce qui m'avait animée est effacé au point d'en perdre le souvenir.

Tout le monde va revenir de Fontainebleau; les Maréchales de Luxembourg et de Mirepoix sont à Sainte-Assise, et je ne sais point encore quand elles en reviendront. Je vis au jour le jour; si je pouvais me séparer de moi-même, je ferais une bien bonne affaire. Je comprends aisément pourquoi l'on ne m'aime pas; je me connais trop bien pour en ignorer la cause. Vous me direz: Que n'y remédiez-vous?—Le puis-je? change-t-on de caractère? le naturel ne prévaut-il pas toujours, quelque effort qu'on fasse? Il n'y a peut-être que vous au monde qui soyez capable de démêler en moi quelques qualités qui puissent faire tolérer mes défauts. Cette sagacité produit en vous l'indulgence, et c'est tout ce que je puis espérer de qui que ce soit au monde. Pourquoi, me direz-vous, êtes-vous donc si exigeante et avez-vous tant de vanité, de jalousie, etc., etc.? C'est que je vois que ceux qui ne valent pas mieux que moi sont mille fois plus heureux, et que l'injustice me révolte. Voilà comme on s'excuse, et vous y répliquerez facilement.

Je n'entends rien à vos Américains. Je me suis dite royaliste; je ne sais pourquoi! Peut-être par politesse pour l'ambassadeur; peut-être pour le plaisir de contredire; mais je ne pérore pas sur cette matière, j'avoue que je n'y entends rien.

Ne vous occupez point du thé, j'en ai trouvé ici, de beaucoup moins bon que celui d'Angleterre, mais qui est passable.

J'ai lu le premier volume de M. Gibbon. Son style est très académique. Il me semble qu'il a été content de la traduction. Je lui dois une réponse, cela m'embarrasse assez.

J'ai reçu une très longue lettre[1] de M. Schuwalof; il m'a fait le récit de son voyage, de sa visite au Roi de Prusse, dont il dit des merveilles, de son arrivée à Pétersbourg, de l'étonnement où il a été de ne rien reconnaître des dehors et des dedans de la ville, de la réception que lui a faite l'Impératrice, de celle du Grand-Duc[2] et de sa femme.[3] Elles ont surpassé son attente. Il est charmé de leurs personnes, enchanté et étonné de l'excès de magnificence et de bon goût de leur palais. Si vous voulez, je vous enverrai sa lettre; mais ce qui me fâche, c'est qu'il faut y répondre; excepté à vous, c'est une fatigue pour moi que d'écrire.

Je suis fort inquiète de la santé de M. de Beauvau; il se plaint d'une barre dans l'estomac et de maux de reins. Il paraît que depuis trois ans il a une humeur vague qui produit différentes incommodités. Il est la personne de qui je reçois le plus de marques d'amitié. M. Gibbon vous dira que je le vois tous les jours; il vous aura dit aussi que j'avais auprès de moi un neveu; il me quitte ces jours-ci; je le regrette parce qu'il a des attentions, et peut-être un peu d'amitié pour moi. Il me promet de revenir quand j'aurai besoin de lui; je m'arrange pour lui faciliter l'exécution de cette promesse. Croyez que je fais de mon mieux pour pouvoir supporter la vie.

Je ne sais pas l'adresse de M. Gibbon. Je vous prie de lui faire tenir cette lettre.

1. See *post* 1 Dec. 1777.
2. Paul (1754–1801), son of Catherine the Great, and later (1796) Emperor of Russia.
3. Sofie Dorothea Auguste of Württemberg (1759–1828), known in Russia as Maria Feodorovna, second wife (1776) of Paul I (*Almanach de Gotha*, 1800, p. 89; Wilhelm Karl, Prinz von Isenburg, *Stammtafeln*, Berlin, 1935–7, i. 78, ii. 101).

To Madame du Deffand, Friday 14 November 1777

Missing. Probably written at Arlington Street. Answered, 19 Nov.

From Madame du Deffand, Wednesday 19 November 1777

In this letter, D encloses a letter from Mrs Montagu, with a copy of her reply (see Appendix 51).

Ce mercredi 19 novembre 1777.

J'AUGURE bien mal de l'humeur silencieuse de MM. Howe;[1] il y aura vraisemblablement bien plutôt des changements dans votre gouvernement que dans le nôtre; nos ministres et administrateurs ne sont en aucun danger, et c'est apparemment pour en bien persuader le public que M. de Maurepas soupa dimanche avec tous les ministres, secrétaires d'État, diplomatiques, tous les amis et amies de Mme de Maurepas, chez M. Necker; il y eut une musique, des proverbes, tous les plaisirs réunis. Je ne conçois pas ce qui a donné lieu aux bruits qui ont couru. Le Necker me paraît plus ferme que jamais. Mon avis est qu'on ne peut employer un homme plus capable, plus ferme, plus éclairé, plus désintéressé. Ce ne sont point mes liaisons avec lui qui me font porter ce jugement; je n'en attends rien, je le vois une fois la semaine, il n'a nulle préférence pour moi; il sait que je l'estime, et comme je ne lui demande rien, il me voit de bon œil, et voilà tout.

Je ne vous mande point de mes nouvelles. En êtes-vous étonné? ne m'avez-vous pas interdit de vous parler de moi? Tous les événements de ma vie se passent dans ma tête: elle seule produit ma joie ou ma tristesse; tout ce qui m'est externe à peine est-il passé, que je ne m'en souviens plus. Mais si vous voulez que je vous en entretienne, je vous dirai que tout le monde, à peu près, est de retour; les Maréchales, les Beauvau, les Boufflers, etc., etc. Je soupe presque tous les soirs chez moi. Ces jours-ci j'ai été incommodée d'une extinction de voix; elle dure encore, ce qui me rend l'exercice de dicter un peu pénible. Je

1. Richard (1726–99), 4th Vct (later 1st E.) Howe, admiral in command of the English navy in America, and his brother the Hon. Sir William Howe (1729–1814), later 5th Vct, commander of the English army in New York. The Howes were slow in sending news to England (HW to Lady Ossory 3 Nov. 1777; HW to Mann 7 Nov. 1777, and 4 Dec. 1777).

hais le monde, et je vois avec plaisir la vérité du proverbe, que: *À brebis tondue, Dieu mesure le vent.*[2] La solitude me fait moins de peur, et je parviendrai, j'espère, à végéter.

Le neveu que vous venez de perdre,[2a] n'est-ce pas un petit-fils de monsieur votre père? D'où vient ne me parlez-vous plus des Altesses, elles m'intéressent. Votre Roi les a-t-il vues? Où les verra-t-il?[3]

Je vous remercie d'avance de votre thé, je vous manderai quand je l'aurai reçu.

J'ai écrit au Gibbon et au Craufurd,[4] et à Mme Montagu. Pour vous mettre au fait de ce qui m'a obligée d'écrire à cette dernière, je vous envoie les copies de sa lettre et de ma réponse. Je suis fort aise d'avoir en perspective une des vôtres pour dimanche.

Adieu, mon ami; ce nom vous est dû, du moins je m'en flatte.

From MADAME DU DEFFAND, Sunday 23 November 1777

HW's couplets on Thomas (see n. 3 below) are written on the back of this letter.

Paris, ce dimanche 23 novembre 1777.

JE me suis éveillée ce matin avec l'espérance de recevoir une lettre, vous me l'aviez promise, en me marquant dans votre dernière, qui était de vendredi 14, que vous m'écririez le mardi 18. Apparemment vous ne l'avez pas pu; cela ne m'empêche pas de vous écrire et de profiter d'une occasion que me donne votre secrétaire d'ambassade;[1] c'est un jeune homme qui me paraît aimable, il est obligeant. Je vous envoie par son moyen la feuille des *Romans* et l'éloge de Mme Geoffrin[2] par M. Thomas. Je ne doute pas que vous n'en soyez charmé. Depuis que je l'ai lu je suis tourmentée de l'idée de faire une chanson. Les deux premiers vers me sont venus sans les chercher:

2. 'Dieu mesure le froid à la brebis tondue' (Henri Estienne, *Prémices*, 1594, p. 47).

2a. HW's grand-nephew, Robert Francis Cholmondeley, had died 29 April (see *ante* 11 May 1777), but D must be referring to another nephew.

3. The Duke was not restored to favour until June 1780, and the King would not see the Duchess even then (HW to Lady Ossory 16 June 1780).

4. D to Craufurd 15 Nov. 1777, S–A iii. 308.

———

1. Fullarton.

2. *À la mémoire de Mme Geoffrin* (Grimm xii. 8, Oct. 1777).

Thomas, on devine à ta verve
Que la Geoffrin fut ta Minerve.

Si vous pouvez l'achever, vous me ferez plaisir.[3]

Voilà sept jours de suite que je soupe chez moi, et j'en suis si contente que je crois que je souperai rarement dehors. Il n'y aura que
des tête-à-tête avec ma compagne qui pourraient m'en dégoûter, mais
cet accident arrive rarement, et puis il faudra m'y accoutumer. Je me
trouve si déplacée au milieu du monde que je déteste de m'y trouver.
Mon tonneau est mon centre. J'ai quelquefois chez moi la cohue,
mais je compte y mettre ordre; ce ne sera qu'après l'arrivée des Choiseul et le retour de Mme de Luxembourg d'un petit voyage qu'elle
va faire à Montmorency le mois prochain. Je vous rendrai compte de
tout cela comme s'il était possible, ou que du moins j'eusse la chimère de me flatter, qu'un jour vous y pourriez prendre quelque part.

Je compte apprendre mercredi bien des nouvelles, de l'Amérique,
de la rentrée de votre parlement, mais surtout de vous et de votre
famille.

From Madame du Deffand, Monday 1 December 1777

Entirely in Colmant's hand.

Ce 1ᵉʳ décembre 1777.

IL ne me fut pas possible d'écrire hier, il m'a fallu remettre à ce
matin, et la poste, qui part à huit heures, rendra nécessairement ma
lettre très courte.

J'ai reçu votre thé, il est excellent, et je vous en remercie; je n'ai
point vu Mme Macaulay, elle a envoyé trois fois chez moi, et moi
trois fois chez elle. Nous avons été malades l'une et l'autre, et n'avons
pu sortir. Elle se porte mieux et moi aussi, nous nous verrons bientôt. Elle saura, ainsi que tous ceux qui me connaissent, quels sont
mes sentiments pour vous, et combien j'ai de considération pour les
personnes à qui vous vous intéressez.[1]

---

3. HW completed D's verses on the back
of her letter:

'Et bien convint au grand Thomas
Une aussi petite Pallas.'

'Mais mal convint au grand Thomas
D'avoir à sa déesse Pallas.'

'Et sert très bien ce grand Thomas
Pour le hibou de sa Pallas.'

1. This suggests a greater intimacy between HW and Mrs Macaulay than appears elsewhere, although at this period
he agreed with her on most topics (HW
to Harcourt Jan. 1778). See *ante* 26 Oct.
1777.

Je crois vous avoir mandé le départ du Schuwalof. Je vous enverrai deux lettres[2] que j'ai reçues de lui. Cependant il me souvient que vous n'aimez pas les lettres, vous les jetterez au feu sans les lire si vous voulez. Je ne saurais vous mander ce qu'elles contiennent, cela serait trop long. Son neveu et sa nièce[3] soupèrent hier chez moi, ainsi que les Blaquiere, mari et femme.[4]

J'ai reçu une lettre de M. de Richmond, on ne saurait plus aimable. En attendant que je lui réponde, dites-lui je vous prie, que j'en suis charmée. Celle ici qu'il aime le plus, est celle aussi que j'aime le mieux.[5]

M. de Jarnac partira pour Londres vendredi ou samedi, il vous portera la *Bibliothèque des romans* et un second éloge de Mme Geoffrin par l'Abbé Morellet,[6] qui doit, dit-on, paraître aujourd'hui.

Comme il faut mettre ma lettre à la boîte et que j'essaie de dormir, je vous souhaite le bon jour.

To Madame du Deffand, ca Tuesday
2 December 1777

Missing. Probably written at Arlington Street. Answered, 7 Dec.

From Madame du Deffand, Friday
5 December 1777

Ce vendredi 5 décembre 1777.

M. DE JARNAC part demain pour Londres, je le charge de mon paquet, qui contient la *Bibliothèque des romans,* un nouvel éloge de Mme Geoffrin par l'Abbé Morellet, et deux lettres de M. de Schuwalof, que vous ne serez point obligé de lire, mais elles m'épargnent la peine de raconter son histoire. Son neveu et sa nièce sont du genre commun.

Je me suis occupée toute la matinée des étrennes que je donne à Mme de Luxembourg. Pompom, mon petit garçon, sera habillé en capucin. Il aura une calotte, une barbe, un cordon, une discipline,

2. Only one letter is with the MS. See Appendix 52.

3. Catherine Petrovna Saltykov (1743–1817), m. Comte André Schuwalof (Varvara Nikolaevna Golovina, grafinia, *Memoirs,* 1910, p. 30 n).

4. Eleanor Dobson (1756–1833), m. (1775) Col. John Blaquiere, cr. (1784) Bt, and (1800) Bn de Blaquiere of Ardkill.

5. Mme de Cambis.

6. *Portrait de Mme Geoffrin* (Grimm xii. 8, Oct. 1777).

un chapelet d'or, une besace pleine d'or à parfiler. Je compte que le Chevalier de Boufflers me fera de jolis couplets.[1] Je vous manderai comment cela aura réussi.

J'ai enfin vu votre Mme Macaulay. Elle me fit une petite visite hier matin, c'est-à-dire à 2 heures. Mes gens lui ont trouvé l'air d'un spectre. Elle ne va plus à Nice, elle retourne en Angleterre dans douze ou quinze jours. Je lui ai marqué beaucoup de désir de la voir. Notre conversation n'a pas été fort vive, je lui ai parlé de son histoire.[2] Elle a le son de voix fort doux, elle dit qu'elle vous aime.

J'ai eu ce matin la visite de Mme de la Vallière, elle m'a dit qu'elle venait du petit Dunquerque,[2a] qu'elle y avait rencontré Milord Dalrymple, qu'elle l'avait embrassé des deux côtés, qu'elle aurait bien mieux aimé que ç'eût été vous; elle m'a recommandé de vous le dire.

Les nouvelles[3] qu'on débite ici des insurgents ne doivent pas trop contenter votre ministère si elles sont vraies.

On fit hier une élection à l'Académie, c'est l'Abbé Millot qui a la place de M. Gresset;[4] c'est lui que j'aurais nommé par la raison que ce n'est pas un bel esprit. Vous me direz ce que vous pensez des éloges de la Geoffrin.

Je ne suis pas contente de la santé de M. de Beauvau. Je crains qu'il ne couve quelque grande maladie, il est fort changé. Il souffre de l'estomac et des reins.

Je répondrai dimanche à la lettre que je recevrai. Adieu.

From Madame du Deffand, Sunday 7 December 1777

Address: To Monsieur Monsieur Horace Walpole in Arlington Street near St James's *London Angleterre.*
Postmark: DE 12 PAR<IS>

Ce dimanche 7 décembre 1777.

VOUS avez si bien terminé mes vers[1] que le reste de votre lettre[2] ne m'a point fâchée, je n'y répondrai qu'un mot. Je ne suis jalouse de personne et moins de ces deux hommes[3] que vous me citez

---

1. Apparently he did not do so, because D says, *post* 6 Jan. 1778, that the couplets were 'de différents auteurs.'

2. *The History of England from the Accession of James I to that of the Brunswick Line.*

2a. Shop near the Pont-Neuf.

3. Of Burgoyne's surrender.

4. Jean-Baptiste-Louis (1709–77).

---

1. See *ante* 23 Nov. 1777.

2. HW to D ca 2 Dec. 1777.

3. Perhaps Conway and Hertford, whose political affairs had often been used by HW as an excuse for not going to Paris.

que de qui que ce soit. Je n'ai nulle envie de vous entretenir d'aucun de mes sentiments; peut-être par la même raison que les gens *d'Autun* ne tirèrent point le canon à l'arrivée de Monsieur le Prince.[4]

M. de Jarnac est chargé d'un paquet pour vous. Vous m'en accuserez la réception. Je chercherai quelque occasion pour vous envoyer le troisième éloge de Mme Geoffrin par M. d'Alembert.[5] M. l'Archevêque de Toulouse me l'a envoyé ce matin de la part de l'auteur, m'a-t-il fait dire. Je me tais sur ces trois beaux ouvrages. Si je les louais on dirait que c'est affectation; si je les blâmais[6] on en conclurait que c'est la haine ou peut-être la *jalousie*.[7]

Vous ne me parlez non plus d'Amérique que s'il n'en était pas question; mais je ne m'en plains pas, j'en suis assez excédée.

Comme je me conforme à vous autant qu'il m'est possible, cette lettre ne sera pas plus longue.

From MADAME DU DEFFAND, Wednesday 10 December 1777

Entirely in Colmant's hand.

Ce mercredi 10ᵉ décembre [1777].[a]

JE vous envoie par le courrier de votre ambassadeur le troisième éloge de Mme Geoffrin; on se flatte que ce ne sera pas le dernier; celui-ci est de M. d'Alembert.

Un M. de Pezay, dont je ne sais si vous avez entendu parler,[b] vient

---

4. 'En janvier 1576 éclate une affolante nouvelle: le corps du Prince de Condé . . . "prenait ses brisées sur la ville." On s'arme fiévreusement; on convoie des arquebusiers des villages avoisinants . . . cette fois encore le fléau passe au large' (Émile Thevenot, *Autun*, Autun, 1932, p. 181). Perhaps D means that HW gave her no occasion to communicate her sentiments to him; the allusion is not clear.

5. *Lettre de M. d'Alembert à M. le Marquis de Condorcet sur Mme Geoffrin* (Grimm xii. 8, Oct. 1777). 'Huit jours après la mort de Madame Geoffrin, nous avons vu paraître son éloge par d'Alembert; ainsi l'éloge, composé pendant la maladie,

était *tout prêt* à l'instant de la mort, tant l'amitié est prévoyante!' (Stéphanie-Félicité Ducrest, Comtesse de Genlis, *Souvenirs de Félicie*, 1811–13, i. 118).

6. The two preceding clauses are omitted in Toynbee.

7. The names of the rival ladies were combined when these eulogies were reprinted, 1812, as *Éloges de Madame Geoffrin, contemporaine de Madame du Deffand*.

---

a. Date of year added by HW.

b. D had mentioned him several times in letters to HW.

de mourir[1] d'une fièvre maligne, qui pourrait bien avoir été causée par une manière de disgrâce à la cour.[2] Parlez-en à M. Gibbon, il vous mettra au fait. Il avait épousé une fille de condition très belle, très sage, et très pauvre. Elle est devenue folle de douleur, elle fait grande pitié; ce Pezay était un peu fat et ridicule, mais il était bon et honnête homme. Je le voyais rarement. Il avait fait de très jolis vers pour moi;[3] vos deux derniers sont les plus plaisants du monde.[4] C'est bien dommage que vous ne soyez pas toujours de bonne humeur, et que votre penchant avec moi soit toujours de gronder. Si je vous parle de moi je vous ennuie, si je vous parle des autres et que j'en dise du bien peu vous importe, si j'en dis quelque mal, c'est la vanité ou la jalousie qui me fait parler. Ah! vous êtes un peu fagot d'épines! Eh bien! laissez-moi là, me direz-vous, et c'est ce qui ne me plaît pas de faire.

Tout Chanteloup sera de retour le 21, Montmorency le 24, cette Mme de Cambis dont vous prétendez que je suis jalouse en reviendra demain, dont je suis fort aise.

Tout le monde se marie. L'aîné de Gand[5] à Mlle de Montbarey,[6] le cadet[7] à Mlle de Lauraguais.[8] Cela ne vous fait pas grand'chose, les autres vous seraient encore plus inconnus. On dit M. de Beaumarchais très mal d'une versade qu'il a faite en cabriolet.

Adieu, bon jour, car il est 7 heures du matin.

1. He died 6 Dec. 1777 at Pezay near Blois.

2. Pezay had corresponded with Louis XVI, and had hoped to secure an important place at court, through the King's favour. His ambitions were thwarted by his own foolish conduct, and by the machinations of Maurepas, until he was finally ordered to retire to his château. See Jacob-Nicolas Moreau, *Mes souvenirs*, 1898–1901, ii. 218–26.

3. See *ante* 22 June 1774.

4. See *ante* 23 Nov. 1777.

5. Probably Guillaume-Louis-Camille (1751–1818), Comte de Gand (Jean-Baptiste-Pierre Jullien, Chevalier de Courcelles, *Histoire . . . des pairs de France*, 1822–33, vii, 'Pairs de France,' 37). Neither of these marriages seems to have taken place;

the Comte de Gand married Charlotte-Henriette de Vogüé in 1781 (*Journal de Paris*, 1781, i. 527).

6. Probably Marie-Françoise-Maximilienne de Saint-Mauris (1761–1838), Princesse de Montbarey, m. (1779) Heinrich Karl Ludwig, Prince of Nassau-Saarbrücken (Wilhelm Karl, Prinz von Isenburg, *Stammtafeln*, Berlin, 1935, i. Tafel 112).

7. Probably François-Charles-Gabriel (1752–1818), Chevalier (later Vicomte) de Gand, m. (1785) Mlle de la Rochefoucauld-Bayers (*Journal de Paris*, 1785, i. 477; GM 1819, lxxxix. pt i. 491).

8. Antoinette-Candide-Pauline de Brancas (1756–86) (C–D; *Journal de Paris*, 1786, ii. 1000).

From MADAME DU DEFFAND, Sunday 14 December 1777

Paris, ce dimanche 14 décembre 1777.

QUELLE différence il y a d'une personne qui pense à une qui ne dit que ce qu'on pensa!

Vous êtes original en tout; et, sans nul compliment, je puis vous dire que votre esprit me plaît beaucoup. Vous me débrouillez toutes mes pensées; car je crois toujours avoir pensé tout ce que vous dites, même jusqu'au mal que vous me dites de moi. En vérité, ne vous en fâchez pas, mais il m'est impossible de m'empêcher de vous dire que je donnerais toutes choses au monde pour vous voir encore une fois; n'ayez pas peur, je ne vous en parlerai pas davantage.

Je voudrais vous rendre mes lettres amusantes, les remplir de faits, d'anecdotes; mais je suis si peu affectée de tout ce qui se passe, que les récits que je vous ferais vous ennuieraient à la mort. Une Mme de Sévigné trouverait bien de quoi vous amuser; mais moi, mon ami, je flétris tout; je n'ai de ressource, pour m'assurer de votre amitié, que votre constance naturelle.

Vos affaires d'Amérique vont bien mal; je ne saurais croire qu'il en résulte aucun bien pour les particuliers de votre nation; mais j'entends si peu la politique, que je ne pourrais en parler sans ridicule.

Mme de Gramont arrive aujourd'hui; les Choiseul, samedi prochain. Mme de Luxembourg, qui est à Montmorency, n'en reviendra que le 24, veille de Noël. On soupera chez moi; j'aurai vingt personnes: je voudrais en être quitte.

Votre Charles Fox n'est pas mon homme: il a l'audace d'un Cromwell.[1]

J'avais chargé le Craufurd d'un brimborion pour Milady Lucan. J'imagine qu'il ne le lui aura pas donné; il l'aura peut-être perdu, ou il l'aura donné à une autre. Je suis persuadée que je n'entendrai plus parler de lui.

---

1. Charles Fox attacked the ministry on the news of Burgoyne's defeat, and particularly abused Lord George Germaine (*Last Journals* ii. 80–2; HW to Lady Ossory 11 Dec. 1777).

To Madame du Deffand, ca Tuesday 16 December 1777

Missing. Probably written at Arlington Street. D paraphrases fragments of this letter in her reply, 24 Dec. 1777. Answered, 24 Dec.

To Madame du Deffand, Saturday 20 December 1777

Missing. Probably written at Arlington Street. Answered, 29 Dec.

From Madame du Deffand, Wednesday 24 December 1777

Ce 24 décembre 1777.

VOTRE courrier n'arriva qu'hier, la lettre[1] qu'il m'apporta m'aurait plu si vous en aviez supprimé les douze ou quinze dernières lignes. En vérité je ne comprends rien à ce que vous voulez dire. Quelles sont les plaintes que je vous fais *des sentiments qu'on a ou qu'on n'a pas pour moi?* Quelle est *l'éducation que je prétends vous donner et dont vous prétendez bien ne pas profiter?* Jamais vous n'êtes plus énergique que quand vous voulez offenser, et je ne comprends pas comment vous voulez avoir cette intention avec moi. Je suis si découragée par votre mauvaise humeur qu'il me semble que je consentirais à mettre fin à notre correspondance. Je n'aime point à écrire. J'ai fini avec Voltaire, je n'écris à personne que par nécessité; vous étiez le seul à qui j'écrivisse pour mon plaisir, je cesse d'y en trouver, je n'ai plus que la crainte de m'attirer des réponses dures et piquantes. Il semble que vous craigniez que je n'oublie mon âge, mon aveuglement, et bientôt ma surdité. Les romans de Crébillon vous ont gâté le jugement, vous voyez toutes les femmes comme celles qu'il dépeint. Si j'étais moqueuse et que je me plusse à chercher des ridicules je pourrais, ainsi que vous, en trouver où il n'y en a pas. Je n'ai de reproches à me faire que de vous avoir marqué dans une de mes dernières lettres que je serais bien aise de pouvoir espérer de vous voir encore une fois. Il n'y a que cela qui ait pu vous offenser; et

1. HW to D ca 16 Dec. 1777.

comme aussitôt après l'avoir écrit je reconnus mon crime je vous promis de ne le plus commettre.

Il aurait bien mieux valu me parler de votre népotisme et de votre chose publique que de me quereller sans sujet.

From MADAME DU DEFFAND, Monday 29 December 1777

Entirely in Colmant's hand.

Ce 29ᵉ décembre 1777.

VOUS n'étiez point de mauvaise humeur dans votre lettre du 20. Je n'ai que du bien à dire du style, il est clair, facile, et agréable; j'aurais beaucoup à répondre à plusieurs articles, mais vous êtes à la campagne pour quinze jours,[1] pendant lesquels vous aurez autre chose à faire que de vous occuper de moi; pendant ce temps je pourrai bien écrire un journal que vous ne recevrez qu'à votre retour. Je ne présume pas qu'il vous intéresse beaucoup. Hé bien! vous n'aurez qu'à le jeter au feu.

Vous me ferez plaisir de dire un mot de moi à Milord Ossory.[2] Je me souviens très bien de l'avoir trouvé fort aimable.

Ne croyez pas que je tourmente le petit Craufurd de revenir ici; s'il y vient, à la bonne heure. Rayez de vos papiers que je désire le nombre et d'avoir une cour comme vous dites; ma vanité n'est pas si sotte.

Mais je m'aperçois qu'insensiblement je répondrais à votre lettre, ce que je ne veux faire qu'à tête reposée. Si je remplis mes projets, ce sera peut être un ouvrage que vous recevrez; mais pour aujourd'hui adieu.

1. HW had expected to spend Christmas at Ampthill with the Ossorys, but he was prevented by the death of his nephew, the Bishop of Exeter (HW to Lady Ossory 27 Dec. 1777).

2. HW wrote to Lord Ossory, 8 Jan. 1778, but did not mention D.